¿Cómo cocinan los cubanos?

¿Gusta, usted?

Prontuario culinario y... necesario

LO MEJOR Y LO CLÁSICO DE LA COCINA CUBANA

COLECCIÓN APRENDER

EDICIONES UNIVERSAL, Miami, Florida, 1999

¿Cómo cocinan los cubanos?

¿GUSTA, USTED?

PRONTUARIO CULINARIO Y... NECESARIO

LO MEJOR Y LO CLÁSICO DE LA COCINA CUBANA

Primera edición en La Habana, Cuba, 1956,
de las Madrinas de las Salas «Costales» y «San Martín» del
Hospital Universitario «General Calixto García»
(Imprenta Úcar, García, S.A.)

Segunda edición (facsímil), 1999

EDICIONES UNIVERSAL
P.O. Box 450353 (Shenandoah Station)
Miami, FL 33245-0353. USA
Tel: (305) 642-3234   Fax: (305) 642-7978
e-mail: ediciones@kampung.net
http://www.ediciones.com

Library of Congress Catalog Card No.: 99-066543
I.S.B.N.: 0-89729-911-6

En la cubierta el dibujo de Masaguer de la primera edición.

Al Lector

Para las Madrinas de las Salas Costales y San Martín este libro ha significado un gran esfuerzo; con el propósito de hacer algo fructífero, a fin de recaudar fondos para dichas Salas, emprendimos la obra que una vez más inducirá a nuestros amigos a ayudarnos. Surgida la idea, pronto aparecieron los obstáculos, pero uno sobre todo parecía insuperable, nuestra incapacidad para lograrla.

No sabemos escribir, pero Lolita Guiral de Costa, espíritu delicado, que con tanto entusiasmo nos ha dirigido, nos brindó su ilustre pluma.

Conocíamos muy poco de los trajines culinarios, mas Leocadia Valdés Fauli, infatigable y culta, se constituyó en nuestra amable profesora.

Conrado Massaguer, genial e inagotable en sus manifestaciones artísticas, prestó su decidida colaboración, embelleciendo la presentación del libro.

Corregir pruebas es difícil, pero Enrique Cazade y su señora Pura Varona, con su gran experiencia y con tanta tolerancia como inteligencia, revisaron la obra.

Roberto Blanco, paciente y bondadoso, solucionó los problemas de la Imprenta.

Y para que todo quedara resuelto, la generosidad de nuestros Anunciantes hizo posible la realización de este empeño, que tanto consuelo ha de llevar a muchos enfermos.

Así pues, vaya nuestro cordial y sincero reconocimiento a los colaboradores, que ofrecieron sus firmas valiosas y a todos los que hicieron posible esta obra.

Las Madrinas de las Salas
«Costales» y «San Martín»
del Hospital Universitario
«General Calixto García»

Creo, *amable lector, gentil lectora, que te debo una explicación y a ella voy: Si, al hojear «¿Gusta, Usted?» piensas que no es lógico que a un libro que guarda en sus páginas tan ameno interés y ostenta, para tu regalo, firmas de tanta valía, lo encabece la única en precario de méritos para hacerlo, te diré que aparentemente, tienes razón. Y a toda prisa añadiré que si en el adverbio usado, no hay vanidad, sí hay la creencia de que nadie puede escribir estas líneas con mayor emoción...*

¿Por qué? Porque nadie tiene tan hondo conocimiento de la generosa heroicidad con que ha logrado hacerse. Y nadie, aunque mi prosa no valga nada, lo vale el hecho, podrá transmitírtela mejor.

Así pues, pese a privarte de bellezas de estilo, mi narración apretada a la más estricta verdad, por copiar lo sucedido y ser lo sucedido tan noble, apelará a tu comprensión en tal manera que a ella dejo el comentario y hasta alguna que otra lagrimita de ternura que asomará a tus ojos y acaso ruede por tus mejillas...

Cuando Fina La Rosa de Banet y María Domínguez Roldán, me hablaron sobre un folleto o librillo a publicar con las recetas de cocina que se habían presentado en la Exposición de Arte Culinario, efectuada en el Vedado Tennis Club, *hábilmente dirigida por Carmencita San Miguel y auspiciada por las madrinas de las Salas* Costales *y* San Martín *del* Hospital Universitario General Calixto García, *la idea era como una hojita de flor que el viento llevaba de uno a otro lado sin saber dónde posarla. «Quizás podría venderse el folleto...» «Y daría algún dinero del que tan necesitadas están nuestras salas del hospital...»*—decían ambas.

A mí, la idea no me parecía tan efectiva y tenía cierto temor a que una vez hecho, el folleto resultase uno de tantos recetarios que, entre los que se dan como anuncios de diferentes accesorios de cocina, pasara inadvertido y sólo se vendiese por determinados compromisos.

Pero, gracias a la fe, a la dulce obstinación y a la incansable labor con que día tras día, durante meses, buscaban colaboraciones y convencían colaboradores, visitaban establecimientos comerciales y obtenían anuncios, investigaban posibilidades y dificultades editoras, aquella hojita de flor, poco a poco, fué aterciopelando pétalos, echando tallo, adquiriendo perfume y también, —¿cuándo no sucede?—creciendo espinas que si fueron agudas y se hundían hirientes, no evitaron que la metamorfosis de flor a exuberante mata y hasta a todo un jardín en bellísima y acelerada producción, se efectuara.

Nosotras mismas, —digo nosotras por esa inevitable presunción de que adolecemos los humanos, ya que por lo que a mí respecta, lo personal podría omitirse—quedábamos admiradas de lo obtenido: colaboraciones de excepcional mérito, no sólo en el aspecto culinario, sino en el literario, generosos anuncios, facilidades en fin, de toda clase.

Lógicamente, el libro, que ya no era folleto ni librillo, necesitaba un título que no se quería ni demasiado serio ni en exceso sencillo. Y el talento y gracejo de Conrado Massaguer, dió en el intencionado y risueño—«¿Gusta, Usted?»—que su arte acompañó de la linda portada, prometedora de suculencias materiales y espirituales.

De la etapa de consultas a opiniones autorizadas, tanto en la palabra viva como en la letra recuerdo, no podría hablar sin llenar cuartillas y cuartillas. Empezaron a llegar recetas, consejos e indicaciones que, para tu placer y utilidad encontrarás al discurrir por las páginas del libro. Y de éstos, o sea, de libros para consultas, la calidad y la cantidad son, que diría un clásico, extremadas. Sin embargo, no fueron todo lo útiles que esperábamos, ya que en su mayoría, por ser antiguos, carecían de una de las más perentorias premisas para cocinar: las medidas. Pero sí, por su gran poder evocador, nos llevaron a aquilatar en toda su importancia, lo que significa en la vida de relación, la cocina. Y lo muy acertado que estuvo Massaguer, al unir en una actitud, dos perentorias necesidades humanas que estilizan lo corporal, añadiendo lo espiritual. El amor, suma de apetencias materiales que precisa de las del espíritu, para ser bello y absoluto y el arte culinario que disimula el imperio de lo físico con los refinamientos de los sentidos, olfato, vista, tacto, oído y paladar, cuando la belleza de las flores, de la mantelería, de los cubiertos y de la música, completan la exquisitez de los manjares.

Uno de estos libros a que me refiero, lo escribió la Condesa de Pardo Bazán y tiene la particularidad de que leyéndolo, pueden seguirse las rencillas y rencores que mantuvo su autora contra los literatos de su época por no haber sido admitida en la Real Academia de la Lengua. En anterior ocasión, los «ellos» escritores, habían resuelto que una «ella» escritora, por muy talentosa que fuera, sería en el recinto académico, la discordia,— palabra que como todas las de grandes significaciones, está en femenino—y por lo visto, en el caso de la Pardo Bazán persistían—y recientemente persisten—, en su resolución.

Doña Emilia aprovecha lo aprovechable y hasta lo inaprovechable de los objetos, usos e ingredientes de cocina, para desahogar su resentimiento y resulta divertido encontrarse entre dos lonjas de jamón, o un pimiento verde, o unas olorosas cebollas, la penetrante crítica que la Condesa hace, por ejemplo, al «comentador del Quijote, el Sr. Rodríguez Marín» poniendo en duda su erudición sobre lo que comía Don Alonso Quijano. Y diciendo que los tan llevados y traídos «duelos y quebrantos» eran, sencillamente, huevos fritos, con tocino frito también, plato que se come a diario en cualquier casa de vecino, sin darle tanta importancia... Otro libro que emocionó consultar, sobre todo a mí que tengo sobre mis compañeras, el privilegio de la mayor edad, fué «El Cocinero Criollo» de José E. Triay, prologado por el Dr. Gonzalo

Aróstegui, —*padre del actual Dr. de ese nombre*—*y escrito con aquella señorial sencillez y bondadosa firmeza que distinguía al Dr. Aróstegui. Con el libro en las manos el recuerdo se fue a los años de infancia y adolescencia, bajo los cuidados del médico de cabeza de plata y corazón de oro, al que ninguno de sus clientes infantiles, recibió jamás con miedoso recelo.*

Y, ¿cómo callar la gracia chispeante del libro de Pérez Zúñiga «Cocina Cómica»? Empieza por atribuir el conocido dicho de «en comer y rascar todo es empezar» a Heliogábalo, el glotón por antonomasia histórica. Y después, tanto en prosa como en verso utiliza las más ocurrentes formas de dar recetas de cocina. Y reglas de urbanidad, como ésta, por ejemplo: «Una vez las aceitunas en la boca, no te tragues los huesos; deposítalos con el mayor disimulo, en el bolsillo del comensal colindante». De estos libros, tanto de los citados como de otros muchos, que también pusieron interés y regocijo en las horas de cuidadosa investigación a que se les sometió, se han utilizado algunas recetas para la sección llamada «Recetas de Antaño» y se han suplido las deficiencias en las medidas con el saber y conocimiento de Leocadia Valdés Fauli, de quien hay que decir, pese a sus ruegos para que no lo haga, que además del mérito de todo lo que escrito por ella, leerás—y aprovecharás—su paciencia y resignación al comprobar y solucionar recetas y dificultades, eran conmovedoras. Hasta que se resolvió disminuir el número de recetas de antaño, tomadas de libros y utilizar las que se nos enviaban, transcritas hogaño, y explicadas por las y los colaboradores del libro para quienes tenemos la más honda gratitud.

De esas otras secciones—«Momentos Felices», «El Hombre en la Cocina», «Las que Pueden Enseñar», «Pensando en el Mañana» y «Los Secretos del Bar», que constituyen aciertos de buen guisar, buen decir y para el buen entendedor, son un venero de ricas y optimistas deducciones psicológicas ¿qué podría explicarte que no captes al leerlas? Si cada artículo, cada receta, cada anuncio y cada aporte económico para comprar el libro, son dos brazos abiertos para acoger la idea y devolverla amorosamente cuidada, ¿cómo hablar de los esfuerzos para llegar a editarlo?

Heme de nuevo en trance de desoír otros encarecidos ruegos: primero el de María Domínguez Roldán que no quiere que diga que a su afán para que el libro «sea distinto, único en su género» se debe la sección «Qué opinan los Chef's». Sección que escribe después de haber hecho las entrevistas verbales y en las cuales ha puesto, además del interés que suponen de por sí, unas sutiles y emocionadas observaciones que tienen la finura y calidad de su espíritu.

Y luego, los casi imperiosos mandatos de Fina La Rosa, que al decidir: —«a mí no me nombres»—olvida que si el libro está en tus manos, lector, es gracias a su imaginación para encontrar recursos de todas clases, económicos e intelectuales. Y a la tenacidad con que mantuvo su admirable esfuerzo material que puede sintetizarse en unas cuantas palabras: lo ha copiado íntegro, a máquina, y no una, sino varias veces: después de rendir la tarea de, bajo el sol y calor sofocantes de nuestro verano, o antes y después, —a veces en medio—de un tormentoso aguacero, salir con María Domínguez a recorrer la ciudad en peregrinación de búsqueda de colaboraciones, anuncios, etc., etc. Se dice pronto todo esto, lector; pero no se hace con la presteza ni la facilidad con que se dice. Y puedo asegurarte que nunca se dió un paso atrás en el camino trazado. Y nunca se oyó una queja. A veces como para fortalecer, con la invencible voluntad, el rendimiento material, frases como éstas se cambiaban entre ellas: —«¡Cuando nuestros enfermos tengan lo que les hace falta...!» —«¡Cuando podamos comprar para ellos lo que tanto necesitan...!»

Y, como he dicho que estas líneas no pretenden sino esbozar cómo se hizo el libro, ya que el enjuiciar su contenido sube muy por encima de mis posibilidades, contaré algunas de las ocurrencias que durante las sesiones de trabajo, a las que asistían Blanca García Montes de Terry, Chana Villalón de Menocal, Teresa Alvarez de Toledo, Mercedes Valdés Fauli de Menocal, Herminia Saladrigas de Terry, Rosita Espinosa de

Nobo, Elena La Rosa de Villa, Leocadia Valdés Fauli, Fina La Rosa de Banet, María Domínguez Roldán y Cuca Montero, en medio del ajetreo de copiar a mano y a máquina artículos, recetas y anuncios, ordenar capítulos y revisar pruebas, ponían el subrayado de una alegre sonrisa en la agotadora labor. —«¿Quién dijo aquello de «mujer que sabe latín no puede tener buen fin?» Y al hacer la pregunta, en las lindas y cuidadas manos blancas, se abría un tomo de un diccionario enciclopédico que no traduce las frases latinas y además...—este además fué otra indignada exclamación:— «habla de la Mitología Griega; pero no se refiere a los cambios que le hicieron los romanos»...

Otro día fue un suspiro muy hondo el que precedió a las palabras siguientes: —«¡Ojalá fuera cierto aquello de «la mujer, la patita quebrada y en casa!»

Estos atisbos de lo que se ha trabajado en la preparación de «¿Gusta, Usted?» podrán dar una idea del empeño con que la hojita de flor revoloteadora se transformó en jardín. Y también podría decir de la alegría, transida de responsabilidades, con que se recibían colaboraciones que llevan el libro a planos de mucha más importancia que los imaginados en su principio. Nombres que sólo se dicen en muy grandes ocasiones, culturas y conocimientos que suponen años de esfuerzo e inteligencia privilegiada; experiencias que podrían recogerse en libros para el mercado mundial, dada su calidad y que gracias a la generosa donación de sus autores, te ofrecemos con orgullo e ilusionada esperanza que aguarda el mayor de los éxitos, no sólo por el fin benéfico a que se destina el libro, sino por el interés artístico e intelectual que las firmas de sus variados artículos, significan.

Acaso, o sin acaso, sin duda, encontrarás en sus páginas la necesidad de la crítica. Algo que sobre, algo que falte y algo y aun «algos» con equivocaciones que, si confío no serán como dice la frase hecha, de bulto, sí pueden adolecer de relativa gordurita, para la que te ruego indulgencia. La responsable de esos algos fuera de ley, soy yo que me he metido en el con-

sabido enredo de la camisa de once varas y son muchas varas para mí.

Además, se ha trabajado con tanta premura, que el tiempo para revisar y corregir errores ha sido poquísimo. Y por encima de todo, —si acierto a explicar lo sentido—, con tan grandes sorpresas y emoción al leer trabajos y más trabajos bien escritos, bien documentados y generosamente sentidos, que no supe encontrar en ellos nada que mereciera correcciones. Antes que asumir el papel de correctora o maestra, que mis demasiado benévolas compañeras me adjudicaron, me sentí susceptible a ser corregida y alumna. No me refiero, por supuesto, a los trabajos de firmas consagradas por la admiración y el aplauso públicos, sino a aquéllos escritos por personas que no habían presumido nunca de escritores ni comentaristas y que sin embargo lo han hecho con notables acierto y galanura. ¿Cómo, si alguna frase salía de lo establecido por una sintaxis que, en ocasiones, mantienen estáticos prejuicios, quitar el posible error y quitar la belleza de espontaneidad, que vale tanto?

Creo más bien, que debo escribir el pensamiento que, después de leer los trabajos llenó mi espíritu de esa honda alegría que producen los méritos ajenos, propios también, por lo que tienen de solidaridad patria y humana. —«¿Quién podía imaginar que había tanto conocimiento y buen decir literario entre personas que jamás han escrito para el público?»

Así pues, lectoras y lectores, que ya presumo en un nutrido plural y saludo con júbilo, para probar que «¿Gusta, Usted?» llega a tu corazón y a tu inteligencia y si en mucho cautiva tu atención y en poco solicita tu crítica, hazle propaganda a lo primero y soslaya lo segundo, para ayudarnos a que, cuanto antes se agote la edición, —que está a punto de agotar a sus editoras— y pronto otra edición y otra y otras, terminadas con más tiempo, más tranquilidad y sobre todo, enorme alegría, nos lleve, a ustedes, a nosotras y a todos los colaboradores de la obra, a sentir la dicha del deber cumplido. Que deber es, lo que Jesús ordenó: —«Ama a tu prójimo como a ti mismo». Y *sobre todo, cuando de enfermos se trate, para poder decir como el Samaritano de la divina parábola, al dar sus denarios de plata para curar al herido que encontró en el camino...* —*«Todo lo que gastares de más, yo lo abonaré a la vuelta».*

Ante esa «vuelta» que será el número de ediciones soñadas y ante tu dadivosidad que confirma la persistencia de esa virtud tan nuestra, en el más entrañable sentido patrio, la Caridad, precisa y preciosa, en el aspecto social, material y espiritual, tanto para los individuos como para las colectividades, sólo me queda, en nombre de quienes han trabajado en «¿Gusta, Usted?» *y en nombre de quienes recibirán los beneficios de este libro, los enfermos de las salas* Costales *y* San Martín *del* Hospital Calixto García, *darte las gracias y dártelas con las palabras que expresan el mayor de los agradecimientos: ¡Dios y la Virgen de la Caridad del Cobre, nuestra patrona, te colmen de bendiciones!...*

En la música, las notas;
en el iris, los colores;
en la semana, los días
y en tu cocina, estos siete
conocimientos precisos.

TERMINOS CULINARIOS

ABRILLANTAR: Es dar brillo a algún alimento utilizando jarabe espeso, jalea o gelatina.

ACARAMELAR: Es derretir el azúcar a fuego lento, con objeto de cubrir un molde o alimento.

ADOBAR: Sazonar con ácidos, especias y grasas, carnes, pescados, ensaladas.

ALIOLI: Salsa hecha a base de ajos, aceite y yemas.

AMASAR: Es trabajar con las manos cualquier masa, presionándola, doblándola o estirándola.

ASAR: Es cocinar un alimento mediante el calor seco. Puede asarse en el horno, fuego indirecto, a fuego directo en la parrilla, en plancha.

ASPIC: Son las gelatinas hechas a base de caldos concentrados con sabor fuerte y desgrasados para adornar platos de comida, enmoldar carnes, pescados, etc., ensaladas, guarniciones o como base del plato.

AZUCARAR: Es cubrir los alimentos con azúcar, ejemplo: los bocadillos de frutas; o bien, dejar azucarar almíbar de la cocción del alimento en cuestión y cubrirlo con el producto obtenido, dicho azucarado.

AZÚCAR LUSTRE GLASA O EN POLVO: El azúcar granulada reducida a polvo compuesta de tres partes de azúcar y una de fécula de arroz.

BALLOTINA: Muslo de pollo deshuesado y relleno.

BAÑAR: Utilizando el jugo, adobo, salsa, caldo del alimento que se está cocinando, mantenerlo siempre húmedo, lo mismo si usamos vino.

BAÑO-MARÍA: Es la cocción de alimentos por medio del calor producido por agua caliente o tibia; ejemplo: las cremas a base de huevo con objeto de obtener un buen producto.

BARBACOA O ESPICHE: Es cocinar carnes, aves, frutas, enteras o en pedazos en una parrilla de hierro o en un pincho sobre fuego directo, generalmente al aire libre. Se utiliza principalmente en este tipo de cocción carbón, leña aromática. Durante su cocción debe bañarse el alimento con un adobo.

Batir: Es introducir aire con movimientos uniformes y rápidos a una mezcla.

Blanquear: Cocimiento rápido de los alimentos, generalmente vegetales, en agua hirviendo o a vapor.

Boquilla: Embudos pequeños con diferentes formas utilizados con la manga, jeringuilla de decorar.

Bouchee: Pasteles pequeños de masa de hojaldre, vol-au-vent.

Brochear: Es cubrir la superficie de los alimentos con huevo batido, almíbar, leche, grasa o agua. Ejemplo: brochear un pastel.

Broquetas (brochettes): Varillas de metal que se utilizan para cocinar pequeños trozos de carne, pescado, etc.; frutas, viandas a fuego directo. Ejemplo: riñón en brochette.

Clarificar: Hacer transparente, limpio, jugo, caldo o almíbar por la adición de clara batida.

Colorear: Dar color a los alimentos por medio de tintes vegetales, caramelo, harina tostada o dorando el propio alimento.

Combinar: Es la unión de varios ingredientes.

Condimentar: Es darle sabor a los alimentos por medio de las sazones.

Cortapastas: Cortadores de variadas formas y tamaños para cortar masas, galleticas, panes, etc.

Cortar: Es la división de los alimentos en pedazos ya sean desiguales o en cubos, tiras, etc. Este término se utiliza cuando al hacer la masa del «pie» se une la grasa sólida a la harina utilizando dos cuchillos.

Cremar: Darle al alimento una consistencia suave. Ejemplo: cremar la mantequilla sola o con otro alimento.

Crocantes: Dulce a base de caramelo con almendras o nueces de consistencia dura.

Croutons: Palabra francesa para designar pequeños cuadritos de pan fritos en grasa.

Cubrir: Tapar el alimento ya sea salado o dulce con salsas como la mayonesa, purés de algún vegetal, cremas, azucarados.

DECANTAR: Es pasar la parte clara de un líquido a otro recipiente para que quede claro o cristalino dejando la parte sedimentada en el fondo del recipiente original. La decantación es un proceso de tiempo.

DECORAR: Acción de embellecer un plato de cocina, repostería, pastelería, con ingredientes del mismo o ajenos a él.

DESCUARTIZAR: Dividir las aves por las coyunturas.

DESANGRAR: Poner en agua fría carnes o pescados con objeto de que suelten la sangre a fin de que blanqueen.

DESMENUZAR: Dividir en porciones muy pequeñitas los alimentos.

DERRETIR: Llevar un alimento sólido por medio del calor al estado líquido.

DOBLAR: Operación de unir ingredientes con dos movimientos, doblando la masa sobre sí misma para que no tenga pérdida de aire. Ejemplo: unión de la harina a batidos de huevo, en las panetelas, usando el movimiento envolvente.

DORAR: Color que adquieren los alimentos por la cocción. Se acostumbra aumentar el color brocheándolos previamente con huevo batido, leche, almíbar. Ejemplo: los pasteles se brochean antes de hornearlos.

EMPANIZAR: Envolver el alimento en harina o galleta molida y huevos batidos antes de freirlos.

ENFONDAR: Operación de cubrir el interior de un molde con una capa de masa (pastelería), gelatinas, vegetales o lascas de carnes muy finas.

ENGRASAR: Cubrir con grasa los moldes, planchas, etc.

ENHARINAR: Cubrir una superficie, masa o molde con harina.

ESCABECHE: Forma de preparar alimentos, principalmente pescados ya cocidos, dejándolos varios días en su salsa.

ESCALDAR: Es llevar un líquido hasta el punto de calor anterior al que produce la ebullición. Ejemplo: leche escaldada, cuando ésta no llega a hervir. Introducir alimentos en agua muy caliente.

ESCALFAR: Es la cocción de algunos alimentos en agua hirviendo. Ejemplo: los huevos escalfados y también la cocción de alimentos en una temperatura anterior a la ebullición.

ESCALOPES: Corte especial que se da a las carnes, pescados, vegetales, en láminas finas y al sesgo.

Estamina: Tela especial que se emplea para colar salsas, jugos o caldos.

Espolvorear: Cubrir un alimento con azúcar, especias o harina.

Esterilizar: Supresión de los microbios por el calor. La esterilización con fines culinarios se hace sometiendo los utensilios a la ebullición por determinado tiempo. Ejemplo: esterilización de las vasijas, pomos utilizados en las conservas y los utensilios de los niños pequeños.

Estofar: Cocción de los alimentos por el calor húmedo y a fuego lento en sus jugos o en pequeñas cantidades de agua, caldo, vino.

Flamear: Cubrir un alimento con licor espirituoso y encenderlo.

Freir: Es cocinar o dorar los alimentos en grasa caliente y profunda.

Fricassée: Nombre típico con que se designan los estofados principalmente de ave.

Fondant: Se utiliza en la cubierta de pasteles, cakes, en la confección de pastillas, bombones. Es el almíbar con punto específico (238°F.), trabajado sobre un mármol hasta obtener la consistencia necesaria.

Glasear: Forma de cubrir pasteles, frutas con jarabes, gelatinas, Fondant, mermelada, para que tengan una apariencia brillosa. En las carnes se logra rociándolas con líquidos grasos y sometidas por corto tiempo a fuego vivo.

Gratinar: Se llama gratinado a la ligera capa que se forma sobre la superficie de un alimento debido al calor (en el horno). Los alimentos con que generalmente se gratina son queso cubierto con polvos de galleta.

Guisar: Cocción de los alimentos en pequeñas cantidades de líquido a fuego lento y largo tiempo.

Hornear: Calor seco, aplicado por medio de horno.

Juliana: Vegetales o viandas cortadas a lo largo en tiritas muy finas. Ejemplo: papas fritas a la Juliana.

Laminar: Cortar cualquier alimento en rebanadas muy finas.

Macedonia: Mezcla de varias carnes y vegetales picados y adobados.

Macerar: Dejar un alimento en líquido para que adquiera el sabor del mismo. Se macera en vino, sirope, vinagre, alcohol. Se utiliza principalmente en frutas. También se emplea con las carnes, pero sería más propio al hablar sobre carnes utilizar la acepción Marinar.

Marinar: Es dejar las carnes, de caza generalmente, pescados, en jugos aromatizados, vinagres, vinos. Se utilizan alimentos crudos.

Mechar: Es introducir tiras de jamón, tocino, vegetales, etc., en otra pieza de carne o pescado de tamaño mayor.

Mechadora: Utensilio especial para mechar en forma de aguja.

Mezclar: Unir varios ingredientes uniformemente.

Mirepoix: Preparado de vegetales que se fríen en mantequilla para aumentar el gusto de los alimentos y está compuesta de zanahorias, cebollas, escalonia, perejil, hojas de laurel, tomillo y jamón crudo.

Moler: Operación realizada por máquinas especiales para reducir a partículas muy pequeñas los alimentos.

Mondar: Quitar la cubierta de frutas y vegetales.

Montar: Batido a las claras, yemas, cremas, a darle una consistencia doble y tamaño mucho mayor. Ejemplo: montar las yemas. Se usa también este término al terminar un plato y colocarlo en la fuente donde se va a servir. Se dice: montar el plato.

Pelar: Desprender la cáscara de vegetales y frutas sin utilizar cuchillos.

Picar: Cortar los alimentos en pedazos.

Popielas: Son escalopes de carne, rellenos y enrollados.

Rallar: Es reducir los alimentos en tiritas o pedacitos muy finos por medio del guayo.

Ramillete: Reunión de varias hierbas aromáticas como el perejil, cebollinos, que se pone dentro de los caldos, salsas, guisos, con objeto de mejorar su sabor. Típico de la cocina francesa.

Ramillete compuesto: Lo mismo que el anterior más ajo, laurel, clavos, tomillo.

Raspar: Se utiliza en vegetales cuya cáscara es muy fina. Ejemplo: las zanahorias.

Rebanar: Cortar los alimentos en lascas sin grueso determinado.

Rehogar: Dar vueltas a los alimentos en grasa, adobo o salsa a que cocinen ligeramente.

Saltear: Cocción rápida de los alimentos en una plancha o sartén ligeramente engrasados y a fuego vivo.

Sofreír: Es cocinar en grasa ligeramente los alimentos.

Sofrito: Reunión de varios vegetales cocinados en grasa.

Souflée: Plato de la cocina francesa que tiene en su composición claras batidas, lo que al hornearlo lo eleva quedando muy esponjoso y ligero.

TABLA DE PESOS Y MEDIDAS

ABREVIATURAS:

cucharadita: cdta.
cucharada: cda.
taza: t.
pinta: pt.
litro: lt.
quarter: qt. (litro americano)

medida: med.
onza: oz.
libra: lb.
gramo: gm.
pulgadas: ejemplo: 9"
kilogramo: kg.
1 centímetro cúbico: c.c.

EQUIVALENTES:

3 cdtas.	= 1 cda.	= 15 gm.
16 cdas.	= 1 t.	= 8 oz.
2 t.	= ½ lt.	= 1 pt.
4 t.	= 1 lt.	= 1 qt.
16 oz.	= 1 lb.	= 460 gms.
1 oz.	= 30 gms.	
1 oz. flúida	= 30 c.c.	
1 kg.	= 2.2 lbs.	

CONVERSIONES:

onzas a gramos: multiplíquese las onzas por 30.
gramos a onzas: divídase los gramos entre 30.
libras a kilogramos: divídase libras entre 2.2.
kilogramos a libras: multiplíquese kilogramos por 2.2.

EQUIVALENCIA DE ALIMENTOS DE USO COMUN:

1 libra de azúcar	2 tazas
½ libra de azúcar	1 taza
1 libra de harina	4 tazas
½ libra de harina	2 tazas
¼ libra de harina	1 taza
1 libra de mantequilla	2 tazas
½ libra de mantequilla	1 taza
¼ libra de mantequilla	½ taza
⅛ libra de mantequilla	¼ taza

SUSTITUCIONES:
por ½ cda. de maicena necesitamos 1 cda. de harina para espesar la misma cantidad de líquido.
por cada oz. de chocolate hay que usar 3 cdas. de cocoa con la adición de ½ cda. de grasa.

COMO MEDIR:

Cuando vamos a medir los ingredientes debemos tener presente que es importantísimo que las medidas sean exactas y eso no lo logramos más que con el utensilio adecuado y empleando los métodos correctos para medir.

Según el ingrediente debemos utilizar la medida indicada pues hay tazas específicas para medir sólidos y líquidos.

En el caso de los ingredientes sólidos hay juegos de cuatro piezas (de una taza a una y cuarto tazas) y cada tamaño, llena hasta el borde, nos da la medida exacta.

Para medir tenemos las tan conocidas tazas de cristal con un borde extra a la medida mayor. También hay los juegos de cucharas de medida, que se utilizan lo mismo en sólidos que líquidos.

COMO MEDIR SOLIDOS:

Harinas, féculas: La harina es uno de los ingredientes que debe medirse con más exactitud debido a su textura y que una mayor o menor cantidad puede variar los resultados finales del plato.

1. Cierna la harina, échela por cucharadas en la taza sin moverla ni agitarla, llénela en colmo, dele unos cortes con una espátula y nivélela con la misma al ras del recipiente.

Para medir por cucharadas y cucharaditas se procede igual.

GRASAS SOLIDAS:

1. Llene la taza apretando la grasa, nivele con la espátula.
2. Puede usarse para medir grasas sólidas el sistema conocido por «Método de desplazamiento».
1. Llene la taza de medir líquidos con agua fría, hasta dejar el espacio con la cantidad de grasa que se quiera medir, agregue la

grasa y cuando el líquido suba a la medida total tendremos la grasa necesaria.

Ejemplo: si queremos medir $1/3$ taza de grasa pondremos $2/3$ taza de agua fría procediendo como se indicó anteriormente.

AZUCARES:

El azúcar blanca se mide en la forma indicada en la harina pero no se cierne.

El azúcar prieta o turbinada es la única que se mide ajustándola a la taza de manera que cuando se voltea en un plato quede con la forma del recipiente que se midió.

Para medir siropes (almíbar, melado, miel,) es conveniente engrasar la taza de medir líquidos para que corra fácilmente.

PARA MEDIR LIQUIDOS:

Al medir los líquidos debemos poner la taza sobre una superficie plana y echar con cuidado el líquido a que no forme espuma.

Cuando la receta nos indica grasas líquidas, deben derretirse previamente y después medirse.

En el caso de la mantequilla, se debe derretir a fuego lento para evitar que se queme y tome color oscuro.

COMO SOLUCIONAR EL PROBLEMA DEL HORNO:

TEMPERATURAS.

GRADOS FARENHEIT.

250 a 275	muy lento.
300 a 325	lento.
350 a 375	moderado.
400 a 425	caliente.
450 a 475	muy caliente.
500 a 525	muy fuerte, volado, extremadamente caliente.

Según el alimento que vayamos a hornear es la temperatura indicada.

El horno debe encenderse diez minutos antes de usarlo.

Cuando se trata de cakes y panetelas debemos observar las siguientes precauciones:

No se debe abrir la puerta del horno hasta pasado un tiempo prudencial, en cakes aproximadamente de quince a veinte minutos.

La puerta del horno debe quedar bien cerrada y no dar golpes fuertes al cerrarla.

A mayor tamaño de cake menor temperatura. Si es cake en moldes de pisos o individuales mayor temperatura.

No deben rozar entre sí los moldes ni con las paredes del horno y colocarlos en posiciones encontradas los de la parrilla inferior con la superior. Usar siempre los moldes de acuerdo su capacidad con el contenido y en los cakes y panetelas no hornearlos con exceso pues quedan más secos y duros.

Los platos a base de proteínas como son las carnes, huevos, quesos, etc., son muy susceptibles a las temperaturas elevadas y deben usarse 350°F. como un calor adecuado para ellos. Las carnes asadas al horno sufren cuando son tratadas con exceso de temperatura quedando secas y duras.

Los merengues deben hornearse a poca temperatura de 200°F. a 300°F. como máximo, a menos que sea el merengue para cubrir un pastel, como por ejemplo, el de limón y en ese caso la temperatura puede ser 400°F. a 425°F., pues necesitamos que dore rápidamente.

Cuando horneamos platos de huevos al baño-maría tanto de comida como de repostería debemos usar como término medio 350°F. para evitar el endurecimiento del huevo.

Para los souflées la temperatura deberá ser de 350°F. a 375°F.

Los pasteles de masa como el pastel americano (pie) cuando es de concha sólo, debemos usar 450°F. y si lleva relleno y cubierta puede variar a 425°F. los diez primeros minutos y el restante hornee a 375°F.

Pasteles como los eclairs, pasta de hojaldre, requieren la misma temperatura y procedimiento que el anterior.

Los panecitos (biscuits) horno muy caliente, 425°F. a 450°F.

Panecitos de levadura, de 375°F. a 400°F.

Panes de levadura, de 375°F. a 400°F.

Panecitos rápidos de levadura, de 350°F. a 375°F.

CONOCIMIENTOS UTILES A TODA MUJER

FRUTAS

Frutas Cítricas.
Naranjas, toronjas, limones, etc.

> *Al comprarlas selecciónalas de piel fina, poros pequeños y de peso, pues obtendrás mayor rendimiento.*

Plátanos manzanos o Johnson, manzanas

> *Compra los plátanos en su mano, no los guardes en el refrigerador. Escoge tus manzanas de colores vivos y consistencia dura, sin golpes. Cuando vayas a cortar platanitos y manzanas usa cuchillo inoxidable y rocíalos con limón para evitar que se obscurezcan.*

Piña blanca y de la tierra

> *Al comprar la piña, la reina de nuestras frutas, no le quites su corona, pues se madura más rápidamente. Cuando vayas a usar su jugo para gelatinas, caliéntalo primero para destruir su "enzima", la "bromelina" que impide la coagulación de la gelatina.*

Mamey, anón, melones de Castilla, de agua, rocío de miel

> *Al escoger el mamey observa que su masa sea de color rojo vivo y de textura pastosa. Los anones cómpralos de color verde claro y su grano abierto. Los melones, con su fragancia característica, te indican que están en su punto de maduración, son frutas de peso y de textura firme. El melón de agua debe tener color verde brillante y gran peso.*

VEGETALES

Acelgas,
espinacas: *Cómpralas con hojas grandes, sanas y de color verde brillante.*

Habichuelas: *Busca las habichuelas de color verde tierno, que se partan con facilidad y guárdalas en el refrigerador.*

Berros: *Escógelos de color verde fuerte, de hojas y tallo firme.*

Apio: *Cómpralos de color verde tierno pero brillantes, sus hojas y tallos sin lastimaduras ni grietas.*

Lechuga: *Escoge tus lechugas tiernas, pero con repollo que sea de consistencia dura y sus hojas frescas y sanas.*

Col: *La col debe ser de consistencia muy sólida y pesada, su color puede variar de verde claro a blanco. Debe guardarse en el refrigerador envuelta en un papel encerado.*

Quimbombó: *De consistencia suave, color verde tierno.*

Tomate: *Cómpralos de consistencia firme y piel suave y no los utilices hasta que tengan su grado de madurez necesario, oscilando su color de un rojo suave a un rojo brillante.*

Remolacha: *Escógelas con su tallo, de piel lisa, consistencia firme y coloración oscura.*

Zanahoria: *Búscalas que sean de consistencia firme, preferiblemente con su tallo y su color puede variar de amarillo claro hasta naranja fuerte.*

Plátanos verdes,
burros, machos,
etcétera: *Escógelos en su tallo de color verde brillante y consistencia muy firme. Para evitar que manchen, pélalos debajo de agua corriente y rocíalos con limón.*

Malanga y ñame: *Cuando los peles rocíalos con limón para conservarlos blancos.*

ALGUNAS REGLAS SENCILLAS PARA LA COCCION DE VEGETALES

Vegetales verdes:
: Se cocinan poniendo agua con sal al fuego y cuando rompa el hervor se echa el vegetal, se baja la temperatura y se cocina destapado, para evitar su decoloración por la pérdida de su pigmento, la "clorofila", y solamente durante el tiempo necesario.

Acelgas, espinacas:
: Deben cocinarse solamente con el agua de su lavado.

Remolacha:
: Se cocinan con su cáscara, tapadas y para dar brillantez a su color puede usarse el vinagre, pues el ácido actúa sobre su pigmento, la antocianina, avivándolo.

Col:
: Se cocina en agua hirviendo con sal y destapada, para evitar la concentración de olor y sabor.

Calabaza y zanahoria:
: Se cocinan con la menor cantidad de agua posible y por corto tiempo.

Papa:
: Deben cocinarse con su cáscara, en poca agua y el tiempo necesario.

Todos los vegetales y viandas deben cocinarse bajo el punto de ebullición, pues al hervir violentamente chocan unos con otros produciendo pérdidas en su apariencia, cantidad y valores nutritivos.

LAS CARNES

Son de gran valor alimenticio, siendo excelentes fuentes de proteínas, indispensables en la formación de células y tejidos. Las carnes son de fácil descomposición y debemos tratar con mucho cuidado en nuestro hogar.

Al comprar las carnes debemos seleccionarlas de acuerdo con el uso que vayamos a darle, y tener en cuenta el rendimiento según la clase.

Carne de primera:
: Sus características son: grano fino, poco tejido conjuntivo, consistencia firme, y color rojo vivo. Tiene un rendimiento de cuatro raciones por libra, cuando es molida su rendimiento es mayor.

Carne de segunda y tercera:
: Con mayor tejido conjuntivo, grasa y algo de hueso, su rendimiento es menor, variando de dos a tres raciones.

Carne de ternera
y cordero:
>Su color es rosáceo, su grano extremadamente fino y con poca grasa.

Carne de puerco:
>Su color varía con la edad del animal, siendo más obscuro en el más viejo, su rendimiento es menor por libra, dada la cantidad de grasa que tiene.

Las carnes deben guardarse limpias y secas, preferiblemente en el congelador, en paquetes conteniendo la cantidad a usar. Cuando se guarden carnes cocinadas, debe hacerse en recipientes tapados o saquitos plásticos, evitando que se pongan muy secas. Las carnes molidas su duración es menor. No debe nunca dejarse la carne en recipiente con agua, pues perdería sustancias nutritivas solubles y disminuiría su sabor, excepto en el caso de que vayamos a usarla para caldos, y utilicemos esa agua. Las vísceras tienen más facilidad para descomponerse que el resto de las carnes siendo el valor nutritivo de algunas superior al de las carnes, como el hígado, rico en sales minerales, vitamina A, y las del Complejo B.

Podemos decir en cuanto a la conservación de las aves, que se deben observar las mismas reglas que para las carnes en general: congelación en forma correcta en aves crudas y guardarlas envueltas para evitar la sequedad de su carne.

En cuanto a los pescados, para su compra, vamos a ver a continuación, el siguiente cuadro tomado del Libro Tercero "Los Alimentos" de la Dra. Manuela Fonseca de Sarille.

Pescado fresco	*Pescado atrasado*
1) piel y color brillante.	1) piel opaca, resbaloso y descolorido.
2) escamas firmes.	2) escamas flojas.
3) ojos claros, sin hundir.	3) ojos nublados, encogidos y hundidos.
4) agallas rojas.	4) agallas amarillentas y grisáceas.
5) carne firme y elástica.	5) carne blanda y fofa, que mantiene la impresión cuando se aprieta.
6) olor fresco por fuera y en las agallas.	6) mal olor, especialmente en las agallas.
7) cuerpo rígido.	7) cuerpo flojo.
8) se hunde en el agua.	8) generalmente flota en el agua.

ALGUNAS REGLAS PARA LA CONSERVACION DE PESCADOS Y MARISCOS

Congelación inmediata si no vamos a usarlos en seguida. Guardar en el refrigerador los pescados, ya preparados para cocinarlos, en recipientes tapados para evitar que otros alimentos absorban su olor característico.

En cuanto a los mariscos podemos decir que es mejor conservarlos hervidos, limpios y congelados.

Los pescados y mariscos son buena fuente de proteínas, alimento de poca grasa, ricos ambos en minerales, como hierro, fósforo y calcio. Los primeros de fácil digestión contienen Vitamina A, B y D en el hígado.

EL HUEVO

Es un alimento de uso diario en nuestra cocina, pero tiene sus reglas en cuanto a su selección, conservación y uso.

Selección:
Los huevos deben tener su cáscara áspera, de coloración opaca, y si al echarlo en un recipiente con agua flota, indica que no es fresco. Siempre el huevo fresco va al fondo. Debemos procurar comprar los huevos de un tamaño uniforme, pues esto tiene importancia después en su uso.

Conservación:
Deben guardarse en el refrigerador y no deben lavarse sino al momento de usarlo. El huevo es una proteína y por consiguiente lo afecta grandemente la temperatura excesiva produciendo variados cambios en su textura y color.

Uso:
Huevos duros:
Al hacer los tan corrientes huevos duros debemos tener en cuenta que el exceso de temperatura y cocción nos va a producir un huevo de textura gomosa y de coloración amarillo verdosa producida por el hierro y azufre que contienen. Deben cocinarse poniéndolos al fuego con agua que los cubra, cuando el agua hierva retíralos del fuego, tápalos y déjalos quince minutos. Pasado este tiempo ponlos en agua fría.

Tortilla, revoltillo
y huevos al
horno:

Debe usarse temperatura baja para evitar el endurecimiento de acuerdo con lo explicado.

Huevos escalfados
(poche):

Son muy útiles en nuestra cocina, pues se sirven de variadas formas. Para hacer los huevos escalfados, se pone al fuego una cacerola chica, mediada de agua con sal y cuando el agua hierva se revuelve vigorosamente en el centro a formar un embudo echando en ese momento el huevo que previamente se ha puesto en un pozuelo. Se baja el fuego a que el agua no hierva y se deja hasta que la clara esté coagulada y la yema cubierta por una película blanca. Puede añadirse al agua una cucharadita de vinagre, pues éste ayuda a la coagulación del huevo, sobre todo si no hay seguridad de que sean absolutamente frescos.

Cremas, natillas:

Debemos tener en cuenta el mismo principio, cocinándolas a fuego muy lento o preferiblemente a baño-maría para evitar que se produzca el fenómeno llamado "sineresis", que es cuando las cremas toman aspecto de cortadas, quedando con una apariencia de pequeñas partículas duras y separación de líquido.

Conservación
de las claras:

Deben colocarse en pomos tapados en el refrigerador, y esperar a que pierda el frío cuando se van a usar para merengues. Cuando vamos a usar claras batidas debemos hacerlo en cuanto suba, pues si se quedaran un tiempo sin usarlas se licúan y bajan.

Conservación
de las yemas:

Deben guardarse en el refrigerador en pomos cerrados y con una pequeña cantidad de agua. Los huevos para usarlos en cakes y panetelas deben estar a la temperatura ambiente y procurar que su tamaño sea uniforme, pues de no ser así, alterarán el producto final.

LA LECHE

Cuidados que requiere la conservación de la leche en el hogar:

Siendo la leche un alimento de primerísimo consumo dada su gran importancia y valor nutritivo debemos saber cómo tratarla. No dejes expuesta nunca la leche a los rayos solares, pues ocasionaría la pérdida de la "riboflavina", conocida como la vitamina del crecimiento y aumento de bacterias. Guárdala tapada en el refrigerador para evitar que tome los olores y sabores de otros alimentos. No mezcles leche fresca con residuos de leche, aunque éstos estén en el refrigerador.

PARA HERVIR CORRECTAMENTE LA LECHE

1) *Usa un depósito escrupulosamente limpio con tapa.*
2) *Mantenlo tapado, revolviéndolo a menudo.*
3) *Cuando la leche comience a hervir, bátela y déjala hirviendo por tres minutos más.*
4) *Ponla a enfriar tan pronto la retires del fuego y continúa batiéndola a menudo para evitar la formación de la nata.*
5) *Guárdala tapada en el refrigerador.*

CUIDADOS QUE REQUIERE EN EL HOGAR EL USO DE LECHES ENLATADAS

Leche evaporada:

La leche evaporada es estéril, debe abrirse con pequeños agujeros y guardarla en el refrigerador; no debe cambiarse a otro recipiente no estéril. Puede diluirse y hervirse antes de usarla.

Leche condensada:

La leche condensada no es estéril, debe guardarse en el refrigerador teniendo la ventaja de que ella forma una capa cristalizada al contacto con el aire, manteniéndose en buenas condiciones.

Leches en polvo:

La leche en polvo debe mantenerse en lugar fresco, bien tapada y usar utensilios secos para extraerla.

LA IMPORTANCIA DEL DESAYUNO

Ha empezado un nuevo día en tu hogar y con él comienzan los preparativos de la primera comida; si tienes en él el bullicio de los niños, la alegría de la adolescencia y juventud, los problemas del adulto o la paz de la ancianidad, de cualquier forma tienes que prepararlos para ese nuevo día; qué mejor que un buen desayuno servido en forma atractiva con los alimentos necesarios para que todos se sientan alegres y fuertes capaces de acometer todas las empresas.

La importancia del desayuno consiste en que tu organismo ha pasado como promedio diez horas sin recibir alimento y necesita recibirlo en calidad y cantidad adecuadas.

Al confeccionar los menús para el día incluye el del desayuno como parte muy importante de ese menú, pues tu organismo tiene requerimientos nutricionales diarios que tiene que cubrir con una dieta balanceada, pues si no vas a estar en déficit. ¿Qué puedes hacer? Pues al preparar tu desayuno y el de los tuyos comiénzalo con una fruta, tan ricas en vitaminas; aprovecha siempre las de la estación y con preferencia las nuestras, que se ha demostrado poseen altos valores nutricionales. Continúalo con un cereal o unos huevos, jamón, a escoger uno. No te olvides de incluir la leche, alimento indispensable para ti y para los niños de tu hogar dado su riqueza en calcio, proteínas de alto valor biológico, riboflavina conocida como la vitamina del crecimiento y por último el pan acompañado de la mantequilla. Al hacer el menú del desayuno ten en cuenta los valores nutritivos, la textura y el colorido de los alimentos que vas a incluir.

DESAYUNO BALANCEADO

Frutas:
- jugos: 6 onzas.
- 1 naranja.
- ½ toronja.
- 2 platanitos manzanos.

escoger uno.

Cereales:
- 1 onza en crudo o
- ½ taza cocinados.

Leche: 8 onzas (un vaso).

Pan: 2 rebanadas.

Mantequilla: 1 cucharada.

A continuación tienes varios modelos de menús de desayuno.

Primero:
- Fruta: 1 lasca de fruta bomba.
- Cereal: corn flakes.
- leche con café.
- molletes con mantequilla.

Segundo:
- Fruta: jugo de tomate.
- Cereal: harina de maíz.
- leche con café.
- galletas con mantequilla.

Tercero:
- Fruta: jugo de naranja.
- Cereal: tortas (pancakes) con miel.
- leche con café.
- tostaditas.

Menú de desayuno propio para un día especial:

- Cesticas de toronja.
- canapés de bacon y queso.
- chocolate caliente.
- scones.

MOLLETES

INGREDIENTES:

- 2 tazas de harina de todos los usos.
- ½ cucharadita de sal.
- 3 cucharadas de azúcar.
- 4 cucharaditas de polvos de hornear.
- 1 huevo entero.
- 1 taza de leche.
- 3 cucharadas de mantequilla derretida.

PREPARACION:

Se cierne la harina, se mide y se cierne junto con la sal, el azúcar y los polvos de hornear. Se bate el huevo a unirlo, se le añade la leche y la mantequilla. Se vierte la mezcla de ingredientes líquidos sobre los secos y se revuelve con un tenedor solamente lo necesario a unir. Esta masa queda mejor mientras menos se revuelva. Se vierte en doce moldecitos engrasados con mantequilla. Se hornea a 425° F. de veinte a veinticinco minutos. Se sirven en seguida, bien calientes.

TORTAS (PANCAKES)

INGREDIENTES:

3 yemas.
1½ tazas de leche agria.
1 cucharadita de bicarbonato.
1½ tazas de harina cernida.
1 cucharada de azúcar.
1 cucharadita de polvos de hornear.
½ cucharadita de sal.
3 cucharadas de mantequilla derretida.
3 claras.

PREPARACION:

Se baten las yemas y se les une leche agria y bicarbonato. Se ciernen juntos la harina, el azúcar, los polvos de hornear y la sal. Se agregan estos ingredientes a la mezcla anterior, batiendo a unirlos bien. Se añade la mantequilla y por último las claras a punto de nieve usando movimiento envolvente para unirlos. Se tiene caliente la plancha (de modo que al echar unas gotas de agua, éstas rueden sobre la plancha) y engrasada ligeramente, se vierte la masa a formar tortas de cuatro pulgadas de diámetro. Cuando se cubran con burbujas en la superficie, pero sin estar secas, se viran y se dejan dorar por la otra superficie. Rinde dieciséis tortas. Esta receta es una colaboración a esta sección de las Dras. Manuela Fonseca y María Josefa Marón.

SCONES

INGREDIENTES:

2 tazas de harina.
1 cucharada de azúcar.
4 cucharaditas de polvos de hornear.
½ cucharadita de sal.
¼ taza de mantequilla o manteca vegetal frías.
½ taza de leche.
1 huevo.
mantequilla derretida y azúcar las necesarias.

PREPARACION:

Se ciernen juntos los cuatro primeros ingredientes, y se les une la grasa con el estribo hasta que la mezcla esté como boronilla. Se le añade poco a poco la leche y el huevo batido a formar una masa suave. Se amasa ligeramente sobre una superficie enharinada. Se extiende la masa a que tenga un grueso de media pulgada y se cortan triángulos de la masa. Se brochean con mantequilla derretida y se polvorean con azúcar. Se colocan en una tartera engrasada y se hornean a 400° F. de quince a veinte minutos. Se sacan en seguida de la tartera y se dejan refrescar para servirlos.

LA VIDA MODERNA Y SUS MENUS

En la vida actual la mujer moderna tiene múltiples actividades y es por eso, que necesita saber cómo confeccionar sus menús rápidamente, que éstos sean atractivos, de fácil elaboración y que llenen los requisitos de una buena alimentación, pues no debemos olvidar que estamos en la era atómica, época de las Proteínas, Vitaminas.

El arte de la buena mesa es tradicional en Cuba y toda mujer se enorgullece de tener en su cocina tal o cual plato que es su especialidad.

Hace algunos años nuestros menús eran ricos y variados en exceso, pero debido al ritmo de la vida moderna las costumbres han cambiado y con ellas nuestros menús, cambios beneficiosos, son más sencillos, pero no menos nutritivos, dado que, por ser la vida mucho más activa necesitamos estar preparados.

Al hacer un menú debemos tener en cuenta colorido, textura y la presentación atractiva de los platos. Nuestro primer plato en el menú será bien fruta al natural o frutas mixtas, algún buen caldo, sopa o consomé gelée, todos ellos preparándonos a recibir los siguientes invitados a nuestro menú. Las frutas con su frescura, los caldos con su sabor y color atractivo nos están invitando a buena ingestión de comidas.

El segundo plato, será el plato fuerte, Las Proteínas; que extensa variedad nos encontramos para llenar los requisitos del gourmet más exigente. Las carnes con sus variadas presentaciones; las aves que en su elaboración podemos utilizar tantos ingredientes de variados sabores; los pescados, ricos en sales minerales y vitaminas; los mariscos, tan atractivos en cuanto a su forma, colorido y sabor; el huevo indispensable en toda cocina y que podemos hacerlo de las formas más diversas; la leche, alimento tan completo y que la podemos usar en tantos platos y salsas; los quesos, con su inmensa variedad de clases y sabores, con los que se pueden elaborar ricos platos y salsas y por último los granos, útiles en el menú y con los cuales hacemos platos de la cocina criolla e internacional.

El tercer plato, Las Féculas, indispensables en todo menú y con extensa variedad. Las viandas, rico nuestro suelo en ellas; el maíz, con sus variadas recetas de la cocina criolla. El arroz, cereal de consumo diario en nuestra mesa y con tan sabrosas formas de presentarlo. Las pastas que nos recuerdan un sabroso plato de macarrones, rabioles o canelones. El cuarto plato, Los Vegetales, que con su colorido propio, textura variada nos resultan ya por sí solo un regalo para la vista y el paladar, además de su riqueza en vitaminas y sales minerales. Qué extensa es la forma de presentar los vegetales, ya crudos o hervidos en ensaladas, salteados, moldeados, en gelatina, etcétera.

El pan, las galletas, las tostadas o los panecitos no pueden faltar en nuestro menú.

Y por último el Postre, que con su dulce sabor cierra brillantemente nuestro menú.

MENU BALANCEADO

1º COMIENCE BIEN SUS COMIDAS

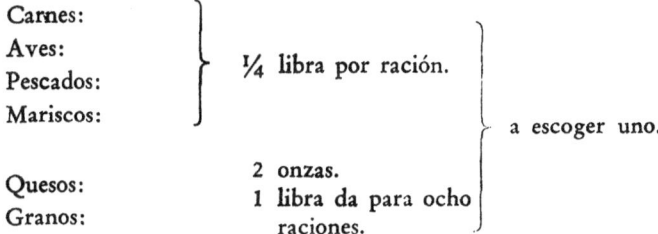

Cocktail de frutas:	½ taza.	
Jugo de frutas:	6 onzas.	a escoger uno.
Caldos y sopas:	6 onzas.	

2º PLATO FUERTE. PROTEINAS

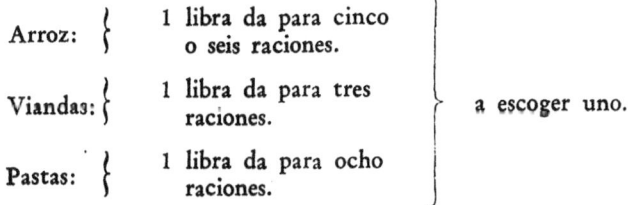

Carnes: Aves: Pescados: Mariscos:	¼ libra por ración.	
Quesos: Granos:	2 onzas. 1 libra da para ocho raciones.	a escoger uno.

3º PLATO COMPLEMENTARIO. FECULAS

Arroz:	1 libra da para cinco o seis raciones.	
Viandas:	1 libra da para tres raciones.	a escoger uno.
Pastas:	1 libra da para ocho raciones.	

4º PLATO AUXILIAR. VEGETALES

La cantidad de vegetal de una ración se considera que debe ser de 3½ onzas (100 grs.), aproximadamente.

5º PAN

1 ó 2 onzas por ración.

6º POSTRE

Depende de la cantidad de libras que quieras aumentar.

En nuestra dieta diaria debemos incluir una fruta cítrica por lo menos una vez al día. Una ración de vegetal verde crudo como mínimum. Los vegetales pueden aparecer en nuestro menú en cantidades ilimitadas y en varias formas, salteados, acompañando el plato fuerte y en ensalada. La ración de leche diaria debe ser: *Adultos:* dos vasos de ocho onzas cada uno. *Niños:* cuatro vasos de ocho onzas cada uno. La cantidad de leche indicada en el adulto no tiene necesariamente que ingerirla como bebida, sino formando parte de otros platos tales como platos de crema y postres a base de leche.

Prontuario Culinario y necesario

CAPITULO I

COMIENCE BIEN SUS COMIDAS

COCKTAIL DE MANGO

Por María Caridad Cao de Miyares

INGREDIENTES:

½ taza de bolitas de mango.
½ taza de piña picadita.
½ taza de pulpa de toronja.

2 cucharadas de azúcar.
2 limones.
cerezas para adornar.

PREPARACION:

Para este cocktail debemos usar mangos Mulgoba o Corazón, o sea, mangos que tengan suficiente masa para poder sacar las bolitas. Se unen todas las frutas ya picadas, se le agrega el azúcar. Se sirve en copas apropiadas o si queremos utilizar los mangos como recipientes debemos partirlos a la mitad y después darle vueltas a un lado y otro a cada mitad para desprender la semilla, separar primero una tapa y después quitar la semilla que quedó en la otra. Al sacar las bolitas tener mucho cuidado en no partir la cáscara. Pueden adornarse con ruedas finas de limón y se les pone en el centro una cereza.

MANZANITAS HELADAS

Por Cora Jiménez de Barroso

INGREDIENTES:

6 manzanas rojas grandes.	1 taza de hollejos de toronjas.
1 limón verde.	½ taza de platanitos manzanos picaditos.
1 taza de pedacitos de manzana.	4 cucharadas de azúcar.

PREPARACION:

Se les corta una tapita a las manzanas, se saca el corazón y se vacían con mucho cuidado dejando la pared de la manzana lo suficientemente gruesa para que no se parta. Se rocían con jugo de limón. Se pica fina la manzana y se mide la cantidad indicada, se une a la toronja, platanito y azúcar. Se rellenan las manzanas y se dejan en el refrigerador hasta el momento de servirse.

TORONJAS RELLENAS

Por Mélida Jordán de Mesa

INGREDIENTES:

2 tazas de jugo de naranja.	1 taza de bolitas de melón de agua.
3 toronjas.	4 cucharadas de azúcar.
1 taza de bolitas de melón de Castilla.	limón verde.
	hojas de hierbabuena.

PREPARACION:

El jugo de naranja se pone en una gaveta a congelar y cuando esté se pica en pedacitos. Las toronjas se cortan a la mitad y se vacían, conservando los hollejos. Se reparte el hielo de naranja en las toronjas, se ponen los hollejos de la misma. Se unen ambos melones, se les echa el azúcar y se colocan en las toronjas. Se adorna con ruedita de limón y hojitas de hierbabuena.

Manténgase siempre al día sobre cómo preservar los alimentos y las ideas sobre la nueva cocina. Deléitese con los viejos platos e investigue los nuevos.

COCKTAIL DE FRUTAS

Por Liliam Pina de San Martín

INGREDIENTES:

½ taza de bolitas de melón de Castilla.
½ taza de bolitas de melón de agua.
2 platanitos manzanos.
½ taza de manzanas picaditas.
1 limón.
jugo de dos naranjas.
4 cucharadas de azúcar.

PREPARACION:

Se preparan y se pican el melón de Castilla, el melón de agua, los platanitos y la manzana, se unen y se les exprime el limón, se extrae el jugo de las naranjas al cual se le agrega el azúcar y se une al resto de los ingredientes. Debe servirse bien frío y pueden hacerse pequeños adornos con el melón de agua.

COCKTAIL DE FRUTAS

Por Beba Sosa de Pina

INGREDIENTES:

1 manzana.
2 melocotones.
½ taza de fruta bomba.
1 toronja.
½ taza de jugo de naranja.
4 cucharadas de azúcar.
½ piña.
2 limones.

PREPARACION:

Se pican la manzana, los melocotones y la fruta bomba. Se saca toda la masa a la toronja y se une todo con la media taza de jugo de naranja y el azúcar. Se pican ruedas finas de la piña ya pelada, se les saca el centro para darle forma de aro, se colocan en el fondo de la copa, se rellena el centro con la mezcla de frutas y se adorna con ruedas finas de limón.

A la China, que gozaba de una gran civilización, le debemos gran parte del desarrollo de nuestra cocina. El camino dorado de Samarcanda, cruzado por muchas caravanas de europeos en busca de joyas y especias, regresaban con historias fabulosas sobre los maravillosos platos que habían comido en Catay.

COCKTAIL DE PIÑA Y FRUTA BOMBA

Por Leocadia Valdés Fauli y Fuentes

INGREDIENTES:

1½ tazas de piña en cubitos.
1½ tazas de fruta bomba en bolitas.
3 cucharadas de granadina francesa.
6 guindas para adornar.
6 ruedas de limón verde.

PREPARACION:

Se unen piña, fruta bomba y granadina, se prueba y puede añadirse azúcar a gusto. Se deja durante treinta minutos en una gaveta en el congelador a que se hiele bien. Se preparan seis copitas de cocktail de la siguiente forma: Se humedece el borde con jugo de limón, se pone azúcar en un plato y se pasan las copitas para nevarles el borde. Se llenan las copitas con las frutas heladas, se adornan con las guindas y se pone una rueda de limón en cada copita.

YOGHOURT DE PEPINOS (Biber Yoghourtlu)

Por Chana Villalón de Menocal

Esto se sirve en copas de cristal muy frío, al principio de la comida en lugar de sopa o frutas. Es muy refrescante en un día caluroso.

INGREDIENTES:

3 pomitos de yoghourt.
3 dientes de ajo.
sal a gusto.
1 cucharadita de vinagre de vino.
½ pepino fresco.

PREPARACION:

Se bate el yoghourt con una cuchara de madera. Se aplastan los ajos hasta hacerlos una pulpa con un poco de sal, se le añade el vinagre y se mezcla todo con el yoghourt. Se pone en el refrigerador. Se cortan los pepinos en cuadraditos bien chiquitos y se le añade al yoghourt cuando esté colocado en las copas en el momento de servirlo.

No se desespere por sus manos de cocinera. Dése un buen masaje con aceite de comer, cepíllelas bien y láveselas secándolas cuidadosamente.

BOUILLABAISSE (Sopa de Marsella)

Por Bebé Arozarena de Morales

En toda Francia se celebra mucho Marsella por su hermoso puerto de mar y por su especialidad en su típica sopa de mariscos llamada "Bouillabaisse".

INGREDIENTES:

- 3 libras de pescado.
- 1 libra de almejas.
- 1 libra de camarones.
- 2 langostas.
- 1 taza de aceite.
- 2 litros de agua.
- 6 cebollas cortadas al medio.
- 1 limón en ruedas.
- ½ naranja agria (el zumo).
- 2 clavos.
- 1 cucharadita rasa de azafrán.
- 1 ó 2 ramitas de perejil.
- 1 taza de vino seco.
- sal.
- pimienta.
- pan.

PREPARACION:

Se corta el pescado en pedazos y se pone en una cazuela con las almejas, los camarones, la langosta y los demás ingredientes y se deja hervir durante cuarenta minutos. Se cortan en cuadraditos unos pedazos de pan que se fríen en aceite, se ponen en el fondo de la sopera, se les añaden el pescado y los mariscos y se vierte encima el caldo ya colado.

BORTSCH (Sopa rusa de remolacha)

Por Blanca García Montes de Terry

INGREDIENTES:

½ libra de remolachas bien rojas.
1 cucharada de vinagre.
2 litros de agua.
sal a gusto.
2½ libras de falda.
½ libra de zanahorias.
½ libra de nabos.
1 col pequeñita.
4 ajos puerros.
1 cucharadita de azúcar.
1 pedacito de mantequilla para cada plato o una cucharada de crema.

PREPARACION:

Se corta la remolacha en pedacitos, se salcocha y se pone en un plato con el vinagre uniéndolos bien. En una cacerola se pone el agua con la sal y se cocina la falda. Se espuma y se deja hervir. Se le agregan las zanahorias, los nabos, la col, todo picadito, y los ajos puerros, se deja hervir a fuego lento durante tres horas. Entonces se le agrega la remolacha y el azúcar, se deja hervir durante unos minutos. En cada plato se pone un pedacito de mantequilla o una cucharada de crema bien espesa y se vierte encima la sopa bien caliente.

SOPA GEORGIANA

Por Blanca García Montes de Terry

INGREDIENTES:

1 gallina de 4 a 5 libras.
4 litros de agua.
3 cebollas grandes.
½ libra de mantequilla.
1½ cucharadas de harina de Castilla.
3 yemas.
1 cucharadita de azúcar.
1 cucharada de vinagre o limón.
pimienta.

PREPARACION:

Se cocina la gallina en el agua, no se le echan legumbres para que el caldo sea puramente de gallina y muy fuerte. Se hierve a fuego lento durante una hora. Se cortan muy finamente las cebollas y se fríen en la mantequilla sin dejarlas coger color, se le agrega la harina y se cocina a fuego lento durante diez minutos, agregándole un poco de caldo, es preferible cubrir la cacerola. Esto se echa en el caldo y se deja hervir una hora más. En el momento de servirse se deslíen las yemas de huevo con el azúcar, el vinagre o limón, la pimienta y se le agrega poco a poco el caldo.

SOPA DE TOMATE "ESCOFFIER"

Por Carmen de la Guardia de Lazo

INGREDIENTES:

1 onza de mantequilla.	1/3 taza de arroz Valencia.
1 onza de bacon.	1/2 litro de consomé blanco fuerte.
1/3 de una zanahoria.	
1/2 cebolla.	2 onzas de mantequilla.
un poco de tomillo.	2 cucharadas de arroz cocinado desgranado.
1 hoja de laurel.	
8 tomates medianos.	2 cucharadas de tomates picaditos.
1 cucharadita de azúcar.	

PREPARACION:

Se fríen en la mantequilla los cinco primeros ingredientes, pasados unos minutos se añade al sofrito los ocho tomates un poco aplastados y cortados en pedazos pequeños, el azúcar, el arroz Valencia y el consomé. Se cocina a fuego lento hasta que el arroz esté blando, se pasa por un colador chino, y se puede añadir más consomé en caso de que hubiera reducido mucho. Al momento de servirse se le añade, fuera del fuego, dos onzas de mantequilla. Se adorna con el arroz cocinado y los tomates salteados en mantequilla.

SOUPE A L'OIGNON GRATINEE (Sopa de Cebollas)

Por Silvia Kourí de Pendás

INGREDIENTES:

3 cebollas grandes.	2 litros de consomé blanco.
3 cucharadas de mantequilla.	
	pan tostado.
3 cucharadas de harina.	queso Gruyere.
	mantequilla.

PREPARACION:

Se cocinan completamente, sin que tomen mucho color, las cebollas, cortadas en anillos finos, en la mantequilla. Cuando estén casi cocinadas se une la harina y se revuelve con cuchara de madera durante un rato. Se añaden dos litros de consomé blanco y se deja hervir durante veinticinco minutos. Se vierte en cazuela refractaria, sobre rodajas de pan tostado en la que se ha puesto queso Gruyere rallado. Por último se espolvorea de queso y se salpica con algunos pedacitos de mantequilla para gratinarla en el horno a 350° F.

SOPA DE FIDEOS A LA MEXICANA

Por María Enriqueta Manrique de Brown

INGREDIENTES:

2 dientes de ajo.
4 cucharadas de manteca.
½ libra de fideos cabello de ángel.
8 tomates de cocina.

1 cebolla.
caldo de carne el necesario.
2 ramitos de perejil.

PREPARACION:

Se fríe el ajo a que dore y se saca. En esa manteca se doran los fideos revolviéndolos a que no se quemen, se le añade el tomate bien molido y colado y la cebolla, se mueve a que se fría un poco; por último se agrega el caldo de carne y el perejil. Se deja cocinar.

CREMA VICHYSSOISE

Por María Luisa Menocal y Valdés Fauli

INGREDIENTES:

½ libra de cebollas.
3 ajos puerros grandes.
3 cucharadas de mantequilla.
4 tazas de caldo bueno.
1 libra de papas.

1 cucharadita de sal.
1 cucharadita de pimienta.
1 taza de crema doble al 40%.
perejil para adornar.

PREPARACION:

Se cortan fino las cebollas y las partes blandas de los ajos puerros, se ponen a cocinar ambas cosas a fuego lento en la mantequilla sin que se doren. Se agrega el caldo, las papas cortadas muy finas, la sal y la pimienta. Se pone a fuego lento hasta que esté cocinada la papa. Se pasa por un tamiz muy fino, se le agrega la crema (sin batirla) y se pone a enfriar. Se sirve adornada con perejil picadito fino. Rinde para seis personas.

JIGOTE CAMAGÜEYANO

Por Olga Núñez de Argüelles

INGREDIENTES:

1 gallina bien gorda.	sal a gusto.
3 cebollas.	½ libra de almendras.
3 ajíes.	1 taza de vino seco.
2 ramitas de perejil.	pan.

PREPARACION:

Se pica la gallina en pedazos y se pone en una cazuela con dos cebollas, los ajíes, el perejil y se sofríe un poco. Se le echa agua, la suficiente para cubrir la gallina y se cocina hasta que esté blanda. Cuando esté bien blanda se deshuesa y se pasa por la maquinita. Se maja en el mortero una cebolla grande y una ramita de perejil y se le agrega el picadillo con el caldo, se sazona con sal, a gusto. Las almendras se ponen en agua durante un cuarto de hora para poderlas pelar bien. Después de peladas se pican y se ponen en un vaso de agua y se van echando con un poco de agua en un pañito para exprimirlas y hacer la horchata. Se une al caldo, se pone al fuego, y se revuelve constantemente para que no se corte. Cuando ha hervido un rato, se le echa el vino seco y se deja hervir otra vez. Se sirve con pedacitos de pan frito.

Uno de los manjares más apreciados por los hijos del Celeste Imperio, es la famosa sopa de nidos de golondrinas. Esta célebre sopa se hace con los nidos de las "salanganas" cuyos caracteres recuerdan los de nuestras golondrinas. Estas aves construyen su nido con la secreción salival, que al contacto con el aire se seca y endurece rápidamente adquiriendo una consistencia parecida a la del cemento, si bien se ablanda y disuelve en agua hirviendo. Viven en el Archipiélago Malayo, en los acantilados y en los grandes peñascos, y anidan en cavernas lóbregas donde apenas entra la claridad del día. Los habitantes de aquellas islas han creado una industria de la recolección de nidos. Los cazadores bajan por una cuerda; el que la suelta muere sin remedio, y aún dentro de las cavernas están amenazados por la invasión de las aguas. Los chinos distinguen varias especies de nidos, y pagan, sobre todo por los de color blanco y delicado, que son los construidos más recientemente, sumas fabulosas.

SALGA AIROSA CON NESTLE

¿A LA HORA DEL DESAYUNO?
>NESCAFE, el café con leche más sabroso... más nutritivo... más rápido de hacer.

¿EN EL ALMUERZO?
>CREMA DE LECHE NESTLE, en platos finos y sencillos: sopas, ensaladas, croquetas, suflés, postres y para aumentar el valor nutritivo de la leche.

¿EN LA MERIENDA?
>MILO, que alimenta, da vigor... y qué sabroso es.

¿EN LA COMIDA?
>MAGGI, para hacer un caldo sabroso, para enriquecer una sopa, para darle importancia a un plato.

¿EN UNA VISITA INESPERADA?
>QUESITOS PETIT GRUYERE, como saladitos, una verdadera exquisitez.

¿PARA LOS NIÑOS?
>NESTUM y HARINA LACTEADA, para gusto de ellos y tranquilidad de usted.

Y... para todos a cualquier hora LECHE CONDENSADA "LA LECHERA", orgullo de Cuba, la base de la alimentación de dos generaciones de cubanos.

Siempre, señora, siempre...

Salga airosa con NESTLE

CAPITULO II

PLATOS FUERTES

(PROTEINAS)

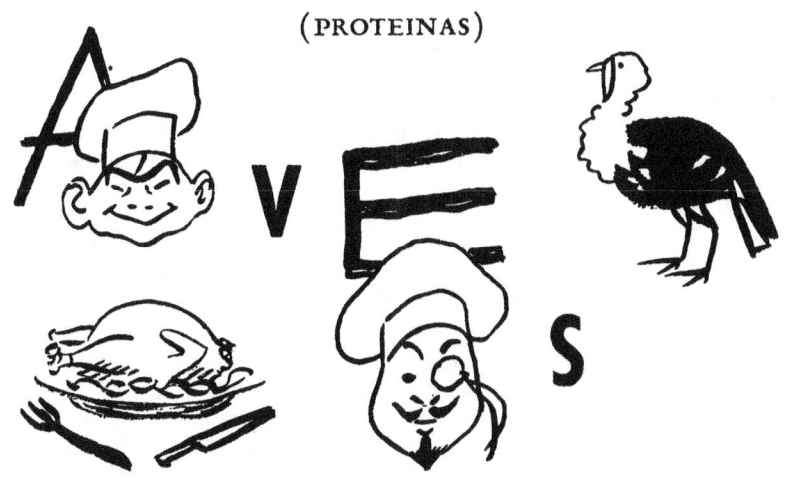

POLLO "OFELIA"

Por Ofelia Aixalá de Hernández

INGREDIENTES:

- 1 pollo de 3 libras.
- 2 cucharaditas de sal.
- 1 cucharadita de pimienta.
- 1 naranja agria.
- 1 cucharadita de orégano.
- 1 cebolla.
- 4 cucharadas de manteca.
- ½ libra de jamón picado en tiras.
- 1 ají de ensalada picado en tiras.
- ½ onza de chocolate, rallado.

PREPARACION:

Después de limpio el pollo se seca y se adoba con la sal, pimienta, naranja agria y orégano. La cebolla se pica en ruedas y se añade también, se deja en ese adobo dos horas. En una cazuela se pone la manteca y se calienta. Se dora el pollo. Después se le van echando los demás ingredientes. Se baja la candela y a fuego lento se acaba de cocinar. Si queda seco se le puede poner caldo. Un rato antes de retirarlo del fuego se añade el chocolate que le da un gusto exquisito. Se sirve con papas "Puffs". (Para la receta de las papas "Puffs", véase el capítulo de Féculas).

PAVO RELLENO A LO ROSA MARIA

Por Rosa María Barata de Barata

INGREDIENTES PARA EL PAVO:

1 pavo de 10 libras.
1 taza de vino Jerez seco.
½ libra de cebollas en ruedas.
1½ cucharaditas de pimienta.
1½ cucharadas de sal.
½ cucharadita de nuez moscada.
2 dientes de ajo.
¼ taza de jugo de limón.
½ ó ¾ taza de manteca.

PREPARACION:

Se lava el pavo con agua y jabón enjuagándolo bien. Se le corta la cabeza a unos cuatro dedos por encima de la pechuga. Se limpia por la parte posterior, como es lo usual, y se procede a deshuesarlo, con mucho cuidado de no romper la piel. Se deja en el refrigerador durante toda la noche en un adobo de Jerez seco, unas cebollas en ruedas, pimienta blanca molida, sal y una ralladura de nuez moscada. A la mañana siguiente se rellena y se cose.

INGREDIENTES PARA EL RELLENO:

5 libras de masa de puerco.
2½ libras de jamón.
6 u 8 galletas molidas.
6 huevos crudos.
⅛ libra de mantequilla.
1½ cucharaditas de sal.
¼ cucharadita de nuez moscada.
1 manzana.
1 pepino dulce.
3 huevos duros.
4 ciruelas pasas sin semilla.
1 latica de trufas.
¼ libra de almendras tostadas y picaditas.

PREPARACION:

Se unen todos los ingredientes, se rellena el pavo, se pone en una tártara y se adoba con dos dientes de ajo machacado, limón y la manteca. Se pone al horno a 350° F. durante dos horas o más, hasta que se dore y seque completamente, es decir, que pinchándolo no suelte líquido. Se saca del horno cuan-

do se va a servir, adornándolo a gusto. Puede servirse en su propia salsa, o con mermelada de fresa, de albaricoque o de manzana, según se prefiera. Da aproximadamente para veinte personas.

PATO CON NARANJA
Por Tecla Bofill Vda. de Domínguez Roldán

INGREDIENTES:

1 pato asado.
1 cucharada de azúcar caramelizada.
1 cucharada de vinagre.
2 naranjas de china (el jugo) no muy dulces.
1 limón (el jugo).
1 cucharadita de maicena.
1 vasito de vino de Madera.
1 naranja entera.

PREPARACION:

Se asa bien el pato en el horno y cuando esté cocinado se saca del horno pero teniendo cuidado de que no se enfríe. Se le quita la grasa a la salsa que quede en la cazuela, se le añade el caramelo disuelto en vinagre, el jugo de las naranjas, el limón, la maicena disuelta en el vino, y se cocina durante cinco minutos. Se cuela la salsa y se vierte sobre el pato; se adorna con pedazos de naranja pelados.

PATO ASADO
Por Tecla Bofill Vda. de Domínguez Roldán

INGREDIENTES:

1 pato mediano.
1 cucharadita de sal.
½ cucharadita de pimienta.
1 limón (el jugo).
2 manzanas de cocinar.
2 dientes de ajo.
$1/3$ taza de mantequilla.
¼ libra de cebollas en ruedas.
¼ taza de vinagre.
¼ taza de vino.
perejil picadito.

PREPARACION:

Se adoba el pato desde el día anterior con la sal, la pimienta y el jugo de limón. Se polvorea con harina y se rellena con las manzanas picadas en trozos. Se doran los ajos en la mantequilla, se sacan. Se le une al pato la mantequilla y los restantes ingredientes y se coloca en una tartera. Se hornea a

350° F. cocinándolo de veinticinco a treinta minutos por libra de peso del pato. De vez en cuando se rocía con el adobo.

NOTA: Los patos salvajes que se alimentan sólo de mariscos al limpiarlos se le corta la rabadilla entera, pues ahí tienen una bolsa de aceite, que es lo que produce mal sabor. El aceite de la bolsa es el que hace impermeables las plumas del animal. También se les quita el "pulmón aéreo" que se encuentra sobre el espinazo y pegado a la rabadilla; luce como una bolsa o coágulo de sangre. Después de quitado se raspa bien el hueso para que no quede nada de él. Esto no sucede con los patos domésticos, pues se alimentan de otra manera. Las manzanas para rellenar el pato deben ser medio ácidas.

PALOMITAS EN SALMIS

POR CELIA DE CÁRDENAS DE MORALES

INGREDIENTES:

6 u 8 palomitas.
¼ libra de manteca.
1 libra de masa de jamón crudo.
½ taza de vinagre.
caldo el necesario.
½ libra de cebollas picadas.
4 dientes de ajo machacados.
12 granos de pimienta.
6 clavos.
¼ onza de canela fina en rajas.
2 tazas de vino de Jerez seco, vino seco, o Madera seco.
1 cucharada de sal.
1 cucharada de harina.
1 latica de trufas.
1 lata de ocho onzas de champignons.
pan frito para adornar.

PREPARACION:

Se limpian y lavan las palomitas, secándolas bien. Se doran en la manteca caliente con el jamón picado muy fino. Cuando estén doradas se les añade el vinagre, se tapan y se dejan cinco minutos al fuego; se les agrega las cebollas, el ajo, la pimienta en grano, los clavos reducidos a polvo y la canela. Se dejan cocinar hasta que estén blandas. Se les añade el vino Jerez y la sal, dejándolas por cinco minutos más al fuego. Se disuelve la harina en un poco de la salsa, se le añade el resto de la salsa de las palomitas para cuajar. Se añaden trufas, champignons a gusto y se sirven con lascas de pan fritos.

NOTA: Esta misma receta se puede hacer con patos y becacinas.

RELLENO DE CASTAÑAS

Por Celia de Cárdenas de Morales

INGREDIENTES:

2 libras de castañas peladas.
1 taza de leche.
1 taza de agua.
¼ libra de mantequilla.
¾ taza de vinagre francés.
1 cucharadita de sal.
1 cucharadita de pimienta.
1 cebolla picadita.

1 hígado de pavo.
perejil.
grasa de pavo.
2 cucharadas de azúcar.
leche la necesaria.
2 tazas de polvo de galleta.
4 yemas de huevo crudas.
½ taza de vino seco o Jerez bueno.
2 huevos duros picaditos.

PREPARACION:

Se salcochan las castañas hasta que estén blandas y se majan o muelen por la cuchilla fina. Se le unen: leche, agua, mantequilla, vinagre, sal, pimienta y cebolla. Se pica fino el hígado con el perejil y se añade la grasa del pavo molida, ambas cosas se unen a las castañas, se les añade azúcar, leche y polvo de galleta y esto se une a la mezcla anterior. Se pone al fuego revolviendo hasta que espese. Se retira del fuego y se les añade revolviendo las yemas de huevo bien batidas, el vino seco, y por último los huevos duros. Se rellena el pavo con el puré de castañas.

POULET AUX AMANDES

Por Lissette Dediot de Pagadizábal

INGREDIENTES:

1 pollo de 2½ libras.
⅛ libra de mantequilla.
1 cucharadita de sal.
jugo de limón.
½ cucharadita de pimienta.
½ taza de aceite.
1 cebolla grande.

1 ajo puerro.
1 taza de vino seco.
½ taza de agua.
2 cucharadas de mantequilla.
12 almendras.
hígado de pollo.

PREPARACION:

Se descuartiza el pollo, quitándole el hueso del espinazo; se untan los pedazos de pollo con mante-

quilla, sal, limón y pimienta. *Se doran en aceite, se sacan y en ese aceite se fríe un poco la cebolla y el ajo puerro cortado en rueditas. Se agregan los trozos de pollo, el vino seco y el agua si hace falta. Se tapa bien y se cocina a fuego lento. Se fríen en mantequilla las almendras y luego el hígado de pollo, se machacan en el mortero hasta formar una pasta. Cuando el pollo esté bien blando se sacan los trozos, se echa la pasta de hígado y almendras en la cazuela con la salsa, se le da un hervor; se cuela esta salsa y se cubre el pollo con ella. Se puede dejar el pollo en la cazuela en esta salsa hasta la hora de servirlo.*

GALANTINA DE PAVO

Por Lucila Díaz Quiñones Vda. de Sánchez

INGREDIENTES:

- 1 pavo de 5 libras.
- 1 libra de masa de puerco.
- 1 libra de jamón.
- ½ libra de ternera.
- sal y pimienta molida.
- nuez moscada.
- 3 huevos.
- 2 cucharaditas de Jerez o vino blanco.
- 1 lata de trufas.
- 1 cebolla.
- perejil.

PREPARACION:

Desplumado y limpio el pavo se le quita la piel, procurando que salga entera para en ella rellenar el ave; las pechugas se sacan enteras, lo demás del pavo se pica junto con la carne de puerco, el jamón y la ternera. Tanto las pechugas como el jamón y algo de la grasa del jamón se cortan en tiras y se dejan separadas del resto de la carne, que se pasará por la máquina para molerla y hacer un picadillo lo más fino posible. Se pone en una vasija y se le echa sal fina, pimienta molida, nuez moscada, los huevos enteros y el vino de Jerez o vino blanco, se une todo bien, y se deja reposar un par de horas para que tome bien el adobo; después se le adicionan las trufas cortadas que se introducen bien mientras se va colocando en la piel del pavo, primero: la mitad del picadillo, luego las tiras de la pechuga, el jamón y la grasa y después la otra mitad del picadillo, de modo que las tiras queden en el medio. Se introduce todo en la piel, y ésta se cose procu-

rando darle la mejor forma; se envuelve en un paño blanco cosiéndolo también y se pone a cocer en agua, con la cebolla, perejil y todos los huesos del pavo por espacio de dos horas desde que empieza a hervir. Se prensa hasta el día siguiente, se corta en lonjas finas para servirlo, adornándolo si se quiere con gelatina, huevos hilados o manzanas.

PAVO SANTIAGO

Por Delia Echevarría de Moré

INGREDIENTES:

- 2 cucharadas de manteca vegetal.
- 1 cebolla pequeña.
- 1 ají verde grande.
- 24 pasas sin semillas.
- 2 tazas de picadillo de pavo.
- 2 huevos duros.
- 1 taza de aceitunas.
- 1 latica de pimientos morrones.
- 1 latica de petit-pois.
- 1 cucharadita de sal.
- ½ cucharadita de pimienta.
- 1 cucharadita de Kitchen Bouquet.
- 1 taza de salsa del pavo.

PREPARACION:

Se hace un sofrito con la grasa, la cebolla y el ají. Se añaden pasas, picadillo de pavo, huevos picados en ruedas, aceitunas, pimientos picados, petit-pois, sal, pimienta y Kitchen Bouquet. Se pone en un molde de cristal de horno engrasado y se vierte por encima la salsa del pavo. Se cubre con una capa de pasta de "pie" y se hornea a 450° F. durante veinte minutos. Rinde para cuatro raciones. Se puede sustituir la salsa del pavo por salsa Bechamel. Esta receta es propia para utilizar restos de pavo.

INGREDIENTES PARA LA SALSA BECHAMEL:

- 1 pastilla concentrada de caldo de pollo.
- 1 taza de agua hirviendo.
- 2 cucharadas de harina.
- 2 cucharadas de mantequilla.
- ½ cucharadita de sal.

PREPARACION:

Se disuelve la pastilla en agua hirviendo y se añade la harina de Castilla poco a poco, se agrega la mantequilla y la sal y se pone a fuego lento revolviendo hasta que espese. Se retira del fuego y se vierte sobre el relleno.

GALANTINA DE GALLINA

Por Martha Frayde y Barraqué

INGREDIENTES:

- 1 gallina de 4 libras.
- 1 cucharadita de sal.
- 2 dientes de ajo.
- ½ cucharadita de pimienta.
- 1 limón (el jugo).
- 3 libras de masa de puerco.
- el hígado de la gallina.
- aceitunas.
- 4 huevos.
- 8 ciruelas pasas remojadas.
- $1/3$ taza de vino seco.
- 1 cebolla.
- pimienta y sal a gusto.
- 2 huevos duros.
- 1 libra de jamón.
- $1^{2}/_{3}$ tazas de vino seco.
- 1 hoja de laurel.
- 8 granos de pimienta.
- 1 cebolla.
- 2 dientes de ajo.

PREPARACION:

Después de desplumada la gallina se le corta el pescuezo y se le saca el buche; se corta por el lomo con cuidado de no romper el pellejo, se vuelve la masa hacia afuera despegándola con un pequeño cuchillo dejando el hueso de las alas. Después de sacados los huesos se sazona la masa de la gallina con sal, ajo machacado, pimienta y el zumo de un limón. Se muele la carne de puerco con la cuchilla de moler galleta. Se cocina el hígado en trocitos y se le agrega a la carne de puerco al igual que las aceitunas, cuatro huevos, las ciruelas pasas cortadas en trocitos, el vino seco, una cebolla cortada muy fina y pimienta y sal a gusto, amasándolo muy bien todo. Se salcochan dos huevos. Se coge la gallina y se rellena en la forma siguiente: Una camada de la pasta y otra de jamón cortado en tiras y los dos huevos cortados a lo largo en ocho partes iguales se colocan sobre el jamón con las aceitunas y por último el resto de la pasta. Se cose a lo largo, se envuelve en un paño y se amarra. En una cazuela honda se echa agua suficiente, los huesos de la gallina, sal a gusto, el resto del vino seco, una hoja de laurel, la pimienta en grano, una cebolla y los dientes de ajo, dejándolo que hierva por espacio de tres a cuatro horas. Después de cocinado se zafa envolviéndolo de nuevo y apretándolo bien para que escurra el agua, se amarra y se coloca en el refrigerador por espacio de catorce o quince horas. Transcurrido ese tiempo se zafa y se dora ligeramente en aceite o mantequilla. Se puede servir solo o con salsa de Madera.

INGREDIENTES PARA LA SALSA MADERA:

1 cucharada de cebolla picada.
2 cucharadas de mantequilla.
2 cucharadas de harina.
una pizca de sal.
½ taza de caldo.
½ taza de vino de Madera o vino seco.

PREPARACION:

Se rehoga la cebolla en la mantequilla y se le agrega la harina de Castilla y una pizca de sal, se le va agregando el caldo y revolviendo, finalmente se le echa el vino y cuando espese, se cuela. Se le vierte por encima a la gallina que ya estará cortada en rodajas. Se coloca en la fuente con adorno de lechuga, huevos duros y puntas de espárragos.

POLLO BORRACHO

Por Marina García de Casalduc

INGREDIENTES:

8 lascas de bacon.
1 chorizo cortado en rueditas.
1 pollo de 3 libras.
½ cucharadita de sal.
½ cucharadita de pimienta.
1 taza de vino seco.
¼ taza de Ron.

PREPARACION:

Se fríen el bacon y el chorizo, cuando suelten toda la grasa se sacan. Se pica en ocho pedazos el pollo y se fríe pedazo a pedazo en la grasa. El pollo debe estar bien seco antes de freírlo. Cuando el pollo esté todo dorado se agrega el bacon, chorizo, sal, pimienta, vino seco y la grasa restante; se pone todo de nuevo al fuego muy lento y se deja hasta que el pollo esté blando. Se le agrega el Ron y se retira del fuego.

En el siglo XVII aparecieron en Francia los primeros tenedores y su uso provocó gran resistencia por considerarse que era una afectación.

POLLO A LO MARENGO
Por Blanca García Montes de Terry

El cocinero de Napoleón no tenía mantequilla en el campo de batalla, y se le ocurrió sustituirla por aceite, para que el vencedor de Marengo pudiera gozar de una buena mesa.

INGREDIENTES:

- 2 ajos.
- 1 cebolla.
- ½ taza de aceite de oliva.
- 2 cucharadas de manteca.
- 1 pollo de 2 libras.
- 1 latica de trufas de ⅛.
- 1 latica de salsa de tomate.
- 2 latas de champignons.
- 2 latas de petit-pois.
- 1 cucharada de harina.
- 3 cucharadas de vino de Jerez.
- 2 pepinitos encurtidos.

PREPARACION:

Se sofríe el ajo y la cebolla en el aceite y la manteca y se echa el pollo partido en cuartos; cuando esté dorado se le añade las trufas picadas, la salsa de tomate, los champignons y el petit-pois. Se le pone la harina desleída en la misma salsa, el vino y los pepinitos. Se deja cocinar a fuego lento hasta que la salsa espese.

POLLO EN CACEROLA ENRIQUE IV
Por Blanca García Montes de Terry

INGREDIENTES:

- 1 pollo de 3 libras.
- 1 cucharadita de sal.
- ½ cucharadita de pimienta.
- ¼ libra de tocino.
- 1 cucharada de aceite.
- 2 cebollas.
- 1 ramita de perejil.
- hojas de laurel.
- 2 clavos.
- 6 tomates.
- 4 zanahorias pequeñas.
- 1 taza de vino tinto.
- ½ vasito de Cognac.

PREPARACION:

Se corta el pollo en seis o más pedazos y se sazona con sal y pimienta; se pone a dorar en una cazuela de barro con el tocino, el aceite, las cebollas enteras, el perejil, el laurel y los clavos enterrados en las cebollas. Cuando el pollo esté dorado se le echan los tomates picados, las zanahorias, el vino tinto y el Cognac. Se tapa bien la cazuela y se cocina cerca de una hora o más si el pollo no es tierno. Se sirve en la misma cazuela.

LE COQ AU VIN (Gallo al vino)

Por Mme. R. Josset

INGREDIENTES:

1 gallo tierno de 3 a 4 libras.	2 tazas de agua caliente.
2 cucharadas de mantequilla.	2 cucharaditas de sal.
¼ libra de tocino.	½ cucharadita de pimienta.
10 cebollas blancas (chiquitas y enteras).	tomillo.
1 vasito de Cognac.	½ hoja de laurel.
1½ cucharadas de harina.	1 lata de ocho onzas de champignons.
½ litro de vino tinto de Borgoña.	1 pan de leche.
	aceite para dorar el pan.

PREPARACION:

Cuando se mata el gallo se recoge la sangre en una taza con algunas gotas de vinagre, y se mueve para que no se coagule. En una cazuela de hierro se pone la mantequilla, cuando esté caliente, se dora el tocino en trocitos y las cebollas enteras (cuidado de no deshacerlas), cuando esté dorado el tocino y cebollas se sacan en un plato, guardándolo al calor. En esta grasa se dora el gallo en pedazos, cuando esté dorado se le vierte el Cognac y se flamea. Después se le agrega la harina, se deja dorar; el vino, agua caliente, sal y pimienta; cuando empiece a hervir se le agrega la sangre moviendo la cazuela sin parar para que no se corte la sangre. Se le agrega el tocino, cebollas, tomillo y laurel. Los champignons se pican en pedacitos y antes de mezclarlos se ponen en una cazuelita, con un poco de mantequilla y una pizca de sal, se tapan, dejándolos sudar un ratico para que den su sabor, después se agregan al gallo. Se cocina todo por espacio de una hora y media a fuego lento. Se sirve con pan de molde picado en cuartos y frito en aceite.

El gallo es el ave que simboliza la vigilancia, la osadía y el orgullo. Se presenta siempre de perfil con la cabeza levantada, la cola vuelta hacia arriba y las plumas cayendo en penacho. Es el emblema de los predicadores.

POULARDE ROYALE

Por Blanca Mujica

INGREDIENTES:

- 5 litros de agua.
- 1 pata de res chica.
- 3 libras de falda.
- 1 libra de chocozuela.
- 2 ajos puerros.
- 2 cebollas grandes.
- ½ libra de zanahorias.
- 1 gallina o pollo capón de 3 a 4 libras.
- 10 pollitos de 1¼ libras.
- 2 cucharadas de sal.
- 10 cucharadas de gelatina simple.
- foie-gras.
- ½ litro de crema doble.
- ½ libra de mantequilla.
- ½ libra de harina.
- sal y pimienta.
- 1 lata de trufas.

PREPARACION:

Se pone al fuego en una cacerola grande, el agua y las carnes (menos la gallina y pollos). Cuando hierva se espuma dos o más veces, agregándole los vegetales. Se deja a fuego lento durante tres horas. Pasado ese tiempo se le incorpora la gallina bien amarrada, se tapa y se deja dos horas más, todo esto a fuego muy lento. Los pollitos que han sido limpios, se unen al consomé, agregándole dos cucharadas de sal y dejándolo media hora más. Se retira la cacerola del fuego, se sacan las aves con cuidado y se deja enfriar el caldo. Este caldo o consomé se pasa por un paño mojado, se separa un litro que se clarifica, se le añade tres cucharadas de gelatina y se deja en el refrigerador. A la gallina se le quita el pellejo, se separan las dos supremas (o sea las dos mitades de pechuga); y a los pollitos se les separa la pechuga y se les quita el hueso con cuidado de que no se rompa. El foie-gras se une con tres cucharadas de gelatina remojada y fundida y la mitad de la crema batida. Con este puré se llena el interior de la gallina dándole la forma de la misma. Las pechugas se pican en lascas finas, las que se colocan sobre el puré de foie-gras, pasándole con una espátula un poco del puré para que resulte perfecta la forma de la gallina. Se coloca en el refrigerador no menos de cuatro horas. Los pollitos se llenan del puré de foie-gras, todos se colocan en una tartera y se dejan dos horas al frío. Con la mantequilla, harina y caldo, se hace una Bechamel muy espesa, a la que se le incorpora el resto de la crema y cuatro cucharadas de gelatina remojada. Con esta crema se cu-

bre la gallina y las pechugas, se dejan en el frío hasta que estén bien duras. Con las trufas o las zanahorias se cortan pequeños motivos con los que se adornan las pechugas y la gallina. Al montar el plato se coloca la gallina sobre un zócalo de arroz, se cubre la fuente con el consomé gelée picado fino, y las pechugas se colocan al ruedo.

PALOMITAS ESCABECHADAS

Por Elena Sampedro

INGREDIENTES:

- 3 palomitas.
- ½ taza de aceite.
- 1 cabeza de ajo.
- 3 hojas de laurel.
- 1½ cucharaditas de pimentón.
- 1 cucharadita de sal.
- ½ cucharadita de pimienta.
- 1 taza de vinagre.

PREPARACION:

Se arreglan las palomitas y se ponen a rehogar con el aceite frito y los ajos. Cuando están doradas por todos los lados, se les añade el laurel, el pimentón, la sal y la pimienta. Se cubre con agua, dejándolas hervir hasta que estén tiernas. Se apartan del fuego, se agrega el vinagre, se quitan los ajos y se guardan las palomitas en pomos de cristal, repartiendo el líquido entre los tres pomos. Se dejan enfriar, se tapan y se hierven los pomos a baño-maría para que no fermenten.

PECHUGAS DE GUINEA

Por Gloria Seigle de Gamba

INGREDIENTES:

- pechugas de 3 pichones de guinea.
- ½ libra de bacon.
- 2 cucharadas de mantequilla.
- ¼ taza de vino blanco.
- ⅔ taza de caldo.
- ⅓ taza de crema agria.
- 2 cucharaditas de sal.
- 1 cucharadita de pimienta.
- jugo de un limón.
- ¼ taza de Jerez.
- 6 tostadas de pan.
- foie-gras.

PREPARACION:
Se cogen las pechugas, se envuelven en tiras de bacon y se cocinan con mantequilla en el horno a 400° F. Cuando estén doradas se les quita las tiras de bacon y se les agrega el vino, el caldo, la crema agria, sal, pimienta y el jugo de limón. Al final se le pone Jerez. Se deja reducir la salsa, se sazona y se cuela. Las pechugas se colocan sobre unas tostadas fritas en mantequilla y untadas de foie-gras y se les echa la salsa arriba.

GUINEA O POLLO A LA VERONICA
Por Gloria Seigle de Gamba

INGREDIENTES:

- 1 guinea o pollo de 3 libras.
- 2 cucharadas de mantequilla.
- ¼ taza de aceite.
- 1 cebolla grande.
- 1 hoja de laurel.
- 3 dientes de ajo.
- 2 cucharaditas de sal.
- 1 cucharadita de pimienta.
- ½ taza de vino tinto.
- ½ taza de vino blanco.
- 2 tazas de caldo.
- 1 cucharada de harina.
- 1 cucharada de mantequilla.
- ½ libra de uvas pasas.
- ½ libra de pasas.

PREPARACION:
Se sofríe el ave con la mantequilla y el aceite, la cebolla picada, el laurel, los ajos, la sal y la pimienta. Se le agrega los vinos y el caldo y bien tapada se deja que se ablande. Se saca el ave, se sofríe la harina con la mantequilla y se agrega a la salsa dejándola cocinar un rato. Se cuela y se le añade las uvas pasas y las ciruelas peladas dejándolas diez minutos al fuego. Mientras tanto el ave se divide en cuartos. Se coloca en la fuente, las ciruelas y las uvas se colocan en los costados del ave cubriéndola con la salsa.

Para saber si el ave está cocinada se pincha un muslo y si sale blanco está a punto.
Para saber si las aves son tiernas se les mira debajo de las alas y si se ven venitas finas y rosadas el ave tiene menos de doce meses.

POLLO CAPRICHO

Por Lupe Zúñiga de Sardiña

INGREDIENTES PARA EL POLLO:

4 ó 5 dientes de ajo.
1 cucharada de sal.
el jugo de una naranja agria.
½ cucharada de orégano.
1 pollo de 3 ó 4 libras.
⅔ taza de aceite.
⅛ libra de mantequilla.
1 cebolla grande picadita.
½ taza de vino de Manzanilla.

INGREDIENTES PARA EL RELLENO:

1 libra de puré de boniato.
12 ciruelas pasas picaditas.
¼ taza de nueces picaditas.
¼ libra de jamón en dulce picadito.
¼ taza de pasas sin semillas.
2 cucharadas de salsa cramberry.

INGREDIENTES:

Se machacan en el mortero los dientes de ajo con la sal añadiéndole el jugo de naranja y el orégano. Con esto se adoba el pollo desde la víspera, dejándolo en el refrigerador. Este adobo se le pone al pollo por todos lados sin olvidar ponerlo en el interior. Al día siguiente se saca del refrigerador una hora antes de empezarlo a cocinar para que pierda el frío. Se rellena el pollo y se cose bien de manera que al cocinarlo no se salga el relleno. Se pone en el asador un cuarto de taza del aceite (ya medido) y cuando esté bien caliente se añade el pollo dejándole a que dore por todos lados. Cuando esté dorado se le une el resto del aceite, la mantequilla y la cebolla, y cuando esta última esté blanda se le une el adobo donde estuvo el pollo y la Manzanilla. Se deja a fuego lento durante veinte minutos, se tapa el asador y se lleva al horno a 325° F. hasta que termine de cocinar.

ONDINA OLIVERA
Buffets de Alta Cocina
CALLE 27 No. 319, ENTRE 30 Y 34

LA SIERRA   TELF. B-6000

Cortesía de

M. Ferrán y Cía.

Distribuidores

DE LOS

PRODUCTOS "EL EBRO"

CHORIZOS ● MORCILLAS ● PIMIENTOS
ACEITE ● BONITO ● CALAMARES

Y

COGÑAC CANCILLER

CARNES

PIÑA RELLENA

Por Ofelia Aixalá de Hernández

INGREDIENTES:

- 1 piña.
- ½ libra de carne de puerco.
- ½ libra de carne de res.
- ¼ libra de jamón crudo.
- 1 latica de champignons (8 onzas).
- 2 cucharaditas de mostaza.
- ½ cucharadita de salsa de chile en pomo.
- 1 cucharadita de pimienta.
- 2 galletas de sal molidas.
- 1 cucharada de sal.
- ¼ libra de mantequilla.
- 1 taza de azúcar.
- ½ taza de vino dulce.
- el jugo de la piña.

PREPARACION:

Se pela la piña y con mucho cuidado se le va quitando el centro sin dejarla muy fina. Se extrae el jugo a las masas de piña y se reserva. Se prepara el relleno en la forma siguiente: Se muelen por la cuchilla fina todas las carnes y se les añade champignons, mostaza, chilo, pimienta y galletas de sal molida. Se rellena la piña con la mezcla y se envuelve en una servilleta bien amarrada. Se pone en agua caliente, que la cubra, con las cáscaras de la piña y la sal. Se cocina durante hora y cuarto. Se retira del fuego y se escurre. Se le quita la servilleta. Se pone en una tartera, se cubre con la mantequilla, se le añade el azúcar, el vino dulce y el jugo de la piña. Se deja al fuego y cuando dore se retira, se deja enfriar, picándola en ruedas. Se sirve con galleticas saltines.

PICADILLO CON HUEVO

Por Bebé Arozarena de Morales

Me contaba mamá que al volver de un paseo a caballo en el ingenio de mi bisabuelo los obsequiaron con un sabroso picadillo, y como tuvo tanto éxito le pidieron la receta al cocinero, un antiguo esclavo de la familia, que cocinaba tan sabroso que como suele decirse "nos chupamos los dedos".

INGREDIENTES:

- 1 libra de masa de puerco.
- 1 cucharadita de sal.
- 2 dientes de ajo.
- ¼ cucharadita de azafrán.
- zumo de 1 limón.
- ¼ taza de manteca.
- 6 tomates.
- 1 cebolla.
- 1 diente de ajo.
- 1 ají dulce.
- 4 huevos enteros.
- ¾ cucharadita de sal.
- ½ cucharadita de pimienta.
- 1 torta de casabe.
- caldo el necesario.

PREPARACION:

Se pone a cocinar la carne de puerco con el agua, la sal, dos dientes de ajo, el azafrán y el zumo de limón. Cuando esté cocinada se pica la carne muy menudita. En otra cazuela se pone a sofreír en manteca los tomates, la cebolla, un diente de ajo y el ají dulce. A esto se le une la carne picada y los huevos batidos con sus claras, la sal y la pimienta. Cuando se cocine se moja en caldo una torta de casabe, se pone en una fuente y se echa encima el picadillo rociándolo con un poco del caldo que quedó de donde se cocinó la carne. Puede adornarse con unas ruedas de boniato fritas y chicharrones.

LAJEM MISCHUE

Por Josefina Barreto de Kourí

INGREDIENTES:

- 1 libra de carnero.
- 1 cucharadita de sal.
- el jugo de un limón.

PREPARACION:

Se corta en pedacitos la carne (preferible filete), adobándola con la sal y el limón. Se colocan en los pinchos, y se asa al fuego directo hasta que estén dorados.

CARNE MECHADA ESTILO CAMAGÜEYANO

Por Josefina Barreto de Kourí

INGREDIENTES:

- 3 libras de boliche.
- ¼ libra de jamón crudo.
- 4 cucharadas de aceitunas y pasas.
- 2 cucharaditas de sal.
- 1 cucharadita de pimienta.
- 3 dientes de ajo.
- 1 hoja de laurel.
- ¼ libra de manteca.
- ¼ libra de cebollas.
- 2 tazas de vino tinto.
- ½ taza de azúcar centrífuga.

PREPARACION:

Se limpia bien la carne, se mecha con el jamón, las pasas y aceitunas. Se sazona con sal, pimienta, ajo y laurel, dejándola varias horas en el adobo. Se dora la carne y la cebolla en la manteca caliente y se cocina al vapor con todos los ingredientes en que se sazonó y una taza de vino tinto. Cuando esté blanda se deja enfriar y se corta en lascas. Se une a la salsa de la carne la otra taza de vino y el azúcar que se han ligado previamente en la sartén. Se cubre la carne con esta salsa y se deja a fuego lento durante algunos minutos. Se sirve con papas salcochadas y doradas.

CIVET DE LIEBRE CON CIRUELAS PASAS

Por Tecla Bofill Vda. de Domínguez Roldán

Este plato es la especialidad de un restaurant célebre (y muy caro) de la orilla del Sena: La Tour d'Argent (La Torre de Plata).

INGREDIENTES:

- 1 liebre o conejo.
- 1 botella de vino tinto.
- 1 taza de Cognac.
- tomillo.
- 1 hoja de laurel.
- perejil.
- 3 dientes de ajo.
- ½ libra de zanahorias.
- ½ libra de cebollas.
- 1 cucharada de sal.
- 1 cucharadita de pimienta.
- ½ libra de ciruelas pasas.
- 5 onzas de mantequilla.
- 6 onzas de tocino.
- 15 cebollas blancas chicas.
- 2 cucharadas de harina.

PREPARACION:

Se corta la liebre en trozos y se pone en adobo durante seis horas en una fuente honda con el vino, Cognac, tomillo, laurel, perejil, dientes de ajo, zanahorias y cebollas cortadas en ruedas finas, sal y pimienta. Se ponen las ciruelas en remojo durante dos horas. Se sacan los pedazos de liebre del adobo, se escurren bien y se secan. Se doran en una cacerola con la mantequilla, el tocino y las cebollitas. Se polvorean de harina, se mueven bien y se le agrega el adobo colado. Se le añade más vino si fuera necesario para que los pedazos de liebre queden bien mojados. Cuando empiece a hervir se tapa y se deja cocinar durante cuarenta minutos a fuego lento. A los veinte minutos de cocción se le agregan las ciruelas. Es preferible hacer el Civet el día anterior al que se va a servir. Es mejor vuelto a calentar.

PAUPIETTES

Por Tecla Bofill Vda. de Domínguez Roldán

INGREDIENTES:

- 6 escalopes de ternera.
- 6 escalopes de jamón en dulce.
- picadillo de puerco condimentado como para salchichas, viene de Francia, se llama "chair á saucisses".
- 12 aceitunas.
- ⅛ libra de mantequilla.
- 1 taza de agua.
- 1 taza de vino blanco.
- 1 cucharadita de sal.
- ½ cucharadita de pimienta.

PREPARACION:

Los escalopes deben ser lo más finos posibles. Se coloca sobre cada escalope de ternera uno de jamón, se rellena con el picadillo y aceitunas sin semillas. Se enrolla y se amarra bien cada "paupiette" con un cordelito. Se sofríen en mantequilla caliente. Se añade el agua, el vino, la sal, la pimienta, y se terminan de cocinar a fuego lento. En el momento de servirlos se adornan con aceitunas y pan frito.

LENGUA AL JEREZ

Por Margot Boza de Heymann

INGREDIENTES:

- 1 lengua.
- ¼ libra de jamón crudo.
- 6 u 8 ciruelas pasas.
- jugo de limón.
- 1 cucharada de sal.
- 5 cucharadas de manteca.
- ¼ libra de cebollas.
- 6 clavos.
- 6 granos de pimienta.
- 1 raja de canela.
- 1½ tazas de vino de Jerez dulce.
- 1 litro de agua.
- 1 taza de azúcar turbinada.

PREPARACION:

Se pela la lengua en agua hirviendo, se mecha con el jamón y las ciruelas pasas a las que previamente se les habrá sacado la semilla, poniendo primero, en el corte que se hace a la lengua, unas gotas de jugo de limón y sal; se dora en manteca bien caliente, añadiendo después la cebolla a la que se le introducen los clavos; los granos de pimienta, la canela, y se añade la mitad del vino, dejándola cocinar por espacio de diez minutos; se incorpora después el agua a que quede cubierta. Se tiene a fuego moderado por espacio de hora y media, o hasta que esté blanda, para comprobarlo se pincha con el tenedor; en este tiempo la salsa se habrá reducido en dos terceras partes, añadiéndole entonces el azúcar y el resto del vino. Se cocina por espacio de media hora más, hasta que quede una salsa espesa.

JAMONADA DE PUERCO

Por Leonor Cervera de Martín

INGREDIENTES:

- 1 pierna de puerco de 10 ó 12 libras (sin grasa).
- sal.
- 1 libra de jamón crudo.
- 2 libras de ciruelas pasas sin semillas.
- 1 libra de azúcar turbinada.
- 1 botella de cerveza.

PREPARACION:

La pierna se prepara con tres días de anticipación, se le quita la poca grasa que pueda tener la pierna. Se lava bien y se cubre con sal poniéndola en el refrigerador veinticuatro horas. Se le quita la sal que pudiera quedar, pues se licúa, se mecha con el jamón y las ciruelas haciéndole varias incisiones para que cuando se corte en lascas queden los distintos colores. (Si es posible queda más bonita quitándole el hueso). Se dora a fuego vivo en una tartera en la menor cantidad de grasa; luego se coloca en el asador cubierta con la mitad del azúcar y la mitad de la botella de cerveza. Se hornea a 325° F., hasta que se dore de ese lado, haciendo la misma operación del otro lado con el resto del azúcar y la cerveza. Se sirve rodeada de manzanas asadas o melocotones rellenos con queso crema.

ANCAS DE RANA EN SALSA DE ALMENDRAS
Por Amelia Crusellas de Benítez

Recomendamos a las personas que por una razón u otra no hayan probado este plato, lo hagan sin aprehensión, por tratarse de algo muy sabroso, tanto como un buen pollo o conejo. La receta es muy sencilla, fácil de hacer en cualquier época del año y además deliciosa.

INGREDIENTES:

1 cebolla mediana.
¼ libra de mantequilla.
8 ancas de rana.
2 cucharaditas de sal.
1 cucharadita de pimienta.
1 hoja de laurel.
1 diente de ajo.
½ taza de vino blanco.
¼ libra de almendras tostadas.
1 cucharadita de mostaza (esto es a gusto).
zumo de medio limón.
perejil picado.

PREPARACION:

La cebolla bien picadita se dora en la mantequilla, se agregan las ancas dejándolas cocinar durante un rato hasta que tomen color. Luego se sazonan con sal, pimienta, agregando el laurel, el ajo, el vino poco a poco, las almendras tostadas y bien machacadas en el mortero y la mostaza, continuando la cocción a fuego más vivo hasta que estén blandas. Al bajarlas ya listas se echa el zumo de limón y se sirven con perejil picadito y la salsa colada.

La pimienta es el fruto del pimentero. Es una baya redonda de unas tres líneas de diámetro, de color rojizo y, cuando seca, de color pardo oscuro o negro y rugosa. Su uso fué extendido en Europa por los portugueses en el siglo XV.

SOUFFLE DE SESOS

Por María Antonia D. de Varela Zequeira

INGREDIENTES:

    1 cabeza de sesos limpia, hervida y picada fina, a obtener una taza.
    $1/3$ taza de sofrito.
    1 taza de petit-pois fino, o champignons.
    1 taza de salsa Bechamel gruesa.
    4 yemas.
    4 claras.

PREPARACION:

Se unen los sesos y el sofrito dejándolo unos minutos a fuego lento, se agrega el petit-pois. Se retira del fuego y se une la salsa Bechamel y las yemas batidas. Se baten las claras a punto de nieve y se une a lo anterior con movimiento envolvente. Se vierte la mezcla en un molde de cristal de horno engrasado y se hornea a 375° F. aproximadamente treinta minutos o hasta que dore y haya subido bien. Se sirve en seguida.

EMBUTIDO HOLANDES

Por Carmelina Garmendía de Leiseca

INGREDIENTES:

    1 libra de carne de res.
    ½ libra de carne de puerco.
    ½ libra de jamón crudo.
    2 cucharaditas de sal.
    1 cucharadita de pimienta.
    el jugo de una cebolla.
    3 huevos enteros.
    4 cucharadas de galleta molida.
    2 huevos enteros batidos.
    galleta molida la necesaria.
    de 2 a 3 litros de agua.
    1 cebolla grande.
    1 hojita de laurel.
    8 granos de pimienta.

PREPARACION:

Se muelen las carnes y el jamón por la cuchilla fina, se sazonan con sal, pimienta y el jugo de una cebolla. Se le añaden tres huevos, uno a uno, y el polvo de galletas para darle consistencia. Se hacen rollos y se pasan por los dos huevos batidos y suficiente polvo de galleta tres veces y se envuelven en un pañito. Se echan los rollos cuando el agua esté hirviendo, con la cebolla, la hojita de laurel y los granos de pimienta, dejándolo al fuego durante dos horas. Se quita el pañito y se pone en el refrigerador. Se sirve con manzanas en gelatina. Se cocinan las manzanas en el agua en que se han hervido sus cáscaras.

COSTILLAS DE TERNERA FOYOT
Por Blanca García Montes de Terry

INGREDIENTES:

- 1 cebolla.
- 1 cucharada de mantequilla.
- 1 taza de vino blanco.
- 1 taza de caldo.
- 2 buenas costillas.
- ½ cucharadita de sal.
- ¼ cucharadita de pimienta.
- ⅛ libra de queso Parmesano o Gruyere.
- pan rallado.

PREPARACION:

Se corta muy bien la cebolla y se dora poco a poco en la mantequilla, se le agrega el vino y el caldo. A las costillas se le pone sal y pimienta y se pasan por el queso y el pan rallado teniendo cuidado que peguen bien ambas cosas. En un plato a prueba de fuego se pone una capa de pan rallado, después las costillas y la cebolla con el vino y el caldo, se pone en un horno moderado a 350° F. Se cocina destapada durante dos horas y media y se baña de vez en cuando con la salsa.

LADRILLO DE CARNE CON CIRUELAS Y MELOCOTONES
Por Luisita Hernández de Morffi

INGREDIENTES PARA EL ADORNO:

- ⅛ libra de mantequilla.
- ⅓ taza de azúcar turbinada.
- ½ libra de ciruelas, hervidas sin semillas.
- 1 latica de melocotones.

PREPARACION:

Se engrasa un molde rectangular con mantequilla, se polvorean con azúcar los costados del molde. Con la mantequilla y el azúcar restantes, unidos, se cubre el fondo del molde. Las ciruelas se colocan en el fondo combinándolas con los melocotones. Se ajusta bien todo.

INGREDIENTES PARA LA CARNE:

½ libra de carne de primera.
¼ libra de carne de puerco.
¼ libra de jamón de cocina.
2 huevos.
½ taza de galleta molida.
½ taza de leche evaporada pura.
1 cucharadita de sal.
½ cucharadita de pimienta.
¼ cucharadita de nuez moscada.
pepinos picaditos a gusto.
½ libra de ciruelas hervidas y sin semillas.

PREPARACION:

Se muelen juntas las tres carnes por la cuchilla fina. Se le agrega los huevos, la galleta molida, la leche, la sal, la pimienta y la nuez moscada, se amasa todo bien. Se le puede unir dos o tres cucharadas de pepinos picaditos. Las ciruelas se pican fino, deben estar bien escurridas. Se coloca la mitad del picadillo en el molde ya preparado y se aplasta bien; se ponen las ciruelas y por último el picadillo restante y se prensa bien. Se hornea a 400° F. durante una hora. Se retira del horno, se deja que pierda el vapor y se desmolda. Se sirve frío.

RIÑON EN VINO TINTO

Por María Herrera de Ortiz

INGREDIENTES:

1 riñón.
⅓ taza de mantequilla.
1 cebolla picadita.
2 dientes de ajo.
1½ cucharaditas de sal.
¼ cucharadita de pimienta.
3 cucharadas de harina.
1¼ tazas de vino tinto hirviendo.
1 latica de champignons o petit-pois.
1 cucharada de mantequilla derretida.
2 cucharadas de perejil picadito.

PREPARACION:

Se corta a la mitad el riñón, se coloca en un colador y se introduce en agua hirviendo. Se escurre, se corta en tiras finas, dejándolo todo bien limpio. Se cocina en la mantequilla, la cebolla y el ajo. Cuando esté dorado el ajo se saca. Se le une el riñón, se polvorea con la sal y la pimienta y se co-

cina cinco minutos. Se polvorea con harina, se revuelve y se deja unos minutos al fuego. Se le agrega el vino hirviendo, dejándolo todo a fuego vivo unos minutos. Se le unen los champignons o petit-pois, se revuelve bien y se retira del fuego. Se le agrega una cucharada de mantequilla derretida, se polvorea con el perejil y se sirve en seguida.

FILET MARINE

Por Mme. R. Josset

INGREDIENTES:

- 1 filete entero de 5 ó 6 libras.
- 2 cucharaditas de sal.
- 1 cucharadita de pimienta.
- tomillo, laurel.
- perejil.
- ½ libra de cebollas.
- 4 dientes de ajo.
- ½ litro de vinto tinto Borgoña.
- 1 cucharada de aceite de maní.
- 1 cucharada de vinagre.
- ¼ libra de mantequilla.
- 1 cucharadita de harina.

PREPARACION:

Se adoba el filete con la sal, pimienta, tomillo, laurel, perejil, cebollas en rebanadas y los ajos aplastados. Se agrega el vino, el aceite y el vinagre. Se deja en este adobo durante dos días en el refrigerador, en una fuente tapada; de tiempo en tiempo, se le da vuelta y se le echa la salsa por arriba. Para cocinarlo, se saca del adobo y limpio y bien escurrido, se dora con la mantequilla y cuando esté dorado, se le echa el adobo. El tiempo de cocinarlo al horno se considera un cuarto de hora por cada libra de carne a una temperatura de 325 a 350° F. y cuando falten diez minutos para sacarlo del horno, se le echa una cucharadita de harina tostada en la salsa, revolviendo bien dicha salsa para espesarla. Se sirve el filete bien caliente con la salsa colada y en una salsera.

NOTA: Manera de tostar la harina: En una sartén bien seca se echan dos cucharadas rasas de harina, se pone al fuego y se mueve hasta que esté tostada.

No se puede hacer una buena política con una mala cocina.

TALLEYRAND

FILETES ROSSINI

Por Hilda Lecuona de Giberga

INGREDIENTES:

6 filetes de buen tamaño.
6 rodajas de foie-gras.
6 tajaditas de trufas.
3 cucharadas de vino Madeira.
1 taza de caldo concentrado.

PREPARACION:

Se cocinan los filetes en la plancha. Se coloca sobre cada uno un escalope de foie-gras y encima una tajadita de trufa. Se hace una salsa con el residuo de la cocción de los filetes, el vino Madeira y caldo muy concentrado, y se vierte sobre los filetes.

MOUSSE DE JAMON

Por Hilda Lecuona de Giberga

INGREDIENTES:

2 libras de jamón prensado, molido por la cuchilla más fina.
½ libra de mantequilla sin sal.
1 latica de crema de leche.
4 tazas de salsa Bechamel espesa (hecha con mantequilla sin sal).
4 cucharadas de puré de tomate.
1 cucharada de Oporto.
2 latas de consomé.
1 cucharada de gelatina simple.
4 cucharadas de Oporto.

PREPARACION:

Se unen bien el jamón, la mantequilla, la crema, la salsa Bechamel, el puré de tomate y la cucharada de Oporto y se pasa por el colador chino. Se hace un consomé gelée, remojando la gelatina en un poco de consomé y se le vierte encima el resto del consomé hirviendo y el Oporto. Se cubre el molde con una capa espesa de consomé y se deja cuajar en el refrigerador hasta que se endurezca. Se coloca después la mezcla de jamón ya fresca y encima el resto del consomé refrescado sin cuajar. Se enfría en el refrigerador de un día para otro. Se desmolda como cualquier gelatina.

CARNE EN SALPICON

Por María Enriqueta Manrique de Brown

INGREDIENTES:

- 1 libra de papas.
- 2 libras de falda limpia.
- 1 cucharada de perejil picado.
- 2 cucharadas de cebolla picada.
- 5 tomates de ensalada.
- 1/3 taza de aceite de oliva.
- 1/3 taza de vinagre.
- 1 cucharada de sal.
- 2 lechugas.
- 2 huevos duros en rueditas.
- 1 aguacate mediano.
- 1 mazo de rabanitos chicos.
- 1 lata de pimientos morrones.
- 25 aceitunas rellenas.
- 15 alcaparras.

PREPARACION:

Se pelan las papas y se cocinan con la carne, teniendo cuidado de que cuando estén blandas sacarlas para que no se desbaraten, se pican en trocitos. Cuando la carne esté blanda se prepara en hebras finas, y se les unen las papas, el perejil, la cebolla, dos tomates picaditos, el aceite, el vinagre y la sal, se revuelve bien. De las lechugas se separa el corazón y de una, doce hojas del centro, el resto se pica fino y se pone extendida en una fuente. Se cubre con la mezcla de carne preparada. Se adorna con las hojas de lechuga alrededor, se coloca el corazón de las lechugas en el centro y se sigue decorando con los huevos duros en rueditas, el aguacate, los rabanitos, los pimientos morrones en tiras, los tomates en ruedas, las aceitunas y las alcaparras. Se sirve frío.

PIERNA DE PUERCO EXQUISITA

Por Rosario Novoa

INGREDIENTES:

- 1 pernil de puerco de 5 ó 6 libras, sin piel y quitada la mayor parte de la grasa.
- 12 ciruelas pasas remojadas solamente.
- 1/4 taza de jamón crudo (masa y gordo) cortado en trocitos.
- sal.
- pimienta molida.
- jugo de naranja agria.
- 1 botella de malta.

PREPARACION:

Se lava la pierna con un paño mojado, se seca bien la carne y se mecha en todas direcciones con un trocito de ciruela y otro de jamón, se espolvorea con sal y pimienta. Se coloca en la tartera ligeramente engrasada, se rocía con el jugo de naranja agria. Se cocina a horno muy lento, 325° F. Cuando lleve una hora de fuego se agrega la mitad de la malta y faltándole una media hora del tiempo total de cocción se vierte el resto. Se sirve fría o caliente. La salsa aparte.

JAMON VOLTEADO

Por Emma Ortiz de Cruz Planas

INGREDIENTES:

- 3 cucharaditas de mantequilla.
- ½ taza de azúcar turbinada.
- 6 ruedas de piña en conserva.
- 6 guindas.
- 1½ libras de jamón prensado molido.
- ½ libra de masa de puerco molida.
- ⅓ taza de ají verde picadito.
- 3 cucharaditas de cebolla picadita.
- 1 taza de galleta en polvo.
- ¼ cucharadita de sal de apio.
- ¼ cucharadita de pimienta.
- 2 huevos batidos.
- 2 cucharaditas de polvos de hornear.
- 1 taza de leche.

PREPARACION:

Se mezcla la mantequilla con el azúcar. Se extiende esta mezcla sobre las paredes del molde que se va a emplear (preferible uno de forma rectangular). Se colocan las ruedas de piña en el fondo y lados del molde (a capricho); en el centro de las ruedas de piña se coloca una guinda. En un tazón se mezcla el resto de los ingredientes, hasta obtener una pasta uniforme. Se vierte esta mezcla sobre las ruedas de piña tratando de comprimirla para que se adapte bien al molde. Se hornea a 375° F. durante hora y media. Se retira del horno y se deja enfriar. Se desmolda sobre un plato apropiado y se sirve acompañado de galleticas saladas, chicharrones de arroz o galleticas de plátanos.

CÔTES DE PORC À LA FLAMANDE

Por Alice Peláez de Mena

INGREDIENTES:

4 costillas de puerco.
½ cucharadita de sal.
¼ cucharadita de pimienta.
¼ libra de mantequilla.
8 ciruelas.
2 manzanas.
1 libra de papas.

PREPARACION:

Se sazonan las costillas de puerco con sal y pimienta y se cocinan en la sartén con un poco de mantequilla para que estén doraditas de cada lado. Se terminan de cocinar en el horno. Se disponen las costillas en una fuente y se adornan con ciruelas pasas cocinadas y pedazos de manzanas cocinadas aparte en agua con un poco de mantequilla. En la sartén donde se cocinaron las costillas y en la misma grasa se añade un poco de agua o de caldo para la salsa y se echa sobre las costillas. Se adorna con papas pequeñas cocinadas en agua salada, peladas y apretadas en un lienzo para darle forma ovalada y dorarlas en mantequilla en una sartén.

QUESO DE PUERCO

Por Ernestina Pola de Bustamante

INGREDIENTES:

1 cabeza de puerco.
sal.
1 cabeza de ajos.
1 libra de jamón.
sal y pimienta a gusto.

PREPARACION:

Se salcocha la cabeza de puerco con sal y una cabeza de ajos. Se separa una parte de las orejas y un poco de jamón. Las masas, unidas al jamón se pasan por la máquina con una cuchilla de picar carne; se le añade a la mezcla sal y pimienta a gusto. Se cortan en tiras las orejas y el jamón que se han separado. En una servilleta o en tela de saquito de azúcar se pone una camada del picadillo, encima una camada de las tiras cortadas del jamón y de las orejas, otra camada de picadillo y otra de tiras de jamón y de oreja y así sucesivamente hasta terminar. Se envuelve todo bien enrollado y se amarra con hilo grueso. Se hierve durante una hora en la misma agua donde se salcochó la cabeza. Se escurre y se tiene en prensa de dos a cuatro horas. Se pone a enfriar en el refrigerador.

PUDIN DE CARNE DE PUERCO

Por Elena La Rosa de Villa

INGREDIENTES:

2 libras de carne de puerco asada.
2 latas de carne americana (Spam).
6 huevos enteros.
1½ tazas de leche evaporada pura.
½ cucharadita de pimienta.
1 latica de petit-pois.

PREPARACION:

Se muelen juntos carne de puerco y Spam. Se les agrega huevos batidos, leche, pimienta y petit-pois. Se une bien todo y se vierte en un molde rectangular engrasado con mantequilla y polvoreado con galleta molida. Se hornea a baño-maría a 350° F. por una hora, o hasta que la carne se desprenda del molde. Se deja refrescar, se desmolda y se sirve con una salsa Bechamel especial.

INGREDIENTES PARA LA SALSA BECHAMEL ESPECIAL:

1 lata de consomé.
1 taza de leche evaporada pura.
3 cucharadas de harina.
3 cucharadas de mantequilla.
¼ cucharadita de sal.
¼ cucharadita de pimienta.

PREPARACION:

Se unen consomé y leche evaporada. Se une un poco de la mezcla de leche y consomé a la harina, se cuela y se le agrega el resto de la mezcla y demás ingredientes. Se cocina a fuego lento, revolviendo siempre, hasta que tenga consistencia de crema. Se sirve en seguida bien caliente.

Es de Egipto, una de las cunas de la civilización, de donde nos llegan las primeras informaciones escritas sobre la alimentación de nuestros antepasados. Los Faraones comían pan, bebían vino y cerveza y luego la conquista de Siria, Etiopía y del país de Canaán—tierra prometida—les da no solamente territorio y poder, sino algo más positivo y práctico: carne, ostras, huevos, legumbres y toda clase de aves de corral. Saben del ajo y del perejil y rindieron culto a Su Majestad, la Cebolla.

CARNE DE PUERCO ASADA
Por Elena La Rosa de Villa

INGREDIENTES:

4 dientes de ajo.	½ taza de jugo de naranja agria.
1½ cucharaditas de sal.	
1 cucharadita de pimienta.	2 libras de carne de puerco.
un poco de orégano.	3 cucharadas de manteca.
	½ taza de vino seco.

PREPARACION:

Se machacan los dientes de ajo con la sal, pimienta y orégano; se agrega el jugo de naranja agria, y con esto se adoba la carne. Se pone al fuego la manteca y cuando esté bien caliente se dora la carne bien escurrida (conservar el adobo). Cuando esté bien dorada la carne se le añade el adobo y el vino. Se deja a fuego lento cocinando con la cacerola tapada hasta que esté blanda. Se agrega si fuera necesario, pequeñas cantidades de líquido para terminar de cocinar la carne. Se escurre bien para molerla.

SAUERBRATEN
Por Millie Sarre

INGREDIENTES:

3 libras de carne de lomo delantero.	3 hojas de laurel.
	1 cucharadita de pimienta en grano.
3 lascas finas de tocino.	
1 cucharada de sal.	12 clavos.
2 cucharaditas de pimienta.	¼ taza de azúcar.
	3 cucharadas de manteca.
2 tazas de vinagre o vino blanco.	6 galletas de jengibre.
	¼ taza de harina.
2 tazas de agua.	1 taza de crema agria.
½ libra de cebollas.	

PREPARACION:

Se usa una olla de presión de cuatro libras. Se limpia la carne con un paño húmedo. Se corta en pedazos pequeños una lasca del tocino y se mecha la carne con ellos. Se envuelve la carne con las dos lascas de tocino restantes, asegurándolas con palillos. Se agrega sal y pimienta. Se calienta el vinagre o vino con el agua, se vierte sobre la carne que hemos colocado en una taza bola honda y grande, se le añade cebollas, laurel, pimienta en grano, clavos y azúcar. Se deja la carne en el refrigerador por espacio de cuarenta y ocho a setenta y dos horas, cambiando la carne de posición varias veces. Al momento de cocinarla se saca la carne del adobo, se escurre y se seca con un paño. Se pone la grasa en la olla de presión y cuando esté caliente, se dora bien la carne. Se le añaden dos tazas del adobo y las galletas de jengibre. Se tapa la olla y cuando salga el vapor se coloca el indicador de presión, cuando el tallo marque quince libras de presión se baja el fuego al mínimum, dejándola cocinar durante cuarenta y cinco minutos. Pasado este tiempo se retira del fuego y se deja que el tallo recobre su posición normal. Se destapa la olla, se sirve la carne en una fuente y se le vierte el líquido que hay en la olla. Se une la harina y la crema y se sirven con la carne.

PICHELSTEINER

Por Millie Sarre

INGREDIENTES:

- 1 libra de carne de res.
- 1 libra de carne de ternera.
- 1 libra de carne de puerco.
- 1½ libras de papas.
- 1 libra de zanahorias.
- 3 nabos.
- 1 libra de habichuelas.
- 3 cucharaditas de sal.
- 3 cucharaditas de pimienta.
- 3 cebollas.
- 2 cucharadas de manteca.
- 1 cucharada de mantequilla.
- ½ taza de caldo.
- ½ taza de vino seco.

PREPARACION:

Se pican las carnes, las papas y los vegetales en cuadraditos. Se sazona cada carne por separado con una cucharadita de sal, una cucharadita de pimienta y una cebolla picadita. Se pone en una cacerola grande, una cucharada de manteca, la carne de res, una camada de papas, otra de zanahorias, otra de nabos, otra de habichuelas, una cucharada de manteca y se cubre con la carne de ternera, y se ponen los vegetales en la misma forma. Se pone la carne de *puerco y las camadas de vegetales, en igual forma que las veces anteriores. Se le añade la mantequilla y el caldo. Se tapa y se pone al fuego, dejándolo hervir media hora. Pasado este tiempo se le añade el vino seco, y se deja a fuego lento hasta que todo esté cocinado.*

FILETE EN CAZUELA

Por Georgina Shelton

INGREDIENTES:

- 1 libra de filete picado en tres pedazos.
- 3 cucharadas de mantequilla.
- 1 cebolla picadita.
- 2 onzas de jamón.
- 2 hígados de pollo.
- 1 taza de salsa de carne.
- 6 onzas de champignons.
- 1/4 taza de sesos picaditos.
- 1/4 taza de petit-pois.
- 1 cucharada de manzanilla.

PREPARACION:

Se cocinan los filetes en la parrilla dejándolos al calor y se prepara la siguiente salsa: Se sofríen en la mantequilla la cebolla, el jamón, los hígados de pollo y después se le añade la salsa de carne, los champignons, el seso, los petit-pois y la manzanilla. Se deja esta salsa unos minutos al fuego, se agregan los filetes dejándolos cinco minutos más al fuego y se sirven en seguida.

INGREDIENTES PARA LA SALSA DE CARNE:

- 1/2 libra de carne de primera.
- 2 dientes de ajo.
- 1 cucharadita de sal.
- 1/4 cucharadita de pimienta.
- 1 hoja de laurel.
- 2 cucharadas de manteca.
- 1 ají.
- 1 cebolla.
- 3 tazas de agua.
- 1/2 taza de vino seco.
- 1 cucharada de harina.

PREPARACION:

Se adoba la carne con ajo, sal, pimienta, laurel y se dora en la manteca. Se agrega ají, cebolla, agua y vino seco. Se deja cocinar hasta que la carne esté blanda y el líquido se reduzca a una taza. Se cuela la salsa y se espesa con la harina. Puede guardarse en un pomo en el refrigerador hasta el momento de usarse.

PAN DE HIGADO A LA FRANCESA
Por Consuelito Urquiza de Iriondo

INGREDIENTES:

1 libra de hígado de res.	1 taza de salsa Bechamel gruesa fría.
1 cucharada de sal.	2 huevos enteros.
½ cucharadita de pimienta.	1 yema.
¼ cucharadita de nuez moscada.	2 cucharadas de perejil picadito.

PREPARACION:

Se limpia bien el hígado, se machaca a reducirlo a puré, se sazona con sal, pimienta y nuez moscada. Se le agrega la Bechamel, los huevos, la yema y el perejil. Se pasa todo por un colador fino. Se engrasan con mantequilla doce moldes de flan ligeramente polvoreados con galleta molida y se vierte la mezcla ya preparada. Se cocinan a baño-maría (con el agua hirviendo siempre) de veinticinco a treinta minutos. Se desmoldan y se sirven con salsa "Choron".

FREGADO AL MINUTO

INGREDIENTES:

Un paquete de FAB.	Un fregadero.
Un estropajo.	Agua.

PREPARACION:

Eche un poco de FAB en el fregadero. Añádale agua a su gusto. Agite el agua con la mano para que haga espuma.
Primero friegue los vasos. Enjuáguelos. Fíjese que FAB deja los vasos tan limpios y relucientes que cuando usted les pasa el dedo ¡rechinan de limpios! Después friegue los platos, enjuáguelos, déjelos escurrir, y ya está. No tiene ni que secarlos, porque con FAB los platos brillan sin tener que secarlos.
Por último friegue los cacharros de cocina. Fíjese que FAB quita la grasa como por encanto, sin que usted tenga que trabajar tanto.
FRIEGUE CON FAB... y al servir su mesa, siéntase orgullosa de ver todos sus cubiertos, su vajilla, su cristalería, limpia y reluciente ¡sin una gota de grasa!

Nada más agradable en sus comidas, que acompañarlas siempre tomando las deliciosas cervezas

"TROPICAL" Y "CRISTAL"

MOUSSE DE QUESO

Por Julia Aspuru de Rousseau

INGREDIENTES:

- 2 tazas de leche.
- ½ taza de harina.
- ¼ libra de mantequilla.
- ½ cucharadita de pimienta.
- ½ cucharadita de sal.
- ¼ cucharadita de nuez moscada.
- ¼ libra de queso Gruyere rallado.
- ¼ libra de queso Parmesano rallado.
- 4 huevos.

PREPARACION:

Se prepara una salsa Bechamel espesa con la leche, la harina y la mantequilla. Se le agrega la pimienta molida, la sal y nuez moscada, así como la mezcla de los dos quesos. Todo esto se une a fuego lento. Se separa del fuego y se le añade los huevos batidos ligeramente. Una vez bien mezclado todo se pone a baño-maría en un molde largo que estará untado de mantequilla y polvoreado de harina previamente. Se cocina por espacio de una hora a 350° F. Se sirve lo mismo frío que caliente cubriéndolo con salsa Bechamel. La salsa luce más bonita coloreándola en rosado con Catsup.

BUÑUELOS DE QUESO

Por Lola Díaz Arrastra de Acosta

INGREDIENTES:

1 libra de harina.
½ libra de azúcar.
½ cucharadita de sal.
3 cucharaditas de polvos de hornear.

4 huevos enteros.
⅛ libra de mantequilla.
¼ libra de queso Patagrás rallado.

PREPARACION:

Se ciernen juntos los cuatro primeros ingredientes. Se añaden los restantes ingredientes, se amasan bien por espacio de treinta minutos. Se toman pequeñas porciones de la masa, se estiran y se les da forma de número ocho (se hacen chicos). Se fríen en grasa caliente hasta que doren. Se pueden dejar enfriar y guardar en una lata o pomo.

QUESO FRESCO

Por Dulce María Mestre

INGREDIENTES:

1 litro de leche fresca (Grado A).

1 cucharada de lactato de calcio.
1 cucharadita de sal.

UTENSILIOS PARA CONFECCIONAR EL PLATO:

1 cacerola con capacidad de dos litros.
1 taza de medidas.
1 cuchara de madera de mango largo.

1 colador y tela quesera (sirve una tela fina).
cucharaditas de medida.

PREPARACION:

Reúna en la mesa todos los ingredientes y utensilios para la confección del plato. Vierta la leche en la cacerola que se indica en los utensilios. Colóquela al fuego y cuando note usted que empiezan a subir burbujas de aire (próximos a hervir) adicione la cucharada de lactato de calcio, use la cuchara de madera y disuelva el polvo. Se separa del fuego, mueva la leche con la cuchara y si no se ha cortado, colóquela de nuevo al fuego hasta que se produzca este proceso. Adicione la cucharadita de sal y se deja refrescar ligeramente. Se cuela por un colador forrado con la tela transparente. Se deja en ésta hasta que pierda todo el suero y obtendrá un exquisito y nutritivo queso.

NOTA: Puede usarse en la confección de muchos platos, en combinación de frutas frescas y vegetales o si se prefiere con dulces. De por sí comerlo solo, es muy agradable.

CACEROLA DE QUESO

Por Rosario Novoa

INGREDIENTES:

1 cucharadita de mantequilla.
12 rebanadas de pan de molde del día anterior sin corteza.
6 rebanadas de queso pasteurizado.
1½ tazas de leche.
3 huevos completos bien batidos.
sal y pimienta.

PREPARACION:

Se engrasa bien un molde rectangular de cristal o loza refractaria. Se arregla en el fondo seis rebanadas de pan, se cubren con el queso y el resto del pan. Se vierte la mezcla de leche, huevo, sal y pimienta. Se deja reposar una hora. Se le ponen unos trocitos pequeños de mantequilla y se hornea a 325° F. hasta que esté dorado y haya subido bien. Se sirve caliente en el mismo molde.

SOUFFLE DE QUESO Y TOMATE

Por Delia Salcedo de Posada

INGREDIENTES:

1 lata de sopa de tomate concentrado.
1 taza de queso pasteurizado rallado.
1 cucharada de azúcar.
⅛ cucharadita de pimienta.
¼ taza de aceitunas picaditas.
4 yemas.
4 claras.

PREPARACION:

Se unen sopa de tomate y queso, y se derriten al baño-maría, se le agrega azúcar, pimienta y acei-

tunas, se retira del fuego. Se baten las yemas y se unen poco a poco a la sopa de tomate que debe estar tibia. Se baten las claras a punto de nieve y se le añade la mezcla de tomate usando movimiento envolvente para que no se bajen las claras. Se vierte en un molde de cristal de horno de uno y medio litro de capacidad engrasado de mantequilla. Se hornea a 325° F. durante cuarenta minutos.

SOUFFLE DE QUESO

Por Clara Sampedro de Barraqué

INGREDIENTES:

- 2 tazas de salsa Bechamel gruesa.
- ½ libra de queso Patagrás rallado.
- 1 cucharadita de mostaza.
- 6 yemas.
- 6 claras.

PREPARACION:

Se unen la salsa Bechamel caliente, el queso y la mostaza. Se deja refrescar. Se le añaden las yemas ligeramente batidas, se unen bien. Se baten las claras a punto de nieve y se unen con movimiento envolvente a la crema ya preparada. Se vierte en un molde de cristal de horno de dos litros de capacidad engrasado con mantequilla. Se hornea a 350° F. durante cuarenta minutos o hasta que haya subido bien y esté dorado.

DE GAS O ELECTRICA

"TAPPAN" LA COCINA "PERFECTA"

Es un honor para THE TAPPAN STOVE CO. el colaborar en esta magnífica obra a través de su distribuidor exclusivo, señor

PEDRO CAPETA

DE LA CALLE CONSULADO No. 306
AL LADO DEL CINE "ALKAZAR"

TELEFONO M-7106

BOLA DE ALMENDRA

Por Bertha Caballero de Boix

Es en Valencia, la "Región del Naranjo", llamada por el poeta Jafacha "El Paraíso Terrenal", donde existe la peculiaridad de comer, con el clásico y famoso "cocido", la exquisita "bola de almendra".

INGREDIENTES:

- 1 libra de almendras crudas, molidas.
- 1 libra de pan viejo, rallado.
- 3 huevos.
- 9 onzas de azúcar.
- 2 limones (la corteza rallada).
- canela en polvo a gusto.
- 1 libra de manteca derretida.

PREPARACION:

Se mezclan todos los ingredientes, en el orden en que están escritos hasta hacer una masa compacta, después se le da una forma un poco alargada y se coloca dentro de un recipiente de cristal, el que a su vez, ha de colocarse encima de una cacerola que contenga agua hirviendo, por espacio de una hora, transcurrida la cual se pone al horno a 350° F. hasta que se dore un poco. Cuando se enfríe se parte en ruedas y se come con el cocido.

No hay sustituto para lo mejor. Los buenos platos no pueden hacerse con ingredientes de calidad inferior. Si usted usa la mejor mantequilla, huevos, crema, carne y demás ingredientes, gastará menos que si trata de buscar "gangas". Planée con cuidado y compre de antemano todo lo que pueda necesitar, ahorrará tiempo y dinero.

FRIJOLES HOLANDESES

Por Marina García de Casalduc

INGREDIENTES:

- 8 lascas de bacon.
- ¼ libra de cebollas picadita.
- 1½ libras de carne molida.
- ⅛ libra de mantequilla.
- 1 lata de judías (Baked Beans).
- ½ taza de Catsup.
- 1 lata de cuatro onzas de champignons.
- 1 cucharadita de salsa inglesa.
- 1 cucharadita de sal.
- ½ cucharadita de pimienta.

PREPARACION:

Se fríe el bacon a que suelte la grasa, se saca de la cacerola. En esa grasa se cocina la cebolla. En una cacerola aparte se cocina la carne con la mantequilla (a fuego lento y moviéndola siempre) a que pierda el rojo vivo de ella. Se une a la carne todos los ingredientes y se pone en un molde de cristal de horno engrasado con mantequilla. Se hornea a 300° F. por espacio de cincuenta minutos.

PELOTA CATALANA

Por Carmen Guerrero de Peral

INGREDIENTES:

- 2 libras de palomilla.
- 1 libra de masa de puerco.
- ½ libra de tocino.
- 1 cabeza de ajo machacada.
- 2 cucharaditas de perejil molido.
- 2 cucharaditas de sal.
- 3 cucharaditas de pimienta.
- 4 huevos enteros.
- ½ libra de pan rallado.

PREPARACION:

Se muelen juntos la palomilla, puerco y tocino. Se le agrega el ajo, perejil, sal y pimienta; se amasa bien. Se agregan los huevos enteros, la mitad del pan rallado y se amasa todo bien. Se forma con la masa tres pelotas y se polvorean con el pan rallado restante. Se tiene preparado un potaje de garbanzos o una olla y cuando esté hirviendo se colocan con cuidado las pelotas y se dejan cocinando durante una hora y media. Pasado este tiempo se sacan las pelotas y se dejan enfriar. Se cortan en ruedas gruesas, se sirven bien frías o pasadas por aceite caliente. Se sirve el potaje acompañado de las pelotas en una fuente aparte.

POTAJE DE GARBANZOS

Por Carmen Guerrero de Peral

INGREDIENTES:

¼ libra de cebollas.
2 ajíes grandes.
3 dientes de ajo.
½ taza de aceite.
½ taza de puré de tomate.
1 libra de garbanzos (remojados desde la noche anterior).

1 libra de papas (en pedazos).
2 chorizos.
¼ libra de jamón.
1 cucharadita de sal.
½ cucharadita de pimienta.
4 ó 6 tazas de agua.

PREPARACION:

Se hace un sofrito con los cinco primeros ingredientes. Se agregan los restantes y cuatro o seis tazas de agua. Se deja cocinar durante una hora y media o hasta que los garbanzos estén blandos.

COCIDO MONTAÑES

Por Nena Otero de Arce

INGREDIENTES:

1 libra de judías blancas.
½ libra de tocino.
1 oreja de cerdo.
1 cebolla.

1 col chica.
1 chorizo.
1 morcilla.
sal a gusto.

PREPARACION:

Se ponen en frío las judías con el tocino, la oreja y la cebolla y se le va añadiendo en frío el agua que vaya necesitando. Cuando las judías estén blandas se le añade la col picada menudita con el chorizo y la morcilla enteros, pinchando esta última para que no se rompa en el puchero. Sal a gusto. La oreja, el tocino y la morcilla si es posible deben ser frescos.

Los árabes introdujeron en España el azafrán, la nuez moscada, la pimienta negra, el limón, la sidra y el naranjo.

COCIDO MADRILEÑO

Por Nena Otero de Arce

INGREDIENTES:

- 1 gallina.
- 2 libras de carne de falda.
- 1 libra de jamón.
- ½ libra de tocino.
- 1 cebolla.
- 4 tomates.
- 1 ají verde.
- 1 zanahoria.
- 1 ajo puerro.
- 1 libra de garbanzos.
- 2 papas enteras.
- 3 chorizos españoles.
- ¼ libra de fideos, pasta o arroz.
- 1 col.
- colorante y sal a gusto.
- aceite.
- 3 ajos.

PREPARACION:

Se pone la gallina, falda, jamón, tocino, cebolla, tomate, ají, zanahoria y ajo puerro en una cazuela grande con agua. Cuando el agua esté en pleno hervor, se le añaden los garbanzos. Esto debe hervir unas tres horas a fuego lento; a media cocción se añaden las papas y los chorizos enteros. Pasado este tiempo se cuela el caldo y con él se hace la sopa de fideos, pastas, arroz o lo que se desee. En otro puchero con agua, cuando está hirviendo, se pone la col picada menuda, no mucho colorante y sal. Una vez cocinada se le quita el agua y en una sartén con aceite español se doran los ajos y se echan sobre la col, dejando hervir unos minutos. Se sirve primero la sopa y después la col en una fuente y en otra los garbanzos con todas las carnes picadas. Hay quien pone salsa de tomate en una salsera aparte.

El garbanzo es tradicional en España desde que los cartagineses lo introdujeron en ella. Los españoles consideran los garbanzos como una cosa muy importante, por ser la base del cocido o puchero, plato nacional, que tiene muchas variedades y que depende de las características de cada región. No podemos considerar el "pote gallego" una derivación del "cocido castellano", ni éste, del andaluz o del catalán con su "pilota". Dicen que los garbanzos han servido por más de veinte siglos, a los maridos españoles, para entretener a las mujeres en la casa.

HUEVOS

HUEVOS A LA MADRILEÑA

Por Martha Aldereguía de Chaviano

INGREDIENTES:

- 6 huevos duros.
- 1 cucharadita de sal.
- ½ cucharadita de pimienta.
- 1 cucharada de perejil molido.
- 1 cucharada de mostaza.
- 3 libras de papas.
- harina.
- 3 huevos enteros.
- galleta molida.
- grasa para freír.
- salsa de tomate.

PREPARACION:

Se parten a la mitad los huevos duros, se les saca las yemas, se majan en el mortero y se les une sal, pimienta, perejil y mostaza. Se rellenan las claras. Se hierven las papas, se reducen a puré y se envuelven las mitades de huevo en el puré; se pasan por harina ligeramente, huevos batidos y por último por galleta molida y se fríen en abundante grasa caliente. Se escurren bien y se sirven adornados de ramitas de perejil y acompañados de salsa de tomate.

COSTILLAS DE HUEVO

Por Bertha Autrán de Fusté

INGREDIENTES:

- 1 taza de salsa Bechamel espesa.
- 1 yema de huevo.
- 6 huevos duros picaditos.
- 2 cucharadas de perejil picadito.
- ½ cucharadita de pimentón.
- 2 huevos batidos.
- galleta molida.
- manteca para freír.

PREPARACION:

Se unen a la salsa Bechamel una yema de huevo, huevos duros, perejil y pimentón. Se forra un molde de ocho por ocho con papel encerado, se vierte la masa en él y se enfría bien. Cuando esté bien fría y dura se voltea la masa, se corta en ocho pedazos, los cuales se les da la forma de costillitas. Se pasan por el huevo batido, después por la galleta molida. Se fríen en grasa caliente a que doren. Se sirven bien calientes acompañadas de salsa de tomate o de salsa de mantequilla con perejil.

HUEVOS EN TOMATE

Por Trina de Céspedes de Febres

INGREDIENTES:

6 tomates grandes de ensalada.
1 cebolla mediana.
2 cucharadas de mantequilla.
¼ libra de jamón molido.
1 latica de petit-pois.
1 taza de salsa Bechamel espesa.
6 huevos.
1 cucharadita de sal.
½ cucharadita de pimienta.
6 lascas de bacon.

PREPARACION:

Se les corta a los tomates una tapita, y con cuidado se vacían, se lavan y se ponen a escurrir. Se cocina a fuego lento la cebolla en la mantequilla, se le añade el jamón, el petit-pois y por último la salsa Bechamel, se deja unos minutos al fuego y se retira dejándolo refrescar. Se rellenan los tomates con esta mezcla, se pone en cada uno un huevo entero crudo, se polvorean con sal y pimienta. Se coloca alrededor de cada tomate una lasca de bacon y se sujeta con un palillo. Se ponen los tomates en una tartera engrasada con mantequilla y se hornean a 350° F. de veinte a veinticinco minutos o hasta que el huevo tenga el punto deseado. Se sirven en una fuente sobre hojas de lechuga.

Un poco de sal en el agua en que se van a cocer los huevos evita que éstos se quiebren.

Añadiéndoles una pizca de sal a las claras de huevo, son más fáciles de batir.

REVOLTILLO CON CHAMPIGNONS

Por Silvia Lobé de Smith

INGREDIENTES:

⅛ libra de mantequilla.
1 latica de champignons de 8 onzas.
3 cucharadas de cebollas.
3 cucharadas de perejil.
6 huevos.
1 cucharadita de sal.
½ cucharadita de pimienta.
6 cucharadas de crema de leche.
6 lascas de jamón.
1½ tazas de salsa Bechamel mediana.
3 cucharadas de queso Parmesano rallado.

PREPARACION:

Se pone a fuego muy lento la mantequilla con los champignons y las cebollas picaditos. Se deja hasta que las cebollas estén suaves, se le agrega el perejil también picadito. Se baten los huevos enteros, se añade sal, pimienta y crema de leche. Se incorpora el batido a lo anterior y se pone a fuego lento revolviendo siempre, hasta que el huevo esté cremoso, se retira del fuego. Se tienen preparadas las lascas de jamón en forma de cono, se rellenan con revoltillo, se colocan en una fuente y se cubren con la salsa Bechamel bien caliente ya mezclada con el queso.

HUEVOS MIMOSA

Por Mercedes Menocal de Hernández

INGREDIENTES:

6 huevos duros.
½ libra de camarones hervidos.
3 ó 4 cucharadas de salsa mayonesa.
1 lechuga picada.
salsa mayonesa.

PREPARACION:

Se dividen a la mitad y a la larga los huevos duros, se les saca las yemas con cuidado y se muelen con los camarones. Se le añaden las cucharadas de mayonesa a formar una pasta suave. Se rellenan las claras. Se extiende el resto del relleno en la fuente en que vamos a servirlo, se colocan los huevos y se adornan con lechuga picada. Se sirven acompañados con salsa mayonesa.

TORTILLA A LO MADAME STAEL

Por Minina Peñaranda de Villa

INGREDIENTES:

6 huevos.
1 cucharadita de sal.
½ cucharadita de pimienta.
3 cucharadas de crema pura al 40%.
2 cucharadas de mantequilla.
¼ libra de papas picadas en cubitos y fritas en mantequilla.
½ taza de pescado o pollo asado y picado fino.
3 cucharadas de queso Gruyere rallado.

PREPARACION:

Se baten los huevos enteros, se les añade la sal, la pimienta, la crema de leche y se bate bien a unir. Se pone al fuego en una sartén o aparato especial para hacer tortillas con la mantequilla, se agrega el batido de los huevos, y cuando éstos empiecen a cocinar se añaden las papas, el pescado o pollo y por último el queso. Se enrolla la tortilla y se deja unos minutos al fuego. No se debe dejar con exceso al fuego para que quede suave.

HUEVOS MUSELINA

Por María Carlota Pérez Piquero de Cárdenas

INGREDIENTES:

relleno muselina.
6 u 8 huevos.
1 latica de champignons de 8 onzas.
puré de papas o tostadas con mantequilla para servirlos.
salsa Bechamel verde, con puntas de espárragos o con puré de tomates.

PREPARACION:

Se engrasan con mantequilla moldes individuales, se le pone a cada uno relleno de muselina, un huevo y se hornea al baño-maría a 350° F. teniendo cuidado no se endurezcan. Se pueden servir sacándolos de los moldecitos con puré de papas o bien servirlos sobre tostadas con mantequilla y un champignon sobre cada huevo. Se cubren con la salsa Bechamel, de espárragos o tomate a escoger, o solos, en el mismo molde de tartaletas.

RELLENO MUSELINA:

½ libra de pollo, carnero, pescado o langosta.
2 claras.
1 cucharadita de sal.
½ cucharadita de pimienta.
¼ litro de crema fresca al 40%.

PREPARACION:

Se pica muy fino cualquiera de las carnes, se añade poco a poco, las claras, sal y pimienta; después se pasa por un colador y se pone en el refrigerador. Cuando esté bien frío se le añade la crema fresca. Para la salsa Bechamel véase capítulo de salsas.

CHINITOS

Por Elena La Rosa de Villa

INGREDIENTES:

9 huevos.
6 hojitas de lechuga.
18 aceitunas.
clavos.

PREPARACION:

Se salcochan bien duros los huevos y se pelan. Se les corta una tapita por la parte más ancha a seis huevos y se paran sobre hojitas de lechuga. Se les pasa un palillo cerca del extremo más fino y en cada punta del palillo se le pone una aceituna para formar los brazos; la cabeza se forma con otra aceituna atravesada por un palillo. Se cortan los otros tres huevos a la mitad, se les saca la yema y se les pone a los otros seis como si fueran sombreritos. Se les hacen unos botones al frente con clavos de comer.

HUEVOS ESCALFADOS A LA FLORENTINA

Por Cristina Saladrigas de Dediot

INGREDIENTES:

2 macitos de espinacas.
6 huevos.
2 tazas de salsa Mornay.
6 cucharadas de queso rallado.
galleta molida.
2 cucharadas de mantequilla.

PREPARACION:

Se hierven las espinacas solamente con el agua del lavado, a fuego muy lento, se escurren, se pican fino y se saltean ligeramente en grasa. Se engrasa una tartera de cristal de horno, se colocan las espinacas a cubrir el fondo y los huevos enteros escalfados. Se cubre todo con la salsa Mornay (véase salsas), se polvorean con el queso y por último la galleta molida. Se reparte la mantequilla en trocitos entre los huevos y se hornean a 350° F. de veinte a veinticinco minutos. Se sirven en seguida.

HUEVOS A LO CHARLES QUINT

Por Herminia Saladrigas de Terry

INGREDIENTES:

2 tazas de arroz Pilaf.
3 cucharadas de queso rallado.
6 huevos escalfados.

2 tazas de salsa Bechamel mediana.
½ taza de salsa de tomate espesa.
perejil picado fino.

PREPARACION:

Se engrasan con mantequilla seis moldes de cuatro pulgadas de diámetro, se llenan con el arroz Pilaf caliente (véase arroces), se ajusta bien y se voltean en una tartera de cristal de horno engrasada, se polvorean con el queso rallado y se coloca sobre cada molde de arroz un huevo cubriéndose todo con la salsa Bechamel y adornándolos alrededor con la salsa de tomate. Se polvorean con perejil y se hornean durante diez minutos a 350° F. Se sirven en seguida. Este plato puede hacerse también con arroz con vegetales o rissoto.

HUEVOS CHANTILLY

Por Adriana Valdés Fauli

INGREDIENTES:

6 claras.
1 cucharadita de sal.
¼ cucharadita de pimienta.
¼ cucharadita de nuez moscada.

1 taza de salsa Bechamel mediana.
6 yemas.
perejil picado muy fino.

PREPARACION:

Se baten las claras a punto de nieve con la sal, pimienta y nuez moscada. Se une a la Bechamel usando movimiento envolvente, y se vierte la mezcla en una tartera de cristal de horno engrasada con mantequilla. Se colocan sobre lo anterior las yemas crudas enteras polvoreadas con bastante perejil. Se hornea a 350° F. hasta que las yemas estén cocinadas. Se sirve en seguida.

HUEVOS ROSSINI

Por Adriana Valdés Fauli

INGREDIENTES:

- ½ cabeza de sesos hervida.
- 2 hígados de pollo hervidos.
- 2 cucharadas de mantequilla.
- 1 latica de champignons.
- 1 taza de salsa Bechamel espesa.
- 6 huevos.
- sal y pimienta.

PREPARACION:

Se muelen sesos e hígados, se cocinan unos minutos con la mantequilla y los champignons picaditos. Se engrasa un molde de cristal de horno y se cubre el fondo con la salsa Bechamel, se parten los huevos enteros y se colocan sobre la salsa, se polvorean con sal y pimienta colocando entre uno y otro el picadillo de sesos e hígado. Se hornea a 350° F. de quince a veinte minutos.

HUEVOS RELLENOS

Por Adriana Valdés Fauli

INGREDIENTES:

- 8 huevos duros.
- 1 latica de jamón del Diablo.
- 3 cucharadas de perejil picadito.
- 3 cucharadas de leche.
- 8 lascas de pan frito.

PREPARACION:

Se parten a la mitad los huevos duros, se les sacan las yemas con cuidado de no romper las claras. Se majan las yemas y se les añade jamón del Diablo, perejil y leche. Se mezcla todo bien. Se rellenan las claras. Se colocan sobre las tostadas de pan frito, se ponen en una fuente de cristal de horno engrasada con mantequilla, y se cubre con la siguiente salsa:

INGREDIENTES PARA LA SALSA:

1 litro de caldo.	1 cucharada de harina.
1 zanahoria.	1 cucharadita de sal.
2 cebollas.	½ cucharadita de pimienta.
ramitas de perejil.	
2 cucharadas de mantequilla.	2 libras de papas.

PREPARACION:

Se pone a cocer durante una hora el caldo con la zanahoria cortada en ruedas finas, las cebollas picadas y el perejil. Cuando se haya consumido el caldo a la mitad, se cuela por el colador chino. En otra cacerola se pone la mantequilla con la harina a que tome color dorado. Se le añade poco a poco el caldo revolviendo, la sal y la pimienta. Se cocina por unos minutos a que espese, se deja refrescar y se cubren los huevos poniendo en el centro de la fuente las papas cortadas en bolitas y previamente fritas o cocinadas al vapor. Se hornea a 400° F. por cinco minutos.

HUEVOS RELLENOS A LA DUQUESA

Por Leocadia Valdés Fauli de Menocal

INGREDIENTES:

6 huevos duros.	2 cucharadas de perejil picadito.
1 cucharadita de sal.	
½ cucharadita de pimienta.	2 yemas crudas.
	1 cucharadita de sal.
1 cucharada de mostaza.	½ cucharadita de pimienta.
gotas de limón.	
leche la necesaria.	
2 libras de papas.	2 onzas de jamón en dulce molido.
2 cucharadas de mantequilla.	1 cebolla chica molida.
2 cucharadas de queso rallado.	2 tazas de salsa Bechamel mediana.
	queso rallado.

PREPARACION:

Se cortan a la mitad los huevos duros, se sacan con cuidado las yemas, se majan y se les añade sal, pimienta, mostaza, gotas de limón y leche a formar una pasta suave. Se rellenan las claras. Se hierven las papas, se reducen a puré y se les agrega: mantequilla, queso, perejil, yemas crudas, sal, pimienta y jamón molido. Se coloca el puré de papas Duquesa en una fuente de cristal de horno engrasada con mantequilla, se ponen los huevos duros, se cubren con la salsa Bechamel que al hacerla se habrá cocinado en la mantequilla de la salsa la cebolla molida. Se polvorea con queso rallado y se hornea a 350° F. de quince a veinte minutos.

HUEVOS EN FLAN

Por Leocadia Valdés Fauli de Menocal

INGREDIENTES:

- 1 latica de trufas.
- 7 huevos.
- 1 cucharadita de sal.
- ½ cucharadita de pimienta.
- 6 lascas de pan de molde.
- 2 cucharadas de mantequilla.
- 1½ tazas de salsa de tomate espesa.

PREPARACION:

Se engrasan seis moldecitos de cristal de horno con mantequilla y se polvorean con las trufas. Se baten los huevos enteros, se les añaden sal y pimienta, se vierte el batido en los moldecitos y se cocinan en el horno a 350° F. al baño-maría. Se untan con mantequilla las lascas de pan y se tuestan. Se desmoldan los flancitos cada uno sobre una tostada y se sirven acompañados de la salsa de tomate.

¡TOME LECHE "BALKAN"!

Leche pura..., Cruda..., Pasteurizada..., Homogeneizada

Producida por vacas cuidadosamente seleccionadas. Tenemos los aparatos más modernos y nuestra Planta está montada dentro de las más rigurosas exigencias sanitarias.

Despacho a domicilio con la mayor exactitud

TELEFONOS:
B0-8593 - B0-8694

TRES ROSAS Y LINEA
Rpto. Larrazábal, Marianao

OLIVEITE

Es un deleite...

Coma lo que coma, coma con aceite

INDUSTRIAS FERRO, S. A.

PRODUCTOS "CONCHITA"
PINAR DEL RIO

DULCES EN ALMIBAR Y MERMELADAS

Cascos de Guayaba
Fruta Bomba
Coco Rallado
Ciruelas Pasas
Mangos Biscochuelo
Manzana
Piña Natural en Rodajas
Piña Natural en Cuadros
Cascos de Naranjas

PASTAS Y JALEAS

Guayaba
Piña Preserves

MARISCOS Y VEGETALES

Bonito en Tomate
Bonito en Aceite
Bonito Picado
Langosta Natural
Camarones
Habichuelas Cortadas
Petit Pois
Pimientos Morrones

TOMATE:

Natural
Puré
Triple Concentrado
Salsa
Jugo

ACEITUNAS NATURALES

CONCHITA... CALIDAD PRIMERO

DEPÓSITO HABANA
PEREZ No. 419

TELEFONO X-6010
LUYANO

MARISCOS

CANGREJOS RELLENOS

Por Teresa Alvarez de Toledo

INGREDIENTES:

- 12 cangrejos.
- ½ taza de aceite.
- 2 dientes de ajo.
- 3 cebollas.
- 1 ají.
- 30 tomates o una lata de puré.
- ½ cucharadita de pimentón.
- ½ cucharadita de pimienta.
- 1 taza de vino seco.
- 25 aceitunas.
- ¼ libra de mantequilla.
- ½ libra de queso rallado.
- 6 huevos.
- 1 cucharada de sal.
- huevos duros.
- 1 lata de pimientos morrones.
- galleta molida.

PREPARACION:

Se salcochan los cangrejos y se le sacan todas las masas, teniendo cuidado de que no vayan pedacitos de los carapachos. Se reservan los carapachos. Se sofríe en el aceite los dientes de ajo y se le agrega cebolla, ají y tomates molidos. Se añade al sofrito pimentón y pimienta, la masa de los cangrejos deshilachadas con un tenedor y se cocina todo por diez minutos. Se le une vino seco y aceitunas picaditas sin hueso. Cuando se haya gastado un poco el vino se le agrega la mantequilla, el queso rallado (reservar un poco para polvorear), los huevos crudos, batidos juntos clara y yema; se sazona con sal. Se rellenan los carapachos que deben estar bien limpios y secos, se coloca sobre el relleno unos pedacitos de huevos duros y tiritas de pimientos morrones, se polvorean con queso rallado y por último se le echa la galleta molida. Se hornea a 400° F. hasta que estén bien dorados. Se sirven calientes.

MARISCOS EN "CASSEROLE"

Por Julia Costales de Benach

INGREDIENTES:

- 3 cucharadas de mantequilla.
- 3 cucharadas de harina.
- 1 lata de sopa crema de apio.
- 2 tazas de camarones o masa de cangrejos, hervidos y desmenuzados.
- queso rallado.

PREPARACION:

Se derrite la mantequilla, se añade la harina y se une bien. Se agrega la sopa y se cocina revolviendo constantemente hasta que espese. Se añaden los camarones o la masa de cangrejo. Se vierte en una cacerola de poco fondo y se espolvorea con queso rallado. Se pone en horno moderado a 350° F. durante veinte minutos.

LANGOSTA A LA CREMA

Por Rosa Espinosa de Nobo

INGREDIENTES:

- 8 langosticas.
- 6 onzas de mantequilla.
- 6 cucharadas de harina.
- 1 litro de leche.
- 1 latica de champignons.
- 1 cucharada de cebolla rallada.
- 4 cucharadas de Catsup.
- 4 cucharadas de queso Parmesano rallado.
- 1½ cucharaditas de sal.
- ½ cucharadita de pimienta.
- 1 cucharada de jugo de limón.
- 2 yemas.
- 3 cucharadas de vino seco.
- galleta y queso Parmesano para polvorear.

PREPARACION:

Se salcochan las langostas, se separan las masas y se pican en pedacitos, cuidando de quitar el cristal antes. Se lavan bien los carapachos y se dejan escurrir. Se derrite la mantequilla, se le incorpora la harina y se le va añadiendo la leche caliente hasta formar una crema. Se le añade los champignons con su agua, la cebolla, el tomate, el queso, la sal, la pimienta, el jugo de limón y se deja al fuego a que cocine. Se le agrega las yemas poco a poco revolviendo las masas de langosta y por último el vino. Se deja refrescar y se rellenan los carapachos. Se polvorea con queso y se cubre con galleta molida cernida. Se doran en el horno a 400° F. Se sirven calientes.

LANGOSTA CON CHOCOLATE

Por Carmen Guerrero de Peral

INGREDIENTES:

2 langostas grandes.
¼ libra de cebollas.
2 dientes de ajo.
1 lata de tomate.
perejil.
1 cucharadita de sal.
½ cucharadita de pimienta.
3 onzas de chocolate tipo francés o amargo rallado.

PREPARACION:

Se matan las dos langostas sin salcocharlas. (En este plato es muy importante matar las langostas vivas, sin salcocharlas ni meterlas en agua hirviendo). Se les extrae el cristal y se cortan por los anillos. Se hace un sofrito con la cebolla, los dos dientes de ajo, la lata de tomate y bastante perejil. Se cocinan las langostas en ese sofrito. Se añade agua hasta obtener la cantidad de salsa deseada. Se sazona con sal y pimienta. Se rallan las tres onzas de chocolate y se incorpora a la salsa. Se hierve todo un rato, hasta que espese un poco la salsa.

NOTA: a) El cristal debe extraerse antes de cortar las langostas en anillos. b) Junto con los anillos cocine también el resto utilizable de las langostas, a fin de aumentar la sustancia y el sabor de la salsa.

Entre el ave y el MARISCO,
y entre el fiambre y la fruta,
alternarán con el jugo
de las jerezanas uvas
el exquisito burdeos
y el champán de blanca espuma.

BRETON DE LOS HERREROS

LANGOSTA BELLAVISTA A LA PARISIEN
Por Lily Hidalgo de Conill

INGREDIENTES:

- 4 langostas grandes.
- 6 papas grandes.
- ⅛ libra de mantequilla.
- 3 lechugas americanas.
- sal, pimienta y limón a gusto.
- aceite.
- 3 tazas de mayonesa.
- 3 cucharadas de gelatina simple.
- 3 cajas de trufas.
- 10 huevos duros.
- 8 tomates de ensalada o fondos de alcachofas.
- 16 muelas de cangrejos.

PREPARACION:

Se salcochan las langostas teniendo cuidado que a la más grande y bonita no se le partan las patas y después de salcochada se estira bien y se le pone un peso encima para que vuelva a coger su forma. Con las papas salcochadas y la mantequilla se hace un puré que quede bien duro para poder hacer la base. Se pone a lo largo de la fuente, de mayor a menor, para que al colocar la langosta sobre ella quede inclinada y se cubre con la lechuga cortada a la juliana. Se coloca la langosta sin sacarle la masa, pues no es más que para adorno. Las otras tres langostas se limpian bien y se cortan en escalopes o lascas, teniendo cuidado que todas tengan el mismo grueso. Se hace un aliño con sal, pimienta, limón y aceite y se sazonan los escalopes. A tres tazas de mayonesa se le añade la gelatina simple ya desleída y se cubren los escalopes con esta salsa y se ponen a enfriar. Cuando estén fríos se adornan en el centro con trufas en la forma que se desee. En el centro de la langosta que tenemos de adorno se le pone un poco de puré para colocar los escalopes sin que se resbalen. Se van poniendo formando una hilera empezando por la cabeza hacia la cola, montando uno sobre otro hasta llegar a la cola que se cubre toda formando tres hileras. Con los desperdicios de las langostas, la mayonesa y las yemas de los huevos que hemos partido por la mitad, se hace una masa y se rellenan los tomates o los fondos de alcachofas y las claras de los huevos, se adorna el centro con trufas y se coloca a ambos lados de la langosta. Al borde de la fuente se colocan las muelas de cangrejos. Con el gelée, usando la manga de adorno con la boquilla rizada, se bordean los escalopes y se cubren las muelas de cangrejos.

LANGOSTA A LA POMPADOUR

Por María Luisa Menocal de Argüelles

Se prepara una Langosta a lo Cardenal cuidando de no partirle las antenas al hervirla, pues es parte de la decoración del plato y unos Filetes de Pargo al Vino Blanco y se monta el plato de la forma siguiente: Se pone en una fuente larga y ancha una base de lechuga hasta la mitad de la misma y sobre ella las dos mitades de Langosta a lo Cardenal, con la antena hacia afuera y en el espacio de la fuente que se dejó sin cubrir de lechuga poner cabalgando uno sobre otro los filetes de pargo al vino blanco. Colocar cuatro y cuatro empezando casi pegado a la cola de la langosta, hasta la cabeza de la fuente. De igual forma se coloca la otra hilera que al terminar forma un triángulo. Una vez puestos los filetes se cubren con la salsa de vino blanco, de manera que quede cubierto no sólo los filetes sino también el fondo de la fuente. Se cortan ocho medallones de trufas y se colocan sobre cada filete.

LANGOSTA A LO CARDENAL

Por María Luisa Menocal de Argüelles

INGREDIENTES:

- 1 langosta grande.
- 1 cucharada de sal.
- 1 latica de champignons.
- 1 latica de trufas.
- Salsa Cardenal.
- 2 onzas de queso rallado.

PREPARACION:

Se hierve la langosta en agua con una cucharada de sal por espacio de treinta y cinco o cuarenta minutos. Se parten en dos a lo largo, se les quita el cristal y se extrae la carne de la cola sin dañar los carapachos. Se corta la masa de la langosta en rodajas, se le agrega los champignons, las trufas, la salsa Cardenal y se rellenan los carapachos. Se cubren con salsa Cardenal, se polvorean de queso y se dora al horno a 400° F. Se sirven sobre hojas de lechuga.

INGREDIENTES PARA LA SALSA CARDENAL:

- 6 langostinos hervidos y sacada la masa.
- 1/8 libra de mantequilla.
- 3 tazas de salsa Bechamel mediana (véase salsas).
- tinte vegetal rojo.

PREPARACION:

Se machaca la masa de los langostinos con la mantequilla, se agrega la salsa Bechamel y se le da dos o tres hervores. Se cuela por el colador chino, se colorea con el tinte rojo y se añade parte a la langosta dejando para cubrir los carapachos. Para la receta de los Filetes de Pargo al Vino Blanco, véase capítulo de pescados.

CANGREJOS A LA NEWBURG

Por Alice Peláez de Mena

INGREDIENTES:

- 4 cangrejos.
- ¼ taza de vinagre.
- ¼ libra de mantequilla.
- ¼ taza de Cognac.
- ½ taza de vino de Madeira.
- 4 yemas.
- ¼ litro de crema.
- ½ cucharadita de sal.
- ¼ cucharadita de pimienta.

PREPARACION:

Se cocinan los cangrejos unos veinte minutos en agua hirviendo salada y con vinagre. Se sacan del agua, se dejan enfriar un poco para poderlos limpiar y sacar la masa y se colocan en una cazuela llana engrasada con mantequilla. Se cubre la cazuela y se calienta a fuego vivo durante dos minutos. Se añade el Cognac y el vino de Madeira y se flamea Se cubre la cazuela y se deja cocinar a fuego lento durante cinco minutos. En una cazuelita se preparan las yemas y la crema, se mezclan bien y se le añade el vino de Madeira y el Cognac en que se han estado cocinando las masas de los cangrejos. Se cocina esta salsa a baño-maría y se le agrega un poco de mantequilla, sal y pimienta. Se colocan los cangrejos en una fuente, se le echa la salsa por encima y se sirve inmediatamente con arroz Pilaf.

"Donde entra el sol no entra el médico", consigna el adagio; que completó un higienista así: "Donde entra la fruta no entra la farmacia. (La fruta es sol condensado.)

MEDALLONES DE CANGREJO

Por Mina Pina de Iglesias Betancourt

INGREDIENTES:

2 tazas de salsa blanca (bien espesa).	¼ cucharadita de sal.
2 tazas de cangrejos, desmenuzado.	1½ tazas de galleta en polvo.
2 huevos batidos.	grasa para freír.

PREPARACION:

Se liga la salsa bien caliente con el cangrejo. Se vierte la mezcla en una fuente llana. Se pone en el refrigerador. Se toman pequeñas porciones, se bolea y se le da forma de torticas. Se pasan por huevos batidos con la sal y galleta molida muy finita. Se fríen en grasa caliente hasta que doren. Para servirlas caliente se les pone salsa de mostaza y perejil picado encima.

LANGOSTINOS "PEPE"

Por Natalia Suárez de Aixalá

INGREDIENTES:

8 langostinos.	8 lascas de queso.
pan frito en aceite.	salsa mayonesa.

PREPARACION:

Se hierven los langostinos, se les quita la cáscara y se coloca en una fuente sobre pedacitos de pan frito en aceite. Se cubren con un trocito de queso de la clase que se prefiera y se riegan con salsa mayonesa o a la vinagreta.

CAMARONES GUISADOS

Por Renée Triay de Castro

INGREDIENTES:

6 libras de camarones.	½ taza de aceite.
agua de mar.	½ taza de puré de tomate.
4 cebollas blancas medianas.	1 cucharadita de paprika.
1 pimiento verde grande asado.	½ cucharadita de azúcar.
	3 libras de papas.
2 dientes de ajo.	2 yemas de huevo.

PREPARACION:

Se limpian bien los camarones en crudo y se ponen en agua de mar. Se muelen en la máquina, por la cuchilla más fina, la cebolla, el pimiento y el ajo. Se hace un buen sofrito con el aceite a fuego lento no incorporando el tomate ni la paprika hasta que la cebolla y el pimiento estén bien cocinados; se añade el azúcar. Una vez hecho el sofrito se agregan los camarones y se revuelve bien, añadiendo el agua poco a poco de modo que cocinen lentamente. Cuando estén blandos, se echan las papas que se han cortado en bolitas, utilizando dos o tres cucharadas de los recortes picados bien chiquitos para cuajar la salsa. Se majan las yemas con un poco de la misma salsa y se añaden, las que además de cuajar, dan un bonito color. Si no se tiene a mano el agua de mar, se puede hacer un caldo con una cabeza de cherna.

Cortesía del

ACEITE "SENS'AT"

¡El insuperable de siempre!

| PRECIOS MINIMOS |  SUPER-MERCADO | CALIDAD MAXIMA |

Ahora 7 Tiendas para servir a Ud. mejor

1) Quinta Avenida y Calle 2, MIRAMAR.

2) Carretera de Jaimanitas, cerca de la Iglesia de Santo Tomás, BILTMORE.

3) Quinta Avenida y Calle 82, MIRAMAR.

4) Neptuno y Lealtad, HABANA.

5) 20 de Mayo y Panchito Gómez, AYESTARAN.

6) Carretera Vía Blanca y TARARA.

7) Calle 26 No. 810, esquina a 41, NUEVO VEDADO.

PESCADOS

PUDIN DE BACALAO

Por Ana Rosa A. de Rodríguez Tejera

INGREDIENTES:

- 1 libra de bacalao.
- ramitos de perejil.
- ¾ libra de papas.
- ⅛ libra de mantequilla.
- ⅓ taza de crema de leche.
- 4 huevos enteros.
- 1 latica de petit-pois.
- ¾ cucharadita de sal.
- ½ cucharadita de pimienta.
- ¼ cucharadita de nuez moscada.
- 3 cucharadas de galleta molida.

PREPARACION:

Se hierve el bacalao, se limpia y se muele con unas ramitas de perejil. Se hierven las papas, se reducen a puré y se les agrega el bacalao y el resto de los ingredientes, se bate a unir bien. Se engrasa un molde rectangular de nueve y media por cinco y media pulgadas; se vierte la masa. Se hornea al baño-maría a 400° F. de cuarenta y cinco a sesenta minutos hasta que al introducir un palillo salga seco. Este pudín puede servirse de dos maneras: caliente, acompañado de salsa Bechamel rosada (mediana) o salsa mayonesa. Si se sirve frío puede acompañarse de vegetales.

PESCADO CON SALSA TAKINI

Por Josefina Barreto de Kourí

INGREDIENTES:

- 1 pargo de 4 libras.
- ½ taza de aceite.
- ¼ taza de limón.
- 1 cucharada de sal.
- 1 libra de cebollas.
- 8 cucharadas de salsa Takini (esta salsa se puede adquirir en establecimientos de víveres orientales).

PREPARACION:

Una vez limpio y lavado el pargo, se coloca en una tartera y se adoba con aceite, limón y sal. Se cortan las cebollas en lasquitas y se ponen debajo y encima del pargo. Se deslíe la salsa Takini en un poquito de agua, se le añade zumo de limón y se vierte sobre el pescado hasta cubrirlo. Se cocina al horno a 350° F. aproximadamente una hora.

FLAN DE PESCADO

Por Cachita Manzini de García Tojar

INGREDIENTES:

- ¼ libra de pan mojado en leche.
- 1 lata de bonito.
- 4 tomates grandes.
- 1 lata de petit-pois.
- 1 lata de pimientos morrones.
- ½ taza de queso rallado.
- 3 huevos.
- 3 cucharadas de mantequilla.

PREPARACION:

Se muele con la cuchilla más fina el pan, el pescado y los tomates; a esto ya molido, se le agrega el petit-pois, los pimientos cortados en trocitos, el queso rallado, las yemas y la mantequilla. Cuando todo está bien unido, se le agrega las claras batidas a punto de merengue. Se coloca en un molde engrasado con mantequilla y se cocina al horno a 375° F. en baño-maría por espacio de hora y media. Se sirve frío y cubierto con queso crema. También puede decorarse con salsa mayonesa.

Para quitar el olor de pescado, cebolla, etc., se pone una cucharadita de bicarbonato al agua en que se van a lavar los utensilios de cocina.

FILETES DE PARGO AL VINO BLANCO

Por María Luisa Menocal de Argüelles

INGREDIENTES:

1 pargo de seis libras.
1 cucharada de sal.
1 cucharadita de pimienta.
$1/3$ taza de jugo de limón.
½ libra de cebollas.
1 taza de vino blanco.
½ taza de aceite.
salsa de vino blanco.
medallones de trufas.

PREPARACION:

Se sacan los filetes del pargo y se cortan en tronchos lo más cuadrado posible, de manera que salgan cuatro tronchos de cada filete. Se sazonan con sal, pimienta y limón. En una tartera de cristal de horno engrasada, se cubre el fondo con la cebolla en ruedas, se colocan los filetes con su adobo, se le agrega el vino y el aceite. Se hornea a 350° F. de veinte a treinta minutos. Se retira del horno, se dejan refrescar y se monta el plato de la siguiente forma: Se hace en una fuente una pirámide de vegetales, se colocan alrededor los filetes y se cubren con la salsa de vino blanco y se marca cada filete con un medallón de trufa.

INGREDIENTES PARA LA SALSA DE VINO BLANCO:

½ libra de pescado.
½ taza de vino blanco.
¼ libra de cebollas picadita.
4 yemas.
2 cucharadas de jugo de limón.
6 onzas de mantequilla.

PREPARACION:

Se escalfa el pescado con el vino y las cebollas. Se reduce el líquido a un cuarto de taza. Se cuela y se deja enfriar. Se baten las yemas y se le añade lo anterior y el limón. Se cocina al baño-maría (el agua debe estar a una temperatura que pueda introducirse los dedos en ella) batiendo con un batidor de globo hasta que esté la crema bien unida y consistente. Se retira del fuego y se agrega la mantequilla picada en trocitos y se bate hasta que tome cuerpo la crema. Se vuelve a poner al baño-maría para mantener caliente la salsa.

NOTA: Esta salsa puede hacerse con el líquido que quede de la cocción del pescado, dejándolo hervir a reducir a un cuarto de taza.

PESCADO A LA CREMA
Por Josefina Miró de Gutiérrez de Celis

INGREDIENTES:

4 tazas de pescado.	1 cucharadita de pimentón dulce.
1 ají grande.	
¼ libra de cebollas.	4 cucharadas de harina.
4 ramitos de perejil.	3 tazas de leche.
½ cucharadita de pimienta.	3 cucharadas de vino seco.
4 cucharadas de aceite.	3 cucharadas de queso Parmesano rallado.
⅛ libra de mantequilla.	

PREPARACION:

Se lava el pescado, se le quitan las espinas y la piel y en crudo se muele por la maquinita. Con el ají, cebolla, perejil, pimienta, aceite y mantequilla se hace un sofrito. Cuando el sofrito esté cocinado se pasa por un colador y se une al pescado y pimentón. Se pone todo al fuego revolviendo hasta que el pescado esté cocinado y se consuma el agua que suelta. Se le une la harina y se revuelve a mezclar bien, agregándole la leche poco a poco, revolviendo siempre. Cuando haya hervido un momento se retira del fuego, se le agrega el vino seco y se vuelve a poner a fuego lento, dejándolo cocinar sin que hierva. Se vierte en un molde de cristal de horno engrasado, o en conchitas, se polvorea con el queso y se hornea a 350° F. hasta que dore. Esta receta puede hacerse con cualquier marisco.

PESCADO RELLENO
Por Josefina Miró de Gutiérrez de Celis

INGREDIENTES:

1 pargo de 4 ó 5 libras.	2 cucharadas de salsa de tomate.
2 panecitos.	
1 libra de camarones o ½ libra de jamón.	2 pimientos morrones.
	¼ taza de aceite.
½ libra de habichuelas.	pepinos y cebollitas encurtidos.
1 zanahoria mediana hervida.	
	1 cucharadita de pimienta molida.
2 huevos duros.	
1 cebolla grande.	2 huevos enteros.
1 ají verde.	2 cucharadas de vino seco.
1 ramita de perejil.	
3 dientes de ajo.	

PREPARACION:

Se le saca al pescado el filete de arriba, se le quita el espinazo y la espina del centro, dejándole la cola y la cabeza. Al pan se le quita la corteza y se moja en un poquito de leche exprimiéndolo después. Se pasa por la maquinita el filete de pargo, el jamón o camarones, las habichuelas, la zanahoria y dos huevos duros. Aparte, con la cebolla, el ají, la ramita de perejil, el ajo y las dos cucharadas de salsa de tomate y los pimientos morrones se hace un buen sofrito con el aceite, pasándolo por un colador fino y se le echa al relleno, se le agregan los pepinos y cebollitas encurtidos picándolos en pedacitos muy pequeños y por último se le añade la pimienta, el pan y dos huevos crudos uniéndolo todo bien hasta que se haga como una pasta. El pescado se coloca en una tartera que al fondo tenga muchas rebanadas de ajíes, cebolla y se le añade el jugo de un limón y un poco de sal. Con la masa se moldea el pescado de tal manera que parezca que no es relleno sino pescado entero, echándole un poco de aceite y un chorrito de vino seco y se hornea a 350° F. hasta que se cocine, aproximadamente una hora. Antes de hornearlo se polvorea con galleta molida.

PARGO RELLENO

Por Ondina Olivera

INGREDIENTES:

1 libra de filetes de pargo.	1 cucharadita de sal.
½ libra de almendras.	½ cucharadita de pimienta.
perejil.	2 huevos.
⅛ libra de mantequilla.	1 pargo de 5 libras.

PREPARACION:

Se muele el filete con las almendras y el perejil y se le añade la mantequilla, la sal, la pimienta y los huevos batidos. El pargo se abre por el espinazo, se le sacan las espinas y se rellena con la masa; se cose y se pone en una tartera al horno con un adobo de sal, limón y aceite. En el fondo de la tartera deben ponerse unas ruedas de papas. Se hornea a 350° F. por espacio de una hora.

FILETS DE PARGO EN BUISSON SAUCE TARTARE
Por Alice Peláez de Mena

INGREDIENTES:

1 pargo de 2 libras.	1 huevo salcochado.
2 huevos.	2 pepinos de encurtido.
6 galletas de sal molida.	½ pomito de alcaparras.
6 ramitas de perejil.	"fines herbes".
1 taza de salsa mayonesa.	

PREPARACION:

Se sacan los filetes del pargo y se cortan en lascas estrechitas, se envuelven en huevo batido y galleta molida y se fríen en aceite muy caliente. Se colocan en una fuente dándoles la forma de "buisson" (arbusto, corona), rodeándolo con las ocho ramitas de perejil frito y se sirve aparte una mayonesa a la que se le agrega un huevo salcochado picado, los pepinos, las alcaparras y "fines herbes" picaditas.

BACALAO EN SALSA ESPESA
Por Rosario Rexach de León

Aprendí las bases de esta receta de mi madre, Carmen Cao de Rexach, y luego la he modificado ligeramente.

INGREDIENTES:

1 libra de bacalao (masa).	⅛ cucharadita de pimienta.
2 cucharadas de maicena.	¼ cucharadita de sal de apio.
1 ó 1½ tazas de aceite.	
3 dientes de ajo picaditos.	1 cucharadita de sal.
2 ajos puerros.	1 libra de papas.
1 cebolla mediana.	5 cucharadas de maicena.
1 ají verde picadito.	1 latica de petit-pois.

PREPARACION:

Se remoja el bacalao toda la noche. Al otro día se le cambia el agua cada quince minutos, hasta repetir la operación cuatro veces. A continuación se le quitan al bacalao la piel y las espinas y se parte en trozos grandes como para hacer bacalao a la vizcaína. Después se secan los trozos de bacalao con un paño, se envuelven en maicena y se doran en aceite bien caliente en la misma freidera o recipiente plano y hondo en que se vaya a hacer. Cuando estén doradas se le agregan los ajos, los ajos puerros picados en rueditas finas, la cebolla y el ají bien picadito, la pimienta, la sal de apio y la sal. Se cubre todo con agua y se deja al fuego a que hierba, se reduce el fuego a lento y se deja hasta que las papas estén blandas. Se saca un cucharón del caldo que se ha formado y se espesa con cinco cucharadas de maicena, teniendo cuidado de que ésta quede bien disuelta, sin formar pelotones. Se echa esta salsa de nuevo en el guiso, se mezcla bien y se deja a fuego muy lento espesándose por espacio de diez minutos. Se sirve caliente, adornándolo con petit-pois. Este plato debe acompañarse con arroz blanco y plátanos maduros fritos, y con una ensalada de berros o lechuga con zanahoria cruda rallada. Es bueno poner de entrada un jugo de tomates. Algunas personas prefieren sustituir la maicena por harina de Castilla, pero es con maicena que este plato adquiere su verdadero sabor.

EMBUTIDO DE PESCADO

Por Isolina Rodríguez de Falcón

INGREDIENTES:

1 pargo de 2½ libras.
1 libra de camarones.
1 pepino encurtido.
3 cebollas chicas.
1 lata de puntas de espárragos.
2 cucharadas de vinagre.
2 cucharadas de aceite.
2 cucharadas de vino seco.
3 huevos.
1 latica de petit-pois.
1 panecito de leche (el migajón).

PREPARACION:

Se salcocha el pargo y los camarones en el agua sazonada con sal, granos de pimienta, cebolla y hoja de laurel. Se le saca bien la masa y se pelan los camarones. Se pasa por la máquina junto con el pepino, cebollas y puntas de espárragos. Se le agrega el vinagre, aceite, vino seco, huevos, petit-pois y el migajón del panecito, amasando bien hasta que esté unido. Se coloca esta masa en dos saquitos (como fundas de dos pulgadas de ancho por doce de largo), se pone a cocinar durante una hora en el mismo caldo ya colado donde se salcochó el pescado. Al sacarlo del agua se pone en el refrigerador hasta que se enfríe bien. Se sirve con mayonesa y se adorna con lechuga, huevos duros y rábanos. Es mejor hacerlo la víspera.

FLAN DE PESCADO
Por Ana Slavek

INGREDIENTES:

- 1½ libras de camarones.
- 1 limón (el jugo).
- 1 cucharadita de pimienta.
- 2 cucharaditas de sal.
- 2 dientes de ajo.
- 1 ají chico picadito.
- 3 cucharadas de perejil.
- 1 hoja de laurel.
- 2 tazas de agua.
- 1½ libras de pargo en ruedas.
- ½ limón (el jugo).
- 2 tazas salsa Bechamel (mediana).
- 3 huevos enteros.
- 1 cucharadita de salsa inglesa.
- ½ libra de zanahorias hervidas.
- ½ taza de agua.

Adorno:
- 1 taza de mayonesa.
- 2 huevos duros.
- espárragos, lechuga y la mitad de los camarones hervidos.

PREPARACION:

Se pelan los camarones crudos y se sazonan con limón, pimienta, sal, ajo, ají, perejil y laurel. Se echan en el agua hirviendo y se cocinan por cinco minutos. Se sacan del agua y en esa misma agua se agrega el pescado limpio (sin espinas ni piel) sazonado con el jugo de medio limón. Se pone al fuego hasta que el pescado esté cocinado. Se deja enfriar, se desmenuza junto con la mitad de los camarones. Esto se une a la salsa Bechamel y los huevos batidos; se cocina durante cinco minutos, se retira del fuego y se le añade salsa inglesa, zanahoria picadita y media taza de agua de la cocción del pescado. (El agua que queda de la cocción del pescado se deja hervir a reducir a media taza). Se vierte en un molde engrasado y se cocina al baño-maría en el horno a 375° F. durante media hora o hasta que al introducir un palillo salga seco. Se saca del horno, se deja enfriar y se guarda en el refrigerador a que enfríe bien. Se desmolda, se cubre con la mayonesa y se adorna a gusto con huevos duros, espárragos, lechuga y la mitad de los camarones hervidos.

Las escamas del pescado se quitan con más facilidad, si antes se sumerge en agua hirviendo, sacándolo en seguida.

FLAN DE PESCADO

Por Georgina San Martín de Sánchez

INGREDIENTES:

- 3 libras de pargo.
- 1 cebolla mediana rallada.
- 1 taza de galleta molida.
- 1 taza de puré de tomate.
- 1 taza de leche.
- 4 huevos.
- 1 cucharada de sal.
- ½ cucharadita de nuez moscada
- 1 cucharadita de pimienta.
- 1 cucharadita de polvos de hornear.
- ⅛ libra de mantequilla.

Adorno:
- ½ taza de mayonesa.
- 1 latica de espárragos.
- 1 latica de petit-pois.
- ½ libra de camarones.
- huevos duros.

PREPARACION:

Se muele el pescado en crudo, se ralla la cebolla y en una fuente se le va agregando la galleta molida, el tomate, la leche, las yemas de huevo (separando las claras, que se baten a punto de merengue), la sal, nuez moscada, pimienta, polvos de hornear y por último las claras batidas a punto de merengue. Se coloca en un molde untado de mantequilla y se pone al horno a baño-maría por espacio de media hora a 450° F. Se saca del molde y cuando se sirve se adorna con mayonesa, espárragos, petit-pois, camarones y huevos duros formando margaritas. Se presenta con puré de papas cuando se sirve caliente.

PESCADO FRIO (Plato de verano)

Por Natalia Suárez de Aixalá

INGREDIENTES:

- 1 pargo de 5 a 6 libras.
- 2 litros de agua.
- 1 litro de vino blanco.
- 1 cebolla.
- 1 zanahoria.
- perejil.
- 1 rama de apio.
- hierbas del estofado.
- 1 cucharada de sal.
- 1 cucharadita de pimienta.

PREPARACION:

Se hierve el pescado con todos los ingredientes. Se cocina diez minutos por libra de pescado. Cuando esté cocido, se saca el pescado, y se coloca sobre una capa de Ensalada Rusa. Se adorna con rodajas de huevos duros, de tomates de ensalada, limón, alcaparras, pepinillos en vinagre, perejil y hojas de lechuga.

NOTA: *Hierbas del estofado o ramillete surtido* es un paquetico muñeca compuesto de ramitas de perejil, cebollinos, hierbabuena o ramitos de apio.

FLAN DE PESCADO

Por Blanca Viana Vda. de Peñaranda

INGREDIENTES:

1 cucharada de gelatina simple.
¼ taza de agua fría.
2 yemas.
¾ cucharadita de mostaza.
2 cucharadas de jugo de limón.
¼ cucharadita de sal.
¾ taza de leche.
1 cucharadita de jugo de cebolla.
1½ cucharadas de mantequilla.
1 lata de pescado.
1 taza de mayonesa.

PREPARACION:

Se pone en remojo durante cinco minutos la gelatina con el agua fría. Se baten las yemas un poquito, se le agrega la mostaza, el jugo de limón, la sal, la leche, el jugo de cebolla y la mantequilla derretida. Se une a la gelatina y se cocina a bañomaría. Cuando se empieza a cuajar se le agrega el pescado, se revuelve bien hasta que cuaje y se echa en el molde. Se pone en el refrigerador. Se sirve con mayonesa y se adorna a gusto.

LOCERIA Y CRISTALERIA

La Mariposa

Especialidad en Moldes de Repostería

GALIANO, 264 - TELEFONO M-6127

CAPITULO III

PLATOS COMPLEMENTARIOS

(FÉCULAS)

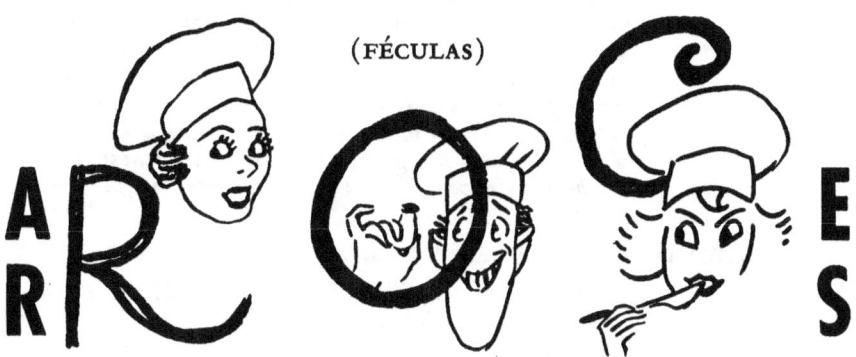

ARROZ CON SUPREMAS DE POLLO
Por Rosa Alvarez de Sierra

INGREDIENTES PARA EL CALDO:

2½ litros de agua.
2 libras de falda.
1 zanahoria.
1 ajo puerro.
1 cebolla grande.
3 dientes de ajo.
1 pollo de 3 libras.
1 cucharada de sal.

PREPARACION:

En una cacerola grande se ponen el agua y la falda; cuando empiecen a hervir se espuma, se deja a fuego lento durante una hora, se le incorporan los vegetales picados y después de media hora de estar hirviendo, se echa el pollo, al que se le debe de haber agregado una cucharada de sal. Cuando esté blando el pollo, se saca, se cuela el caldo y se separan seis tazas.

INGREDIENTES PARA EL ARROZ:

⅛ libra de mantequilla.
1 cucharada de aceite.
1 cebolla picada muy fina.
1 libra de arroz Valencia.
2 cucharaditas de sal.
1 cucharadita de pimienta.
4 ó 5 tazas de caldo de pollo.
salsa Bechamel.
1 pollo hervido y deshuesado.
queso Parmesano.

PREPARACION:

Se pone en una cacerola mantequilla y aceite; cuando esté derretida la mantequilla se le agrega la cebolla y el arroz, moviéndolo hasta que empiece a dorar, se sazona con sal y pimienta, se le agrega el caldo, dejándolo a fuego regular. Cuando el arroz esté cocinado se le incorpora la Bechamel y las masas del pollo, menos la pechuga. Se engrasa un molde, la pechuga se divide y se coloca bonitamente en el molde, se echa el arroz bien a punto y se voltea en un plato. Se cubre con queso Parmesano rallado. Se sirve adornado con un puré de papas.

INGREDIENTES PARA LA SALSA BECHAMEL:

1/8 libra de mantequilla.
3 cucharadas de harina.
3/4 taza de leche.
3/4 taza de caldo.
1/2 cucharadita de sal.
1/4 cucharadita de pimienta.
1/4 cucharadita de nuez moscada.

PREPARACION:

Se derrite la mantequilla a fuego lento, se le añade la harina, revolviendo; se une la leche y el caldo y se agrega a lo anterior, se sazona y se deja a fuego lento revolviendo siempre hasta que espese. Se retira del fuego y se añade como indica al arroz.

PAELLA

Por Evelia Delgado de Sosa Bens

INGREDIENTES:

4 cangrejos moros.
1 libra de almejas.
2 langostas grandes.
1 libra de camarones.
6 langostinos.
1 libra de filetes de pargo.
1 pollo de 2 1/2 libras.
1 libra de masa de puerco.
1 libra de jamón crudo.
1 taza de aceite.
1/2 taza de puré de tomates.

2 cebollas grandes.
4 dientes de ajo.
2 pimientos verdes grandes.
3 libras de arroz de Valencia.
2 litros de caldo.
1 1/2 cucharadas de sal.
2 cucharaditas de pimienta.
2 latas de petit-pois.
1/2 botella de sidra.

PREPARACION:
Se lavan bien los mariscos, los cangrejos con cepillo. A todos los mariscos en crudo se le quitan los carapachos, las almejas se sacan de su concha, a las langostas se les quita el cristal, y todo se pica en pedazos no muy chicos. Los camarones sólo se pelan, no se pican. El pescado en trozos, para que no se desbarate; el pollo se pica en pedazos y se separan los muslos y las alas. Se corta igual el puerco y el jamón. Con los carapachos de los cangrejos, camarones, langostinos, conchas de las almejas, patas de las langostas, menudo del pollo y una cabeza de pescado, se hace un buen caldo que se sazona con tomate, cebolla, sal, etc. Se hace un sofrito con el aceite, tomates, cebollas, ajos, pimientos, todo muy picadito y se sofríen los mariscos, pollo, puerco, jamón, etc. Cuando esté a punto se le agrega el arroz que se tiene previamente lavado y se deja un rato a cocinar (sin agua) con los mariscos, etc. Después se le agrega el caldo que se ha hecho, sal y pimienta. Se puede calcular dos litros de caldo aproximadamente, pues tiene que quedar asopado. Cuando esté secando el arroz se le echa los petit-pois, con su agua y se termina de cocinar a fuego lento. Antes de retirarlo del fuego, que esté próximo a servirse, se le agrega media botella de sidra.

INGREDIENTES PARA EL ADORNO:

4 langostas chicas.
4 cangrejos.
1 lata de pimientos morrones.
1 lata de aceitunas aliñadas.
4 huevos salcochados.

PREPARACION:
Se salcochan las langostas y cangrejos hasta que se pongan bien rojos, se muele la masa de las langostas y cangrejos, menos las muelas que se dejan enteras, se hace un picadillo bien sazonado y se rellenan los carapachos de langostas. Como el arroz se sirve en la misma cazuela, se van colocando las langosticas rellenas, muelas de cangrejos, pimientos morrones, aceitunas aliñadas y ruedas de huevos duros a gusto. Da para quince o veinte personas.

Si al agua en que se hierve el arroz se le pone una cucharadita de jugo de limón, éste resultará más blanco y esponjoso.

ARROZ A LA MILANESA

Por Estela Echarte de Clavijo

INGREDIENTES:

- 3 cebollas grandes.
- 4 dientes de ajo.
- 2 ajíes grandes.
- ¼ libra de mantequilla.
- 2 cucharadas de aceite.
- 1 lata de puré de tomate.
- 2 tazas de arroz.
- 4 tazas de agua.
- sal.
- 1 lata de sopa de tomate.
- 2 tazas de queso amarillo rallado.
- 1 lata de pimientos morrones.
- huevos duros.
- 7 aceitunas.
- 1 latica de petit-pois.

PREPARACION:

Se sofríe la cebolla, el ajo y el ají en la mantequilla y el aceite sin dorarlos. Se agrega el puré de tomate y el arroz y se sofríe por un rato. Se le añade las cuatro tazas de agua y la sal, recordando que lleva queso que es salado. Se vierte en un molde, al que previamente se le ha puesto un poco de sopa de tomate y queso rallado, una porción del arroz, y así sucesivamente. Al terminar se cubre con bastante queso rallado. Se pone al horno a 350° F. hasta que se derrita el queso y se adorna con los pimientos, huevos duros, aceitunas y petit-pois.

ARROZ MOLDEADO CON PESCADO

Por Manuela Fonseca

INGREDIENTES PARA EL CALDO:

- 1 libra de masa de pargo.
- 1 ají verde, grande.
- 1 cebolla.
- 1 rama de apio.
- 1 ramito de perejil.
- 1 ajo puerro.
- 3 cucharadas de aceite.
- 1 cucharadita de sal.
- ½ cucharadita de pimienta.
- 2 cucharadas de jugo de limón.
- 4½ tazas de agua.

PREPARACION:

Se hierve el pescado con todos los ingredientes hasta que ablande. Se saca el pescado (reservarlo para el relleno), se cuela el caldo y se deja para hacer el arroz.

INGREDIENTES PARA EL RELLENO:

la masa del pescado ya hervido.
1 latica de petit-pois.
½ taza de lechuga picadita.
½ taza de mayonesa.
½ pomo de aceitunas rellenas con pimientos morrones, picaditas.

PREPARACION:

Se limpia y se pica fino el pescado. Se unen todos los ingredientes al pescado a formar una pasta suave.

INGREDIENTES PARA EL ARROZ:

3 tazas del caldo de pescado.
1½ tazas de arroz Valencia.
½ taza de mayonesa.
1 lata de pimientos morrones.
½ lechuga.
½ pomo de aceitunas.

PREPARACION:

Se pone a hervir el caldo de pescado y se le agrega el arroz ya limpio y lavado, se deja hervir durante diez minutos, se baja el fuego y se deja hasta que el arroz termine de cocinar. Durante la cocción del arroz debe rectificarse la sazón. Se engrasa con aceite un molde de anillo, se coloca una camada de arroz, después el relleno de pescado preparado, se cubre con el resto del arroz y se ajusta a que tome la forma del molde. Se voltea a un plato, se cubre la parte superior con mayonesa y se adorna con pimientos morrones, aceitunas y lechuga.

ARROZ CON POLLO EN CAZUELITA

Por Ana Dolores Gómez de Dumois

INGREDIENTES:

1 pollo de 3 libras.
1½ cucharaditas de sal.
1 cucharadita de pimienta.
⅓ taza de jugo de naranja agria.
½ taza de aceite de oliva.
2 cucharadas de manteca sólida.
1 cebolla grande.
1 ají.
3 dientes de ajo.
½ taza de puré de tomate.
1 libra de arroz.
5 tazas de caldo.
1 cucharadita de sal.
colorante vegetal a gusto.
½ taza de vino seco.
1 lata de petit-pois.
1 lata de pimientos morrones para adornar.

PREPARACION:

Córtese el pollo en pedazos y adóbese durante una hora con sal, pimienta y naranja agria. En el aceite caliente mezclado con la manteca dórese el pollo y sáquese. Ahí mismo sofríanse la cebolla y el ají picados finamente, el ajo bien machacado, luego el puré de tomate. Cuando haya cocinado esto unos minutos, agréguese el pollo y el arroz ya lavado revolviéndose durante unos minutos hasta que el arroz haya refrito bien. Echesele el caldo, la sal y el colorante vegetal y tápese para que hierva a fuego vivo hasta que empiece a abrir el grano, bajándole entonces el fuego y echándole el vino seco. Déjese a fuego muy lento hasta que termine de cocinar y cuando el pollo esté blandito se sacan los pedazos para quitarle los huesos y mezclar bien las masitas con el arroz. Póngase el petit-pois, y ya listo para servirse, échese en cazuelitas de barro individuales, adornándose por encima a gusto con los pimientos morrones. Rinde para ocho cazuelitas.

ARROZ CHINO

Por Rosita Rivacoba de Marcos

INGREDIENTES:

- 1½ libras de arroz.
- 1 cebolla grande.
- 2 ajíes.
- 1 cabeza de ajo.
- ⅓ parte de la botella de Catsup.
- ½ libra de jamón de cocina.
- 1 botellita de salsa china (a la venta en los almacenes chinos).
- 9 huevos.

PREPARACION:

Se limpia bien y se pone a cocinar el arroz. Cuando desgrane, se hace aparte un buen sofrito de cebolla, ají, ajo, Catsup y jamón, agregándosele al arroz y revolviéndolo, el cual tiene adicionado un poco de sal. Es entonces cuando se le echa la salsa íntegramente. Mientras tanto se van batiendo los nueve huevos, haciendo con ellos un revoltillo. Ya sacado el arroz para servir, se le echa el revoltillo, dejando un poco en la superficie del arroz como motivo decorativo.

ARROZ CON VEGETALES MOLDEADO

Por Carmelina Santana

INGREDIENTES:

- 3 dientes de ajo.
- ½ taza de aceite.
- 1 cebolla.
- 1 ají grande.
- ⅔ taza de puré de tomate.
- 1 lata de sopa de vegetales.
- 3 tazas de caldo o agua.
- ½ taza de vino seco.
- 1½ tazas de arroz Valencia.
- 1 cucharadita de sal.
- ½ cucharadita de pimienta.
- 1 limón verde.
- 1 lata de petit-pois.
- 2 huevos duros.

PREPARACION:

Se dora el ajo en el aceite y se saca, se pican fino cebolla y ají, y con el aceite y puré de tomate se hace un sofrito. Cuando el sofrito esté cocinado se le agrega la sopa de vegetales, el caldo o agua y el vino seco. Cuando rompa a hervir se le une el arroz limpio y lavado, la sal y la pimienta. Se deja a fuego vivo durante diez minutos, se baja el fuego y se deja hasta que el grano ablande. Se exprime el limón mientras el arroz se está cocinando. Este arroz debe quedar húmedo. Se engrasa un molde, se vierte el arroz apretándolo bien, se desmolda en una fuente y se adorna con los petit-pois y los huevos duros.

ARROZ CON VINO TINTO E HIGADOS DE POLLO

Por María Rosa Sardiña de Dávalos

INGREDIENTES:

- ½ taza de aceite.
- 1 cebolla grande picada.
- 2 dientes de ajo.
- 1 hoja de laurel.
- ½ libra de hígados de pollo.
- 1 libra de arroz.
- 2 tazas de agua.
- 1 cucharada de sal.
- 3 tazas de vino tinto.

PREPARACION:

Se hace el sofrito con el aceite, cebolla, dientes de ajo y laurel. Cuando esté se le añaden los hígados de pollo y se cocinan. Se agrega el arroz mezclándolo bien con el sofrito. Por último se añade el agua con la sal y el vino tinto. Se cocina a fuego vivo hasta que empiece a abrir el grano y entonces se coloca en el horno a 300° F. hasta secar. Se sirve moldeado. Se recomienda el uso de un buen vino.

ARROZ BOGOTA

Por Josefina Seigle de Borges

INGREDIENTES:

- un fricassé hecho con dos pollos de 3 libras, cada uno, con bastante salsa (poco tomate) y aceitunas rellenas con pimientos morrones.
- 3 libras de arroz Valencia cocinado blanco.
- ½ taza de leche evaporada pura.
- 1 cucharada de salsa inglesa (Lea & Perrins).
- ½ taza de salsa de tomate (Catsup).
- ⅛ libra de mantequilla.
- queso Parmesano a gusto.

PREPARACION:

Se desmenuzan las masas del pollo, se pican las aceitunas y con toda su salsa se une el arroz ya cocinado, se le agrega leche evaporada, salsa inglesa, salsa de tomate y se revuelve todo bien. Se pone en una fuente de cristal de horno con pedacitos de mantequilla por encima. También se le puede poner queso Parmesano polvoreado. Se lleva al horno a 350° F. hasta que se derrita la mantequilla. Esta receta rinde para doce personas.

ARROZ PILAF

Por Leocadia Valdés Fauli

INGREDIENTES:

- ⅛ libra de mantequilla.
- 1½ tazas de arroz.
- 3 tazas de caldo o agua.
- 1 cucharadita de sal.
- ¼ cucharadita de pimienta.
- ¼ cucharadita de pimentón.

PREPARACION:

Se calienta a fuego lento la mantequilla, se agrega el arroz y se deja a fuego lento que éste dore. Se le añade al agua hirviendo, sal, pimienta y pimentón y se vierte sobre el arroz ya dorado. Se deja cocinar a fuego vivo durante cinco minutos. Pasado este tiempo se reduce el fuego y se deja de quince a veinte minutos más a que termine de cocinar.

ARROZ CON PESCADO

Por Nitza Villapol

INGREDIENTES:

- 1 libra de pescado (pargo, aguja, etc.).
- 3 tazas de agua.
- 1 cucharada de sal.
- 1 cebolla mediana.
- 1 ají de ensalada.
- 2 dientes de ajo.
- $2/3$ taza de aceite.
- 1 lata de salsa de tomate.
- 1 lata de pimientos morrones.
- 1 lata de petit-pois extrafinos.
- 1 hoja de laurel.
- $1/4$ cucharadita de pimienta molida.
- $3/4$ taza de vino seco.
- 1 libra de arroz enriquecido.

PREPARACION:

Se limpia el pescado y se corta la masa en trocitos. Se lava bien las espinas, piel y cabeza si la hubiera y se ponen al fuego con el agua y una cucharadita de sal, dejándolo hervir unos quince o veinte minutos. Se cuela este caldo reservándole para hacer el arroz. Se "osteriza" la cebolla, el ají y los dientes de ajo. Se sofríen los trocitos de pescado en el aceite caliente, añadiendo la cebolla, el ají y los ajos y cuando esto esté ligeramente dorado, se agrega la salsa de tomate, los pimientos "osterizados" con su líquido, el líquido de los petit-pois, el laurel, la pimienta, el resto de la sal y media taza de vino seco. Se deja al fuego unos minutos, añadiendo el arroz lavado y el caldo (2½ tazas) y cuando rompa el hervor, se pone a fuego mediano hasta que el grano de arroz esté abierto. Se cubre con un papel mojado con el resto del vino seco y se coloca nuevamente la tapa de la cacerola. Se deja unos diez minutos a fuego muy lento. Se moldea en forma de pescado y se adorna a gusto.

LA PASIEGA

Fideos - Pastas

FALGUERAS No. 360, CERRO, HABANA, TELFS.: M-2734 y A-9255

Cortesía de

ESPECIAS

McCORMICK

MEZCLAS Y HARINAS

PILLSBURY

Distribuidores exclusivos

GENERAL DISTRIBUTORS INC.

ALMENDARES No. 205   ALDECOA
esquina a Santa María   HABANA

HIGADO CON SPAGHETTI

Por Bebé Arozarena de Morales

¿Quién inventó el spaghetti? Estos ricos tubos de pasta que hacen nuestra delicia en la comida, fueron inventados en Nápoles en 1220 por un "goloso" cansado de buscar cosas nuevas para saciar su apetito que se llamó Cicho. También inventó los Macarroni-Federico II, entonces soberano, quien oyó hablar de ellos y pidió probarlos, declarándolos "deliciosos".

INGREDIENTES:

- 1 libra de hígado de res.
- 1½ cucharadas de harina de Castilla.
- ½ pimiento verde.
- ½ cebolla grande.
- 2 cucharadas de mantequilla.
- 1 latica de tomate natural.
- 1 cucharada de sal.
- 1 pizca de pimienta.
- 2 dientes de ajo.
- 1 paquete de spaghetti.
- sal, pimienta y clavo.
- ½ libra de queso rallado.

PREPARACION:

Se moja el hígado en agua hirviendo durante dos minutos para quitarle el pellejo, luego se polvorea con harina por uno y otro lado, se corta en cuadritos de tamaño regular. Se pasa por la maquinita el pimiento, la cebolla y se le añade el hígado para cocinarlo con las dos cucharadas de mantequilla o de bacon hasta que esté dorado, durante diez minutos. Se le añade el tomate natural, la sal, la pimienta, el ajo y se tapa para que se cocine a fuego lento durante veinte minutos. Los spaghetti se cocinan en agua tibia con sal, pimienta, clavo y cuando estén blandos se echan en un molde engrasado. Se pone una capa de hígado y otra de spaghetti y queso rallado por encima; así sucesivamente hasta que se termina. Se pone en el horno a 350° F. para que se dore sin que se queme. Se sirve en el mismo molde.

CANELONES

Por Blanca García Montes de Terry

INGREDIENTES PARA LA PASTA:

½ libra de harina.
2 ó 3 cucharadas de queso rallado.
1 huevo.
sal.
leche.

PREPARACION:

Se mezclan todos los ingredientes, se le agrega la leche para darle la consistencia necesaria. Se extiende con el rodillo, se corta en pedazos cuadrados y se cocina durante cinco minutos poco más o menos en agua hirviendo con sal. Se sacan, se pasan por agua fría y se secan con un paño. A cada cuadrado se le pone un poco del relleno y se enrollan. Se colocan en una fuente engrasada, se les echa por encima una salsa Bechamel espesa, después la salsa de carne y queso rallado en abundancia y por último trocitos de mantequilla, y se pone a dorar al horno a 375° F.

INGREDIENTES PARA EL RELLENO:

¼ libra de carne de puerco.
1 pechuga chica de pollo.
1 cucharada de mantequilla.
1 ó 2 macitos de acelga o espinacas.
½ cebolla.
1 cucharada de vino seco.
1 huevo.

PREPARACION:

La carne de puerco y la pechuga se cocinan un poco en mantequilla, se pasan por la máquina junto con las acelgas o espinacas previamente cocinadas. Se cocina nuevamente el relleno en la mantequilla en que se ha cocinado la carne de puerco y la pechuga, se le añade la cebolla rallada, se cocina poco a poco y se le agrega el vino seco y el huevo.

INGREDIENTES PARA LA SALSA:

1½ libras de carne de cogote o pierna.	1 ajo puerro.
	1 cebolla.
1 cucharada grande de mantequilla.	1 ramita de apio.
	24 tomates.
1 zanahoria grande.	

PREPARACION:

Se pica la carne en pedazos y se sofríe en la mantequilla, se le añade la zanahoria, el ajo puerro, la cebolla, el apio y los tomates y se ponen a cocinar cuatro horas por lo menos a fuego lento tapado. Cuando esté se pasa por un colador chino.

SPAGHETTI CON CAMARONES

Por Josefina Miró de Gutiérrez de Celis

INGREDIENTES:

3 cucharadas de aceite.	½ libra de spaghetti.
1 cebolla.	3 cucharadas de queso Parmesano rallado.
⅛ libra de mantequilla.	
1 ají verde.	leche.
3 ramitas de perejil.	1 taza de salsa Bechamel mediana.
1½ libras de camarones.	

PREPARACION:

Se hace un sofrito con el aceite, la cebolla, la mitad de la mantequilla, el ají y perejil; con la tercera parte de este sofrito, se sofríen los camarones, que ya estarán limpios y pasados por la maquinita en crudo, y se revuelven hasta que queden secos y bien cocinados. El resto del sofrito se le echa a los spaghetti, que estarán salcochados sin que se desbaraten, se escurren bien y se echan en el sofrito y se cocinan cinco minutos, procurando no desbaratarlos. Listo esto se pone la mitad de los spaghetti en un molde, se ahueca el centro, se polvorea con una y media cucharada de queso rallado, se le colocan cinco o seis pedacitos de mantequilla y se le echan los camarones, cubriéndolo con el resto de los espaghetti, hasta que falte un dedo para llenar el molde. Se vuelve a polvorear con el resto del queso y se le pone el resto de la mantequilla en trocitos. Se le echa la leche hasta cubrir los spaghetti y se pone al horno a 350° F. hasta que se consuma la leche. Al servirlo se cubre con salsa Bechamel.

MACARRONES A LO KING

Por Sarita Trillo

INGREDIENTES:

- 1 litro de agua.
- 1 cucharadita de sal.
- 2 cucharadas de aceite.
- ¼ libra de macarrones.
- 1 pimiento verde grande.
- 1 latica de pimientos morrones.
- 3 cucharadas de mantequilla.
- 1 lata de sopa de champignons.
- 1 taza de leche.
- 2 yemas de huevo.
- ½ cucharadita de sal.
- ¼ cucharadita de pimienta.
- ¼ libra de queso rallado.
- 2 cucharadas de galleta molida.

PREPARACION:

Se pone a hervir el agua con la sal y el aceite, se agregan los macarrones y se cocinan de quince a veinte minutos. Se escurren, se pasan por agua fría y se dejan escurrir bien de nuevo. Se pican fino pimiento verde y pimientos morrones, se cocinan a fuego lento en la mantequilla, se les añade la sopa de champignons y la leche en la que se han disuelto las yemas, la sal y la pimienta. Se deja unos minutos a fuego lento, se retira y se unen a los macarrones con la mitad del queso rallado. Se vierte en un molde de cristal de horno engrasado con mantequilla, se cubre con el queso restante, y por último la galleta molida. Se hornea a 375° F. durante veinte minutos.

Cortesía

San Bernardo Productos Lácteos, S. A.

LECHE - HELADOS

B-7960 - B-4888

EMPANADAS DE MAIZ CAMAGÜEYANAS

Por Angela Herminia Armiñán de Pedroso

INGREDIENTES:

1 libra de harina de maíz.
1 libra de yuca.
1 cucharadita de sal.
1 libra de manteca.

PREPARACION:

En una servilleta de lino fuerte se hierve durante dos horas la harina de maíz, procurando que quede bien apretada. Se hierve la yuca que no ha de quedar muy blanda. Se muele, se une y se amasa junto con la harina bien caliente. Se añade la sal y se preparan las empanaditas rellenándolas con lo siguiente:

INGREDIENTES PARA EL RELLENO:

1 pechuga grande de gallina.
1 chayote cortado en pedacitos.
½ taza de sofrito de tomate y cebolla.
2 cucharadas de alcaparrado.
2 cucharadas de vino seco.

PREPARACION:

>Se muele la pechuga de gallina cocinada previamente, se agrega el chayote salcochado, cortado en pedacitos y se rehoga en el sofrito con el alcaparrado y el vino seco. Se rellenan las empanadas. Se fríen en manteca bien caliente.

TAMALES EN HOJA
Por Olga Lage de Rivero

INGREDIENTES:

4 cucharadas de manteca.	1 tacita de vino seco.
10 tomates.	½ limón (el jugo).
1 ají.	2½ libras de masa de puerco.
1½ cebollas.	
4 dientes de ajo.	3 libras de maíz molido.
orégano, comino, pimienta, sal a gusto.	2 tazas de agua.

PREPARACION:

>Se hace un sofrito con la manteca, tomate, ají, cebolla, ajo, orégano, comino, sal, pimienta, vino seco y el zumo del limón; se le agrega la masa de puerco picada en pedacitos. Al maíz molido se le añade el agua y se cuela una vez. Cuando el sofrito esté listo se le agrega el maíz y se pone a fuego lento a que se cuaje sin dejar de revolver. Ya cuajado se echa en las hojas de maíz, se amarra y se ponen los tamales en una cacerola en agua hirviendo con sal, el agua debe cubrir los tamales. Cuando las hojas estén amarillas, aproximadamente hora y media de cocción, indica que los tamales ya están.

TAMAL EN CAZUELA
Por Mercedes Dora Mestre

INGREDIENTES:

2 cucharadas de salsa de tomate.	2 cucharadas grandes de manteca.
1 cebolla grande.	1 libra de carne de puerco.
3 dientes de ajo.	2 libras de maíz tierno molido.
aceitunas y alcaparra a gusto.	4 tazas de agua.

PREPARACION:

Se hace una salsa de tomate con cebolla, ajo, aceituna, alcaparra y la manteca, se le agrega la carne picada en trocitos. Al maíz molido se le une las tazas de agua y se pasa por un colador, añadiéndole la salsa de tomate con la carne. Se pone al fuego revolviendo constantemente hasta que el maíz esté cocinado. Puede añadirse más agua al maíz durante su cocción si éste espesara mucho y no estuviera cocinado.

PASTEL DE MAIZ TIERNO

Por Adriana Valdés Fauli

INGREDIENTES:

- 12 mazorcas de maíz tierno.
- ¼ cucharadita de sal.
- 1 cucharada de azúcar.
- 2 tazas de agua.
- ⅛ libra de mantequilla.
- 5 huevos enteros.
- relleno de fricassé de pollo.

PREPARACION:

Se ralla el maíz o se muele, pasándolo por un tamiz o colador. Se cocina con la sal, el azúcar y el agua a fuego lento, revolviendo siempre hasta que se desprenda del fondo. Se le une la mantequilla y se bate bien. Se deja enfriar. Se le agregan los huevos batiendo a unir. Se prueba de azúcar, pues esto es a gusto. En un molde de cristal de horno engrasado, se pone la mitad del maíz, extendiéndolo hasta los bordes. Se pone el fricassé de pollo deshuesado y se cubre con el resto del maíz. Se lleva al horno a 375° F. hasta que esté cocinado y dore.

INGREDIENTES PARA EL FRICASSE DE POLLO:

- 3 dientes de ajo.
- 1 cucharadita de sal.
- ½ cucharadita de pimienta.
- ¼ taza de jugo de limón.
- 1 pollo de 3 libras picado en cuartos.
- ¼ libra de manteca.
- ¼ libra de cebollas picadita.
- 1 ají grande picadito.
- ⅔ taza de puré de tomate.
- ½ taza de vino seco.
- 3 cucharadas de pasas y aceitunas.
- 1 latica de petit-pois extrafino.

PREPARACION:

Se pone en el mortero los dientes de ajo, sal y pimienta, se machaca todo bien y se le agrega jugo de limón. Se adoba con esto el pollo, dejándolo una hora en el adobo. Se saca el pollo del adobo y se dora ligeramente en la grasa; se saca de la grasa. Se deja refrescar la grasa y se cocina en ella a fuego lento la cebolla y el ají, se le agrega puré de tomate y se deja a que termine de cocinar. Cuando el sofrito esté cocinado se le agrega el pollo y se deja unos minutos revolviéndolo. Se le une vino seco, pasas y aceitunas y el agua de los petit-pois, se tapa y se deja cocinar a fuego lento hasta que ablande; se agrega los petit-pois. Si fuera necesario, para terminar de ablandar el pollo puede agregarse pequeñas cantidades de agua o caldo. Cuando se vaya a utilizar el fricassé como relleno se deshuesa y se pica en pedazos.

TAMALES CON CIRUELAS PASAS

Por Leocadia Valdés Fauli y Fuentes

INGREDIENTES PARA EL SOFRITO:

½ libra de cebollas molida.
1 ají grande molido.
8 tomates molidos.
¾ taza de aceite.

INGREDIENTES PARA LOS TAMALES:

2 libras de maíz molido.
1½ ó 2 tazas de leche o agua.
1 taza de calabaza rallada.
1 cucharada de sal.
1½ cucharaditas de pimienta.
½ libra de ciruelas pasas hervidas y sin semillas.

PREPARACION:

Se muelen los ingredientes del sofrito y debe conservarse el jugo que ellos suelten, y ponerse a cocinar primeramente en ese jugo a fuego lento. Cuando el sofrito seque, se agrega el aceite y se deja al fuego hasta que termine de cocinar. Se cuela el maíz, se agregan pequeñas cantidades de leche o agua para suavizarlo; esta adición de líquido depende mucho de la consistencia del maíz. Al maíz ya colado se le agrega: sofrito, calabaza y sazones. Por regla general hay que añadir grasa, pues el maíz es muy seco y absorbe con gran facilidad la grasa del sofrito (sucede en este caso lo explicado anteriormente con el agua), la cantidad puede variar entre media a una taza. Rectificar la sazón. Se toman de la mezcla cucharadas hasta llenar las hojas y colocar una ciruela en cada tamal, se cierra y se amarra. Se tiene preparada una olla grande con agua hirviendo con una cucharada de sal y cinco granos de pimienta, y se echan los tamales, todos a la vez, dejándose tapados que hiervan durante una hora. Para hacerlo en olla de presión, proceder de la siguiente manera: 1) colocar en la olla la parrilla; 2) verter en la olla dos tazas de agua, dos cucharaditas de sal y cinco granos de pimienta; 3) se colocan los tamales y se cierra. Los tamales deben cocinarse en quince libras de presión durante treinta minutos. Ejemplo: En el caso de utilizar una olla Presto, se determina el tiempo a partir de que el tallo salga completamente. Esta receta rinde de quince a dieciocho tamales.*

ALBONDIGAS DE MAIZ

Por Margarita Zayas de Saladrigas

INGREDIENTES:

- 4 ajíes chicos.
- ¼ libra de cebollas.
- 3 cucharadas de grasa (manteca o aceite).
- ½ taza de puré de tomate.
- 1 libra de maíz molido.
- ½ ó 1 taza de agua para colar el maíz.
- 1 huevo entero.
- 1 cucharadita de sal.
- ¼ cucharadita de pimienta molida.
- 3 tazas de agua (para la salsa).

PREPARACION:

Se pican fino el ají y la cebolla y se cocinan en la grasa a fuego lento. Se le une el puré de tomate y se deja a que todo junto termine de cocinar. Se pasa el maíz por un colador para quitarle la paja con el agua indicada. Se le agrega huevo, sal, pimienta y una cucharada del sofrito ya cocinado. Se pone todo a fuego lento revolviendo siempre a que cuaje para formar las albóndigas. Se toman porciones del maíz, se pasan por harina para que no se peguen. Se agregan las tres tazas de agua al sofrito restante, se pone todo a hervir con la sal. Cuando hierva se agregan las albóndigas, dejándolas cinco minutos que hiervan, se baja el fuego y se dejan hasta que terminen de cocinar.

¡Su postre favorito!!

"HELADOS GUARINA"

Telfs. X-1200 – 2100 – 1044

AGUA MINERAL FLUORIZADA

Un aporte de

CAWY

para la salud de sus dientes

U-8313

VIANDAS

PAPAS "PUFFS"

Por Ofelia Aixalá de Hernández

INGREDIENTES:

½ taza de harina.
1 cucharadita de Calumet.
½ cucharadita de sal.
3 papas grandes hechas puré.
1 huevo entero.
un poco de perejil muy picado.
aceite o manteca.

PREPARACION:

Se mezclan todos los ingredientes secos. Las papas después de salcochadas se pasan por un colador y se hacen puré. Se bate un poco el huevo, se agregan todos los ingredientes secos al puré de papas; se incorporan el huevo y el perejil y se mezcla todo bien. En una sartén se pone el aceite y se van haciendo con una cucharita los "Puffs" y se fríen hasta que doren.

FUFU

Por Juanita Iraola de Miranda

INGREDIENTES:

6 plátanos pintones.
1 boniato pequeño.
2 libras de tasajo.
4 tortas de casabe.
salsa de tomate.

PREPARACION:

Se salcochan los plátanos con el boniato y se majan juntos. Se lava el tasajo y se pone a hervir hasta *que esté blando. Se coloca en la fuente en que se va a servir, el casabe mojado, el puré hecho con los plátanos y boniatos, después el tasajo y por último la salsa de tomate.*

ALMOJABANAS

Por Cuca Montero

INGREDIENTES:

1 paquetico de fécula de arroz.	¼ libra de queso blanco rallado.
1 cucharadita de polvos de hornear.	2 huevos.
	1 taza de leche.

PREPARACION:

Se liga la fécula de arroz con los polvos de hornear y el queso rallado, se baten los huevos, se agrega a lo anterior y por último la leche. Se mezcla todo bien. Con una cuchara se cogen porciones y se frien en manteca bien caliente. Se sirve caliente.

BUÑUELOS DE AFIO

Por María Luisa Pérez de Comas

INGREDIENTES:

1 libra de afió.	1 cucharadita de azúcar.
1 huevo.	1 cucharadita de harina.

PREPARACION:

Se hierve el afió hasta que esté blando. Se pela y se maja con el huevo batido, se le agrega el azúcar y la harina. Después de unido todo se frie, en pequeñas porciones, en manteca caliente. (Es preferible usar caldero).

TUMBE MAYORQUIN

Por Nena Otero de Arce

INGREDIENTES:

4 cebollas.	1 lata de pimientos morrones.
2 ajíes verdes.	
2 libras de tomates frescos.	3 huevos duros.
sal a gusto.	1 lata de petit-pois.
4 papas grandes.	½ taza de salsa mayonesa.

PREPARACION:

Se cocinan y se reducen a puré una cebolla, los ajíes y el tomate y se hace una salsa sazonándola con sal. Se pican las papas en ruedas de un dedo de ancho y se fríen en una sartén con aceite español; se fríen también los pimientos y las cebollas restantes en ruedas, y una vez frito todo se coloca en un plato de hornear, en camadas, las papas, los huevos en ruedas, el tomate, las cebollas, los pimientos y el petit-pois, repitiendo otra vez las camadas con papas, etc. Cuando esté todo, se pone cubierto por arriba con salsa mayonesa hecha en casa y al servirlo se hornea a 350° F. durante unos minutos.

¡Cocine sin esclavitud!

LO MAS NUEVO Y REVOLUCIONARIO PARA COCINAR

- Usted los puede conectar donde le convenga. Sin problema de espacio.
- Cocinan solos, son automáticos.
- No hay que ponerlos en la candela.
- La comida nunca se pega ni se quema.
- Son facilísimos de limpiar.

Ya usted no tiene que esclavizarse en la cocina: Sartenes, Ollas, Freidoras y Hornos Portátiles; con los Utensilios Eléctricos NESCO. Estos utensilios cocinan a la perfección, y le mantienen a la comida todo su valor alimenticio y sabor original.

Y usted ahorra dinero... porque consumen menos que cualquier cocina: sólo necesita de 2 a 7 minutos para cocinar.

IDEALES PARA SU CASA, PARA LLEVAR A LA FINCA O A LA PLAYA

Distribuidores Exclusivos:

EL PALACIO DE CRISTAL

Almacén de Loza, Cristalería y Objetos para Regalos

NEPTUNO, ESQ. A CAMPANARIO - TELEFONO: A-0315 - LA HABANA

DEFINICIONES...

PUREZA... AROMA... SABOR.

Pureza, la calidad de lo íntegro, de lo que no posee en absoluto nada fuera de lo estrictamente propio y necesario en sí mismo.

Aroma, u olor grato, fragancia que despierta en el ánimo, contento y buena disposición.

Sabor, en el sentido de agradable gusto, sensación que produce reacción placentera en el organismo.

Y estas tres cualidades son las que caracterizan al delicioso vinagre ELITE. Son las que hacen que, cuando se condimentan las comidas con vinagre ELITE, resulten las más exquisitas, las de más delicado gusto, las que producen en toda la familia la grata sorpresa ante los más deliciosos platos.

Las conservas de PÉREZ GALÁN son tan buenas porque están elaboradas con las mejores frutas seleccionadas de las mejores cosechas de Cuba.

Entre las conservas de PÉREZ GALÁN se distingue el JUGO DE TOMATE *por su sabor exquisito y su valor vitamínico.*

Las conservas de PÉREZ GALÁN están siempre frescas y al alcance de todos.

CAPITULO IV

PLATOS AUXILIARES

COL MORADA CON MANZANAS

Por Ofelia Aixalá de Hernández

INGREDIENTES:

- 2 cucharadas de aceite.
- 4 tazas de col muy picadita.
- 2 manzanas cortadas en trocitos.
- 2/3 taza de vinagre.
- ½ cucharadita de sal.
- 3 cucharadas de azúcar.
- 2 tazas de agua hirviendo.

PREPARACION:

Se calienta el aceite y cuando esté se ponen los demás ingredientes, lo último el agua, y se cocina a fuego lento hasta que estén blandas las manzanas. Es exquisita para acompañar pavo o pollo.

CALABAZA A LA DUQUESA

Por Rosa Alvarez de Sierra

INGREDIENTES:

- ½ libra de calabaza.
- ¼ libra de mantequilla.
- ¾ taza de leche.
- 1 libra de papas.
- 3 yemas.
- ½ cucharadita de sal.

PREPARACION:

La calabaza se pica en pedazos chicos, se pone en una cacerola con la mitad de la mantequilla y la leche, se mueve seguido a fuego lento con cuchara de madera, hasta que esté como puré. Las papas hechas puré y fuera del fuego, se unen a las yemas, el resto de la mantequilla y la sal. Se pone un momento al fuego para que se cocinen las yemas.

AGUACATE RELLENO

Por Cecile Arozarena de Real

1 aguacate grande.
1 pechuga de pavo o pollo.
½ libra de jamón en dulce.
1 latica de foie-gras.
1 latica de petit-pois.
1 latica de espárragos.
1 taza de mayonesa.

PREPARACION:

Se elige un aguacate grande, se le quita la cáscara y se parte al medio y a lo largo. Se pasa por la máquina la pechuga y el jamón, se le agrega el foie-gras, el petit-pois y los espárragos picados uniéndolos bien. Se le echa mayonesa, la suficiente para suavizar la pasta, se rellena el aguacate. Se unen las dos mitades de manera que parezca un aguacate entero y se cubre con mayonesa, colocándolo en el refrigerador hasta el momento de servirlo. Se puede cortar en ruedas gruesas.

TIBBILI

Por Josefina Barreto de Kourí

INGREDIENTES:

2 mazos de perejil.
4 ramitas de hierbabuena.
1 cebolla grande.
3 tomates de ensalada.
½ libra de trigo molido.
1 cucharadita de sal.
¼ taza de aceite.
jugo de limón.
hojas de lechuga para adornar.

PREPARACION:

Se corta el perejil, la hierbabuena, la cebolla y los tomates, muy menuditos, se le añade el trigo. Se sazona con sal, aceite y limón. Se revuelve bien y se sirve sobre hojas de lechuga. Puede ponerse en el refrigerador un rato antes de servirse.

MESCHE DE COL (Coles rellenas)

Por Josefina Barreto de Kourí

INGREDIENTES:

1 col grande.
1 libra de arroz.
1 libra de carne molida.
1 cebolla grande.
4 tomates.
2 limones.

1 cucharada de sal.
1 cucharadita de pimienta.
2 cucharadas de manteca.
6 dientes de ajo.
1 limón.

PREPARACION:

Se deshoja la col pasándola por agua hirviendo con sal en la que se deja durante unos segundos hasta suavizarla. Se sacan las hojas con cuidado para que no se rompan. Se le quitan los nervios y se cortan a la mitad. Se ponen en un tazón el arroz, la carne, la cebolla y los tomates picados finos; se añade el jugo de un limón, sal y pimienta y se mezcla todo con la manteca. Se pone en cada hoja una cucharada del relleno, y se envuelve como si fuera un tabaco. Se colocan en la cazuela uno junto a otro hasta terminar las hojas y el relleno. Entre una y otra camada de los pequeños rollos se colocarán los dientes de ajo enteros. Se cubre con los nervios de las hojas y se vierte encima el agua en que se deshojó la col, se añade el jugo de otro limón. Se pone al fuego hasta que se consuma el agua, que habrá de calcularse en cantidad suficiente para cocinar el arroz y la carne. (Cuando esté a media cocción, se le baja el fuego, igual que se hace con el arroz).

CHAYOTE RELLENO A LA ORIENTAL

Por María Luisa Pérez de Comas

Cada provincia se caracteriza por sus comidas típicas y sus distintas formas de cocinarlas y servirlas. En Oriente se acostumbra a comer el chayote relleno en la siguiente forma:

INGREDIENTES:

2 chayotes grandes.
2 cucharadas de puré de tomate.
¼ libra de jamón de cocina.
½ cebolla.
1 diente de ajo.

1 cucharada de alcaparrado.
sal a gusto.
1 huevo crudo.
2 cucharadas de polvo de galleta.
2 huevos hervidos.

PREPARACION:

Se parten los chayotes a la larga y se hierven con su cáscara. Cuando estén blandos se bajan del fuego, se refrescan, y con una cuchara se les saca toda su pulpa dejando a un lado las cáscaras, sin lastimarlas. En una sartén se prepara un sofrito con el puré de tomate, el jamón, la cebolla, el ajo, el alcaparrado y la sal, y en ese sofrito se echa toda la pulpa del chayote hervido. A fuego lento se sofríe todo bien, y cuando esté secando, se le agrega un huevo batido. Se revuelve bien para que el huevo no cuaje. Se baja del fuego, y con esta pulpa se rellenan nuevamente las cáscaras de chayote, dejándolas bien colmadas. Arriba se le pone el polvo de galleta y con el cuchillo se le hace unos dibujitos en forma de cuadritos. Lo último que se le pone es el huevo duro bien picadito a manera de adorno. Se sirve caliente.

BERENGENAS CON YOGHOURT

Por Chana Villalón de Menocal

INGREDIENTES:

    1 berengena.   1 diente de ajo.
    1 pomito de yoghourt.   sal a gusto.

PREPARACION:

Se corta la berengena en ruedas, se salan y se dejan en remojo durante media hora, poniéndoles un peso encima para que no floten. Se lavan y secan bien antes de freírlas. Se fríen en aceite muy caliente, se escurren y mantienen calientes. Se machaca el ajo y se mezcla con el yoghourt y un poco de sal y se coloca una cucharada encima de cada rueda de berengena.

LA CUBANA

Veinte años, sirviendo facturas a las familias habaneras

CAMPANARIO Y CONCORDIA
LA HABANA

TELEFONOS:
M-4375 - M-1122

ENSALADAS

ENSALADA DE PESCADO

Por Teté Bengochea de Pedraza

INGREDIENTES:

- 2 manzanas.
- 1 cucharada de vinagre.
- ½ cucharadita de sal.
- 1 libra de papas.
- 2 ruedas de piña.
- 3 apios medianos.
- 3 pepinos dulces.
- 12 ciruelas pasas grandes (seis para la ensalada y seis para adornar).
- 1 lata de espárragos.
- 16 nueces o almendras (preferible las nueces).
- 4 huevos duros (tres para la ensalada y uno para adornar).
- 1 lata de petit-pois extrafino.
- 1 libra de pescado.
- 3 cucharadas de salsa mayonesa.
- ½ cucharadita de sal de apio.

PREPARACION:

Se preparan las manzanas en el recipiente de madera o cristal en que se vayan a mezclar los demás ingredientes, peladas y picadas en cuadritos, cubriéndolas en seguida con la cucharada de vinagre y la sal para que conserven su color. Se le agregan las papas salcochadas, la piña ligeramente salcochada en agua azucarada, el apio, los pepinos pelados y las ciruelas, todo esto picado en cuadritos; se le agregan los espárragos, reservando seis para adornar el molde, las nueces o las almendras picaditas, los tres huevos duros y el petit-pois, dejando tres o cuatro cucharadas para adornar. Por último se le añade el pescado asado bien picado, la salsa mayonesa y la sal de apio. Todos estos ingredientes, perfectamente mezclados, se vierten en un molde que se ha preparado con los espárragos, las seis ciruelas rellenas con nueces o almendras y el petit-pois. Se coloca en el refrigerador por un mínimum de veinticinco minutos. Cuando esté colocado en el plato en que se vaya a servir se polvorea con huevo. Esta ensalada da para ocho o diez raciones.

ENSALADA DE CARNE ASADA

Por Esther Carricaburo de Argimón

INGREDIENTES:

2 tazas de carne asada picadita.
1 manzana picadita.
¾ taza de apio.
¼ libra de cebollas hervidas picadita.
1 ó 1½ tazas de mayonesa.
2 huevos duros picaditos.

2 cucharaditas de mostaza.
2 ó 3 lascas de bacon.

Adorno

1 manzana roja.
hojas de lechuga o de apio.
aceitunas y ruedas de huevo duro.

PREPARACION:

Se unen los ingredientes y se le agregan dos o tres lascas de bacon frito y picadito y después de colocado en el plato se adorna a gusto, con lascas de manzana con su cáscara, hojas de lechuga, aceitunas y ruedas de huevo duro.

LA VERDADERA ENSALADA RUSA

Por María Luisa Díaz

Existe un criterio muy equivocado sobre lo que es, en verdad, la "ensalada rusa". Este criterio se ha ido formando a causa de la costumbre de la inmensa mayoría de los restaurantes a llamar con ese nombre un preparado compuesto por unos trocitos de zanahorias, papas y guisantes frescos cocidos y mezclados luego con salsa mayonesa. Sin embargo, dichos componentes no forman más que la ínfima parte de lo que en realidad debe llevar una verdadera ensalada rusa, la que rara vez se hace completa debido a que algunos de sus elementos constitutivos son de difícil adquisición, como sucede con el caviar, el esturión ahumado, el jamón de oso y los "agoursis" (pepinos en salmuera, como los llaman en Rusia), productos rusos todos ellos, y otros que no se encuentran todo el año, como es la perdiz, la coliflor o la remolacha. En resumen, la ensalada rusa es un conjunto de hortalizas, carne, ave y pescado, condimentada con una salsa mayonesa, quedando facultado cada uno para cambiar, sustituir o suprimir tal o cual ingrediente con tal que al final resulte bien surtida. Sin embargo, debe tratarse de no suprimir ni el caviar ni la remolacha, pues estos dos componentes forman la característica de esta ensalada.

INGREDIENTES:

2 onzas de zanahorias.
3 onzas de nabos.
2 ó 3 papas pequeñas.
5 onzas de espárragos frescos.
2 onzas de coliflor.
3 onzas de guisantes frescos.
2 onzas de champignons frescos.
2 onzas de remolacha.
2 pepinillos en vinagre.
1½ onzas de trufas.

2 onzas de langosta o langostino
2 onzas de lengua escarlata.
1 onza de salmón ahumado.
2 onzas de jamón cocido.
2 onzas de pechuga de ave, cocida o asada.
1 onza de salchichón.
1 onza de caviar.
1¼ tazas de mayonesa.
pimienta de cayena.

PREPARACION:

Se cortan las zanahorias y los nabos en trocitos alargados; las papas en pedacitos cuadrados; los espárragos en trozos regulares; se lavan la coliflor y los guisantes frescos. Así preparadas, se cuecen todas estas hortalizas en agua con sal y por separado, pues, unas llevan más tiempo que otras para cocinar. Los champignons se cortan en láminas finas y se ponen a cocer en agua con un poco de manteca y unas gotas de zumo de limón. Todos estos ingredientes, cuando se vayan a utilizar, han de estar fríos y, sobre todo, perfectamente escurridos a fin de que no ablanden a la mayonesa; por consiguiente es preciso que escurran bien primero en coladores y luego esparciéndolos encima de una servilleta seca. Una vez que estén bien secos, se ponen en una ensaladera, reservando un lindo cogollo de coliflor para el adorno. Se cocina la remolacha, se pela y se corta en rodajas finas, reservándola también para el adorno; resérvense igualmente los pepinillos en vinagre o en salmuera cortados en rodajitas y las trufas cortadas en láminas. Los recortes de las trufas, se mezclan al preparado de hortalizas que está en la ensaladera. La langosta o langostino, el salmón, la lengua, el jamón y las pechugas de pollo se cortan en rodajitas menudas y se echan también en la en-

saladera, así como el salchichón cortado en rodajas finas. Se prepara una salsa mayonesa bien condimentada con vinagre, sal, pimienta y pimienta de cayena y una cucharada de mostaza "Savora". Se mezclan las tres cuartas partes de la mayonesa con el contenido de la ensaladera, de preferencia de cristal, y se cubre toda la superficie con el sobrante de la salsa mayonesa, alisándola con un cuchillo. Se decora colocando en el centro el cogollo de coliflor, con las láminas de trufas se hace un adorno alrededor, alternando con las remolachas y los pepinos, intercalando con montículos de caviar. Se pone en el refrigerador hasta el momento de servirla.

ENSALADA DE POLLO

Por Aurora Faz Vda. de Smith

INGREDIENTES:

- 1 pollo de 3½ libras.
- ½ libra de habichuelas.
- 3 zanahorias grandes.
- 2 libras de papas.
- 1 pomo de mayonesa de ocho onzas.
- 2 latas de espárragos.
- 1 pepino encurtido.
- 2 manzanas grandes (deliciosas).
- 2 latas de petit-pois extrafino.
- 2 pimientos.

Adorno
- 2 lechugas americanas grandes.
- 3 tomates de ensalada medianos.
- 3 huevos.

PREPARACION:

Se asa el pollo, se deshuesa y se corta en pedazos chicos. Se salcochan las habichuelas y las zanahorias picándolas menudas, así como las papas que se cortan en forma de dados. Estos tres ingredientes se unen al pollo con un poco de salsa del asado y mayonesa a gusto. Después se sigue incorporando los espárragos, el pepino, las manzanas peladas y picaditas y los petit-pois, un poco de pimiento picado en pedacitos y se le agrega a la ensalada. Todo se une bien y se coloca en una ensaladera, cubriéndolo con mayonesa. Se decora a gusto con los ingredientes para el adorno.

Endulce sus ensaladas de frutas con miel. Seguramente que se sentirá como en su casa... (¡la miel, por supuesto!)

ENSALADA DE TOMATES RELLENOS

Por Graciella Figueroa

INGREDIENTES:

2 repollos de lechuga.	2 zanahorias hervidas.
1 pepino encurtido grande.	1 latica de pimientos morrones.
½ taza de camarones hervidos.	8 tomates grandes de ensalada.
1 lata chica de espárragos.	1 taza de salsa mayonesa.

PREPARACION:

Después de lavar las lechugas se pican menuditas, se pica también menuditos el pepino, los camarones, los espárragos, las zanahorias y dos pimientos morrones. Se ponen todos estos ingredientes en una fuente honda y se sazona con aceite, vinagre, sal y un poquito de pimienta. Aparte, se lavan los tomates, se les quita una tapita por el lado opuesto al del tallo y con un cuchillo fino y bien afilado se pica el borde, formando piquitos, como un festón; se rellenan los tomates con la mezcla preparada y se cubre con un poquito de salsa mayonesa. Por último se adornan por encima con tiritas de pimientos morrones, formando cuadritos. Se sirve un tomate en cada plato de ensalada, sobre hojas de lechuga.

ENSALADA DE JAMON

Por Blanca García Montes de Terry

INGREDIENTES:

½ libra de jamón en lascas.	1 cucharadita de mostaza.
3 huevos duros picaditos.	1 lechuga.
¼ taza de mayonesa.	2 huevos duros en ruedas.

PREPARACION:

Se corta el jamón de manera de poder formar unos cucuruchos. Con los desperdicios del jamón, los huevos duros picaditos, la mayonesa y la mostaza, se hace una pasta, y con ella se rellenan los cucuruchos de jamón. Se ponen alrededor de una fuente redonda y en el centro se coloca una lechuga picada y adornada con ruedítas de huevos duros. Esta ensalada puede prepararse con vegetales mixtos en vez de la lechuga o combinándolos con ella.

ENSALADA POLYNESIAN DELIGHT

Por Mercy González Fantony de Tarafa

INGREDIENTES PARA LA ENSALADA:

- ½ libra de tiritas de queso.
- ½ libra de tiritas de pechuga de pollo asado.
- ½ libra de tiritas de jamón en dulce.
- 1 lata de puntas de espárragos.
- 3 tomates de ensalada, picados finos.
- 1 piña picada en ruedas o en cuadraditos.
- 1 col morada chiquita, picadita.
- 1 lechuga americana, picadita.
- rábanos, picaditos.

PREPARACION:

Se mezclan todos los ingredientes con la salsa Mil Islas, y se adorna a gusto.

INGREDIENTES PARA LA SALSA:

- 1 taza de mayonesa.
- ¾ taza de salsa de chile.
- 1 huevo salcochado bien picadito.
- 1 cucharadita de cebolla, bien picadita.
- ¼ taza de encurtidos picaditos.
- 2 cucharadas de aceitunas picaditas.

PREPARACION:

Se une todo bien y se pone en la batidora a la velocidad número uno.

ENSALADA DE VEGETALES

Por Angela Gómez

INGREDIENTES:

- 2 tazas de remolacha.
- 2 tazas de zanahorias.
- 2 tazas de habichuelas.
- 2 libras de papas.
- ¾ taza de mayonesa.
- 1 lata de puntas de espárragos.

PREPARACION:

Los vegetales se escurren bien y cuando enfríen se pican en daditos, por separado. Se coloca en la fuente o plato un molde en forma de estrella y se van poniendo los distintos vegetales en cada punta de *la estrella. Cuando estén bien moldeados se quita el molde, se cubre con mayonesa y se adorna con las puntas de espárragos y los huevos rellenos.*

INGREDIENTES PARA LOS HUEVOS RELLENOS:

5 huevos duros.
¼ cucharadita de sal.
⅛ cucharadita de pimienta.
1 pepino de encurtido rallado.
¼ taza de mayonesa.
pimientos morrones

PREPARACION:

Se pican a la mitad y a la larga los huevos. Se les extraen las yemas, y se pasan por un colador. Se les añade, sal, pimienta, pepino y mayonesa hasta formar una pasta consistente. Se rellenan las claras con la mezcla y se adornan con ruedítas de pimientos morrones. Para la receta de la salsa mayonesa, véase el capítulo de las salsas.

ADOBO CAMAGÜEYANO

Por Cruz Guerrero de Cruz

INGREDIENTES:

6 chayotes.
3 berenjenas.
12 mazos de habichuelas.
6 ajíes grandes.
½ libra de frijoles tiernos caballeros.
6 cebollas medianas.
6 cabezas de ajos.
sal.
4 hojas de laurel.
1 sobre de pimienta.
1 sobre de clavos.
1 sobre de orégano.
aceitunas.
vinagre.
½ libra de aceite.

PREPARACION:

Los chayotes se hierven con sal y se pican en trozos. Las berengenas se cortan en lascas, se pasan por aceite y se asan. (Si se quiere se pueden hervir). Las habichuelas se cortan de dos pulgadas de largo, se hierven con sal, y se echan cuando el agua rompa el hervor, de lo contrario se ponen de un color oscuro que afea mucho este adobo. Los ajíes se asan, se les quita la piel y se cortan en tiras. Los frijoles, las cebollas y los ajos se hierven con sal por separado. Una vez que se hayan hervido las verduras, se tiene preparado un escurridor o un pedazo de tela metálica que no tenga los agujeros muy grandes y al sacarla del agua que se ha hervido, se van po-

niendo a escurrir algún tiempo de manera que queden secas, pues al quedarle agua no da el resultado apetecido. Una vez escurridas las verduras, se van poniendo camadas en una cazuela de barro o recipiente de cristal, de los diferentes ingredientes, la cebolla se le va intercalando a gusto, si son pequeñas se colocan enteras si son grandes se desbaratan y se colocan de manera que queden bien repartidas. Las cabezas de los ajos se ponen enteras que es como lucen, si no se desgranan, y se intercalan como las cebollas. Las camadas se cubren con aceitunas. Cuando se haya terminado de colocar las camadas se le echa un vinagre de buena clase y fuerte, pues así se conservan las verduras y no se echan a perder. Cuando haya pasado un rato y que las verduras hayan absorbido bien el vinagre, se le echa el aceite que se prepara de la manera siguiente: se pone el aceite a la candela y cuando esté algo caliente, no demasiado porque cambia el gusto del adobo, se baja del fuego y se echa el laurel, la pimienta, los clavos y el orégano y no se deja freír demasiado, pues si no queda rechinante. Se le echa por encima al adobo y se adorna con aceitunas. Para conservarlo se pone en el refrigerador y si el aceite se cuaja un poco se saca momentos antes de servirse. Esta ensalada dura dos o tres días. Cuando se vaya a servir tiene que ser con cuchara de madera o pasta, nunca nada de metal.

ENSALADA DE ARROZ

Por Carmen Guerrero de Peral

INGREDIENTES:

- 1 taza de carne asada fría cortada en trocitos.
- ½ taza de apio picadito.
- ½ taza de petit-pois.
- 1 ají verde picadito.
- 1 zanahoria cruda rallada.
- 2 tazas de arroz cocinado.
- 2 cucharadas de perejil picadito.
- 1 tortilla de dos huevos picadita.
- 2 cucharadas de cebolla rallada.
- 1 pepino encurtido picadito.
- 20 aceitunas.
- ¾ taza de aliño francés.
- ¼ taza de salsa de tomate de pomo.
- 1 lechuga en hojas.
- ¼ libra de queso amarillo rallado.

PREPARACION:

Se unen los ingredientes (menos la lechuga y el queso) y se revuelve bien. Se coloca en una ensaladera sobre hojas de lechuga y se cubre con el queso rallado. Debe servirse bien frío. Si se quiere se puede suprimir la salsa de tomate de pomo.

CREME DUBARRY

Por Silvia Kourí de Pendás

INGREDIENTES:

1 coliflor pequeña.	1½ litros de caldo.
1 cucharada de mantequilla.	1 taza de crema pura al 40%.
2 cucharadas de harina.	2 yemas.

PREPARACION:

Se salcocha la coliflor durante ocho o diez minutos. Se hace un "roux blond" (salsa clara) con la mantequilla y la harina, añadiendo el caldo y después la coliflor que se cocina lentamente durante cuarenta minutos. Entonces se espuma y se pasa por un tamiz fino. Se pone al fuego de nuevo y mientras hierve se le une la crema y las yemas. Ha de quedar bien cremoso. Se sirve guarnecido de pequeños dados de pan frito o tostado.

MOUSSE DE ESPARRAGOS

Por Cristina López Oña de Arcos

INGREDIENTES:

4 sobres de gelatina simple.	1 taza de leche evaporada pura.
1 taza de agua fría.	
3 latas de sopa de crema de espárragos.	1 lata de punta de espárragos mediana.

PREPARACION:

Se pone en remojo durante diez minutos la gelatina en el agua fría. Se pone a calentar la sopa al bañomaría y cuando esté hirviendo se vierte sobre la gelatina a disolverla, y se deja enfriar. La leche evaporada se pone en el congelador hasta que esté espesa y se bate sobre el hielo hasta que monte. Se añade la crema de espárragos y se une bien. Se engrasa un molde con aceite y se humedece en agua helada, se adorna con las puntas de espárragos y se vierte la crema ya preparada. Se coloca en el refrigerador hasta que esté firme. Para desmoldarlo se introduce un minuto en agua tibia y se voltea en el plato que se va a servir.

ENSALADA DE QUESO
Por Rosita Rivacoba de Marcos

INGREDIENTES:

6 quesos crema de 6 onzas cada uno.
1 lata de cocktail de frutas grande.
1 lata de ruedas de piña.
1 pomo de guindas mediano.
1 paquete de nueces (o una lata).

PREPARACION:

Se majan bien los seis quesos. Se le adiciona la mitad de la lata de cocktail de frutas con un poco de almíbar, cuatro ruedas de piña, la mitad de las guindas y todo el jugo de éstas. Se bate bien y se le agregan las nueces. Para decorar la ensalada se utiliza el resto de frutas que queda en la lata. Suficiente para ocho personas.

TOMATES RELLENOS
Por Dolores Santos

INGREDIENTES:

6 tomates grandes.
½ libra de jamón en dulce.
1 lata de petit-pois.
10 nueces picadas.
½ mazo de apio.
½ taza de mayonesa.
sal y pimienta.
rabanitos y lechuga o berros.

PREPARACION:

Se parten los tomates a la mitad sacándoles la pulpa con cuidado de no romperlos. Se pasa el jamón por la máquina de moler, agregando los petit-pois. Se pican bien las nueces y el apio sazonándolos con sal y pimienta a gusto. Se une todo bien y se agregan dos cucharadas de salsa mayonesa. Se rellenan los tomates, se cubren con la misma salsa y se sirven en hojas de lechuga adornados con rabanitos y berros. Se pone en el refrigerador hasta el momento de servir. Suficiente para seis personas.

ENSALADA TROPICAL

Por Anita Seigle de Menocal

INGREDIENTES:

1½ libras de papas.
1 libra de zanahorias.
1 libra de remolachas.
½ libra de habichuelas.
1 nabo.
2 laticas de petit-pois.

PREPARACION:

Se pelan las papas, se cortan en trocitos y se hierven con sal. Las zanahorias se lavan, se raspan y se hierven con sal cortándolas en trocitos. Las remolachas se cocinan enteras dejándole un pedacito de tallo y teniendo cuidado de no romper la piel para que no pierdan el color y la sustancia con la cocción. Se cocinan tapadas y se les echa azúcar en vez de sal. Cuando estén frescas se cortan en trocitos. Las habichuelas se cortan en tiras, se cocinan en agua hirviendo con sal y después se cortan en pedacitos. Se unen todos estos vegetales y se les agrega el aliño. Se colocan en una fuente, se cubren con los petit-pois y se adornan con clara de huevo picadita.

INGREDIENTES PARA EL ALIÑO:

4 yemas de huevo duras.
2 cucharaditas de sal.
1 cucharadita de pimienta.
1 cucharadita de mostaza.
¾ taza de aceite de oliva.
¼ taza de vinagre.

PREPARACION:

Se majan las yemas en el mortero, se le agrega sal, pimienta, mostaza, aceite y vinagre, procurando disolver las yemas. Este aliño se vierte sobre la ensalada revolviendo bien. Se coloca en el refrigerador. Suficiente para diez personas.

ENSALADA CREMOSA DE PIÑA

Por Virginia Show de Trelles

INGREDIENTES:

4 quesos crema de 6 onzas cada uno.
2 latas de piña en ruedas.
2 lechugas americanas.
1 pomito de guindas.

PREPARACION:

Se baten los quesos hasta que estén cremosos; se le vierte poco a poco el sirope de las dos latas (a veces no es necesario ponérselo todo) sin que la crema de queso pierda su consistencia. Se le agrega trocitos de piña revolviéndolo todo. Después de lavadas las lechugas, se parten con la mano, no se pican con cuchillo. Se vierte la crema con piña en el centro de la fuente, se colocan los trozos de lechuga alrededor y se le entierra a la crema guindas salteadas partidas por la mitad.

ENSALADA DE FRUTAS

Por Nena Valdés Fauli de Menocal

INGREDIENTES PARA LA ENSALADA:

- 1 lata de cocktail de frutas grande.
- 1 manzana.
- 1 limón.
- 6 ruedas de piña en conserva.
- 1 toronja.
- 1 queso crema de 3 onzas.
- 1 taza de mayonesa.

PREPARACION:

Se escurren bien las frutas guardando el sirope para el adorno. Se pica en cuadritos la manzana rociándola con el limón, se pica en cuadritos la piña, y se sacan las secciones de la toronja. Todas estas frutas se unen. Se bate el queso crema a suavizarlo, se le añade poco a poco la mayonesa a formar una crema. Se agrega esto a las frutas y se revuelve bien. Se sirve esta ensalada bien fría en una fuente de cristal o en unas piñas como se explica a continuación.

INGREDIENTES:

- 2 piñas grandes con sus hojas.
- 2 tazas de sirope de las frutas.
- 2 cucharadas de gelatina simple.
- tinte vegetal rojo.
- tinte vegetal verde.
- 4 ruedas de piña en conserva.
- 1 pomo grande de guindas.
- 1 queso crema de 6 onzas.
- 2 cucharadas de leche.

PREPARACION:

Se pican las piñas a la mitad y a la larga con cuidado de no estropear las hojas. Se vacían cuidando de no romper los cascarones y se dejan escurrir. Se pone en remojo la gelatina con una taza del sirope por diez minutos y se disuelve con el sirope restante caliente. Se deja refrescar, se divide a la mitad y se tiñe cada porción con tinte verde y rojo. Se vierte en moldecitos fríos y humedecidos en agua helada y se llevan al refrigerador hasta que gelatinicen. Se llenan las cuatro mitades de piña con la ensalada ya preparada y fría. Se coloca en una bandeja grande y se adorna con las ruedas de piña, las gelatinas en colores previamente desmoldadas y las guindas colocadas cada una en los extremos de las hojas de las piñas. Se bate el queso crema a suavizarlo, se le añade la leche, se vierte en el decorador y se adorna con el queso a gusto.

ENSALADA WALDORF

Por Elena Varona de Hernández Ibáñez

INGREDIENTES:

2 manzanas picadas en forma de dados.
2 cucharadas de jugo de limón.
1 taza de apio picadito.
1 taza de nueces picaditas.
1 lechuga americana picadita.
1 taza de mayonesa.

PREPARACION:

En un tazón se une a las manzanas el jugo de limón, después todos los demás ingredientes y por último la mayonesa, mezclándolo todo bien. Se sirve adornada con queso crema, perejil y flores de nabo y zanahorias.

ENSALADA DE MARISCOS

Por María Teresa Varona

INGREDIENTES:

1 libra de pescado cocinado y desmenuzado.
2 colas de langosta cocinadas y desmenuzadas.
1 libra de camarones cocinados.
1 libra de papas cocinadas en pequeños cuadritos.
1 taza de apio picadito.
1 taza de salsa mayonesa.
1 lata de petit-pois extrafino.
1 lata de puntas de espárragos.
1 lechuga para adornar.

PREPARACION:

Se unen en un tazón las carnes de pescado, langosta y camarones. Se añaden las papas, el apio, petit-pois y los espárragos picaditos. Se une todo bien. Se vierte la salsa mayonesa y se envuelven los ingredientes en ella. Se enfría y se sirve adornada con huevos cocidos, lechuga picadita y flores de zanahorias.

ENSALADA DE NAVIDAD

Por Leocadia Valdés Fauli y Fuentes

INGREDIENTES:

1 cucharada de gelatina simple.
¼ taza de jugo de piña frío.
¼ taza de jugo de piña caliente.
²/₃ taza de salsa mayonesa.
1 taza de jamón, pavo o pollo asado y picadito.
1 manzana picadita.
1 lata chica de piña en conservas.
1 rama de apio picadito.
½ taza de nueces o almendras.
6 tomates de ensalada rojos.
1 lechuga.
ramitas de perejil.

PREPARACION:

Se pone en remojo la gelatina en el jugo de la piña (de lata) durante cinco minutos y se disuelve con el jugo caliente. Se une a la mayonesa. Se bate el queso crema a suavizarlo y se le une el jamón, pavo o pollo; la manzana, la piña, el apio, las nueces y la mezcla de mayonesa. Se vierte la preparación en seis moldecitos fríos y previamente engrasados en aceite y se lleva al refrigerador hasta que gelatinice. Se pelan con cuidado los tomates y se cortan en forma de flor, colocándolos sobre un lecho de lechuga. Se desmoldan los moldecitos y se colocan los flancitos de mayonesa dentro de los tomates. Se adornan con una ramita de perejil. Esta ensalada resulta muy útil cuando queremos aprovechar los sobrantes de pavo, pollo o guineo.

GELATINAS

GELATINA DE TOMATE

Por Lilia Castro de Morales

INGREDIENTES:

- 2 sobres de gelatina simple.
- ½ taza de agua fría utilizando la de los espárragos.
- 1 lata de sopa de tomate.
- 1 queso crema de 3 onzas.
- 1 taza de mayonesa.
- 1 cucharadita de jugo de limón.
- 2 huevos duros picaditos.
- 2 cucharadas de pepinos encurtidos picaditos.
- 1 lata chica de puntas de espárragos.

PREPARACION:

Se remoja la gelatina en agua fría durante diez minutos. Se calienta la sopa de tomate y se le añade la gelatina para disolverla. Se bate el queso crema hasta suavizarlo y se une a la mayonesa, a la sopa de tomate, jugo de limón, huevos duros y pepinos. El molde ha de estar frío, engrasado en aceite y humedecido en agua helada. Se colocan los espárragos alrededor del molde con las puntas hacia abajo y doblándolas en la vuelta del mismo. Se vierte con cuidado la preparación anterior. Se pone en el refrigerador por espacio de dos o tres horas hasta que esté firme. Se desmolda y se sirve adornada con hojas de lechuga.

Para evitar que la gelatina pegada al molde se parta, se envuelve el molde en un paño mojado en agua hirviendo.

ASPIC DE VEGETALES

Por América Núñez de Veranes

INGREDIENTES:

½ libra de remolachas.
½ libra de habichuelas.
½ libra de papas.
½ libra de zanahorias.
1 taza de mayonesa.
3 cucharadas de gelatina granulada simple.
¾ taza de caldo frío.
1¼ tazas de caldo caliente.
1 huevo duro en rueditas.
1 lechuga para adornar.

PREPARACION:

Se hierven separados los vegetales, se escurren y se pican en cuadritos, poniendo cada vegetal en recipiente aparte y añadiéndole a cada uno un cuarto de taza de mayonesa. Se pone en remojo la gelatina en el caldo frío, se disuelve con el caldo caliente. Se tiene preparado un molde engrasado en aceite, frío y humedecido en agua helada. Se cubre el fondo del molde con tres cuartos taza de caldo preparado, se lleva al refrigerador y cuando empiece a endurecer, se adorna con un huevo duro, se cubre con un cuarto de taza de caldo y se vuelve a llevar al refrigerador hasta que gelatinice. Se divide el molde, ya con el fondo de gelatina, en cuatro partes y se coloca en cada una la mitad de un vegetal, se añade media taza de caldo, se pone a helar y cuando esté firme se cubren los vegetales anteriores en forma contrastante, por ejemplo: sobre las remolachas, las habichuelas; sobre las papas, las zanahorias; y así hasta terminar. Se agrega media taza de caldo y se lleva al frío hasta que esté firme. Se desmolda y se sirve adornado con lechuga.

NOTA: A los vegetales pueden añadírsele carne, pollo o pescado cocinado y picado en pedacitos en la proporción de un cuarto de taza por cada vegetal. También se puede usar jamón en dulce.

Cuando compre las verduras que piensa preparar para el día, recuerde estas máximas:
1º No pele cuando puede raspar.
2º No raspe cuando puede lavar.
3º No cocine cuando puede servir en crudo.

GELATINA DE FRUTAS CON CREMA

Por María Carlota Pérez Piquero de Cárdenas

INGREDIENTES:

- 2 sobres de gelatina simple.
- ½ taza de agua fría.
- 1 lata de cocktail de frutas grande.
- 1 lata de leche evaporada (pura y helada).
- 7 cucharadas de Ron o Cognac.

PREPARACION:

Se pone en remojo la gelatina con el agua fría. Se escurren bien las frutas, se calienta el sirope de ellas y se disuelve la gelatina; se deja refrescar. Se bate la leche evaporada hasta obtener una crema espesa y se le añade la gelatina con el sirope, batiendo bien. Después se incorporan las frutas y por último el Ron o Cognac. Se vierte en dos moldes que se tienen en el refrigerador para que estén bien fríos y se humedecen en agua helada. Se deja en el refrigerador hasta que esté helada, se desmoldan y se sirven sobre hojas de lechuga y se cubren de mayonesa.

ASPIC DE AGUACATE Y TOMATE

Por Isolina Rodríguez de Falcón

INGREDIENTES:

- 2 paquetes de gelatina, sabor de limón.
- 1½ tazas de agua hirviendo.
- 2 tazas de jugo de tomate.
- ½ taza de aceite.
- 4 cucharadas de vinagre
- ⅛ cucharadita de pimentón.
- ½ cucharadita de pimienta.
- 1 cucharadita de sal.
- zumo de limón.
- 2 aguacates.

PREPARACION:

Se disuelve la gelatina en agua hirviendo y se deja enfriar. Se le añade el jugo de tomate. Se cocina el aceite, el vinagre y el pimentón a baño-maría hasta que el pimentón esté disuelto, se le agrega a la gelatina y por último la sal, pimienta y zumo de limón. Se coloca en un recipiente en el refrigerador hasta que comience a espesarse. Se une al aguacate partido en cubitos y se vierte en un molde de cristal untado ligeramente en aceite. Se saca el aspic del molde y se sirve entre hojas de lechuga, espárragos y rábanos.

ENSALADA DE POLLO GELATINADA

Por Isabelita La Rosa

INGREDIENTES:

- 1 paquete de gelatina sabor de limón.
- 1¾ tazas de caldo de pollo hirviendo desgrasado.
- 1 cucharadita de gelatina simple.
- ¾ cucharadita de sal.
- 1 cucharadita de mostaza.
- 3 cucharadas de vinagre.
- 1 taza de pollo cortado en dados.
- ½ taza de espárragos.
- ½ taza de petit-pois.
- 1 taza de apio picadito.
- 1 pimiento picado muy fino.

Adorno:
aceitunas rellenas.
pimientos morrones.
mayonesa.
huevos duros.

PREPARACION:

Se disuelve la gelatina de limón en el caldo hirviendo. Se humedece la gelatina simple en agua tibia para que se esponje y se le incorpora la gelatina de limón, se le agrega la sal, mostaza y se deja enfriar un rato en el refrigerador hasta que esté medio cuajada; después se le agrega los otros ingredientes, se pone en un molde en el refrigerador nuevamente hasta que esté bien dura. Para sacarla del molde se pone un momento en agua tibia; ya en la ensaladera se adorna con aceitunas rellenas cortadas en ruedítas, óvalos de pimientos, un poquito de mayonesa y huevos duros cortados en ruedítas. Esta ensalada además de bonita es sabrosa.

ORDENANZA DE 1460 (FRANCIA)

Quien quiera que haya vendido manteca conteniendo substancias extrañas, será atado de un modo muy curioso a la picota. Luego se le pondrá manteca en la cabeza, dejándosela hasta que el sol la haya derretido. Los perros podrán ir a lamerla, y hasta el pueblo podrá agraviarle con aquellos epítetos difamatorios que prefiera (sin ofensa para Dios o para el Rey). Si el sol no calentara bastante, el criminal quedará expuesto en la sala más grande de la cárcel, ante un hermoso y enorme fuego, donde cada cual podrá verle.

CAPITULO V

POSTRES

DULCES

YEMAS DOBLES

Por Olga Alvarez de Miquel

INGREDIENTES:

- ½ taza de agua.
- 2 tazas de azúcar.
- 3 huevos.
- 3 cucharaditas de maicena.
- 1 cucharadita de vanilla.

PREPARACION:

Se pone a hervir el agua y el azúcar hasta que esté bien disuelta. Se baten los huevos a punto de merengue (batidora No. 7) dos minutos y se le añade la maicena y la vainilla. Si no tiene batidora se baten primero las claras y luego se le añade las yemas, la maicena y la vainilla. Una vez mezclado todo esto, se va echando por cucharadas en el almíbar, teniendo cuidado de retirar la cazuela del fuego. Cada vez que echa una se pone de nuevo a la candela y cuando la yema comienza a hincharse y a desprenderse de las paredes de la cazuela, se dobla a la mitad, se saca y se pone a enfriar en un plato. Pueden enrollarse si se desea. Cuando el al-

míbar tenga punto se vierte sobre las yemas teniendo cuidado de pasarla por un colador. Da aproximadamente quince yemas dobles.

TORTILLA SOUFFLE

Por Bebé Arozarena de Morales

INGREDIENTES:

6 huevos.
2 cucharadas de azúcar.
1 limón rallado (la cáscara).

PREPARACION:

Se baten las seis yemas de huevo con el azúcar y la cáscara de limón rallada; se baten aparte las claras y se le une a las yemas, batiéndolas ligeramente. Se echa en un molde de horno engrasado en mantequilla y se polvorea con azúcar. Se pone en el horno a 350° F., se deja subir y se sirve en seguida. Si se quiere se le echa un poco de vainilla en vez de limón.

CHOCOLATE FUDGE

Por Mrs. Antonio Bermúdez Sr.
Havana Woman's Club

INGREDIENTES:

2 tazas de azúcar.
4 cucharadas de cocoa.
1 taza de leche.
1 cucharada de mantequilla.
½ cucharadita de vainilla.

PREPARACION:

Se mezcla el azúcar, la cocoa y la leche y se pone a hervir, revolviendo suavemente hasta que forme unas bolitas cuando se deje caer en agua fría. Se añade la mantequilla y se pone a enfriar. Se echa la vainilla y se bate hasta que se ponga espeso. Se vierte en un molde untado de mantequilla y se corta en pedacitos.

Cuando el horno esté demasiado caliente se introduce en él una cacerola con agua fría y en seguida baja la temperatura.

PUDIN DE BANANA DEL PARAGUAY

Por la Sra. Vda. de Carlstein

INGREDIENTES:

36 plátanos manzanos.
agua.
3 manzanas.
1 libra de galleta molida.
1 libra de mantequilla.
azúcar.
canela en polvo.

PREPARACION:

Se reducen a puré los plátanos, se añade un poquito de agua y se cocinan durante unos minutos, revolviendo. Se pican las manzanas, se cocinan con un poquito de agua y se reducen a puré. Se unen los purés de plátano y de manzana. Se dora en una sartén la galleta con la mantequilla. Se alternan en una fuente, capas de puré, espolvoreadas con azúcar y canela, por último la galleta. Se sirven con crema de vainilla. La receta original recomienda usar tres manos de plátanos, de modo que la cantidad de esa fruta se puede variar.

ICE BOX COOKIES

Por Mrs. Herbert Copelan

Havana Woman's Club

INGREDIENTES:

½ libra de mantequilla.
2 tazas de azúcar turbinada.
2 huevos.
3 ½ tazas de harina.
½ cucharadita de soda, una pizca de sal.
1 cucharadita de vainilla.

PREPARACION:

Se crema la mantequilla con el azúcar y se le añaden los huevos uno a uno, batiéndolos a medida que los eche. Se cierne la harina con la soda y la sal y se mezcla con los otros ingredientes poco a poco hasta formar una masa; se le agrega la vainilla. Se pone la masa en un molde especial para "cookies" o se le da la forma de salchichón enrollándolo en un papel encerado y se deja reposar en el refrigerador toda la noche. Cuando lo vaya a hornear se corta la masa en lasquitas bien finitas y se coloca en un molde plano engrasado. Se hornea a 375° F. de cinco a seis minutos. Si lo desea, se le añade nueces picadas.

FLAN DE COCO

Por Zoila Domínguez Dosal

INGREDIENTES:

    1½ tazas de azúcar.   2 cocos rallados.
    ¼ libra de mantequilla.   8 claras.
    8 yemas.

PREPARACION:

Se unen el azúcar y la mantequilla y se le agregan las yemas ya batidas. Se añade el coco rallado poco a poco y por último las claras batidas a punto de merengue. Se prepara un molde con caramelo y se pone al horno a 350° F. a baño-maría por espacio de una hora.

BONIATO CON MANZANAS

Por Estela Echarte de Clavijo

INGREDIENTES PARA EL PURE:

    3 libras de boniato.   2 cucharadas de mantequilla.
    ½ taza de leche.
        3 cucharadas de azúcar.

INGREDIENTES PARA LA COMPOTA:

    4 manzanas grandes.   ¼ taza de agua.
    1 taza de azúcar.   2 cucharadas de queso rallado.
    1 rajita de canela.

PREPARACION:

Se salcocha el boniato, se hace un puré bien suave con la leche, la mantequilla y el azúcar. Aparte se hace la compota de manzanas con azúcar, canela y agua. Cuando esté se maja esta compota con el tenedor, se pone en un molde Pyrex la mitad del puré de boniato, encima la compota de manzanas, el queso rallado y la otra mitad del boniato. Se cubre con queso rallado y se pone al horno a 350° F. hasta que dore.

TORTA DE BONIATO

Por Carmen Escobio de Montero

INGREDIENTES:

2 libras de boniato.
4 huevos.
½ botella de vino tinto.
2 tazas de azúcar.
¼ libra de pasas.
¼ libra de almendras.

2 cucharadas de manteca.
2 cucharadas de mantequilla.
una pizca de sal.

PREPARACION:

Se rallan los boniatos crudos y se agregan los demás ingredientes mezclándolos bien. Se dejan algunas almendras para decorarlo. Se viste un molde con hojas de plátano engrasadas, se vierte la masa en él y se cocina a baño-maría con candela arriba y abajo. Esta era la manera de hacerlo en casa de mi abuela, ahora se engrasa el molde y se pone al horno a 350° F.

COQUI MOLE CON HUEVO

Por Ofelia Fernández Coca de Sorzano

INGREDIENTES:

4 cocos.
4 tazas de azúcar.
2 tazas de agua.

limón a gusto.
8 yemas.

PREPARACION:

Se toman cuatro cocos hechos que tengan agua. Se rallan y se dejan en su agua durante dos horas; después se cuela la leche del coco. Se hace un almíbar con el azúcar, el agua y el limón a gusto. Se mezcla la misma cantidad de leche de coco y de almíbar, se le añaden las yemas de huevo batidas, se cocina a fuego lento y se revuelve constantemente hasta que esté en punto de mermelada. Este tiempo debe ser de una hora.

INGREDIENTES PARA LA CUBIERTA:

8 claras.
5 tazas de azúcar.

2½ tazas de agua.

PREPARACION:

Con las ocho claras se hace un merengue con un almíbar de buen punto y se cubre el coqui mole.

QUESO DE PIÑA
Por María Luisa Fernández Porro de Mendive

INGREDIENTES:

1 piña.   8 huevos.
1 libra de azúcar.

PREPARACION:

Se ralla la piña, se extrae el jugo con un paño fino, el cual se une con el azúcar y se cocina hasta que tenga un punto de almíbar espesa. Se baten los huevos, claras y yemas, y se le agrega poco a poco dieciséis cucharadas de almíbar de piña. Se une bien y se cuela. En un molde cubierto con caramelo se vierte la crema y se pone a baño-maría al horno a 350° F. hasta que al introducir un palillo salga seco.

GALLETICAS DE COCO
Por Marina García de Casalduc

INGREDIENTES:

5 onzas de mantequilla.   1 ½ cucharaditas de polvos de hornear.
¾ taza de azúcar.
1 huevo entero.   ¼ cucharadita de sal.
½ cucharadita de vainilla.   1 lata de cuatro onzas de coco seco.
2 tazas de harina.

PREPARACION:

Se bate la mantequilla con el azúcar a cremarla. Se le añade el huevo, la vainilla y se bate bien. Se ciernen juntos la harina, los polvos de hornear y sal y se añade a lo anterior, por último el coco. Se forma un cilindro con la masa, se envuelve en papel encerado y se guarda en el congelador por espacio de una hora por lo menos. Pasado el tiempo indicado, se saca del frío, se corta en ruedítas de medio centímetro el cilindro de masa y se hornea a 425° F. de ocho a diez minutos. Se dejan enfriar y se pueden guardar en un pomo tapado.

CREMA PICARA HELADA
Por Aurelia Gómez

INGREDIENTES PARA EL MERENGUE:

3 claras de huevo.   3 cucharaditas de azúcar quemada.
2 cucharaditas de azúcar.
   1 cucharadita de agua.

PREPARACION:

> Se baten las claras y las dos cucharaditas de azúcar a punto de merengue bien consistente. Se prepara en un recipiente el azúcar quemada a la que se le pone un poquito de agua y se le añade al merengue mezclándolo bien hasta que tome un color uniforme. Se coloca en un molde pequeño de cristal engrasado con mantequilla y se pone al horno a 300° F. durante quince a veinte minutos hasta que el merengue se separe del fondo. Se pone a enfriar antes de virarlo.

INGREDIENTES PARA LA CREMA:

1 taza de leche.	2 cucharadas de azúcar.
3 yemas.	1 cucharadita de vainilla.
	guindas para adornar.

PREPARACION:

> Se pone la leche a hervir; cuando esté hirviendo se retira del fuego y se le agrega las yemas batidas y las dos cucharadas de azúcar poniéndolo a fuego lento y dándole vueltas lentamente con una cuchara sin dejar que hierva hasta que se cuaje y se le añade la vainilla. Esta crema hay que dejarla enfriar antes de verterla sobre el merengue. Se adorna con guindas y se pone a helar en el refrigerador.

PUDIN DIPLOMATICO

Por Carmen Gómez Vda. de Quintana

INGREDIENTES:

10 huevos.	30 polkas.
⅛ cucharadita de sal.	1 cucharadita de vainilla.
1 litro de leche.	1 lata grande de melocotones.
1 libra de azúcar.	

PREPARACION:

> Se unta el molde con azúcar quemada. Se baten los huevos con un poquito de sal hasta desleírlos. Se añaden la leche y el azúcar, se revuelve bien y se cuela. Se pone en el fondo del molde una camada de polkas en pedacitos. Se añade la leche con los huevos y la vainilla. Se corta el melocotón en lasquitas. Se pone una camada de polkas, una de melocotón, hasta colocar tres de polkas y una de melocotón. La última camada es de polkas, que se des-

baratan. Se cocina a baño-maría. Cuando cuaje se pone al horno a 350° F. hasta que dore.

HINDENBURG TORTE

Por Elisa von Holzwarht de Plasencia

En cualquier festividad en Alemania, ya sea una boda, un bautizo, o una simple reunión para tomar el té, no puede faltar nunca una "torte", como se le llama al cake, del cual hay una infinidad de variedades. Esta es la receta de la torte favorita del presidente von Hindenburg.

INGREDIENTES:

½ libra de mantequilla.
1 libra de azúcar.
1 limón.
½ libra de almendras ralladas.

½ libra de harina.
14 claras de huevo que pesen 13 onzas.

PREPARACION:

Se bate la mantequilla, se le agrega el azúcar, el jugo y la cáscara del limón. Se añaden las almendras y la harina alternando poco a poco. Se baten las claras a punto de nieve, la mitad del batido se agrega a la masa batiendo muy bien y la otra mitad se agrega batiendo suavemente. Se vierte en un molde ligeramente engrasado y se hornea a 350° F. durante una hora. Cuando esté fría se cubre con crema de limón, crema de arrah o de chocolate.

NOTA: La crema de arrah es una natilla con Cognac o Ron. Las claras deben pesarse, porque si utilizamos huevos pequeños la torta resultará muy pesada.

BIEN ME SABE

Por Olga Lage de Rivero

INGREDIENTES:

1 huevo entero.
3 yemas de huevo.
1 libra de azúcar.
1 litro de leche.

1 cascarita de limón.
1 rajita de canela.
1 cucharadita de vainilla.

PREPARACION:

Se deslíen los huevos con el azúcar y se le va agregando la leche poco a poco, se le echa la cascarita de limón, la canela y la vainilla. Se pone a fuego lento y a medida que se formen panes se van revolviendo. Cuando esté en punto, que quiere decir que está igual a un dulce de leche, se retira del fuego. Se corta en cuadritos una panetela sencilla de ocho por ocho, se pone en una dulcera y se cubre con el dulce de leche.

TOCINO DEL CIELO

Por Ritica Marcané de Crusellas

INGREDIENTES:

3 ½ tazas de azúcar.	1 cucharadita de vainilla.
1 ½ tazas de agua.	1 taza de azúcar para el caramelo.
26 yemas.	

PREPARACION:

Se hace un almíbar, sobre lo espesa, con el azúcar y el agua. Se deja enfriar y se va uniendo a las yemas poco a poco. Se le agrega la vainilla y se vierte en un molde cubierto de caramelo. Se pone al horno a 350° F. aproximadamente una hora.

DULCE DE CHOCOLATE FRANCES

Por María Luisa Menocal y Valdés Fauli

INGREDIENTES:

6 huevos enteros. Pesarlos y poner de los siguientes ingredientes el mismo peso:	chocolate. azúcar. mantequilla. harina.

PREPARACION:

Se derrite el chocolate en la menor cantidad de agua posible. Se le agrega el azúcar, la mantequilla suave, la harina y las yemas bien batidas. Se baten las claras a punto de nieve y se unen a lo anterior. Se vierte la masa en un molde engrasado con mantequilla y se hornea a 375° F. al baño-maría aproximadamente tres cuartos de hora. Se deja refrescar, se desmolda y se sirve acompañado de crema de vainilla, muy ligera y bien fría. No es dulce de refrigerador.

TURRONCITOS DE COCO BLANCO

Por Celia Miyar de Puig

INGREDIENTES:

2 tazas de coco rallado (bien apretado).
4 tazas de azúcar.
1 taza de leche.
2 cucharadas de mantequilla.
1 cucharadita de vainilla.

PREPARACION:

Se reúnen en una paila todos los ingredientes, menos la vainilla. Se pone al fuego moviendo constantemente con una cuchara de madera hasta que se vea el fondo. Se baja, se agrega la vainilla y se sigue batiendo durante un buen rato. Se vierte en un molde rectangular hasta que esté del todo frío. Se corta en cuadritos. Es un postre santiaguero fácil, sabroso y barato.

EMPANADILLAS DE CHOCOLATE

Por Rosario Novoa

Estas empanadas según decir del doctor Luis de Soto son plato muy conocido en Puerto Rico.

INGREDIENTES:

1 huevo.
1 cucharada de aceite (maní u otro similar).
1 cucharada de azúcar.
½ cucharadita de sal.
¼ cucharadita de polvos de hornear.
harina la necesaria.

PREPARACION:

Se pone en un tazón huevo, aceite, azúcar, sal y polvos de hornear. Se une revolviendo. Se agrega harina cernida poco a poco hasta obtener una masa suave pero que pueda separarse de los lados de la vasija. Se amasa un momento. Se divide en porciones del tamaño de una nuez (con un cuchillo) y se bolean rápidamente con las manos enharinadas. Para estirar la masa se aplana con la palma de la mano sobre un mármol ligeramente enharinado. Se estira con rodillo sin apretar, conservando en lo posible la forma circular. Se coloca una cucharada del relleno, se dobla y se unen los bordes con un tenedor pasado por harina, se fríen en grasa abundante. Se escurre en papel de estraza y se espolvorea de azúcar (preferible en polvo).

INGREDIENTES PARA EL RELLENO:

Natilla de chocolate espesa. (Puede usarse natilla comercial, usando por cada paquete.)

¼ taza de leche.
2 cucharadas de azúcar.
2 ó 3 gotas de vainilla.

PREPARACION:

Cocinar según instrucciones y enfriar muy bien antes de hacer la empanada.

BROWNIES

Por Beba O'Farrill de Martínez Fonts

INGREDIENTES:

¾ taza de harina fina de cake.
¾ cucharadita de polvos de hornear.
una pizca de sal.
$1/3$ taza de mantequilla.

2 tabletas de chocolate amargo.
2 huevos.
1 taza de azúcar.
½ taza de nueces picadas.
1 cucharadita de vainilla.

PREPARACION:

Después de cernida la harina se le agrega los polvos de hornear, una pizca de sal y se vuelve a cernir. Se une bien la mantequilla con el chocolate derretido al baño-maría. Aparte se baten bien los huevos y se le agrega el azúcar poco a poco, el chocolate derretido con la mantequilla, la harina, uniéndolos a medida que se echan; por último se le agrega las nueces y la vainilla. Se pone en un molde engrasado de ocho por ocho por dos, y se hornea durante treinta y cinco minutos a 350° F. Se baja, se corta en cuadritos, dentro del mismo molde, se saca del molde y se pone a enfriar.

TUSITAS DE GUAYABA

Por María Luisa Pérez de Comas

(Postre típico de Bayamo)

INGREDIENTES:

6 tazas de pulpa de guayaba.
6 tazas de azúcar.

PREPARACION:

Se lavan y se pelan las guayabas maduras, y se pasan por un jibe (especie de coladera de yarey; no se usa de metal porque la guayaba se oscurece). Por cada taza de esta pulpa, se le echa una taza de azúcar. Se une todo y se pone al fuego (en caldero). Se revuelve continuamente con cuchara de madera hasta que despegue, sin hacer hilos, y se vea el fondo del caldero. En seguida se baja del fuego, y antes que se endurezca se va echando por cucharadas (la misma cuchara de madera sirve de medida para una tusa) en hojas de maíz secas. Se envuelven y se amarran con tiritas de la misma hoja seca del maíz y se le hacen nuditos para que quede bien cerrado y así duran semanas. Es un dulce criollo muy sabroso y combina muy bien con queso blanco del país.

POLVORONES

Por Alejandrina Pereira de Pintó

INGREDIENTES:

1 libra de manteca.	1 cucharadita de polvos de hornear.
1 libra de azúcar.	
3 huevos.	½ cucharadita de sal.
7 tazas de harina.	1 cucharadita de vainilla.

PREPARACION:

Se crema la manteca con el azúcar, se añaden los huevos uno a uno, se incorpora la harina que estará previamente cernida con los polvos de hornear y la sal y por último la vainilla. Se acaban de unir todos los ingredientes con la mano. Se pone la masa sobre una tabla y se extiende con el rodillo hasta obtener un espesor de medio centímetro. Se corta con un cortapasta y se pone a hornear a una temperatura de 250° F. durante quince minutos. Se sacan y se adorna el centro con un poco de mermelada de guayaba.

Para el mejor cuadro de tu vida hazte un marco armonioso con estos cuatro vértices: aire, sol, agua y comida frugal.

PASTEL DE COCO

Por Rosa .Pertierra de del Real

INGREDIENTES:

1 coco seco.	1 cucharadita de vainilla.
4 huevos.	1 cucharadita de polvos de hornear.
1 libra de azúcar.	
1½ cucharadas de harina de Castilla.	

PREPARACION:

Se ralla el coco, se baten los huevos enteros como para tortilla, y se van agregando los demás ingredientes. Se unta un molde con mantequilla, se vierte la masa y se pone al horno a 350° F. y cuando se introduzca un palillo y salga seco ya está. Aproximadamente cuarenta y cinco minutos.

ARROZ CON LECHE MOLDEADO SOBRE FRUTAS

Por Graciella Pérez Ricart de O'Farrill

INGREDIENTES:

1 libra de arroz Valencia.	¼ libra de mantequilla.
2 tazas de agua.	4 yemas de huevo.
1 cucharadita de sal.	1 cucharada de vainilla.
1 libra de azúcar.	2 latas de piñas en ruedas.
1 litro de leche.	
2 rajitas de canela.	1 pomito de guindas.
cáscaras de limón verde.	2 cucharadas de Cognac o Ron.

PREPARACION:

Después de lavado el arroz se deja reposar varias horas colocándolo al fuego con el agua y la sal. Cuando esté casi blando se agrega el azúcar, la leche, la canela y el limón revolviendo de cuando en cuando para que no se pegue hasta que esté secando. Entonces se le agrega la mantequilla, las yemas desleídas en un poco de leche y la vainilla, se deja cocinar un poco más y se vierte en un molde engrasado con mantequilla y decorado con las ruedas de piña y las guindas. Se voltea en el plato que se va a servir y se adorna con flores de merengue y frutas, vertiéndole el sirope de las frutas con la bebida por encima.

FUDGE

Por Ernestina Pola de Bustamante

INGREDIENTES:

- 6 cucharadas de cocoa.
- 1 lata de leche condensada.
- 1 lata de leche evaporada.
- 1 taza de leche de vaca.
- 3 libras de azúcar.
- ½ libra de mantequilla.
- 1 cucharada de vainilla.

PREPARACION:

En una cacerola honda se unen bien las seis cucharadas de cocoa con la leche condensada; a esta mezcla se le van añadiendo poco a poco las otras dos leches y el azúcar. Cuando todo está bien unido se le agrega la mantequilla. Se coloca la cacerola a fuego vivo, revolviendo constantemente con una paleta de madera hasta que empiece a hervir. Se le baja el fuego, se sigue revolviendo por espacio de media hora o de tres cuartos de hora, hasta que se note que va cogiendo punto (esto se sabrá fácilmente cuando se vea que la crema se desprende de las paredes de la vasija), y se le añade la vainilla. Entonces se baja del fuego y se bate un rato con la misma paleta, pero sin dejar que se azucare y se vierte en un molde cuadrado de poco fondo, previamente engrasado con mantequilla. Se corta en cubitos cuando se note que la pasta no se pega en el instrumento cortante. Si se quiere se puede adornar con nueces o almendras picadas.

DULCE DE LECHE Y HUEVO CON NARANJA

Por Cheché Remón de Cueto

INGREDIENTES:

- 2 litros de leche.
- 2 rajitas de canela.
- 2 libras de azúcar.
- 6 naranjas (el jugo).
- 10 claras.
- 10 yemas.

PREPARACION:

Se hierven juntos la leche, la canela y el azúcar. Se le añade el jugo de las naranjas y se deja al fuego hirviendo hasta que la leche se corte. Se baten las claras a punto de nieve y se le van agregando las yemas. Este batido se le añade a la leche, quedándose en la superficie. No se revuelve, y se deja hirviendo hasta que el batido de huevo se haya co-

cinado, se corta con un cuchillo y se deja sobre la leche cortada hirviendo hasta que quede un almíbar. Este dulce debe quedar, la leche en grumos y el huevo en trozos como panetelas borrachas.

FLAN DE FRUTAS LOURDES

Por Esperanza Reyes de Echevarría

INGREDIENTES:

1½ tazas de azúcar.
1 taza de agua.
3 rajitas de canela.
3 pedacitos de cáscara de limón verde.
8 huevos.
1 lata de leche condensada.
½ cucharadita de vainilla.
1 lata grande de cocktail de frutas.

PREPARACION:

Se pone el azúcar, el agua, la canela y la cáscara de limón en un recipiente de aluminio y se mueve bien todo en frío. Se pone al fuego hasta que tenga medio punto (alrededor de doce minutos, o sea, cuando se note que está pegajoso entre los dedos); entonces se retira del fuego y se deja refrescar unos minutos. Aparte se baten ligeramente los huevos, se le va añadiendo poco a poco el almíbar, la leche condensada, la vainilla y el contenido de la lata de cocktail de frutas sin el sirope que contiene. Se une bien todo esto con una cuchara de madera y se vierte en el molde de caramelo. Se cocina a bañomaría durante una hora. El horno debe de estar de antemano caliente a 375° F. y el agua del bañomaría ha de estar hirviendo. Para acaramelar el molde coloque tres cucharadas de azúcar en él y se quema ligeramente. Se cubre el molde con ello.

FLAN DE HUEVO HORTENSIA

Por Hortensia Reyes Gavilán Vda. de Castellanos

INGREDIENTES:

1 libra de azúcar.
1 taza de agua.
12 yemas.
3 claras.
1 pedacito de vainilla.
1 pedacito de cáscara de limón verde.

PREPARACION:

Se prepara un almíbar bien espesa con el azúcar y el agua. Se baten las yemas y las tres claras durante quince minutos y entonces se le va uniendo poco a poco el almíbar ya enfriada. Se le añade la vainilla y la cascarita de limón. Una vez bien unido todo, se pasa por un colador y se pone en el molde, que se habrá untado previamente con tres cucharadas de azúcar quemada. El flan se cocinará al horno a baño-maría a 350° F. hasta que al introducir un palillo salga seco. Cuando esté terminado se pondrá a enfriar a la temperatura ambiente y luego se colocará en el refrigerador. Para tener la seguridad que el flan sale sin romperse debe tenerse veinticuatro horas en el refrigerador.

DULCE DE LECHE EN ALMIBAR

Por Hortensia Reyes Gavilán Vda. de Castellanos

INGREDIENTES:

5 yemas de huevo.
10 onzas de azúcar.
3 litros de leche cruda.

1 limón verde.
1 pedacito de váinilla.

PREPARACION:

Se deslíen las yemas de huevo, se añade el azúcar y luego la leche, se une bien y se cuela. Se debe cocinar este dulce en una palanganita corriente de hojalata; una vez colocado en la palanganita se le echa al centro, y pasado por un colador, el zumo de un limón verde, un pedazo de vainilla en vaina, y cáscara de limón verde. Se cocina a fuego moderado sin que deje de hervir, no se revuelve. Con una espumadora se desprende de vez en cuando de las paredes de la palanganita; debe estar al fuego hasta que se forme un almíbar de buen punto. No se coloca en la dulcera hasta que esté frío. Este dulce se debe hacer con leche cruda aunque también puede emplearse leche hervida.

Hasta la última célula del organismo le estará agradecida si en lugar de agua, bebe en el almuerzo una rutilante copa de jugo de naranja.

SALCHICHON DE CHOCOLATE

Por Isolina Rodríguez de Falcón

INGREDIENTES:

½ libra de chocolate.
½ libra de almendras.
6 cucharadas de leche condensada.
1 cucharada de miel de abeja.

PREPARACION:

Se ralla el chocolate, se pasan las almendras por la máquina, por la cuchilla mediana, se mezclan todos los ingredientes, se forma un rollo envolviéndolo en papel encerado y se coloca en el refrigerador por espacio de seis horas.

NEGRO EN CAMISA

Por Leocadia Valdés Fauli Vda. de Menocal

INGREDIENTES:

¼ libra de chocolate tipo francés rallado.
¼ libra de azúcar.
¼ libra de mantequilla.
4 yemas.
¼ libra de almendras peladas y molidas.
4 claras.

PREPARACION:

Se unen el chocolate, azúcar, mantequilla, yemas y almendras. Se baten a punto de nieve las claras y se agregan a la mezcla de chocolate. Se vierte en un molde engrasado con mantequilla y se hornea a 375° F. al baño-maría hasta que al introducir un palillo salga seco. Se sirve acompañado de salsa de huevo bien fría. (Véase salsas.)

MAJARETE CRIOLLO

Por Ana María Varona de Díaz Quibús

INGREDIENTES:

1 libra de maíz tierno molido por la cuchilla más fina de la máquina.
1½ litros de leche.
1½ libras de azúcar.
rajitas de canela.
½ cucharadita de sal.

PREPARACION:

Se mezcla el maíz con la leche y se pasa tres veces por el colador tipo fino, se le agrega el azúcar, la canela y la sal. Se pone a fuego lento revolviendo constantemente por espacio de media hora. Se vierte en un molde sirviéndose frío.

ESPUMA MEXICANA

Por Loló Villa Vda. de Figueroa

INGREDIENTES:

    6 claras de huevo.   1 taza de leche.
    12 cucharadas de azúcar.   12 polkas.
    3 pastillas de chocolate.

PREPARACION:

Se baten las seis claras de huevo a punto de merengue con doce cucharadas de azúcar. Se hace un chocolate muy espeso con tres pastillas y una taza de leche y se une al merengue. Se coloca en una dulcera con polkas.

F. W. WOOLWORTH Co.
(TEN CENT)

Para satisfacción de las amas de casa y a fin de facilitarles mejorar su menú hemos puesto a su disposición un moderno Departamento de Comidas y Fiambres, listas para llevar, de los más variados platos preparados con el más estricto esmero y para los gustos más exigentes.

En el Departamento de Dulcería ofrecemos variadísimos surtidos de pastelería francesa, española y americana.

Nuestro Departamento de Restaurant sirve un variado y balanceado menú a los precios más económicos.

¡Visítenos!

CAKES

SPICE CAKE

Por Mrs. George Adair

Havana Woman's Club

INGREDIENTES PARA EL CAKE:

- 2½ tazas de azúcar turbinada.
- ¾ taza de manteca vegetal.
- 3 huevos.
- 3 tazas de harina fina de cakes.
- 1½ cucharaditas de soda.
- 1½ cucharaditas de canela.
- ¾ cucharadita de nuez moscada.
- ½ cucharadita de clavo.
- una pizca de sal.
- 1½ tazas de suero de mantequilla.

PREPARACION:

Se crema el azúcar con la manteca, se le añaden los huevos uno a uno y se baten a medida que se echan. Se cierne la harina antes de medirla y se mezcla con la soda, la canela, la nuez moscada, los clavos y la sal y se ciernen juntos tres veces. Se unen a la masa de los huevos, alternando con el suero de la mantequilla. Se hornea en dos moldes de nueve pulgadas a 350° F. hasta que al introducir un palillo en el centro salga seco.

INGREDIENTES PARA LA CUBIERTA SEAFOAM:

    1½ tazas de azúcar turbi-   2 cucharaditas de sirope de
        nada.   maíz claro.
    2 claras.   1 cucharadita de vainilla.
    5 cucharadas de agua.

PREPARACION:

Se mezclan los ingredientes y se baten sobre agua hirviendo hasta que esté bien duro. Se le añade la vainilla.

BIZCOCHO

Por Angela Herminia Armiñán de Pedroso

INGREDIENTES:

    8 huevos.   1 cucharadita de polvos
   12 cucharadas de azúcar.   de hornear.
    8 cucharadas de harina.   1 cucharadita de vainilla.

PREPARACION:

Se baten las claras a punto de merengue. Se le añade el azúcar, las yemas y por último la harina y los polvos de hornear cernidos y la vainilla. Se hornea a 350° F. durante treinta minutos (cuando se empieza a preparar se prende el horno para que se vaya calentando). Se cuida del aire para que no baje.

CAKE DE CHOCOLATE

Por Mercedes Auñón de la Guardia

INGREDIENTES:

    ½ libra de mantequilla.   ⅔ taza de agua.
   1⅓ tazas de azúcar tur-   2 tazas de harina.
       binada.   ½ cucharadita de sal.
    3 huevos.   1 cucharadita de bicar-
    4 onzas de chocolate   bonato.
       amargo.

PREPARACION:

Se crema la mantequilla, se une con el azúcar y se baten durante quince minutos. Se agregan los huevos enteros bien batidos hasta que estén cremosos y se sigue batiendo cinco minutos más. Se deslíe el chocolate en el agua, a baño-maría, se deja enfriar y se le agrega a la mezcla anterior. Se cierne la harina, se le agrega la sal y el bicarbonato, sin batirlos, tratando de mezclarlos bien. Se vierte en dos moldes engrasados y se hornea a 375° F. de veinte a veinticinco minutos.

INGREDIENTES PARA EL RELLENO Y CUBIERTA:

1 litro de leche.
2 tazas de azúcar blanca.
8 cucharadas de maicena.
6 cucharadas de cocoa o 6 tabletas de chocolate amargo.
2 cucharadas de mantequilla.
una pizca de sal.
½ libra de nueces.

PREPARACION:

Los ingredientes para el relleno y la cubierta se cocinan a fuego directo. Se rellena el cake y se esparce nueces picaditas. Se vuelve al fuego la crema para que espese un poco más y se cubre el cake. Se adorna con nueces.

GATEAU DE AVELLANAS

Por Helene Bauch de Lenzt

INGREDIENTES:

¼ libra de avellanas.
¼ libra de mantequilla.
3 cucharadas de azúcar.
½ libra de polkas.
¼ taza de Kirsh o Ron.
almíbar ligera.

PREPARACION:

Se tuestan las avellanas y se frotan con las manos para quitarle la cascarita. Se muelen y se mezclan con la mantequilla derretida a baño-maría, y el azúcar, uniéndolos bien. Se mojan las polkas en el Kirsh o Ron que se ha mezclado con un almíbar ligero. En un molde redondo y engrasado de mantequilla se coloca una capa de polkas y otra de la pasta de avellanas, y así sucesivamente hasta llenar el molde.

INGREDIENTES PARA LA CUBIERTA:

2 tabletas de chocolate rallado.
3 cucharadas de azúcar.
1 cucharada de agua.
1 onza de mantequilla.

PREPARACION:

Se une el chocolate con el azúcar y un poco de agua y se cocina ligeramente, cuando se baja del fuego se le añade la mantequilla. Se cubre el gateau con esta crema. Se debe hacer el día antes.

PANETELA DE ALMENDRAS

Por Esther María Benavides

INGREDIENTES:

- 10 claras.
- 10 yemas.
- 1 libra de almendras ralladas.
- 1 libra de azúcar refino bien seca.

PREPARACION:

Se baten las claras a punto de merengue y se le añaden las yemas una a una, se sigue batiendo con una cuchara grande, se le agregan las almendras, que estén lo más secas posible, y por último el azúcar. Se vierte la mezcla en un molde forrado con papel encerado y engrasado. Se hornea a 350° F. aproximadamente de veinte a veinticinco minutos, o hasta que la panetela se desprende de los bordes.

1-2-3-4 CAKE

Por Mrs. H. M. Coleman

Havana Woman's Club

INGREDIENTES PARA LA MASA:

- 1 taza de mantequilla.
- 2 tazas de azúcar.
- 4 huevos.
- 3 tazas de harina fina de cake (cernida antes de medir).
- 3 cucharaditas de polvos de hornear.
- ½ cucharadita de sal.
- 1 taza de leche.
- 1 cucharadita de vainilla.

PREPARACION:

Se crema la mantequilla y el azúcar, se le añade los huevos uno a uno, batiéndolos según los eche. Se cierne la harina, los polvos de hornear y la sal tres veces y se le añade a los ingredientes ya mezclados, alternando con la leche. Se le echa la vainilla. Se hornea en dos moldes de nueve pulgadas a 350° F. hasta que al pincharlo con un palillo en el centro, éste salga limpio.

INGREDIENTES PARA LA CUBIERTA:

- 3 onzas de queso crema.
- 2 cucharadas de leche.
- 2 tazas de azúcar en polvo cernida.
- 2 cuadrados de chocolate Baker derretido.
- 2 cucharaditas de café en polvo.
- una pizca de sal.

PREPARACION:

Se mezclan todos los ingredientes y se baten hasta que tengan consistencia para poder untarlo sobre el cake.

CHIFFON CAKE

Por Mrs. Bowen C. Crandall

Havana Woman's Club

INGREDIENTES PARA EL CAKE:

2½ tazas de harina cernida.
1½ tazas de azúcar.
3 cucharaditas de polvos de hornear.
1 cucharadita de sal.
½ taza de aceite Wesson.
5 yemas.
¾ taza de agua fría.
2 cucharaditas de vainilla.
2 cucharaditas de cáscara de limón rallado.
1 taza de claras.
½ cucharadita de cremor tártaro.

PREPARACION:

Se mide y se ciernen juntos la harina, el azúcar, los polvos de hornear y la sal; se hace un pocito en la masa y se echa en el orden siguiente: el aceite, las yemas sin batir, el agua fría, la vainilla y la cáscara de limón rallada; se baten hasta que estén suaves. En otro recipiente se mezclan las claras de siete u ocho huevos y el cremor tártaro; se baten a punto de merengue hasta que quede bien duro. Se echa poco a poco la mezcla de las yemas sobre el merengue, se unen suavemente mezclándolos sin batir con una paletica de goma hasta que estén bien unidas. No revuelva. Se vierte en un molde hueco de diez pulgadas por cuatro, sin engrasar. Se hornea durante cincuenta y cinco minutos en un horno moderado a 325° F. y después se aumenta el calor a 350° F. por espacio de diez o quince minutos hasta que la masa esté esponjosa. Inmediatamente vire el molde al revés y si no tiene paticas colóquelo en el cuello de una botella. Se deja colgado hasta que se enfríe. Se separan los bordes del cake con una espátula y se saca del molde.

INGREDIENTES PARA LA CUBIERTA:

    ¼ cucharadita de sal.
    2 claras.
    ¼ taza de azúcar en polvo.
    ¾ taza de sirope de maíz.
    1 ¼ cucharaditas de vainilla.

PREPARACION:

Se une la sal a las claras y se baten hasta que estén espumosas. Se le añade poco a poco el azúcar, y se bate hasta que esté suave y brillosa. Se le agrega el sirope poco a poco y se bate hasta que esté bien duro, se le une sin batir la vainilla. Suficiente para cubrir dos capas de nueve pulgadas.

ENVOI DE NICE

Por Guillermina García Montes de Gómez Wadington

INGREDIENTES:

    6 huevos.
    6 onzas de azúcar.
    6 onzas de harina.
    6 onzas de mantequilla.
    1 cucharadita de vainilla.

PREPARACION:

Se baten bien las claras, se echa el azúcar poco a poco, después las yemas, la harina y por último la mantequilla y la vainilla. Se vierte la masa en un molde forrado con papel encerado y engrasado, se hornea a 350° F. de quince a veinte minutos. Se desmolda y se adorna con la Crema Moka.

INGREDIENTES PARA LA CREMA MOKA:

    6 yemas.
    8 onzas de azúcar.
    1 cucharada de agua.
    ½ libra de mantequilla.
    4 onzas de chocolate tipo francés rallado.
    ¼ taza de Nescafé desleído.

PREPARACION:

Se unen las yemas, el azúcar y el agua, se revuelve bien y se pone al fuego y se hace una crema como la del brazo gitano. Se deja enfriar y se le agrega la mantequilla. Se divide en dos partes; una mezcla con chocolate y la otra con Nescafé y se hace el adorno como si fuera un tejido. Se decora con flores y hojas hechas con pasta de almendras.

CAKE DE NOVIA

Por Ana Dolores Gómez de Dumois

INGREDIENTES:

1¼ libras de mantequilla.	1¼ cucharaditas de sal.
5 tazas de azúcar.	3⅓ tazas de leche.
10 huevos.	5 cucharaditas de vainilla.
10 tazas de harina fina.	
15 cucharaditas de polvos de hornear.	

PREPARACION:

Crémese la mantequilla con el azúcar hasta que esté suave. Agréguense los huevos uno a uno y sígase batiendo durante un rato. Ciérnase la harina, mídase y vuélvase a cernir con los polvos de hornear y la sal añadiéndose el batido poco a poco alternando con la leche y la vainilla. Viértase en un molde de aro de 16 pulgadas de diámetro, el que deberá de estar engrasado y espolvoreado con harina. Colóquese en el horno a 350° F. hasta que esté dorado y al introducirle el palillo salga seco. Cuando se refresque sáquese del molde y divídase en cuatro partes, las que a su vez se cortarán transversalmente con un cuchillo bien afilado para rellenarlas con natilla, huevos moles, mermelada de fruta o lo que se prefiera. Móntense las cuatro mitades sobre un espejo cuadrado, de manera que queden hacia adentro los cuartos de circunferencia más grandes y hacia afuera las curvas más pequeñas y el cake queda entonces de forma cuadrada con un hueco en el centro. Cúbrase con merengue blanco y adórnese con la manga y boquilla rizada a capricho. Colóquense algunas grajeas de plata y ramos de florecitas de pastillaje a gusto. En el hueco central del cake y en las cuatro esquinas curvas se le pondrán flores naturales y algún follaje verde muy delicado.

INGREDIENTES PARA LA CUBIERTA:

7 tazas de azúcar.	2 cucharaditas de polvos de hornear.
4 tazas de agua.	
10 claras de huevos.	

PREPARACION:

En una paila mézclense bien el azúcar y el agua y hágase un almíbar de punto de bola suave, el que se conocerá echando unas gotas en un platico con agua y formando entre los dedos una bolita suave que se desprenderá fácilmente de ellos. Viértase poco a poco a las claras que se estarán batiendo en la batidora y que tendrán punto de merengue bien montado y a las que se le habrán añadido los polvos de hornear. Untesele al cake con una espátula.

PANETELA CUATRO Y CUATRO PARA DESAYUNO

Por Zoila González de Cruz

INGREDIENTES:

½ libra de azúcar.
½ libra de mantequilla.
4 huevos.
½ libra de harina.

3 cucharaditas de polvos de hornear.
1 cucharadita de vainilla.

PREPARACION:

Se bate el azúcar con la mantequilla y cuando estén bien unidas se añaden las cuatro yemas. Se baten las claras aparte como para merengue y se agrega al batido alternando con la harina. Esta se pasará cuatro veces por tamiz mezclada con los polvos de hornear. Se le añade la vainilla y se coloca en un molde engrasado con mantequilla o en moldes individuales. Se hornea a 350° F. de veinte a veinticinco minutos o hasta que al introducir un palillo salga seco.

CAKE DE QUESO CREMA

Por Nilza González de Porro

INGREDIENTES:

1½ tazas de galletas Zwieback ralladas.
⅝ taza de azúcar.
2 cucharadas de mantequilla derretida.
2 cucharadas de harina.

¼ cucharadita de sal.
1 libra de queso crema.
1 cucharadita de vainilla.
4 huevos separados.
1 taza de leche evaporada.

PREPARACION:

Se une la galleta rallada con dos cucharadas de azúcar y la mantequilla y se mezcla bien. Se cubre con esto el fondo y los lados de un molde ancho y hondo (9 pulgadas). Se mezcla el resto del azúcar con la harina y la sal y se añade el queso uniéndolo bien.

Se agrega la vainilla, las yemas batidas y luego la leche. Todo esto se bate bien, se añaden las claras batidas, se vierte en el molde y se hornea a temperatura moderada de 325° F. a 350° F. aproximadamente una hora o hasta que la mezcla esté firme. Se apaga el horno pero no se saca el cake hasta que se enfríe.

MELTING MOMENTS

Por Carmen de la Guardia de Lazo

INGREDIENTES:

¼ taza de mantequilla.
¼ taza de manteca.
3 cucharadas de azúcar.
¼ cucharadita de sal.
1 huevo.
1¼ tazas de harina.
2 cucharaditas de polvos de hornear.
½ cucharadita de vainilla.
corn flakes el necesario.

PREPARACION:

Se crema la mantequilla y la manteca con el azúcar y la sal. Se añade el huevo sin batir. La harina se cierne junto con los polvos de hornear y se añade a lo anterior y por último la vainilla. Se mojan las manos en agua helada y se forman unas bolitas con la masa, se pasan por corn flakes y se colocan en una tartera ligeramente engrasada. Se hornea a 350° F. hasta que dore. Son muy propias para servir con el té.

PASTEL CHIFFONS DE FRESA

Por Rosina Guastella de Navarro

INGREDIENTES:

3 yemas.
¾ taza de azúcar.
1 pizca de sal.
1 taza de fresas (una latica menos un poco de jugo).
2 cucharaditas de jugo de limón.
1 paquete de gelatina de fresa.
4 cucharadas de jugo de fresa.
½ taza de crema batida.
3 claras.
¼ cucharadita de cremor tártaro.

PREPARACION:

Se baten un poco las yemas, se le agrega el azúcar, la sal y las fresas ligeramente aplastadas y se pone *a baño-maría. Cuando el agua empiece a hervir se deja diez minutos. Se baja y se le agrega al jugo de limón, la gelatina de fresa diluída en las cuatro cucharadas de jugo de fresa hirviendo a completar una taza de agua. Se refresca y se pone en el refrigerador. Cuando empieza a cuajarse, a los treinta o cuarenta minutos, se le agrega la crema batida y después las claras batidas a punto de merengue y el cremor tártaro. Se vierte dentro de la concha de pastel ya cocinada y fresca, y se pone en el refrigerador. Se cubre con un merengue y se pone al horno a 300° F. de veinte a veinticinco minutos.*

TOASTED COCONUT CAKE

Por Mrs. H. T. Harris

Havana Woman's Club

INGREDIENTES:

- 1 cucharada de mantequilla (la cantidad que forme como un huevo).
- 1 huevo.
- leche.
- 1 taza de harina.
- 1 taza de azúcar.
- 2 cucharaditas de polvos de hornear.

PREPARACION:

En una taza de medir se echa la mantequilla derretida, se le añade el huevo y se vierte la leche hasta llenar la taza de medir; se agrega la harina, el azúcar y el polvo de hornear y se mezcla todo bien. Se hornea a 350° F. aproximadamente veinticinco minutos.

INGREDIENTES PARA LA CUBIERTA:

- ½ taza de coco seco rallado.
- 3 cucharadas de mantequilla.
- 5 cucharadas de azúcar turbinada.
- 3 cucharadas de leche.

PREPARACION:

Se mezclan bien todos los ingredientes de la cubierta y se cubre el cake cuando todavía esté caliente. Se pone en la parrilla del horno, debajo de la llama para dorarlo.

PANQUE

Por Esther Herrera

INGREDIENTES:

1 latica de mantequilla "La Vaquita" (esa misma latica servirá de medida).
2 laticas de azúcar.
4 huevos.

3 laticas de harina de Castilla cernida.
1 taza de leche
1 cucharadita de vainilla.
2 cucharaditas de polvos de hornear.

PREPARACION:

En un recipiente se unen bien la mantequilla con el azúcar, después se incorporan las yemas, en seguida la harina y la leche sin dejar de batir hasta formar una masa compacta. Se le agregan las claras batidas pero no a punto de merengue. Se le echa la vainilla y los polvos de hornear, procurando que todo quede perfectamente unido. Se vierte en un molde previamente engrasado de mantequilla. Se pone en el horno a 350° F. encendido de antemano. Se introduce un palillo en la masa y si sale limpio el panqué estará cocido.

CAKE CESTA DE FLORES

Por Juanita Iraola de Miranda

INGREDIENTES:

4 tazas de azúcar.
1 libra de mantequilla.
12 huevos.
5 tazas de harina fina de cake.

6 cucharaditas de polvos de hornear.
12 onzas de leche.
2 cucharaditas de vainilla.

PREPARACION:

Se bate el azúcar con la mantequilla por espacio de veinte minutos. Se añaden las yemas una a una y se sigue batiendo hasta que la masa esté suave. Se cierne la harina con los polvos de hornear y se une con la leche a la mezcla anterior. Por último se le añaden las claras batidas a punto de nieve y la vainilla. Se pone al horno a 375° F. en dos moldes de doce pulgadas de diámetro por dos de profundidad. Se deja al horno hasta que al introducir un palillo salga seco.

MERENGUE FRANCES PARA CUBRIR Y DECORAR:

INGREDIENTES:

4 claras.
4 cucharadas de azúcar.
6 tazas de azúcar.
3 tazas de agua.

PREPARACION:

Se hace un merengue batiendo bien las claras. Se añaden cuatro cucharadas de azúcar y se sigue batiendo por espacio de diez minutos. Se le agrega un almíbar de punto fuerte hecha con seis tazas de azúcar y tres tazas de agua. Se pone en una manga de decorar con la boquilla No. 98 para imitar el mimbre alternando, y la boquilla No. 10 que imita los palitos de sostén.

TROPICAL TREAT

Por Mrs. H. B. Joffre

Havana Woman's Club

INGREDIENTES:

2 tazas de harina cernida.
1½ tazas de azúcar.
3 cucharaditas de polvos de hornear.
1 cucharadita de sal.
½ taza de aceite Wesson.
7 yemas.
¾ taza de jugo de piña.
2 cucharaditas de vainilla.
½ taza de piña majada y bien escurrida.
1 taza de claras.
½ cucharadita de cremor tártaro.

PREPARACION:

Se echa en una taza de medir la harina cernida, el azúcar, el polvo de hornear y la sal. Se forma un pocito y se añade en el orden siguiente: el aceite, las yemas sin batir, el jugo de piña y la vainilla, batiéndolo bien hasta que quede suave, entonces se le añade la piña majada y escurrida. Se echa en una taza de medir grande, una taza de claras de huevos, el cremor tártaro y se bate a punto de merengue; se echa la mezcla de las yemas sobre el merengue y se une sin batir y sin revolver, con una paletica de goma. Se vierte en un molde hueco y se hornea a 350° F. durante sesenta o setenta minutos. Inmediatamente se vira el molde al revés y se saca el cake cuando esté frío. Si es necesario se separan los bordes con un cuchillo.

INGREDIENTES PARA LA CUBIERTA:

2 cucharadas de manteca vegetal.
1 cucharada de mantequilla.

3 tazas de azúcar en polvo.
una pizca de sal.
½ taza de piña majada.

PREPARACION:

Se crema la manteca con la mantequilla, media taza de azúcar en polvo y la pizca de sal; se le añade la piña alternando con el resto del azúcar. Se bate hasta que forme una crema. Se cubre el cake.

CAKE RELAMPAGO

Por Estela V. Langwith

INGREDIENTES PARA LA MASA:

¼ libra de mantequilla.
½ taza de azúcar.
4 yemas.
1 taza de harina.

1 cucharadita de polvos de hornear.
¼ cucharadita de sal.
¼ taza de leche.

INGREDIENTES PARA EL MERENGUE:

4 claras.
1 taza de azúcar.
¼ cucharadita de sal.

5 gotas de limón.
4 gotas de vainilla.

PREPARACION:

Se bate la mantequilla, se echa el azúcar poco a poco; cuando estén bien unidas se echan las yemas una a una, batiendo siempre. La harina cernida tres veces, con los polvos de hornear y la sal, se va echando alternando con la leche. Se reparte en dos moldes previamente engrasados y polvoreados con harina, se extiende y se guarda en el refrigerador mientras se baten las claras. Se baten las claras a punto de merengue, se echa el azúcar poco a poco, después la sal, limón y vainilla y se bate otro poco. Se sacan los moldes del refrigerador, y se le echa el merengue por encima, se extiende bien a media pulgada de altura. Se hornea a 350° F. durante media hora. Se sacan los moldes y se dejan reposar cinco minutos, se le pasa un cuchillo por la orilla para desprender la masa. Se vira uno con merengue hacia abajo, se vierte la natilla y encima se coloca el otro con el merengue hacia arriba en la fuente o bandeja donde se va a servir.

INGREDIENTES PARA LA NATILLA:

    2 yemas de huevo.
    5 cucharadas de azúcar.
    1½ tazas de leche de vaca.
    3 cucharadas de maicena.
    1 rajita de canela.
    1 cascarita de limón.
    4 gotas de vainilla.
    un poquito de sal.

PREPARACION:

Se baten las yemas de huevo con el azúcar, se le une poco a poco la leche en la que se habrá disuelto la maicena, esto unido se cuela. Se le agrega la canela, la cascarita de limón, la vainilla y la sal. Se cocina a fuego lento hasta que espese la crema.

PASTEL DE BIZCOCHOS CHAMPAGNE

Por Lily Lenz de Stark

INGREDIENTES:

    1 litro de crema pura al 40%.
    3 cucharadas de café instantáneo.
    2 cajas de bizcochitos de champagne.
    Ron.

PREPARACION:

Se forra con papel de cera un molde de doce pulgadas de diámetro y tres de alto. Se bate la crema teniendo cuidado que no se endurezca sino que tenga una consistencia pastosa. Se disuelven las tres cucharadas del café instantáneo removiendo muy suavemente la crema. Se cubre el fondo del molde con bizcochitos bien unidos, se rocía con Ron sin empaparlos y se cubren bien con la crema. Esta operación se repite hasta conseguir, más o menos, cuatro capas de bizcochitos y crema, se guarda un poco de crema. La última capa es de bizcochitos. Se rocían con Ron y se tapan con papel de cera; por encima del papel se le pone un plato con un peso arriba y se coloca en el refrigerador hasta el día siguiente. Para colocarlo en la bandeja en que se va a servir, se vira el molde y con cuidado se desprende el papel que queda adherido al pastel. Se cubre con la crema que se ha guardado del día anterior.

Déle tanta importancia a un plato simple como al más elaborado.

BIZCOCHO NIDO

Por Cachita Manzini de García Tojar

INGREDIENTES:

½ taza de mantequilla.
1¼ tazas de azúcar.
3 huevos.
1 cucharadita de extracto de vainilla.
2¼ tazas de harina fina.
2¼ cucharaditas de polvos de hornear.
¼ cucharadita de sal.
²/₈ taza de leche.

PREPARACION:

Se ablanda la mantequilla con una cuchara de madera o una espátula; se le agrega el azúcar poco a poco batiendo bien. Se le agregan las yemas previamente batidas y se bate todo hasta que se mezcle bien. Se le añade el extracto de vainilla. Se ciernen todos los ingredientes secos y se añaden a la primera preparación, alternando con la leche. Se agregan las claras batidas a punto de nieve. Se cocina en un molde alargado y engrasado en un horno moderado a 350° F. durante una hora; en moldes de capas durante veinticinco minutos.

INGREDIENTES PARA EL RELLENO Y CUBIERTA:

2 tazas de azúcar.
1 taza de agua.
2 claras de huevo.
1 cucharadita de extracto para dar sabor.
¼ cucharadita de polvos de hornear.
2 tazas de coco rallado.

PREPARACION:

Se hierve el azúcar junto con el agua hasta que el jarabe forme una hebra al escurrirlo de la cuchara. Se vierte poco a poco encima de las claras de huevo batidas a punto de nieve, se añade el sabor y se continúa batiendo hasta que quede espeso y frío. Se agrega el polvo de hornear y se bate hasta que espese lo suficiente para que se esparza en el bizcocho. Después de esparcido el azucarado, se rocía abundantemente con coco rallado para cubrirlo bien. Esta cantidad sirve para un bizcocho de tres capas.

Marco Polo introdujo las pastas en Italia, y hoy constituyen el plato básico de ese país.

CAKE DE FRUTAS (Oscuro)

Por Onelia Méndez de Iturrioz

INGREDIENTES:

¼ libra de mantequilla.
1 taza de azúcar turbinada.
3 huevos enteros.
2¼ tazas de harina.
3 cucharadas de polvos de hornear.
¼ cucharadita de sal.
¼ cucharadita de canela en polvo.
½ taza de mermelada de fresas.
½ taza de Sherry Brandy, Kirsch.
¼ taza de melado.
sidra o jugo de fruta.

½ libra de nueces picadas grandes.
¼ libra de frutas cristalizadas mixtas.
½ taza de pasas sin semillas.
½ taza de dátiles o higos picados.
⅓ taza de cerezas.
¼ taza de harina para unir las frutas.

Si se desea puede agregársele almendras.

PREPARACION:

Se crema la mantequilla, se agrega poco a poco el azúcar batiendo bien. Se unen los huevos uno a uno, batiendo bien entre cada adición. Se ciernen juntos por tres veces los ingredientes secos. Se une la mermelada, el licor y el melado. Se añade a la crema la mezcla de harina, alternando con los líquidos, empezando con harina y terminando con harina. Se mezcla en un tazón las frutas con la harina y se unen al batido. Se engrasa un molde rectangular, se forra con papel, se engrasa, y se vierte la mezcla. Se hornea a 350° F. durante treinta minutos, pasado este tiempo se cubre el molde con papel engrasado, se baja la temperatura a 325° F. y se deja de cincuenta a sesenta minutos. Debe hornearse dentro de una tartera chica con agua caliente en la parrilla de abajo. Cuando esté listo se retira del horno y se deja refrescar en el molde. Se pone en la parrilla a que termine de enfriar. Se envuelve en papel encerado o de aluminio, se guarda en una caja bien tapada de quince o veinte días. Puede guardarse envuelto primero en un paño limpio empapado en jugo de frutas o licor, y después en el papel encerado. Puede también madurarse en la siguiente forma: Cada cuatro o cinco días bañarlo en sidra, Sherry Brandy o jugo de frutas. Al momento de servirse puede cubrirse con Fondant rápido y adornarlo con cerezas abrillantadas, nueces o almendras.

CAKE DE NARANJA

Por Josefina Menocal de Puig

INGREDIENTES:

2 tazas de harina cernida.
3 cucharaditas de polvos de hornear.
¼ cucharadita de sal.
¼ cucharadita de nuez moscada.
¼ libra de mantequilla.

1 taza de azúcar.
2 huevos batidos.
cáscara rallada de una naranja de tamaño regular.
¾ taza de jugo de naranja.

PREPARACION:

Se ciernen la harina, el polvo de hornear, la sal y la nuez moscada dos veces. Se bate la mantequilla hasta que esté cremosa y se le añade el azúcar, los huevos y la cáscara rallada de naranja batiéndolo bien. Se agregan los ingredientes secos y el jugo de naranja alternativamente y se pone en dos moldes redondos engrasados. Se hornea a 375° F. de quince a veinte minutos.

INGREDIENTES PARA LA CUBIERTA:

2 cucharadas de mantequilla.
½ taza de azúcar.
1 cucharadita de maicena.
2 huevos bien batidos.

1 cucharada de cáscara de naranja.
1 cucharada de jugo de limón.
½ taza de jugo de naranja.

PREPARACION:

Se combinan bien todos los ingredientes y se cocinan sobre fuego muy lento hasta que se espese sin dejar de revolver (cerca de diez minutos). Se enfría bien antes de usarse. Da para cubrir las dos tapas del cake. Alrededor se adorna con merengue.

INGREDIENTES PARA EL MERENGUE:

2 claras.
½ libra de azúcar.

1 taza de agua.

PREPARACION:

Se baten las claras a punto de merengue añadiendo lentamente almíbar espesa que se habrá preparado con el azúcar y agua, hasta obtener la consistencia necesaria. Si se desea mayor cantidad se dobla esta proporción.

PUDIN DE GARBANZOS

Por Cuca Montero

INGREDIENTES:

1 libra de garbanzos.	2 huevos.
1 taza de azúcar blanca.	⅛ libra de mantequilla.
1 cucharadita de canela en polvo.	

PREPARACION:

Se cocinan los garbanzos hasta que estén blandos, se pelan y se pasan por la máquina de moler por la cuchilla fina; se le agrega el azúcar, la canela en polvo, los huevos enteros y la mantequilla y se mezclan bien. Se cocina en una sartén, revolviendo constantemente hasta que seque y se deja dorar como si fuera una tortilla, por ambos lados. Se sirve a la temperatura ambiente.

TORTA DE MELOCOTONES

Por Lydia Montiel de Menocal

INGREDIENTES:

4 cucharadas de mantequilla.	⅛ cucharadita de extracto de almendras.
½ taza de azúcar turbinada oscura (bien apretada).	1 taza del jugo de los melocotones de lata.
3 tazas de melocotones partidos en lascas.	1½ tazas de harina de todos los usos.
3 yemas.	1 cucharadita de polvos de hornear.
1 taza de azúcar blanca.	½ cucharadita de sal.
½ cucharadita de vainilla.	3 claras.

PREPARACION:

En un molde de ocho pulgadas cuadradas y una y media de alto se derrite la mantequilla a fuego lento. Se cubre con el azúcar turbinada fuera de la can-

dela, se colocan las lascas de melocotones y se deja enfriar mientras se prepara la pasta. Se baten las yemas de huevo hasta que estén ligeras y color de limón, se le agrega el azúcar blanca poco a poco batiendo siempre hasta que se mezclen bien; se le añade la vainilla, el extracto de almendras y el jugo de los melocotones, la harina cernida con los polvos de hornear y la sal. Se le une a la mezcla anterior revolviendo de abajo hacia arriba; se le incorporan las claras batidas como para merengue de la misma manera y se echa encima de los melocotones. Se tiene en horno moderado a 350° F. de cincuenta a sesenta minutos y cuando esté dorado se vira en el plato en que se va a servir dejando el molde por dos minutos antes de retirarlo.

CHOCOLATE CUP CAKES

Por Mrs. Peggy R. de Muro
Havana Woman's Club

INGREDIENTES PARA EL CAKE:

1 huevo.	1 cucharadita de vainilla.
½ taza de cocoa.	1 cucharadita de soda.
½ taza de mantequilla.	1 taza de azúcar.
½ taza de harina.	½ taza de agua caliente.
½ taza de leche agria.	

PREPARACION:

Se echa en un recipiente el huevo, la cocoa, la mantequilla, la harina, la leche agria, la vainilla, la soda, el azúcar y el agua caliente y no los mezcle hasta que estén todos los ingredientes. Se bate bien y se vierte en moldecitos individuales, y se cocina en un horno moderado a 350° F. por espacio de veinte o veinticinco minutos.

INGREDIENTES PARA LA CUBIERTA DE COCOA:

1 taza de azúcar en polvo.	2 cucharadas de agua caliente o café.
2 cucharadas de mantequilla.	½ cucharadita de vainilla.
4 cucharadas de cocoa.	

PREPARACION:

Se mezcla el azúcar en polvo con la mantequilla y la cocoa y se bate hasta que la mantequilla esté hecha pedacitos, se le añade el agua caliente o el café y la vainilla y se revuelve hasta que forme una pasta suave.

INGREDIENTES PARA LA CUBIERTA SIETE MINUTOS:

1 taza de azúcar.   5 cucharadas de agua.
1 clara de huevo sin batir.

PREPARACION:

Se cocina a baño-maría el azúcar, la clara sin batir, y el agua, se bate constantemente con un movimiento de rotación hasta que se endurezca, se le añade una cucharadita de esencia de su gusto. Si lo desea, puede añadirle doce pastillas de marshmallows y colorante o media cucharadita de cremor tártaro, cualquiera de los dos mejora la consistencia. Se cubren los cakes, unos de chocolate y otros con la cubierta siete minutos.

ENROLLADO EXQUISITO

Por Ondina Olivera

INGREDIENTES:

6 huevos.
6 cucharadas de azúcar.
1 paquete de fécula de papas.
1 cucharadita de polvos de hornear.
1 cucharadita de vainilla.

PREPARACION:

Se ponen en la batidora los huevos y el azúcar batiéndose por espacio de veinte minutos. Se le añade la fécula de papas con los polvos de hornear y una cucharadita de vainilla. Cuando esté perfectamente ligado se pone en un molde engrasado al horno por espacio de quince minutos a 400° F.

INGREDIENTES PARA EL RELLENO:

1 taza de leche.
½ taza de azúcar.
2 yemas de huevo.
1 cucharada de maicena.
1 cucharadita de vainilla.

PREPARACION:

Se ponen los ingredientes todos juntos a fuego lento hasta que quede una crema ligera con la cual se cubrirá la panetela, se enrolla y se envuelve en papel parafinado. Cuando esté frío se corta en rebanadas y se decora con melocotones, merengue y guindas.

CAKE "NARCISA"

Por Bertha Pina de Cárdenas

INGREDIENTES:

½ libra de mantequilla.
3 tazas de azúcar.
6 huevos enteros.
3 tazas de harina fina.
1 cucharadita de polvos de hornear.
1 taza de leche.
1 cucharadita de vainilla.
1 lata de dulce de coco.

PREPARACION:

Se crema la mantequilla, se le une el azúcar poco a poco hasta que estén bien unidas, se le agregan los huevos uno a uno, después los ingredientes secos cernidos y medidos, alternando con la leche y la vainilla. Se vierten en tres moldes redondos de nueve pulgadas, engrasados con mantequilla, se ponen en un horno previamente calentado a 375° F. de veinticinco a treinta minutos. Se dejan refrescar y se voltean, echándole a cada parte almíbar de medio punto para que se pongan esponjosos; después se cubre cada parte con dulce de coco de lata y se cubre la parte de arriba y los costados con merengue y se polvorea con coco en hebras.

CAKE ESTUCHE DE BOMBONES

Por Ena Portilla de Picalla

INGREDIENTES PARA LA PANETELA:

10 huevos.
4 tazas de azúcar.
2 tazas de leche.
1 cucharadita de vainilla.
¼ libra de mantequilla.
4 tazas de harina.
⅛ cucharadita de sal.
4 cucharaditas de polvos de hornear.
20 bombones.

PREPARACION:

Se baten los diez huevos completos. Cuando estén bien batidos se les va agregando el azúcar gradualmente. Se unen la leche, la vainilla y la mantequilla derretida, y se le agrega al batido de los huevos, alternando con la harina, sal y los polvos de hornear. Se vierte el batido en tres moldes de doce pulgadas de largo por ocho y medio de ancho y dos de alto, engrasados y enharinados. Se hornea a 350° F. hasta que se dore y se desprenda de los moldes. Se retira del horno y se deja enfriar.

INGREDIENTES PARA LOS HUEVOS MOLES:

½ taza de agua.
1 taza de azúcar.
4 yemas.
1 cucharadita de vainilla.

PREPARACION:

Se hace un almíbar a punto de jarabe claro (hervir cuatro minutos) con el agua y el azúcar. Se retira del fuego y se deja enfriar. Se baten las yemas y se le agrega gradualmente el almíbar. Se cuela y se cocina a baño-maría hasta que se espese. Se retira del fuego y se añade la vainilla.

INGREDIENTES PARA EL GLACE REAL:

10 claras.
4 cajas de azúcar en polvo.
1 cucharada de jugo de limón.

PREPARACION:

Se colocan en un tazón las claras y se baten tan sólo para espumarlas. Se les va añadiendo el azúcar gradualmente, sin dejar de batir. Cuando se tome el glacé en la paleta y se sostenga se le añade el jugo de limón y ya se podrá trabajar.

Adorno

4 varas de encaje Chantilly plástico "Lacelon".
3 varas de cinta de dos centímetros de ancho "Saheen".
Rositas de glacé real coloreadas con pintura vegetal.

Se coloca una capa de cake en una bandeja rectangular que sobresalga dos pulgadas del cake. Se extiende el relleno de huevos moles sobre ella. Se coloca encima otra capa de cake y se le extiende el relleno en una de las orillas de la capa, la de doce pulgadas. Se coloca una hilera de bombones cubiertos con papel plateado, y se forma el ángulo de cada extremo de la hilera con cuatro bombones laterales. Se coloca la tercera capa del cake, que queda levantada por donde están los bombones, y unida por el lado opuesto, que no los tiene. Se cubre todo el cake con glacé real. Se simulan las bisagras y cerradura del cake con perlas plateadas. Se adorna con lazo del mismo color del cake, y en un extremo se le entrecruza la cinta. Esta cinta debe ser plástica. Se adorna alrededor con encaje Chan-

tilly plástico, que se pondrá alrededor de la bandeja rizado y presillado, para cubrir el espacio entre el cake y el borde de la bandeja.

BIZCOCHO NIDO

Por Nena Rodríguez de Gómez

INGREDIENTES PARA LOS HUEVOS MODERNISTAS RELLENOS CON CREMA BAVARESA:

- 7 yemas.
- 2 tazas de azúcar.
- 2 tazas de leche.
- 1/8 cucharadita de sal.
- 12 hojas de cola-pis.
- 1 cucharadita de vainilla.
- 1 latica de crema de leche.

PREPARACION:

Se preparan ocho cascarones de huevo de la forma siguiente: se le abre un hueco en el extremo superior del tamaño de una moneda de cinco centavos, vaciando el huevo con cuidado de no romper la cáscara, se reservan las yemas para la crema. Se lavan los cascarones y se ponen a escurrir. Se unen las yemas sin batirlas mucho, al azúcar, la leche y la sal, se cuela y se cocina a fuego lento revolviendo continuamente hasta que tenga espesor de crema ligera. La cola-pis se corta en pedazos pequeños y se pone en remojo con agua que la cubra durante cinco minutos. Se le añade la crema caliente a la cola-pis bien escurrida y se revuelve hasta que esté bien disuelta. Se le añade vainilla y crema de leche bien fría. Se divide la crema en cuatro partes coloreándola cada una con tinte vegetal en verde, rosa, amarillo suave y amarillo más fuerte o a gusto. Se rellenan con cuidado los cascarones de huevo a tener dos de cada color con la crema preparada. Se colocan en una huevera con el hueco hacia arriba y se deja en el refrigerador hasta que la crema gelatinice.

INGREDIENTES PARA EL BIZCOCHO:

- 1/2 libra de mantequilla.
- 2 tazas de azúcar.
- 5 huevos.
- 4 tazas de harina fina de cake.
- 4 cucharaditas de polvos de hornear.
- 1/2 cucharadita de sal.
- 1 taza de leche.
- 2 cucharaditas de vainilla.
- 1 cucharada de ralladura de limón verde.

PREPARACION:

Se crema la mantequilla, que debe estar suave, y se le añade el azúcar poco a poco batiendo siempre hasta que esté bien unido. Se incorporan los huevos uno a uno batiendo bien entre cada adición. Se cierne la harina, se mide y se vuelve a cernir por dos veces con la levadura y la sal. Se añade a la mezcla anterior alternando con la leche, empezando y terminando con harina. Se agregan vainilla y ralladura de limón. Para unir la harina usar movimiento envolvente y si es en batidora a la mínima velocidad. Para este bizcocho se necesitan tres moldes distintos: uno de doce pulgadas de diámetro por una y media de alto. Dos moldes de aro de siete u ocho pulgadas de diámetro, engrasados con mantequilla y polvoreados ligeramente con harina. Se vierte la masa en ellos y se hornea a 375° F. de veinte a veinticinco minutos, o hasta que al introducir un palillo éste salga seco. Se retiran del horno, se dejan enfriar y se preparan en la forma siguiente: Se hace un almíbar con dos tazas de azúcar, una taza de agua y una rajita de limón verde de punto ligero, y se deja refrescar. Se coloca en un plato el bizcocho mayor, se pincha por todos lados y se rocía con el almíbar. Se pone encima un molde de aro, se procede en igual forma, se coloca el último bizcocho de aro siguiendo la pauta anterior.

INGREDIENTES PARA LA CUBIERTA:

4 tazas de azúcar.
2 tazas de agua caliente.
½ cucharadita de polvos de hornear.
6½ tazas de azúcar en polvo.
1 taza de coco seco en hilachas.
tinte vegetal: verde, rosado y amarillo.

PREPARACION:

Se unen el azúcar, el agua y los polvos de hornear, se ponen al fuego dejándolo hervir, revolviendo la mezcla hasta que esté disuelta el azúcar. Se cocina hasta que tenga una consistencia fina. Se retira del fuego y cuando esté tibia se le va agregando el azúcar en polvo, cernida, poco a poco hasta formar una mezcla que corra fácilmente para cubrir el bizcocho, se divide en dos partes, una se deja blanca y la otra se tiñe en verde. Se cubre el bizcocho grande con la pasta verde y los otros dos de arriba con la pasta blanca. Se ponen unas gotas de tinte vegetal verde en un pomo de tapa de rosca, se agrega el coco, se cierra el pomo, y se bate hasta que el coco se tiña. Se pone el coco dentro del bizcocho de aro a imitar un nido y se colocan los huevos de crema Bavaresa a los que previamente se les ha quitado la cáscara. Se ponen en forma atractiva alternando los colores.

BOCADO DE LA REINA

Por Antonia Rodríguez de Lastra

INGREDIENTES:

6 huevos.	1 cucharada de jugo de limón.
¼ taza de azúcar.	
⅛ cucharadita de sal.	1 taza de harina.
	vino de Jerez.

PREPARACION:

Se baten las claras a punto de merengue. Se le incorpora el azúcar poco a poco y la sal. Se le añaden las yemas una a una. Se bate bien, cuando monte la masa, se le incorpora la cucharada de jugo de limón y por último la harina. Se pone en un molde engrasado y con papel parafinado en un horno a 350° F. hasta que dore y esté cocinada. Cuando la panetela esté fría se corta en cuadrados y se le pone a cada uno una cucharadita de vino seco o Jerez.

INGREDIENTES PARA EL MERENGUE Y CREMA:

1½ litros de leche.	10 claras.
2 tazas de azúcar.	10 yemas.
3 rajitas de canela.	1 cucharadita de vainilla.

PREPARACION:

Se hierve la leche con el azúcar y la canela. Se hace un merengue bien batido con las claras y se fríen en porciones en la leche que hervimos con el azúcar y la canela que no esté hirviendo pero sí bien caliente. Este merengue se irá colocando sobre la panetela. Cuando se termina de freír todo el merengue se cuela esta leche, se refresca un poco y se le incorporan las yemas de huevo cocinándolas a baño-maría hasta que espese sin que adquiera demasiada con-

sistencia de crema, se le añade una cucharadita de vainilla. Se bañan las panetelas y el merengue con esta crema y al momento de servirlo se espolvorea con canela.

BRAZO GITANO DE CHOCOLATE

Por Esther P. de Rosenthal

INGREDIENTES:

10 huevos.
10 cucharadas de azúcar.
10 cucharadas de cocoa.
1 cucharadita de polvos de hornear.

PREPARACION:

Se baten las claras a punto de merengue y se le añade el azúcar. Se ciernen las diez cucharadas de cocoa y los polvos de hornear, se unen con el merengue y por último las yemas. Se vierte en un molde de diecisiete por once pulgadas y se pone al horno a 300° F. durante media hora.

INGREDIENTES PARA LA CREMA DE NUECES:

1 libra de nueces.
2 onzas de leche.
¼ libra de mantequilla sin sal.
6 cucharadas de azúcar.
2 cucharadas de Ron.

PREPARACION:

Se muelen las nueces, se vierte la leche hirviendo sobre las nueces molidas y se deja enfriar bien. Se bate la mantequilla con el azúcar por diez minutos en la batidora hasta que tenga consistencia de crema y se le añaden las nueces con la leche y se baten durante veinte minutos más hasta que tenga aspecto blanco cremoso. Se le agrega el Ron y se rellena el brazo gitano con esta crema, cubriéndolo por fuera con la misma. Se pone en el refrigerador por unas horas.

La vainilla es una planta que pertenece a la familia de las Orquídeas. Sus frutos fueron dados a conocer por los españoles poco después de la conquista de México, donde parece que se usaba como condimento, sobre todo mezclados con el chocolate.

CAKE DE CARAMELO

Por Mamie Salazar de Fernández

INGREDIENTES:

4 cucharadas de caramelo.	2 cucharaditas de polvos de hornear.
¼ libra de mantequilla.	1¼ cucharaditas de sal.
1½ tazas de azúcar.	¾ taza de agua fría.
4 huevos.	1 cucharadita de vainilla.
2½ tazas de harina fina de cake.	

PREPARACION:

Antes de empezar a hacer el cake se hace un caramelo con una taza de azúcar blanca moviendo continuamente, hasta que coja un color caoba. Cuando esté casi frío se le agrega a la pasta del cake. Para hacer el cake se bate la mantequilla y el azúcar (si es posible en batidora eléctrica para que quede más uniforme la pasta) se le agregan las yemas y las claras batidas; después poco a poco la harina junto con los polvos de hornear y la sal, alternando con el agua fría, y por último la vainilla. Esta pasta se vierte en dos moldes engrasados de nueve pulgadas y se hornea a 350° F. durante veinticinco minutos.

INGREDIENTES PARA EL RELLENO Y LA CUBIERTA:

2 tazas de azúcar.   4 claras.

PREPARACION:

Se hace un caramelo color caoba con el azúcar y se añade a las claras batidas a punto de nieve. Se une poco a poco para evitar que salte. Se rellena y se cubre el cake.

BRAZO GITANO CON CREMA MOKA

Por Rosa Emilia Santiago

INGREDIENTES:

⅓ taza de harina cernida.	¼ cucharadita de sal.
⅓ taza de maicena cernida.	⅔ taza de azúcar.
6 claras.	7 yemas.
½ cucharadita de polvos de hornear.	1 cucharadita de vainilla.

PREPARACION:

Se ciernen juntas la harina y la maicena. Se separan las yemas de las claras. Se baten las claras con los polvos de hornear y la sal a punto de nieve. Se agrega gradualmente el azúcar. Se añaden las yemas una a una. Se agrega la harina poco a poco y se va envolviendo en el batido. Se aromatiza con vainilla. Se vierte la preparación en un molde de brazo gitano provisto de un papel engrasado. Se hornea a 375° F. hasta que se dore. Se retira del calor y se desprende del papel. Se coloca sobre un paño humedecido y polvoreado con azúcar. Se enrolla. Se deja enfriar.

INGREDIENTES PARA LA CUBIERTA:

½ libra de mantequilla.
6 tazas de azúcar en polvo cernida.

3 ó 4 cucharadas de café bien fuerte.
¾ taza de almendras tostadas y molidas.

PREPARACION:

Se bate la mantequilla hasta que esté cremosa y se le añade gradualmente la mitad del azúcar. Se agregan dos cucharadas del café y se continúa con el resto del azúcar. Se añade una o dos cucharadas de café. Se desenrolla la panetela y se extiende parte de esta crema. Se polvorea con la mitad de las almendras y se enrolla bien. Se cubre y se adorna con el resto de la crema y las almendras. Se enfría bien en el refrigerador.

TORTA DE ALMENDRAS "PRIMAVERA"

Por Ernestina de Varona de Mora

INGREDIENTES:

¾ libra de almendras.
9 yemas de huevo.
¾ libra de azúcar.
2 gotas de extracto de almendras.

5 claras de huevo.
lo que se coge con los dedos de sal.

PREPARACION:

Se pelan, se secan y se rallan muy finas las almendras. Se baten bien las yemas y se les añade el azúcar poco a poco hasta que estén bien unidas. Se agregan las almendras ralladas y el extracto de al-

mendras y por último se le incorporan las claras batidas a punto de merengue y la sal revolviendo pero sin batir. Se echa la mezcla en un molde redondo de cristal de horno de tres pulgadas de alto por siete de diámetro. Se cocina en horno mediano a 350° F. de cuarenta y cinco a cincuenta y cinco minutos. Se deja refrescar en el molde antes de sacarlo.

INGREDIENTES PARA LA CUBIERTA:

1 libra fondant rosa.
½ libra fondant blanco.
¾ libra de pasta de almendras.
3 onzas de azúcar en polvo cernida.
tinte vegetal.

PREPARACION:

Se cubre toda la torta con el fondant rosa y con el blanco se imita el mimbre de la cestica. Con la pasta de almendra mezclada con el azúcar de pastelería se hacen las flores, usando colorante vegetal rosa, lila, amarillo y verde y se cubre con ellos la torta.

FONDANT (Cubierta francesa)

Por Ernestina de Varona de Mora

INGREDIENTES:

1 libra de azúcar.   1 taza de agua.

PREPARACION:

Se mezcla bien el azúcar y el agua, se pone a fuego vivo, cuando hierva se espuma bien y se limpian los bordes y lados de la vasija con un pañito húmedo envuelto en un tenedor para evitar que se azucare el almíbar, se cocina hasta que al echar un poquito en agua fría se forme una bolita blanda (230° F., si se usa termómetro de almíbar), se vierte en un mármol o fuente grande ligeramente engrasado con aceite, a ser posible de almendras dulces, se deja refrescar dos o tres minutos, entonces con una espátula se bate en todas direcciones, teniendo en cuenta de batir los bordes, pues si no, éstos se azucararían y no quedaría la cubierta cremosa. Se bate de diez a quince minutos, en ese tiempo ya se habrá formado una pasta blancuzca. Se reúne toda la masa raspando el mármol con un cuchillo, se amasa con la palma de la mano hasta que todo esté unido y brillante, se pone en un recipiente de cristal o loza, se cubre con un pañito ligeramente húmedo, se tapa y se deja en el refrigerador hasta que se necesite. Cuando se vaya a usar se pone la cantidad que se necesite en un baño-maría, se le agrega la esencia o licor que se desee y cuando esté líquido se vierte rápidamente sobre lo que se vaya a cubrir. Si se le quiere dar color, se le echa unas gotas de colorante vegetal del color que se desee, anaranjado si el perfume es de naranja o se emplea Curacau, rosa si Marrasquino, verde amarillo si limón, si se emplea vainilla se deja blanco. (Se le puede agregar cuatro cucharadas de glucosa al hacer el almíbar, pero queda más fino el fondant sin ella.)

CHEESE CAKE DE FRESAS

Por Chana Villalón de Menocal

INGREDIENTES PARA LA CONCHA:

1½ tazas de galletas Graham molidas.
¼ taza de mantequilla.
½ taza de azúcar.

PREPARACION:

Se engrasa un molde de ocho pulgadas, se polvorea con un poco de las galletas molidas; se mezcla el resto de las galletas con la mantequilla y el azúcar, y se cubre el molde para formar la concha del pastel.

INGREDIENTES PARA EL RELLENO:

2 quesos crema de ocho onzas.
3 huevos enteros.
½ taza de azúcar.
1 cucharadita de vainilla.

PREPARACION:

Se bate el queso crema con los tres huevos (uno a uno) y se le añade el azúcar y la vainilla (queda como una crema suave). Se rellena la concha del pastel y se hornea veinte minutos, dejándolo enfriar.

INGREDIENTES PARA EL ABRILLANTADO:

1½ cesticos de fresas.
¼ taza de agua.
½ taza de azúcar.
2 cucharaditas de maicena.
1 cucharadita de mantequilla.
colorante rojo.

PREPARACION:

Se desbaratan las fresas de medio cestico y se le añade el agua, el azúcar y la maicena. Se hierve bien durante dos minutos en una cacerolita hasta que esté transparente. Se retira del fuego y se añade la mantequilla y suficiente colorante para darle un tono atractivo. Se cuela sobre el resto de las fresas, con las cuales hemos cubierto el pastel.

CAKE MARIA ESTRELLA
Por Nitza Villapol

INGREDIENTES PARA EL CAKE:

- 1 2/3 tazas de polvo de galletas de María (aproximadamente 50 galletas).
- 2/3 taza de harina de todos los usos. (cernida).
- 3/4 taza de azúcar.
- 2 1/2 cucharaditas de polvos de hornear.
- 1/2 cucharadita de sal.
- 1/4 libra de mantequilla blanda.
- 3/4 taza de leche.
- 2 huevos.
- 1 cucharadita de vainilla.
- 1/2 libra de almendras.

PREPARACION:

Se enciende el horno a 350° F. Se engrasan y polvorean de harina, dos moldes de cake redondos de nueve pulgadas de diámetro. Se "osterizan" las galletas para reducirlas a polvo. Se cierne el polvo de galletas con la harina, el azúcar, polvos de hornear y sal. Se "osteriza" la mantequilla con la leche, huevos y vainilla, añadiendo esto a los ingredientes secos y envolviéndolos suavemente hasta que estén unidos. Se vierte en los moldes y se hornea hasta que al introducirle un palillo salga seco, aproximadamente treinta y cinco minutos. Se deja enfriar, se desmolda, se rellena y se cubre con la crema. Se polvorea de almendras tostadas picaditas.

INGREDIENTES PARA LA CREMA MOKA:

- 1 pastilla de chocolate.
- 2 cucharadas de leche.
- 1 cucharada de café bien fuerte.
- 1/4 libra de mantequilla blanda.
- 3 tazas de azúcar en polvo.
- 1 cucharadita de vainilla.

PREPARACION:

Se "osteriza" el chocolate poniéndolo al fuego con la leche y el café hasta que rompa el hervor. Se bate la mantequilla añadiéndole poco a poco el azúcar en polvo alternando con la mezcla de leche, chocolate y café. Se aromatiza con vainilla.

CHOCOLATE CAKE

Por Mrs. William West Sr.

Havana Woman's Club

INGREDIENTES PARA EL CAKE:

3 tazas de azúcar.	12 cucharadas de cocoa.
¾ libra de mantequilla.	2 cucharaditas de soda.
6 cucharadas de agua caliente.	½ cucharadita de sal.
	1½ tazas de leche agria.
6 huevos.	2 cucharaditas de vainilla.
3½ tazas de harina.	

PREPARACION:

Se crema el azúcar con la mantequilla, se le añade el agua caliente y los huevos uno a uno; se cierne la harina antes de medirla y se vuelve a cernir dos veces con la cocoa, la soda y la sal. Se une a la mezcla de los huevos alternando con la leche agria y la vainilla. Se forra el molde con papel bien engrasado y se hornea a fuego moderado a 350° F. Se retira del horno cuando aún manche el cuchillo para asegurar la humedad del cake.

INGREDIENTES PARA LA CUBIERTA:

¼ libra de mantequilla.	2 huevos.
1 paquete de azúcar en polvo.	leche.
	1 taza de nueces.
6 cucharadas de cocoa.	2 cucharaditas de vainilla.

PREPARACION:

Se crema la mantequilla con el azúcar, se le añade la cocoa y los huevos batiéndolos bien. Si está demasiado seca se le agrega suficiente leche para suavizarla. Se le unen las nueces y la vainilla y se cubre el cake cuando todavía esté caliente. Suficiente para un cake de quince pulgadas por diez.

La canela es la corteza aromática de varios árboles llamados Canelos. Para obtener la canela se recogen las ramas de tres años por lo menos, se raspa la epidermis, se abre longitudinalmente la corteza con un instrumento cortante y entonces se levantan láminas que se enrollan formando tubos, se introducen unos en otros y se ponen a secar al sol.

CAPITULO VI

PASTELERIA

QUICHE DE LORRAINE

Por Helene Bauch de Lenzt

INGREDIENTES PARA LA CONCHA (PASTA BRISSE):

- ½ libra de mantequilla fría.
- 1 libra de harina de pastelería.
- 1½ cucharaditas de sal.
- 2 huevos enteros.
- ¼ taza de agua fría.

PREPARACION:

Se corta en pedazos pequeños la mantequilla que debe estar bien fría. Se cierne, se mide la harina y se pone en una mesa de mármol. Se abre un hueco en el centro y se agregan: sal, huevos y el agua. Alrededor se ponen los pedacitos de mantequilla y se va trabajando la mezcla con las yemas de los dedos hasta unirla y formar la masa. Se extiende la masa con el rodillo a cubrir una tartera. Se forra el molde y se pincha con un tenedor para evitar que se aviente. Se rellena con lo siguiente antes de hornearla.

INGREDIENTES PARA EL RELLENO:

- ¼ libra de jamón en dulce picado.
- ⅛ libra de bacon frito ligeramente.
- 1 cucharada de harina.
- 4 huevos.
- 1 taza de crema pura al 40%.
- ½ cucharadita de sal.
- ¼ cucharadita de pimienta.

PREPARACION:

Se cubre el fondo de la concha con el jamón y el bacon. En una taza bola se deslíe la harina, huevos, crema, sal y pimienta. Se cubre con esta mezcla lo anterior. Se hornea a 400° F. de veinte a veinticinco minutos. Se sirve en seguida caliente.

RAMEQUIUS DE QUESO

Por Helene Bauch de Lenzt

INGREDIENTES PARA LA PATE A CHOUX:

1 taza de agua.	1 taza de harina.
⅛ libra de mantequilla.	4 huevos.
½ cucharadita de sal.	¼ libra de queso Gruyere.

PREPARACION:

Para hacer la pâte à choux se pone a hervir el agua con la mantequilla y la sal, se retira del fuego y se le añade la harina de un solo golpe, se revuelve hasta ligarla, se pone de nuevo al fuego unos minutos más hasta secarla, se retira y se deja refrescar a la temperatura ambiente. Se le agregan los huevos uno a uno, trabajando bien la masa y por último se le añade el queso rallado. Con una cuchara mediana se van cogiendo porciones de la masa y se fríen en manteca bien caliente. Se sirven calientes.

BRAZO GITANO DE POLLO

Por María Bosch de Mercadé

INGREDIENTES:

¼ libra de mantequilla.	¼ taza de harina.
4 huevos.	½ cucharadita de polvos de hornear.
3 papas grandes hervidas y majadas (se dejan enfriar).	¼ cucharadita de sal.
	⅔ taza de leche o nata.

PREPARACION:

Se bate la mantequilla hasta suavizarla. Se añaden las yemas y se bate bien. Se le agregan las papas, la harina cernida con los polvos de hornear y la sal. Se le echa la leche o nata uniéndolo todo bien. Aparte se baten las claras a punto de nieve y se une a lo anterior. Se coloca un papel engrasado y polvoreado de harina en un molde rectangular de doce pulgadas de largo por ocho de ancho y una de alto y se vierte la masa. Se hornea a 425° F. por espacio de quince a veinte minutos, se prueba con un palillo y si sale seco indica que ya está. Se saca, se vira sobre una servilleta húmeda y se rellena enrollando la masa igual que con el dulce de este nombre.

INGREDIENTES PARA EL RELLENO:

1 pollo de tres libras   1½ tazas de salsa Bechamel gruesa.

PREPARACION :

Se asa el pollo en la forma acostumbrada y cuando esté se deshace y se pica añadiéndole su salsa y la salsa Bechamel.

PECAN PIE

Por Mrs. Joseph Butler

Havana Woman's Club

INGREDIENTES:

1 taza de harina.
¼ cucharadita de sal.
½ cucharadita de polvos de hornear.
4 cucharadas de manteca.
2 cucharadas de mantequilla.
3 cucharadas de agua.

PREPARACION :

Todos los ingredientes deben de estar fríos y el agua helada. Se mezclan la harina, la sal, el polvo de hornear, se le añade la manteca y la mantequilla y se mezclan con el estribo hasta que los terrones tengan el tamaño de chícharos y se les añade agua. Con un rodillo se extiende la pasta hasta que tenga nueve pulgadas de diámetro. Se forra el molde con la pasta y se rellena. Se hornea a 375° F. durante media hora.

INGREDIENTES PARA EL RELLENO:

⅓ taza de mantequilla.
¾ taza de azúcar turbinada (bien apretada).
3 huevos.
1 taza de sirope de maíz oscuro.
1 taza de pacanas enteras.
1 cucharadita de vainilla.
¼ cucharadita de sal.

PREPARACION:

Se crema la mantequilla con el azúcar y se le añaden tres huevos enteros, se bate y se echa el sirope revolviendo mientras se echan las pacanas enteras, la vainilla y la sal.

TARTALETAS DE FRESAS
Por Celia de Cárdenas Vda. de Morales

INGREDIENTES:

1 libra de harina.	4 yemas de huevo.
1 cucharadita de sal.	1 cestico de fresas o mermelada de fresa.
1 cucharada de azúcar.	
7 onzas de mantequilla.	

PREPARACION:

Se cierne la harina con la sal y el azúcar y se hace un hoyo en el centro, se le agrega la mantequilla y las yemas. Se corta con dos cuchillos hasta parecer una harina gruesa. Se extiende con rodillo al espesor de un centímetro. Se rellenan los moldes sin engrasar y se dan piquetes en el fondo con un cuchillo. Se ponen treinta minutos al horno a 350° F. Cuando estén dorados se dejan refrescar y se sacan de los moldes con un golpe sobre la mano. Se rellenan de fresas.

STAKE AND KIDNEY PIE
Por Elwelin Downer

INGREDIENTES:

2 libras de bistec.	2 cucharaditas de sal.
2 riñones.	1 cucharadita de pimienta.
2 cucharadas de manteca.	2 zanahorias en rueditas.
2 dientes de ajo.	2 tazas de agua.
1 cebolla.	1 cucharada de harina.
2 cucharadas de salsa de tomate.	

PREPARACION:

Se cortan los bistec y riñones en pedacitos. Se hace un sofrito con la manteca, ajo, cebolla, tomate, sal y pimienta y las zanahorias en rueditas; en esta sazón se dora la carne añadiéndole el agua. Cuando esté bien cocinada se agrega la harina para espesarlo. Se ponen en el fondo de un molde de hornear y se cubre con la pasta. Se hornea a 375° F. durante treinta a treinta y cinco minutos.

INGREDIENTES PARA LA PASTA:

1½ tazas de harina.
½ cucharadita de sal.
3 cucharadas de mantequilla.
¼ taza de agua.
1 huevo.

PREPARACION:

Se cierne la harina y la sal en una taza bola y se agrega la mantequilla muy fría, cortándola con dos cuchillos hasta unirla bien. Se añade el agua despacio. Se estira con un rodillo en una tabla enharinada hasta que tenga un cuarto de pulgada de espesor y se cubre el molde ya preparado con las carnes. Se brochea con un huevo batido.

PAN DE MAIZ

Por Carmen Escobio de Montero

INGREDIENTES:

1 libra de harina de maíz fina.
½ litro de leche.
2 rajitas de canela.
½ libra de azúcar blanca.
3 huevos.
2 cucharadas de manteca.
2 cucharadas de mantequilla.
⅛ libra de pasas.
¼ libra de almendras.
una pizca de sal.

PREPARACION:

Se lava bien la harina y se cocina con la leche, la canela y el azúcar hasta que gaste la leche. Se deja refrescar y se le agregan los huevos enteros y los demás ingredientes, dejando algunas almendras para adorno. Se forra el molde con un papel engrasado y se pone al horno a 350° F. Cuando se introduce un palillo y sale limpio indica que ya está. Se debe servir a temperatura ambiente.

PASTEL DE MASA REAL

Por Blanca García Montes de Terry

INGREDIENTES:

1 libra de harina.
4 yemas de huevo.
4 cucharadas de azúcar.
4 cucharadas de manteca (no derretida).
4 cucharadas de mantequilla (no derretida).
3 cucharadas de vino seco.
1 cucharadita de sal.
1 pizca de nuez moscada.

PREPARACION:

Se reúnen todos los ingredientes y se amasan poco, se divide la pasta en dos porciones, una mayor que la otra. Se extiende con el rodillo, se forra un molde, se pone el relleno, se extiende la masa restante a cubrir el pastel. Cuando se cubre el pastel se pincha por varios lados. Se puede rellenar con fricassée de pollo o mermelada de guayaba. Se hornea a 400° F. durante cuarenta minutos.

PASTELON

Por Dolores Guiral de Costa

INGREDIENTES:

- 3 tazas de harina.
- 1 cucharadita de sal.
- 14 cucharadas de azúcar.
- 2 huevos.
- ¼ libra de mantequilla.
- ¼ libra de manteca pastelera.
- 4 cucharadas de vino seco.
- 4 cucharaditas de polvos de hornear.

PREPARACION:

Se mezclan todos los ingredientes y se amasan hasta que la pasta quede completamente suave y no se pegue a las manos. Se extiende una parte de la masa en el molde engrasado y polvoreado de harina, se echa el relleno, se cubre con la otra parte de la masa y se le da forma. Se adorna y se cocina al horno a 350° F. durante una hora. Se apaga el horno y se deja al calor media hora más. Está cocinado cuando se ve la masa ligeramente tostada y cruje al tocarla con los dedos.

INGREDIENTES PARA EL RELLENO:

Un pollo en fricassée con pasas y almendras, jugoso pero "sin salsa".

PASTELON CAMAGÜEYANO

Por Juanita Iraola de Miranda

INGREDIENTES:

- 3 libras de harina.
- ½ taza de leche.
- 3 cucharadas de azúcar.
- ½ libra de mantequilla.
- ¼ libra de tuétano.
- 6 onzas de vino seco.
- 4 cucharadas de polvos de hornear.
- 6 huevos.

PREPARACION:
> Se unen los ingredientes sin amasar, uniéndolos con la punta de los dedos, y se deja reposar. Luego se extiende en dos partes sobre un molde, poniendo el relleno en el medio de ambas capas. Se hornea a 375° F. hasta que al introducir un palillo en la masa salga seco.

INGREDIENTES PARA EL RELLENO:

1 guanajo de 9 a 10 libras.	4 huevos cocidos.
1 libra de papas.	1 cucharada de alcaparrado.
1 pomo chico de aceitunas rellenas.	½ taza de aceite.
1 lata de petit-pois.	¼ cucharadita de orégano y comino.
1 lata de pimientos morrones.	

PREPARACION:
> Se hace un fricassée con el guanajo y las papas y se le añade las aceitunas, petit-pois, pimientos y los demás ingredientes. Cuando esté hecho se desmenuza el guanajo y las papas se pican en cuadritos. Se unen a la salsa, que debe ser poca, y se rellena el pastelón.

MASA PARA EMPANADAS

Por Mélida Jordán de Mesa

INGREDIENTES:

2 tazas de harina.	1 cucharada de mantequilla.
1 cucharadita de polvos de hornear.	1 huevo.
1 cucharada de sal.	1 cucharada de vino seco.
1 cucharada de manteca.	½ taza de agua endulzada.

PREPARACION:
> Se mezclan bien todos los ingredientes y se amasan hasta que estén suaves (unos cinco minutos). Se dejan enfriar en el refrigerador por una hora. Se amasa de nuevo sobre una tabla enharinada y se extiende con el rodillo a un espesor muy fino. Se cortan redondeles de doce y medio centímetros, se pone una cucharada de relleno en el centro de cada redondel y se dobla por el medio. Se humedecen los bordes por dentro y se aprietan bien con un tenedor enharinado. Se fríen en manteca bien caliente por tres minutos o hasta que se doren.

TARTALETAS PARA ENTREMES

Por Poli Juncadella

INGREDIENTES:

2 tazas de harina.
1 cucharadita de sal.

$2/3$ taza de mantequilla o manteca vegetal.
$1/3$ taza de agua fría.

PREPARACION:

Se mezcla la harina con la sal y se añade la manteca; se une con dos cuchillos cortando la grasa en la harina en pequeñas porciones. Cuando esté bien unido se le agrega el agua fría sin amasar demasiado la pasta. Se extiende con el rodillo y se coloca en moldecitos engrasados. Se ponen en el horno bien caliente a 450° F. hasta que estén doradas.

INGREDIENTES PARA EL RELLENO:

2 tazas de leche.
½ cucharadita de sal.
3 cucharadas de maicena.

¼ libra de queso amarillo rallado.

PREPARACION:

Se pone a cocinar la leche con la sal y la maicena disuelta batiendo constantemente hasta que se haga una crema. Se quita del fuego y se añade el queso batiéndolo hasta derretirlo y se cocina un poquito más a fuego lento. Se vierten en las tartaletas. Estas tartaletas se pueden rellenar también con vegetales y mayonesa.

EMPANADAS CON HUEVOS FRITOS

Por Olga Lage de Rivero

INGREDIENTES:

1 libra de harina.
2 cucharadas de azúcar.
2 cucharadas de manteca.

2 cucharadas de mantequilla.
1 taza de agua fría.
1 cucharadita de sal.

PREPARACION:

Se unen la harina, el azúcar, la manteca y la mantequilla con dos cuchillos como si estuviera cortando. Se le agrega la taza de agua bien fría con la cucharadita de sal. Si la masa se hace con anticipación debe ponerse en el refrigerador hasta el momento de usarla.

INGREDIENTES PARA EL RELLENO:

- tomate.
- cebolla.
- alcaparrado.
- una pizca de pimienta.
- 1 libra de picadillo de pollo.
- 1 latica de petit-pois extrafino.
- 1 huevo por empanada.

PREPARACION:

Se hace un sofrito con tomate, cebolla, alcaparrado y pimienta. Se le agrega el picadillo de pollo y los petit-pois. Se extiende la masa con un rodillo hasta que quede bien fina, se corta para empanadas, se le pone el picadillo y encima un huevo frito duro y se cubre con la masa. Se fríe en bastante manteca caliente. Si desea variar el relleno puede emplear tres cuartos de libra de carne de puerco y un cuarto de res.

PASTEL DE LIMON

Por Silvia Martínez y Bertica Villalón

INGREDIENTES:

- 30 galleticas de María.
- ¼ libra de mantequilla.
- 1 lata de leche condensada.
- 4 yemas.
- 2 limones.
- 4 claras.
- 1½ cucharaditas de polvos de hornear.
- 1 taza de azúcar.

PREPARACION:

Se trituran las galletas con el rodillo; se une a la mantequilla con los dedos hasta formar una pasta y se extiende sobre el molde. Se mezcla la leche condensada con las yemas de huevo y se le añade el jugo de limón y la mitad de la corteza que se ha rallado previamente. Esto bien ligado se vierte sobre la pasta. Se baten las claras con los polvos de hornear hasta que tenga punto de merengue, se añade la otra mitad de la corteza del limón rallado y el azúcar muy lentamente. Se cubre el pastel con este merengue y se hornea a 375° F. hasta que se dore. Se retira del horno y se deja enfriar.

Evite hacer muchos platos. Si un alimento es bueno, con mucha más razón debe limitar su número, y así se saboreará mejor.

QUICHE DE LORRAINE
Por María Luisa Menocal y Valdés Fauli

INGREDIENTES:

- 2 tazas de harina.
- ½ cucharadita de sal.
- ½ cucharadita de azúcar.
- ⅛ libra de mantequilla.
- ⅓ taza de manteca vegetal.
- 1 yema de huevo.
- 3 ó 4 cucharadas de agua helada.

PREPARACION:

Se ciernen juntos la harina, sal y azúcar. Se agrega a la harina la mantequilla y manteca vegetal con el estribo o cortando con dos cuchillos hasta que quede como boronilla. Se bate la yema, se le echan tres cucharadas de agua fría y se agrega a la mezcla de harina (utilizando un tenedor para unir el líquido) a formar una masa suave. Se forma una bola con la masa, se envuelve en papel encerado y se deja media hora en el refrigerador. Pasado el tiempo indicado se extiende la masa a forrar un molde de diez pulgadas de diámetro (fondo y costados), se pincha el fondo y se adapta bien la masa al molde. Se hornea por quince minutos a 400° F. Se saca del horno y se rellena con lo siguiente:

INGREDIENTES PARA EL RELLENO:

- ¼ libra de jamón.
- 3 onzas de mantequilla.
- 3 tazas de leche.
- ¼ cucharadita de sal.
- ¼ cucharadita de pimienta.
- 4 huevos enteros.
- 6 yemas.
- ½ taza de queso rallado Gruyere o Parmesano.

PREPARACION:

Se cocina el jamón picado en trocitos en la mantequilla, sin que se dore. Se le agrega la leche, sal y pimienta y se deja al fuego que hierva. Se retira del fuego y se agregan los huevos enteros y las yemas batidas, nada más que a unirlos, y por último el queso rallado. Se vierte en el pastel, ligeramente horneado y se vuelve a poner al horno a 350° F. hasta que la masa dore, esté cocinada y el flan haya cuajado. Se sirve en seguida.

Cuando se quiere que las pasas no se vayan al fondo en los pudines, bizcochos, etc., se pasan por harina antes de añadírselas.

EMPANADITAS DE COCKTAIL

Por Georgina Menocal de Sardiña

INGREDIENTES:

1 libra de harina.
4 ó 5 cubitos de hielo.
1 libra de manteca.
2 cucharadas de agua fría.
½ cucharadita de sal.
leche.
1 taza de almíbar.
1 huevo.

PREPARACION:

Se pone la harina en una mesa, se hace un hueco en el centro y se le echan los cubitos de hielo; se le une con dos cuchillos media libra de manteca hasta formar una bola más o menos suave para poder trabajar con el rodillo. Mientras se va uniendo con los cuchillos se le añade el agua con la sal poco a poco hasta formar la bola. Se pone en el refrigerador media hora. Se estira la masa con el rodillo poniéndole pedacitos de manteca del tamaño de una aceituna, salteando los pedacitos. Se enrolla esta masa como brazo gitano y se vuelve a congelar otra media hora. Se estira otra vez y se añade nuevamente los pedacitos de manteca hasta terminar ésta. Se vuelve a enrollar y congelar hasta que vaya a usarse. La mesa se enharina cuando se esté trabajando en ella. Conviene hacer esta masa un día antes de usarla y guardarla en un plato en el refrigerador tapándola con un paño. Cuando se vaya a usar se corta un pedazo y se guarda el resto. Se estira ese pedazo con el rodillo para que quede del grueso de un centímetro. Se corta la masa en ruedas de dos centímetros de diámetro, con una brochita se unta cada rueda con un poco de leche. En el centro de cada una se coloca un poco del picadillo que se vaya a usar, que puede ser de jamón, pollo, pescado, mariscos o carne. Se dobla la ruedita por la mitad y se unen los bordes apretando con un tenedor untado de harina. Se repite todo esto con el resto de la masa. Se colocan las empanaditas en una tartera sin grasa horneándolas a 400° F. durante veinticinco minutos, teniendo cuidado de no meterlas en el horno hasta que esté bien caliente. Al sacarlas se tiene preparada una taza de almíbar ligera mezclada con un huevo entero, batido todo en frío. Con esto se cubren las empanaditas empleando una brocha. Salen ciento diez a ciento quince empanaditas.

VIENNA HORNS

Por Mrs. Andrés Poliakoff
Havana Woman's Club

INGREDIENTES:

½ libra de mantequilla sin sal.
½ libra de queso crema.
½ libra de harina.
½ libra de nueces molidas.
1 taza de pasas molidas.
1 taza de azúcar.
2 limones.
1 cucharadita de vainilla.
2 cucharadas de crema.
azúcar en polvo.

PREPARACION:

Se crema la mantequilla y el queso crema y se mezcla con la harina hasta formar una pasta, se envuelve en papel encerado y se pone en el refrigerador toda la noche. Cuando se vaya a usar, se extiende con el rodillo y se corta en cuadrados. Se forma una pasta con las nueces, las pasas, el azúcar, la cáscara rallada y el jugo de los limones, la vainilla y la crema, pero dejando la pasta dura. Se pone una cucharadita repleta de esta pasta en una esquina del cuadrado y se enrolla. Se hornea a 425° F. y todavía caliente se espolvorea con el azúcar en polvo.

BUÑUELOS DE VIENTO SORPRESA

Por Minina Romero de Echarte

INGREDIENTES:

½ litro de agua.
5 cucharadas de mantequilla.
1¾ tazas de harina.
9 huevos.

PREPARACION:

Se pone a hervir el agua junto con la mantequilla y cuando está hirviendo se le agrega la harina batiéndola fuertemente hasta que quede muy fina; se le agregan los huevos uno a uno sin dejar de batir ni apartarlo del fuego. La pasta se echa en aceite hirviendo con una cucharita de café y cuando se calcula que está lista, se saca.

INGREDIENTES PARA EL RELLENO:

1 litro de leche.
1 rajita de canela.
el zumo de un limón.
2 tazas de azúcar.
7 yemas de huevo.
1 taza de harina.

PREPARACION:
>*La leche se pone a hervir con canela y zumo de limón. En una cacerola aparte se pone el azúcar con las yemas batiéndolas unos diez minutos, se le agrega la taza de harina y se bate; se le echa la leche hirviendo poco a poco moviéndose. Se pone al fuego para que tome "cuerpo", se deja enfriar y se procede al relleno de los buñuelos. Al presentarse a la mesa se polvorean con azúcar.*

EMPANADILLAS Y ENROLLADITOS DE JAMON
Por Elena La Rosa de Villa

INGREDIENTES:

1 libra de harina.	1 huevo.
2 cucharadas de manteca vegetal.	1 cucharadita de sal.
	3 cucharadas de agua.

PREPARACION:
> Se cierne la harina y se le agrega la manteca, el huevo, la sal y el agua; se amasa bien. Cuando la masa esté, se cortan redondeles de una y media pulgada.

INGREDIENTES PARA EL RELLENO:

½ libra de jamón.   1 cebollita.

PREPARACION:
> Se muele el jamón y la cebollita, se pasan por la sartén y se rellenan las empanaditas colocando el relleno entre dos redondeles. Se pegan los bordes de la masa con agua y se prensan con un tenedor. Se fríen en manteca caliente. Para hacer los enrolladitos se emplea la misma receta, cortando el jamón en lasquitas muy finas y la masa en tiritas. Se enrollan en espiral y se fríen.

CREAM PUFFS
Por Mrs. Juan Torroella
Havana Woman's Club

INGREDIENTES:

½ taza de mantequilla.	1 taza de harina enriquecida, para todos los usos, cernida antes de medir.
1 taza de agua.	4 huevos.

PREPARACION:

Se pone la mantequilla y el agua en un recipiente de medio litro y se cocina a fuego vivo. Cuando esté hirviendo se le añade la harina y se cocina hasta que espese, revolviendo constantemente. Cuando esté hecha una masa se retira del fuego y se pone en un bowl grande; se bate en la mezcladora poniéndola en el número ocho y se le añaden los huevos sin batir, uno a uno, y se baten bien a medida que se echan. Se bate por lo menos minuto y medio. Se pone en un molde plano engrasado, montoncitos de la pasta a pulgada y media de separación. Se cocina en un horno pre-calentado a 400° F. por espacio de cuarenta o cincuenta minutos. Cuando se sacan del horno se cambian del molde para una malla de alambre. Con un cuchillo muy afilado se hace un hoyito en la base del cream puff para que salga el vapor y no se ponga la masa húmeda. Se rellena a gusto con crema doble de vainilla, chocolate, fresas, etc.

CANGREJITOS

Por Eulalia Valdés Fauli

INGREDIENTES:

2 tazas de harina.
¼ cucharadita de sal.
¼ libra de mantequilla.
1 queso crema de 6 onzas.

1 latica de jamón del diablo.
1 huevo.

PREPARACION:

Se cierne la harina con la sal dos veces, se une con la mantequilla en un tazón con la yema de los dedos, se le agrega el queso crema y se amasa todo bien en una mesa enharinada hasta obtener una pasta suave, se coloca en el refrigerador por unos diez minutos hasta que esté fría. Se extiende la pasta por partes con el rodillo hasta que esté bien fina. Se corta en triángulos pequeños, se coloca en la base de cada triángulo un poquito del jamón del diablo, se enrolla hasta llegar al otro extremo. Se coloca en una tartera engrasada y se les da forma de cangrejitos. Se bañan con huevos batidos y se ponen al horno moderado a 375° F. hasta que estén dorados.

SOBRECITOS DE JAMON

Por Lupe Zúñiga de Sardiña

INGREDIENTES:

- 2 tazas de harina de todos los usos.
- 3 cucharaditas de polvos de hornear.
- 1 cucharadita de sal.
- 2 cucharadas de azúcar.
- 1/3 taza de aceite vegetal.
- 2/3 taza de leche.
- ½ libra de jamón en dulce molido.
- 1 huevo entero batido.

PREPARACION:

Se ciernen juntos en un tazón los ingredientes secos. Aparte se pone en una taza de medida, pero sin revolverlo, el aceite vegetal y la leche. Se vierte esto sobre la harina, y se trabaja con el estribo o dos cuchillos hasta formar una bola que se desprenda del tazón. Se extiende la masa entre dos papeles encerados dejándola de un grueso de un octavo de pulgada. Se cortan unos cuadritos de tres pulgadas, se coloca una cucharadita de jamón en el centro y se doblan las dos puntas contrarias a que se encuentren en el medio. Se repite la misma operación con las otras dos puntas a formar un sobrecito. Se brochea con el huevo batido y se colocan en una tartera ligeramente engrasada y enharinada. Se hornea a 375° F. hasta que al introducir un palillo salga seco. Aproximadamente media hora.

Los niños están de fiesta... porque JUPIÑA llegó a La Habana...

Sí, todos los niños están de fiesta, porque ya tienen JUPIÑA, el refresco más sabroso, sano y refrescante que hay.

JUPIÑA es un refresco hecho a base de jugo de pura piña, la fruta que más vitamina C contiene; y JUPIÑA se elabora con las mejores piñas maduras y frescas que contienen enormes cantidades de Vitamina C.

Vaya ahora mismo y pida JUPIÑA... Alegre a sus hijos y a toda su familia... llenándoles el refrigerador con JUPIÑA... el refresco más sabroso, sano y refrescante que hay!

WARD

anuncia con orgullo que proximamente comenzará a producir su mundialmente famoso Pan de Leche con harina enriquecida y sus deliciosos Dulces y Cakes, en su nuevo edificio de

Santa Catalina y Primelles
(frente a la Ciudad Deportiva)

la planta de panificación más grande, más moderna y más higiénica de Cuba.

Un espíritu libre de preocupaciones
Una mesa bien servida
Una comida bien condimentada
Y un cigarro Regalías El Cuño
   como ideal complemento de todo lo anterior.
He ahí la fórmula que, del comer, hace un arte.

CAPITULO VII

BOCADITOS

PASTA PARA BOCADITOS

Por María Antonia Clark de López

INGREDIENTES:

- ¼ libra de queso amarillo pasteurizado.
- 1 latica de crema.
- ⅛ libra de mantequilla.
- ½ libra de jamón en dulce.
- ½ lata grande de puntas de espárragos.
- ½ lata grande de petit-pois.
- 1 pan de molde de dos libras.

PREPARACION:

Se muele el queso, se pone en la batidora con la mitad del contenido de la lata de crema y la mantequilla y se bate bien, luego se agrega el resto de la crema y se sigue batiendo. Se le añade el jamón molido, los espárragos bien picaditos, los petit-pois. Se le puede añadir un poquito de sal y pimienta a gusto.

CANAPES DE ANCHOA

Por Marta Mercadé de Arango

INGREDIENTES:

- 1 lata de anchoas.
- 1 queso crema grande.
- 2 cucharadas de leche.
- ½ cucharada de mantequilla.
- 1 pan de molde para bocaditos.
- mayonesa.
- aceitunas rellenas con pimientos.
- lechuga.

PREPARACION:

Se desbaratan las anchoas y se mezclan con el queso crema. A esto se le añade la leche, la mantequilla y se pone al fuego por un momento. Cuando esté bien unido se aparta del mismo y se unta a cada tapa de pan. Con la manga de decorar se adornan los bordes con mayonesa y en el centro se les pone una ruedita de aceitunas. Se colocan en una bandeja con lechuga picadita.

SANDWICH "SUPREMO"

Por Rosario Novoa

INGREDIENTES:

- 6 rebanadas de pan de leche con corteza, tostadas por un solo lado.
- 6 rebanadas de tomate de ensalada, pelado y cortado de medio centímetro de grueso.
- 6 cucharadas de mayonesa de pomo.
- 12 tiras de bacon ligeramente frito y escurrido.
- 6 lascas de queso de proceso de medio centímetro de espesor.

PREPARACION:

Se coloca el pan en una plancha de horno o recipiente llano con la parte sin tostar hacia arriba, se monta sobre cada rebanada, tomate, mayonesa, bacon y queso. Se pone a la llama (broiler) hasta que el queso se derrita ligeramente. Se sirve caliente.

NOTA: El bacon puede sustituirse por dos pequeñas sardinas o una rebanada fina de carne enlatada.

TABLERO DE DAMAS

Por Alice Peláez de Mena

INGREDIENTES:

- 1 libra de pan de molde.
- 1 lata de paté foie-gras.
- ½ taza de salsa mayonesa.
- 4 huevos duros.
- ⅛ libra de mantequilla.
- perejil.

PREPARACION:

Se cortan en cuatro las lascas de pan de molde teniendo cuidado de que salgan bien cuadradas. Se unta la mitad con paté foie gras y la otra con mayonesa salpicada con huevo duro picadito. Se co-

locan las lascas en una bandeja formando tablero de damas. Para enmarcar el tablero se cortan las lascas de pan en tiras. Estas tiras se untan de mantequilla y se polvorean con perejil. Si se desea se adornan los cuadritos de paté con trufas y los de huevo con lasquitas de aceitunas rellenas con pimiento. Estos canapés pueden hacerse en otras combinaciones y colores. Por ejemplo: de caviar y paté, de caviar y huevo duro, de huevo duro y champignons picaditos, de caviar y salmón o huevos de salmón rojo.

BOCADITOS ECONOMICOS

Por Alicia Ramírez de Guastella

INGREDIENTES:

1 lata de puntas de espárragos.
1 taza de salsa mayonesa.
2 libras de pan de leche.

PREPARACION:

Se escurre el agua de los espárragos y se deshacen en un recipiente. Se agrega la salsa mayonesa hasta formar una mezcla. Se extiende una porción de la misma sobre una parte del pan cubriéndola con la otra parte del pan. Esta pasta da aproximadamente para cuarenta bocaditos.

CANAPES DE POLLO

Por Leocadia Valdés Fauli y Fuentes

INGREDIENTES PARA LA PASTA:

1 queso crema de tres onzas.
$1/3$ taza de mayonesa.
$3/4$ taza de pollo asado molido.
1 cucharada de salsa inglesa.
4 lascas de bacon dorado picado fino.
$1/4$ taza de lechuga o apio picadito.
18 lascas de pan de molde.

PREPARACION:

Se bate el queso hasta suavizarlo, se le añade la mayonesa, el pollo y la salsa inglesa, se une bien y por último se agrega el bacon y la lechuga. Se puede añadir más mayonesa o pollo para darle la consis-

tencia deseada. Se corta el pan en variadas formas, se cubre con la pasta y se adorna de la manera siguiente:

INGREDIENTES PARA EL ADORNO:

1 queso crema de 6 onzas.
2 ó 3 cucharadas de mayonesa.
tinte vegetal a gusto.
2 onzas de almendras tostadas y picadas finas.

PREPARACION:

Se bate el queso crema a suavizarlo, se le añade la mayonesa y el tinte vegetal a gusto. Se vierte esta preparación en la manga de decorar, con la boquilla rizada. Se decora a gusto los canapés con el queso crema y las almendras.

CANAPES VARIADOS

Por Ana María Varona de Díaz Quibús

INGREDIENTES PARA EL CANAPE DE POLLO:

1 pollo asado de dos y media libras.
1 pepino chico.
½ taza de mayonesa.
½ taza de apio picado.
¼ libra de mantequilla.

PREPARACION:

Se muelen por la cuchilla más fina de la máquina el pollo y el pepino y se une a la mayonesa con el apio picado finito y la mantequilla.

INGREDIENTES PARA EL CANAPE DE JAMON:

½ libra de jamón en dulce.
1 pepino.
½ lata de pimientos morrones.
2 quesos crema de seis onzas cada uno.
½ taza de nueces.

PREPARACION:

Se muele el jamón, el pepino y los pimientos por la cuchilla más fina y se une al queso y las nueces picadas muy chiquitas.

INGREDIENTES PARA EL CANAPE DE ATUN O ANCHOA:

1 lata de atún o anchoa.
1 pepino.
¼ libra de mantequilla.
1 queso crema de seis onzas.
½ cucharadita de mostaza.

PREPARACION:

Se muele el atún o anchoa y el pepino por la cuchilla más fina de la máquina y se une después a los demás ingredientes. Para hacer los canapés arriba descritos se corta el pan en diferentes formas y se untan con las pastas. Se decoran con aceitunas, pepinos, pimientos, yemas duras, espárragos, etc.

BOCADITOS ENROLLADITOS

Por Anita Villa de Hernández

INGREDIENTES:

1 libra de pan de molde.
1 queso crema de 6 onzas.
1 latica de pimientos morrones.
1 pomito de aceitunas.
papel de china.

PREPARACION:

Se corta el pan a lo largo finamente. Se bate el queso crema y se le añade los pimientos picaditos. Se extiende sobre el pan y se colocan tres aceitunas en un extremo y se enrolla como un brazo gitano. Se envuelven en papel encerado y se tuercen los extremos. Se dejan, durante varias horas, en el refrigerador. Se les quita el papel, se cortan, desechando los extremos. Cada rollito da cinco o seis rueditas.

ENROLLADITOS DE JAMON

Por Loló Villa de Hernández

INGREDIENTES:

2 quesos crema de 6 onzas cada uno.
4 cucharadas de compota de fresas.
¾ libra de jamón en dulce picado en lascas finas.

PREPARACION:

Se bate el queso hasta cremarlo bien. Se añade gradualmente la compota y se liga. Se extiende sobre la lasca de jamón y se enrolla como un brazo gitano. Se van colocando los rollitos en una tartera y se ponen en el refrigerador durante varias horas. Cuando estén bien fríos se corta cada rollito en rueditas.

BOCADITOS DULCES CON YOGHOURT (Sokina Yogurtlu)

Por Chana Villalón de Menocal

INGREDIENTES:

2 pomitos de yoghourt.
½ libra de harina.
2 huevos.
1 pizca de bicarbonato.
azúcar en polvo.

PREPARACION:

Se mezcla el yoghourt, la harina, los huevos y el bicarbonato y se une bien con una cuchara de madera. Se fríen en aceite bien caliente, en porciones como del tamaño de una nuez. Se escurren bien y se envuelven en papel para que absorban toda la grasa. Se polvorean con azúcar y se sirven calientes.

---

*Alegre el ambiente de su COCINA
y facilite la limpieza de la misma,*

Pintando con

ACABADOS "DU PONT"

Para conservar brillantes los muebles y gabinetes de cocina y facilitarle la manera de tenerlos siempre limpios, píntelos con esmalte DUCO, el esmalte más fácil de aplicar. Seca parejo sin dejar marcas de brocha. Seca rápido y la superficie queda como porcelana fácil de conservar limpia.

El esmalte DUCO puede obtenerse en acabados brillante y semi-brillante, ambos contando con una variedad de atractivos colores.

Visite nuestro Salón de Exhibición

DU PONT INTER-AMERICA CHEMICAL COMPANY, INC.

SAN LAZARO No. 799 - TELEFONO: U0-8063 - LA HABANA

CAPÍTULO VIII

GELATINA DE CHOCOLATE CON FRUTAS
Por América Benítez Vda. de Domínguez Roldán

INGREDIENTES:

- 3 tazas de leche.
- 3 yemas de huevo.
- ½ taza de azúcar.
- ¼ cucharadita de sal.
- 1 paquete de pudín de chocolate.
- 1 cucharadita de gelatina simple.
- ¼ taza de agua fría.
- 1 lata grande de cocktail de frutas.
- 12 bizcochitos finos.

PREPARACION:

Se unen la leche, las yemas de huevo, el azúcar, la sal y el pudín. Se pone al fuego lento revolviendo siempre hasta que cuaje. Se retira del fuego y se vierte sobre la gelatina previamente remojada en el agua fría. Se bate a unir bien. Se añaden las frutas bien escurridas y se vierte en un molde frío y humedecido en agua helada. Se lleva al refrigerador y cuando empiece a cuajar se colocan los bizcochitos pegados al molde y se deja en el refrigerador hasta que esté firme. Se desmolda y se sirve adornado con merengue y acompañado de salsa de huevo. (Véase capítulo de salsas).

BAVAROISE PRALINEE

Por Blanca García Montes de Terry

INGREDIENTES PARA EL PRALINEE:

½ libra de azúcar.
¼ libra de avellanas.
¼ libra de almendras.

PREPARACION:

Se echa en un recipiente el azúcar con las avellanas y las almendras y se pone al fuego moviéndolo hasta que se haga un caramelo; se vierte en una fuente o mármol engrasado hasta que se enfríe y se muele después finamente.

INGREDIENTES PARA EL BAVAROISE:

8 yemas.
1½ tazas de azúcar.
½ litro de leche.
1½ cucharaditas de gelatina simple.
1 cucharadita de vainilla.
¼ litro de crema batida.

PREPARACION:

Se baten las yemas con el azúcar hasta que esta mezcla quede blancuzca y espumosa; se le agrega la leche y se pone al fuego hasta que se haga una crema y se deja espesar un poco; caliente se le echa a la gelatina y la vainilla, se cuela y se pone todo a enfriar. Cuando empiece a congelarse se le echa el pralinee y la crema batida y endulzada. Se une bien todo y se pone en un molde húmedo a enfriar.

GELATINA DE MELOCOTONES

Por Rosa Herrera

INGREDIENTES:

2 cucharadas de gelatina simple.
½ taza de agua fría.
1 lata grande de melocotones.
1 taza de leche caliente.
6 claras.
12 cucharadas de azúcar.
6 yemas.

PREPARACION:

Se deja en remojo la gelatina en agua fría durante cinco minutos y se le añade el sirope de los melocotones. Se hierve la leche y se agrega a la gelatina para disolverla. Se baten las claras a punto de nieve y se le añade poco a poco el azúcar y las yemas una a una. Se agrega la gelatina preparada, melocotones picaditos, reservando unos cuantos para adornar el fondo del molde. Se tiene bien frío un molde y humedecido en agua helada, se adorna el fondo con los melocotones separados y se vierte la mezcla anterior. Se deja en el refrigerador hasta que esté firme. Es mejor hacerlo de un día para otro.

GELATINA DE FRUTAS Y QUESO CREMA

Por Cristina López Oña de Arcos

INGREDIENTES:

- 2 latas grandes de cocktail de frutas.
- 4 sobres de gelatina simple.
- 2 quesos crema de seis onzas.
- 1 lata grande de ensalada de frutas.

PREPARACION:

Se escurre bien la lata de cocktail de frutas, se mide el jugo y se pone a remojar la gelatina simple en una taza del jugo frío. Se calienta una taza del jugo de las frutas y se disuelve la gelatina. Se baten los quesos hasta que estén suaves. Se le agregan las frutas del cocktail y la gelatina preparada. Se cubre el fondo de un molde con las frutas de la ensalada bien escurridas, se pone a enfriar y cuando esté bien frío se vierte la preparación de fruta y queso dejándolo todo en el refrigerador hasta que esté firme.

Cocine con

"MAGIC-GAS"
LA LLAMA QUE RINDE MAS

TELEFONO B-4212

CAKE DE MELOCOTON Y QUESO

Por Amalia Medina de Guncet

INGREDIENTES:

- 1¼ tazas de sponge rusk en polvo.
- ¼ taza de azúcar en polvo.
- ¼ cucharadita de nuez moscada.
- 5 cucharadas de mantequilla ablandada.
- 3 huevos.
- ½ taza de azúcar.
- ¼ cucharadita de sal.
- ⅓ taza de leche evaporada.
- 1 cucharada de gelatina simple.
- 1 lata de melocotones en lascas.
- 1½ tazas de queso crema.
- 1 cucharada de ralladura de limón.
- 4 cucharadas de jugo de limón.
- 1 cucharadita de vainilla.

PREPARACION:

Se ligan bien los primeros cuatro ingredientes. Se presiona en un molde (ocho por ocho por dos) y se coloca en el refrigerador. En un baño-maría se baten ligeramente las yemas, un cuarto taza de azúcar, sal y leche. Se pone al fuego revolviendo constantemente hasta que creme. Se vierte sobre la gelatina que se habrá remojado en un cuarto de taza del almíbar de los melocotones. Se añade a esta crema el queso cremado, la ralladura y jugo de limón y vainilla. Se deja enfriar. Se hace un merengue con las claras y el cuarto de taza de azúcar restante; se une el merengue a la crema y se vierte sobre la concha del pastel. Se enfría bien. Se cubre con las lascas de melocotones bien fríos y escurridos. Se obtienen de ocho a nueve raciones.

ESPUMA DE FRESA

Por Nelia Mesa de Galíndez

INGREDIENTES:

- 1 lata grande de fresas en almíbar.
- 2 cucharadas de gelatina simple.
- ¼ taza de agua caliente.
- 1 queso crema de 3 onzas.
- 4 claras de huevo.
- 8 cucharadas de azúcar.
- tinte vegetal rojo.

PREPARACION:

Se escurren las fresas a obtener un cuarto de taza de sirope (se deja el resto unido a las fresas) y se remoja la gelatina. Se disuelve en el agua caliente y se añaden las fresas. Se bate el queso crema a suavizarlo y se le añade poco a poco la mezcla de fresa y gelatina hasta unirlo bien. Se baten las claras a punto de nieve y se le añade poco a poco el azúcar a que quede un merengue muy doble y que no se sienta el azúcar. Se agrega el merengue a la mezcla de fresa, se bate a unir bien y se le puede añadir unas gotas de tinte vegetal rojo para dar más color. Se vierte en un molde frío y humedecido en agua helada y se deja en el refrigerador hasta que cuaje. Se desmolda y se puede adornar con fresas o guindas.

TORTA DE QUESO FRIA

Por Ana Nagle

INGREDIENTES:

- 4 tazas de corn flakes molido.
- ¼ taza de azúcar.
- ¼ taza de mantequilla derretida.
- 2 cucharadas de gelatina simple.
- ½ taza de agua fría.
- 2 huevos.
- ½ taza de azúcar (para el relleno).
- ¾ taza de leche.
- ⅛ cucharadita de sal.
- 1 libra de cottage cheese (dos vasitos).
- ¼ taza de jugo de limón.
- 1 cucharadita de ralladura de limón.
- 2 cucharadas de azúcar (para el merengue).

PREPARACION:

Se mezcla el corn flakes, el cuarto de taza de azúcar y la mantequilla. Se presiona la mitad de la mezcla en el fondo y lados de un molde (ocho por ocho) engrasado. Se guarda la otra mitad de la mezcla para la cubierta. Se humedece la gelatina en el agua fría. Se separan las yemas de las claras. Se baten las yemas y se les añade la media taza de azúcar gradualmente, la leche y la sal; se cocina esta mezcla a fuego moderado, revolviendo seguido hasta que cuaje. Se retira del fuego y se le añade la gelatina a disolverla bien. Se enfría a la temperatura ambiente, se le añade el queso, jugo de limón y ralladura. Se baten las claras a punto de nieve y se les une dos cucharadas de azúcar ligándolas bien a la mezcla anterior. Se vierte en el forro de pastel frío y se decora haciendo rombos con la boronilla que habíamos guardado. Se pone en el refrigerador.

CARLOTA RUSA

Por María Carlota Pérez Piquero de Cárdenas

INGREDIENTES:

1 cucharada de gelatina simple.	½ cucharadita de vainilla.
2 cucharadas de agua fría.	½ cucharadita de maicena.
6 yemas.	6 claras.
10 cucharadas de azúcar.	4 cucharadas de azúcar.
1 taza de leche.	12 polkas.

PREPARACION:

Se pone en remojo la gelatina en el agua fría. Se unen yemas, azúcar, leche, vainilla y maicena y se pone a fuego lento a hacer una crema. Cuando esté, se vierte sobre la gelatina remojada a disolverla, y se deja enfriar. Las claras se baten a punto de nieve y se les añaden las cuatro cucharadas de azúcar y después la crema, poco a poco. Cuando todo esté bien unido se forra un molde redondo con pico en el centro que estará bien frío, con las polkas partidas a la mitad y se le va echando la crema poco a poco, para que no suban las polkas. Se pone en el refrigerador hasta que esté firme, se desmolda con mucho cuidado.

CREMA ESPAÑOLA

Por América Pina de Ponte

INGREDIENTES:

1 ¼ tazas de azúcar.	4 tazas de leche.
2 cucharadas de gelatina simple.	5 huevos.
¼ cucharadita de sal.	1 cucharadita de vainilla.

PREPARACION:

Se coloca en la parte superior del baño-maría el azúcar, la gelatina, la sal y la leche. Se coloca el *recipiente directamente sobre fuego mediano revolviendo hasta que la gelatina se disuelva, se baten las yemas ligeramente y se le añade poco a poco la mezcla de leche caliente revolviendo siempre. Se vierte esto de nuevo en la parte superior del bañomaría y éste sobre el inferior con agua caliente (nunca hirviendo). Se pone a fuego lento revolviendo hasta que la crema pinte una cuchara de metal, se retira del agua caliente y se le añade la vainilla poniéndolo a enfriar. Se baten las claras casi a punto de nieve y se le añade la crema de huevo incorporándola con rapidez hasta que estén mezcladas. Se tiene preparado un molde frío y humedecido en agua helada y se vierte la mezcla, dejándola en el refrigerador hasta que esté firme. Se desmolda y se sirve acompañada de algún sirope o salsa de fresas, caramelo o chocolate. (Véase capítulo de salsas).*

ENSALADA FLAN DE ALBARICOQUES

Por Frances Sarmiento de Rodríguez Llano

INGREDIENTES:

- 2 latas grandes de albaricoques.
- 1 taza del sirope de los albaricoques.
- 2 tazas de azúcar.
- 1 cucharada de vainilla.
- 1 taza de leche evaporada helada.
- 4 sobres de gelatina simple.
- ½ taza de agua fría.
- ¾ taza de leche evaporada caliente.
- 6 gotas de tinte vegetal amarillo.

PREPARACION:

Se hace un almíbar con una taza del sirope de los albaricoques y el azúcar. Cuando hierva se deja cocinando durante diez minutos sin moverla, se baja del fuego, se le añade la vainilla y se deja enfriar. Se toma de la cantidad de almíbar una y media taza y se bate durante cinco minutos. Se separan de los albaricoques algunos para adornar y el resto se baten durante cinco minutos hasta que esté hecha una pasta compacta. Se le une el almíbar frío. Se bate una taza de leche evaporada a espesarla bastante, nunca hacerla crema, y se une a la mezcla de albaricoques más una taza de sirope de albaricoques y se bate todo junto otra vez durante cinco minutos. Se deja en remojo la gelatina en el agua fría y se disuelve con tres cuarto taza de leche evaporada ca-

liente y se cuela por un colador fino. La gelatina ya preparada se añade a la mezcla de albaricoques y leche. Se une bien y se le agrega seis gotas de tinte vegetal amarillo. Se utiliza un molde redondo de siete pulgadas de diámetro y tres pulgadas de alto con un tubo en el centro. Este molde debe estar frío y humedecido en agua helada. Se vierte la crema de albaricoques y se deja en el refrigerador hasta que esté firme. Debe hacerse el día anterior.

INGREDIENTES PARA EL ADORNO:

1 lata grande de cocktail de frutas.
1 pinta de crema de batir al 30% Avoset de etiqueta azul.
¼ libra de nueces picaditas.
1 pomito de guindas rojas.
hojitas de limón.

PREPARACION:

Se desmolda la ensalada en un plato y se adorna en la siguiente forma: Se llena el hueco del centro hasta la mitad con cocktail de frutas y el resto se esparce bien unidito en la base del flan, la crema se echa en el hueco del centro hasta terminar de llenarlo y se polvorea con las nueces picaditas. Se coloca una guinda en el centro y pegadita a ésta una hojita de limón chica. Se adorna alrededor con los albaricoques separados poniendo en cada uno crema polvoreada con nueces y una guinda con su hojita de limón.

Cortesía

Repostería

Lucerna

CAPITULO IX

REGLAS BASICAS EN LA CONFECCION DE LOS HELADOS

Por Leocadia Valdés Fauli y Fuentes

En la confección de los helados deben observarse ciertas reglas sencillas que mejorarán el producto final.

La leche evaporada debe hervirse a baño-maría durante treinta minutos en su propio envase, con el fin de mejorar su sabor y que al batirla quede más doble. Pasado el tiempo indicado se retira del fuego, se deja enfriar y se guarda en el congelador veinticuatro horas antes de usarse.

Para batir la leche evaporada deben estar fríos tanto el recipiente como las paletas, si usamos batidora eléctrica; en caso de batirla a mano emplearemos el mismo principio, pero introduciendo el recipiente que contiene la leche en otro con hielo. Mientras se bate no debe introducirse nada en la leche pues impedirá que suba.

Los ingredientes que se vayan a unir a la crema batida estarán fríos y usaremos el movimiento envolvente para unirlos con objeto de impedir que la crema baje.

Si la crema que usamos es pura al 40% específica para batir, observaremos las mismas indicaciones anteriores y tendremos cuidado de no batirla con exceso, pues se convertiría en mantequilla.

Es conveniente batir los helados cuando estén firmes y volverlos a poner en el congelador.

La cantidad de azúcar estará bien dosificada, pues el exceso impedirá que se congele la mezcla.

Tenemos los helados de cremas, de frutas simples, con crema, los Sherbets, el Parafait, etc., de todos ellos aparecen a continuación recetas.

HELADO DE CARAMELO "LOLITA"
Por Lolita Alfonso de Torralba

INGREDIENTES:

- 1 paquete de pudín de caramelo.
- ⅛ cucharadita de sal.
- 2¼ tazas de leche de vaca.
- 1 lata de leche evaporada.
- ¼ taza de sirope de caramelo.

PREPARACION:

Se liga el pudín de caramelo y la sal, con la leche. Se coloca al fuego y se revuelve hasta que rompa el hervor y se espese. Se deja refrescar, revolviéndolo para que no forme nata. Se bate aparte la lata de leche evaporada hasta que se espese como un merengue, y se incorpora a la mezcla anterior. (La leche evaporada debe estar semi-congelada, para que suba). Por último, se le agrega un cuarto de taza del siguiente sirope de caramelo.

INGREDIENTES PARA EL SIROPE:

- ¾ taza de azúcar.
- ¾ taza de leche de vaca.
- ¼ taza de azúcar.

PREPARACION:

Se derrite el azúcar y se cocina hasta que se dore, revolviéndola constantemente; se le añade la leche, poco a poco, mientras se sigue revolviendo. (Debe hacerse en una cacerola honda porque sube mucho). Cuando se termine de añadir la leche, se le añade un cuarto taza de azúcar y se deja cocinar hasta que al tomar un poquito con las puntas de los dedos, pegue como mucílago. Da una taza. Se separa un cuarto de taza de esta cantidad, para agregársela al helado y se usa el resto para cubrir el helado al servirlo.

PARFAITS
Por Silvia Beltróns

Son unas cremas heladas, sumamente ligeras, que se hacen ligando una crema de huevo que no lleva leche, con crema batida. La mezcla así obtenida se pone a congelar, no debiendo tocarse mientras se está congelando. Suelen servirse en copas largas y estrechas, combinando capas de distintos colores y sabores, por ejemplo: chocolate, caramelo y vainilla. Para decorarlas se terminan con crema batida puesta con la jeringuilla y boquilla rizada y algún toquecito de cerezas, nueces picaditas o pedacitos de frutas confitadas. La receta básica del "Parfait" amarillo que les damos puede variarse cambiando la esencia de aromatizar y ligando nueces picadas a la mezcla.

RECETA BASICA DE "PARFAIT" (Amarillo)

INGREDIENTES:

½ taza de agua.
¾ taza de azúcar.
6 yemas de huevo.
½ cucharadita de gelatina sin sabor ni color.
1 cucharada de agua al tiempo.

2 tazas de crema batida o de leche evaporada batida (una taza de leche evaporada pura da dos tazas batida).
1 cucharadita de vainilla.

PREPARACION:

Se mezcla el agua con el azúcar y se deja hervir hasta que al echar un poquito en un vaso de agua, pueda formarse una bolita suave. Si tiene termómetro de almíbar, la temperatura será de 238º F. Se vierte esta almíbar caliente, gradualmente, sobre las yemas de huevo que estarán bien batidas y se revuelve constantemente mientras hace la liga. Se cocina a baño-maría, revolviendo sin cesar, hasta que se haya espesado lo suficiente para cubrir la cuchara; tardará unos ocho minutos. Se añade la gelatina, que se habrá remojado antes en el agua al tiempo y se revuelve la mezcla hasta que se disuelva. Se deja enfriar y se liga entonces con la crema o leche evaporada, que se habrá batido antes. Se liga con movimiento envolvente, para no perder el aire introducido al batirla. Se añade la vainilla, se liga y se vierte la mezcla en una gaveta del refrigerador, que estará graduado a la temperatura más fría; no vuelva a tocarla hasta que esté completamente firme. Se puede sustituir la vainilla por vino de Jerez, a gusto, o por cualquier otra esencia.

En los climas cálidos los postres deben ser ligeros y tentadores y entre los favoritos, bienvenidos en cualquier comida, los helados.

PARFAIT DE MEPLE Y NUECES

Se sustituye el agua y el azúcar que especifica la receta básica anterior, por media taza de sirope de meple (maple syrup). Se calienta el sirope a fuego lento y se siguen las instrucciones de la receta básica. Se añade media taza de nueces picadas, antes de ponerlo a congelar. Se puede sustituir el sirope de meple por melado de caña ligero.

SORBETES O HELADOS DE FRUTAS

Por Silvia Beltróns

Se hacen con jugos de frutas endulzados, a los que se agrega una pequeña cantidad de gelatina para darles mejor textura. Sherbert es el mismo helado anterior, al que se agregan claras de huevo o crema.

RECETA BASICA PARA HELADOS DE FRUTAS

INGREDIENTES:

- 2/3 taza de azúcar.
- 1½ tazas de agua, para el almíbar.
- 1½ cucharaditas de gelatina, sin color ni sabor.
- 3 cucharadas de agua.
- 1½ tazas de jugo de fruta que se desee.
- una pizca de sal.

PREPARACION:

Se cocina el azúcar junto con el agua cinco minutos. (Este sirope se puede hacer en cantidad y guardarlo en el refrigerador para cuando lo necesite). Se remoja la gelatina en agua fría y se disuelve en el sirope caliente o al baño-maría. Se deja enfriar y se añade el jugo de fruta y la sal. Se pone la mezcla a congelar hasta que esté firme. Se traspasa a un recipiente bien frío y se rompe en pequeños pedazos. Se bate con el batidor eléctrico o de ruedita hasta que esté ligera (uno o dos minutos). Se vuelve a poner en la gaveta a congelar hasta que esté firme. Con esta receta pueden hacerse helados de todas clases de frutas, por ejemplo: puede sustituirse por piña fresca rallada, cocinándola con un poquito de azúcar durante cinco minutos antes de usarla.

HELADO DE NARANJA

Se añade una cucharada de raspadura de cáscaras de naranja al sirope caliente y se enfría. Se agrega entonces una y media tazas de jugo de naranja y dos cucharadas de jugo de limón. Estos ingredientes se agregan a la receta básica para helados de frutas, siguiendo las instrucciones de la receta. Desde luego, no se agregará otro jugo de fruta.

HELADO DE LIMON

Se añade una tercia taza de jugo de limón al sirope caliente. Se sirve con gajos de naranja, espolvoreados con azúcar.

RECETA BASICA PARA SHERBERTS

Por Silvia Beltróns

INGREDIENTES:

- 2 cucharaditas de gelatina simple, granulada.
- ¼ taza de agua fría.
- 1 taza de azúcar.
- 2 tazas de agua.
- 1 pizca de sal.
- el jugo de fruta que se desee.
- 2 claras de huevo.

PREPARACION:

Se remoja la gelatina en un cuarto taza de agua fría. Se cocina el azúcar junto con las dos tazas de agua, por dos o tres minutos, se separa la cacerola del fuego y se añade la gelatina remojada, disolviéndola bien. Se agrega la sal y el jugo de fruta, se echa la mezcla en una gaveta del refrigerador y se deja congelar hasta que esté firme. Se saca el helado de la gaveta, se echa en un recipiente bien frío y se parte en pequeños pedazos. Se agrega las claras de huevo, sin batir y se bate todo con el batidor de ruedita o con el batidor eléctrico a alta velocidad, por un minuto, o hasta que esté ligera la mezcla. Se vuelve a poner en la gaveta del refrigerador y se deja congelar hasta que esté bien firme.

Poniendo un poco de atención en la vida, se prueba que si mucho favorece la salud para el buen ánimo, tiene más importancia aún el buen ánimo para la salud.

HELADO DE PLATANITO

Por Alicia Domínguez Roldán

INGREDIENTES:

    8 platanitos manzanos.
    2 tazas de leche de vaca.
    1 lata de leche condensada.
    1 lata de leche evaporada.
    ½ cucharadita de vainilla.

PREPARACION:

Se pican los platanitos a la mitad y se les quita el corazón, se reducen a puré y se unen a la leche de vaca y condensada. Se bate esta mezcla a formar una crema. Se vierte en una gaveta del refrigerador y se pone en el congelador hasta que esté bien fría. Se bate la leche evaporada a montarla y se une a la crema de platanito ya fría. Se agrega la vainilla. Se vuelve a poner en el congelador hasta que esté bien helada. Se saca, se vuelve a batir y se lleva de nuevo al congelador.

HELADO DE CHOCOLATE

Por Trina Céspedes Vda. de Lefebre

INGREDIENTES:

    $1/3$ taza de cocoa.
    ½ taza de azúcar.
    1 ½ tazas de leche de vaca.
    1 cucharada de gelatina granulada simple.
    ¼ taza de agua fría.
    1 lata de leche condensada.
    1 cucharadita de vainilla.
    1 lata de leche evaporada fría.

PREPARACION:

Se unen cocoa, azúcar y leche; se ponen al fuego, dejándolo hervir un rato hasta que se haga una crema ligera. Se agrega esto a la gelatina ya humedecida en el agua helada, se revuelve a disolverla bien. Se vuelve a poner al fuego, revolviendo hasta que espese un poco, se baja y se le añade la leche condensada y la vainilla. Se deja refrescar y se pone en las gavetas del refrigerador a que enfríe bien. Se bate la leche evaporada hasta que monte bien, se saca la crema de las gavetas, se añade a la crema y se vuelve a poner al frío hasta que cuaje.

¿Sabe usted que un modesto sundae de frutas tiene 800 calorías?

MAMEY CON PIÑA NEVADA

Por Ana Dolores Gómez de Dumois

INGREDIENTES:

- 4 mameyes medianos.
- 2 tazas de azúcar.
- 1½ tazas de agua.
- 1½ cucharadas de gelatina granulada.
- 2 piñas medianas.
- 9 onzas de queso crema.
- 1 pizca de sal.

PREPARACION:

Se parten los mameyes por la mitad, sacándoles la pulpa con cuidado de no romper los cascarones. Se pasa ésta por un colador chino o tamiz. Con el azúcar y el agua, se hace un almíbar clara, a la cual, aún caliente, se le agregará la gelatina granulada, que se habrá remojado en un poco de agua fría. Cuando esté bien disuelta, se añade a la pulpa del mamey y se vierte en la gaveta del refrigerador, hasta que esté duro. Se saca y se bate este helado de mamey en la batidora eléctrica, hasta que se vea bien cremoso, volviendo a echarlo en la gavetica durante varias horas. Una de las piñas se deja sin pelar y se le corta la parte de arriba en forma de tapa, conservándole el penacho. Con un cuchillo fino, se ahueca la fruta, tratando de no perforarla, dejándola lo más hueca posible. Se le quita el corazón y se corta en cuadraditos, añaniéndole la otra piña pelada y cortada en la misma forma. Se creman los quesitos, se sazonan con una pizca de sal y se unen bien con la piña picadita, se coloca en la gaveta del refrigerador hasta que se endurezca. Momentos antes de servirlo, se rellenan los cascarones de mamey con el helado, haciéndoles un hueco en el medio para colocar ahí una porción de la piña nevada. Se rellena la piña ahuecada, con los dos helados alternativamente y se tapa con la parte que tiene el penacho como remate. Se sirve colocando la piña en el centro de la bandeja, poniendo alrededor los mameyes rellenos con el helado.

ORDENANZA DE 1460 (FRANCIA)

Quien quiera haya vendido huevos inservibles, será expuesto a picota. Los huevos se darán a los niños que se divertirán en tirárselos a la cara para que se ría la gente.

PARFAIT DE MOKA

Por Ana Dolores Gómez de Dumois

INGREDIENTES:

- ½ taza de azúcar.
- ¼ taza de café fuerte.
- 2 yemas de huevo.
- 1 cucharadita de vainilla.
- 1 taza de crema para batir al 40%.
- 2 claras.
- pastillas de altea.
- almendras tostadas.

PREPARACION:

Se hace un almíbar con el azúcar y el café (de punto de bola suave) y se echa a las yemas, bien batidas, poco a poco. Se cocina a baño-maría, moviendo bien, hasta que espese y se deja enfriar. Se añade la vainilla y luego se mezcla con la crema batida (dura) y las dos claras a punto de nieve. Se llenan las copas (largas, de parfait) hasta la mitad, echándoles pastillas de altea picaditas y almendras tostadas, en pedacitos, luego más crema de café y por último, como remate, un copito de crema batida, con almendras picaditas.

ECLAIRS "LONGCHAMPS"

Por Ana Dolores Gómez de Dumois

INGREDIENTES:

- 1 taza de agua.
- ¼ libra de mantequilla.
- 1 taza de harina (para todos los usos).
- ¼ cucharadita de sal.
- 4 huevos.
- ½ libra de pacanas o almendras.

PREPARACION:

En una paila se echa el agua con la mantequilla y se coloca a la candela. Cuando empiece a hervir y la mantequilla se haya derretido, se vierte ahí mismo, de golpe, la harina previamente cernida con la sal. Se revuelve continuamente con cuchara de madera hasta que forme una bola que despegue del fondo de la paila. Se echa en la batidora y así caliente se le agregan los huevos enteros, uno a uno, batiéndolos durante un minuto entre uno y otro, hasta que forme una mezcla suave, pero pegajosa. Se echa en una manga, con la boquilla lisa, y se forman los éclairs algo grandes, o sea, lo menos de cuatro pulgadas de largo, y se colocan en una tartera sin en-

grasar, ligeramente espolvoreada con harina. Con el dedo mojado en agua, se les da un ligero apretón al piquito que se forma en el extremo del éclair. Se cocina en el horno a 425° F. durante los primeros diez minutos hasta que eleven, bajándose la temperatura a 400° F. durante quince minutos más, o hasta que estén dorados. Cuando se enfríen, se cortan con tijeras transversalmente, sacándoles el pequeño migajón que puede haberse formado dentro. Al momento de servirse, se rellenan con mantecado y se cubren con una salsa de chocolate, espolvoreándose con pacanas o almendras tostadas picaditas.

INGREDIENTES PARA LA SALSA DE CHOCOLATE:

½ libra de chocolate dulce.
2 tazas de leche.
½ taza de azúcar.
1 onza de mantequilla.
1 cucharadita de vainilla.

PREPARACION:

Se ralla el chocolate bien fino, se mezcla con la leche en una paila, poniéndose éste a la candela con el azúcar y la mantequilla, revolviendo continuamente hasta que espese. Al bajarse, se agrega la vainilla. Si se prefiere, pueden servirse los éclairs con esta salsa de chocolate caliente.

MANTECADO

Por Leocadia Valdés Fauli y Fuentes

INGREDIENTES:

2 tazas de leche.
6 yemas.
½ taza de azúcar.
la cáscara de un limón verde.
½ cucharadita de sal.
1 cucharadita de gelatina simple.
2 cucharadas de agua fría.
1 cucharadita de mantequilla.
1 cucharadita de vainilla.
2 claras.
6 cucharadas de azúcar.
1½ tazas de leche evaporada pura.

PREPARACION:

Se unen leche y yemas, se cuela y se le añade el azúcar, la cáscara de limón y la sal. Se cocina a bañomaría a fuego lento hasta que tenga espesor de crema, se retira del fuego y se vierte la crema de huevo sobre la gelatina (previamente remojada en el agua fría), a disolverla. Se le agrega la mantequilla y la vainilla, se pone a enfriar. Se baten las claras a punto de nieve, se le añade el azúcar y se une a la crema de huevo. Se pone en el congelador durante quince minutos. Se bate la leche evaporada hasta que monte y se añade a la crema ya fría. Se vierte en dos gavetas y se lleva al congelador hasta que esté firme. Se puede servir acompañado de Salsa de Chocolate, de Salsa de Frutas, etc.

Las recetas que siguen a continuación son combinaciones que pueden hacerse con el mantecado básico.

MELOCOTONES MELBA

INGREDIENTES:

1 receta de mantecado.   8 melocotones en conserva.
                          compota de fresas.

PREPARACION:

Se cubre el fondo de una copa con mantecado, se coloca un melocotón con la cavidad hacia arriba, se rellena con una bola de mantecado y se vierte por encima la compota de fresas.

MANTECADO PRALINEE

INGREDIENTES:

¼ libra de almendras.   1 receta de mantecado.
1 taza de azúcar.

PREPARACION:

Se limpian con un paño las almendras con su cáscara, se les añade el azúcar y se ponen a fuego lento para hacer un caramelo. Cuando esté listo el caramelo, se vierte en un molde engrasado con mantequilla y se deja que enfríe bien. Se muele por la cuchilla más fina de la máquina. Se prepara una receta de mantecado y cuando estén unidos la crema de huevo y el merengue se le añaden las almendras molidas. Se continúa procediendo como indica la receta.

Coma lo suficiente, pero no demasiado, y se mantendrá delgada y saludable.

MANTECADO CON FRUTAS

INGREDIENTES:

    1 receta de mantecado.   1 lata de cocktail de frutas o 1½ tazas de frutas frescas.

PREPARACION:

Si vamos a usar las frutas de lata procederemos a escurrirlas muy bien y en el momento que el helado comience a cuajar se saca de las gavetas, se le añaden las frutas, se bate y se vuelve a poner en el congelador. — Si vamos a usar las fresas frescas, se les cortará el tallito, se pican en pedazos y se dejan reposar un rato con cuatro cucharadas de azúcar. Se unen de la misma forma explicada en el párrafo anterior.

HELADO DE FRESA

Por Adriana Valdés Fauli

INGREDIENTES:

    ½ taza de agua.   1 lata de fresas en almíbar de 8 onzas.
    ½ taza de azúcar.
    ½ paquete de gelatina de fresa.   1 lata de leche evaporada.

PREPARACION:

Se hace una almíbar clara y se vierte sobre la gelatina de fresas para disolverla. Se aplastan las fresas y con su jugo se añaden a la gelatina. Se deja enfriar. Se bate la leche evaporada a que monte y se le agrega la mezcla de fresas, se une bien. Se vierte en dos gavetas, se lleva al congelador y cuando esté firme, se bate, se vuelve a poner en el congelador hasta que esté firme.

Cuando en Grecia se empezaba a disfrutar, quizá con exceso, de una buena cocina surgió Licurgo, el primer dictador que la historia registra, y decidió que su patria había de ser tierra de soldados, que los espartanos habían de ser gentes moderadas y discretas, e inventó el famoso "caldo espartano", primer régimen de comida impuesto a la humanidad, que todas las clases sociales hubieron de adoptar.

Cortesía

EL ESPEJO

Paulino Gorostiza y Ca., S. en C.

ALMENDARES Y LUGAREÑO - CARLOS III
HABANA

VIDRIOS   ESPEJOS   CRISTALES

CAPITULO X

SALSAS

SALSA MAHONESA

Por Bertha Caballero de Boix

Fué en Mahon, capital de la isla de Menorca y uno de los puertos de las Baleares, en el Mediterráneo, donde tuvo su origen la famosa y mundialmente conocida "Salsa Mahonesa", como originariamente se denominaba, hasta que los franceses la llevaron a su país y le agregaron pimienta y mostaza, dándole el nombre de "Salsa Mayonesa" con que se le conoce actualmente. Su verdadera composición está integrada por los siguientes ingredientes:

INGREDIENTES:

1 diente de ajo.
2 yemas de huevo.
1½ tazas de aceite español.
1 cucharada de vinagre.
¼ cucharadita de sal.

PREPARACION:

Se tritura bien el diente de ajo; se le agregan las dos yemas de huevo, batiéndose constantemente y poco a poco, agregándole, gota a gota, todo el aceite sin dejar de revolver hacia un solo lugar, o sea, en la misma dirección, hasta que coja la consistencia suficiente. Se le agrega vinagre y sal.

Para arreglar una mayonesa, se pone en el fondo de un recipiente, vinagre hirviendo, echando la mayonesa cortada poco a poco y batiéndola fuertemente.

SALSA DE CREPES SUZETTE

Receta dada por el cocinero del Hotel Ritz Carlton de New York a Blanca García Montes de Terry

INGREDIENTES:

½ libra de mantequilla.   1 vasito de Curacao.
1 naranja de piel gruesa.   1 vasito de Cognac.
8 terrones de azúcar.

PREPARACION:

Se pone la mantequilla en un plato caliente y con un tenedor se trabaja bien hasta que la mantequilla forme una pasta bastante líquida. Después se coge una naranja con la piel bastante gruesa y los terrones de azúcar, los cuales se deben frotar con la cáscara de la naranja para que cojan el perfume de ésta. Se parte la naranja por la mitad, se ponen los terrones de azúcar en un plato y se les echa la mitad del jugo de la naranja y se deja derretir completamente; esto se le echa a la mantequilla y se bate bien hasta que esté bien montada, se agrega entonces el vasito de Curacao y otro de buen Cognac. Los crepés se hacen de la misma pasta que los pancakes ordinarios muy pequeños y muy finos. Después se coge un chafing dish y en una sartén se ponen dos cucharadas de la salsa compuesta por cada crepé y cuando esté hirviendo se echan los crepés uno por uno, se le dan tres o cuatro vueltas, se doblan dos veces, se dejan al borde de la sartén y cuando se tienen cuatro hechos, se sirven y se continúa en la misma forma con los demás. Se deben hacer en la misma mesa.

CASA POTIN

Distribuidores:

BOMBONES y CONFITURAS   PERUGINA - Italia
JACQUIN - París   ROWNTREE - Inglaterra
MAILLARD - New York   TOBLER - Suiza

Galletas Victoria - Holanda   ●   *Vinos - Rotisserie de la Reine Pédauque*

CHUTNEY DE MANGO

Para comer con platos al Curry

Por Carmen de la Guardia de Lazo

INGREDIENTES:

- 5 libras de mangos verdes pero hechos.
- 2 cebollas grandes.
- 2 pimientos sin semillas.
- 4 onzas de jengibre en conserva.
- 1 taza de fruta bomba casi madura.
- 2 dientes de ajo.
- 1 limón sin semillas.
- 1 cucharada de canela en polvo.
- 1 cucharada de clavos.
- 1 cucharadita de allspice.
- 2 cucharadas de sal.
- $1/4$ cucharadita de pimienta.
- 1 taza de pasas.
- 3 tazas de azúcar turbinada.
- 1 litro de vinagre de vino.
- 6 tamarindos.

PREPARACION:

Se pelan los mangos y se cortan en tajadas. Se pican menuditos cebollas, pimientos sin semillas, jengibre, fruta bomba, ajo y limón. Se mezcla bien la canela, clavos, allspice, sal, pimienta, pasas, azúcar y el vinagre. Se hierve a fuego lento y se cocina hasta que todo esté blando. Se pelan los seis tamarindos. Se dejan en agua hasta que las semillas y la pulpa se separen con facilidad. Se le agrega la pulpa y las semillas al chutney. Se prueba y si está muy ácido se le echa más azúcar turbinada. Se hierve una hora revolviendo frecuentemente. Se echa en un pomo de cristal esterilizado y se sella con parafina.

CATSUP

Por Carmen de la Guardia de Lazo

INGREDIENTES:

- 20 libras de tomates.
- 4 ajíes dulces rojos.
- 6 cebollas medianas.
- 2 cucharaditas de allspice.
- 2 cucharaditas de clavos enteros.
- 6 palitos de canela de 4 pulgadas.
- 2 cucharaditas de semillas de apio.
- 2 cucharaditas de mostaza seca.
- 2 cucharadas de sal.
- $1 1/2$ tazas de azúcar.
- 2 tazas de vinagre de sidra.
- 4 cucharaditas de paprika.

PREPARACION:

Se lavan cuidadosamente los tomates y los pimientos. Se echan los tomates de un golpe en el agua hirviendo por un minuto, o hasta que la cáscara se separe fácilmente. Se escurren inmediatamente. (Es muy importante escurrirlos bien). Se les quita la cáscara y las cabezas y se cortan en pedacitos. Se les quita la cabeza y las semillas a los ajíes y se cortan en cuartos. Se pelan y se cortan las cebollas en cuartos. Se pasan todos los vegetales por la cuchilla fina de la máquina y se ponen en una cazuela grande. Se cocinan a fuego lento por treinta minutos revolviendo frecuentemente. Cuando estén blandos se pasan por un colador fino y se vuelven a la cazuela haciéndolos hervir rápidamente hasta que espesen un poco. Se amarra en una bolsita de lienzo todas las especias, el allspice, los clavos, canela, semillas de apio, la mostaza seca, las dos cucharaditas de sal y el azúcar. Se continúa cocinando a fuego lento hasta que esté bien espeso. Se saca la bolsita de las especias, se echa el vinagre y la paprika, y se pone la salsa en pomos esterilizados y sellados con parafina.

SALSA DE YOGHOURT

Por Chana Villalón de Menocal

INGREDIENTES:

1 pomo de yoghourt.
sal y pimienta a gusto.
1 taza de caldo vegetal o carne.

2 cucharadas de puré de tomate.

PREPARACION:

Se bate el yoghourt con una cuchara de madera, se le añade la sal, la pimienta y el caldo para hacerlo de una consistencia más líquida y por último el puré de tomate para colorearlo. Es muy bueno para acompañar vegetales calientes o ragout.

La salsa Bechamel fué inventada a fines del siglo XVII por Luis Bechamel, Marqués de Nointel. Gozó de gran favor en la corte de Luis XIV. Empleaba los más finos ingredientes en su confección a la que llamaba lleno de orgullo "Mi Crema".

Luces y adornos

Cortesía

EL ESPEJO

Paulino Gorostiza y Ca., S. en C.

ALMENDARES Y LUGAREÑO - CARLOS III
HABANA

VIDRIOS   **ESPEJOS**   **CRISTALES**

CARTA SOBRE LA MESA

Por Isabel Fernández de Amado Blanco

Querida amiga: Afortunadamente para mí, no me has pedido una receta culinaria original. Las pocas que poseo datan del tiempo de mis abuelas, dos expertas amas de casa que reinaron sobre prolíficas familias donde los hijos pasaban de la docena. ¿A qué decir, pues, que mis recetas son sólidas, nutritivas y más aptas para mantener abundantes calorías, bajo las brumas astures, que para gustar en nuestro clima tropical tan propicio a la alimentación más fresca y ligera?

Pero así como en lo estrictamente culinario poco puedo ofrecerte, acaso en lo que es el mantenimiento y presentación de una mesa actual pueda aportar mis granitos de sal y pimienta.

Olvidadas ya, por imposibles, las complejas reglas del siglo diecinueve sobre la minuciosa etiqueta que regía en las casas colmadas de servidumbre, la mujer moderna ha ido creando nuevos patrones para ofrecer, a sus familiares e invitados, un gracioso marco en los momentos preciosos en que todos se reunen para comer. Yo tengo para mí, sin embargo, que ciertos postulados siguen en pie, y uno de mis favoritos es tan clásico y antiguo como la propia Grecia. Se refiere al número de invitados: "No más que las Musas ni menos que las Gracias". Es decir, ni reuniones tan amplias en las que la conversación aturda, ni tan reducidas donde languidezca. Encuentro que este criterio se adapta mejor que nunca a nuestras modernas viviendas, en las que tan a menudo el comedor se funde con el livingroom, y la mesa cobra una importancia tan sólo momentánea. Pero aún así, no dejemos escapar esos fugaces momentos y tengamos flores en su centro para ese único toque de gracia. ¿Flores? Sí, flores o follaje o frutas, o unas apetitosas legumbres ya que tan clásicos nos hemos vuelto, sin saberlo, que los "bodegones" al óleo, que ornaban los comedores antaño, han descendido hogaño de las paredes haciéndose corpóreos y palpables al agrupar, con arte, la coliflor con el pimiento o el plátano con la chirimoya en originales centros de mesa, capaces de despertar el humor y el apetito a la hora del almuerzo informal.

Aunque la porcelana siga manteniendo incólume su rango, aprecio y calidad, ya no es un drama, si el presupuesto no alcanza para una vajilla de tal categoría, que las modernas piezas de cerámica, con sus lindos colores y formas simples, se desplieguen, orgullosas, sin carácter de pariente pobre, sobre los "doilies" de lienzo, paja o hilo, ya que hasta ese advenedizo material plástico ha sabido revestirse de formas tan atractivas que es imposible desdeñarlo del todo, si hay niños en la familia o escasean los sirvientes.

Aunque el menú sea simple y la vajilla económica, mis preferencias siguen inclinándose hacia los cubiertos de plata, pues no hay metal más noble ni que a la larga dé mejores resultados; considero que la mesa de menos pretensiones adquiere carácter de fiesta si los platos se flanquean con un reluciente servicio de plata, que adquirirá pátina más hermosa cuanto más se utiliza. Aconsejo ordenarlo en sentido del uso normal, es decir, de afuera hacia dentro: cucharilla para frutas o cuchara de sopa o consomé, y cuchillo de pescado o carne a la derecha, con los filos hacia el plato. Tenedor de comida y tenedor de ensalada a la izquierda. Si se trata de un almuerzo o comida de carácter informal, la paleta de mantequilla lucirá bien atravesada sobre el platico de pan; en horas de etiqueta este plato desaparece, y con él la paleta de mantequilla. La comodidad y la economía aconsejan los doilies para uso diario, y cuidaremos que la copa de agua quede frente a la punta del cuchillo en perfecta posición.

Mucho podríamos extendernos sobre las comidas formales que exigen servicio a la rusa, pero cada día van desapareciendo más de nuestro patrón medio de vida, ganando, en cambio, terreno, esa nueva modalidad del "Buffet" que tantos problemas resuelve, y al que conviene dedicar párrafo aparte.

Tanto para una comida como para un almuerzo, cuando el número de invitados es superior al de puestos en la mesa, está justificado el empleo del buffet. La mesa puede presentarse con mantel o con la superficie descubierta, sobre todo si es de espejo, cristal, mármol o madera bien pulida. El adorno floral irá hacia un lado o en las cabeceras, no importa el lugar, pues no existe centro geométrico constante. Sobre la mesa pueden y deben estar los platos llanos y de postre, los cubiertos en ordenada fila, las servilletas al alcance de cada comensal y las bandejas con la comida, dispuestas de tal forma, que sea cómodo el servicio personal de cada huésped, ya que precisamente éste es el objetivo que se persigue. Por ello siempre el esquema de colocación debe tener un sentido funcional, procurando que cada invitado coja los platos e implementos de servicio en primer término, y luego puede hacer la selección de manjares en la forma normal que aparecen en una comida sentada. Muchas amas de casa prefieren colocar los postres en una mesita adyacente o sobre un mueble del comedor que se acondicione para el caso; otro tanto ocurre con las bebidas.

En todos los casos, sea formal o informal la disposición de nuestra mesa, debemos cuidar del colorido armonioso, tomando como base el tono de nuestra vajilla, puesto que más fácil es cambiar los doilies o manteles que la cerámica o porcelana. Las gamas atrevidas y vibrantes jugarán mejor en horas del día, en las terrazas-comedor, mientras que el colorido de suaves gamas se reservará para lucir a la luz de los candelabros que tan señorital toque siguen dando a las mesas de gala. Ni que decir tiene que el tono y calidad del centro de mesa debe guardar un perfecto equilibrio, por armónico o por contrastante, con la vajilla, cristalería y mantel. No es aconsejable, por ejemplo, el empleo de costosas flores importadas con un servicio de mesa rústico, ni el uso de humildes vegetales, o flores silvestres, en una mesa revestida de encajes legítimos.

En resumen, nuestra mesa debe reflejar lo mejor de nuestra personalidad y ambiente, y en no pocas oportunidades debe captar el sentido peculiar del acontecimiento que se festeja. Y aunque arte menor, el arte de poner la mesa representa la pizca de sal y pimienta que, bien balanceada, es el aderezo esencial de una comida, la rúbrica decisiva que hará inolvidables las recetas de cocina, que con tanto entusiasmo y cuidado se han recogido en este libro.

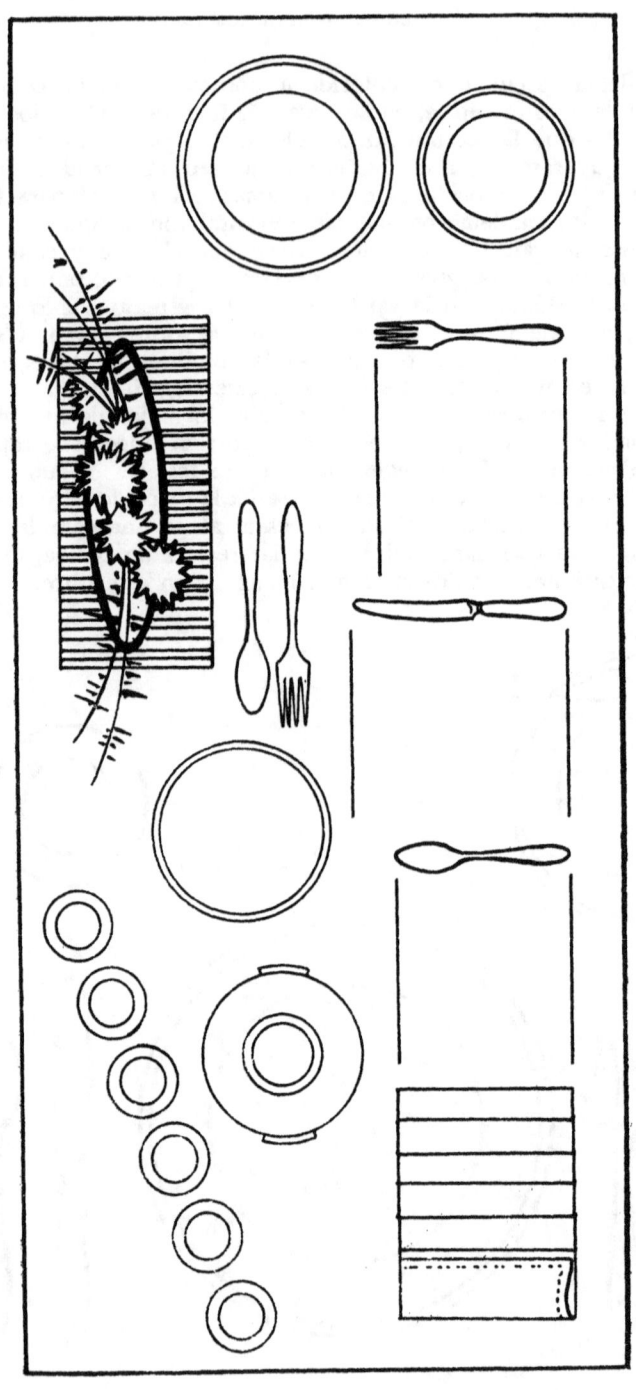

FLORES Y LUCES

Por Hilda Martín

La Naturaleza nos obsequia sus flores.
El artífice les imparte belleza.

La gran variedad de bellas flores, la esplendidez de sus ricos colores y su fragancia las convierte en el indispensable adorno de la mesa, que ya modesta, ya señorial es tan importante hacerle el ambiente agradable; y cuando las flores se arreglan con buen gusto no sólo son agradables a la vista sino que regocijan el espíritu.

Se pueden hacer diversidad de decoraciones atractivas, sólo es necesario conocer los diversos detalles que nos darán la base, tales como color de las paredes de la pieza donde va a servirse la comida, cortinajes, muebles, mantel, vajilla, cristales, cubiertos; hora en que va a usarse el comedor y si la comida tiene algún carácter específico. Ya con el conocimiento de todos estos detalles hay que poner la imaginación a trabajar.

Cuando la mesa es redonda el adorno debe ser redondo, no así en una mesa alargada donde un adorno redondo desentonaría.

Si los comensales van a sentarse a la mesa, el adorno debe ser bajo para que los asistentes puedan verse entre sí; en cambio, si la mesa es para buffet o comida informal, debe ser alto porque da mayor lucimiento.

Al escoger colores debemos tratar de usar los más alegres dentro de la gama que convenga a la decoración que pensamos realizar.

Si la comida va a tener lugar con luz artificial hay que pensar en el cambio que se efectúa en los colores; por ejemplo: el azul se convierte en gris; el rojo oscuro en casi negro, así como los lilas y violetas; en cambio el rojo brillante adquiere un bello color.

Las flores multicolor dan alegría, nos recuerdan la primavera, en cambio los amarillos hasta el carmelita nos trasladan al otoño, e igualmente los follajes secos, etc. El rojo y el oro nos llevan al señorío y así en interminable caravana los colores nos van hablando.

Las porcelanas, cristales finos y adornos de plata son elegantes; en cuanto a velas sólo deben usarse en comidas de cierta importancia por lo que tienen de tradicional y al usarlas deben aprovecharse su color para añadir alegría; por ejemplo: en Pascuas las rojas, en fiestas de juventud las rosadas.

Dicen que los chinos hacen exquisitas mermeladas de pétalos de rosa. ¡Allá ellos! Es preferible verlas florecer en los rosales. Hacer dulces con sus corolas nacaradas, parece algo así como cocinar el hálito de la primavera.

LA MESA

Por María Radelat de Fontanills

Aunque mucho se ha tratado sobre ese tema siempre resulta nueva cualquier sugestión que pueda hacerse en relación con el servicio y decorado de una mesa de acuerdo con las circunstancias.

Hoy en día, no es realmente una preocupación para el ama de casa el preparar una linda mesa para sus invitados. Hay tantos recursos decorativos, y nada costosos, que hacen de ese momento un verdadero motivo de placer.

Antiguamente, una comida elegante no se concebía sin el servicio en vajilla de porcelana fina inglesa, francesa o de Sajonia, cristalería de "baccarat" y adornos de plata y finos bibelots.

Hoy en día, hay una variedad de vajillas modernas de lindos colores y diseños en variadas formas que, sin desentonar con la elegancia, y sin presumir de gran lujo, dan a las comidas formales un aspecto seductor.

En cuanto a la colocación de los platos es siempre el mismo. Si la comida es de gran etiqueta se puede tener un plato de presentación de plata. Los cubiertos ya se sabe cómo van colocados; los cuchillos y cucharas a la derecha y los tenedores a la izquierda. Las fuentes pueden ser también de plata.

Los vinos, como es sabido, se sirven de acuerdo con los platos: vino blanco para el pescado y rojo para el asado; Champagne en los postres y un buen cordial después del café que puede ser servido, ya en la terraza, en algún salón privado o en la barra moderna, para seguir con otras bebidas en caso de que el "party" se prolongue.

Pero, pasemos a otro tópico. La vida moderna reduciéndolo todo, hasta el servicio doméstico, y mirando más a lo funcional que a lo espacial, ha concebido la vivienda reducida, donde el trabajo se ha simplificado, y hemos llegado a lo práctico.

Cuando un ama de casa, en esas condiciones, desea cumplimentar a un grupo de sus amistades no necesita romperse mucho la cabeza, si es bastante hábil para saber preparar una comida formal.

Entonces la mesa resulta una verdadera exposición donde la mujer hacendosa puede lucirse presentando los más exquisitos manjares en forma atractiva y original. Hay recetas tentadoras; ensaladas variadas de pollo, de mariscos o vegetales. Carne fría, jamón en lascas o enrollados con dátiles o ciruelas pasas, bocaditos, vol-au-vents, galantina de pavo, y si se quiere algún plato caliente como arroz a la milanesa, spaghetti o caneloni. Los postres diversos; gelatinas de frutas, cake o dulces finos variados.

La distribución de los platos: pueden ser colocados ya en un auxiliar o en las esquinas de la mesa con los cubiertos colocados cerca para servirse. Los sirvientes sólo atienden a las bebidas y refrescos, pues los comensales se van sirviendo a su antojo.

Y para terminar, en relación con ese "oficio de ama de casa" diría que: si resulta muy enojoso para algunas y tienen la facilidad de invitar a un grupo de sus amistades a un club o restaurant la solución es aún más rápida. Sólo toca a la anfitriona seleccionar un buen "menú" y amenizar el ambiente con franca cordialidad.

LA ETIQUETA EN LA MESA

Como un exponente más de la sublimación que el hombre ha logrado de sus instintos y necesidades primarios, en función de su convivencia social, debe señalarse de modo muy destacado, la distinción y buen gusto de que ha sabido rodear el acto de comer.

El comedor—lugar de selección en todo hogar refinado—ha devenido en centro de actividad social, bien para la simple reunión familiar o como escenario de convivencia amistosa y aun protocolar.

Y presidiendo esta elevación que el hombre ha sabido hacer de una simple función fisiológica, se destaca el vestir adecuado para cada comida o más propiamente para cada acto de comedor, según su rango, su jerarquía, o su significación.

Desde la sencilla reunión familiar alrededor de la mesa hogareña, hasta la más exclusiva comida de etiqueta, está siempre presente la necesidad de vestir correctamente, impuesta al hombre por la educación y las buenas maneras, pero antes y con preferencia a esos motivos, por el propio buen gusto y el respeto a los copartícipes en cada ágape.

La etiqueta en la mesa, que en sentido lato quiere decir el correcto vestir para asistir al comedor—sea la comida de etiqueta o no en el sentido estricto del concepto—será siempre una manifestación del grado de cultura del hombre y también una expresión de su jerarquía social, que invariablemente va unido al éxito y desenvolvimiento afortunado en su vida de negocios o en su profesión. Este es el tipo de consideraciones que preside la función sartorial de **BRUMMEL** Sastres, cuya casa de San Rafael 106, Habana, es lugar de coincidencia de los hombres mejor vestidos de Cuba.

En sus ágapes suntuosos, los romanos disfrutaban también, como los griegos, de representaciones teatrales y musicales, y en sus mesas se servían talones de camello, trompas de elefante, cabezas de loro, sesos de pavo real y "paté" de lenguas de pájaros sabios.

IMPORTANCIA DE LA MANTELERIA

Coinciden todas las consejeras especializadas en recomendar el mantel de hilo—bordado a mano—para las ocasiones formales.

Es por esto recomendable que las amas de casa tengan siempre como parte del ajuar del hogar uno o más juegos de mantelería de hilo, para usar cuando desean presentar una mesa bien puesta, especialmente si reciben invitados.

LA FILOSOFIA—la gran tienda de Neptuno y San Nicolás—ofrece una espléndida colección de mantelería de hilo—primorosamente bordada a mano—. Los precios resultan sorprendentemente atractivos.

SU ALMUERZO DE RECIEN CASADA, SEGUN LA ELEGANTE TRADICION GORHAM

Una de las primeras cosas que querrá hacer una vez instalada, es invitar a almorzar a las amigas que tanto la ayudaron en su boda, organizando incluso a través de EL ENCANTO un espléndido "shower" de cubiertos de plata sterling Gorham. Todo lo que tenga será inspeccionado, celebrado... y comentado por mucho tiempo. Se trata, pues, de una ocasión memorable.

Un almuerzo es, por supuesto, una comida simple. De una simplicidad elegante y cuidadosamente planeada.

Nunca ponga un mantel de damasco a la hora del almuerzo. Encaje, sí; hilo bordado, sí; manteles de colores, sí; y, mejor aún, doilies sobre una mesa bien pulida, que refleje el brillo de su cristalería y de sus cubiertos de plata sterling Gorham.

Agradecerá mentalmente al tío rico o al testigo importante por su magnífico centro de mesa Gorham, que hace lucir tanto el bello adorno floral... y a todos los amigos, por las compoteras, bomboneras, cigarreras y ceniceros de esta misma plata sólida, exclusiva de EL ENCANTO, que tan feliz y orgullosa la hace sentirse en su nuevo papel de dueño de casa. Porque la plata sterling Gorham marca el nivel social de su hogar más definitivamente que cualquier otro detalle material.

EL ENCANTO

LA MESA BIEN PUESTA

Es para todas las amas de casa motivo de satisfacción propia presentar una mesa bien arreglada. Conociendo esta preferencia, LA CASA QUINTANA presta una atención preferente a todo lo relacionado con vajillas y adornos para el comedor.

En nuestras colecciones de plata Sterling: juegos de té, juegos de fuentes, jarras, candelabros, centros de mesa y otros artículos de exquisito gusto. En vajillas de porcelana, cubiertos de plata y copas de cristal, presentamos siempre las creaciones más sobresalientes de los fabricantes principales del mundo entero.

LA CASA QUINTANA (La Casa de los Regalos), Galiano 358, San Miguel 255.

COMER CON MUSICA ES MEJOR

El comer es una necesidad, pero hacerlo refinadamente, no sólo en el condimento sino en la presentación, es un arte. En este aspecto, como en tantos distintos de la vida, un arte llama a otro y hasta se complementa con el. Es ésta la razón por lo cual, desde tiempos inmemoriales, la costumbre de rodearse de amigos para comer, y alegrar estas horas con cierto tipo de música, impera entre los grupos refinados.

La RCA-VICTOR, pionera en la música grabada en discos, no podía descuidar esta suprema exquisitez, que a tan poca costa puede convertir una mesa discretamente elegante en un trasunto de las suntuosas del Renacimiento. En efecto, acaba de grabar cuatro bellos discos en L.P., cada uno de los cuales representa una modalidad folklórica en melodías y ritmos característicos de un país: "Dinner in Havana", "Dinner in Río", "Dinner in México" y "Dinner in Buenos Aires". Los cuatro juntos pueden durar algo más de hora y media, tiempo sobrado para una comida regada con vinos y salpicada de alegre conversación. Lo que en días pasados costaba una fortuna, ahora está a su servicio por unos pocos pesos. Esos discos, u otros que su gusto elija los hallará usted en:

HUMARA Y LASTRA, S. A., Muralla No. 405, Teléfono M-5659, La Habana.

TODA BUENA COMIDA EMPIEZA CON UN BUEN COCTEL... Y LOS MEJORES COCTELES DEL MUNDO EMPIEZAN CON "BACARDI"

Antes de sentarse a disfrutar de una buena comida, un buen coctel es imprescindible; y para hacer el mejor coctel del mundo, BACARDI es lo indicado.

Ponga una nota de distinción en su brindis. Antes de la comida sirva cocteles de BACARDI. Deliciosos y fáciles de preparar.

DAIQUIRI

A una cucharadita de azúcar, añada el jugo de medio limón grande y un vasito de BACARDI CARTA BLANCA. Póngalo en una batidora eléctrica con hielo picado y sírvalo cuando esté bien mezclado.

PRESIDENTE

Vierta en un vaso de mezclar dos partes de BACARDI CARTA ORO, añada una parte de Vermouth y unas gotas de granadina. Añada hielo y revuélvalo bien. Cuélelo antes de servirlo. Una vez servido, tuerza una cascarita de naranja y déjela caer en la copa.

MANHATTAN

En una mezcladora llena de hielo picado, vierta dos partes de BACARDI CARTA ORO, una parte de Vermouth, y unas cuantas gotas de amargo Angostura. Cuélese y sírvase en una copa con una cereza Marrasquino.

MARY PICKFORD

A una parte de jugo de piña, añada dos partes de BACARDI CARTA BLANCA y una gota de granadina. Agítese bien con hielo picado, cuélese y sírvase.

Tenga siempre en su casa BACARDI.

Recuerde que los cocteles más sabrosos del mundo se hacen con BACARDI: SANO, SABROSO y CUBANO.

Mary Siegel de Cárdenas

Estrella Villalón de Coello

Los secretos del Bar

Hace tiempo Orlando y yo deseábamos instalar un bar en nuestra terraza y decidimos, aunque fuera pequeño, dotarlo de los requisitos indispensables y propios de toda barrita de hogar: mezcladora eléctrica, vaso mezclador con cuchara, exprimidores, cepillo de raspar hielo, abridores, sacacorchos, un jigger o medidor, una coctelera, un cuchillo pequeño y una cuchara de mango largo, una cuchara para el azúcar, cristalería abundante, tales como copas de cocktail, de Jerez, de Champagne, vasos para high ball, etc., sin olvidar servilletas, portavasos, removedores de cristal o material plástico y palillos de colores para pinchar los distintos saladitos. Luego viene lo más importante: un buen recetario de cocktails y una buena excusa para ejercer este arte de mezclar bebidas, como por ejemplo: un santo, un cumpleaños, un nuevo empleo, un compromiso, una boda, un bautizo, y un sinfín de acontecimientos motivos de regocijo y festejo.

El bebedor consuetudinario siempre tendrá más excusas disponibles que un ama de casa que quiera quedar bien con sus amistades; para él todo momento será oportuno para saborear un cocktail: un encuentro casual con un amigo, un dolor de muelas, etc. Sea esto como fuere, el asunto es aprender a hacer las mezclas con exactitud, pues esto es el éxito de todo cocktail.

Y así, Estrella y Joaquín que sabían de nuestro deseo de confeccionar una lista de cocktails para tenerlos a mano cuando llegara la ocasión, vinieron una noche para hablar de todo lo relacionado con estos brebajes mágicos y ésta fué más o menos, nuestra conversación:

Estrella: Aquí tienen un librito de cocktails que puede ayudarnos mucho. Entre otras cosas interesantes oigan diez mandamientos escritos por Oscar Haimo, Presidente de la Asociación Internacional de Bartenders:

1. Cuando tenga duda, MIDA... MIDA con el cubilete, nunca a ojo. El arte de mezclar licores es, al fin y al cabo, un arte culinario y CUALQUIERA PUEDE DESEMPEÑARLO SI SABE SEGUIR INSTRUCCIONES.
2. Usense los mejores licores.
3. Siendo el hielo un ingrediente esencial en todo Cocktail, es preciso asegurarse de que esté limpio.
4. Cuando se mezclen bebidas que contengan jugos y azúcar, o sólo azúcar, viértanse los licores en último término.
5. Usense solamente jugos de frutas frescas; nunca jugos de frutas enlatadas.

6. No se use el jugo exprimido que haya estado más de 24 horas en el refrigerador, porque ha perdido parte de su contenido de Vitamina C.
7. Para endulzar, úsese azúcar en polvo, y no la que usan los confiteros y reposteros.
8. Cuando se diga "agítese", no se entienda "mécese"; y por otro lado si se dice "revuélvase", no se "agite". Recuérdese esto: revolviendo la mezcla la bebida resulta diáfana; agitándola, se torna nebulosa.
9. Si es posible, enfríense los vasos para el Cocktail antes de servirlo.
10. NO se deje el Cocktail en reposo; debe beberse tan pronto como se pueda después de mezclado. NUNCA sirva cocktails "ya preparados", ni bebidas mezcladas embotelladas o enlatadas.

Y estas medidas me parecen también muy útiles.

MEDIDAS STANDARD EN LOS BARES Y CANTINAS

1 galón	128 onzas	1 jigger (cubilete)		1½ onzas
¼ de galón	32 onzas	1 pony		1 onza
4/5	25 3/5 de onza	1 cucharadita		⅛ onza
1 pinta	16 onzas	1 "dash" (pizca o gota)		1/6 de Cdta.
1 vaso de vino	4 onzas			

MEDIDAS STANDARD DE LOS VASOS

Cordial	de ¾ a 1 onza	Old Fashioned	de 4 a 10 onzas
Pony	1 onza	Champagne	de 5 a 6 onzas
Whiskey	de 1 a 2½ onzas	Delmónico	de 5 a 7 onzas
Jerez	de 2 a 2½ onzas	Highball	de 8 a 10 onzas
Cocktail	de 2 a 3½ onzas	Goblet	de 8 a 12 onzas
Clarete	4 onzas	Vaso de mesa	de 8 a 12 onzas
Sauterne	4 onzas	Tom Collins	de 10 a 14 onzas

Mary: Pues a preparar con todas esas indicaciones el primer cocktail.

Joaquín: ¿Cuál? ¿Un martini? Veamos:

MARTINI

1 onza de Vermouth Seco.   2 onzas de Ginebra.

Se revuelve con hielo picado y se adorna con una aceituna o una cebollita, poniéndole una corteza de limón dentro de la copa.

Estrella: Claro, a ti que te gustan las bebidas muy secas; pero a mí que las prefiero dulces, no me complace ese cocktail. A ver el dulce:

MARTINI DULCE

1½ onzas de Vermouth Rojo.	½ cucharadita de Orange Bitters o Benedictino o
1½ onzas de Ginebra.	Crema de Menta.

Mary: A mí me sucede lo mismo. Prefiero siempre la bebida sobre lo dulce, será que como ésta es la tierra del azúcar... Yo siempre preparo el Manhattan con una cucharadita de azúcar, y aunque la receta no la lleva, sabe delicioso en esta forma:

MANHATTAN

1 onza de Vermouth Dulce.	¼ cucharadita de Angostura.
2 onzas de Rye Whiskey.	1 corteza de limón.
	1 cucharadita de azúcar.

Todo se revuelve con hielo y se adorna con una guinda.

Estrella: Bueno, ¿y en el caso que a uno no le agrade el Whiskey?
Orlando: Pues se sustituye con otra bebida, como el Ron o el Cognac. A mí también me gusta más la bebida seca, por lo cual yo preparo así mi bebida:

MANHATTAN SECO

2 onzas de Whiskey.	1 onza de Vermouth Seco.

Se revuelve con hielo picado y se adorna con una cáscara de limón.

Joaquín: ¿Te acuerdas de aquel Presidente que preparamos el día del santo de Estrellita y que gustó tanto?
Menos mal que te gusta un presidente, interrumpe Orlando. Veamos cómo se hace el

PRESIDENTE

2 onzas de Vermouth Seco.	unas gotas de Granadina.
1 onza de Ron.	

Y si hay personas que prefieren ese cocktail menos dulce lo hacen

2 onzas de Ron.	unas gotas de Granadina.
1 onza de Vermouth Seco.	

Se revuelve con pedazos de hielo hasta enfriarse, se

cuela y se coloca una guinda y una corteza de naranja.

Mary: Oye, ¿el Mojito y el Old Fashioned son una misma bebida, o se diferencian?

Joaquín: Son bastante parecidas. El Mojito Criollo se prepara así:

En un vaso de 8 onzas se echan:	1 cucharadita de azúcar.
3 ramitas de hierbabuena.	2 golpes de Angostura.
½ onza de jugo de limón.	1 rueda de limón.

Se agita con la cuchara para que la hierbabuena suelte el jugo, se agrega dos trozos de hielo y dos onzas de Ron y se termina de llenar el vaso con agua fría.

OLD FASHIONED

1 cucharadita de azúcar.	1 cucharadita de agua.
3 golpes de Angostura.	

Se revuelve el azúcar hasta que se disuelva. Se echan dos cubitos de hielo y dos onzas de Ron Añejo. Se revuelve y se adorna con una guinda, una rebanada de naranja, otra de piña y un pedacito de corteza de limón. Se sirve con una pajita o con una cuchara especial de Old Fashioned.

Estrella: Hay otro cocktail que pertenece a esta familia, por ser muy parecidos en la confección y que se sirve en el mismo vaso grueso de Old Fashioned. Es el:

COLONIAL

2 trocitos de hielo.	1 pedacito de corteza de limón.
1 golpe de Amer Picon.	
1 golpe de Curacao.	1 onza de Vermouth Rojo.
1 golpe de Angostura.	

Se revuelve bien y se sirve adornado de hierbabuena; puede adornarlo además con naranja, piña y una guinda.

Orlando: Yo creo que debiéramos hacer una lista de los cocktails preparados con las distintas bebidas. Empecemos por los de Cognac:

MENDEZ VIGO

½ onza de jugo de limón.	1½ onzas de Cognac.
1 cucharadita de azúcar.	

Se bate con hielo picado.

BRANDY COCKTAIL

2 onzas de Cognac.
4 gotas de Curacao.
el jugo de medio limón.

Se agita bien y se cuela.

STINGER (Picador)

Llene una copa de cocktail con hielo frappé. Eche partes iguales de Cognac y Menta Blanca echando siempre primero el Cognac para que se unan los dos.

Se sirve con dos pajitas.

COGNAC SOUR

el jugo de medio limón.
1 cucharadita de azúcar.
2 onzas de Cognac.
2 golpes de Angostura.

Se bate con hielo picado y se sirve en vaso Delmónico, adornándolo con una lasca de naranja, una de limón y otra de piña.

BIARRITZ

el jugo de medio limón.
½ onza de Curacao de naranja.
2 onzas de Cognac.

Se agita bien y se cuela.

NEVADO

2 golpes de Angostura.
¼ de onza de Cherry Brandy.
¼ de onza de Cointreau.
¼ de onza de Marrasquino.
1½ onzas de Cognac.

Se bate bien con hielo picado y se adorna con una guinda.

INTERNACIONAL

¼ de onza de Cherry Brandy.
½ onza de Vermouth Rojo.
1 onza de Cognac.
2 golpes de Orange Bitters.

Se revuelve bien y se cuela.

VALENCIA

$2/3$ Apricot Brandy.　　　4 gotas de Angostura.
$1/3$ jugo de naranja.

Se agita bien con hielo picado y se cuela.

Estrella: Y éste es para unos recién casados:

LUNA DE MIEL

el jugo de medio limón.　　2 onzas de Cognac de
4 gotas de Curacao.　　　　Manzanas.
4 gotas de Benedictine.

Se agita y se cuela.

Ciertas bebidas tienen su momento de tomarse, como el plus, que se toma después de las comidas y entona el estómago para recibir otras bebidas. Para el que no sea bebedor y para las damas especialmente, que prefieran algo suave que no se les vaya a la cabeza, el plus resulta muy agradable y no demasiado fuerte. De éstos el más popular es el doncellita.

DONCELLITA

Llene una copita de plus con Crema de Cacao hasta faltarle un dedo de borde. Termine de llenarla con crema de leche batida, procurando no unirla con la Crema de Cacao. Atraviese una guinda con un palito y colóquela en los bordes de la copa.

POUSSE-CAFE

Teniendo cuidado de no mezclar los licores, se vierten en una copa de licor:
$1/6$ Bombón Crema.
$1/6$ Crema de Café.
$1/6$ Menta Verde.
$1/6$ Chartreuse Verde.
$1/6$ de Cognac.

Orlando, que ha consumido este largo turno, de pronto dice: ¿Y saben ustedes que los licores pueden hacer refrescos deliciosos? Añadiéndole hielo picado y soda o agua pura a cualquier licor en un vaso grande se obtiene un refresco muy sabroso.

La voz "Cocktail" viene de la palabra "Concot", que quiere decir "confeccionar" o "mezclar". Y si no es así... debiera serlo.

Pero aquí—dice Estrella—, aquí está la receta del Ciruelón que hacía abuela:

CIRUELON

una botella de aguardiente de caña.	3 orejones de pera.
6 ciruelas pasas moscatel sin semillas.	1 ramito de hierbabuena.
	1 ramito de hierba Luisa.
3 orejones de albaricoque.	1 ramito de toronjil.
3 orejones de manzana.	azúcar candy al gusto.

Estos ingredientes se echan en una botella de boca ancha y se guarda bien tapado algunos meses antes de tomarlo.

Y también la Creme de Vie de Eva Ubeda de Valdés Fauli.

CREME DE VIE

1 lata de leche evaporada.	1 taza de Cognac.
3 yemas.	2 tazas de azúcar.
1 lata de leche condensada.	1 taza de agua.
	1 cucharadita de vainilla.

Se bate la leche evaporada con las yemas, se le agrega gradualmente la leche condensada y el Cognac. Se hace un almíbar doble con las dos tazas de azúcar y la taza de agua, se enfría y se le añade a la mezcla anterior. Por último se le agrega la vainilla.

Bien, dice Orlando, los siguientes cocktails se preparan con Whiskey:

COTILLON

4 gotas de jugo de limón.	4 gotas de Cointreau.
4 gotas de jugo de naranja.	2 onzas de Borbón.
	2 gotas de Ron.

Se agita bien y se cuela.

ROB ROY

¾ onza de Vermouth dulce.	1 gota de Amargo de Angostura.
2 onzas de Whiskey escocés.	

Se revuelve, se cuela y se decora con una cereza.

JULEP DE MENTA (Mint Julep)

2 onzas de Borbón.   4 ramitas de Menta.
½ cucharadita de azúcar.

Se machaca con el revolvedor. Se llena el cubilete de plata o el vaso grande con hielo raspado. Se revuelve hasta que el cubilete o vaso esté frío por fuera. Se decora con ramitas de Menta. Se sirve con pajillas.

TERREMOTO (Earthquake)

1 onza de Ginebra.   ¾ onzas de Ajenjo (o sustituto).
1 onza de Borbón.

Se agita y se cuela.

NEW YORKER

½ onza de jugo de limón.   2 onzas de Whiskey.
1 golpe de Granadina.

Se bate bien con hielo picado y se cuela en copas de cocktail. Se retuerce un pedacito de corteza de limón sobre el cocktail.

TIPPERARY

1 onza de Vermouth dulce.   1¼ onzas de Whiskey irlandés.
½ onza de Chartreuse Verde.

Se agita con hielo y se cuela.

ADMIRAL

½ onza de jugo de limón.   1 onza de Whiskey Borubon.
1½ onzas de Vermouth Rojo.

Se bate bien con hielo picado y se sirve en copas de cocktail. Se retuerce un pedacito de corteza de limón món sobre el cocktail.

**El Burdeos es como los ojos risueños de una mujer.
El Borgoña como los labios sonrientes de una joven.**

COSTA BARBARA (Barbary Coast)

½ onza de crema de leche fresca.
¾ onza de Crema de Cacao.
¾ onza de Ginebra.
¾ onza de Whiskey escocés.

Se agita bien con hielo raspado y se cuela. Se sirve en vaso Delmónico.

HIGHLAND COCKTAIL

1½ onzas de Vermouth Rojo.
1½ onzas de Whiskey escocés.
1 golpe de Angostura.

Se revuelve con varios cubitos de hielo y se sirve bien frío en copas de cocktail.

SOCIEDAD (Society Cocktail)

¾ onza de Vermouth Seco.
4 gotas de Granadina.
2 onzas de Ginebra.

Se bate bien con hielo picado y se cuela.

SONRISA REAL (Royal Smile)

el jugo de medio limón.
4 gotas de Granadina.
2 onzas de Ginebra.
½ onza de Cognac de Manzanas.

Se bate bien con hielo picado y se cuela.

SEÑORA ROSADA (Pink Lady)

el jugo de medio limón.
4 gotas de Granadina.
4 gotas de Cognac de Manzanas.
2 onzas de Ginebra.
1 clara de huevo.

Se enfría bien con hielo picado, se agita y se cuela.

TUXEDO

½ onza de Jerez Seco.
1½ onzas de Ginebra Booth.
1 golpe de Orange Bitters.

Se revuelve con varios cubitos de hielo y se sirve

bien frío en copas de cocktail. Si se desea se adorna con una aceituna.

PARISIENSE

1 onza de Vermouth Seco.
1½ onzas de Ginebra.
3 gotas de Crema de Cassis.

Se agita bien con hielo picado y se cuela.

SEÑORA BLANCA (White Lady)

½ onza de jugo de toronja.
½ onza de Cointreau.
1½ onzas de Ginebra Booth.

Se bate con hielo picado y se sirve en copas de cocktail.

DORADO AMANECER (Golden Dawn)

¾ onza de Cognac de Albaricoque.
¾ onza de jugo de naranja.
¾ onza de Brandy de Manzana.
¾ onza de Ginebra.
2 gotas de Granadina.

Se agita con hielo y se cuela.

HONOLULU

el jugo de medio limoncillo.
½ onza de jugo de piña.
1½ onzas de Ginebra.
4 gotas de Curacao.

Se agita bien con hielo picado y se cuela.

BIJOU

½ onza de Chartreuse.
4 gotas de Vermouth dulce.
2 onzas de Ginebra.

Se revuelve y se cuela. Se decora con una cereza y se pone una cáscara de limón encima.

ALEXANDER I

½ onza de crema fresca.
¾ onza de Crema de Cacao.
1½ onzas de Ginebra.

Se bate con hielo picado y se cuela.

Joaquín: Y no nos olvidemos de los cocktails hechos con nuestro Ron cubano; conmenzando por el Daiquirí la bebida mundialmente famosa, tan popular entre los buenos catadores. Aquí están dos de las recetas de Daiquirí:

DAIQUIRI I

½ onza de jugo de limón.
1 cucharadita de jugo de naranja.
1 cucharadita de azúcar.
2 gotas de Curacao.
2 onzas de Ron Carta Blanca.
hielo picado.

Se disuelve el azúcar en el jugo de frutas, se agrega Curacao, el hielo y por último el Ron. Se bate bien, se cuela y se sirve en copas de Champagne.

DAIQUIRI II

1 cucharadita de azúcar.
½ onza de jugo de limón.
1 cucharadita de jugo de toronja.
1 cucharadita de Marrasquino.
2 onzas de Ron Carta Blanca.
hielo frappé.

Se disuelve el azúcar en el jugo de frutas, se agrega el hielo, por último el Marrasquino y el Ron. Se bate bien y se sirve en copas de Champagne.

MARY PICKFORD

¾ onza de jugo de piña.
2 onzas de Ron.
3 gotas de Granadina.

Se enfría con hielo picado, se agita y se cuela.

OBSERVADOR

1 cucharadita de Granadina.
2 golpes de Curacao.
2 golpes de Apricot Brandy.
2 onzas de Ron Carta Oro.

Se agita y se cuela.

OLAMARINA (Beachcomber)

el jugo de medio limoncillo.
½ onza de Cointreau.
2 gotas de Marrasquino.
2 onzas de Ron.

Se sirve en copas de Champagne con hielo raspado puesto a su alrededor. Se sirve con pajilla corta.

MULATA

½ onza de jugo de limón.
1 cucharadita de azúcar.
1 onza de Ron Carta Blanca.
1 onza de Elíxir Bacardí.

Se disuelve el azúcar en el jugo de limón, se agrega la bebida y se cubre con hielo picado, se bate bien en la coctelera y se sirve en copas de cocktail.

TIGRE VOLADOR

2 golpes de Angostura Bitters.
1 golpe de Granadina.
½ onza de Ginebra Booth.
1½ onzas de Ron Carta Oro.

Se bate bien con hielo en la coctelera, se sirve en copas de cocktail.

BLACK MAGIC

½ cucharadita de azúcar.
½ onza de jugo de toronja.
½ onza de Crema de Cacao.
1½ onzas de Ron Carta Blanca.

Se bate bien con hielo picado en la batidora y se sirve en copas de cocktail.

SUPREMO

1 cucharadita de azúcar.
1 onza de jugo de toronja.
1 onza de Ron Añejo.
1 onza de Vermouth Seco.
3 golpes de Marrasquino.

Se bate bien con hielo picado en la coctelera y se sirve en copas de cocktail.

SANTIAGO

½ onza de jugo de limón.
½ cucharadita de azúcar.
2 onzas de Ron Carta Blanca.
1 golpe de Curacao rojo.

Se bate bien con hielo frappè y se sirve en copas de cocktail.

NACIONAL

2 onzas de Ron.
½ onza de jugo de piña.
3 gotas de jugo de limón.
3 gotas de Cognac de Albaricoques.

Se agita bien con hielo picado y se cuela.

TOM COLLINS

Usese un vaso grande de hielo picado.
El jugo de un limón.
1 cucharadita de azúcar.
2 onzas de Ginebra.

Se llena con ginger-ale y se revuelve bien.

SABROSURA

1 onza de crema de leche.
1 onza de Crema de Cacao.
½ onza de Cointreau.
1½ onzas de Ron Carta Oro.

Se bate bien con hielo picado en la batidora y se sirve en copas de cocktail.

Allá voy yo—dice Joaquín— con los Flips: Hay una receta básica por la cual se rigen todos los Flips de distintas bebidas. Consisten de licores y vinos mezclados con huevos. Hay el Flip de Cognac, el de Vino Clarete, de Jerez, de Oporto, de Ron y de Whiskey.

FLIP DE OPORTO

1 cucharadita de azúcar.
1 huevo entero.
2 onzas de Oporto.

Se agita bien con hielo y se cuela. Nuez moscada encima. Se sirve en vaso de vino.

Estrella: ¿Y qué me dices de los "Sours" y los "Cobblers"?
Joaquín: Los "Sours" se parecen a los Rickeys en la preparación.

RICKEY DE COGNAC

Póngase en un vaso de high-ball:
el jugo y la cáscara de ½ limón.
un pedazo de hielo.
1½ onzas de Cognac.

Se llena con ginger-ale y se revuelve.

Y los "Sours" se preparan de la misma manera, empleando la bebida preferida.

SOUR DE WHISKEY

el jugo de medio limón.   2 onzas de Whiskey.
1 cucharadita de azúcar.

Se agita bien con hielo y se cuela. Se decora con rebanadas de naranja y cereza. Se sirve en vaso Delmónico. Se echa un chorro de ginger-ale o agua mineral encima.

Los "Cobblers" son una especie de granizados servidos en vaso de mesa.

COBBLER DE JEREZ

3 onzas de Jerez.   cáscara de limón.
1 cucharadita de azúcar.

Se revuelve y se decora con fruta y una ramita de menta.

COBBLER DE RON

llénese un vaso de mesa   2 gotas de jugo de limón.
con hielo raspado.   4 gotas de Curacao.
2 onzas de Ron.

Se revuelve y se decora con fruta y una ramita de menta.

COBBLER DE VINO OPORTO

llénese un vaso de mesa   3 onzas de Vino Oporto.
con hielo raspado.   4 gotas de Curacao.

Se revuelve y se decora con fruta y una ramita de menta.

COBBLER DE SAUTERNE

llénese un vaso de mesa   3 onzas de Sauterne.
con hielo raspado.   4 gotas de Curacao.

Se revuelve y se decora con fruta y una ramita de menta.

Mary: ¿Y estos "Daisies" (Margaritas) son muy sabrosos? También para ellos una receta sirve de modelo para las demás, que pueden ser de Whiskey, Ron, Cognac, Ginebra o Brandy de Manzanas (en este último caso se denomina Star Daisy), y se toman en vasos de mesa con hielo raspado.

DAISY DE COGNAC

el jugo de medio limón.   1½ onzas de Cognac.
4 gotas de Granadina.

Se sirve en vaso de mesa con hielo raspado y se echa un chorro de agua mineral encima. Se adorna con fruta. Se revuelve.

Joaquín: Hay otras bebidas que resultan refrescantes y decorativas, que se llaman "Cups" en su preparación siempre interviene el vino. Se preparan en grandes recipientes si es para muchas personas o en jarra de cristal tallado. Se toman con preferencia en las comidas y fiestas sociales. Se parecen algo a los ponches.

CARDENAL CUP

Póngase en una jarra de "Cup":
1¼ libras de fresas con bastante azúcar.

agréguese una botella de Vino Blanco.
½ botella de Vino Tinto.
azúcar al gusto.

Se deja reposar durante una hora y se sirve frío.

ALBARICOQUE CUP

Póngase en una jarra de "Cup":
12 albaricoques mondados y deshuesados, cortados en pedacitos con bastante azúcar.

Se agregan 2 botellas de Vino Blanco y se deja reposar durante ocho horas.
Se coloca el recipiente sobre hielo, añadiendo antes de servir 1 botella de agua efervescente.

El Champagne es el vino francés por excelencia. Alegre, petulante, ruidoso, escandaloso, mujeriego y fanfarrón, con una apariencia terrible de calavera, pero excelente muchacho en el fondo.
El Champagne es demasiado frívolo para acompañarlo de una comida seria; pero si quiere usted beberlo, bébalo siempre muy seco, que son los de mejor calidad.

PIÑA CUP

Póngase en una jarra de "Cup":
1 piña pelada y cortada en rodajas. Se deja reposar durante hora y media con 3 cucharadas de azúcar y 1 botella de vino Blanco. Se le agrega otra botella de vino Blanco y se deja el recipiente sobre el hielo. Al tiempo de servirse se le añade 1 botella de Champagne.

WINE CUPS

Usese un jarro y hielo picado; lo mismo puede hacerse con vino Blanco, Champagne o Sidra.
4 gotas de jugo de limón.
5 tajadillas finas de limón y naranja.
4 pedacitos de rebanadas de piña.
6 cerezas Marrasquinas.
2 pedacitos de cáscara de pepino.
1 pony de Cognac.
1 pony de Chartreuse Amarillo.
4 gotas de Marrasquino.
¼ de vino Blanco, Champagne o Sidra.
ramitos de menta encima.

Se llena con agua mineral.

Mary: He oído hablar mucho de los "Fizzies". Los americanos son muy adictos a esta bebida, particularmente al Gin-Fizz.

GIN-FIZZ

Póngase en la coctelera unos pedacitos de hielo, añádase 1 copita de Ginebra.
1 cucharadita de azúcar y el jugo de ½ limón.

Se agita muy bien y se sirve en vaso mediano terminado de llenar con sifón.

BUCKS-FIZZ

el jugo de media naranja.

Y se acaba de llenar con Champagne.

Estrella: Hemos pasado por alto los "Collins", que son tragos preparados con limón, licores y ginger-ale.

Orlando: Yo creía que solamente existía el Tom Collins.

Estrella: Bueno, todos se derivan del Tom Collins, pues llevan los mismos ingredientes, sustituyendo la Ginebra por la bebida que se prefiera. Hay "Collins" de Whiskey, de Cognac, de Brandy de Manzana o de Ron. El Tom Collins se prepara lo mismo el de Ron, Cognac o Whiskey. Veamos el de Ron:

COLLINS DE RON

En un vaso de 12 onzas se echa:	1 ó ½ onza de jugo de limón.
	1 cucharadita de azúcar.

Se disuelve bien el azúcar en el limón y se agrega dos o tres cubitos de hielo, se echa una y media onza de Ron y se termina de llenar el vaso con agua mineral efervescente. Se revuelve con un removedor de cristal y si se desea puede adornarse con una guinda y una lasca de naranja.

Estrella: También tenemos los ponches que son tan convenientes cuando hay grandes fiestas.

PONCHE DE RON

el jugo de 6 toronjas.	5 onzas de Anisette.
el jugo de 4 piñas.	1 botella de Ron Carta Blanca.
4 libras de azúcar.	
8 onzas de Angostura Bitter.	2 litros de Vermouth Blanco dulce.
5 onzas de Amer Picon.	6 medias botellas de Sidra.

Se cuelan los jugos de frutas por un paño fino y se agregan el azúcar y los demás ingredientes, menos la sidra. Se vierte en una sorbetera o en una ponchera rodeada de hielo para que se enfríe bien. Se deja por espacio de varias horas (cuatro u ocho horas) y se agrega la sidra bien fría, una hora antes de servirlo. Suficiente para veinticinco personas.

PONCHE DE NARANJA

6 naranjas (jugo).	1 litro agua mineral efervescente.

Se endulza a gusto y se pone en una ponchera y se añade:

½ litro de Ron Carta Blanca.	2 onzas de Curacao.
	un gran trozo de hielo.

Se sirve frío. Da aproximadamente para 12 personas.

PONCHE CLARETE

- ¾ litro de jugo de limón.
- 3 ¼ libras de azúcar disuelta en agua.
- 12 botellas de vino Tinto Clarete.
- 1 ½ botellas de Jerez Seco.
- ½ botella de Cognac.
- 6 botellas de ginger-ale.
- 6 botellas de agua mineral efervescente.
- 8 onzas de Añejo.
- 1 taza de Marrasquino.

En una ponchera se echa el jugo de limón, el azúcar y las bebidas alrededor de veinticuatro horas antes de servirlo, se agrega el ginger-ale y el agua mineral se vierte en una sorbetera para que se enfríe bien. Si parece muy fuerte, se añade agua mineral hasta que alcance a 5 galones. Se adorna con rodajitas de frutas. Suficiente para sesenta personas.

PONCHE DE VERANO

- 6 onzas de jugo de piña.
- 6 naranjas (jugo).
- 6 limones (jugo).
- ¾ taza de azúcar en polvo.
- 1 ½ botellas de Ron Carta Blanca.
- 4 botellas de ginger-ale.

Se cuelan los jugos de frutas por un paño de vajilla fino, se agrega el azúcar y se echa en una ponchera rodeada de hielo, se agregan los demás ingredientes y se revuelve para que se enfríe. Se echan rodajitas de naranja y limón, pedacitos de piña y guindas. Suficiente para diez personas.

PONCHE REAL DE CHAMPAGNE

Calcule aproximadamente ¾ de litro de Champagne para cada invitado. Por cada botella de Champagne eche:

- ½ litro de agua mineral efervescente.
- 4 onzas de Marrasquino.
- 4 onzas de Chartreuse amarillo.
- 8 onzas de Cognac.

Se vierte todo en una ponchera rodeado de hielo. Se adorna con rodajitas de limón y naranja. Se sirve bien frío.

¿Acabamos?, dice Orlando. Hemos hecho y tomado tantos cocktails que estoy mareado. ¿Quién se acuerda, a ver, de los brindis en los distintos idiomas?

Mary: Pues aquí tengo unos cuantos que me mandó Mercy González Fantony de Tarafa.

Y, junto con los cocktails que para ti hemos recopilado, brindemos, lector, primero:

      CUBA: Por tu salud,
     ESPAÑA: Salud, amor y pesetas y tiempo para gastarlas,
  ESTADOS UNIDOS: Here's to you o Here's to your health,
    INGLATERRA: Cheerio bottoms up,
     FRANCIA: Santé o A votre santé,
      SUECIA: Skool,
     HOLANDA: Up Ow y Gesondheit,
    ALEMANIA: Prosit y Zum Wohle.
      INDIA: Ram! Ram!
      HAWAI: Kou ola kino
         Kamau
         Papa ku maluna
         Okole maluna

APARTADO 928
CABLE Y TELEGRAFO:
  "ETERNA"

J. Gallarreta y Cía., S. A.

IMPORTADORES DE VIVERES FINOS,
VINOS Y LICORES

MERCADERES 113-115
TELEFONO M-3987
HABANA

Ron Añejo 75

De sabor agradable, exquisito en high balls
Insuperable solo (straight)

Añejado por Años

Elaboración esmerada con mieles especiales

Un Producto ARECHABALA

GELATINA DE SALMON Y ESPARRAGOS

Por Silvia Capin y de Hoyo

INGREDIENTES:

- 1 paquete de gelatina (sabor de limón).
- 2 tazas de agua tibia.
- 2 cucharadas de vinagre.
- 1 lata de salmón o bonito.
- ½ taza de mayonesa.
- 1 latica de puntas de espárragos (picaditos).
- lechuga.
- aceitunas negras rellenas.

PREPARACION:

Se disuelve la gelatina en el agua tibia y se le añade el vinagre. Aparte se une el salmón con la mayonesa y los espárragos, uniendo esto a la gelatina. Se engrasa un molde con aceite, se humedece con agua helada y se vierte la gelatina. Se lleva al refrigerador hasta que esté firme. Se desmolda y se adorna con hojas de lechuga y ruedas de aceitunas negras.

NOTA: Puede utilizarse el agua de los espárragos para disolver la gelatina, añadiéndole agua hasta completar la cantidad indicada.

PESCADO RELLENO

Por Carmen Cepero y Arce

INGREDIENTES PARA EL PESCADO:

- 1 pargo de 4 libras.
- 1 cucharada de sal.
- 1 cucharadita de pimienta.
- ¼ taza de jugo de limón.
- 1 cebolla grande en ruedas.
- 1 ají grande en ruedas.
- ½ taza de puré de tomate.
- ½ taza de aceite.
- ¼ taza de vinagre.

PREPARACION:

Se limpia el pescado quitándole el espinazo para poderlo rellenar. Se sazona con sal, pimienta y jugo de limón. Se rellena cosiéndose por el lado abierto con las agujas especiales. Se cubre el fondo de una pescadera con las ruedas de cebollas y ají, se coloca el pescado sobre esto y se le añade puré de tomate, aceite y vinagre. Se hornea a 350° F. de cincuenta a sesenta minutos. Se puede colar la salsa para servirlo o también se puede servir con salsa mayonesa.

INGREDIENTES PARA EL RELLENO:

- 1 libra de papas.
- 1 cucharada de mantequilla.
- 1 cucharadita de sal.
- ½ cucharadita de pimienta.
- 1 cebolla picadita.
- 2 huevos duros picaditos.
- 6 aceitunas picaditas.
- 2 cucharadas de perejil picadito.

PREPARACION:

Se hierven las papas y se reducen a puré añadiéndole la mantequilla y los restantes ingredientes. Se deja refrescar antes de usarlo.

BOLITAS DE CARNE PARA COCKTAIL

(Estilo Venezolano)

Por Mireya Comas Pérez

INGREDIENTES:

- 2 libras de palomilla.
- 2 dientes de ajo.
- 1 pepino seco.
- 1 ají pequeño.
- 1 cucharadita de sal.
- ½ cucharadita de pimienta.
- ¼ libra de trigo.
- manteca para freír.

PREPARACION:

Se muele la carne dos veces por la cuchilla fina, junto con los ajos, el pepino y el ají; se revuelve bien, se le agrega la sal y la pimienta y se sigue uniendo todo. De antemano se tiene en remojo el trigo triturado el que se ha lavado antes de remojarlo. (El trigo debe estar blando pero no desbaratado). Se une el trigo (bien escurrido) con la carne y se revuelve todo. Se hacen bolitas con las manos, procurando que todas queden de igual tamaño y se van friendo en manteca muy caliente hasta que se doren. Por cada libra de carne se emplea un octavo libra de trigo.

ARROZ RELLENO

Por Mireya Comas Pérez

INGREDIENTES:

12 tazas de agua.
1 pollo de tres libras.
1 mazorca de maíz tierno.
1 ají pequeño.
1 cucharadita de bijol.
½ lata de puré de tomate.
1 cebolla mediana.
2 dientes de ajo.
1½ libras de arroz Valencia.
1 taza de manzanilla.
sal a gusto.
½ taza de salsa mayonesa.
1 lechuga americana.
1 lata de puntas de espárragos.
1 lata de petit-pois.

PREPARACION:

Se hace un buen caldo con el agua, el pollo, maíz, ají y bijol. Cuando el pollo esté blando se saca, se enfría, se le quitan los pellejos y los huesos y se desmenuza. En una cazuela se sofríe el puré de tomate, la cebolla y los ajos (molidos) junto con el arroz Valencia (previamente lavado). Cuando el arroz está doradito, se le agregan cuatro tazas de caldo, la taza de manzanilla y la sal. Se deja a fuego lento. Cuando el arroz esté blando, pero lo suficiente mojado para moldearlo, se vierte la mitad del arroz dentro de un molde ligeramente untado de mayonesa en el fondo y paredes. Después de la primera capa de arroz, se le agrega el pollo desmenuzado y el resto de la mayonesa esparcida por encima del pollo. Sobre la mayonesa se pone otra capa de arroz. O sea, entre capa y capa de arroz, el relleno de pollo y mayonesa. Se aprieta ligeramente haciendo presión con una cuchara, e inmediatamente antes de que se enfríe se desmolda a la fuente donde se va a servir el arroz (que debe tener igual forma que el molde, o redondo o rectangular para que luzca más bonito). En la fuente se coloca un fondo de lechuga y encima del arroz pondremos puntas de espárragos o tiritas de pimientos morrones y el petit-pois. Suficiente para seis personas.

Gregorio Marañón ha afirmado: "Quien come seis naranjas diarias no sólo no coge la grippe, sino que aumenta su vigor. La naranja es la fruta que más vitaminas contiene."

CAKE DE QUESO CREMA

Por Milly Fernández Flamand

INGREDIENTES PARA LA CUBIERTA:

    1 paquete de galletas (bizcochos de seis onzas).
    ¼ taza de mantequilla (derretida).
    ¼ taza de azúcar.
    1 cucharadita de canela en polvo.

PREPARACION:

Se rallan los bizcochos y se reducen a polvo con el rodillo, se unen a la mantequilla, ya derretida, al azúcar y a la canela. Se guarda media taza de esta preparación para la cubierta del cake; el resto se pone apretándolo firmemente por el fondo y lados de un molde.

INGREDIENTES PARA EL RELLENO:

    1 libra de queso crema.
    ¾ taza de azúcar en polvo.
    ¼ cucharadita de sal.
    2 cucharadas de harina.
    4 yemas de huevo.
    1 cucharadita de zumo de limón.
    1 cucharadita de cáscara de limón.
    ½ taza de leche.
    ½ taza de crema de leche doble.
    4 claras.

PREPARACION:

Se desbarata y se ablanda el queso, se bate hasta que esté ligero y esponjoso. Se ciernen juntos los ingredientes secos (azúcar, sal y harina) y se mezclan con el queso. Se baten las yemas hasta que estén espesas y de color claro, se le agrega el zumo y ralladura de limón. Se le añade lentamente la leche y la crema, y se liga todo bien. Se baten las claras "casi" a punto de merengue y se incorporan con un movimiento envolvente. Se vierte la mezcla en el molde con papel engrasado y se echa encima lo preparado anteriormente. Se hornea a 350° F. durante una hora y media.

Una de las formas de alimentación más selectiva es la llamada Paisajeterapia: como sepamos mirar los árboles, el cielo y los pastos, se nutrirá nuestro espíritu de deleite y de alegría... y ésta es el sol de nuestra alma.

HELADO BISCUIT

Por Gloria de la Guardia y Auñón

INGREDIENTES:

¾ taza de agua.
¾ taza de azúcar
4 yemas.
1 cucharadita de leche o agua.
1 cucharadita de sal.

1 lata de leche evaporada pura.
4 claras.
1 cucharadita de gelatina simple.
¼ taza de agua fría.

PREPARACION:

Se hace un almíbar ligera, con el agua y el azúcar. Aparte se disuelven las yemas en la cucharada de leche o agua. Al almíbar caliente se le agregan estas yemas batidas, poco a poco, y revolviendo bien para que no se corte. Se cuela todo, se le echa la sal. Se pone a enfriar en el refrigerador ligeramente. Se bate la leche evaporada, que debe estar bien fría, hasta que esté cremosa y se le va uniendo la mezcla anterior sin dejar de batir; se le añaden las claras batidas a punto de merengue y, por último, se le agrega la gelatina que se disuelve en la siguiente forma: Se disuelve la cucharadita de gelatina en un cuarto de taza de agua fría y se deja endurecer, después se pone al baño-maría hasta que se disuelva bien. Después de unido todo esto, se vierte en una gaveta del refrigerador, como cualquier otro helado.

PAN DE MAIZ

Por Gloria de la Guardia y Auñón

INGREDIENTES:

6 onzas de mantequilla.
2 tazas de azúcar.
6 yemas.
2 tazas de harina.
2 tazas de harina de maíz fina (americana).

2 cucharaditas de polvos de hornear.
1 pizca de sal.
1 taza de leche de vaca.
6 claras.
2 cucharadas de ajonjolí tostado.

PREPARACION:

Se bate la mantequilla con el azúcar hasta disolverla bien. Se agregan las yemas una a una, batiendo. Aparte se cierne la harina dos veces y se mide des-

pués. Se le agrega la harina de maíz, los polvos de hornear y la sal; después de todo unido se le agrega a la mezcla anterior, alternando con la leche. Por último se baten las claras a punto de nieve y se le agrega. Se tuesta ligeramente el ajonjolí y se le une todo a la mezcla revolviéndolo todo bien. En un molde rectangular engrasado y con papel encerado se hornea esta mezcla por espacio de una hora a 375° F. Se prueba con un palillo, para saber si está cocinado, hasta que salga limpio.

PIZZAS

Por Carmen Herrera Espinosa

INGREDIENTES:

- 2 tazas de harina.
- 3 cucharaditas de polvos de hornear.
- 1 cucharadita de sal.
- $1/3$ taza de aceite.
- $1/3$ taza de leche.
- aceite para brochear.
- salsa de tomate.
- $1/2$ libra de queso.

PREPARACION:

Se ciernen juntos, harina, polvos de hornear y sal. Se unen en una taza bola el aceite y la leche y se vierten de golpe sobre los ingredientes secos, revolviendo con un tenedor hasta formar una bola y queden limpias las paredes del recipiente. Se amasa diez veces sin añadirle harina. Se extiende la masa sobre dos papeles encerados a que tenga medio centímetro de grueso. Se cortan seis círculos de nueve centímetros de diámetro y se ponen en una tartera o plancha sin engrasar. Se brochean con aceite los círculos de masa y se cubre cada uno con la salsa de tomate. Se hornea a 400° F. por quince minutos. Se sacan del horno y se cubren cada uno con tiras de queso en forma de estrella. Se reduce la temperatura del horno a 350° F. y se hornean las "pizzas" por cinco minutos más.

INGREDIENTES PARA LA SALSA DE TOMATE:

- 1 taza de tomates estofados y escurridos.
- $1/2$ taza de aceitunas rellenas picaditas.
- 2 cucharadas de cebolla picadita.
- $1/4$ cucharadita de orégano.
- $1/2$ cucharadita de sal.
- $1/8$ cucharadita de pimienta.

PREPARACION:

Se pican los tomates y se unen con los restantes ingredientes y se ponen al fuego por unos minutos. Se escurre la salsa antes de cubrir las "pizzas".

PARFAIT DE ALBARICOQUES

Por Maggie Heymann y Boza

María: quiero poner en tu obra mi granito de arena y te mando una de mis recetas preferidas. Mis recetas son simples y sencillas, no son como las de mamy, platos complicados y de difícil confección y en general prefiero *cocinar* en el refrigerador que en la cocina.

INGREDIENTES:

2 tazas de azúcar.
1 taza de agua.
1 lata de leche evaporada pura.

1 lata No. 2 de jugo de albaricoques.
marshmallow.
cerezas y albaricoques para adornar.

PREPARACION:

Se hace un almíbar de medio punto con el azúcar y el agua; se deja refrescar. Se bate la leche evaporada, que debe estar helada, en la batidora en un depósito rodeado de hielo, hasta que monte. Se une el jugo de albaricoque con la misma cantidad de almíbar y se agrega a la leche evaporada. Se bate todo junto por varios minutos. Se pone en las gavetas del refrigerador por espacio de hora y media a dos horas. Se sirve en copas con una cucharada de marshmallow derretido a baño-maría y se adorna con cerezas y pedacitos de albaricoque de lata.

BOCADITOS "CALLAS"

Por Elena Pedroso y Pujals

INGREDIENTES:

1 queso crema de seis onzas.
1 lata de crema de espárragos.
16 rebanadas de pan de molde, sin la corteza, picadas muy finas.

mantequilla.
1 lata de puntas de espárragos.
polvo de yema de un huevo duro.

PREPARACION:

Se maja bien el queso y se le agrega la crema de espárragos. Se unta el pan con mantequilla y se extiende sobre el pan la mezcla. Se pone en el centro del pan un espárrago cuya punta ha sido introducida en el polvo de yema, y se doblan los lados del pan sobre ella, dándole la forma de calla. Para menos trabajo se pueden hacer bocaditos corrientes en forma de pañuelo, etc. Para que se mantengan frescos los bocaditos se cubren con una servilleta húmeda hasta el momento de servirlos.

SALSA PARA CARNES

Por Elena Pedroso y Pujals

INGREDIENTES:

⅛ libra de mantequilla.
1 pomo mediano de cebollitas picaditas.
½ taza de Salsa A-1.
½ taza de salsa inglesa.

PREPARACION:

Se pone la mantequilla y las cebollitas en una sartén y se cocina a fuego lento hasta que las cebollitas estén doradas. Se unen las dos salsas y se vierten en la sartén. Se sigue cocinando a fuego lento hasta que hierva. Se baja del fuego y se vierte sobre la carne. Muy sabrosa con la carne en Brochette, filete, rosbif, etc.

CARNE EN BROCHETTE
(Carne en pincho)

Por Elena Pedroso y Pujals

INGREDIENTES:

4 libras de fileticos de puerco.
el jugo de dos naranjas agrias.
sal y pimienta a gusto.
1 libra de bacon.
1 libra de jamón en dulce.

PREPARACION:

Se ponen los fileticos en adobo de naranja agria, sal y pimienta por espacio de media hora. Se cortan el puerco, bacon y jamón en pedazos medianos y se colocan alternándolos en el pincho. Se empie-

za con el puerco, le sigue el bacon y después el jamón, así sucesivamente hasta llenar el pincho. Se pone en horno mediano (250° F.) en la parrilla y se cocina por espacio de media hora. Se puede utilizar también en vez de fileticos de puerco, hígado, carnero o riñón. Se pueden servir en los pinchos o si se quiere evitar trabajo a los comensales, sacarlos con cuidado del pincho y servirlos en hileras en la fuente. Sirve aproximadamente para diez personas.

GALLETICAS

Por Carmen Peral y Guerrero

INGREDIENTES:

½ taza de manteca vegetal o mantequilla.
1 taza de azúcar turbinada (americana).
½ taza de azúcar blanca.
2 huevos.
1 taza de leche evaporada pura (sin diluir).

1 cucharadita de vainilla.
2¾ tazas de harina.
½ cucharadita de soda de hornear.
1 cucharadita de sal.
1 taza de nueces picadas.

PREPARACION:

Se mezcla bien la grasa, el azúcar y los huevos. Se añade a la mezcla (revolviendo) la leche y la vainilla. Se ciernen juntos la harina, la soda de hornear y la sal. Se añaden después de cernidos a la mezcla anterior. Se agregan las nueces picadas. Se pone todo en el refrigerador durante una hora. Se calienta el horno a 375° F. Se saca la mezcla del refrigerador y se reparte con una cuchara redonda, a dos pulgadas unas de otras sobre la plancha de hornear, sin engrasar ésta. Se hornea durante diez minutos—más o menos—hasta que estén ligeramente doradas. Se cubren las galleticas antes de que se enfríen con un glacé de mantequilla y se adornan con la mitad de una nuez.

INGREDIENTES PARA EL GLACE DE MANTEQUILLA:

2 cucharadas de mantequilla.
2 tazas de azúcar blanca de paquete.

¼ taza de leche evaporada pura (sin diluir).

PREPARACION:

Se calietan las dos cucharadas de mantequilla hasta que estén bien doradas. Se bate bien la mantequilla caliente con las dos tazas de azúcar hasta que la mezcla esté suave. Se agrega el cuarto de taza de leche evaporada pura.

VARIACIONES: Estas galleticas pueden hacerse del mismo modo sustituyendo la taza de nueces picadas o: por una taza de coco rallado; por una taza de dátiles sin semillas picaditos; por una taza de pasas sin semillas; por un paquete de seis onzas de goticas de chocolate semi-dulce.

MANTECADO

Por Alina Pons y Menéndez

INGREDIENTES:

1 taza de azúcar.	3 yemas.
2 cucharaditas de maicena.	2 cucharaditas de vainilla.
⅛ cucharadita de sal.	3 claras.
2 tazas de leche evaporada pura.	3 cucharaditas de azúcar.

PREPARACION:

Se une el azúcar, la maicena y la sal, se agrega la leche, uniéndolos bien. Se pone al baño-maría hasta que espese, revolviendo siempre. Se retira del fuego. Se baten bien las yemas y se le agrega poco a poco la crema de leche sin dejar de revolverla. Se vuelve a poner al fuego a baño-maría y se revuelve hasta que pinte una cuchara de metal, punto de crema ligera. Se retira del fuego, se le agrega la vainilla y se pone a enfriar. Se baten a punto de nieve las claras y se le agrega poco a poco el azúcar. Se une a la crema ya fría y se coloca en las gavetas del congelador hasta que cuaje.

Psicólogos experimentados, con orientación tan moderna como los americanos, han arribado a la comprobación, que no hay nada que entretenga, recree y despreocupe más, que la contemplación de los colores: el alma tiene también su apetito, y hay que nutrirla con hermosos paisajes.

PESCADO A LA CREMA EN CESTICOS DE PAN

Por Margarita Regueira y Rodríguez

INGREDIENTES:

16 lascas de pan de leche sin corteza.
3 cucharadas de ajíes picados finos.
3 cucharadas de aceite.
3 cucharadas de pimientos morrones picados finos.
1 taza de bonito picadito.
½ taza de leche.
1 lata de sopa de espárragos.
2 huevos duros picaditos.
½ cucharadita de sal.
¼ cucharadita de pimienta.
1 huevo duro picadito para adornar.

PREPARACION:

Se coloca cada lasca de pan en un moldecito individual; se adapta bien el pan a formar con el mismo pequeños cesticos y que les queden las cuatro puntas del pan hacia arriba. Se hornea a 400° F. hasta que los cesticos de pan estén doraditos. Se retiran del horno, se dejan refrescar y con mucho cuidado se sacan los cesticos. Se ponen al fuego lento a cocinar, el ají en la grasa. Se agregan pimientos morrones, bonito y se dejan unos minutos al fuego. Se une la leche a la sopa revolviendo, los huevos duros, sal y pimienta y esta mezcla se une a la de pescado. Se revuelve bien, se pone al fuego revolviendo por unos minutos. Cuando esté bien caliente, se van llenando con cuidado los cesticos de pan. Se adornan con huevo picadito y los pimientos morrones que quedan. Se sirve en seguida. Rinde para ocho personas. Pueden adornarse los cesticos colocándolos sobre un lecho de lechuga.

HUEVOS REALES

Por Marilyn Terry y Saladrigas

INGREDIENTES:

6 yemas.
½ clara.
1 cucharada de maicena.
½ cucharada de azúcar.
¼ cucharadita de polvos de hornear.
2 tazas de almíbar clara.

PREPARACION:

Se baten las yemas con la clara hasta que se vean blancas y estén bien montadas. Se les agrega mai-

cena, azúcar y polvos de hornear y se continúa batiendo. Se vierte la masa en un molde engrasado y se hornea a 350° F. hasta que se desprenda la masa del molde, de diez a quince minutos. En el mismo molde se baña con el almíbar, que debe estar tibia y se deja varias horas a que los huevos reales estén bien húmedos.

INGREDIENTES PARA EL ALMIBAR:

2 tazas de azúcar.   1 rajita de canela.
1 taza de agua.   cáscara de limón verde.

PREPARACION:

Se unen todos los ingredientes, se ponen al fuego y se dejan hervir dos minutos.

TORTILLA GENOVESA

Por Maríta Terrón Carballo

Esta receta era de mi bisabuela que era genovesa, Matilde Rollandolly de Perazzo.

INGREDIENTES:

½ libra de arroz Valencia.   6 pimientas.
6 panes (el migajón).   6 clavos.
½ libra de queso Parme-   ½ libra de jamón.
   sano o Patagrás.   2 cebollas.
8 huevos.   1 macito de perejil.
6 dientes de ajo.

PREPARACION:

Se cocina el arroz en la forma acostumbrada y se deja enfriar. Se remoja el pan en agua, se le quita la corteza y se escurre el migajón y se le añade el arroz con el queso rallado y los huevos enteros. Se machacan en el mortero los ajos, la pimienta y los clavos y se agrega a la masa anterior. Se sofríe el jamón, la cebolla y el perejil después de cortados en pedacitos bien pequeños y se incorpora a lo anterior. Se pone la sartén con poca manteca, se vierte la masa en ella y se cocina a fuego lento dándole forma de tortilla. Rinde para seis personas.

Donde hay amor no hay trabajo. Y si hay trabajo, se hace amorosamente.

TORTA CIAPANECA

Por Silvia Terrón Carballo

Esta receta era de mi abuelita la señora María Pereira de Carballo.

INGREDIENTES:

- 5 claras.
- 5 yemas.
- 3 cucharadas de fécula de arroz.
- 5 cucharadas de azúcar.
- 1 cucharadita de vainilla.

Almíbar
- 2 tazas de azúcar.
- 1 taza de agua.

PREPARACION:

Se baten las claras a punto de nieve, se le añaden las yemas, después (sin dejar de batir), se le une la fécula de arroz y el azúcar y cuando todo esté bien ligado se le pone la vainilla. Se hace un almíbar con el agua y el azúcar, cuando ésta esté de medio punto se vierte en el molde destinado, se echa la mezcla anterior sobre esta almíbar, se hornea a 350° F. durante el tiempo acostumbrado para las panetelas. Al terminar se verá cómo la parte inferior de la panetela ha recogido el almíbar quedando panetela borracha mientras la parte superior será una rica panetela seca.

ROLLO DE CHOCOLATE

Por María Ana Torralbas y Alfonso

INGREDIENTES:

- 6 claras.
- 6 cucharadas de azúcar.
- 6 yemas.
- 1 cucharadita de vainilla.
- 6 cucharadas de harina.
- crema de chocolate.
- nueces o almendras.

PREPARACION:

Se baten las claras a punto de nieve, se le agrega el azúcar poco a poco, luego las yemas y la vainilla y por último la harina cernida dos veces. Se vierte todo en un molde de brazo gitano forrado de papel y se cocina en horno caliente a 375° F. por veinte minutos. Cuando la panetela esté cocinada se voltea sobre un paño y se enrolla como si fuera un brazo gitano y se deja unos diez minutos. Pasado ese tiempo se quita la panetela del paño y se coloca la mitad de la crema, se espolvorea con la mitad de las nueces o almendras y se vuelve a hacer el rollo. Se cubre con el resto de la crema, la cual puede ser colocada en una manga o untada con el cuchillo. Se salpica de nueces o almendras y se lleva al refrigerador hasta que esté bien fría.

INGREDIENTES PARA LA CUBIERTA Y RELLENO:

2 paquetes de Pudín Instantáneo de chocolate.
1 litro de leche de vaca.
5 cucharadas de crema de altea.
½ libra de nueces o almendras tostadas y picaditas.

PREPARACION:

Se echa el polvo en la batidora y se le agrega la leche, se bate por dos o tres minutos y se liga con la altea. Se deja un rato en el refrigerador. Este tipo de Pudín Instantáneo no se cocina, se salpica con las nueces o almendras.

GALLETICAS DE PASCUA

Por Conchita Van der Water y Valdés Fauli

INGREDIENTES:

¾ taza de harina.
½ cucharadita de polvos de hornear.
¼ cucharadita de sal.
¼ cucharadita de canela en polvo.
¼ libra de pasitas picaditas.
¼ libra de frutas cristalizadas.
¼ taza de almendras tostadas y picaditas.
¼ taza de mantequilla.
2 cucharaditas de azúcar turbinada.
¼ taza de melado.
1 huevo bien batido.
2 cucharadas de jugo de naranja.

PREPARACION:

Se unen harina, polvos de hornear, sal y canela y se ciernen juntos. Se mezcla bien: pasas, frutas cristalizadas y almendras. Se pasan por tres cucharadas de harina (esta harina es aparte de los ingredientes). Se crema la mantequilla y el azúcar, se añade el melado, se agrega la mitad de la mezcla de harina, se bate bien, se añade el huevo, se bate continuamente, se agrega el jugo de naranja, la mezcla de frutas y por último la restante mezcla de harina. Se engrasan dos tarteras con mantequilla y con una cuchara se forman las galleticas. Se hornea a 325° F. durante veinte o veinticinco minutos. Se desprenden en seguida de la tartera y se deja enfriar.

CARAMELOS DE CHOCOLATE

Por Conchita Van der Water y Valdés Fauli

INGREDIENTES:

½ libra de chocolate rallado.
1 taza de leche.
2 tazas de azúcar.
2 cucharadas de mantequilla.
½ cucharadita de sal.
3 cucharadas de miel de abeja.
1 cucharada de vainilla.
36 cuadraditos de papel encerado de 4 x 4 pulgadas.

PREPARACION:

Se unen: chocolate, leche, azúcar, mantequilla, sal y miel de abeja y se pone a fuego moderado revolviendo a menudo hasta que tenga punto. Para conocer cuando tiene el punto se echan unas gotas del caramelo de chocolate en una taza con agua fría y cuando forme una bolita compacta, pero suave se retira del fuego y se le agrega la vainilla. Se vierte en un molde engrasado con mantequilla de trece por nueve y se deja refrescar. Se divide en treinta y seis porciones y se envuelve cada porción en un cuadrito de papel encerado.

La mujer bien vestida se impone. La solución para adquirir todos los vestidos que ha soñado está en sus manos, podrá lograrlo con el solo costo del material, si usted aprende Corte y Costura por el

Sistema María Teresa Bello
CALLE 23 No. 757   TELÉFONO F-3632

NUEVO SERVICIO A SUS ORDENES

Recientemente y bajo la hábil dirección de la señora Nelly Duany de Fresneda, la Cía. Embotelladora COCA-COLA ha organizado el Departamento Social.

La labor de este Departamento consiste en ayudarle a usted en la organización de sus fiestas, tales como: Fiestas de niños, fiestas benéficas, canasta parties, bodas, despedidas de soltera, etc.

Para las fiestas infantiles cuenta este Departamento con bares especiales decorados con Muñequitos.

Para fiestas de quince, bares decorados con motivos de juventud.

Y para verbenas, mostradores para formar kioscos.

Todos estos servicios incluyen nevera de hielo y empleadas uniformadas que servirán a todos la deliciosa y refrescante COCA-COLA.

Este servicio es completamente gratis y usted abonará solamente el importe de las cajas de COCA-COLA que se consuman y el hielo que utilice la nevera.

Llamando al W-4910 el Departamento Social le informará gustosamente de todo lo relacionado con este nuevo servicio.

Compañía Embotelladora Coca-Cola S.A.

ALEJANDRO RAMIREZ 66   TELF. W-4910

"En los actuales momentos, de acuerdo con los conocimientos que poseemos sobre la materia, estimo que la pasteurización obligatoria de toda la leche de consumo público, sería una medida muy deseable de protección para la salud pública."

(F) Dr. Homes D. Wood
de la Universidad de Columbia

Compañía Lechera de Cuba, S. A.

CONCHA No. 1   TELEFONO X-3391

Recetas de Antaño
Dolores Guiral de Costa

PARA la recopilación de estas "Recetas de Antaño" a más de los recuerdos personales, hemos consultado libros antiguos, muy difíciles de hallar hoy día y que nos fueron generosamente prestados por sus propietarios, a quienes damos las más expresivas gracias.

De su lectura, han salido algunas breves rememoraciones históricas, literarias y costumbristas, de tiempos, según la conocida frase, mejores.

Si lo fueron, o si no lo han sido, la posteridad sigue repitiendo esas palabras que expresan la humana añoranza por lo dejado atrás en el camino de la vida que todos transitamos.

Quisiéramos haber sabido recoger el mensaje que nos dan y junto al saboreo material y gustoso de estos platos que encierran la sabiduría de muchas experiencias y la cimentación de varias civilizaciones, transmitirlo a nuestros lectores. Tanto a los que tienen el íntimo placer de evocar el pasado, como a los que consideran su mejor paisaje, el futuro.

Según el Diccionario de nuestra hermosa Lengua Española, "antaño" significa el año anterior al corriente, o puede, por extensión, aplicarse al tiempo antiguo. ¿Hasta dónde, pues, ir en busca de recetas culinarias que satisfagan el depurado paladar y el no menos quintaesenciado interés de los lectores?

Prescindiendo de la "crudeza" de los tiempos prehistóricos, pasando de largo ante los festines babilónicos, dejando a un lado los refinamientos de la Thebas egipcia, etc., etc., y situándonos en plena historia bíblica, encontramos una referencia que no puede inadvertirse: las lentejas que hicieron a Esaú cambiar su progenitura por un plato que, suponemos oloroso y colmado, del sabroso guiso.

¿Cómo aderezaría Rebeca las lentejas? Sin duda, llevarían ajo y cebollas y el imprescindible comino que tan bien les va; pero, ¿con qué grasa las cocinaba y, con qué especial cocción les daba ese "punto" que engolosinó a Esaú? Acaso en lugar de aceite que por ser uno de los cinco elementos sagrados, aceite, vino, trigo, sal y agua, se usaba principalmente para ungir a los reyes, ¿usaría grasa animal, bien de vaca o de cabrito? De uno de esos cabritos gordos y tiernos en que tanto insisten las descripciones de la Biblia. Fuesen como fuesen, las lentejas, o guisantes, o habas con las que Pitágoras, según cuenta la chismografía histórico filosófica, no quería tratos y los tuvo poco afortunados, perduran en la alimentación de todos los tiempos y adquieren nuevos prestigios, no sólo por las vitaminas que poseen sino por habérseles incorporado un poder misterioso que las hace, precisamente lo contrario de lo que fueron para Esaú: dispensadoras de bienes materiales.

Se dice que comidas en el almuerzo del primer día de año, mantienen los doce meses favorables en lo económico. Es decir: "Quien lentejas come, al principiar el año, tendrá dineros y vestirá buen paño".

Tampoco nos referiríamos a las comilonas de la decadencia romana, con sus estilizadas groserías: triclinium, vomitorium, etc., pero, ¿verdad que nos inquieta, a ustedes y a nosotras, aquel pescado de Ischia que a media noche le enviaron al emperador Domiciano y éste, sin esperar el día, hizo reunir al Senado, para consultar con tan sabios varones, la mejor manera de cocinarlo?... Según la historia, después de largas discusiones, se acordó hacerlo en salsa picante. Y aquí está lo que nos intriga. ¿Cómo se hizo esa salsa?

Además de su picor, ¿no sería, por el buen parecer, de color verde, y un poquito espesa? Y, ¿cómo se confeccionará esa salsa picante verde y espesa que mantuvo en desvelada incertidumbre a los prohombres de un Imperio?

Vienen a la memoria dos salsas que, en un aventurado suponer podrían combinarse: la llamada "salsa traidora" hecha con especias fuertes, mostaza y azúcar y la que en propiedad se llama "salsa romana", a base de vinos y pasas de Corinto. Harina para espesarla, perejil para teñirla y tal vez podamos comer un pescado parecido al que la historia trata con tanta consideración.

De la Edad Media nos llegan opíparos olores que siguen hablándonos de la preocupación humana por complacer su ambicioso paladar. Y hasta tropezamos con unos manuales de cocina (por decir así), con títulos tan expresivos como este: "Libro del Vientre", que nos informa no sólo de la calidad de los manjares, sino de su abrumadora cantidad. En despensas y festines figuran en primera fila los jamones y los embutidos. Y hay la cita de uno, hecho de carnes y pescados, que desmiente aquello de la no promiscuación.

De este embutido, tampoco hay certeza de cómo se preparaba. El mejor dato que tenemos es que estimulaba la sed y con él, se bebían vinos de cosechas especiales.

Si te antojase, lector, lectora, hacer este embutido, empieza a prepararlo como empiezas alguna inocente pulpeta. Es decir, picando y deshaciendo los materiales, por separado desde luego, y condimentándolos en igual forma. Quizás debas ponerle una sospecha de azúcar a los condimentos de la carne y por supuesto, nuez moscada. Cuando carne y pescado estén bien preparados, únelos, sin que te queden reservas de ninguna clase. Dales la forma de embutido cosiéndolos dentro de un paño ligerito. Cuécelos después, en mucho vino y bastante caldo. En esta cocción dejemos a tu buen entender y buen gusto las nuevas especias que pondrás, laurel, pimienta, clavo, culantro, algo de canela. Cuando esté en punto, agrega algún licor fuerte, cognac, por ejemplo o cualquier otro que nos parece debe ser seco.

Ruego a quienes intenten estas recetas no nos hagan responsables de los desaguisados que resulten. No me refiero a las lentejas que sospecho van a comerse en abundancia en primero de año. Sino al pescado de Domiciano y al embutido de la Edad Media, que, en casa los hemos probado, y no resultan como su abolengo histórico hizo suponer que fueran. Acaso por diferencia de ingredientes o tal vez de paladares, que entran en la moda y sufren los cambios de los tiempos.

Y ahora será oportuno venir a las proximidades de nuestra época y entrar en terrenos más conocidos, aunque todavía con mucho de suposición, para copiar de viejos libros de cocina, algunas de las recetas que más interés aparejan. Primero las de la antigua cocina española y luego las que paulatina y naturalmente fueron incorporándose a nuestro acervo culinario y sufriendo o disfrutando de los cambios que, como es lógico, les dió y les da, el ambiente cubano, en facilidad de productos, o en dificultad de otros, en gustos nacionales, en tradiciones, en aportaciones etnográficas e inclusive, en actitudes psicológicas. No hablo de las condiciones climatológicas, porque si bien respeto, me atrevo a no compartir la opinión de que en Cuba se come a repelo con su clima. De ser así, podrían citarse otros países muy celebrados por su ponderación y buen criterio, donde los alimentos, parecen en ocasiones, darse de porrazos con las necesidades del clima. Pero, no derivaré el tema de estas líneas a otro mucho más alejado de mi competencia que éste en el que me veo metida y por cuya intromisión todavía no les he pedido, gentiles lectores, todos los perdones y disculpas que necesito.

En nuestra cocina pues, de origen español hay, desde luego, la gran influencia de la cocina francesa de la cual, por cierto, dice Don Gregorio Marañón en su bellísimo "Ensayo Apologético sobre la Cocina Española" que ha llegado en su magnificencia a tener "acento de artificio" mientras la española es "recia, empírica y simple". Y hace el comentario de que si en Francia, las guerras o revoluciones, anulan el arte de la cocina, en España y en Italia la cocina resiste con posibilidades gratas hasta que materialmente han desaparecido de los mercados las cosas más elementales.

Varias influencias culinarias, entre ellas la italiana con sus pastas, sus salsas y sus vinos, han llegado a nosotros. Y la africana, sobre la cual después de leer a Don Fernando Ortiz, no queda nada por decir. Otras más recientes ofrecen el interesante espectáculo de que en vez de habernos influenciado, son ellas las que han sufrido modificaciones. Como ejemplo y detalle curioso, contaré de una mesa cuyas maderas pudieran haber venido a América en aquel repleto barco "Mayflower" que sirve de orgullo al abolengo norteamericano y sobre cuya pulida superficie se sirvieron y comieron unos riquísimos "hot cakes" rellenos con mermelada de guayaba y espolvoreados con queso rallado.

También dice Marañón en su ya citado escrito que la cocina española en trance de urgencia, recurre al frito. Y que de estos apresurados fritos, con aceites malos a veces, ha salido cierta reputación poco halagadora para la cocina española y que en su estilo es un tipo de "leyenda negra". Sobre lo frito, y aunque estas líneas se alarguen, aprovecho copiar lo que la Condesa de Pardo Bazán explica en su libro "La Cocina Española Antigua": "Hay tres tipos de platos de sartén. Frito es el manjar que se prepara con arte y condimentos precisos para la sartén. Fritura o fritada, lo que se fríe sin otro aliño que el buen aceite. Y fritanga lo que se fríe de cualquier modo, sin cuidar ni del aceite, ni del calor adecuado".

¡Cuántas veces se oye decir: "es una cocinera malísima, sólo sabe hacer fritos"! Y eso de hacer fritos, que se diga frente a un pescado frito en Andalucía y quedará a respetable distancia el acento con que se diga, del que se pone en la frase despectiva de "¡ni pescado frito!".

Porque en el arte de freír, "lo frito" en ninguna parte como en Andalucía se fríe.

Y ahora, tratando de conservar cierto orden histórico, empecemos con las recetas de platos españoles antiguos que más o menos fielmente conservan sus ingredientes y halagan la imaginación y el paladar.

El primero es un Manjar Fenicio que se guisa y se come en la costa del Mediterráneo, el Mare Nostrum de las grandes culturas, civilizaciones y empresas latinas.

Según el escritor gastrónomo Angel Muro que llama "lo romesco" y supone que de este plato se derivan la "Bouillabaisse" de Marsella, el "arroz a vanda" de Valencia y otras muchas sopas y guisos de pescado que perduran en las costas mediterráneas y cantábricas, el "Manjar Fenicio" se hace así:

"En caldero de hierro (yo no me atreví a quitar el hierro; pero quizás podría usarse un pirex), se fríe una reducida cantidad de aceite (reducida con relación al volumen del guiso). Y cuando hierva el aceite, se le echan unas cabezas de ajo (creo que debe entenderse unos dientes de ajo) y una guindilla vacía (la guindilla es una especie de ají, que si no se encuentra, puede substituirse por otro ají). Se pican dos o tres guindillas más, y se pican fuera del fuego, o sea en frío, para que cuando se echen, a medio hacer el guiso, no estén negras. Se añade bastante vino tinto del fuerte y obscuro, se ponen trozos de pescados de todas clases, echando agua hasta cubrir el guiso. Debe cocer bien durante veinte minutos. Y debe comerse en cuencos de barro."

Con permiso, o sin él, de Angel Muro, en casa se le hicieron ciertas variaciones a este "Manjar Fenicio". Por aquello del "arroz a vanda", se nos ocurrió ponerle arroz y a mi cocinera que es entusiasta de los caldos, se le metió entre ceja y ceja, en vez de agua ponerle la rica substancia. Con todo lo que, si quedó excelente, ya no estaba de acuerdo con la receta, que al pie de la letra, he copiado.

Después del "Manjar Fenicio" resolvimos—y cuando uso el plural, no lo hago por seguir la costumbre, en ocasiones bastante impropia, sino porque en realidad estos plurales responden a la armonía de opiniones con que hemos trabajado el libro, en especial esta sección—resolvimos, repito, poner a manera de curiosidad histórica, literaria y revolucionaria, entre las muchas recetas que hay de "Migas" ese plato tan español, unas con ribetes poéticos y otras histórico revolucionarias.

La primera será las "Migas de Teruel". La segunda, las llamadas "Migas de Gato".

"Las Migas son un plato ibérico, enteramente primitivo. Sin duda las comieron los que anduvieron a la greña con Romanos y Cartagineses" y escogemos entre las que cita el libro de cocina de la Condesa de Pardo Bazán las "Migas de Teruel" que al decir de un escritor aragonés, pudieran haberlas comido los célebres Amantes, si es que la clasificación que la "chunga" popular e irreverente les puso, o sea "¿Los Amantes de Teruel?... Tonta ella y tonto él..." les permitió intercalar, en las peripecias de su amor, el saboreo de este plato.

—"Se hacen las "Migas de Teruel" con un pan sentado de tres días (es decir, de tres días de edad). Se corta en trocitos prefiriendo la corteza (desde luego no puede ser pan de molde). Se ponen los trocitos en una servilleta y se rocían con agua, envolviéndolos después, se espolvorean, ya envueltos, con sal fina y se dejan hasta el día siguiente. Media hora antes del almuerzo, se fríe aceite y se queman dos dientes de ajo. Cuando están quemados, se quitan y se echan los trocitos de pan, revolviéndolos sin cesar durante doce o quince minutos, con espumadera de hierro. Se sirven muy calientes."

De las "Migas de Gato" mucho habría que hablar. En primer lugar, es plato todavía corriente en la cocina española y la receta que de ellas da Montiño, es hasta con huevos estrellados por encima; pero las "Migas de Gato" que nos interesan a ustedes y a nosotras, son las que se hacían durante nuestras guerras libertadoras sobre todo, durante la guerra de los diez años, o sea, la del 68.

Es sabido que muchas familias de combatientes, se fueron con ellos a la manigua y vivieron como pudieron, cuando se agotó el fardo de provisiones que ingenuamente llevaron. Vinieron las hambres y las dificultades de todo género, entre las que podríamos hablar de niñas que llegaron a adolescentes, sin haberse puesto zapatos, ya que fácilmente pueden imaginarse los motivos. Y de bautizos—no hablemos de los menesteres anteriores al bautizo—, en que el agua a consumir era, y menos mal que la había, de pequeños charquitos en el fondo de algún cauce que en la época de lluvias, era río.

Para comer, las dificultades eran indecibles. Algunas veces—y entonces la comida era una fiesta—, de algún pueblo cercano y por métodos dificultosísimos, de parte de alguna familia amiga y... rica, se recibía un saco de mendrugos de pan. Era la hora de las "Migas de Gato". Se cortaba y remojaba el pan, desde luego en el charquito. Si había grasa, se freía, o se le echaba lo que se encontrara. Cuando la suerte había sido extrema, se le ponía leche. ¿De sazón?... ¡Quién soñaba en sazones! La mejor sazón era el hambre con que se comían aquellas "Migas de Gato" que aún recuerdo haberle oído decir a una de mis tías abuelas eran *sabrosísimas*...

En los primeros años de Cuba independiente, las Migas cambiaron de elemento; pero siguieron llamándose Migas. Aquí va esta receta de Migas que como verán ustedes tiene el refinamiento de los tiempos apacibles y a su manera prósperos.

—"Se salcochan plátanos, machos, en agua y sal. Aún calientes hay que quitarles la cáscara y machacarlos en un mortero. Cuando están bien machacados se sacan del mortero, para majar unos dientes de ajo y algunos chicharrones que sería preferible haber hecho en casa. Bien majado todo, se unen ajos, chicharrones y plátanos. En poca manteca se sofríe la mezcla."

Si creen ustedes que esto que acabamos de hacer es "Fufú" se equivocan. Ya veremos más adelante cómo se hace el "Fufú". La receta que acabo de dar se llama "Migas" y hay quien agrega "a la cubana". No cabe duda de que, si por el nombre es hija de las "Migas" de la España clásica y de las que se hacían en la Manigua, sus diferencias en materiales de confección, no importan. A veces diferencias mayores, resisten, con éxito, un juicio de filiación.

Entre los platos de la España antigua hay uno que está hecho de "Perdices con Ostras". Y que, si como dice la receta no tiene apariencias, ya que la cocina española es poco aparatosa, como gusto, es único. Veamos cómo se hace:

—"Después de bien vaciada y limpia la perdiz, o perdices, se atan con un buen bramante para que no se separen las patas. En una cacerola con caldo del puchero y vino de Jerez, a partes iguales, se echa a cocer. Se sazona con sal, algunas cebollitas pequeñas, manteca de cerdo, en cantidad como el tamaño de una nuez y un trozo de canela en rama. A la media hora de cocción se agregan las ostras, ligeramente fritas para que no se endurezcan y en proporción de dos docenas de ostras por perdiz. Se deja el guiso hervir a remanso hasta que esté en punto (ese punto tan difícil de saber que acaso sea, cuando las perdices y las ostras estén suaves; pero ni muy tiernas ni muy duras). Sin fuego, pero con calor, se quita la canela y el bramante, se trinchan las perdices y los trozos se dejan bien sumergidos en la salsa. Al servirla, sin que se haya enfriado, se le añaden cortezones de pan acabados de freir."

A renglón seguido de estas perdices, encontramos unas cuyo título es "a lo San Lorenzo" y que son sencillamente asadas. Pero dice la explicación de la receta que se llaman así, porque en esa misma forma se asó al santo.

Dicho con todo respeto, ni estas palabras nos parecen apropiadas ni creemos además, que la perdiz tuviese la serenidad y valor que tuvo el santo mártir para indicar cuándo debían tostarlo por el otro lado, ya que por el primero, lo estaba.

Y si nos atreviéramos a decir la frase "con la Iglesia hemos topado..." hablaríamos de la "Escudilla de Angel", receta de Altamiras, cocinero conventual y religioso que dedica su libro de cocina a San Diego de Alcalá y que recomienda que antes de poner las ollas al fuego, se ponga el espíritu en Dios.

La "Escudilla de Angel" es una especie de arroz con leche y huevos. Arroz que Altamiras maja y que nosotras podemos comprar en polvo. Bastante azúcar y canela y los huevos—que no dice medidas de ninguna clase—, solamente especifica que se echen unos con clara y otros sin ella. Pero, y acaso por esto diga que "se ponga el espíritu en Dios", esos huevos se baten en un caldo de mucha substancia. Como encuentro que esta receta deja bastantes incertidumbres en el espíritu, no digo más que lo dicho. Si alguien se atreve a intentar la "Escudilla de Angel", le agradeceremos mucho nos informe sobre la suculencia que haga bueno su nombre.

Y vayamos ahora a los llamados "Huevos a la Hugonota" que merecieron un comentario literario. El de Tomás de Iriarte en sus conocidas fábulas. Y de los que la Condesa de Pardo Bazán, dice:

—"Poner a la lumbre suave un plato de metal con un poco de jugo (caldo) caliente pero sin exceso. Cascar los huevos sobre el plato, cuidando de que queden enteras las yemas. Sazonarlos a gusto con sal y pimienta en polvo. Cuando la clara empieza a endurecerse, pasarles por encima, como a herejes que son, la pala enrojecida y servirlos semi blandos."

También del libro de la Pardo Bazán escogemos este postre que se llama "Animas del Purgatorio" y que consiste en unos merenguitos blancos y en forma de cucurucho que flotan sobre unas natillas de color rojo. Como para dar el color rojo pueden usarse dos métodos: usar remolachas o cochinillas, Doña Emilia cuenta que nada menos que un filósofo de la talla de Spencer, protesta contra las cochinillas, diciendo que "a pretexto de adornar un dulce, nos comemos una chinche". Así pues para complacer a Spencer, que a lo mejor algo más tendría que decir sobre el nombre del dulce, usaremos para quemar los merenguitos ánimas, remolachas que dan un hermoso tono a la natilla, colocada además, gracias al espesor que puede dársele, con el movimiento y oscilación de las llamas. Ahora bien, de lo que no respondo es de que agraden esas pobrecitas ánimas sobre el espeso y fulgurante fuego.

Para terminar estas recetas, amenas, ingenuas y prestigiadas por comentarios ilustres, nos queda una que no podría faltar en nuestro libro, no sólo por su título que es original y simpático sino porque entra de lleno en las costumbres de la Cuba colonial, y se mantuvo en algunos ingenios. Aun hay quien la recuerda y se saborea al hacerlo. Se titula esta receta "Sopa de loro o de bestia cansada" y es lo siguiente: "Llámase así esta sopa fría, porque los carreteros y mayorales, alguna vez la dan a sus caballos o mulos para devolverles el vigor después de una caminata o trabajos largos."

"Para los racionales, en igual caso, no es desdeñable y es confortante y refrigerante. Se reduce a empapar un trozo de pan en vino tinto puro, o adicionado con agua, añadiéndole a voluntad, una pulgarada de azúcar."

Y la persona a quien me refiero, que recuerda sus trabajos en un ingenio y los de sus padres, todavía esclavos, es un negro viejo, viejísimo con quien tengo las mejores relaciones de amistad y afecto. Se me ocurrió preguntarle si conocía la fórmula y me respondió con entusiasmo: —"¡Que si la conozco! Y cómo la recuerdo y cómo nos gustaba. A veces nos la daban, sobre todo en días de fiesta. Y a veces—aquí el viejo baja la voz y habla con misterio—"cuando el *componte* había sido muy duro, el mayoral traía un buen cacho de pan, negrito de vino y azúcar prieta..."

Además, y este es un recuerdo personal, tengo ante los ojos la fina copa de cristal llena de vino tinto, en la cual uno de nuestros hombres de más relieve intelectual y político, entonces y todavía, mientras prolongaba una sobremesa interesantísima, hundía pedazos de pan que espolvoreaba o no, con azúcar; pero que comía con deleite. También recuerdo que al intento de imitación que sucedió días después, una mano autoritaria le puso enérgico fin. —"No es de buena educación el hacerlo y si "el hombre eminente" lo hace... a los hombres eminentes pueden permitírseles cosas que a un chiquillo malcriado, no".

Con esta inapelable sentencia de las buenas épocas del respeto a la educación, damos fin a las recetas que todavía no se habían incorporado, con el absoluto calificativo de cubanas, a nuestras costumbres y a nuestros gustos.

Por supuesto que al investigar libros de cocina europeos, sobre todo españoles, se encuentran infinidad de platos con el título "a la cubana".

Produce grata impresión encontrar ese reconocimiento a la habilidad culinaria atribuída al país. Pero en realidad, no eran absolutamente nuestros y la prueba está en que en los pocos libros viejos de cocina cubana, escritos y publicados en Cuba, las mismas recetas tienen variaciones que, si pasan inadvertidas al que va con prisa, al que lee con detenimiento, no. Lo que más me interesó, al hacer esta observación, fué comprobar que los ingredientes de origen árabe que influenciaron la cocina española, en la nuestra estaban más que afianzados. La almendra, por ejemplo, en las provincias orientales llega a ser absoluta, no sólo en dulces, sino en diferentes guisos. Y el tomate, al que se llamaba en España "veneno de moro" y que en nuestras comidas es principalísimo condimento e ingrediente.

El primer libro de cocina cubana que abro es un manual sin fecha, ni punto de partida, ni nombre de quien lo escribe. Antes de empezar el texto culinario, hay varias hojas dedicadas a anunciar obras como las que siguen: El Parnaso Cubano — Canciones Cubanas — Poesías de Fornaris — Papeles de José Antonio Saco... Y resulta de una tan penetrante evocación que cuesta trabajo volver las páginas y entrar en las de la cocina.

Tanto en este Manual como en otros libros de Cocina Cubana o

Criolla, etc., encontramos asuntos que dan tema para la reconstrucción de épocas y costumbres. Y sobre todo tropezamos con la trayectoria, que al decir de uno de esos libros, ha sufrido el beefsteak. Copiamos la explicación que no tiene desperdicio:

"En primer lugar Beefsteak a la inglesa (y sigue la receta de todos conocida). Beefsteak a la española (y dice las diferencias con el anterior). Por último Vistec, o sea Beefsteak, a lo cubano. Aunque Beefsteak es palabra de origen inglés se ha castellanizado y se pronuncia y escribe Vistec."

De este último beefsteak, perdón Vistec, la salsa es un primor. ¿La conoces, lector? Por si no la conoces, la copiaré al pie de la letra como lo anterior.

—"Hecho el Vistec, se prepara una salsa con manteca, ajo, ají dulce picado, tomate sin semillas, zumo de naranja agria, cebolla blanca, alcaparras, pasas, maní tostado y algunos trocitos de buen jamón. Todos estos ingredientes se fríen bien para echarlos sobre el Vistec que se ha colocado en una fuente. Luego se adorna con rueditas de plátano verde frito o casabe también frito."

De poner todas las recetas cuyos títulos nos detienen y comentarlas, estas recetas de antaño, llegarían a constituir un libro de por sí.

En cada uno de los nombres de los distintos platos, hay una especie de afirmación de independencia y libertad y nacionalismo que impresiona hondamente. Por ejemplo: Gallina a lo Vuelta-Bajero, albóndigas de pescado a lo Habanero, sesos a la Matancera, fufú de Villa-Clara, salpicón Camagüeyano, huevos estrellados con tomate a lo Santiaguero...

Ahí están, copiados al pie de la letra, los seis platos que dibujan el contorno de Cuba. Y, con qué fruición en el detalle y qué amoroso contento en la descripción. No podría poner todas esas recetas; pero me parece recordar que ofrecí dar la del fufú y aquí va:

—"Se salcochan en agua con sal, cuatro ñames, si el fufú es de ñame, o cuatro malangas si se hace de esta vianda, o cuatro plátanos machos, verdes y *no* pintones. Desde luego se habrán pelado antes. Luego de salcochados y blandos, se majan hasta hacer una masa con la que se forman bolitas, untándose las manos con manteca para que no se peguen. Hechas las bolitas y colocadas en un recipiente hondo, se hará, aparte, una salsa de manteca en la que se fríen tomates sin semillas, medio pimiento dulce, una cebolla partida en dos, y sazón de sal, a gusto. Se agrega caldo, media taza, un puñadito de ajonjolí tostado y molido y otro poco de harina de trigo para cuajar la salsa. Una vez que haya hervido y cuajado, se echan dentro las bolitas y se adornan con maní entero y tostado. Un maní encajado en cada bolita. O si caben más, mejor..."

Pero, acabo de darme cuenta de que con la prisa de hablar de estos ricos platos, ricos para el paladar y para el espíritu, me he saltado las sopas y las salsas, que tenía en primera fila, por aquello de respetar el orden. Ahora no nos queda otro remedio a mí y a ti, lector, que volver atrás un poquito y empezar por la sopa. Y, al mencionar la palabra sopa, ¿no se te ocurre en seguida un buen plato de ajiaco? Habrá quien diga y con razón, que el ajiaco, propiamente hablando, entra en otra categoría que la de las sopas; pero como ya hemos faltado al orden y a las categorías y además como yo no soy, ni presumo de ser, experta en estos trajines de la cocina, quiéralo o no la ordenación categórica, por el ajiaco empezaremos, o por los ajiacos, que ante los ojos tengo cinco, a cada cual más sabroso.

Ajiaco de Puerto Príncipe, ajiaco Bayamés, ajiaco Cardenense, ajiaco campestre y ajiaco de monte. Claro que hay que escoger uno de esta pentarquía de ajiacos; pero ¿cuál? A mí me tira el de Puerto Príncipe, mi terruño querido. A Fina la Rosa le abrillanta los lindos ojos, oir nombrar el suyo, el Cardenense. María Domínguez se decide por el que supone más típico o sea el de monte, y al fin todas nos ponemos de acuerdo en quedarnos con el de la Ciudad Monumento, o sea el Bayamés. Helo aquí:

—"Desalados varios trozos de tasajo de vaca y otros de puerco ahumado, se echan en una cazuela con manteca, se añaden tomates, cebollas y el zumo de un limón. Se sofríe todo y se le agrega agua, a medio llenar la cazuela, dejándola hervir. Cuando hierva y se haya espumado el caldo se echan las viandas, los plátanos verdes y maduros, con cáscara (bien lavados antes), dos mazorcas de maíz partidas, lo mismo que se habrá partido la yuca tierna, el boniato, el ñame, el chayote, la calabaza, etc. Cuando todo esté blando, se sirve."

El ajiaco de Puerto Príncipe, lleva además de las carnes, gallina o pollo y como especias, culantro, comino y azafrán. El de Cárdenas tiene la particularidad de picar la carne casi hasta hacer un picadillo y usa perejil. En el de monte el tasajo es de vaca y se rocían las viandas con limón. Y en el campestre se usa Tasajo de Montevideo. Y se espesa el caldo con calabaza disuelta en el mortero junto al sofrito.

Y ya que hemos roto el orden que debíamos haber guardado saltemos del ajiaco al salpicón y escojamos este que dice así:

—"En Camagüey el salpicón es distinto. Salpicón es una especie de ensalada de carne cocida y desfibrada a la que se le echa un aliño de aceite, cebolla, vinagre, sal y pimientos dulces picados. Al de Camagüey se le añaden pedacitos de piña, arrancados con el tenedor (¿?), gajos de naranja, aguacate, cuando lo hay y luego, se espolvorea con azúcar."

Y yo recuerdo, de mis años infantiles un salpicón hecho de carnes, verduras y pescados. Sencillamente, porque el salpicón se hacía de los distinguidos restos de comidas anteriores. Y a veces en una reminiscencia de los gaspachos andaluces y progenitores, pedazos de pan frito o sin freir, aderezados con lo que se tenía a mano. Acaso también un recordar de las Migas revolucionarias.

Aunque sabemos que con los títulos siguientes pondremos los dientes largos a nuestros lectores tanto en lo que a comer se refiere, como al interés, digamos costumbrista, nos hemos puesto de acuerdo en dar estos nombres que parecen arrancados de nuestro bellísimo paisaje. Cada una de las que reunimos recetas para esta sección, dice con emoción el nombre de su plato: "Lechuga rellena al uso de Holguín". "Pollo a lo Baracoa". "Sopa de tortuga a lo Trinitario".

Y los dedos vuelan por la máquina de escribir y cada receta se acompaña de algún comentario que a modo de dulce claridad ilumina un rinconcito de la querida patria.

La lechuga rellena al uso de Holguín es así:

—"Se toman (debe ser se cortan) los cogollos de la lechuga de modo que le queden seis hojitas. Se echan en agua fresca unas seis horas o más, para desamargarlos. Se hace un relleno de carne de cerdo y de vaca con pasas, almendras, huevos picados y *no* alcaparras. Cuando se sacan del agua y se escurren los cogollos, se les echa dentro el relleno y se atan con hilo del dos, las seis hojitas, de manera que el relleno quede en el centro. Se cubren con yemas de huevo batidas con un poquito de harina. Se sofríen muy levemente en manteca (o aceite) a la que puede habérsele echado un dientecito de ajo. Se sirven bien escurridas en una fuente bien seca. Se cortan los hilos de la atadura; y sólo en Holguín hubieran ideado las jóvenes graciosas, un plato tan apetitoso."

Del pollo de Baracoa va también la receta, exactamente copiada como las anteriores:

—"Después de bien limpio el pollo se rellena con perejil picadito, bolitas pequeñas de manteca, sal, pimienta y picadillo de puerco ahumado. (O sea, se hace un picadillo sazonado con pimienta, sal, perejil picadito y se mete en el pollo junto con las bolitas de manteca). Se pone en parrilla acanalada para ir recogiendo la grasa y el mojo que suelta al virarlo. Fuego lento para que penetre por igual. Cuando esté hecho y se sirva, se rocía en la fuente con el mojo recogido, se adorna con ruedas de naranja agria y plátano verde frito en galletitas. Este plato es de chuparse los dedos."

De la sopa de tortuga a lo Trinitario, prescindiremos porque además de ser una receta muy larga, me han dicho que hoy en día, las tortugas son muy difíciles de hallar, a propósito para este plato. Y asimismo y con harto dolor, tenemos que pasar de largo ante otras recetas que harían estas líneas interminables. Empero, el esfuerzo de suprimir recetas fracasa al llegar a este chocolate pinariense, o de Pinar del Río. Y no podemos eludir el copiarlo:

—"Se hace lo mismo que el de cacao; pero con la diferencia de echarle maníes tostados y bien dorados, en lugar del conocido grano. Además, el azúcar ha de ser refino y se le echa una poca de esencia de azahar. Este chocolate produce abundante leche a las recién paridas. Es sabroso, nutritivo, calma los nervios y dura tanto como el de cacao."

Y ya que del maní tratamos, entremos en el capítulo de los dulces que lo utilizan mucho. Por ejemplo he aquí esta Palanqueta de Sancti Spíritus que es muy atractiva.

—"Se tuesta una libra de maní que esté en sazón, hasta que quede color castaña. Se le quita la película, se muele como el café tostado para que polvoree bien y quede fino el polvo que se echa dentro de un almíbar de azúcar refino (por supuesto el almíbar está hecha con anterioridad). Se pone al fuego hasta que principie el hervor y entonces se apea. Cuando se pueda sufrir el calor, en las manos bien limpias (¡!) se hacen unas bolitas del tamaño de un medio (moneda de cinco centavos). Conforme se hacen las bolitas, se echan en más polvo de maní tostado que se tendrá preparado. Frías las bolitas, serán el bocado más sabroso de las lindas espirituanas."

Tampoco puede quedarse sin copiar este "Dulce de Jaruco":

—"Este dulce es el predilecto de cierta finca de la Jurisdicción de Jaruco: Se toman cien azahares o flores de naranja de China, se lavan con cuidadoso esmero en agua fresca sin romper los petalitos. Se echan en almíbar de medio punto, tibia y en cantidad de un jarro (generalmente los jarros eran de a litro). Se pone a fuego lento y se tapa bien para que no pierdan su fragancia. A la hora, se aparta y deja enfriar. Es delicioso. En San Antonio de los Baños se hace igual; pero con jazmines de cinco hojitas, o pétalos, que llaman de la tierra o del país. Es manjar digno de gustarse por los potentados."

Y además, agregamos nosotras, bonísimo para los nervios, que también por aquel entonces se alteraban como hoy se alteran. Aunque no cabe duda y acaso se deba a estos dulces de flores de azahar y jazmines, que se guardaban mejor las apariencias, los modales y el lenguaje...

Pero veamos este "Matahambre" o "lo quiero repetir" que nos recuerda un viejo pregón camagüeyano que alborotaba a los muchachos del barrio: "A la rica matahambre, al cusubé, a los coquitos quemados y a las dulces guayabitas"... Por cierto que con este pregón, viene a la memoria una anécdota sobre la viveza de un niño entonces, hombre público, hoy día, cuya rápida inteligencia y no menos prontas reacciones, son de sobra conocidas.

En cierta casa de familia camagüeyana, los once muchachos que la trastornaban al llegar el dulcero estaban sorprendidos de la ausencia del vendedor.—"¿Qué le habrá pasado?"—se decían unos a otros. El primer día con gran sorpresa, a la hora de la comida encontraron en los postres el rico matahambre y los demás dulces.

El segundo día ocurrió otro tanto y al tercero uno de los once "enemigos malos" que atisbaba a todas horas, las entradas y salidas de la casa, oyó que una de sus tías decía esta frase: —"Ahí está el misterioso etíope de la ambrosía". Un grito de júbilo rubricó las palabras... —"El dulcero"—voceó el listísimo chiquillo, apenas de siete años de edad. Y como flechas, los diez muchachos restantes, cayeron sobre el tablero que con su dueño, se escondían en el zaguán de la casa.

¿Desean ustedes hacer el delicioso "Matahambre", o "lo quiero repetir" con su ingenuo nombre y sabrosura?... Pues ahí va la receta:

—"Unanse perfectamente doce huevos, una libra de azúcar blanco, una escudilla de vino seco, media cucharada de anís molido, seis cucharadas de mantequilla y otras seis de manteca fresca. Enseguida, se le agrega la catibía suficiente para formar una masa blanda que se esparce por igual en la tartera, o molde. Y se cuece hasta dorarla por arriba y por debajo. Hecho el dulce, se adorna con ajonjolí, almendras y maní tostado. La catibía debe sacarse de la yuca dulce. Se ralla y luego se exprime en un lienzo. Lo que queda en el lienzo es la catibía. Y antes de usarla se la debe pasar por un jibe y separar la broza."

Expresamente hemos dejado para finalizar los dulces, uno de los más interesantes. El Frangollo, que si bien, como dice la antigua libreta de apuntes de donde lo copiamos, tiene un nombre muy feo, de sabor es lindo.

Por lo que hace a la palabra Frangollo, es absolutamente castellana. Viene del verbo frangollar, en latín "frangere", que quiere decir *quebrantar* y también refiérese a lo que se hace con prisa y sale mal hecho. En Camagüey se le decía "un frangollo" a alguna chapucería en la costura o en el bordado y aun en la letra de quienes aprendían a escribir. No podríamos explicar por qué en Cuba y en Puerto Rico se le llama Frangollo a este dulce de plátano verde, cuya receta damos: "Frangollo como se hace en Bejucal":

—"Se escogen plátanos verdes que no tengan corazón; pero que estén hechos. Se le quita la cáscara y se lavan con limón. Se cortan en rodajas muy finas y se echan en manteca bien caliente para freírlas tostaditas. Luego, esas tostaditas rodajas de plátano, se muelen en un mortero y se reducen a polvo que se echa en melado de caña, clarificado con clara de huevo. Se deja espesar y cuando tiene consistencia de pasta, se echa sobre un poco de azúcar blanco y se forman una especie de panecitos que pueden, o no, polvorearse con la misma harina que se saca de los plátanos. Se ponen al horno hasta que se doren y se adornan con maníes tostados y pelados."

Desde luego, en todas estas recetas hay grandes lagunas que llenar y que dejamos a los buenos conocimientos culinarios de los lectores. En lo que no cabe duda es en la costumbre y habilidad de nuestras abuelas para solucionar problemas y en la seguridad que tenían de que los demás, conocían esos detalles, que omiten, para la resolución de tales problemas.

De esta libreta, con más de cincuenta años de edad y que llegó a nuestras manos a última hora, o sea casi al terminar esta sección, no podemos evitar la copia de un vinagre de plátanos que nos parece excelente.

—"Vinagre de plátano.—Según la cantidad de vinagre que se haga, se escogen dos o tres, o cuatro plátanos bien maduros que se machacarán mucho para que suelten el zumo. Se echa ese zumo en una vasija que *no* sea de metal. Se llena de agua y se tapa. Se deja varios días hasta que fermente. Entonces se cuela el vinagre y se guarda en botellas. Es inmejorable y barato."

Y, como de salsas habíamos hablado y por falta de orden, se habían quedado sin poner, he aquí tres salsas cubanas que la libreta antigua guarda con especial cariño. En ellas, sigue utilizándose el plátano que, verde, pintón o maduro, constituye uno de los elementos más usados en la antigua cocina criolla.

1ª salsa "a la cubana": Pélese un plátano verde y salcóchese con limón. Májese después en un mortero y échese ya majado en una cazuela honda, con caldo de la olla. Revuélvase bien. En el mortero donde se machacó el plátano, macháquense ahora, tres tomates partidos y sin semillas, dos dientes de ajo, un ají dulce, una cebolla picada, algunas alcaparras y varias ramitas de perejil y yerbabuena. Todo esto se une a un huevo batido y se echa a sofreír en manteca. Luego de sofrito, se une al caldo donde está el plátano y sigue revolviéndose hasta que espese. Esta salsa es caliente."

2ª salsa, "a lo guajiro": Póngase a hervir un pedazo de plátano pintón. Macháquese y échese en la cantidad de caldo que se considere necesaria, dejándolo hervir hasta que se haya reducido a la mitad, el caldo. Echese entonces una cucharada de manteca y póngase a fuego fuerte, teniendo cuidado de retirarlo antes de que la salsa espese demasiado. Fuera del fuego, se le ponen unas gotas de limón. Esta salsa es para usarla fría."

3ª salsa, "a la habanera": Macháquese una cucharada y media de calabaza cocida, dos ajos, tres tomates asados y pelados, uno o dos ajíes dulces, una cebolla blanca, un poquito de pimienta y medio pan rallado. Se sazona con sal y se agrega caldo de la olla. Bien caliente, se le pone una gota de vinagre."

Por lo que hace a refrescos, se nos ocurre escoger entre los que tenemos a la vista, cuatro "bebidas refrescantes y saludables" que tienen abolengo: La Garapiña, la Chicha, el agua de Loja y la Sambumbia, que figuran en el diccionario con explicaciones detalladas sobre sus condiciones. (Detalladas y equivocadas.)

—"Garapiña: Se hace con las cáscaras de la piña madura. Y es mejor la piña blanca o de la tierra que la morada o cabezona. Se echan las cáscaras en vasija de vidrio o cristal, nunca metal, y se pone agua a discreción. Durante ocho días y bien tapada la vasija, manténgase al sol y al sereno. Ya fermentada, cuélese y guárdese en lugar fresco. Y desde luego en botellas de cristal. Para tomar el refresco de la garapiña, se mezcla al gusto con agua fresca y azúcar. A más de sabrosa, tiene virtudes diuréticas."

—"La Chicha se hace con doce botellas de agua (pueden calcularse litros) y se le echa libra y media de azúcar (a gusto si es blanca o prieta) y catorce limones exprimidos. Con las cáscaras de los limones, agregando nuez moscada rallada, canela, clavos de especia y un poco de pimienta, se hace un machacado que se envuelve en un lienzo fino para hacer una muñequilla, que se echa en el líquido. Se tapa con una servilleta que se amarrará y se deja al sol y al sereno, los días necesarios para su fermentación. Se guarda en botellas y cuando se sirva como refresco, puede agregársele a gusto, agua y azúcar. O beberse sola, si no está muy fuerte."

—"Agua Loja: Se hace un almíbar con una libra de azúcar, blanca o prieta, seis clavos de especia, seis granos de pimienta y media cucharada de canela molida. A medio punto el almíbar, se cuela y se la vuelve al fuego hasta que se haga jarabe. Con este jarabe, que puede conservarse embotellado, se hace el refresco obligado en las procesiones de Semana Santa, en Cuba."

—"Sambumbia: En vasija de vidrio se echa una botella de melado de caña, cuatro botellas de agua y la cuarta parte de una mazorca de maíz seco y quemado. Al cabo de seis días ha fermentado y se toma al gusto de cada uno, con agua fresca o no."

Pensábamos terminar aquí, estas "Recetas de Antaño" y al cerrar la libreta de donde hemos copiado estas últimas, se nos van los ojos detrás de una página donde campean diversas recetas de cosas útiles y variadas: "Para limpiar la plata". "Para quitar manchas de tinta". "Para hacer Fosfatina". Para... ¿por qué no? una receta de belleza... Y con perdón de los señores lectores, que al leer estas líneas, con sonrisita de suficiencia, pensarán: "¿cómo no iban a salir el espejo y los perendengues?"... copiamos la receta de belleza que tiene todo el sabor de aquellas épocas cándidas en que el creyón de labios y las cremas, no se incluían entre las pertenencias de una mujer de su casa.

Sin embargo, nuestras abuelas tenían una epidermis lindísima y acaso en estas líneas siguientes esté el secreto, o parte del secreto de aquellas bellezas. Veamos:

—"Para aclarar el cutis, blanquearlo y ponerlo suave, el afrecho. Es mejor que el zumo de pepinos y la clara de huevos. Se hace una muñequilla de afrecho en un pedazo de olán clarín. Se echa en agua tibia y si quiere perfumarse, se echa benjuí y agua de rosas. Si es para el baño (¡!) habrá que hacer una muñequilla nueva todos los días. Si es para la cara y las manos, puede durar varios días. Tiene que dejar el agua lechosa. También es bueno para blanquear las manos una pasta de harina de maíz y agua de aljibe. Si no hay aljibe úsese otra agua, siempre que *no* sea de pozo."

Y como no queda otro remedio que terminar, aquí se acaban estas "Recetas de Antaño". Lo hacemos con verdadera pena porque mientras las escribíamos acudían a nuestro recuerdo y a nuestros comentarios, épocas y sucesos que junto con los platos y las fórmulas en desuso, no se repiten. Por ejemplo, aquella melcocha o mercocha, que dicen algunos, que una vez fuera del fuego, ponía a toda la familia a blanquearla, estirándola con habilidad asombrosa entre los cuatro dedos índices y pulgares de las manos. Con sus tropezones de limón, en rueditas acarameladas y su envoltura en hojas de plátano. ¡Cuántos comentarios sabrosos, relatos de familia, anécdotas, etc., se decían en el grupo familiar, mientras se blanqueaba la melcocha! Y también, cuántos maternales reproches y consejos al glotoncillo o glotoncilla que escamoteaba pedazos y se los comía rubios, para andar más de prisa...

Si la juventud es el divino tesoro que se va para no volver, tiene al menos la piedad de dejarnos el recuerdo que es sangre de la vida y como tal, permanece en nosotros. ¡Qué bello es recordar. Qué dulce el evocar! Y cómo entre recuerdos y evocaciones, estas "Recetas de Antaño" nos han hecho felices, a quienes las recopilamos.

Que para ti, lector, lectora, que posees en activo el divino tesoro, o que has sabido acumular sus ganancias en el recuerdo, sea motivo de grato interés, tanto el descubrir novedades viejas, como el recordar sabrosos pretéritos.

Con una y otra actitud se resume la vida. Porque saber vivir es apreciar la dicha de *haber sido*, sentir la alegría *de ser* y tener la jubilosa esperanza *de lo que será*...

«Los poetas hablan consigo mismos en voz alta.
Y el mundo los oye por casualidad».
BERNARD SHAW

Las flores también hablan

Cuando quiera enviar un mensaje de amor o de amistad, el

Jardín Milagros

se encargará de transmitírselo.

PASEO DE MARTI No. 202   TELEFONO M-5949

Presentamos a continuación muy interesantes recetas amablemente enviadas por nuestras colaboradoras.

Al transcribirlas, tal como han llegado a nosotras, con su "punto" de emocionado recuerdo, no sabemos qué agradecer más. Si la sabrosa receta material, que los lectores gustarán plenamente, o la vibración espiritual, que en cada una de sus letras, es un homenaje a la tradición y una ofrenda de amor y respeto a quienes les precedieron en la vida.

PASTELON CAMAGUEYANO AL ESTILO 1800

Por Cruz Guerrero de Cruz

INGREDIENTES:

- 1 libra de harina de trigo.
- 3 huevos.
- 2 onzas de manteca de puerco.
- 1 cucharadita de levadura.
- 2 onzas de mantequilla (si es holandesa mejor).
- 8 onzas de azúcar refino.
- 3 cucharadas de vino seco.

PREPARACION:

Se unen los ingredientes y se amasan. No se extiende con el rodillo, se van cogiendo porciones con la mano y se les da la forma de galleta cubriendo el molde hasta formar la concha. Se pone al horno a 200 ó 250° F. hasta que dore.

INGREDIENTES PARA EL RELLENO:

- 1½ lb. de carne de puerco.
- agua.
- manteca.
- tomates.
- ajíes.
- perejil.
- cebolla.
- ajos.
- ciruelas pasas.
- aceitunas.
- alcaparras.
- vino seco.
- 1 libra de papas.
- 3 onzas de garbanzos.
- 1 yema de huevo.
- 1 cucharadita de aceite.

PREPARACION:

Se pica la carne de puerco en pedacitos, nunca en máquina, y se sofríe un poco a dorarla, se le echa un poco de agua para ablandarla. Cuando esté blanda se pone en la manteca y se le agrega los tomates, ajíes, perejil, cebolla y los ajos, y cuando estén medio cocinados se les agrega ciruelas pasas, aceitunas, alcaparras y un poco de vino seco. Se hierven las papas y se pican en pedazos no muy grandes y se le agregan al relleno ya cuando se va a bajar del fuego. Si se quiere, se tienen cocinados bien blanditos unos garbanzos y se le echa. Para utilizar este relleno hay que dejarlo enfriar. Este relleno no puede quedar muy jugoso ni muy seco. Cuando ya el pastelón esté cubierto, encima se le unta un poco de yema de huevo, bien con la mano o con un pluma de ave. La yema se deslíe en un poco de agua o aceite. Se debe comer al otro día de hecho.

DULCES INOLVIDABLES

Por Mercy González Fantony de Tarafa

Para mí por haberlos aprendido a hacer de personas tan queridas, ya desaparecidas, como mi abuela, Sra. Lerandi Vda. de Fantony, y mi madre Mercedes Fantony Vda. de González, deseo que gusten tanto como a toda mi familia.

DULCE DE LECHE

INGREDIENTES:

    1 litro de leche.   canela en rama
    6 yemas de huevo.   vainilla a gusto.
    1 libra de azúcar.

PREPARACION:

Se mezclan bien los ingredientes mencionados y se ponen a cocinar a fuego lento, separándolos con una espumadera por los lados para que no se peguen a la cazuela (no se revuelva). Cuando el almíbar toma el color de caramelo y tiene buen punto se baja del fuego y ya el dulce está terminado.

ESPUMA DE CHOCOLATE

INGREDIENTES:

    6 claras de huevo.   ½ taza de leche.
    azúcar a gusto.   bizcochos tipo polkas.
    3 pastillas de chocolate.

PREPARACION:

Se baten las claras a punto de merengue, se le echa el azúcar. Se rallan las pastillas de chocolate y se disuelven a baño-maría en media taza de leche que quede bien espeso y entonces se le agrega el merengue. Se bate por unos minutos más y se sirve en una dulcera sobre los bizcochos. Siempre trato de hacer estos dos dulces el mismo día y ponerlos en el refrigerador, pues utilizo las claras de los huevos del dulce de leche para hacer el de chocolate.

PAN DE HARINA DE MAIZ

Receta de la Sra. Aurora Fonts Vda. de Valdés Fauli
Enviada por su hija Adriana Valdés Fauli

INGREDIENTES:

- 1 libra de harina de maíz fina.
- agua la misma cantidad que de harina.
- ½ cucharadita de sal.
- 1 cáscara de limón.
- 1 litro de leche.
- 1 libra de azúcar.
- 1 cucharada de pasas sin semillas.
- canela en polvo.
- 3 onzas de mantequilla.
- 10 yemas.
- 6 claras.
- 3 ó 4 cucharadas de ajonjolí.

PREPARACION:

Se lava bien la harina y se pone a cocinar con igual cantidad de agua, la sal y la cáscara de limón. Cuando el agua empiece a secar se le agrega la leche, el azúcar, las pasas y la canela, sacando la cáscara de limón. Cuando esté seca la leche y se vea el fondo de la paila se quita del fuego, se echa la mantequilla revolviendo hasta que se derrita y cuando se ha refrescado un poco se le ponen los huevos después de mezclarlos con el batidor y se une todo bien. Se engrasan dos moldes que no sean altos y se divide la harina entre los dos. Se les pone por arriba el ajonjolí y se hornea a 350° F. hasta que se dore. Una hora poco más o menos.

¿Quieres tener a tu marido contento?
Tenle puesta la mesa con tiempo.

CARNE DE PUERCO MEXICANA
Receta de la Sra. Aurora Fonts Vda. de Valdés Fauli
Enviada por su hija Adriana Valdés Fauli

INGREDIENTES:

3 libras de carne de puerco de pierna que esté limpia.
sal a gusto.
agua la necesaria.
1 rama de canela.
pimienta en grano.
1 hoja de laurel.
1 cucharón de buen vino seco.
1 cucharada de azúcar turbinada.
4 cucharadas de azúcar.
un poco de vino seco.

PREPARACION:

Se le pone a la carne la sal necesaria, se coloca en una cacerola y se cubre de agua echándole la canela, la pimienta, el laurel, el vino seco y una cucharada de azúcar turbinada. Así preparada se pone a fuego moderado, pero que hierva siempre. Cuando se gaste el agua y la carne esté blanda se le echan las cuatro cucharadas de azúcar y en la candela a fuego vivo se revuelve la carne en el azúcar a la que también se le habrá echado un poco de vino seco. Cuando el azúcar se derrita y dore se quita del fuego y se deja enfriar.

Toda ama de casa debe de tener en cuenta que es imprescindible la vestimenta pulcra y adecuada para completar una exquisita cena, momento que aprovechamos para poner a vuestra disposición nuestro Departamento de Uniformes con todo lo relacionado a su necesidad para este lugar preferente del Hogar.

Uniformes "ROBERSAL"

SAN NICOLAS No. 214, casi esq. a CONCORDIA
Al fondo de la Iglesia de Monserrate   TELEFONO W-8561

Cuban American Touring Co.
Servicio Internacional de Viajes

Prado No. 357   La Habana

DULCE DEL OBISPO

Por Adelina Navarro Vda. de Estévez

Esta receta la aprendí de mi suegra, la señora Julianita Fernández de Estévez, allá por la última década del siglo pasado, cuando tenía yo unos diez y seis años. Es un postre tradicional en nuestra familia. Su curioso nombre tiene raíz en la siguiente anécdota:

En una ocasión mi suegra envió de regalo este postre a un sacerdote amigo, quien al darle las gracias le dijo que lo encontraba tan exquisito que realmente no era propio para un simple sacerdote sino para un obispo, y desde entonces se le quedó el nombre de "Dulce del Obispo".

Es una especie de dulce de leche glorificado y muy suave. He aquí los ingredientes y cómo se hace:

INGREDIENTES:

- 2 cocos secos.
- un poco de agua caliente.
- 2 libras de azúcar.
- 2 tazas de agua.
- 2 litros de leche.
- 12 yemas de huevo.
- la leche de los cocos.
- ½ taza de vino de Jerez dulce.
- 2 ó 3 pedazos de canela en rama.

PREPARACION:

Se pelan y se rallan los cocos. Se exprimen agregándole un poco de agua caliente para extraerles la leche con más facilidad. Se hace un almíbar bien espeso con el azúcar y el agua. Se deja enfriar. Se mezcla la leche, las yemas, la leche de coco, el vino dulce, la canela y el almíbar, todo en frío. Se pone a cocinar a baño-maría sin revolver durante algunas horas, hasta que las cuajadas se formen y queden flotando en un almíbar clara.

ENSALADA ALEMANA

Por Emma Montejo

Esta ensalada se hacía mucho en casa de mi abuelo que era alemán. Le calculamos más de ciento cincuenta años en nuestro poder. Espero le guste tanto como a toda nuestra familia:

INGREDIENTES PARA LA ENSALADA:

- 1 libra de carne de primera.
- 1½ libras de pollo.
- 1 libra de papas.
- 1 libra de zanahorias.
- 12 huevos duros.
- 6 manzanas deliciosas.
- 1 lata de sardinas buenas.
- 1 pomo de alcaparras de buena calidad.

INGREDIENTES PARA EL ALIÑO:

    aceite francés.   sal.
    vinagre bueno.   pimienta.
    cebolla picadita.

PREPARACION:

Se cocinan la carne y el pollo y se muelen por la cuchilla más fina. Se pican y se salcochan las papas y las zanahorias. Se pican por separado, los huevos, las manzanas, las sardinas y las alcaparras. Se unen todos los ingredientes en el orden dado. Se prepara el aliño y se agrega lentamente a lo anterior.

QUESO DE LECHE

RECETA DE LA SRA. ANGELINA RODRÍGUEZ VDA. DE MOREL.
ENVIADA POR SU NIETA ESTHER MARÍA BENAVIDES

INGREDIENTES:

    1 litro de leche.   6 yemas.
    ¾ libra de azúcar.   unas gotas de vainilla.
    6 claras.   una pizca de sal.

PREPARACION:

Se pone a la candela la leche con el azúcar a que espese un poco. Se baten las claras a punto de merengue y se le agrega las yemas. Cuando el dulce se desprende por completo del fondo de la paila se le agrega las claras y yemas y se sigue batiendo a fuego lento. Cuando esté a punto se le echa la vainilla y la sal.

BUÑUELOS DE CATIBIA

POR AIDA RODRÍGUEZ SARABIA

 "Rememorar es revivir", dijo el poeta y aquí tienen los buñuelos de catibía; recuerdo siboney que se mezcla a la era de la conquista y colonización española en Cuba.

INGREDIENTES:

    4 libras de yuca.   1 ½ libras de malanga
    ½ cucharadita de anís. amarilla.
    6 huevos.   2 libras de boniato.
            ½ cucharadita de sal.

PREPARACION:

¿Qué es catibía? Es el producto de la yuca rallada y exprimida por un paño para sacarle toda el agua posible. La catibía, o sea, lo que queda en el paño se pone a secar sobre madera o mármol al sol por espacio de diez horas, después se pasa por un jibe (cedazo o tamiz) y luego se liga con media cucharadita de anís. Una vez bien unidos anís y catibía se hacen bolas del tamaño de una mandarina; las bolas se hacen por compresión ahuecando las manos y tratando de ir redondeándolas a la fuerza. Una vez terminada esta tarea se ponen en agua hirviendo, agua suficiente que las cubra y que esté hirviendo. Se dejan las bolas hervir por espacio de diez minutos solamente e inmediatamente se sacan bien escurridas. En estas condiciones y estando bien calientes (no se pueden dejar enfriar), se van rompiendo con auxilio de una mano de mortero o de un rodillo o del fondo de una botella gruesa, y en cuanto se pueda empezamos a amasar continuamente hasta que se vea una masa de color uniforme y elasticidad pareja. después se le van incorporando a esta masa los huevos, procediendo a ligar uno a uno; por último agregamos poco a poco la malanga amarilla y el boniato que ya deben estar salcochados con sal y molidos, pero calientes, por haberse realizado esta operación al unísono, o sea, al mismo tiempo que se mezclan los huevos con la catibía. Se continúa amasando hasta que se vea que hay uniformidad. Por último se hace como un rollo de un pie de largo y aproximadamente tres dedos de circunferencia y se van cortando porciones para hacer los buñuelos según la forma deseada, bien como anillos o números ocho. Se fríen en manteca suficiente y bien caliente, para luego servirlos con almíbar o melado de caña. Si después de un rato se decanta este líquido veremos que en el fondo ha quedado un polvo fino. Si este polvo se pone al sol, obtendremos un magnífico almidón que podemos utilizar en la ropa.

Gonzalo Fernández de Oviedo, el historiador de Indias, en 1531 llevó carne de manatí a España y se la ofreció a la emperatriz, y cuantos la probaron la encontraron sabrosa y delicada.

CASABE

Por Aida Rodríguez Sarabia

El casabe fué el pan de los siboneyes. Se toma la catibía fresca y aún húmeda se prensa y se le da forma de torta, mientras más delgada mejor y se van poniendo a fuego lento sobre planchas o cacerolas planas. Las cacerolas de barro planas que usaban los siboneyes para tostar y dorar sus casabes se llamaban *burenes*.

COSUBÉ

Por Aida Rodríguez Sarabia

INGREDIENTES:

- 2 libras de azúcar.
- 1 libra de almidón de yuca.
- 4 yemas de huevo.
- 4 ó 5 cucharaditas de manteca.
- 3 cucharadas de buen vino seco.
- ¼ cucharadita de sal.
- 1 cucharada de mantequilla.
- 1 cucharadita de anís tostado y pulverizado.
- ½ cucharadita de canela molida.

PREPARACION:

Se une el azúcar con el almidón, se le adicionan las yemas, después la manteca, el vino seco, la sal y la mantequilla, dejando para lo último el anís y la canela. Se une todo bien hasta que la masa no se pegue a los dedos, después se estira con el rodillo hasta que tenga el espesor de un centímetro aproximadamente y se cortan con un cuchillo los cosubés que generalmente tienen la forma de dos triángulos unidos, se ponen en moldes planos y se llevan a un horno moderado por espacio de media a tres cuartos de hora.

FUFÚ DE PLATANO VERDE

Por Aida Rodríguez Sarabia

INGREDIENTES:

- 3 plátanos verdes.
- sal.
- 2 dientes de ajo.
- ½ libra de chicharrones de puerco.
- ½ limón.
- manteca.

PREPARACION:

Se salcochan los plátanos con sal y después se reducen a pasta majándolos en el mortero en donde ya se han majado los ajos y los chicharrones. Se une todo bien y se sazona con el limón y un poquito de manteca. Es importante que el fufú esté caliente a la hora de comerse por lo que se aconseja hacerlo a última hora o ponerle en un molde en el horno.

POLVORONES DE CAFE Y ANIS

Por Aida Rodríguez Sarabia

INGREDIENTES:

- 1 libra de harina de trigo.
- ½ libra de azúcar.
- 1 cucharadita de anís tostado y molido.
- ¼ cucharadita de sal.
- 1 cucharadita de mantequilla.
- 5 cucharaditas de café fuerte líquido.
- 2 cucharadas de manteca.

PREPARACION:

Se une la harina con el azúcar, el anís, la sal y la mantequilla y por último se le incorpora el café y la manteca; una vez que todo se ha unido se hacen torticas pequeñas y se llevan al horno de media a tres cuartos de hora solamente.

PONCHE CRIOLLO

Por Aida Rodríguez Sarabia

INGREDIENTES:

- ½ litro de leche.
- 2 rajas de canela.
- 2 yemas de huevo.
- 2 cucharadas de azúcar.
- una pizca de sal.
- 2 cucharadas de aguardiente de caña.

PREPARACION:

Se hierve la leche con la canela y cuando esté fría se cuela y se le incorpora las yemas batidas con el azúcar y la sal y se pone a fuego lento. Después que hierva se baja de la candela y se le incorpora el aguardiente, batiéndose hasta que se ve que tiene mucha espuma.

Los siboneyes se dedicaban al cultivo del maíz, de las habichuelas negras, de la yuca y del ñame con el que fabricaban su casabe, y vivían en pobres cabañas o bohíos, sin verdadero culto religioso, pero creyendo en la inmortalidad del alma.

HELADO AL CHAMPAGNE

Receta de la Sra. Mercedes Sáenz de Codina
Enviada por su hija Margot Codina

En litro y medio de almíbar a 20 grados, se echa la cáscara de una naranja bien lavada y la de medio limón, dejándolo en infusión una hora. Pasado este tiempo y quitadas las cáscaras, se añade el zumo de dos limones y el de seis naranjas. Se cuela por tamiz y se agrega finalmente una media botella de Champagne. Cuando va estando helada la mezcla y como unos diez minutos antes de servirla, se añade otra media botella de Champagne y se sigue trabajando el helado hasta sacarlo. Se sirve en copas anchas de Champagne.

JARUCO

Receta de la Sra. Mercedes Sáenz de Codina
Enviada por su hija Margot Codina

Se toma igual cantidad de almíbar y miel de abejas. Se pone a la candela y cuando tiene punto se le van echando claras de huevo muy bien batidas y se sigue batiendo continuamente hasta que formen una pasta, echándole después por encima almendras tostadas y molidas.

SOUFFLE DE CHOCOLATE

Receta de la Sra. Mercedes Sáenz de Codina
Enviada por su hija Margot Codina

Las claras de tres huevos se baten para merengue, se le agrega sin dejar de batir tres tacitas, de las de café, de azúcar. Previamente, en dos dedos de agua con cuatro tablitas de chocolate se tiene preparado un chocolate muy espeso y después de frío se une muy bien con el merengue, un chorrito de esencia de vainilla y se pone al horno. En el momento de servirlo, después que esté bien alto y empieza a abrirse se espolvorea con azúcar y se sirve en el molde.

No hay razón para que la mujer se sienta infeliz dentro de su casa; al contrario, si tiene un poco de imaginación, los tiestos de su diminuto balcón le parecerán un gran jardín y el metro cuadrado del hueco de su ventana, un inmenso horizonte abierto al mundo.

FIESTA DE SAN JUAN BAUTISTA

Por la Excma Sra. Lydia de Goes Monteiro

(Esposa del Embajador del Brasil)

San Juan Bautista, cuya fiesta se conmemora el 24 de junio, es un Santo de gran devoción popular en el Brasil. La fiesta de su celebración es la más típica e interesante de las que tienen lugar en tierras brasileras. El mes de junio, que es frío en todo el Brasil, tiene según es tradición la siguiente característica: la de poseer durante la noche del 23 al 24 la vigilia más larga y también la más fría del año. ¿Cómo conciliar la larga y fría noche con los deseos del pueblo de juguetear en la vigilia del gran Santo? La solución encontrada tiene sus raíces en el folklore portugués y a las fiestas de San Juan en el Brasil se le aplican muchos de los artificios de las fiestas de San Antonio en Portugal.

El centro de atracción de los festejos es siempre una hoguera al aire libre, en torno de la cual se reúnen todos, para la celebración hasta de madrugada. Los niños se divierten con fuegos artificiales, con los farolitos de papel en colores, rifas, adivinanzas, tíovivos, juegos variados, danzas populares, como la *ciranda,* etc. Soltar los globos (prohibido hoy en día por los Municipios a causa de los incendios que provocaban) no es tan emocionante como atraparlos para destruirlos, o sea, reducirlos a fragmentos alcanzándolos con pequeñas piedras hasta obtener esa finalidad. Los niños compiten en ser los primeros en descubrir los globos en el espacio, haciendo ruidos alegres y dando gritos de:

> *Cae, cae balão,*
> *Cae aqui na minha mão,*
> *(Cae, cae, globo*
> *cae, aquí en mi mano)*

Y entonces empieza la búsqueda y, a continuación, la pelea por derribarlo, cuando aún está en el aire.

Las ruedas infantiles se animan con canciones tradicionales, de ritmo sencillo y pasos aún más fáciles. Cuando la hoguera ya está adelantada, en altas llamaradas, la saltan en diversas direcciones, haciendo competencia para ver quién salta la hoguera más alta. La utilizan, después, para asar boniatos, yuca, maíz, etc. No existe una comida propiamente dicha en los festejos de San Juan. En la práctica, los festejantes pican aquí y allá tubérculos asados, postres variados de maíz verde preparado con leche de coco, arroz con leche, yuca con miel de caña, jaleas, cuscus, en suma, platos preparados con anticipación. Las muchachas en sus trajes de algodón estampado, con anchas faldas, pañuelos a la cabeza, improvisan danzas y bailan con alegría. Hasta bien entrada la madrugada se escuchan los cohetes y se conservan encendidas las hogueras.

En algunas partes de las montañas hay siempre la nota viva de las hogueras provocadas por globos en llamas, caídos en medio de la floresta. Y, así, la noche de San Juan, que el pueblo dice ser la más fría y la más larga del año, allá se va, calentada por el rubro de las hogueras y de los boniatos asados y, al final, los que la disfrutaron, sólo de una cosa se lamentan: que la noche fué corta y que pasó muy de prisa.

MÃE BENTA (Madre Bendita)

INGREDIENTES:

2½ tazas de mantequilla.   4 tazas de harina o fécula
2½ tazas de azúcar.   de arroz.
12 yemas.   la leche espesa de un
4 claras.   coco.

PREPARACION:

Se bate la mantequilla con el azúcar a ponerla cremosa, se agrega una por una las yemas batiendo siempre, se les une las claras a punto de merengue, la harina o la fécula de arroz y por último la leche de coco. Se engrasan moldecitos con mantequilla y se hornea a 350° F. hasta que la masa se desprenda de los bordes.

PANQUECAS DE AIPINE (Crepe suzette de yuca)

INGREDIENTES:

2 libras de yuca rallada.   4 huevos.
1 cucharada de azúcar.   1 taza de leche.

PREPARACION:

Se une a la yuca rallada el azúcar, los huevos enteros batidos y por último la leche. Se engrasa una plancha con mantequilla y se pone al fuego a calentar; cuando esté caliente se va echando la masa por cucharadas a formar panquecas de tres pulgadas de diámetro. Cuando estén doradas por un lado se voltean y se dejan dorar por el otro lado. Se pueden

*servir rellenas con crema, compotas de frutas, queso
y acompañadas de algún sirope.*

BOLO DE INHAME (Pastel de ñame)

INGREDIENTES:

  5 libras de ñame.   1 cucharadita de pimienta.
  1 libra de camarones secos.   3 cucharadas de aceite.
  2 cucharaditas de sal.

PREPARACION:

Se hierve el ñame, reduciéndolo a puré. Se muelen los camarones, se les une sal, pimienta y aceite y se mezcla al puré de ñame, se dora ligeramente. Puede servirse frío.

PAMONHAS DULCES (Tamales de maíz)

INGREDIENTES:

  20 mazorcas de maíz tierno.   1 coco.
  leche la necesaria.   anís a gusto.
    azúcar a gusto.

PREPARACION:

Se ralla el maíz y se le va añadiendo leche fría hasta que esté como una crema espesa. Se cuela y se le añade el coco rallado, el anís y el azúcar. Se envuelve la masa en hojas de maíz a formar tamales. Se amarran bien y se cocinan en agua hirviendo durante una hora y media.

OLHOS DE SOGRA (Ojos de Suegra)

INGREDIENTES:

  7 cucharadas de azúcar.   1 cucharada de mantequilla.
  ½ taza de agua.   ½ libra de ciruelas pasas grandes y tiernas.
  7 yemas.

PREPARACION:

Se hace un almíbar con el azúcar y el agua, muy espesa. Se le agregan las yemas, poco a poco, con la mantequilla y se deja enfriar la masa. Se abren las ciruelas, se les quita la semilla y se rellenan con la masa. Se cubren con azúcar de confitero y se colocan en capacillos de papel plateado o plisado. También se les da el nombre de "Ojos de Venado".

CUSCUS DO NORTE

INGREDIENTES:

1 plato hondo de coco rallado.
1 plato hondo de tapioca.
azúcar a gusto.
½ litro de leche de vaca.
la leche de un coco.
1 cucharadita de anís.

PREPARACION:

Se colocan en una servilleta todos los ingredientes secos y se amarran. Se pone en una olla propia para hacer cuscus, o se deja la servilleta en el vapor (sin tocar el agua) hasta humedecer los ingredientes secos. Se retira y se riega con la leche de vaca, y la leche de coco en la cual se ha puesto el anís. (Si se usa la semilla del anís se debe colar para no mezclar las semillas con la harina). Se deja enfriar y se corta en tajadas para servirlas con una salsa, mermelada de guayaba, etc.

QUINDINS DE YAYA

INGREDIENTES:

20 yemas de huevo.
¾ taza de azúcar.
1 taza de mantequilla.
1 coco rallado.

PREPARACION:

Se baten bien las yemas con el azúcar hasta que estén como una crema blanda, lisa y casi blanca. Se agregan los demás ingredientes, batiendo todo muy bien. Se coloca en moldes pequeños (como para muffins, pero más altos), se llenan por la mitad y se llevan al horno a baño-maría a 250° F. Cuando estén secos se retiran del horno, se dejan enfriar, se sacan del molde con cuidado y se pueden adornar con confites plateados, dorados o de todos colores.

En tu mano está el revivir: mira otra vez las cosas con los mismos ojos que antes las viste: será tu resurgimiento.

MARCO AURELIO

LA COMIDA CHINA

Por la Excma. Sra. Kitty Tan
(Esposa del Ministro de China)

La comida china ha gozado durante siglos de fama universal. En el país se distinguen tres estilos más o menos diferentes de cocina, que son: el de Pekín (China del Norte); el de Shanghai (China Central); el de Cantón (China del Sur). Esto no quita que a través del inmenso territorio cada localidad cultive alguna forma peculiar a la comarca que destaque su especialidad, sobre todo en las provincias remotas del oeste, donde tienen fama de acentuar el picante.

El gran plato del Norte, del que no se cansan de hablar sus adictos, es el pato asado pekinés. Son también favoritos de aquella región el marisco, la chuleta de puerco al natural, endulzada o en agrio; una especie de albóndiga de carne, y la tortilla en infinidad de estilos. Pero el mero hecho de nombrarlos así secamente en otro idioma parece restar mucho de la suculencia evocadora de estos ricos platos chinos. Para formarse una idea de su exquisitez es necesario escuchar en el destierro a alguien de allá, añorando con nostalgia y la boca hecha agua las delicias culinarias que tanto echa de menos.

Al estilo de Shanghai lo caracteriza una más rica sazón; un condimento de más grasa. En esta escuela se emplea con generosidad la salsa de frijol. Se usa mucho el pescado y el marisco, y desde luego el puerco en infinidad de aderezos, cada cual más apetitoso. En los menús de los restaurantes al estilo de Shanghai se ofrecen invariablemente las ancas de rana con el nombre—nadie sabe por qué—de "cerezas fritas". Son típicas de esta cocina también las aletas de tiburón usualmente preparadas con pollo y jamón; y dicen que el sabor mejora notablemente si se hierven de antemano las aletas en sopa de pollo. Y no se debe olvidar la sopa de nido de golondrina. Ni la casi ilimitada variedad de frituras que con gran arte prepara el cocinero chino para deleite de niños y adultos.

El tercer gran estilo culinario de China es el cantonés. A él suele atribuirle la fantasía popular extranjera una serie de extravagancias que nada tienen que ver con la realidad de las cosas. Por ser los chinos de esta parte meridional del país los que más emigran, es su estilo de cocina el más conocido en toda la América. Sus ingredientes primarios son el puerco, las aves y el pescado. Como es bien sabido, el plato más popular no sólo en los Estados Unidos, sino en la América Latina es el "Chop Suey". Pero lo curioso es que ni el plato ni el nombre son genuinamente chinos. Se dice que lo inventó y sirvió por primera vez un tabernero chino en San Francisco, California, en la época de la Fiebre del Oro a mediados del siglo pasado. Y él mismo se encargó de bautizarlo con el nombre que le ha valido fama continental. Y bien merecida por cierto, porque, ortodoxo o no, nadie niega que sabroso sí que lo es.

La comida china preparada por un experto y servida a la oriental es un verdadero regalo al paladar del más exigente epicúreo. Por algo acostumbran los chinos ofrecer al huésped más apreciado como símbolo supremo de su fina hospitalidad, una comida. Familiar y modesta, obra de las habilidosas manos de la ama de casa. O al gran estilo de banquete que puede en China constar de treinta, cuarenta o cincuenta platos. Pero siempre deliciosa.

LANGOSTINOS FRITOS

INGREDIENTES:

1 libra de langostinos frescos.
6 cucharadas de aceite o manteca.
3 rebanadas de jengibre.
1 cucharada de salsa de soya.
½ cucharadita de sal.

PREPARACION:

Se les quita los caparazones a los langostinos, se lavan y se limpian bien. Se calienta el aceite en una sartén y se agregan los langostinos y los otros ingredientes en su orden. Se fríen de tres a cinco minutos, según el tamaño de los langostinos.

PATO GUISADO CON CASTAÑAS

INGREDIENTES:

1 pato grande.
½ libra de castañas.
½ libra de masa de puerco.
1 cebolla.
¼ libra de setas.
2 ó 3 rodajas de jengibre.
1 taza de salsa de soya.
3 tazas de agua.

PREPARACION:

Se lava el pato y se corta en cubitos de una pulgada. Se remojan las castañas en agua caliente durante media hora y se le quita la cáscara exterior e interior. Se corta la masa de puerco en cubitos y la cebolla en rodajas. Se remojan las setas en agua tibia por diez minutos. Se colocan los pedacitos de pato en una cacerola cubierta, de metal grueso, con los otros ingredientes: castañas, puerco, setas, cebolla y jengibre. Se le agrega la salsa de soya y el agua. Se hierve y se deja a fuego lento por hora y media o hasta que esté blandito el pato.

HONDURAS

Por la Excma. Sra. Virginia Zelaya de Bermúdez

(Esposa del Embajador de Honduras)

Me siento contenta de poder poner mi granito de arena en este libro, que estoy segura tendrá una buena acogida por los fines a que se ha destinado y además por lo interesante que resultará para las amas de casa.

La comida hondureña es casi igual a las demás de las Repúblicas Centroamericanas. El maíz seco o verde constituye uno de los principales alimentos en la dieta nuestra; seco el maíz, se usa en forma de tortillas que sustituyen al pan, y en otras formas; del verde, o sea, el "elote", también se hacen varias cosas. Es una costumbre nuestra en tiempos de los elotes de invitar a una "elotada" a grupos de familiares y también de amigos, generalmente se hace en las fincas y esa tarde todo lo que se sirve es a base de maíz verde; que se acompaña con cuajada (un queso muy fresco que se hace en la casa poco antes de servir), crema de leche y mantequilla. El maíz con que se hacen los tamalitos debe ser cogido el mismo día y además bastante tierno, resultando así de un sabor dulce y masa muy fina.

Estas recetas son muy simples, y para que queden bien es necesario la calidad del maíz y que no esté demasiado duro; es bueno cuando los granos no están demasiado unidos unos con otros.

TAMALITOS

INGREDIENTES:

20 elotes (mazorcas de maíz tierno).
½ libra de mantequilla.
½ litro de leche.
4 onzas de azúcar.
un punto de sal.
unos granitos de anís.

PREPARACION:

Los elotes se raspan y se muele finamente el maíz, si se desea se puede colar. Se bate la mantequilla, luego se revuelve con la masa y la leche, se mezcla el azúcar y la sal al gusto, en las hojas de maíz se hacen los tamalitos. En un caldero que contenga agua hirviendo se echan unos granitos de anís, en el fondo se ponen tusas de maíz y luego se van acomodando los tamalitos verticalmente. Se tapan con hojas de maíz. Cuando han hervido lo suficiente y se ve que la hoja está bien cocida, se bajan. Se sirven calientes.

El atole se prepara con la masa del maíz colada y

aclarada con leche fresca, se le pone unos granitos de anís, un punto de sal y azúcar al gusto. Se cocina a fuego lento y sin dejar de moverlo hasta que hierve, queda espeso y se toma caliente. Si se deja más espeso cuaja y se sirve en platicos.

La cocción del maíz todas lo conocemos, ponerlo en poca agua y taparlo con hojas de maíz, agregándole un poquito de sal. Se sirve caliente.

PICADILLO

INGREDIENTES:

- 1 libra de carne de res.
- 1 cucharadita de vinagre.
- 1 cucharadita de sal.
- ½ cucharadita de pimienta.
- 1 cebolla.
- 2 chiles (ajíes).
- 2 onzas de manteca.
- ¼ cabeza repollo de col.
- 1 mazo de frijolitos tiernos (habichuelas).
- 1 pataste tierno (chayote).
- ½ libra de papas.
- caldo el necesario.
- 1 cucharada de azúcar.
- bijol a gusto.
- 2 plátanos hembra.
- 2 huevos cocidos.

PREPARACION:

Se cocina la carne y se pica o se muele en molino. Se sazona con vinagre, sal, pimienta, cebolla y chiles y se pone a freír. Las verduras ya cocinadas y picadas se mezclan a la carne y se ponen al fuego con un poco de caldo, el azúcar y el bijol para darle color; cuando está consumido se baja y se sirve en un platón y se adorna con tajaditas de plátano frito y huevos cocidos.

DULCE DE PLATANO MINIMO (Johnson)

INGREDIENTES:

- 8 plátanos mínimos maduros.
- 1 limón (el jugo).
- ½ libra de azúcar.
- 1 rajita de canela.
- tinte vegetal rosa.

PREPARACION:

Se salcochan los plátanos pelados, se les pone el jugo de limón, luego que se tamizan se les pone el azúcar y la canela y se ponen a hervir moviéndolos siempre. Cuando han hervido bien se les da el color vegetal a gusto. Se bajan cuando ya están hechos una mermelada.

EL ARTE, LA TRADICION Y EL SIGNIFICADO EN LA COMIDA JAPONESA

Por la Excma. Sra. Etsuko Izawa

(Esposa del Embajador del Japón)

Mi país, Japón, es una mezcla de sencillez y ceremonia, absolutamente natural. Sin duda, influyen en su carácter nacional las condiciones geográficas y la belleza de sus paisajes.

¿Quién no evoca, al nombrar al Japón, los dulces cerezos en flor y el majestuoso Fujiyama? Así se unen, en los hábitos de mi país, el candor de lo espontáneo y la solemnidad del respeto.

La comida japonesa no es complicada, aunque sí al utilizar los recursos de su suelo y sobre todo, de sus mares, sabe desarrollar y mejorar platos alimenticios y ricos, a los que incorpora los de otros países asiáticos y los de Occidente, vistiéndolos, podría decir, con ese ropaje de su romántica y sutilísima personalidad que los hace exclusivamente suyos.

Aunque muy interesante, sería demasiado largo este escrito, si hiciera una relación de los alimentos japoneses desde los tiempos primitivos a hoy. La caza, la pesca y los vegetales sucesivamente han ido incorporándose a nuestra alimentación, y acomodándose a creencias religiosas, a diferencias de clima y al influjo de la cultura. El budismo, por ejemplo, echó a un lado el consumo de carnes e incrementó el cultivo de la tierra. Fué una época de altos niveles en la agricultura y el arte de preparar alimentos progresó mucho. Todavía hoy, saboreamos "sashimi" (pescados en filetes muy finos), "yakimono" (pescados y aves braseadas), "shirumono" (sopas), "sushi" (cuadraditos de arroz sazonados con sal, vinagre y pescados o camarones), etc. Sin embargo, lo que puede llamarse el período inaugural de la cocina japonesa data de 1332 a 1568, después de haber hecho de la ceremonia del té (hacerlo y beberlo), una necesidad social y una enseñanza perentoria en la educación de las jóvenes. De aquel entonces data el asado de aves enteras (maruyaky) y en espichos (kushiyaki). Pero fué en 1867 que nuestra cocina se concentró en el pescado y se le incorporaron elementos occidentales y desde principios de este siglo, vino a ser lo que es hoy.

La base de la alimentación japonesa es el arroz, pulido, enriquecido y en embrión. Pescado y vegetales le acompañan. Aves y huevos se le agregan con alguna abundancia. Y poco a poco se popularizan la res, el cerdo y el carnero.

Nosotros producimos los cinco cereales: trigo, avena, maíz, cebada y, desde luego, arroz. Añadimos muchos vegetales de Occidente y una gran variedad de frutas. Nuestros condimentos son los usuales.

Además, soya, saké dulce y saké refinado, vinagre y el bonito o atún seco que rallamos en polvo y que se usa como los europeos usan el "bouillon". También aprovechamos la mantequilla y la leche.

Un menú típico de desayuno japonés es: Arroz hervido, sopa de pasta de frijoles, encurtidos, con los que se sirven huevos o mariscos.

En el almuerzo, generalmente sencillo, el plato principal sigue siendo el arroz, con vegetales hervidos, pescado seco, menestras hervidas, cuajadas de frijoles o huevos. Y los encurtidos que nunca faltan.

Para la comida, arroz, sashimi, yakimono, guisos de pollo o carne, tempura (frituras), un flan de huevos con pollo o pato, vegetales y siempre los encurtidos.

Para el servicio de la mesa, las bandejas se varían según las comidas sean formales o informales. Y también según las creencias religiosas. Otro tanto sucede con las escudillas, tazas y palillos para comer. Se usan maderas, laqueadas o al natural, porcelanas y en especial, los palillos de maderas perfumadas, alcanfor, por ejemplo.

Nuestras fiestas son románticas y simbólicas: el Festival de las Muñecas, para rezar por la felicidad de las niñas. Este festival también se llama de los Melocotones, ya que se celebra en la época de los melocotones en flor. Y es una bonita unión de simbolismos. El Festival de los Varones, se celebra en mayo. En ese día las alusiones son a los héroes, al valor, a la fama, etc.

Luego hay las diferentes celebraciones de fechas de acuerdo con los cambios de la Naturaleza. La Luna de Agosto. Los Crisantemos de Otoño. El último y el primer día del año. Y el séptimo del que empieza.

Para cada fiesta hay el plato especial y la decoración a base de motivos llenos de honda significación. El séptimo día, se hace y se bebe una cocción de las siete yerbas aromáticas del año, y se pide y se obtiene, salud.

En Año Nuevo se comen unos cakes aplastados de arroz que dan larga vida. Y todos estos manjares y bebidas se sirven, transportan y ofrecen en esas maravillosas cajas laqueadas en distintos colores, decoradas con oro y madreperla y cuidadosamente conservadas a través de los años, con ese espíritu de firme creencia en lo que no perece, o sea, la tradición, que nos lleva a ofrecer gustosos la vida por el logro de un ideal patrio.

Desearía haber podido en estas líneas dar una ligera idea sobre la cocina japonesa y su íntima relación con todos los aspectos de la vida en común. Y doy las más expresivas gracias a quienes me han pedido este trabajo por la oportunidad que me ofrece de unir mis palabras a las de tan distinguidas amigas y compañeras.

TEMPURA (Frituras)

INGREDIENTES:

- 1 huevo.
- ²/₃ taza de agua.
- 1 taza de harina de Castilla.
- ½ taza de habichuelas picadas a lo largo (5 centímetros).
- ½ taza de zanahorias picadas a lo largo (5 centímetros).
- 5 tazas de aceite.
- 20 camarones grandes, pelados y limpios pero con la cola.
- 1 taza de caldo.
- 4 cucharadas de Salsa Japonesa.
- 4 cucharadas de Saké dulce.
- 1 pizca de polvos de sabor.
- ½ taza de nabos rallados (exprimidos).

PREPARACION:

Se bate el huevo con el agua, se le agrega la harina de Castilla pasada por el tamiz y se revuelve un poco. Se introducen las habichuelas en la harina preparada y se van colocando cinco o seis pedacitos de habichuelas sobre un tenedor en forma transversal y paralela que queden unidas por la harina y se fríen en el aceite por dos o tres minutos. Se hace lo mismo con la zanahoria. Se cogen los camarones, se le dan dos piqueticos en el vientre para que cuando se frían no se encojan. Se cogen uno por uno por la cola y se van introduciendo en la harina, envolviéndolos en ella. Se fríen en el aceite caliente durante uno y medio a dos minutos. Con el caldo, la Salsa Japonesa, el Saké y el polvo de sabor, se prepara una salsa poniéndola al fuego hasta que hierva. Para servir este plato, se ponen por separado la salsa y las frituras. La salsa se pone en un platico y se mezcla con el nabo rallado (a gusto). Las frituras se van mojando en esta salsa al comerlas. **Suficiente para cinco personas.**

Cortesía de

UN BENEFACTOR

DICIEMBRE. LAS POSADAS

Por la Srta. Laura Bosqués Manjarrez

(Hija del Embajador de México)

(Tomado de la Revista "México en el Arte", por Fernando Benítez)

De los meses del año, diciembre es el mejor de todos. Se destaca con el brillo de sus claras estrellas y lo perfuma el fresco olor de pino. Tiene un prestigio propio. El que le otorga ese hábito mexicano de mezclar el cielo con las cosas terrenales, en tal medida, que no se sabe si la vida la santifica la reiterada evocación del cielo o el cielo se humaniza en fuerza de acercarle la tierra.

Las grandes fiestas de nuestro calendario nunca nos sorprenden desapercibidos. Somos locos de *altar* y todas nuestras festividades se resuelven en altares. La ceremonia más solemne de la Semana Santa es la compostura del altar que se erige el jueves. Muchos días antes se ha sembrado trigo en platos de fina porcelana y se le ha guardado en un cuarto oscuro, para que la luz no perturbe la blancura de sus tallos. En la mañana del jueves se sacan a la luz los tiernos brotes, se les adorna con lazos de papel y se les lleva al altar entre naranjos, banderitas de oro volador, vasos rebosantes de aguas pintadas y amapolas que se deshojan al calor de los cirios. El altar de la Semana Santa, representación de la primavera, se agosta pronto. En cambio, el altar de diciembre, el Nacimiento, prolonga su existencia hasta la fiesta de la Candelaria, celebrada en febrero, cuando la emigración de los patos añade al ritual el celebrado *pepián,* del que fuera temprano cantor el poeta sevillano Juan de la Cueva.

El 10 de diciembre ya no se piensa en otra cosa que en el Nacimiento. El trajín se inicia por bodegas, desvanes y cuartos de viejo. Los baúles que han permanecido cerrados cuidadosamente el año entero, ese día se convierten en cajas de Pandora. Como objetos venerados salen a luz las esculturas estofadas de los Reyes Magos. El negro Melchor; Baltasar, de bronceada piel; Gaspar, el monarca de las barbas cándidas. Uno viaja en camello, otro en elefante, y el último, en un caballo ricamente enjaezado. Traen perlas y diamantes, sedas y brocados, incienso y mirra: vienen de las selvas de la India, del fondo de los desiertos, de los bosques en que viven los druidas. La Virgen, de rodillas, continúa inmóvil con las manos cruzadas sobre el pecho, y San José, no ha perdido la vara de nardo que proclama su pureza.

El espejo que finge el lago, el pesebre de madera, los pastores reclinados en su cayado, los arbolitos, las estrellas de plata, el heno y el musgo, toda la parafernalia, en fin, que más evoca la égloga que el Evangelio, está dispuesta al fondo del salón en un escenario magnífico.

El día 16 se inician las fiestas. Por los corredores de las antiguas casas, colgados de farolillos chinos, heno y escarcha de plata, se organiza la procesión, llevando al frente a la Virgen y a San José. La piedad del mexicano reconstruye, en este hermoso desfile, la historia de la Sagrada Familia, que va de puerta en puerta buscando posada. Los señores y los criados llevan velas en las manos, y las voces cristalinas de los pequeños se mezclan a la grave de los mayores. Después de recorrer la casa demandando inútilmente asilo, la procesión se detiene frente a una puerta cerrada y se entabla un diálogo entre los sufridos peregrinos y los caseros que se resisten a conceder el anhelado hospedaje, hasta que, vencidos por las suplicantes estrofas, abren la puerta y todos entonan un canto triunfal:

> *Abrase la puerta,*
> *rómpanse los velos,*
> *que viene a posar*
> *el Rey de los Cielos.*

Afuera, en el claro cielo de diciembre, brillan las estrellas, y los cohetes abren sus flores iluminando, con rojas y verdes claridades, torres y azoteas.

El rompimiento de la piñata es uno de los más regocijados momentos de la fiesta. El chico, vendado de ojos y armado con un palo, debe quebrar la piñata, que, manejada con una cuerda, baja y sube, escapándose a los furiosos garrotazos que le asestan. Al fin, la piñata se pone al alcance del palo, la fantástica figura de rizado papel deja escapar su tesoro, y los niños se lanzan al suelo para recoger su botín de frutas y de dulces, en medio de una lucha endemoniada. En ese momento circulan las bandejas con los juguetes de porcelana rebosando de colación, y aparecen las canastas con la fruta, mientras las muchachas gritan a coro:

> *Andale Lupe,*
> *no te dilates*
> *con la canasta*
> *de cacahuates.*

COCKTAIL MIL CUMBRES

Por Laura Bosqués Manjarrez

INGREDIENTES:

$1/3$ vaso de jugo de piña. $1/3$ vaso de leche.
$1/3$ vaso de Ron.   1 cucharada de miel.

PREPARACION:

Se bate todo muy bien y se sirve en copas de cocktail.

PASTEL DE NAVIDAD

Por Laura Bosqués Manjarrez

INGREDIENTES:

    1 libra de dátiles. $2/3$ taza de azúcar.
    1 libra de nueces.   8 claras de huevo.

PREPARACION:

Se deshuesan los dátiles y se muelen con las nueces. Se les agrega el azúcar y las claras de huevo sin batir. Cuando esté todo perfectamente unido se vacía a una budinera engrasada con mantequilla. Se hornea a 350° F. durante media hora. Se retira del horno, se deja refrescar y se voltea en un platón de pasteles. Se decora con lo siguiente:

INGREDIENTES PARA EL ADORNO:

    $1/2$ a $3/4$ taza de miel.   2 onzas de cerezas en almíbar.
    $1/2$ taza de Ron.
        6 higos abrillantados.

PREPARACION:

Se unen la miel y la mitad del Ron y se cubre el pastel. Con las cerezas partidas a la mitad y los higos cortados en tiritas se forma una guía alrededor imitando las fruticas de Navidad. Al momento de servirlo se agrega el Ron restante, se prende y se lleva ardiendo a la mesa.

ENSALADA DE NOCHEBUENA

Por Laura Bosqués Manjarrez

INGREDIENTES:

    2 lechugas. $1/3$ taza de aceite.
    1 betavel (remolacha).   2 cucharadas de vinagre.
    2 naranjas.   2 cucharaditas de sal.
    1 jícama.
    $1/4$ libra de cacahuate (maní).

PREPARACION:

Se pica la lechuga fino, se le agrega el betavel cocido en rebanadas, las naranjas en gajos, la jícama hervida y en rebanadas y los cacahuates. Se aliña con el aceite, vinagre y sal.

BUÑUELOS

Por Laura Bosqués Manjarrez

INGREDIENTES:

  4 ¼ libras de harina.
  4 huevos.
  1 libra de piloncillo (raspadura).
  3 tazas de agua.
  1 cucharada de anís de semilla.
  1 litro de aceite.
  azúcar en polvo.

PREPARACION:

Se cierne la harina, se le agrega los huevos, se amasa con el piloncillo que habrá hervido con el agua y el anís. Se mezcla todo muy bien amasando hasta que la pasta forme ojos. Se hace unas bolitas con esta masa y cada una de ellas se extiende con las manos a formar unas tortillitas o crepas. Se doran en el aceite caliente y se sirven polvoreadas con azúcar en polvo.

MOLE DE CACAHUATE (Maní)

Por Laura Bosqués Manjarrez

INGREDIENTES:

  2 libras de carne de puerco o un pollo.
  1 cebolla grande.
  2 dientes de ajo.
  1 rama de perejil.
  1 cucharadita de sal.
  1 libra de cacahuates (maní).
  2 libras de tomates.
  2 hojas de laurel.
  caldo el necesario.
  1 ½ chiles jalapeño en conserva.

PREPARACION:

Se pone a cocer la carne o pollo en un poco de agua con la cebolla picada, el ajo, el perejil y la sal. Se fríe el cacahuate en un poco de grasa hasta que tome un tono dorado claro y se muele. El tomate asado, picado y colado, se añade al cacahuate dejándolo cocer a fuego lento un rato. Después se agregan las hojas de laurel, un poco del caldo de la carne y por último la carne y el chile jalapeño cortado en rajitas.

SAN NICOLAS

Por la Excma. Sra. Edith Deym de Stritez de van Panhuys
(Esposa del Embajador de los Países Bajos)

En Holanda la noche más animada, alegre y tumultuosa del año es la de San Nicolás, la víspera del 6 de diciembre.

Según la leyenda el obispo Nicolás de Myra (Sur de España) llega todos los años para celebrar su santo con los niños holandeses. Por tradición es recibido oficialmente por el alcalde y dignatarios municipales (en todas las principales ciudades) y montado en un caballo blanco se pasea por sus calles, acompañado por su fiel ayudante moro, el negrito Pedro.

Los niños en los primeros días de diciembre, antes de acostarse dejan sus zapatos junto a la chimenea con un poco de heno, porque saben que el buen santo, siempre a caballo, se sube a los techos de las casas y el negrito Pedro desciende por las chimeneas a recoger el heno para el caballo, dejando en su lugar algún regalo.

Pero la noche del 5 es fiesta general para toda la familia, grandes y pequeños se cambian regalos a nombre de San Nicolás, se gastan bromas, se bebe el vino caliente del "obispo" y se come las golosinas preferidas "Speculaas" y "Borstplaat".

SPECULAAS

INGREDIENTES:

2 tazas de harina.
1 taza de azúcar turbinada.
1 cucharadita de canela.
½ cucharadita de polvos de jengibre.
¼ cucharadita de nuez moscada.
¼ cucharadita de clavos molidos.
¼ cucharadita de sal.
3 onzas de mantequilla
1 cucharada de leche.
¼ libra de almendras.

PREPARACION:

Se cierne la harina con el azúcar, especias y sal, se le añade la grasa y la leche y se amasa con las manos. Se extiende la masa hasta que tenga el grueso de una moneda y se corta en diversas formas, muñequitos, etc. Se remojan las almendras en agua caliente, se pelan, se secan y se pican fino. Se cubren con las almendras las figuritas de masa, usando el rodillo para fijar las almendras en la masa. Se hornean a 350° F. de veinte a veinticinco minutos.

BORSTPLAAT (Crema Fondant)

INGREDIENTES:

9 onzas de azúcar.
1½ cucharadas de polvos de "custard" (maicena).
5 cucharadas de leche.

PREPARACION:

Se unen azúcar y custard, se le agrega la leche, se unen bien y se pone a fuego lento moviendo continuamente. Se cuece hasta que la mayor parte del líquido se haya evaporado, cuando forme un hilo la crema se saca del fuego y se bate vigorosamente hasta que la miel se vuelva espesa y nebulosa, tenga paciencia. Se vierte la mezcla en unos moldes de fondant bien engrasados o en una hoja de papel fuerte y a prueba de grasa. Cuando los moldes estén fríos y firmes se ponen de canto para secar el fondant.

CREMA FONDANT DE CHOCOLATE:

Se añade una cucharada de cocoa a la receta anterior.

CREMA FONDANT ARLEQUIN:

Antes de verter la mezcla en los moldes se añade y se revuelve bien, cerezas glaceadas, nueces, jengibre, sultanas, etc., todo picado.

MAZAPAN

INGREDIENTES:

7 onzas de almendras.
14 onzas de azúcar en polvo.
1 clara de huevo.
1 cucharadita de agua de azahar.

PREPARACION:

Se pelan las almendras y se muelen lo más fino posible. Se cierne el azúcar en polvo, se mezcla con las almendras molidas y todo unido se vuelve a moler. Si fuera necesario se muele otra vez hasta que la pasta esté lisa. Se le une la clara de huevo, agua de azahar y se amolda a gusto. Pueden formarse pequeñas bolitas o cuadritos y pasarla por polvo de cocoa para obtener las populares papas de mazapán. Para hacer imitaciones de pastillas de jabón, nueces, frutas, etc., se barnizan con colorantes vegetales.

HUTSPOT (Olla de Leiden)

Por la Sra. Olga de Bijpost

(Esposa del Secretario Comercial de los Países Bajos)

Este plato se sirve en muchos hogares holandeses el día tres de octubre en conmemoración del levantamiento del sitio de la ciudad de Leiden por los españoles durante la guerra de los ochenta años. Cuando los habitantes de la ciudad hambrientos llegaron al campamento español abandonado, encontraron una gran olla donde estaba este cocido o "hutspot" y desde entonces se le llama "olla de Leiden".

INGREDIENTES:

1 libra de falda gorda.
1 cucharadita de sal.
2 libras de zanahorias.
3 libras de papas.
½ libra de cebolla.

PREPARACION:

Se lava la carne y se pone a cocer en agua con la sal durante más o menos una hora. Se pelan las zanahorias y se cortan en rodajas o trocitos lo mismo que las papas y cebollas. Se pone a estofar todas las legumbres con la carne durante una hora a fuego lento. Se sirve con la carne aparte.

La Compañía de Efectos Sanitarios

VASANITRAM, S. A.

Ofrece a usted un surtido completo de

FREGADEROS BRIGGS

de una y de dos pocetas con una y dos escurrideras para empotrar y para gabinetes, equipados con juego de llaves combinadas, mangueras, regadera y lavaplatos.

Modelos: PRINCESA ● BOSTON ● MIAMI

Visite nuestra Exposición

AYESTARAN No. 202   TELEFONO U-1278

EN SU HOGAR QUE NO FALTE LA SUAVE FRESCURA DE "POLAR"

Señora, ¿se ha dado cuenta de la importancia que representa para su esposo, hijos y demás familiares ese momento de expansión que disfruta en su hogar? Claro, usted sabe que el hombre no pasa en su casa más de la tercera parte de su tiempo. Entonces, hágale más gratos esos hogareños momentos, brindándole en los almuerzos, comidas, meriendas, etc., ese "suave sorbo" de la fresca y rica cerveza POLAR, la cerveza popular.

En su hogar que no falte el alegre burbujear de la calidad inalterable de POLAR. Sí, porque su calidad es la misma de siempre. La que la ha hecho preferida del pueblo cubano. Por su frescura, por su sabor, por su suavidad; porque en cada sorbo de la cerveza popular, hay una poderosa industria respaldando la más pura calidad cervecera...

En nuestros obreros... en nuestros técnicos... en nuestros empleados... hay amigos de su hogar, preocupados porque día a día les guste más la cerveza POLAR.

Sienta el orgullo de brindar a sus visitas, a sus familiares, a su paladar, el "buen rato" que proporciona POLAR, la cerveza popular.

Palabra que es suave... palabra que es rica... palabra que es sabrosa...

Señora, haga de su hogar, ese "lugar feliz" que usted siempre ambicionó, brindando a todas horas con la grata compañía de la cerveza POLAR, la cerveza popular, que sigue estando inalterable... sigue siendo deliciosa... ¡Pruébela para que vea!...

POLAR, CINCO VECES MAS SABROSA...

LA COCINA TODA ELECTRICA, CORAZON DEL HOGAR MODERNO

La cocina del hogar ha dejado de ser el rincón apartado donde laboraba anónimamente una mujer. La ciencia culinaria, durante muchos años dominio exclusivo de un número de "chefs" más o menos extenso, va pasando rápidamente a ser interés primordial y "hobby" preferido de la mujer moderna.

Este paso ha traído consigo una verdadera revolución en la cocina en sí. Porque la mujer culta ha necesitado en la cocina, la limpieza, las comodidades y las ventajas que el progreso ha impartido al resto de la casa.

Así, inspirados por los propios deseos de la mujer de nuestros días, grandes fábricas, dotadas de laboratorios de experimentación y empleando expertos de todas clases, han creado las "herramientas" a fin de que ella pueda desarrollar su labor en la cocina con el mismo confort y la misma limpieza con que le es posible manejar su automóvil moderno.

Esto ha sido posible gracias a la electricidad y es **HOTPOINT**, la primera marca mundial en cocinas eléctricas, la que ha llegado a perfeccionar todos los equipos necesarios para hacer una realidad la cocina toda eléctrica para el hogar.

La cocina **HOTPOINT** en sí, ofrece todas las facilidades para la confección científica de los más delicados platos, sin producir hollín, sin humo... sin olor a combustible, sin llama viva. Aditamentos especiales sirven para el freído a la francesa de papas, buñuelos, etc., y otros, como la novedosa plancha tortera con temperatura regulable, permite producir deliciosos "steaks", sabrosísimos "pancakes", etc. En el indispensable horno, de temperatura ajustable con absoluta exactitud y dotado de reloj de tiempo para funcionamiento automático, se puede hornear y asar y hay modelos equipados con asadores giratorios donde se logran pavos y pollos dorados estilo "rotisserie". Solamente una cocina eléctrica **HOTPOINT** ofrece a la perfecta cocinera todas las facilidades que exige el arte culinario más avanzado.

Para tener a mano, siempre frescas, todas las materias primas, existe el Refrigerador y el Congelador **HOTPOINT**, partes principales también en la confección de postres congelados, platos fríos, helados, etc. Parte importante también es el Calentador Eléctrico Automático de Agua **HOTPOINT**, que mantiene agua caliente para todas las necesidades, sin esparcir calor al ambiente, sin llama, sin humo y sin atención. Y, algo muy importante, el Lavaplatos Auomático **HOTPOINT**, creado para eliminar del arte culinario, esa ingrata labor del lavado de los platos, cubiertos, vasos y cacerolas.

Añada a todas estas ventajas técnicas y prácticas, ese aspecto refinado y ese acabado inmanchable de los equipos **HOTPOINT** y puede imaginarse un verdadero "laboratorio" moderno de arte culinario, atractivo, bello... digno de ser calificado "corazón del hogar moderno".

Hotpoint Cocinas, Calentadores, Refrigeradores, Congeladores, Lavaplatos Automáticos, Lavadoras Automáticas, Deshumedecedores y Equipos de Aire Acondicionado Eléctricos para el hogar.

GIRALT MEDIO SIGLO VENDIENDO LO MEJOR

SARA DELANO ROOSEVELT EN UN ATISBO REPOSTERIL

Por Berta Arocena

Sara Delano, una muchacha de Norteamérica, que nació a orillas del Hudson, en la palaciega posesión de Algonac, seguramente nunca soñó con ser la madre de uno de los presidentes más discutidos de United States. De todos modos, desde su primera juventud, apuntó en ella una personalidad apasionante, que ni siquiera logró opacar, según el tiempo pasaba, aquella prima Ana Eleonora Roosevelt, de quien se enamorara perdidamente Franklyn, unigénito de Sara, casada ésta a los veinte y seis años con James Roosevelt, un viudo desconsolado hasta que la encontrara, aunque doblaba a su novia la edad.

Tal vez parezca, a primera vista, que "The Gracious Lady", como apodaban a Sara, cuando su hijo desempeñaba la más alta magistratura de la Unión, tampoco cabe entre las páginas de este libro. Sin embargo... Además de que la cocina es un arte, que no desdeña, por muy linajuda que sea su estirpe, por muy cultivada que esté su mente, mujer alguna que de verdad sea mujer, Sara Delano Roosevelt—sin presumirlo quizá—legó su libreta de apuntes de ama de casa a la curiosa posteridad. De ahí, que hojeándolo, la cronista se refocile, prologado el "Household Book" por una nota biográfica de "the gracious lady", propietaria y residente por muchos años de la ahora histórica mansión de Hyde Park. Alguien que disponga de intuición psicológica podría, aún prescindiendo de los dos guías—Clara y Hardy Steeholm—, descubrir altibajos sentimentales en las recetas reproducidas, y claro-oscuros emocionantes en ciertas disposiciones para la servidumbre, y en otras tantas recetas para tejer, cuidar a un inválido, medicinar a los niños o quitarle a una alfombra la mancha circunstancial. La Sara Delano íntima está en su "Household Book", dejando al margen su exterior de gran elegante e infatigable viajera; por encima de su empaque autoritario de madre de un hijo único, el impar atractivo físico de su juventud. Quede eso para recreo, no digamos de las necias, pero sí de las frívolas. De esas mujeres que jamás calan hasta una entraña sensible, si la rodea el ambiente lujoso de la alta sociedad, y la escudan los vestidos de un modisto de París.

Basta ya. Dispongo de poco espacio, y me siento comprometida con las autoras de este volumen. Punto y aparte facilito a las lectoras una "recette" del "scrap book" de Sara Delano. "Recette", nada menos que firmada por el "maitre d'hotel" del paquebot "París".

CREPES C'EST PARIS

Frotar cuatro terrones de azúcar—azúcar en cuadradillos—contra las cáscara de una naranja, y luego contra la de un limón. Aplastar el azúcar en el jugo de media naranja y agregarle cuarenta gramos de mantequilla.

Poner la mantequilla así preparada en una sartén. Calentar la sartén, y extender bien los "crepes". Doblarlos después en cuatro, y salpicarlos con azúcar cristalizada. Rociarlos en seguida con una mezcla de los licores siguientes:

1 copa de licor de Ron 1 copa de licor de Cointreau
1 copa de licor de Benedictino 1 copa de licor de Grand Menier

Inclinar entonces la sartén, de modo que se inflamen los licores para que los crepes se impregnen del sabor de la mezcla. Sírvanse luego, bien calentitos, y he aquí el secreto de los famosos "Crepes C'est Paris".

La cronista iba a hacer mutis con el "maitre". Pero, el chisme me hace cosquillas, y agregaré que este viaje a Europa, en el "París", fué el último de Sara Delano Roosevelt. Era F. D. Roosevelt, a la sazón, gobernador de New York, y atrás quedaban con él los nietos, quienes curaron al cabo los celos de la muy distinguida y muy hogareña castellana de Hyde Park, despertados cuando su hijo le confesara—a cuatro años de fallecido su "dear James"—que sólo con Eleonora, Franklyn podría ser feliz.

EL ANTECEDENTE HISTORICO DE NUESTRAS CAZUELAS

Por Anita Arroyo de Hernández

Cuando las mujeres actuales, que hemos hecho de la cocina un arte sutil y refinado, nos ponemos a trastear entre cazuelas, no pensamos que el más remoto antecedente de ellas entre nosotros lo constituyen las ollas taínas. Es mi intento que al manejar, siquiera la clásica cazuela de barro de cocinar el arroz con pollo, recordemos las cubanas actuales a nuestras remotas hermanas, las indias que habitaban pacífica y dulcemente esta isla hace más de cuatro siglos y medio. Cuando Colón descubrió a Cuba, sabemos todos, que la halló poblada por una raza mansa y noble, que apenas le opuso resistencia y que llevaba en nuestro verde vergel paradisíaco, una vida feliz y apacible, como debió de ser la de Adán y Eva antes de ser expulsados del primer jardín de la Creación. Pues bien, es de aquellos remotos tiempos que se conservan las primeras cazuelas usadas en Cuba. En el Museo Montané, de la Universidad de La Habana, en el de la Sociedad Cubana de Espeliología, en el de Bacardí de Santiago de Cuba, y en numerosas colecciones particulares, como la de García Feria, en Holguín, y la de Orencio Miguel, en Banes, pueden admirarse ejemplares de esta vieja manifestación de las artes industriales. La cerámica fué la más importante expresión artística de los taínos y como tal la estudiamos especialmente en un capítulo en nuestro libro *Las Artes Industriales en Cuba*.

El noble arte de la alfarería fué cultivado por nuestros indios taínos, los más avanzados en cultura, mucho más que los siboneyes. Los taínos, como se sabe, invadieron la Isla procedentes de Haití, de donde trajeron su procedimiento de cocer el barro. Artistas natos, no se limitaban a satisfacer la necesidad primaria de cocer los alimentos, confeccionando ollas de diversas formas y tamaños, sino que se entretuvieron, además, en decorarlas y convertir los recipientes en verdaderas obras de arte. Muchas son las piezas y fragmentos de cerámica que las distintas exploraciones arqueológicas llevadas a cabo en Cuba han sacado a la luz, desde las más simples, desprovistas completamente de decoración, que han hecho pensar a nuestros investigadores en un período pre-arcaico, hasta las más complicadas elaboraciones con decoración y asas molduradas, en que desplegaron los taínos más ampliamente sus facultades artísticas.

Cazuelas de barro similares a las clásicas de Guanabacoa, que aún en la actualidad se emplean para cocinar el arroz con pollo, son los más remotos antecedentes de una industria aún en producción en nuestros días. Cuando nos traen a la mesa el humeante receptáculo circular conteniendo el sabroso condimento, ¿cuántas somos las que recordamos a los industriosos artesanos taínos y a sus dulces mujeres que también tenían, aunque mucho menos complicados, sus problemas domésticos? Unos y otros gustaban, como nosotros, de la buena mesa. Iguanas, jutías y pescados constituían sus manjares más suculentos, acompañados siempre del casabe, el pan de los indios, que cocían en los llamados "burenes", de forma circular y llanos, de muy variado tamaño y espesor. Estos artefactos de barro, sustituían entonces a los hornos y tostadores eléctricos de hoy en día. Pero volvamos a las cazuelas. Los más variados motivos servían de inspiración a los artistas taínos para decorar sus ollas. Animales, plantas y seres humanos, en infinidad de diseños, pueblan de figuras interesantes sus piezas de cerámica. Entre los primeros sobresale el murciélago y, entre los últimos, aquella extraña figura de la cabeza y los brazos envolventes de una deidad indescifrada que tanto ha inquietado a don Fernando Ortiz. Por lo demás, abundan los motivos geométricos: líneas, puntos, círculos, serpentinas, formas triangulares, rectangulares y ovoides, en un sinfín de combinaciones que revelan el extraordinario desarrollo de las aptitudes decorativas del taíno en Cuba. (Véase obra citada, p. 79). Entre las ollas que más han llamado nuestra atención por su originalidad y belleza, queremos citar la cazuela de barro de perfecta forma de búcaro ostentando una cabeza de medusa, precioso ejemplar que es verdadero tesoro del Museo Bacardí, en Santiago de Cuba. La vasija es de una forma poco corriente, de boca estrecha y de armoniosas líneas, presentando a cada lado la aludida cabeza, concebida ésta de un modo brillante dentro de un esquematismo expresivo en el que los tentáculos del ejemplar marino poseen un realismo admirable, movidos sus extremos como agitados por el mar. Otro ejemplar curioso es la olla doble que constituye uno de los objetos más originales de la colección García Feria. Consta de dos compartimientos separados por un tabique interior que parece responder al deseo de cocinar dos alimentos al mismo tiempo. Este curioso ejemplar es un antecedente de las modernísimas cazuelas múltiples de presión en las que se pueden cocinar a la vez varios alimentos. Otra olla de las más hermosas es la armoniosa vasija procedente de una cueva de Banes, particularmente bella por su forma de cebolla y excepcionalmente interesante por ser representación de una figura discutible, para unos una lechuza, que es lo que de verdad parece, para otros, la de un pulpo. La simple y al par expresiva fuerza plástica de la decoración se reduce a un arco en relieve sobre los dos pequeños ojos circulares con negras pupilas bien esféricas, de los que parten hacia abajo tres simples trazos que indican la nariz. Otros dos trazos en cada mejilla parecen señalar algún tatuaje o, tal vez, las plumas del pájaro. Sea lo que fuere el sujeto de la representación, la concepción está perfectamente lograda y es un raro ejemplo, un valiosísimo testimonio, de la perfección técnica y, sobre todo, artística a que llegaron los taínos en el arte de la alfarería, el más alto peldaño a que ascendieron en su progreso dentro del sector de las artes industriales.

En cuanto a las formas, tenemos que añadir que, además de las circulares, entre las cuales el ejemplar mayor hallado hasta el presente es la inmensa cazuela que mide dieciséis pulgadas de diámetro, uno de los ejemplares más valiosos de la colección Orencio Miguel, en Banes, existen otras ollas de extraña forma navicular, o de nave, de las que abunda en ejemplares magníficos las propias colecciones.

Como habrán podido apreciar nuestros lectores, las mujeres taínas pudieron recrear su vista en las lindas cazuelas en que aderezaban sus simples pero saludables manjares. Podemos decir, en consecuencia, que ellas no tendrían el adelanto de las modernas ollas de presión, que tampoco necesitaban, pero disfrutaban en cambio de bellos cacharros, que servían perfectamente a sus simples necesidades primitivas. Ayer y hoy, la mujer ha sabido resolver siempre sus problemas domésticos con un doble sentido práctico, funcional y decorativo artístico rindiéndole culto a la belleza aún en los adminículos al parecer más prosaicos de la vida del hogar. Dentro de esto como dentro de la vida en general, no hay nada que las manos de la mujer del artista no puedan embellecer. En distintos materiales, resolviendo nuevas y diferentes necesidades, las cazuelas y utensilios domésticos actuales, como los de antaño aúnan el sentido práctico y el de la belleza, porque jamás han estado ni estarán separadas ambas necesidades en el ser humano.

Ojalá que hayamos conseguido nuestro propósito: hacerlas pensar en las hermosas ollas taínas cuando se sirvan el sabroso arroz con pollo de las humeantes cazuelas de barro, tan usuales en nuestra cocina criolla.

LOS "PARDONS" EN BRETAÑA

Por Tecla Bofill Vda. de Domínguez Roldán

Bretaña es la provincia de Francia que se parece menos a las otras provincias; el paisaje es más árido, y los habitantes han conservado las costumbres, los trajes y las leyendas de tiempos muy remotos. Todavía se encuentran "menhirs" o piedras donde se hacían sacrificios antiguamente.

El nombre de "Pardon" se dió primero, en los años de la Edad Media, a las peregrinaciones que hacían periódicamente los bretones a las iglesias de su comarca porque eran para los que las frecuentaban oportunidad de acercarse a los sacramentos y ganar Indulgencias.

Después, las fiestas populares que siempre tienen carácter religioso han conservado el nombre; existen ciertos Pardons muy célebres en Bretaña, como el de Sainte Anne d'Auray y el de Ploermel, a los que le dicen "Grand Pardon", y tiene lugar una vez al año. Son verdaderos acontecimientos que se anuncian con mucha anticipación para que los peregrinos de todas partes, los curiosos y los turistas tengan tiempo de preparar su viaje. Asisten millares de peregrinos bretones vestidos con sus trajes mejores. Todavía visten sus trajes típicos del país, pero poco a poco las modas han venido infiltrándose hasta allí y, por ser más baratos, las mujeres y hombres van dejando sus lindos vestidos y chalecos de terciopelo, delantales bordados, las "coiffes" cuya hechura varía de forma y tamaño según el departamento, ya se ven poco, sobre todo en las personas jóvenes.

La mañana se pasa rezando y asistiendo a los oficios dentro de la iglesia, alguna procesión también por el pueblo o alrededor de la iglesia; numerosos fieles tienen que quedarse en la plaza de la iglesia por falta de espacio dentro. Al acabarse las ceremonias religiosas, la gente piensa en comer y divertirse con música, canciones del país y danzas.

En Bretaña se come mucho pescado, es un pueblo de pescadores en su mayoría, sobre todo en las costas, la provincia es una península. La cocina es bastante sencilla, pero tienen una especialidad que es esencialmente de su país y no se hace en ninguna otra región de Francia, por lo menos en la forma en que lo hacen ellos, es la "Crepe de Sarrasin", o "crepe bretonne". En cada familia, rica o pobre, hay una ancha placa de metal como de sesenta centímetros de diámetro que se calienta sobre un fogón de carbón. Se hace una mezcla con la harina obtenida moliendo el "sarrasin" o trigo negro, huevos, agua, leche, y se extiende sobre la placa ligeramente engrasada. Cuando está cogiendo un color dorado de un lado, con una paleta ancha y llana, especial, se le da vueltas por el otro lado; esto requiere una gran destreza, pues la crépe es delgadísima y muy grande; ya dorada de los dos lados, se dobla en cuatro para poder servirla y se come caliente acompañada de una buena sidra del país hecha en casa con manzanas frescas; esta bebida, casi la única que se consume en Bretaña, ha sido muy elogiada y muy cantada en todos los tiempos, tanto que la famosa "Chanson du Cidre", que es un libro de poesías del conocido poeta bretón Le Guyader, es una obra muy conocida y leída en Francia, en la que la sidra ocupa lugar de honor.

Las crépes se pueden comer frías también y hay una conocida fábrica de galleticas en Nantes que hace y envasa en latas las famosas "crépes bretonnes", muy apreciadas por los gourmets.

ZABIJACKA (Matanza de cerdo)

Por Ruth Braden de Saladrigas

Muchos conocen sin duda, la música de Smétana, el genial compositor romántico, que tanto ha contribuído a prestigiar y a difundir por todo el mundo el rico folklore musical de la nación checa. Quizás no sean tantos, sin embargo, los que sepan que Bedrich Smétana fue, ante todo y sobre todo, un hombre de pueblo; un alma campesina que amó apasionadamente a su tierra y que consagró su arte a exaltar la fama de sus héroes, el misterio de sus leyendas y el encanto de sus más bellas tradiciones.

Quien alguna vez ha seguido el curso caprichoso del Moldavia, orillado de verdes colinas y plácidas aldeas, y se ha detenido junto a las blancas casas, festoneadas de rojo, de los risueños labriegos de la Bohemia, atraído por el lamento tierno de una gaita o extasiado ante el colorido y la gracia de una polca campesina, no podrá oír de nuevo la música de Smétana sin representarse el paisaje de la patria maravillosa que el artista tuvo siempre tan presente y en cuyo horizonte vio alzarse, muchas veces, como presagio de una gran esperanza, un resplandor de libertad que nunca alcanzó, por cierto, a contemplar en la realidad.

De todas las obras de Smétana, la de mayor vigor descriptivo y también la más popular es, sin duda, su ópera cómica, "La Novia Vendida".

La acción tiene lugar en una de esas aldeas de Bohemia y sus protagonistas son, desde luego, humildes campesinos que el autor hace mover en un ambiente festivo con todo el vistoso y rico atuendo de sus trajes de gala: alba blusa, corpiños de primorosos bordados, cofia y plisadas sayas de distinto largo según la usanza de cada región. Se escuchan gaitas y violines y no falta, junto al árbol todavía en fronda otoñal, sobre rústica mesa de pulido roble, el imprescindible barrilillo de cerveza...

Mejor que una razón, diríase que es un vano pretexto el origen de esta fiesta; pero un pretexto enraizado en lo más hondo de las tradiciones campesinas. Se trata de la ZABIJACKA, una típica ceremonia checa que demuestra el espíritu de cooperación y la franca hospitalidad que caracteriza a esos sencillos y laboriosos aldeanos.

En cada hogar se ha cebado un cerdo para la zabijacka y cuando las primeras luces otoñales anuncian meses de privaciones y de recogimiento, acuden los vecinos a auxiliarse recíprocamente, en las tareas culinarias que permitirán almacenar para el invierno las más variadas y exquisitas conservas. Y así, las tareas, en sí mismas ingratas, de matar el animal, descuartizarlo, limpiarlo y aprovechar en fin, todas sus partes en los más variados destinos, adquiere, gracias a la alegría, al entusiasmo, a la música y al baile con que se adornan esas labores, un sentido de noble ceremonia, llena de espiritualidad y de arte.

En la imposibilidad de ofrecer en conjunto los platos típicos de la nación checa, hemos creído oportuno servirnos del zabijacka para brindar una impresión de su cocina popular basada, exclusivamente, en el aprovechamiento del cerdo.

QUESO DE PUERCO

INGREDIENTES:

- 1 libra de pellejo.
- 2 libras de cabeza.
- agua y sal.
- ¼ litro de sangre del cerdo.
- sal, pimienta.
- orégano, "allspice".
- 1 estómago.

PREPARACION:

El pellejo y la cabeza se cocinan en agua con sal hasta que estén bien blandos, después de limpiarla de los huesitos se pican en trocitos. Se le agrega la sangre y el agua de cocción necesaria para formar una masa semi-líquida y se sazona. Se limpia bien el estómago, se cose por un lado, se rellena con la masa y se cose por el otro lado. Se hierve esta bola en agua bien caliente durante dos o tres horas. El queso se enfría entre dos tablas de madera con un peso grande arriba para darle forma. Se sirve bien frío con ruedas de cebolla, aceite y vinagre como entremés.

BUTIFARRAS DE HIGADO DE PUERCO

INGREDIENTES:

½ pulmón.	¼ libra de cuello.
¼ libra de corazón.	5 onzas de cebolla.
1 riñón.	2 onzas de manteca.
2 libras de hígado.	sal, pimienta, orégano,
1 pata.	cáscara de limón, ajo.
½ cabeza.	5 metros de tripas.

PREPARACION:

Todas esas vísceras del cerdo se salcochan, se pican muy finito y se mezclan con la cebolla, anteriormente dorada, las especias y la cáscara de limón picada y si es necesario con un poco de caldo de res. Con esta masa se rellenan las tripas meticulosamente limpias y se anudan cada veinte o veinticinco centímetros para formar las butifarras, las cuales se hierven después en agua. Este plato se sirve generalmente con col agria guisada y bolas de pan.

COL GUISADA

INGREDIENTES:

1 col.	1 taza de salsa Bechamel
1 ó 2 cebollas.	vinagre.
5 onzas de manteca.	sal.
1 onza de harina.	azúcar.

PREPARACION:

Se pica la col finita como fideos y se le vierte agua hirviendo arriba y se cuela en seguida. La cebolla picada se dora en la manteca y a la vez la harina de Castilla; con agua o caldo se prepara una Bechamel y se mezcla la col dentro, cubriéndola con suficiente agua con un poco de vinagre y sal para guisarla a fuego lento durante dos horas. De acuerdo con el gusto se le echa azúcar para conseguir el sabor de "dulce-agrio".

Cortesía de

UN BENEFACTOR

NAVIDAD EN ALEMANIA

Por Blanca Bravo

Otros países, otras costumbres. Esto se comprueba cuando se observa un menú típico de otro país; mucho más en aquellas ocasiones en que la tradición reúne a la familia alrededor de una mesa. ¿Habrá algo más disímil de nuestros usos que la forma en que los alemanes celebran la fiesta Pascual? No sólo por la variedad de alimentos clásicos de esta época, sino por la forma de prepararlos. Inclusive existe gran diferencia entre el menú de Nochebuena (Weihnacht) y el día de Navidad (Weihnachten).

El día 24 se acostumbra a comer pescado salcochado (karpfen blau, carpa azul). La carpa azul se encuentra en lagos de poca profundidad y en los ríos de corrientes mansas, y también las crían en estanques. Este pescado lo acompañan con mantequilla derretida y una salsa de raíces de rábano picante que ligan con crema de leche. También ponen papas salcochadas, vianda favorita del alemán. El vino que se toma ese día es blanco.

El día 25 lo típico es el ganso, el cual preparan en forma análoga a nuestro pavo. Se dice que antiguamente resultaba pintoresco ver por las calles de los burgos germanos a los vendedores callejeros de gansos que llevaban sueltos sus ejemplares para la venta, en medio de graznidos y aleteos, sin que uno sólo se perdiera, y tenían una extraña habilidad para enlazar desde lejos el que escogiera cualquier Frau desde la puerta de su casa. Pero volvamos al día 25. El ganso se acompaña con vegetales, como la col morada, que se pica en lasquitas bien finas; se salcocha en poca agua, agregándole manzanas ralladas, azúcar al gusto, vinagre, sal, una cebolla rallada y manteca de cerdo, cocinándose a fuego lento durante dos horas. Plato secundario es la ensalada de lechugas o pepinos.

Típica de este día también es la costumbre de hacer un brindis con la servidumbre antes de comenzar la cena.

El plato que verdaderamente pudiéramos llamar nacional, es la clásica ensalada de papas con salsa mayonesa y el frankfurt (salchicha), real progenitor del perro caliente americano, y de los cuales existe una extensísima variedad.

Referente a la pastelería alemana, es de notar que su gusto es un intermedio entre la pastelería americana y la nuestra. Entre aquélla, que es algo sosa para nosotros, y la nuestra, demasiado dulce, se encuentra esta pastelería intermedia, en la que abundan los pasteles de limón, de cereza, etc., y cakes de todas clases.

Que la Navidad sea para todas las almas, como una sagrada primavera; y que se abra en cada corazón como fresca virginal rosa blanca. Que la luz de la estrella celeste nos bañe y que brote de nosotros el perfume íntimo de la fe y el amor.

MEXICO

Por Tere C. de Vargas

Nuestra cocina mexicana, como nuestro país, es de un colorido excepcional. Hablar de su origen sería hablar de antes de la Conquista. Nuestros indios tenían secretos maravillosos para guisar y los españoles se quedaron asombrados de su sabiduría en las artes, en su civilización, en sus costumbres y en sus comidas.

Todas las provincias tienen su platillo especial, de ahí que oigamos decir "El Mole Poblano" por ser de Puebla, y aunque no siempre lleven el nombre de la población, sí se les puede llamar su especialidad.

En dulces tenemos una enorme variedad. Morelia tiene sus "Chongos", sus "Ates" y sus "Panochas". "La Cajeta de Celeya", "Los Camotes de Querétaro", y su "Jamoncillo", "Las Charamuscas de Guanajuato". "Los Arallanes de Guadalajara".

Así, nuestros guisos y recetas mexicanas son de una variedad asombrosa y desde luego siempre se combinan con el chile, o sea, el picante, pero las tenemos sin él, sencillas como nuestros indios, y con ese sabor inconfundible de lo mexicano.

En una ocasión la famosa Güera Rodríguez, mujer bellísima, la María Félix del siglo pasado, al oír elogiar al Barón de Humboldt su belleza y la de nuestra ciudad, contestó: Barón, aún le falta a usted saborear nuestros platillos.

Vamos, pues, a saborear dos platillos mexicanos de una sencillez extraordinaria: *"Tortitas de papa a la Michoacana" y "Suspiros de Pedro Vargas".*

TORTITAS DE PAPAS A LA MICHOACANA

INGREDIENTES:

1 libra de papas amarillas.
1 huevo.
½ libra de queso fresco.
pimienta, sal y nuez moscada todo a gusto.
harina suficiente para empanizar las tortitas.

PREPARACION:

Se salcochan las papas con cáscara y se pasa por el prensador, después se le va uniendo el huevo entero, el queso fresco, la sal, la pimienta y su poquito de nuez moscada rallada. Se forman unas tortitas haciendo con la mano una bolita y después aplastándola, se revuelca en harina y en el aceite que debe estar muy caliente, se van friendo. Estas tortitas son especialmente para acompañar alguna carne o se sirven con ensalada de lechuga, o con la salsa siguiente:

SALSA MICHOACANA

INGREDIENTES:

1 naranja sin semillas.
1 tomate mediano bien rojo.
1 cebolla chica.
1 chile verde (se puede suprimir).
un puñito restregado con la mano de orégano.
unas gotas de aceite.
sal a gusto.

PREPARACION:

Se exprime la mitad de la naranja, la otra mitad se pone en gajitos. Se pela el tomate y se pica finamente, lo mismo la cebolla, el chilito y todo esto se mezcla sazonándolo con los demás ingredientes. Por favor, huela usted esta salsa y se recordará de Paztcuaro, con su lago, sus redes de mariposa, con su isla de Janitzio. Póngala en una salsera bonita y tendrá en su mesa un pedacito de Michoacán.

SUSPIROS DE PEDRO VARGAS

Esta receta es mía y como cosa natural se me ocurrió ponerle este título, que para mí tiene un encanto y quizá para ustedes tenga el atractivo y la curiosidad por saber ¿cómo suspira Pedro Vargas? Cuando la prueben dirán, modestia aparte, que es un postre muy rico, y además tiene la ventaja de ser muy propio para enfermos o personas delicadas.

INGREDIENTES:

1 sobrecito de gelatina simple.
¼ taza de agua fría.
1 taza de agua hirviendo.
¾ taza de azúcar.
1 naranja grande o dos chicas.
1 limón.
4 claras de huevo.

PREPARACION:

Se remoja la gelatina en el agua fría. En la taza de agua hirviendo se deshace el azúcar y se le agrega el jugo de la naranja, el del limón, y por último la gelatina remojada. Se mezcla, se deja enfriar en el refrigerador, moviéndola de cuando en cuando para que no se cuaje en el fondo del molde. Cuando esté espesa, es decir, empezando a cuajar, se bate perfectamente en la batidora hasta que quede como una espuma (parecida a las claras batidas a punto de nieve). Las cuatro claras se baten a punto de nieve y se mezclan con la gelatina ya batida, deben incorporarse las dos cosas perfectamente hasta que quede muy esponjosa. Se moja un molde de gelatina, de la forma que más le guste, se vierte la mezcla y se pone en el refrigerador.

CREMA

INGREDIENTES:

4 yemas.
5 cucharadas grandes de azúcar.
½ litro de leche.
1 cucharadita de extracto de vainilla.

PREPARACION:

Se baten las yemas con el azúcar y se va agregando la leche poco a poco. Se pone a la lumbre moviéndolo constantemente hasta que espese quedando de la consistencia de una crema ligera. Si se deja mucho se hacen grumos, aunque le hablen a usted por teléfono no atienda. Ya fuera de la lumbre se le pone la vainilla. Para servirse se mete un momento en el agua caliente el molde de la gelatina de claras y se voltea sobre un platón y se cubre con la crema fría. Cuando usted la mire sabrá cómo es el "Suspiro de Pedro Vargas".

Viva a la Moderna y Ahorre Dinero

Cocinar con Electricidad es más económico con una

Cocina Eléctrica G. E.
PARATROPICO

Las cocinas eléctricas GENERAL ELECTRIC Paratrópico son más rápidas, más limpias, más económicas y se ofrecen

A Precios más Bajos que Nadie
LO MISMO AL CONTADO QUE A PLAZOS

Véalas en las Agencias General Electric o en:

GENERAL ELECTRIC CUBANA, S. A.

EDIFICIO GENERAL ELECTRIC
Paseo de Martí (Prado) y Animas
La Habana

Estrada Palma 556
Santiago de Cuba

HISTORIA DEL ACEITE

¡Cuántas cosas sencillas, comunes, a las que nunca dedicamos un pensamiento resultan fascinadoras cuando, llevados por la curiosidad, ahondamos en sus orígenes, historia, tradiciones y hasta leyendas!

Tenemos, por ejemplo, un artículo de alimentación tan corriente, usado y conocido como el aceite.

¿Se ha preguntado usted alguna vez, señora, cómo, cuándo, dónde, cuánto tiempo hace que el aceite, ese humilde y sin embargo imprescindible auxiliar de nuestra cocina, cuya elaboración constituye una industria floreciente en un sinnúmero de países, vino a ser conocido y empleado por todos los pueblos del mundo?

El conocimiento y uso del aceite como alimento primordial del hombre se pierde en la noche de los tiempos. Por tanto, puede decirse que la industria del aceite es tan antigua como la raza humana. El método más sencillo de obtener aceite de semillas, todavía practicado en el Africa Central, Indochina y algunas islas de los mares del Sur, consiste en amontonar los frutos oleaginosos y dejar que la acción del sol extraiga el aceite que contienen que entonces corre y es recogido. Un método más adelantado consiste en hervir los frutos en agua, para facilitar, por gravitación, la separación del aceite de la pulpa. Pero este proceso no puede aplicarse a las semillas pequeñas. Mientras que el método original de obtener aceite de semillas debe haber sido el mismo todavía usado en la India, esto es, triturándolas en un mortero hasta extraer el aceite. Podemos presumir que el proceso de presión es el que fué utilizado con anterioridad. La primera mujer, habitante de las cavernas, que recogía un puñado de frutos, los metía en un saco hecho con la piel de algún pequeño animal, y colocaba dos o tres piedras encima para extraer el aceite que su intuición le decía contener, es la inventora de la primera prensa, aparato básico para la extracción del aceite.

Este mismo procedimiento fué el usado por los romanos, que a su vez lo tomaron de los griegos. Plinio describe en detalles el aparato y proceso en uso entre sus contemporáneos, que era una simple prensa de anillo.

En el Oriente, donde los aceites vegetales, además de ser un importante artículo de alimentación, son utilizados para otros propósitos domésticos, varias clases de prensas muy ingeniosas se han utilizado desde los tiempos más remotos.

Allá en los comienzos de la Historia, los chinos empleaban la misma serie de operaciones que se siguen en los más modernos molinos de aceite de nuestros tiempos. El procedimiento de prensa se usó durante varios siglos en todos los países, sin sufrir apenas variaciones, hasta que en el año 1795 en que la invención de la prensa hidráulica por Joseph Bramah, efectuó la más grande revolución en la industria del aceite, poniendo una nueva fuente de energía inagotable, pero de fácil control, al servicio del hombre.

Hoy en día en las tablas de las diversas semillas oleaginosas se coloca el maní en primer lugar, considerándosele como el producto óptimo entre todos los aceites. No es éste el lugar para hacer referencia a sus calidades superiores en cuanto a digestibilidad se refiere, a su carencia de colesterol y a su PH absolutamente neutro. Sólo añadiremos, como punto final, que contamos en nuestro país con una industria de aceites EL COCINERO que nos debe enorgullecer como cubanos ya que a través del tiempo ha hecho bueno su famoso lema: **PORQUE ES BUENO Y ES CUBANO.**

―――――――――――――――――――――――――――――――

INSTALACIONES INDUSTRIALES

INSTALACIONES ELECTRICAS

ILUMINACION RESIDENCIAL

ILUMINACION PARA FIESTAS

L. Sosa y Compañía

OBRAPIA No. 415
LA HABANA

TELEFONOS:
ML-1730 - ML-1966
M-8135 - M-8675

DECORACION Y PRESENTACION DE LAS COMIDAS EN LOS TRASATLANTICOS EUROPEOS

Por Matilde Cruz Planas de Gómez Cortés

Un plato, por bien confeccionado que esté, si no está bien presentado, no invita a comerlo. De ahí la gran importancia de saber decorar nuestras comidas.

Como aficionada y amante de la decoración, en cualquiera de sus manifestaciones, transcribo estas notas de mis observaciones realizadas en algunos barcos de distintas compañías.

Línea Inglesa: "Queen Mary" y "Queen Elizabeth"

La comida en los barcos ingleses es muy buena, variada, bien presentada, pero sin alardes en su decoración. No acostumbran hacer exposiciones pomposas de las comidas como hacen en otras líneas de vapores.

La única decoración que llamó la atención fué la manera de presentar el caviar: dentro de un pequeño recipiente de cristal, introducido en la parte superior, entre las dos alas de un gran cisne hecho de hielo, como de un metro cúbico, que parecía de cristal. El cisne colocado en una bandeja grande sobre una mesita de ruedas, que era conducida por todo el comedor, de mesa en mesa, para servir el caviar junto con huevos duros rallados colocados en otra fuente en el entrepaño inferior de la mesita, además de las galleticas y pequeños triángulos de pan tostado.

En el otro barco en lugar del cisne era un gran elefante con la trompa levantada, bellamente hecho de hielo, y sobre el lomo llevaba incrustada la fuentecita del caviar.

Línea Francesa: "Ile de France"

La comida francesa es, sin duda, la más exquisita, fina y bien presentada. Los franceses hacen gala en la colocación, cortes y combinaciones tanto de las carnes como de los vegetales. Usan mucho en la decoración de sus platos, ramitas de perejil, berro o lechuga. También emplean la zanahoria, pepinos, petit pois, cebolla, coliflor, aceitunas y alcachofas.

Y en cuanto a la decoración de los dulces tienen fama, siendo los motivos principales de sus adornos: cintas, lazos, cestas, mariposas, flores, pajaritos, palomitas, angelitos y otras figuritas, modeladas con pastas dulces, muy frágiles.

Aunque muy bella y exquisita la presentación de la comida francesa, no me llamó la atención porque es más o menos la misma que encontramos en todos los buenos hoteles de cualquier parte del mundo.

Línea Italiana: "Conte Biancamano" y "Cristóforo Colombo"

La decoración de las comidas en los barcos italianos es más realista. Se diferencia de las anteriores tanto en los motivos o temas como en la calidad de los materiales usados para la decoración.

Observé que en sus presentaciones empleaban pastas para modelar de consistencia firme, dura y resistente, y que no tenían nada de azúcar en su constitución. Me interesé en saber de qué estaban hechas. El propio Capitán nos condujo a la cocina del barco para que el cocinero nos explicara lo siguiente: Cuando querían semejar rocas o arrecifes empleaban pedazos de pan pegados, unos con otros, con una especie de crema azucarada, y después de seco eran coloreados con pintura vegetal imitando el natural.

En otros decorados usaban sus pastas semicocidas. Por ejemplo, para hacer nidos o cestas empleaban spaghetti o tallarines que ponían a hervir, y cuando estaban a medio cocer, los echaban en agua fría. Entonces estaban listos para formar cualquier decoración, que al secarse eran pintados con tinte vegetal.

La pasta de "risotto" la empleaban para modelar troncos de árboles, hojas, flores y objetos. Esta pasta la hacen de la manera siguiente: el arroz a medio cocinar, aún bien caliente, se pasa por la máquina de moler con la cuchilla fina. Se modela la figura y se colorea con pintura vegetal.

La variedad de comidas en estos barcos es extraordinaria, además de las típicas italianas, gran número de platos franceses, ingleses, americanos, españoles y de otros lugares.

Las dos exposiciones de buffet que acostumbran hacer en cada travesía, son verdaderos derroches en la decoración.

Describiré algunos de los platos presentados:

1. *"Codornices gelatinadas en su nido".*—En el extremo de una fuente grande había un ave disecada con las alas abiertas y la cola levantada. En el resto de la fuente, perfectamente modeladas con pasta de arroz, se extendían ramas de árboles y sobre ellas nidos formados con spaghetti endurecidos, y dentro de cada uno, una codorniz gelatinada. Tanto las ramas como los nidos estaban pintados para semejar el natural.

2. *"Medaglioni D'Arangosta Fredda. Salsa Cardinale. Insalatina Maionese" (Medallones de Langosta Fría con Salsa Cardenal. Ensalada con Mayonesa).*—Una langosta grande, entera, roja, como si subiera una roca formada por pedazos de pan y decorada con pintura vegetal. A los lados, y en la parte posterior de la langosta, hojas de lechuga semejando el mar. En el plano inclinado que forma el lomo de la langosta, sobre una faja de salsa mayonesa endurecida con yemas de huevo cocidas y ralladas, estaban colocados los medallones de langosta hervida y fría, semimontadas unas sobre otras, y, encima de cada rueda de langosta, una ruedita de pepino de encur-

tido. En la misma bandeja, una ensaladera con vegetales mixtos con mayonesa y una salsera con salsa Cardenal.

3. *"Lengua Escarlata Rosa Roja"*.—Dos lenguas colocadas diagonalmente sobre una fuente cuadrada; cada una de las lenguas colocada dentro de una rosa roja modelada con pasta de arroz. En las otras dos esquinas, diagonalmente puestos, dos recipientes: uno, con rueditas de limón alrededor del borde, y aceitunas al centro, imitando una flor. Y en el otro, ruedas de pepino natural y sobre ellas rueditas de pepino de encurtido, dispuestas también en forma de flor.

4. *"Tarta di Commianto"* (Cake de Despedida).—Un faro grande, blanco, modelado con pasta de arroz, al que le dejan ventanitas. En su interior una luz que se encendía y se apagaba. El faro colocado sobre un arrecife formado con pedazos de pan unidos con crema azucarada y coloreado con pintura vegetal. En la misma bandeja estaba colocado un gran cake en forma de barco, cubierto con merengue blanco y decorado con fresas, confites y frutas cristalizadas.

5. *"Faisán San Rossore"*.—En el extremo de una gran bandeja estaba colocado un faisán disecado inclinado hacia delante, con las alas extendidas. A continuación había muchos niditos hechos de papitas fritas conteniendo pajaritos de papas salcochadas con el piquito y las alitas de zanahoria hervida, y los ojitos negros con clavo de comer. Y en la misma bandeja había una fuente con pedazos de faisán dentro de la salsa. Para hacer los niditos—según nos informaron—, se cortan las papitas bien finas, se echan en un colador de alambre. Se pone otro colador dentro del anterior tratando de comprimir las papitas, y en estas condiciones se introducen los dos coladores con las papitas en una vasija con bastante manteca para que se frían. Al quitar los coladores el nidito quedará hecho, perfectamente formado.

6. *"Pasticceria Fina"* (Pastelería Fina).—En el centro de cada bandeja llena de exquisitos dulces de la pastelería francesa, fueron colocadas unas bellas y originales lamparitas con pantallas en distintos colores en forma de globos semejando cristal nevado y dentro de cada una, había una velita encendida. Mientras distribuían las bandejas para cada mesa, fueron apagadas las luces del comedor. ¡Qué maravilloso el espectáculo! Las lucecitas se veían a través de las pantallas de colores que no eran otra cosa más que de una pasta a base de merengue y azúcar que imitaba cristal.

Para evitar que se derrame el agua en que se hierven los macarrones o fideos, se le añade una cucharada de aceite de oliva, manteca o mantequilla.

AZUCAR Y JUVENTUD

Son muchas las personas, principalmente mujeres, que se privan de comer azúcar porque creen que si lo comen engordan.

Nada más inexacto. Por el contrario, cuando el contenido de azúcar en la sangre es bajo, se tiene hambre y se come mucho.

"El azúcar no engorda, lo que engorda es el exceso de alimentación, complicado con la falta de ejercicio", ha declarado la doctora alemana Ana Schneider. En un detallado informe, que publicó en 1953, relata cómo, durante la última guerra, se observó un sinnúmero de alteraciones del organismo debidas a la falta de azúcar. A algunas personas todavía jóvenes el rostro y las manos se les llenaban de arrugas y sentían un cansancio insuperable.

Estudiando acuciosamente estos problemas, llegó, entre otras conclusiones, a las siguientes:

El azúcar, por sí sólo, no engorda. Privarse del azúcar significa restar calorías al cuerpo humano y empobrecer los músculos... Con la supresión del azúcar, la mujer no logra otra cosa más que acarrearse una vejez prematura y depauperar su organismo.

No debemos, pues, privarnos de comer azúcar, que es no sólo una fuente de energía, sino también factor de juventud.

Cortesía de
CUBAN TRADING COMPANY

¿QUE ES LA LECHE EN POLVO SIN GRASA?

La Leche en Polvo sin Grasa es leche pura de vaca, pasteurizada, a la que se le han extraído, solamente, la grasa y el agua.

Más de la tercera parte de los sólidos de la leche en polvo sin grasa es proteína, necesaria para el desarrollo de los tejidos y músculos, y un factor de resistencia a las enfermedades infecciosas.

Es rica en calcio y otros minerales. Los niños deben tener calcio para desarrollar huesos y dientes fuertes. Los adultos y personas de edad avanzada lo necesitan también para mantener sus huesos fuertes, y los músculos y nervios en las debidas condiciones.

El azúcar de leche contenida en los sólidos de la leche en polvo sin grasa es una excelente fuente de energía. El azúcar de leche también ayuda al organismo a hacer uso del calcio.

Todas las vitaminas B de la leche fresca están contenidas en este producto concentrado. Es especialmente rico en riboflavina, que juega un papel muy importante en algunas funciones del organismo para disfrutar de una perfecta salud.

La Leche en Polvo sin Grasa ofrece las siguientes ventajas:

1. No engorda. Muchas personas, sobre todo las mujeres, ante el fantasma de la gordura u obesidad, y para conservar "la línea", se abstienen de consumir leche entera.

2. Es perfectamente tolerable para las personas que les hace daño la grasa de la leche.

DERIVADOS DE LECHE, S. A., somete a la consideración de las personas que prefieren productos de alta calidad, la LECHE EN POLVO "GUARINA" (SIN GRASA), envasada en sobres metálicos multilaminares, cuyo contenido equivale a un litro de leche fresca de vaca SIN GRASA.

LA LECHE EN POLVO "GUARINA" (SIN GRASA), HA MERECIDO LA CALIFICACION "EXTRA GRADE" POR LOS LABORATORIOS DEL AMERICAN DRY MILK INSTITUTE, DE CHICAGO, ILL.

UNA MERIENDA IMPROVISADA

Por Bertha Domínguez Roldán de Lecuona

Estábamos de temporada en el bello pueblecito de Plombieres, en las montañas de los Vosgues, Francia, la casa se guarecía a la sombra de la montaña y el jardín se cubría de helechos y flores.

Qué rico tener una merienda, dijimos todos, y nos decidimos a entrar a la cocina; cocina enorme francesa, llena de cacharros de bronce relucientes como el oro y Victoria Eugenia, la viejecita cocinera, con su gran delantal se sonreía.

Tengo ganas de comer foie-gras, dije.

Mademoiselle, no es posible. Sólo tengo hígados de esos capones de ayer, algo de puerco y alguna empella.

Con eso basta, Victoria Eugenia, tráelos.

Me subí las mangas, me acerqué a la mesa y fuimos poniendo aquello que teníamos más a mano, en la alacena de nuestra ventana que era en aquel entonces un modesto, pero utilísimo refrigerador con el frío propio del deshielo de las montañas de los Vosgues.

Sobre la mesa pusimos:

1 libra de empella.	2 huevos.
¾ libra de carne de puerco.	sal a gusto.
	pimienta a gusto.
12 hígados de pollo.	una pizca de nuez moscada.
2 cucharadas de pan mojado en leche.	

Cogimos la empella, la cortamos en trozos chicos para después molerla en la máquina con la cuchilla más fina y la pusimos en un plato. Cortamos en trozos pequeños la carne de puerco, la molimos con la misma cuchilla y la pusimos en otro plato. Limpiamos los hígados de los cartílagos y los exprimimos bien a fin de que no quedara ni sangre ni agua. Pusimos las dos cucharadas de pan a mojar en leche y cuando estuvieron bien mojados los exprimimos para que sólo le quedara la leche necesaria. Mezclamos la carne de puerco, la miga de pan mojada en leche y luego la empella moviéndolo continuamente, le echamos los dos huevos, la sal, la pimienta y la nuez moscada, lo seguimos moviendo para que la pasta quedara bien unida y por último le agregamos los hígados de pollo. Lo probamos para ver si faltaba algo de sal y pimienta y ver si estaba en su punto. Lo vaciamos en un molde y lo pusimos a bañomaría al horno a 300° F. durante tres horas. Cuando esté listo se deja que se enfríe sin quitarle la grasa que queda a su alrededor y se pone en el refrigerador en el mismo molde. Si es posible debe dejarse dos o tres días al frío antes de comerlo, pues queda y sabe mejor.

Nosotros no lo hicimos así ya que merendamos en seguida. Nos sentamos al caer la tarde a la mesa, esas tardes tan largas de Francia, en las cuales la luz se prolonga hasta casi la noche. ¡Qué bien comimos! Canapés de foie-gras, Derriere de lapin a la creme, ensalada de legumbres frescas de la huerta con aliño de las cuatro hierbas francesas y una torta de cerezas, de aquellas cerezas rojas y grandes, que era la obra maestra de Victoria Eugenia, torta cubierta de merengue rosa, y acabamos chupándonos los dedos.

EL SANTO DE ABUELITA

Por Bertha Domínguez Roldán de Lecuona

Permíteme, lector, traer mis recuerdos de la dulce edad infantil, cuando para mí y para sus otros nietos, la celebración del santo de Lola Roldán, constituía una fiesta de intenso regocijo.

Han pasado los años y sin embargo, todo parece tan cercano que vuelvo a vivir mis emociones de entonces. Recordar, no cabe duda, es volver a vivir. Y mantener la ilusión del recuerdo y darle perdurabilidad material, es ganarle una batalla al tiempo. Para que este desfile de recuerdos no parezca ni demasiado íntimo, ni personal, añadiré que así como celebrábamos nosotros el santo de Abuelita, se celebraban antes en Cuba las fiestas de familia. Ni el dinero, ni el lujo, ni las diferentes posiciones sociales variaban la índole de esas fiestas que eran un homenaje al hogar, a la familia, a los vínculos de la amistad, al respeto de la tradición y a la esperanza del futuro. O sea, una síntesis de integración nacional, ya que cada país se nutre con lo que producen sus hogares, humildes o ricos; pero virtuosos.

Vivíamos con Abuelita en la enorme casona colonial que tenía, como su dueña, personalidad de gran señora. Cierro los ojos y detallo sus escaleras y columnas de mármol, sus azules balcones de persianas, sus techos con vigas de caoba pulida y los medios puntos de las puertas en cristales de colores, donde tantas veces vi el rayo de luz, quebrado en las fantasías de mi ensoñación infantil. Y el jardín; aquel lindísimo jardín florecido en begonias, violetas, rosas, Mariscal Ney y sus cenadores cubiertos por el coralillo blanco que formaba ramos de novias. Y las cañas bravas susurrando junto al aljibe. Y la gran pecera, donde nadaban pececitos de colores...

Para celebrar la gran fiesta, la casa se engalanaba desde días antes. Un ejército de sirvientes sacaba brillo a escaleras, pisos, muebles, vajillas, plata, porcelanas, etc. Luego se llenaba de flores. Y en el comedor, Melanio el chino, vieja reliquia familiar, preparaba la mesa, como quien oficia un rito. Sacaba el mantel con encajes legítimos y bordados maravillosos y con una varita de güín, lo rizaba sobre la mesa, según la moda entonces, poniendo las servilletas en forma de flores. El centro de la mesa se llenaba de unas preciosas rosas rojas que para encanto de Abuelita, le enviaba del Ingenio Toledo, Clara San Pedro de Aspuru. Y en seguida colocaba los riquísimos y vistosos platos de variedad y suculencia extrema: ensaladas de langosta, aspic de pollo, galantinas de pavo, pechugas rellenas de foie-gras, vol-au-vent, empanaditas, croquetas, "les petites bouchées" de sesos, todos los portentos culinarios que hacía Perfecto, el Chef.

Los dulces se ponían en otra mesa, cuyo centro era un castillo de crocante que admiraba a los grandes y engolosinaba a los chicos. Sobresalían las exquisitas yemas dobles que, para Abuelita, hacía Amparo Sánchez, viuda del gran Ignacio Cervantes. Un flan, único, que preparaba Mina Pérez Chaumont y un dulce de leche de renombrada fama, hecho por el cocinero de Juan Pedro Baró. Y los pasteles, los cakes, los merengues y los dulces criollos de Eulogio Herrera y del Mago Lombillo.

Al costado de estas dos mesas, había una más. La de las bebidas: Champagne, vinos especiales y el ponche, del que doy la receta y que preparaba mi madre América Benítez. Inagotablemente, desde la ventruda ponchera, salía aquel ponche a llenar los vasos que los visitantes repetían con delicia.

Abuelita, con su vestido de moire negro, su alfiler de brillantes, su collar de perlas, su peinado alto y su gran porte, recibía a todo el que llegaba. Su extraordinario "don de gentes" tenía la frase adecuada para cada persona. Y su cariñoso ademán no hacía diferencias de ninguna clase, entre unos y otros.

Venían a saludarla, los niños de todos sus asilos y las personas que particularmente socorría y se sucedían las escenas de ternura. La cieguecita rubia y rosada como un ángel, llamada Carmencita, los hermanitos que salvó del maltrato y del encierro, la negra Matea, el gallego Serafín, y los otros y los otros, en fila interminable.

A las cinco, la inmensa sala adornada con cuadros de Melero, de Elvira Martínez y de Chartrand, estaba llena. Los visitantes, políticos artistas, literatos, científicos y personalidades sociales, naturalmente escapan a mis recuerdos en lo que al nombre se refiere; pero sí tengo presente la cantidad y calidad de cuantos venían a saludar a Abuelita y a traerle regalos que se amontonaban en su cuarto y sobre su cama. Una cama vestida de tiras bordadas, cintas y lazos.

Ya al anochecer, la banda de música de la Beneficencia tocaba algunas piezas. Y recuerdo como una lucecita de tibio calor humano, cómo nos alegrábamos los chiquillos y cómo en los ojos de Abuelita, en sus negros y lindos ojos, brillaba el contento, la serenidad y la más dulce de las expresiones de bondad y comprensión.

¡Ojalá para los niños del día, el santo de Abuelita sea el emocionado recuerdo que para los de ayer, mayores hoy, es y seguirá siendo aquella fecha, culminación y comienzo, de ejemplares enseñanzas y prometedoras esperanzas!

PONCHE DE CHAMPAGNE

INGREDIENTES:

1 copa de jugo de limón.
1 botella de vino del Rhin.
1 botella de vino de Mosela.
1 botella grande de granadina francesa.
1 pomo grande de fresas.
2 sifones de agua de Seltz (aproximadamente un galón).
1 litro de Champagne.
hielo.

PREPARACION:

Se mezclan todos los ingredientes, se coloca en una sorbetera con bastante hielo y sal en grano y cuando esté bien frappé se vierte en la ponchera a medida que se va utilizando.

BIZCOCHUELO CAMAGÜEYANO

Por Guillermina Domínguez Roldán de Boza Masvidal

Entre las creaciones más ricas y estimadas de la repostería camagüeyana, se destaca el *bizcochuelo* como algo capaz de complacer al paladar más exigente y refinado. Es una especie de panetela o bizcocho que al sacarse del horno tiene un color tostado, un aspecto esponjoso, un olor estimulante, un sabor amelcochado.

En la pintoresca y legendaria ciudad de Camagüey, en las reuniones familiares, en las meriendas de las tardes carnavalescas de "el San Juan", o en el obligado obsequio que los dueños de la casa ofrecían a los visitantes que allí acudían para "ver pasar la procesión", nunca faltaba el bizcochuelo, como algo típico y obligado.

En aquellas grandes casas, arquetipos de la belleza y la comodidad de la arquitectura colonial; con grandes salas con techos de vigas de caoba trabajada, con bellas rejas de hierro forjado, con amplios patios llenos de rosales circundados por galerías con arcos de medio punto con cristales de brillantes colores, por cuyas columnas trepaban las madreselvas y las kiskalias, con los típicos tinajones entre macizos de malangas y jazmines, se desarrollaban esas reuniones llenas de sencillez y elegancia, en que las familias fraternizaban con sus amistades, en un verdadero culto a la tradicional sencillez y a la simpatía camagüeyanas.

Ligada yo a la familia Boza Masvidal, de ilustre y muy antiguo abolengo, con deleite he oído la evocación de aquellas costumbres, de aquellas reuniones, en que el calor de lo hogareño, los puros afectos familiares, el severo sentimiento de la moralidad, de la cordialidad y la espiritualidad, ponían un encanto de valor extraordinario.

En la mesa del gran comedor, con blanquísimo mantel de alemanisco, con iniciales bordadas, con encajes o festones tejidos, con el centro de cristal lleno de flores y frutas, las bandejas de plata con mil golosinas y confituras, la preciosa vajilla de fina porcelana de la abuela, con orla verde y oro y la afiligranada caligrafía de sus iniciales, se servían las grandes tazas del sabroso y oloroso chocolate pilado a mano, que siempre era acompañado con el delicioso *bizcochuelo*.

Con sencillas palabras y con la tierna melancolía que incitan los hondos recuerdos, mi querida suegra, doña Clemencia Masvidal Viuda de Boza, me ha hablado de aquellas costumbres de la alta sociedad camagüeyana, de aquel culto a la familia, del valor y significado de aquella santa fraternidad del hogar, que hasta llegaba a los sirvientes, y me ha dado la receta del bizcochuelo camagüeyano, que yo, queriendo colaborar al noble fin de este libro, aquí transcribo.

BIZCOCHUELO CAMAGÜEYANO

INGREDIENTES:

- 20 huevos.
- 5½ tazas de azúcar blanca.
- 2 tazas de agua.
- 2½ tazas de harina de Castilla.
- ½ cucharadita de polvos de hornear.
- ½ libra de almendras, peladas y tostadas.

PREPARACION:

Para su confección debe usarse un recipiente grande. Se separan las claras de las yemas; las claras se baten a punto de merengue sin echarles azúcar; mientras tanto se ponen las 5½ tazas de azúcar y dos tazas de agua en una cacerola para hacer un almíbar espesa, cuando el almíbar esté espesa se retira del fuego y se va echando poco a poco en las claras batidas a punto de merengue, y se sigue batiendo hasta que se enfríe. Aparte se baten las yemas, bien batidas y se le va echando poco a poco en el merengue ya endulzado con el almíbar. Después, siempre batiendo, se le va uniendo la harina de Castilla bien cernida, en la última taza de harina se agrega los polvos de hornear y se sigue batiendo por un rato más. Antes de finalizar de batir esta mezcla, se enciende el horno a su máximo y cuando esté bien caliente se baja a 300° F. y en este calor se mantiene hasta el final de su cocción. En un molde grande Pirex (o dos medianos), que se forra con un papel encerado, debiendo sobresalir del molde el papel aproximadamente tres pulgadas, a fin de que no se derrame la mezcla cuando ésta suba, se vacía en el molde, o en los moldes, la mezcla y se pone al horno por espacio de una hora y tres cuartos, introduciéndole de cuando en cuando un palito a ver si ya está seco. Cuando haya estado en el horno el tiempo señalado se apaga el horno, pero el Bizcochuelo Camagüeyano no debe sacarse hasta que el horno esté frío. Esta receta debe dar aproximadamente para 24 o más porciones, si se pone en el molde grande. Si se pone en los medianos dará aproximadamente 12 porciones en cada molde. Se adorna con almendras peladas y tostadas, enterrándolas hasta la mitad en el bizcochuelo.

CREPES DE MARTES DE CARNAVAL

Por Madame George Dor

¿De dónde viene esta tradición? De lo más lejos que usted pueda remontarse en las costumbres francesas, encontrará estos crepecitos rubios, dorados, tostaditos, finos y crujientes. Se comen en cantidad —uno llama al otro—, con sal o dulces, con jalea o no, con ron si hace mucho frío. Y de postres. Son los parientes pobres del "crepe suzette", pero dignos de presentarse sobre cualquier mesa, se lo aseguro.

Se apagan las luces y el padre de familia enciende un fósforo después de haberlos sumergido en el Cognac o el Ron. Se prenden los crepecitos, una llama azul nos llama a todos, entonces a servirlos pronto porque mañana empieza la severa Cuaresma. Hoy es día de fiesta y regocijo.

La receta, si se trata de cuatro personas, es así: una hora y media antes de sentarse a la mesa, eche usted cuatro enormes cucharadas de harina blanca cernida en una fuente. Haga un hueco en el centro. Vierta dentro agua fría, poco a poco, diluyendo la mezcla con un cucharón de madera, no debe haber motas ni peloticas, la pasta debe quedar lisa en extremo; bátala hasta conseguirlo. La pasta debe ser líquida, casi tanto como una leche muy rica. Añada una cucharadita de sal fina, otra de aceite, una pizca de pimienta, una cucharada de Ron (hay personas que sostienen que dos cucharadas de cerveza, en vez de Ron, los aligera maravillosamente) y dos huevos enteros batidos separadamente, uno después de otro. Bátase la mezcla con el batidor un instante más y déjela reposar una hora. Entonces ponga dentro de la sartén caliente un poco de mantequilla con otro poco de manteca fina. Bata un instante la mezcla de los crepecitos y eche en la sartén el contenido de un pequeño cucharón. Debe usted tratar de verter solamente lo necesario para cubrir escasamente el fondo y nada más. Con ese fin, mueva rápidamente la sartén en todos sentidos con ligereza. Pinche el naciente crepecito con un tenedor para que no suba. Con una paletica levante el crepecito con cuidado, para ver si se desprende, arrégleselas para que se separe bien y se deslice sólo de la sartén. Entonces coja, con una mano firme y victoriosa, el mango de la sartén y haga, en una acrobacia mortal, saltar el crepecito recién nacido que debe caer de nuevo en la sartén sobre la otra cara para que se dore también. Entonces hágalo que se deslice suavemente sobre un ancho plato caliente que está esperando al lado.

Si lo quiere salado, salpíquelo con sal fina; si lo quiere dulce, échele un poquito de azúcar. Y al crepé siguiente. Entre cada crepé, no se olvide de echar un tanto de manteca de puerco y mantequilla en la sartén, y a comerlos calientes hasta quemarse los dedos. Y dígame si no saben a gloria.

UN GRAN CONCIERTO Y UNA GRAN COMIDA

Por Tina Farelli de Bovi

Para complacer a mi querida amiga María Domínguez Roldán escribo estas líneas. Y quiero dejar bien entendido que si no soy experta en arte culinario, aquí va mi colaboración junto con la anécdota de más trascendencia en mi vida artística, y de más grato recuerdo para mí.

Por el año 1906, cantaba yo unas funciones del Baile Maschera en el teatro Comunale de Piacenza (Italia), cuando vino la noticia que el gran tenor Francesco Tamagno (el Caruso de aquella época) vendría a Piacenza para cooperar con su voz a una función benéfica para el Instituto de los Niños Pobres, cosa que él acostumbraba hacer siempre en sus últimos años, ya retirado de las tablas. Era un gran señor, de aspecto imponente, el pelo y la barbilla ya brizolada imponían admiración y respeto. Yo de chiquilla oía hablar de este gran tenor como un ser sobrenatural, así que cuando vino la noche y en el teatro me lo presentaron, me quedé sin poder hablar, (única vez que me ha pasado en mi larga vida), tanto que comprendiendo él mi emoción me dió una palmadita en la espalda y me dijo: "Bambina, bambina, voglio sentirti cantare" (Niña, niña, quiero oírte cantar) y así me dejó con mi emoción y mi admiración y salí a escena para el tercer acto. Canté como nunca, con toda la emoción de mi corazón que se me salía por la voz. Al final del acto vino a felicitarme, y a preguntarme si yo quería cantar con él el dúo de la ópera "Guerany" de Gómez, muy en voga en aquellos tiempos, de la que él era un gran intérprete en todos los teatros.

El tenía otro concierto, también de beneficencia, a los pocos días, en su ciudad natal, precisamente en Barolo (Piamonte), ciudad famosa por sus vinos Barolo y por sus cosechas de trufas, un tubérculo que nace dentro de la tierra, se parece a las papas pero es más fina y con un perfume que se nota a gran distancia y un sabor exquisito; desde luego son muy escasas, resultan muy caras e inexportables y por esto no muy conocidas. Después del concierto con gran éxito y grandes aclamaciones nos fué ofrecida una espléndida cena con este plato típico del país llamado Fondua y ahí va mi receta: un pedazo de un queso lácteo que se llama Fontina, se pone en una sartén con un poco de mantequilla hasta que con poquita candela se va diluyendo, quedando como una crema, entonces se extiende en un plato y con un guayo se van cortando lascas de trufas arriba de esta crema. Les aseguro que es una cosa deliciosa, al comerse acompañadas por unas copas del famoso vino Barolo.

Y hasta aquí estas cuartillas que me han hecho revivir uno de los momentos más emocionantes de mi vida.

UNA BODA DE PRINCIPIOS DE SIGLO

Por María Faz Vda. de La Rosa

Hace cincuenta años, las bodas se celebraban en las primeras horas de la mañana, revistiendo gran solemnidad, aunque se evitaba toda ostentación porque acabábamos de pasar la guerra de Independencia y sufríamos sus naturales consecuencias.

Mi boda, pues, se celebró en casa de mis padres, a las nueve de la mañana, asistiendo solamente la familia, algunos amigos íntimos y los testigos.

La noche anterior para arreglar el altar, nos reunimos toda la familia, especialmente la gente joven y esto constituyó un motivo de alegría y diversión. Levantamos, en la sala, el altar y lo llenamos de flores y velas que se encenderían durante la ceremonia. En medio, colocamos un cuadro de la Inmaculada, reliquia de familia, más que por su valor artístico muy querido porque durante muchos años nos había confortado en nuestras penas, compartido nuestras alegrías y contado y estimulado nuestras ilusiones. Ante ese altar y ese cuadro de la Virgen celebramos nuestras bodas, llenos de devoción.

En el hermoso patio central de la casa, a la sombra de un frondoso tamarindo, sembrado por las manos de mi padre, se sirvió el desayuno que consistió en chocolate, bizcochos, panetelitas y al final brindamos con Champagne, sentados todos alrededor de la mesa cubierta también de flores. Así, yo vestida de novia, y mi novio, ya mi esposo, de chaqué, compartimos nuestro primer desayuno de casados con los seres más queridos de nuestras familias.

Luego, el almuerzo. Entonces se almorzaba muy temprano, entre las diez y las once; pero ese día se hizo una excepción y almorzamos más tarde y también en familia, con nuestros padres y hermanos. Se sirvió pavo relleno, el clásico arroz con pollo, la pierna de puerco asada, la ensalada de verduras frescas y los dulces confeccionados en la casa. Torta de coco, yemas dobles, suspiros, etc.

Después salimos para nuestro viaje de luna de miel y cuando llegamos a la estación fuimos agradablemente sorprendidos por la gentileza de un gran amigo nuestro, don Francisco Paradela, que puso a nuestra disposición un tren especial que nos condujo a la bella ciudad de Matanzas.

Y ahora, después de la gratísima evocación de estos recuerdos, voy a darles la receta de la "Torta de Coco" y a recomendarles que no dejen de hacérsela a sus respectivos novios o maridos porque tengo la seguridad de que va a encantarles.

TORTA DE COCO

INGREDIENTES PARA LA MASA:

- 1 libra de harina de todos los usos.
- 2 huevos.
- 1/8 libra de mantequilla.
- 1 cucharada de manteca.
- 5 cucharadas de agua azucarada tibia.
- 2 cucharadas de vino seco.
- 1/4 cucharadita de sal.
- 1 cucharadita de polvos de hornear.
- 1/2 libra de almendras para adornar.

PREPARACION:

Para hacer la masa se pone sobre una mesa de mármol un cuarto de harina, se hace un pocito en el centro y se le echan los huevos con sus claras; se coge con la punta del cuchillo un poco de mantequilla y de manteca y se le añade un poco de agua azucarada, vino seco, sal, los polvos de hornear y todo se agrega a los huevos mezclándolo bien con el cuchillo. Cuando todo esté bien mezclado se le añade poco a poco el resto de la harina y de los demás ingredientes amasándolos bien con las manos a medida que eche. Se amasa la masa enrollándola, extendiéndola, doblando las puntas hacia el centro y volviéndola a amasar. Se pone a reposar en un plato enharinado durante cuatro o cinco horas. Pasado este tiempo se extiende la masa cubriendo el molde enharinado y se deja dos dedos fuera del molde para hacer un cordón todo alrededor después de rellenado. Se pone una capa de dulce de coco y una de panetela cortada en tiras de menos de un dedo; otra capa de coco y otra de panetela colocándola en sentido contrario a la anterior. La última capa es de coco. Con la masa se le ponen tiras cruzadas por arriba y al centro una flor de la misma pasta y cubriendo los espacios que quedan entre las tiras se le pone almendras enteras que al ponerlas al horno se doran. Cuando se vea que la pasta está dorada y al partir un pedacito de la masa está como una galleta, se retira del horno. Se cocina a una temperatura de 350° F. empezando con horno frío, durante veinticinco minutos o algo más. Da para quince personas. Es deliciosa.

INGREDIENTES PARA EL DULCE DE COCO:

- 3 cocos secos.
- 3 litros de agua.
- 3 libras de azúcar.
- 1 rayita de canela.
- 8 yemas.
- 2 cucharadas de vino de Jerez.

PREPARACION:

Se rallan los cocos, se le deja la leche y se unen a los tres litros de agua y el azúcar y se cocina revolviéndolo de vez en cuando, hasta que adquiera un punto bien fuerte. Cuando esté se baja y se deja reposar y cuando esté tibio se le añaden las ocho yemas bien batidas uniéndolas bien con el coco, teniendo cuidado que no esté caliente para que no se cocinen los huevos. Se le añade el vino de Jerez y se pone otra vez al fuego unos minutos revolviendo constantemente y sin dejarlo hervir.

INGREDIENTES PARA LA PANETELA:

- 9 claras.
- 8 cucharadas de azúcar.
- 8 yemas.
- 8 cucharadas de harina cernida.
- ½ cucharadita de polvos de hornear.
- ¼ libra de mantequilla.

PREPARACION:

Se baten las claras a punto de merengue, se le agrega el azúcar poco a poco, después las yemas batidas y la harina con el polvo de hornear y por último la mantequilla derretida fría. Todo bien unido se coloca en un molde engrasado y con un papel so forra el molde. Se cocina a 350° F. empezando con el horno frío. Se introduce un palillo y si éste sale seco, se retira la panetela del horno teniendo cuidado con el aire.

ASTORGA

Por Angelina Fernández Arrojo

Ciudad muy antigua de la Provincia de León y de belleza singular, que entre otras muchas cosas posee el famoso Cuartel de Santocildes en las afueras de la Ciudad y que es uno de los mejores de España. Su Catedral pertenece al último período ojival y su interior es de gran belleza. La fachada es de los estilos gótico, plateresco y barroco, pero una de las cosas que más me llamó la atención fué que sus dos torres laterales están coronadas por las figuras de "dos maragatos", un hombre y una mujer vestidos de novios. Astorga, pues, es una ciudad distinta con características muy curiosas para el turista.

Yendo por una de sus calles típicas, llamada "La Calle del Húsar Tiburcio", me encontré con una de sus pastelerías. Una "maragata" de aspecto rollizo y simpático nos brindó las famosas mantecadas (otra de las cosas que ostentan con orgullo los astorganos o maragatos) y de inmediato nos trajo los pequeños moldecitos de papel conteniendo las famosas golosinas de Astorga (mantecadas) que eran deliciosas. Entablé conversación con la mujer de delantal aún empolvado de harina y tímidamente le dije que le agradecería me diese la receta de sus mantecadas tan famosas como el Cuartel de Santocildes en toda España. Ella sonrió ampliamente y con esa fuerza de idioma de Castilla, me dió la siguiente receta que a continuación copio para todos aquellos que quieran, en un día de sol, recordar la bella Astorga silenciosa, donde una turista curiosa pudo lograr un secreto de siglos de los "maragatos".

MANTECADAS DE ASTORGA

INGREDIENTES:

1 libra de mantequilla.
1 libra de azúcar.
12 huevos.
1 libra de harina.
1 cucharada de polvos de hornear.

PREPARACION:

Se bate bien la mantequilla durante media hora (a mano), se le agrega el azúcar y se mezcla bien hasta que esté pastosa. Se le añaden los huevos (sin batir) y por último se mezcla todo con la harina y los polvos de hornear (que previamente deben de estar mezclados). Hecho esto se vierte la masa en las cajitas de papel y se introducen en el horno. El horno debe de estar bien caliente al meter las mantecadas, pero a los pocos minutos (cuando han subido un poco) debe de bajarse a una temperatura media para que se cuezan bien por dentro. Con un palillo puede probarse la masa para ver si ya está cocida y cuando éste salga seco, esto quiere decir que las mantecadas están listas para sacar del horno.

ASTURIAS

Por Angelina Fernández Arrojo

El Principado de Asturias es una de las provincias de España más bellas, a la que suele llamarse y con razón, la "Suiza española".

En cada montaña, cañada, río o pueblecito se encuentra una ante un paisaje que sobrecoge por su gran belleza. Sus "praos" y sus montes con ese verde húmedo que le da el "orvallo" nos dejan siempre un poco tristes cuando el tren parte a un regreso obligado, porque ya la excursión ha dado a su fin.

Allá en Oviedo, que es la capital, pasé largas temporadas y puedo decir que ésta es una ciudad seria, profundamente seria y que eso que solemos llamar "aristocracia del espíritu" lo conservan los "carbayones" (ovetenses), hasta los más humildes, como un símbolo de lo que un día fué el gran Principado de Asturias, ese símbolo que es la esencia del carácter ibérico de no permitir que otras plantas ajenas a España, hollaren sus caminos.

Viví en Asturias, conocí sus leyendas, sus cantares y sus playas cantábricas, y a veces, en las tardes soleadas de verano, fuí a las siegas, y a la hora de la "siesta" cuando el zumbido que hay en la atmósfera canta como si fuera una abeja perdida que vuela a nuestro alrededor en busca de miel, los segadores descansan y cantan, cantan siempre (pues el asturiano es la voz alegre o melancólica de España), porque es alegre o triste según haya niebla o sol.

En Oviedo no se estila
el pedir la fía al padre
entra el mozo en la cocina...
¡Esta neña cuánto vale...!

El cantar lo dice, que el amor entra por la cocina, así pues, he aquí una pequeña receta típica de esta región que baña el Cantábrico.

El campesino no siente que le falta el cerebro de Shakespeare; pero Shakespeare siente que le falta la médula del campesino.

HEBBEL

EMPANADA ASTURIANA

INGREDIENTES:

- 1 libra de harina.
- 2 cucharaditas de polvos de hornear.
- 2 cucharaditas de sal.
- ½ taza de agua o leche.
- 1 cucharada de vino seco.
- ½ libra de manteca de vaca.

PREPARACION:

Se le unen a la harina los polvos de hornear, la sal, el agua y el vino amasándolo todo bien. Se le añade la manteca de vaca fresca o cocida, según se prefiera, amasándola de nuevo pero sin exceso. Se engrasa un molde, se polvorea con harina y se extiende la mitad de la masa, se rellena y se cubre con la otra mitad de la masa. Se hornea a 450° F. durante media hora. Se baja el fuego a 300° F. y se deja otra media hora más o menos, hasta que la empanada esté cocinada.

INGREDIENTES PARA EL RELLENO:

- 1 cebolla.
- unas ramas de perejil.
- ½ taza de aceite.
- 2 cucharadas de harina (tostada).
- ¾ taza de vino blanco.
- ½ taza de agua.
- 1 libra de carne, pescado o de bonito en conserva.

PREPARACION:

Se fríe la cebolla y el perejil en el aceite, se le agrega la harina tostada, el vino y el agua, se pasa por un colador. A esta salsa se le agrega la carne escogida y se cocina a fuego muy lento. Cuando esté cocinado, se deja enfriar y se rellena la empanada.

SANTIAGO DE COMPOSTELA

Por Angelina Fernández Arrojo

En las pupilas ávidas del viajero no existen fronteras divisorias que mutilen el lienzo del paisaje que contempla, cuando el automóvil le conduce de un lado para otro. La carretera está ahí ante sus ojos y le da constantes motivos de emoción. Una ciudad pequeña o grande, un risco, un puerto, una plaza o una iglesia, le detienen y aquello que contempla, pronto no será más que un recuerdo que un día añorará melancólicamente porque ese momento es un poco de su pasado, un pasado grato que gozó a medias por la premura del tiempo que no perdona nunca al viajero, que siempre tiene que seguir adelante.

Entre mis recuerdos, también un poco melancólicos, hay una ciudad gallega, una ciudad triste, "morriñosa" de arcos y sonidos huecos de "zuecos" y de calles brillantes y húmedas: Santiago de Compostela.

Santiago de Compostela no se puede "contar" en tan poco espacio y su Catedral, donde está el "bota-fumeiro", tiene tal vez la leyenda más pintoresca de todas las de España, ella canta ese canto excelso y dulce de Galicia que sólo se puede escuchar y comprender allí, frente a su gran pórtico de la gloria, o ante las rías poéticas, así como ante sus campos y la dulzura de sus muñeiras.

Contaré pues una anécdota de la cual fuí protagonista involuntaria ya que fuí víctima de la casualidad. Estando recorriendo Santiago de Compostela, por una de sus calles húmedas, un niño pequeño se me acerca y me pide "una perra" (dos centavos) agregando que tiene hambre. De inmediato lo llevé a un "mesón" cercano que resultó ser la famosa "Posada del Asesino". Me aterré, no ante el nombre del "mesón", sino ante el menú que aquella criatura pensaba engullir, pero aún así se lo ordené completo. Mientras el niño comía, mejor dicho, devoraba, me contó su historia de nueve años, esa historia triste y miserable que le dió a sus ojos claros un mirar angustioso y esquivo. Su padre tenía "un mal desconocido" y estaba sin trabajo, su madre moría tuberculosa en una cama, sin poderlos atender. Sólo él, con las limosnas que recogía, daba de comer a su familia cuando alcanzaba. Me sentí incómoda, culpable, avergonzada frente a aquel pequeño ser que saciaba el hambre. La mesonera, una mujer de ochenta y siete años (que había estado en Cuba) me miró con ojos empañados y confirmó la historia de aquel pobre niño al que di mil pesetas que era todo lo que me quedaba después de haber pagado su almuerzo, y aquella mujer curtida y acostumbrada a llorar por el hijo ausente o muerto, me dió un beso de gratitud y me invitó para que volviera a comer cualquier cosa que quisiera ya que ella tendría el gusto de brindármelo. A los dos días de esto tuve que seguir viaje, me fué imposible permanecer más días en Santiago, ya supondrán el motivo, pero aquel incidente ha dejado un recuerdo tierno en mi vida de viajera, que hoy les cuento a ustedes con esa emoción de haber hecho algo por un pequeño niño desgraciado que aquel día en Santiago de Compostela me sonrió y me bendijo.

Volví a la "Posada del Asesino" y comí algo muy sencillo pero muy agradable que pongo ante el "paladar" de todas ustedes.

PISTO GALLEGO

INGREDIENTES:

- ¼ libra de jamón.
- 2 papas.
- 2 pimientos.
- unos trocitos de calabaza verde.
- 4 huevos.

PREPARACION:

Se corta el jamón en cuadraditos pequeños, finos y sin grasa ninguna; se fríen en manteca o aceite muy caliente, y se sacan poniéndolos en un plato. En esa grasa que quedó en la sartén, se fríen las papas, los pimientos y la calabaza verde, todo picado en cuadraditos pequeños. Cuando todo esto está frito, se van sacando y reuniéndolos con el jamón. Por último se baten los huevos y se mezcla todo moviendo hasta que se cuaje el huevo y esté el frito espeso. Se sirve caliente.

PERU

Por Mimí Fuentes de Hevia

Tierra de fabulosas riquezas naturales por su clima múltiple, cuna del más importante virreinato de España y con una historia llena de tradiciones, tanto indígenas como coloniales. Sus indios de carácter triste y reservado aunque ocasionalmente bulliciosos y fiesteros, extremadamente artistas, sobre todo músicos, sin que por esto se olviden del buen comer, siendo excelentes cocineros de platos únicos. Se cuenta que cuando el gran Bolívar, a su paso por Huancayo, dijo a uno de los jefes indios, que estaba asombrado de la cultura que en ellos había encontrado, éste le respondió: "No cultivamos sólo la mente, sino el estómago también" y lo invitó a comer con ellos las famosas papas a la huancaina, seviche y otros platos de la mesa indígena.

Ahora tratemos un poco de sus fiestas típicas, como las meriendas llamadas "Pachamancas" que se celebran ciertos domingos del año. Esas diversiones campestres derivan su nombre de un plato de carne (generalmente cabrito) asada entre piedras caldeadas o en agujero abierto en la tierra y cubierto con piedras calientes, condimentada con ají y cebolla que emparedan en unos panes especiales horneados en el Convento de la Misericordia. Entre estas meriendas debemos mencionar muy especialmente la de los "Amancaes" en las faldas del Cerro de San Cristóbal, siempre cubierto de musgo y hiervas de distintos colores que van desde el rojo vivo al verde más oscuro y que como una atalaya guarda la Ciudad de Lima. A este cerro se llega por la Alameda de los Descalzos que es una de las pocas vías de América que conserva bellos exponentes de las glorias que legaron los Virreyes.

En cierta época del año, el cerro se cubre todo de flores amarillas llamadas "amancaes", siendo entonces cuando se celebran esas alegres meriendas en que el pueblo lleva lindos cestos de colores colmados de golosinas y de sus platos favoritos. En la Alameda se colocan mesas o tarimas de venta con abundante despliegue de platos *sabrosos,* tales como papas a la Huancaina, Anticucho, Seviche, Causa, el célebre Arroz con Pato e infinidad de otros platos que sería muy largo enumerar. En dulces los Frijoles colados, las Encinas, Arroz Zambito, Alfajores, etc. En bebidas: Chicha Morada hecha de maíz y Pisco hecho de pura uva.

En estas fiestas pueblerinas se baila la típica Marinera y otros bailes populares en plena Alameda, previamente adornada con faroles y papelitos de colores. Muchas personas van en sus autos a comprar las flores, las golosinas y ver la fiesta. Como esto habría mucho que contar, pero ahora, dada la naturaleza de este libro, nos interesan más las recetas de algunos de los platos típicos que acabamos de mencionar.

PAPAS A LA HUANCAINA

INGREDIENTES:

2 libras de papas amarillas.
un poco de sal.
½ libra de queso fresco.
½ libra de requesón.
1 taza de leche.
un poco de palillo o azafrán.
un poco de ají amarillo molido.
aceite el necesario.
2 huevos enteros.
aceite, el necesario.
4 huevos duros.
aceitunas.
trocitos de queso fresco.

PREPARACION:

Se salcochan las papas con cáscaras y un poco de sal. Se pelan y se conservan al calor mientras se prepara la salsa. Se deshace el queso y el requesón en leche y se hace como una crema. Se muele el palillo con el ají y se pone en el fuego la sartén con un poco de aceite, se le echa allí el ají y el palillo, después la crema y se deja que cocine un poco; en seguida se le ponen dos huevos crudos y se revuelve bien todo. Una vez cocido y unido, se retira del fuego y se le va poniendo el aceite poco a poco moviendo constantemente hasta que quede como una salsa espesa a gusto. Con esta crema se bañan las papas que estarán en una fuente y se echa el resto de la salsa alrededor, se le ponen los huevos duros a la mitad y aceitunas y trocitos de queso fresco. Se sirve en seguida para que esté bien caliente. Este plato es muy difícil hacerlo aquí por los materiales, pues lo primordial es la papa amarilla, después el palillo. Pero se puede hacer una cosa parecida sustituyéndolos por papas blancas y azafrán.

SEVICHE

INGREDIENTES:

- 2 libras de masa de pargo.
- salmuera.
- jugo de limón.
- sal a gusto.
- ½ ají picante.
- 2 cebollas.
- 2 ajíes verdes.
- jugo de limón.
- ¼ taza de jugo de naranja agria.
- 1 libra de boniato.
- 1 libra de yuca.

PREPARACION:

Se le quita el pellejo al pescado, se corta en pedazos y se pone en salmuera por un minuto; se seca bien y se coloca en una fuente honda cubierto por jugo de limón, un poco de sal y el ají picante ya machacado. Se deja por varias horas. Aparte se prepara la salsa. Se corta la cebolla en ruedas, el ají en rajitas y se ponen en jugo de limón con naranja agria. Se deja en maceración por varias horas y luego se le echa al pescado que ya estará cocido. Se pone en una fuente con los boniatos salcochados alrededor y la yuca. Este plato se come frío y no es indispensable ponerle el ají picante.

FRIJOLES COLADOS

INGREDIENTES:

- 1 libra de frijoles negros.
- ½ cucharadita de sal.
- 1 rajita de canela.
- unos granitos de anís.
- 4 tazas de azúcar.
- 2 tazas de agua.
- ¼ libra de ajonjolí.
- 2 clavos de olor.
- ¼ libra de almendras.
- ajonjolí tostado.
- canela en polvo.
- grajeas.
- esencia de ámbar.

PREPARACION:

Se remojan los frijoles desde el día anterior, se cocinan hasta que estén blandos con un poquito de sal, canela en rama y unos granitos de anís. Se pasan por un colador para hacerlos puré. Entonces se pone el azúcar con el agua al fuego y se deja coger punto ligero (de dos a cuatro minutos), se le añade el ajonjolí tostado y molido, los clavos, los frijoles y se deja coger punto quedando como un puré de papas. Se saca, se adorna con almendras tostadas, ajonjolí tostado, canela en polvo y grajeas. A este plato se le pone unas gotas de esencia de ámbar, pero no siempre, pues a muchas personas no les gusta.

ALFAJORES DE MANJAR BLANCO

INGREDIENTES PARA LOS ALFAJORES:

    6 yemas.
    una pizca de sal.
    1 copita de Cognac.
    6 cucharadas de harina.
    azúcar glacé.

PREPARACION:

Se preparan en una taza las yemas con la sal y el Cognac y se revuelve bien. Se cierne la harina en una mesa dejándole un agujero en el centro donde se le echan las yemas preparadas, se amasa todo hasta que se desprenda de la mano; se deja en un plato dos horas para que se oree un poco. Se extiende luego con el rodillo y se corta en forma de galleticas colocándolas en una plancha engrasada. Cuando están colocadas se les oprime el centro con el pulgar para que se levanten. Se ponen a horno fuerte, hasta que estén ligeramente doradas. Listas ya, se sacan y se rellenan con manjar blanco cubriéndolas con azúcar glacé.

INGREDIENTES PARA EL MANJAR BLANCO:

    2 tazas de leche.
    2 tazas de azúcar.
    un pedacito de vainilla en rama.

PREPARACION:

Se pone la leche y el azúcar con la vainilla al fuego dándole vueltas hasta que se desprenda de la cazuela, sin que se azucare. Con esto frío se rellenan los alfajores poniendo una galletica arriba de la otra.

ALMUERZO VIENES

Por Vera Furth

¿Visitó usted Austria alguna vez? ¿Contempló sus montañas cubiertas de nieve, sus bosques frescos y praderas verdes que en el verano ofrecen una multitud encantadora de flores fragantes nunca encontradas en el clima tropical de nuestra Isla? ¿Le gustaron sus atractivos pueblos pequeños, la sencillez de sus casitas, que sin embargo testifican el sentido artístico innato de sus habitantes? Tal vez usted se quedó unos días en la capital de Austria, gozando de sus obras de arte y de su música famosa. ¿Y le gustó la sabrosa comida austríaca, bastante distinta del estilo cubano, deseando como buena ama de casa agregar unas recetas a su menú acostumbrado?

En este caso, quiero proponerle un almuerzo típico que se ofrece un domingo o día de fiesta a los familiares de una casa acomodada en Viena.

La mesa del comedor está cubierta de un mantel de damasco, con vajilla de la famosa fábrica de porcelana del "Augarten" y con lindos vasos de cristal tirolés, todo ello preciadas pertenencias de la familia y que pasan de una generación a la otra. Flores frescas adornan el centro de la mesa, ramilletes pequeños y panecitos, llamados "Salzstangerl" se encuentran al lado de cada puesto.

Para empezar se sirve un caldo en plato hondo con unos "Leberknoedl".

LEBERKNOEDL
(Peloticas de hígado)

INGREDIENTES:

½ libra de hígado de ternera.
¼ libra de pan blanco.
leche para suavizar.
sal y pimienta a gusto.
½ cebolla.
⅛ libra de mantequilla.
perejil.
2 huevos enteros.
pan rallado el necesario.

PREPARACION:

Se pasan por la máquina de moler el hígado y el pan, suavizado con leche, dos veces. Se agrega la sal y la pimienta, la cebolla rallada y dorada en la mantequilla, el perejil picado finito, los huevos enteros y tanto pan molido que se pueda formar peloticas chicas en las palmas de las manos. Estas peloticas se cocinan en agua salada hirviendo por diez minutos. Se sirven en platos hondos con caldo caliente bien sabroso.

Como entrada hay un pudín que consiste en una mezcla de seso, jamón y huevos con salsa de champignons.

PUDIN

INGREDIENTES:

1 taza de salsa Bechamel espesa.
4 yemas de huevo.
sal y pimienta a gusto.
½ libra de jamón.
¼ libra de sesos cocinados.
4 claras.

PREPARACION:

Se deja enfriar la salsa Bechamel, se le agregan las yemas, la sal y la pimienta, el jamón y el seso, ambos molidos, y las claras batidas a punto de merengue. Esta masa se cocina a baño-maría en un molde hondo de metal con tapa durante cincuenta minutos. Se saca del molde y se coloca en una fuente de plata cubriéndolo con la salsa.

INGREDIENTES PARA LA SALSA DE CHAMPIGNONS:

1 latica de champignons.   2 tazas de salsa Bechamel mediana.

PREPARACION:

Se pican los champignons en lascas finas y se cocinan en la misma salsa. Se sazona a gusto.

Como plato principal se sirve bistecs de ternera empanizados, acompañados con una ensalada de pepinos y papas salcochadas con mantequilla y perejil picado fino.

BISTECS DE TERNERA EMPANIZADOS

INGREDIENTES:

1 bola de ternera.   pan el necesario.
harina la necesaria.   aceite o manteca para freir.
huevos para empanizar.

PREPARACION:

Se corta la bola de ternera en bistecs, se aplastan con un martillo de madera, se sazona a gusto. Cada bistec se revuelve ligeramente por los dos lados en harina, luego en huevo batido y por último en pan molido fino. Poco antes de servirlos se fríen en aceite o manteca hasta que queden bien dorados.

Se sirve como bebida algún vino blanco ligero.

Sigue un postre exquisito llamado "Cabeza de Moro".

CABEZA DE MORO

INGREDIENTES PARA LA MASA:

7 yemas de huevo.   2 cucharadas de azúcar.
4 libras de azúcar en polvo. $\frac{1}{4}$ libra de harina de Castilla fina.
1 cucharadita de agua.   mermelada de albaricoques.
7 claras.

PREPARACION:

Se baten las yemas, el azúcar y el agua durante veinte minutos. Se le agregan las claras batidas a punto de merengue con las dos cucharadas de azúcar y la harina de Castilla. Se vierte la masa en moldecitos pequeños redondos engrasados en mantequilla. Se hornea a 300º F. por casi quince minutos. Esta mezcla da para veinticinco moldes. Después de quitar las "cabecitas" de los moldes se dejan enfriar y se parten horizontalmente por la mitad. Las dos mitades se escavan un poco para dar cabida a la crema batida, con lo cual se llenan las "cabecitas" al final. Poco antes se aplican a las tapas un poco de mermelada de albaricoques y seguidamente se cubren con una capa de chocolate hecha de la manera siguiente:

INGREDIENTES PARA LA SALSA DE CHOCOLATE:

1 taza de agua.
1¼ tazas de azúcar.
2 tazas de chocolate medio dulce rallado.
2 cucharadas de mantequilla.
crema al 40%.

PREPARACION:

Se hace un almíbar espesa con el agua y el azúcar. Se ablanda el chocolate y la mantequilla en el horno o a baño-maría y se mezcla con el almíbar caliente, se revuelve bien hasta que la masa esté suave y lisa como miel. Ahora se cubren rápidamente las "cabecitas" y antes de servirlos se llenan con la crema batida y se presentan en cápsulas de papel.

Café y licores completan el almuerzo.

La variedad de la cocina vienesa es tal, que podría seguir describiendo deliciosos platos y ricos menús indefinidamente, pero el reducido espacio de este compendio me obliga a terminar aquí mismo. Que les aproveche pues, y hasta otra oportunidad para gozar de las delicias culinarias de Austria.

Cortesía del

Dr. Bernardo Caramés

HABANA No. 304   TELEFONO A-8877

MI PUEBLO NATAL

Por M. F. G.

En Cuba conocí la fama de la ciudad donde nací.

Vienne (Isére), está a 32 kilómetros de Lyon en la ruta que va a Marseille.

Cuando la dejé, hace treinta y cuatro años, tenía cuarenta y cinco mil habitantes, su única industria eran los telares.

Está rodeada de montañas y la atraviesa el Ródano, famoso por su valle y sus vinos, entre ellos uno que raras veces hemos visto en la lista de nuestros restaurants y que se llama "Vin de la côte roti". Es un vino exquisito que se cosecha en los alrededores de Vienne, en un pueblo que se llama "Ampuis".

En Cuba vine a saber que hay en mi ciudad natal un restaurant, que puede considerarse el más famoso por sus manjares. Recuerdo haber comido sus famosos "buissons d'écrevisses" y también sus "quenelles aux champignons", pero yo no podía pensar que este pequeño restaurant, que yo conocí hace tantos años, que se llama Restaurant des Pyramides a Vienne (Isére), tuviera fama casi mundial entre los gourmets, que siempre están en busca de lo mejor.

Acabo precisamente de recibir una postal escrita por unos amigos a quienes les había recomendado el Restaurant des Pyramides y me dicen que la comida de esa noche fué inolvidable.

QUENELLES DE CHAMPIGNONS

INGREDIENTES:

½ taza de leche.
¼ cucharadita de sal.
1 cucharadita de mantequilla.
4 cucharadas de harina.
½ taza de champignons.

PREPARACION:

Se unen, leche, sal y mantequilla, se pone al fuego y cuando hierva se le agrega la harina revolviendo rápido a formar una pasta. Se deja unos minutos a fuego lento moviendo siempre. Se retira, se le agregan los champignons, hervidos y picados muy finos. Se vierte en un plato y se deja enfriar. Se polvorea con harina la superficie de una mesa y se toman pequeñas porciones de la masa y se bolea dándoles la forma de pequeñas croquetas. Se tiene agua hirviendo con sal y se cocinan las quenelles en esa agua por ocho minutos. Se sacan, se escurren bien y se sirve con salsa de champignons. (Para la salsa véase el capítulo de Salsas.)

POR QUE ERA MEJOR LA COCINA CUBANA ANTIGUA

Por Blanca García Montes de Terry

Hagamos algunas sugerencias sobre la cocina y el cambio que ha sufrido en estos últimos años. Indudablemente han influído las alternativas determinadas por nuestras guerras libertadoras y después por los conflictos mundiales. Concurren otras causas que estimamos de mayor importancia como la de que hoy no se aprende a cocinar. Los antiguos cocineros tenían pinches, muchachitos que les aliviaban el trabajo y no costaban dinero; hoy hay que enseñarlos y pagarles.

Esto me recuerda lo que oí a una señora que tuvo la oportunidad de ver cocinar al mejor cocinero francés que ha habido en Cuba y que tenía un célebre restaurant.

El famoso cocinero estaba en su cocina inmaculadamente vestido de blanco y sentado en un gran sillón echándose fresco con un abanico de guano; a sus órdenes tenía un negrito al que le decía lo que tenía que hacer, y él le daba el toque final a sus platos.

Este muchacho fué más tarde cocinero de uno de los presidentes de Cuba, y por este estilo, los aprendices resultaban más o menos buenos, pero todos sabían cocinar de acuerdo con el maestro, como se le llamaba antes, que los había enseñado.

Ahora las cocineras, pues esto es lo que abunda, nos dicen cuando vienen a colocarse que han aprendido con la señora tal o cual. ¡Qué disparate! Las señoras saben hacer platos, más o menos refinados, probablemente muchos que las cocineras no saben hacer, pero no tienen la práctica y dedicación que se necesita para enseñar.

Para concluir, voy a dedicarles en este escrito algo que me ha parecido curioso en el libro de Paul Reboux, que ha querido hacer innovaciones en la cocina con sus salsas coloreadas con azul de metileno y otras extravagancias por el estilo. Sólo ha logrado con esto indignar a unos y hacer reir a otros de sus lectores y también hacerse perdonar sus recetas, dignas de la más complicada farmacopea, por las otras buenas que en el mismo libro intercala y también por algunas ideas que apuntamos en seguida. Dice por ejemplo que el asado es primitivo y bárbaro y que sólo las salsas demuestran civilización. No será esto un exagerado chauvinismo pues no hay como los ingleses para hacer buenos asados, en cambio, las salsas es lo que más ha contribuído a la fama de la cocina francesa. Dice también que una comida de veinticinco a treinta personas es una gran comida, nunca una buena comida, y que se debe de cuidar más de refinar los platos que de multiplicarlos.

Y creemos que hemos dicho lo suficiente para no aburrir al benévolo lector.

HUEVOS CON SALSA AZUL

Del libro "Plats Noveaux" de Paul Reboux (Pág. 166)

Se prepara una salsa Bechamel según la receta siguiente: Se emplea vino blanco seco y un poco menos de harina que de mantequilla. En una cacerola se derrite poco a poco, la mitad de la mantequilla, se agrega la harina sin dejar de revolverla. Se deja cocinar a fuego muy lento veinte minutos. Se le echa la sal y pimienta y se agrega poco a poco la otra mitad de la mantequilla. Al momento de utilizar la salsa, se coge un vasito de licor de vino que se ha reservado para disolver en él algunas gotas de azul de metileno. La solución debe quedar de un color como tinta azul. Al echársele a la salsa ésta cogerá entonces un delicado color turquesa. Con esta salsa se cubren unos huevos duros rellenos con estragón; con esto mismo se hace un picadillo que se le echa por encima al plato al momento de servirlo.

SALSA DE GROSELLA

Del libro "Noveaux Regime" de Paul Reboux (Pág. 230)

Se coge una y media tazas de pulpa de grosella sin azúcar, tres cuartos de taza de leche, cuarenta gramos de gelatina y dos cucharadas de glicerina dulce, una cucharadita de jugo de limón, una yema de huevo. Se pone la gelatina en agua hasta que se ablande, se escurre. Se hace hervir la leche y se retira del fuego, se bate la yema de huevo con la leche; se agrega la gelatina y la glicerina. Cuando todo esté perfectamente unido se echa la pulpa de grosella y el jugo de limón. Se vierte en una dulcera de cristal.

Cortesía de

Sr. José Eugenio Moré

LA COMIDA

Por Petronila Gómez de Mencía

La vida social de una ama de casa, ya sea de elevada o modesta posición, gira en gran parte alrededor de la mesa de comer.

A través de las edades, deliciosas tradiciones se han ido acumulando acerca de la antiquísima costumbre de reunirse a la hora de la comida, para disfrutar de una mezcla feliz de satisfacción material y alegre asociación espiritual.

El acierto en la organización de este acto, pone de manifiesto infaliblemente nuestra personalidad, buen gusto y refinamiento y dándole a la mesa en su decoración un aire de belleza y rodeando el ambiente de una amable hospitalidad, se está ofreciendo a los invitados el más elevado cumplido que un ama de casa puede brindar.

LANGOUSTE EN BELLEVUE

INGREDIENTES:

2 langostas grandes.   caldo para cocinar las langostas.

INGREDIENTES PARA EL ADORNO:

1 pan de molde.   6 tomates de ensalada.
1 lechuga.   2 tazas de ensalada rusa.
2 huevos duros.   3 tazas de salsa mayonesa.

PREPARACION:

Se cocinan las langostas durante media hora en un caldo bien condimentado. Después de cocinadas se dejan escurrir sobre un paño y refrescar extendidas bien las colas. Cuando estén completamente frías se corta la parte de abajo de la cola y se saca la carne que se cortará oblicuamente en tronchos no mayores de un centímetro. Se utilizará una fuente ovalada en cuyo centro a lo largo se colocará un pan de molde picado por la mitad, se cubren los lados del pan con hojas de lechuga formando así la base en que va a ser colocada la langosta. Se colocan los dos carapachos como si estuviesen parados sobre el pan con las cabezas levantadas y pegadas vis a vis una contra otra. A ambos lados de la fuente se colocan los medallones de langostas alternándolos con huevos duros partidos por la mitad y los tomates rellenos de ensalada rusa. Se sirve acompañada de salsa mayonesa.

EL CAFE Y EL ALMA DE CUBA

Por Maricusa Gorostiza de Millares Vázquez

Yo no tomo café. Así, simplemente, no tomo café nunca. Y para llenar esa necesidad que siente el cuerpo humano de tomar de vez en cuando una bebida que lo levante un poco, que no lo alcoholice, que lo acompañe a ratos, todo lo que se me ocurre es tomar thé. Soy una sosa ¿verdad? Porque estas cualidades que enumeré las posee en mucho más alto grado el café. Y porque en mi fuero interno reconozco que no tomar café es imperdonable en una cubana. Lo reconozco yo y me lo echan en cara, de una manera más o menos disimulada u ofensiva, los extranjeros. Un americano, por ejemplo, identifica, conscientemente o no, lo cubano, desde luego con el Ron, hubo un tiempo que lo identificó con la rumba, y siempre ¿cómo no? con el "black coffee". Cuando he ido a los Estados Unidos, al ver que yo ni probaba el Ron, ni sabía bailar rumba ni tomaba café solo, venía invariablemente la preguntica "Are you really a Cuban?" que a mí me quemaba la sangre.

Y es que la taza de café es la mano amiga que tiende el cubano a todo y a todos. "¿Quieres tomar un poco de café?" es la pregunta de ritual que se hace a todo el que llama a la puerta de una casa cubana. De la casa de un cubano que verdaderamente merezca este nombre. Bueno, no es la pregunta, es el ofrecimiento. No se espera la respuesta. Antes de que ésta se formule ya se está "colando" el café para el recién llegado, amigo o conocido, y aún a veces, muchas veces, perfectamente desconocido. No lo conocemos, pero es amigo de Fulano, o viene a pedir un informe, o un favor, y le da pena molestarnos; ¿qué mejor manera de romper el hielo? "¿Quiere un poquito de café?". Así el favor, que con seguridad le vamos a hacer, si está en nuestra mano, resulta más fácil, más natural. Así a él "no le da tanta pena".

Y si la vecina tiene un gran disgusto porque a su hijo se le ha ocurrido irse a trabajar a otro lado, y ninguna madre cubana soporta la separación de su hijo por más de veinticuatro horas, aunque sea para su bien, y si hay un viento fuerte "que tiene cara de ciclón" y varios del pueblo se han reunido en la casa que tiene aspecto de resistir mejor los embates del temporal, o si desgraciadamente se trata de velar a un ser querido, ahí está el calorcito reconfortante de la taza de café, ofrecida con todo afecto y aceptada con toda naturalidad, para ayudar a pasar las horas tristes de prueba.

Y ¿qué tal la presencia de la bandeja llena de tazas de café que circula entre el grupo "que se va de fiesta" o hace su presentación de sobremesa, después de una cena sabrosa, agradablemente compartida? ¿No es exactamente lo que hacía falta para poner el ánimo alegre o ayudar a la buena digestión?

Viajaba yo por España en compañía de una tía mía, Concha Martínez de Novoa, cubana afable y buena hasta el fondo de su alma, y ya llevábamos más de un año fuera de nuestra tierra, cuando al llegar al Hotel "Alfonso XIII" (todavía se llama así) de Sevilla y abrir las ventanas de nuestras habitaciones por vez primera, como las calles de Sevilla son así de estrechas, se oyó una voz cristalina de mujer que decía: "Concha, ¿quieres un buchito de café?" Así, un buchito. Mi tía se volvió a mí con la cara radiante y me dijo: "Creí que era a mí, y sobre todo creí que ya estábamos en Cuba". El ofrecimiento del café había traído en un instante allí, a nuestra habitación impersonal de hotel la presencia viva de la tierra lejana.

Y es que fuera de aquí la taza de café es el símbolo del alma generosa del cubano, dispuesto siempre a ayudar a un prójimo, a ofrecerle una sonrisa y una palabra. ¿Cuándo un cubano les ha dicho a ustedes "no sé"? Pregúntenle una dirección, cómo llegar hasta un político, la manera de hacer algo o la forma de conseguirlo, y el cubano les contestará siempre, con buenas formas y largas explicaciones acompañadas de un manoteo expresivo y amistoso. Si lo sabe, porque lo sabe y quiere lucir sus conocimientos. Y si no lo sabe, porque lo inventa y quiere igualmente lucir su imaginación. Pero desde luego tratará de ayudar.

Stokowski, el gran director de orquesta ruso, cuando estuvo en La Habana, me decía maravillado que Cuba era el único lugar de la tierra donde él había encontrado verdadera fraternidad entre los hombres. Y es que aquí, salvo las pequeñas discrepancias de opinión, lógicas e indispensables en todo grupo social, nos sentimos "unos", nos reconocemos en el prójimo que pasa y así lo ve el extranjero inteligente que quiere ahondar un poco bajo la piel. Stokowski quiso, como homenaje a esa cualidad cubana de hermandad sincera, dirigir, en la bellísima y criolla Plaza de la Catedral, la Novena Sinfonía de Beethoven, donde cantó como solista mi cuñado Manuel Millares de Castro. Está el último movimiento de esta sinfonía basado en el Himno a la Alegría de Schiller, una línea del cual dice "Alle Männer sind Bruthern". A esta fraternidad del hombre por el hombre que Stokowski vió en el cubano, yo, humildemente, le ofrecería por símbolo y lema, la cubana, caliente y aromática tacita de café.

Tengo aquí que hacer un ruego a las editoras que tienen la responsabilidad de esta obra, y es que pidan a alguien, que pueda y sepa hacerlo, que les escriba un artículo sobre el café, sobre el rico café cubano. Yo, ya lo dije al comenzar estas líneas, yo no estoy capacitada para ello, porque yo, lo confieso para vergüenza mía, yo tomo té.

Un café al día es cosa óptima, dos al día puede ser cosa buena, tres son ya pecado venial; allende de esto, comienza la región del pecado mortal.

LA BELLEZA SIEMPRE ESTA A SU ALCANCE

Por Lydia Grimany de Bravo

En todos los tiempos el ser bella y elegante ha sido el anhelo de todas las mujeres. Podríamos decir que esta preocupación es la "patente" de la femineidad. Desde que se trasponen los veinte años, se emprende una batalla sin tregua por la conservación de la juventud, y por el título de exquisitez en el vestir, entrando en juego para ello masajistas, especialistas en belleza, peluqueros, modistos, etcétera.

La que nace con todos los dones que otorgan las hadas madrinas, lucha por no perder su tesoro de nacimiento. La que nunca podría participar en un concurso de belleza u ocupar un puesto en las diez mujeres mejor vestidas del mundo, ¡ésa hace lo imposible para congraciarse con el mundo que ha de juzgarla! A nuestro modo de ver, por lo que todas debemos de preocuparnos a través de la marcha inexorable del tiempo, es por hacernos tan encantadoras, atractivas y agradables, que pasemos airosas y triunfantes por todas las etapas de la vida para ganar el alto calificativo de "Mujer Admirable". Desde luego que siendo la apariencia un factor de influencia en las apreciaciones, es recomendable no perderla de vista. Pero tanto como la belleza física y la elegancia han de cultivarse el arte de la conversación (tan decaído en la actualidad), la delicadeza de modales, la discreción, tolerancia, y ¡mucho sentido del humor!; cualidades éstas que hacen irresistible y ante las que a nadie se le ocurrirá mirar si tenemos arrugas o no, ni preguntarnos si ya cumplimos los sesenta otoños o las dieciocho primaveras.

Ante todo tengamos presente que no son los años, que se cuentan de acuerdo con el calendario, los que influyen en el aspecto físico de la mujer en forma decisiva. Las hay que a los treinta años tienen el semblante tan juvenil y atractivo como si contaran veinte y a la inversa. Mujeres que por su edad están en la flor de la juventud parecen avejentadas y marchitas como si tuvieran sesenta.

Nada hay que engañe tanto en lo que respecta a la edad como un bello rostro femenino y adecuadamente maquillado y coronado por una guirnalda de hermosos cabellos (teñidos o no) que le sirvan de marco, dándole delicioso relieve. Una mujer que se cuide, que practique las normas de higiene, que tenga frescura de pensamiento y un nidal de ilusiones en el corazón puede llegar a las seis décadas y despertar a su paso murmullos de admiración. Ejemplo de ello es Ninón de l'Enclos, que a la edad de ochenta años despertaba volcánicas pasiones.

Pero bueno, ya que nos referimos tan acendradamente a la conservación de la belleza, vamos a decir cómo es posible lograrla.

La nutrición, como la vida misma, sólo es posible merced a la renovación constante del organismo. Pero para que la nutrición se efectúe normalmente es necesario que el organismo pueda extraer del medio exterior los materiales que requiere. La mayoría de las personas, creen saber comer, pero se hallan en un lamentable error. Alimentarse, científicamente hablando, sin encasillarse en escuelas vegetarianas, frugívoras o carnívoras es saber elegir, combinar los platos y substancias para dar al cuerpo lo que éste pide y no se le concede. Los que se denominan trastornos del metabolismo son los más importantes de la patología general. Dedúzcase entonces cuáles son las repercusiones en la salud. La ciencia, por medio de sus investigadores, ha establecido el valor nutritivo de cada alimento en particular y ha hecho adelantar considerablemente los métodos curativos del organismo y a medir por sus unidades el valor de los alimentos, llegando así a la conclusión de lo que hace falta exactamente en el menú cotidiano.

A, B, C, D, E, F, G... a esto antes, se le conocía por Abecedario. Hoy se llama Vitaminas. Son las vitaminas las encargadas de asegurar una alimentación completa.

El problema de engordar es muy complicado. Y las que padecen de delgadez son por lo regular enteramente inocentes de un error. Quisiera poder dar una dieta que las engordara veinte libras en diez semanas tan fácilmente como se pueden reducir con el plan del doctor Daniel Munro. El comer poco no es generalmente la causa de la delgadez. A veces una gran cantidad ingerida de Complejo de Vitamina B usado en conjunción con alimentos de altos valores suele dar resultado. También puede ensayarse a no comer carbohidratos con proteínas, grasas o ácidos. Esto solo, puede ser el problema. Si usted es de tipo nerviosa, activa, conviértase en perezosa y descanse lo más que pueda. Practique el "relax" quince minutos antes o después de las comidas. Descanse de mente y cuerpo y tendrá una gran ayuda. Mucho más aire, sol y solamente ejercicios abdominales. Duerma lo más y a menudo que pueda. Coma más de todo y suprima el café y sopas ligeras y disminuya el agua. Incluya leche cremosa. Vitamina A y Complejo de Vitamina B todo el año. La gelatina es buena sin azúcar. Si no engorda con lo expuesto, tiene en sus manos el mejor remedio. Ensaye diariamente con una de las exquisitas recetas de este magnífico volumen. De seguro que eso no falla.

Y ahora les toca a mis hermanas las gorditas. La obesidad es frecuentemente el castigo de una sobre-indulgencia. Para combatirla sólo hace falta querer ganar el título de "Mujer Admirable", del que antes hemos hablado.

Un sencillo método de alimentación estudiado será lo suficiente para asegurarse los elogios que provoca una mujer en su peso adecuado.

Le vamos a dar a elegir entre estas tres dietas.

DIETA REDUCTORA No. 1

(Veinte libras en diez días)

Primer día: Tome dos vasos de leche y dos grandes vasos de jugo de naranjas (uno cada cuatro horas). Resista el apetito pensando en todo lo que va a comer al día siguiente.

Segundo día: Las tres comidas regulares. Ni merienda ni repetición. Si gusta puede tomar un cocktail o un highball. Tome una cápsula de Vitamina A (aceite de hígado de bacalao) y otra de Complejo de Vitamina B después del desayuno. Intestinos muy limpios. Use enemas si es necesario. Repita este régimen cada dos días durante un mes. Entonces pésese y vea el resultado. Si ha bajado, este plan es el que le conviene, si no pruebe:

DIETA REDUCTORA No. 2

Desayuno: La mitad de una toronja o una naranja (no el jugo). Dos tostadas sin mantequilla. Café solo con un terrón de azúcar. Las Vitaminas A y Complejo B.

Almuerzo: Pequeña porción de carne, pescado o huevos. Pequeña porción de lechuga, tomate y cinco vegetales o frutas. Una porción de queso. Café claro.

Comida: Porción pequeña de carne, pescado o huevos. Ensalada de vegetales o frutas frescas. Un vaso de leche descremada, media toronja y café claro. Si a los cuatro días el peso es el mismo restrinja la sal. Este plan contiene suficientes vitaminas, proteínas y calcio en forma que facilita su asimilación, así como la de otros elementos minerales.

DIETA REDUCTORA No. 3

La dieta de los plátanos y leche descremada es también eficiente. Pero es probable que muchas no la resistan. Consiste en comer dos plátanos y un vaso de leche descremada tres veces al día y un vaso de leche extra antes de acostarse. Mantenga esta dieta no más de dos semanas. Por un período de una semana coma raciones de carne, ensaladas verdes, queso y frutas cítricas. Tome una cápsula de aceite de hígado de bacalao y una de Complejo de Vitamina B durante esta semana, después del desayuno.

Si ninguna de estas dietas la reducen de peso, consulte a su médico o resígnese a ser gordita y ríase de ello.

Para terminar repetiremos que la belleza es un don natural.

No siempre se resulta favorecida, pero en todos los casos hay rasgos dignos de destacarse, detalles que pueden contribuir radicalmente a exaltar la personalidad, a dotar de mayores atractivos a la mirada, a la boca, a la silueta, a los gestos, al andar.

Cada una tiene la misión de forjar su belleza física de idéntico modo que de cultivar su belleza espiritual.

Y si a pesar de todo ello no ganamos el título de "Mujer Admirable", lo habremos sido por el esfuerzo hecho en tratar de lograrlo.

MAMALIGA (Hungría)

Por Mariana G. de Rosman

El pastor mira hacia la cima de las montañas: ya la línea de las nieves ha subido y las primeras violetas han empezado a brotar a través de la alfombra blanca; es tiempo de prepararse para subir con las ovejas a los pastos de entre las montañas. Allá la hierba es más tierna y más rica y el grupo de pastores se quedará hasta bien entrado el otoño, cuando las lluvias y el frío los haga volver al seno de sus hogares.

La vida es bien simple: el campamento puede construirse con maderas de los bosques de pinos y abetos y hay bastante para encender una pequeña hoguera todas las noches, esas noches de verano en la montaña con bastante frío. Si hay que abrigarse más, el "cojoc" servirá: éste es un abrigo de pieles de carnero que se lleva con la lana hacia fuera cuando esté lloviendo (ya que el agua resbalará sin mojarlo) y hacia dentro en las noches de frío seco. Los perros ovejeros cuidarán del rebaño y los pastores se pasarán el tiempo cantando tonadas nostálgicas, o manteniendo vivo su amplio folklore nacional, tocando una especie de flauta hecha allí mismo de cañas y otras maderas huecas. Sí, es una vida sencilla; es sencilla también la comida: basta con ordeñar las ovejas para tener leche, es decir también un poco de mantequilla y el queso, un delicioso queso, base de toda una industria nacional. En cuanto al pan que difícilmente se podría hacer allí, el pastor lo ha reemplazado con "mamaliga". La harina de maíz necesaria se sube hasta el campamento en la espalda de un asno; está bien seca y, aunque no muy fina como la de la ciudad, el ovejero no la cambiaría por nada en el mundo. Caliente o fría, más o menos consistente y combinada con una infinidad de diferentes alimentos la "mamaliga" constituye lo esencial para la subsistencia: se come con leche o con mantequilla y queso, o se hornea, o mezclada con la salsa de muchas y sabrosas comidas o bien, fría y con sólo una cebolla o dos. ¡Una verdadera vida pastoral! El tiempo se alarga y, en verdad, no hay mucho que hacer; cada pequeña acción se convierte en un rito... hay que saber cómo tocar la flauta, cómo contar las viejas leyendas, cómo preparar el queso y la harina.

De cuando en cuando un grupo de excursionistas pedirá albergue por una noche o dos. Entonces, después de la puesta del sol y cuando ya el rebaño está reunido y duerme, todos se sentarán alrededor de la hoguera, al aire libre y uno de los ovejeros empezará a preparar la harina. Un trípode hecho de palos y un caldero servirán a las mil maravillas; una vez preparada la "mamaliga" bastará con volcar el caldero sobre una tabla de madera bien limpia para tenerla ya lista para comer, amarilla y humeante. Entonces se corta con un hilo (para que el metal de la cuchara no le quite el calor) y cada uno de los presentes tiene su pedazo para saborearlo con el queso hecho allí mismo.

Para poder disfrutar de la "mamaliga" en nuestro ambiente, mi manera de prepararla es la siguiente:

MAMALIGA

INGREDIENTES:

1 taza de harina de maíz, seca   2½ tazas de agua
un poco de sal

PREPARACION:

Se mezcla la harina con el agua fría y la sal, se cocina a fuego lento revolviendo constantemente (con una cuchara de madera) hasta ponerse bien espesa o, más bien, dura. Cuando la harina empieza a despegarse del fondo del caldero (olla o cazuela) se deja sobre el fuego, sin revolverla más, un par de minutos y se vuelca sobre un plato. Se sirve con mantequilla y queso rallado, con leche o con distintas salsas de carne.

J. R. PLANIOL y Cía.

*Maderas de todas clases - Plywood - Papel de techo
Tejas - Cabillas - Cemento - Tuberías - Azulejos*

LUYANO No. 726, esq. a Porvenir - LA HABANA - TELEF. X-1062

FERNANDEZ NEVARES Y Cía.
Armadores

Oficina y Almacén
Velázquez No. 256   La Habana

ORIGEN DEL CHOCOLATE

El origen del chocolate es nada menos que divino.

Según la leyenda mexicana, el dios Quetzalcoatl, trajo a la tierra la semilla del cacahuatl (árbol del cacao), para procurar a los hombres una bebida que hasta entonces era patrimonio de los dioses.

Los antiguos mexicanos preparaban con el cacao una bebida muy semejante al chocolate de hoy, el chocolatl (choco, cacao; latl, agua), de donde se deriva su nombre. En la confección del chocolatl no entraba el azúcar, y raras veces usaban miel, únicamente el pueblo mezclaba el cacao con harina de maíz. El emperador Moctezuma terminaba sus comidas con esta bebida, batida en un molinillo, hasta llenar la "xicara" de espuma.

Los mexicanos concedían tal importancia al árbol del cacao que utilizaban sus semillas como monedas, basando en ellas un sistema monetario completo.

Los conquistadores de México se familiarizaron con el chocolate y aprendieron a apreciar sus virtudes. Hernán Cortés, en una de sus cartas al emperador Carlos V, indica sus cualidades como restaurador del organismo agotado por la fatiga.

En 1580 fué enviado cacao a España y se fundaron las primeras fábricas de chocolate, que se mantenían en el más absoluto secreto para evitar que otros países conocieran su elaboración. Cuando se generalizó su uso fue cuando se le añadió el azúcar, por su rico sabor.

El chocolate se introdujo en Francia cuando fue enviado por el gobierno de España, como valioso presente, a la reina Ana de Austria, esposa de Luis XIII. Su uso, a causa de su elevado precio, sólo estaba al alcance de los ricos.

En 1776, bajo el reinado de Luis XVI, se fundó en Francia la primera fábrica llamada "Chocolaterie Royale" extendiéndose notablemente el consumo de este rico alimento.

El chocolate ejerce en el organismo una acción tónica y estimulante lo que unido a sus cualidades nutritivas y a su sabor exquisito hacen de este producto un reparador de fuerzas realmente excepcional.

En Cuba el chocolate **LA ESTRELLA** reúne todas las condiciones de sabor exquisito y calidad inmejorable, por ello es **UNICO E INIGUALABLE**.

Madame Rosell

EXPERTA EN PIELES DE ADORNO
LA CASA MAS ANTIGUA
EN STORAGE PARA PIELES

CALZADA 1010　　　　　　　　　　TELEFONO F-3992
ENTRE 10 Y 12　　　　　　　　　　V E D A D O

FRIJOLES NEGROS A LA CUBANA

Por Dolores Guiral de Costa

No debiera este relato figurar entre los que se titulan "Momentos Felices" porque fueron, más bien, momentos de verdadera conturbación para quienes los vivimos y sobre todo, para quien fue eje del suceso: María de la Concepción Domínguez Cowan, Marquesa de Mont-Roig.

Vivía, generalmente, en Madrid y en Madrid murió el año 1926; pero nacida en Cuba y prendida a todo lo cubano, tenía por costumbre, que habíase vuelto manía, investigar dónde podían obtenerse productos cubanos para cocinarlos en su casa y ofrecer en sus comidas, nada menos que yuca, malanga, ñame, frijoles negros, etc., etc.

De estas comidas, en una ocasión en que obsequió a sus invitados con un plato de las susodichas viandas, salió la anécdota—por cierto que la he leído como ocurrida a otras personas—, de la siguiente frase con que uno de los invitados agradeció el convite: "Muchas gracias, Concha, por el plato de maderas de su tierra, que nos sirvió". Frase que, durante una buena temporada, mantuvo cerrada la casa de Concha, al impertinente, o demasiado franco amigo, que si mal no recuerdo, por haber oído comentar el caso, era un andaluz de apellido Muchadas, del que contaban sin acabar, frases ocurrentísimas, que su agilidad mental prodigaba, sin guardar consideraciones. Como la vez—y no puedo sustraerme al deseo de narrar este gracioso episodio—en que, al llegar a una fiesta cierta señora, —de la que callaré el nombre— que se distinguía por dos contradictorios aspectos, uno material: su fealdad en la que predominaba una horrible dentadura, y otro, digamos espiritual, que era su vanidad, al imaginarse asediada por enamorados galanes, dijo: "Vengo sofocadísima; me ha seguido un hombre que..." Y sin dejarla terminar, Muchadas interrumpió: "Sería un dentista".

Pero hablemos de los frijoles, que muchos años después de lo de las viandas, Concha compraba carísimos y viejos, como el Acueducto de Segovia, en una casita de productos variados—¡y tan variados!—que había en una calle de cuyo nombre no puedo acordarme, aunque sí recuerdo el de su propietario: Juanón. Comprados a Juanón los frijoles, lo peliagudo era ablandarlos. De ahí que los versos, (o lo que sean, que leerán ustedes más adelante, si me hacen ese honor), empiecen con el agua y el bicarbonato que se prodigaba generosamente, sin que los empedernidos frijoles, parecieran enterarse. Y como había que hacerlos, al fin y al cabo y contando con la protección de algún imponderable, se hacían, no sin haber invitado antes, a determinadas personas que tenían alguna relación con Cuba—o que decían tenerla para complacer a Concha—y que heroicamente comerían los "frijoles a la cubana"

En la ocasión a que me refiero, los invitados eran don Pedro de Novo y Colzon, dramaturgo y académico de la Lengua, su esposa, mujer dulce y callada y su hijo, una mezcla de andaluz, como el padre, y gallego como la madre, académico también, pero en Ciencias, cultísimo y... algo resabioso en lo que a bondades cubanas se refiriese.

Vinieron los frijoles que la propia Concha, con sus manos de excepcional belleza, condimentó. El olorcillo era bueno, el aspecto también y hasta el sabor de la salsa... pero ¡los granos! Aquellos obstinados granos no habían cedido nada de su firmeza. Sordos a las palabras de esperanza, insensibles al bicarbonato, al fuego y a los condimentos, brincaban como piedrecitas en el plato y entre los dientes, reñían la pelea de quién partía a quién.

Don Pedro, pese a sus ochenta años, se tragó dos cucharadas de frijoles. Su mujer, aunque con muchas vacilaciones, llegó a celebrarlos. Pero el tercero en discordia, o sea el hijo, después de varios gestos en los que, sin duda defendía sus dientes, exclamó: "Por Dios, marquesa, ¿todo lo cubano es tan duro? Con razón perdimos la guerra. No teníamos dientes, ni ácidos digestivos para tragarlos."

Desde aquel día, cada vez que Concha planeaba alguna comida cubana, sus íntimos se permitían recordarle las viandas hechas madera y los frijoles corazón de piedra.

Y a mí, que por aquel entonces, estudiaba mis asignaturas de Literatura y preparaba mis temas de Filosofía y Letras, se me ocurrió obsequiarla con la receta de los frijoles, tal como ella los hacía y poniendo yo los versos, o los ripios.

La receta versificada, corrió por todo el Madrid de sus amistades. Pero tengo entendido, que nadie pretendió otra cosa, si acaso, que leerla. Y esto, a lo mejor—o a lo peor—, ¡Dios sabe con qué comentarios sobre la maldad de los frijoles y la perversidad de los consonantes!

Sin embargo, Concha siguió comprándole frijoles negros a Juanón, haciéndolos, aunque no siempre comiéndolos... Y entre sus papeles, que tenía muchos y muy interesantes ya que fué mujer de gran talento, cultura y relaciones político-sociales y artísticas, se encontró, cuando después de su muerte, se revisaron esos papeles, guardaba en lugar preferente, la receta de sus frijoles "a la cubana". Sobadito, arrugado y desarrugado, por el uso y el cuidado, el hoy amarillento papel, es un conmovedor símbolo de amor patrio y un dulce recuerdo de tradición y costumbres no olvidadas y mucho menos, descuidadas.

RECETA DE LOS FRIJOLES NEGROS A LA CUBANA

Es conveniente comprarlos
el día anterior y dejarlos
por la noche en hondo plato
con agua y bicarbonato.

A la mañana siguiente,
se cambian de recipiente,
de agua, y a fuego lento
se cuecen con un pimiento
verde, muy bien cortado
primero, y luego lavado.

Cuando empiecen a ablandarse
se echa la sal, sin pasarse
de lo justo, un diente de ajo
y la cebolla, a destajo.

Para que la salsa oscura
quede espesa, se procura
esté el guiso bien hervido
y si ya se ha conseguido
el grano tierno y abierto
se aparta el perol cubierto.

La faena ahora es poca;
una sartén se coloca
en la hornilla, más cebolla
como la que está en la olla
bien picada, otro pimiento
que sirve de condimento
y adorno, al ser colorado
y un poco de ajo aplastado
para dar sabor más fuerte
al aceite que se vierte.

Con todo medio rehogado
se echa orégano tostado.

Y en cucharón de madera
de la olla a la freidera
es necesario pasar
varios frijoles, que al dar
en el aceite caliente
se aplastan completamente.

Esto debe ser unido
al guiso. Y ha concluído.

CUDILLERO

Por María del Carmen Insunza

El norte de España con sus puertos pesqueros tiene para mí ese sabor salobre de todo lo ausente. Yo nací en Asturias y vivo lejos de ella, por eso tal vez, la recuerde más.

Luarca, Candás, La Arena y Cudillero son entre otros muchos, unos cuantos puertos pesqueros que engalanan las costas asturianas. Las "romerías" en cada uno de ellos, tienen sabor distinto y a veces, también un "idioma" distinto que cada pueblo o cada pescador emplea incluso para cortejar a la "moza".

Tomaremos el más típico tal vez de todos: Cudillero, donde los "pixuetos" los domingos tienen, por decirlo así, su fiesta privada en la plaza del pueblo. Bailan los viejos, los "mozos y mozas" y los niños, todos en trajes regionales "el perlindando" (delantal) que es el motivo principal de esta original danza.

Las casas de Cudillero están caprichosamente construídas en las pendientes laderas del monte que circunda el pueblo y una se sorprende de ver aparecer un carro, una vaca o un niño por los tejados de estas casas, y el efecto que nos hace es que allí no existe, ni existió nunca, el problema de la vivienda.

Cada año los "pixuetos" pescadores hacen una procesión marítima llevando a San Pedro a dar una vuelta por el pequeño puerto y mar afuera en una "vapora" engalanada. Si la pesca ha sido escasa, bañan al santo para que el Gran Pescador les conceda mayor abundancia en las jornadas próximas. Bailan y cantan tres días seguidos sin descanso noche y día en las fiestas de San Pedro, San Pablo y San Pablín.

Uno de los platos típicos de los pescadores para saciar su sed de vino o sidra son las famosas Calderetas que se componen única y exclusivamente de distintas variedades de pescado y que apuntaré aquí para que un día cualquiera, una de las lectoras curiosas de este libro, pueda comer un plato tan exquisito como popular del norte de España.

CALDERETAS

INGREDIENTES:

- 1 taza de aceite.
- 1 cebolla.
- 2 dientes de ajo.
- 1 libra de tomates (pelados y sin pepitas).
- ½ vaso de Jerez o vino blanco.
- 1 cucharada de perejil picado.
- 1 pizca de pimienta.
- ½ cucharada de sal.
- 2 tazas de agua.
- 1 libra de almejas.
- 1 rueda de cherna.
- 1 parguito pequeño.
- 6 calamares o pulpos.
- 10 camarones medianos (pelados).

PREPARACION:

Debe de hacerse en una cazuela que pueda llevarse a la mesa para que no se deshagan los pescados después de cocidos. En dicha cazuela se pone buen aceite y se fríen, tan pronto esté caliente, la cebolla y los dientes de ajo. Cuando empieza a dorarse la cebolla se agregan los tomates picados y se deja cocinar a fuego lento todo junto. Luego se le añade a esto el vino, el perejil, la pimienta y la sal En una cazuela aparte se ponen a abrir, en dos tazas de agua, las almejas bien frescas y muy bien lavadas. El caldo que sueltan pasado por un colador muy fino (o un pañuelo) para quitarle las arenillas que pueda tener, se echa sobre lo cocido y así estará hecha la salsa. A continuación se van colocando encima los pescados cortados (no en trozos muy pequeños) y las almejas con sus cáscaras. Se coloca todo esto en la cazuela y se pone al horno, 250° F.

Se mueve la cazuela de vez en cuando con la mano, suavemente, para que no se deshaga el pescado. Se cocinará media hora solamente.

UNA MARAVILLOSA ASOCIACION

Por Margot La Rosa

Cuando, rebuscando en la memoria, trato de traer a la luz algún momento feliz relacionado con la cocina y su natural secuencia, el gustar de un plato exquisito en un ambiente adecuado y en grata compañía, inevitablemente vengo a rememorar los muchos años de maravillosa asociación con un grupo de expertos de todas partes de los Estados Unidos y Canadá que se unen bajo el nombre de International Stewards and Caterers Association.

Fundada en 1901, celebrará este año su quincuagésima tercera convención, pues en un año o dos, durante las pasadas guerras, sus miembros no pudieron reunirse. Como dice en sus estatutos, esta asociación fué fundada para el mejoramiento de la clase y para la ayuda mutua de sus componentes. En el principio había que tener el grado de steward para pertenecer a ella. Hoy comprende además de los stewards a propietarios y administradores de hoteles, restaurantes, clubes, hospitales, escuelas, líneas aéreas, de ferrocarril y marítimas, así como compradores, dietistas, profesores y en general todas aquellas personas relacionadas con la industria del alimento y la bebida, su producción y distribución.

En la imposibilidad de enumerar las actividades que tiene entre manos esta dignísima asociación es de notar la campaña para llevar a la conciencia del pueblo la nobleza de la profesión de la cocina y sus derivados, elevándola y dignificándola por medio de la preparación universitaria y de otras clases, para lo cual sostiene becas en diferentes escuelas culinarias y hoteleras como las de Cornell y Universidad de San Francisco, haciendo que la juventud considere el trabajo de la cocina no como el último recurso de quien no encuentre otra cosa u otro empleo, sino como una profesión honorable y remunerativa. A este fin aboga también por el salario atractivo y las buenas condiciones de trabajo. Otra actividad importantísima es la participación directa en los trabajos de la Comisión para la Defensa Civil, de Washington. Esta asociación es el eslabón entre la Comisión y los productores y distribuidores de alimentos, que estarán en primera línea en caso de emergencia, especialmente en un ataque atómico. Es de notar que en casi todas las ciudades de los Estados Unidos, se llevan a cabo entre nuestros asociados programas de entrenamiento en caso de desastre.

Y ahora, volviendo a nuestro tema, como participante de muchas convenciones, he tenido la suerte de conocer personalmente a famosos chefs de famosos hoteles, los cuales no han tenido inconvenientes en descubrirme algunos de los secretos de su alta cocina. Uno de ellos es Paul Brunet, Executive Chef del Hotel Palmer House de Chicago. En compañía de amigos muy queridos solía ir al Empire Room del mismo hotel a almorzar, comer, o a altas horas de la noche, para gozar del show y la cena. Es de notar que en este Salón Imperio se presentan los mejores artistas del teatro y la televisión, los cuales reciben, como si dijéramos, el espaldarazo consagratorio aquí antes de ser contratados para otros lugares.

Uno de los platos favoritos míos era el Pavo y Jamón en lascas a la Louisiana, y no vacilé en solicitar de Monsieur Brunet la receta.

Persona ocupadísima que es, y teniendo la receta en proporción para grandes cantidades, me ofreció reducirla para seis personas. Un buen amigo quedó comisionado para recogerla, cumpliendo a cabalidad el encargo y aquí va tal como la escribió Paul Brunet.

PAVO EN LASCAS CON JAMON "LOUISIANA"
(Servido con *arroz horneado*)

INGREDIENTES PARA EL ARROZ HORNEADO:

2 onzas de mantequilla.
1 cucharada de cebolla picadita.
2 tazas de arroz.
4 tazas de caldo de pollo caliente.

PREPARACION:

Se disuelve la mantequilla en la cacerola, se le añaden las cebollas picaditas y se cocina por cinco minutos. Se le agrega el arroz, sin lavar, y se fríe hasta que esté ligeramente tostado. Se le añade el caldo de pollo y se le da un hervor. Se tapa la cacerola y se pone al horno a 350° F. durante veinte minutos. Cuando se carece de horno se puede cocinar el arroz a fuego directo, muy lento, por veinte minutos. Mientras se cocina el arroz, se procede con lo siguiente:

SALSA CREMA PARA EL PAVO EN LASCAS CON JAMON:

INGREDIENTES:

2 onzas de mantequilla.
3 cucharadas de harina.
1 cucharadita de pimentón.
2 tazas de leche caliente.
4 tazas de crema pura caliente.
1 cucharadita de pasta de tomate.
1 cucharadita de sal.
½ cucharadita de pimienta negra.

PREPARACION:

> Se disuelve la mantequilla en una sartén grande, se añade la harina, se revuelve y se cocina por tres minutos. Se agrega el pimentón y se continúa revolviendo por otros tres o cuatro minutos. Se baja del fuego y se añade la leche caliente, la crema y la pasta de tomate; se revuelve constantemente hasta que hierva; se añade la sal y la pimienta negra.

LASCAS DE JAMON Y PAVO:

INGREDIENTES:

2 onzas de mantequilla.	½ libra de jamón.
1 libra de pechuga de pavo.	½ taza de vino de Jerez.

PREPARACION:

> Se disuelve la mantequilla en una cacerola, se añade el pavo cortado en lascas pequeñas, el jamón cocinado en lascas y cortado en cuadritos y se deja a fuego muy lento por varios minutos. Se le echa el vino de Jerez y se tapa la cacerola; se cocina unos minutos más, se vierte la salsa crema por encima y se cocina un poquito más. El pavo y jamón en lascas "Louisiana" se puede servir de las siguientes maneras: Se pone el arroz en un molde de anillo y se coloca el pavo en el centro. Se pone un montoncito de arroz moldeado en el centro de una cacerolita pequeña y se rodea con el pavo. Se sirve el pavo y el jamón en lascas en una fuente de hornillo, y el arroz en otra. Se sirve el pavo y el jamón en una fuente oval, rodeados de montoncitos de arroz junto al borde. Se puede servir también en una fuente grande Pyrex. Suficiente para seis personas.

GNOCCHIS ALLA ROMANA

Por Inesita Leoni

Cuando se llega a un país extranjero, es necesario ver algo más que los barrios elegantes, donde todo es perfecto y ultramoderno. No pueden conocerse por esta sola visita, las costumbres de una ciudad, porque allí no está el corazón del pueblo.

Si usted llega a Roma, por ejemplo, después de visitar San Pedro, el Foro, el Vaticano y todas las cosas maravillosas que encierra la Ciudad Eterna, no puede dejar de ir al barrio más romano de todos.

El barrio donde palpita el alma del pueblo, el primer barrio que Roma tuvo: Trastevere. Allí encontrará calles estrechas y chiquitas, casas antiguas y oscuras, con toda la gente en la calle gozando del sol italiano.

Paseándose por este barrio tan típico, usted verá en casi todas las esquinas un gran rótulo que dice: "Trattoria Romana". Es en realidad un restaurant, pero no un restaurant de última moda, donde pueden encontrarse las cosas más caras de todos los países, no; es un típico restaurant romano, donde se comen cosas puramente italianas.

Verá también escrito "Oggi Gnocchi alla Romana", y usted no sabiendo lo que es, no lo pide. Esto sería un crimen, porque es el plato más sabroso que existe. Yo quiero explicarles de qué se trata y cómo pueden hacerse fácilmente en la misma casa.

Usted coge dos libras de papas (no criollas) y las hace hervir, después las pela y las hace puré, trabajándolo bien.

Cuando el puré esté hecho, lo saca de la cazuela y lo pone sobre una mesa. Tome harina blanca y mézclela con el puré y continúe trabajándolo; no deje de echar harina hasta que vea que la masa que se viene formando se pega a los dedos. Después la deja reposar diez minutos y pasado este tiempo, corte unos pedazos, no muy grandes, y con las manos hace unos rollitos largos.

Con un cuchillo corte los rollitos en trocitos chiquitos y los adorna rallándolo con un tenedor o en la forma que usted guste. Aquí están los "gnocchis" listos para ser cocinados.

Aparte prepare una buena salsa de tomate con pimienta y pedacitos de carne de puerco. Ponga, en una cazuela grande, bastante agua con un poco de sal y cuando esté hirviendo eche los "gnocchis", cuando floten en el agua, los saca, los escurre bien y los pone en un plato para servirlos en seguida bien calientes con mantequilla y la salsa.

Así se hace el plato más sabroso y rico de Italia, y fíjese bien, sólo se come el jueves.

Les quise explicar este plato por si acaso ustedes se encuentran un jueves en Trastevere, no dejen de pedirle al camarero: "Gnocchis alla Romana".

Pero recuérdense bien, después de este plato no puede comerse nada más. Sólo un postre.

ON TIRE LES ROIS

Por Suzanne Lorenzo de Mora

Han pasado las fiestas. Parece que nadie es capaz de aceptar una nueva invitación. Pero el seis de enero "On tire les Rois", grandes y pequeños cenan juntos y parten la "galette" donde se encuentra el pequeño "feve" (haba, dije) que hará de unos simples mortales, el Rey o la Reina por una noche.

El más pequeño se aleja de la mesa, se tapa los ojos, y sin ver, contesta el nombre de un festejado cada vez que el ama de la casa le pregunta "¿para quién?". El tradicional "¿Pour qui?", enseñando el pedazo de la galette que acaba de dividir.

El que encuentra el feve recibe la corona de cartón dorado y escoge su Reina echando en su copa el famoso feve.

Se sirve el Champagne, en la alegría general, todos gritan "le Roi boit, le Roi boit". Se brinda a la felicidad de la pareja real y a la felicidad de sus súbditos.

En la semana el Rey debe de convidar a todos los presentes a un alegre party y no olvidar de mandar un regalo a su Reina.

PASTA DE HOJALDRE PARA LA GALETTE
(Torta de Reyes)

INGREDIENTES:

½ libra de harina.
2 cucharaditas de sal.
$1/3$ taza de agua fria.
½ libra de mantequilla.

PREPARACION:

Para hacer la "galette" se extiende la pasta de hojaldre en forma circular hasta obtener un disco de un centímetro de grueso y treinta y cinco de diámetro. Se coloca sobre una plancha ligeramente engrasada con mantequilla. Se le introduce con sumo cuidado el pequeño "feve" que puede ser un haba o un dije, se cubre y se arregla la masa para que no se note. Se hornea a 425° F. durante diez minutos. Se baja la temperatura a 375° F. y se deja hasta que la masa esté dorada y cocinada. La galette, o torta de Reyes, puede servirse sola o acompañada de crema de chantilly.

Cortesía de

Los Mejores Utensilios Eléctricos

BREVE SEMBLANZA DEL DR. ARUS

Por Dulce María Loynaz

Conocí al doctor Felipe Arús cuando ya había él traspasado los últimos linderos del otoño, en tanto yo contaba una edad en que era natural que su arte no me interesara demasiado; y si bien por esta razón no calibré entonces debidamente sus méritos, su trato personal se me hizo desde el principio en extremo interesante, creo yo ahora que por aquella suerte de transmutación que se operaba en él, si la conversación nos conducía por los caminos de la buena mesa.

Pues debo consignar para que nadie se me sorprenda luego, que no obstante su título universitario y el correcto ejercicio que de su profesión hacía nuestro amigo, el arte en que él ponía todo su sentimiento y al cual habré de referirme en estas líneas, era por cierto el arte culinario.

En él, era algo más que un arte: era una pasión. Como pasión la llevó toda su vida, y como pasión puedo añadir que ella a su vez lo llevó a la muerte.

Esto ya lo veremos al final; ahora es necesario detenernos un poco en esta vida tan limpia y al mismo tiempo oscura—lo cual no es paradoja en tantos casos—tan capaz en lo suyo, como modesta y comedida en lo demás.

Era hombre parco de palabras, tranquilo, casi apagado: la gente rancia de Guanabacoa donde él tenía casa acogedora, lo recordaba ya de niño llevando un alto gorro almidonado y un delantal de nieve a la cintura... Y es que en los carnavales, mientras sus compañeros de holgorio, elegían los disfraces más brillantes, él sólo pedía a sus mayores que lo vistieran de cocinero. Pero no vaya nadie a creer que eso era en un acto de humildad, sino precisamente porque imbuído en tal atuendo era que él se sentía feliz, orondo, satisfecho.

Desde esos años anduvo, como se ve, prendido en el hechizo que nuevas y prometedoras perspectivas no podrían en lo adelante romper. Así, por complacer a su padre, un conocido médico de aquella patriarcal Guanabacoa, cursó, llegada la ocasión, carrera, aunque eligiendo, según confesó luego, la más breve, a fin de que también lo fuera el camino de regreso a su verdadera vocación.

Más tarde, la política lo tentó vanamente: accedió a ser alcalde como había accedido a ser dentista, por complacer ajenas voluntades. Pero pensando siempre cuándo le llegaría el día en que conforme a la bella frase de Marquina, otros quehaceres no estorbasen su quehacer.

Parece que este día tarda, y a don Felipe le tardaba; pero de un modo u otro, del sillón de dentista al sitial alcaldicio, él iba entreverando su afición eventualmente, y aun cabría decir gozosamente.

Las fiestas de la hermosa Patrona de la villa, la Asunta Virgine, le propiciaban justas ocasiones; reuníase por aquella época con un grupo de amigos en un pequeño club de la calle Pepe Antonio, y allí se disponía, espumadera en ristre, leve sonrisa a flor de labio, a crear en silencio religioso sus esperadas maravillas.

¿Quiénes de los que las gustaron, no recuerdan las que brotaban de sus manos? El famoso pescado a la Cartuja o el faisán a la Perigaud que debería cocerse a fuego lento por dos días enteros y en un molde de yeso que él mismo confeccionaba dándole la forma del ave...

O aquellos otros manjares delicadísimos como cierto cordero que en tiempo en que no existían congeladores domésticos había que arreglárselas para mantener durante un año en hielo, a fin de que el maestro lo considerase apto para servir el raro cuanto precioso plato que se había propuesto.

Y cómo no evocar ahora en que verdaderamente se me ofrece buena oportunidad de hacerle siquiera una tardía justicia, sus codornices deshuesadas y adobadas en champán, las exquisitas salsas cuyo secreto no compartía con nadie, y los huevos condimentados con arrecifes y los mariscos montados en arrecifes de crocante...

Su pequeña biblioteca estaba casi exclusivamente formada por libros sobre la materia, y entre ellos puedo afirmar que había muchos curiosísimos, y algunos verdaderamente notables.

Se había hecho también de unos anaqueles especiales para guardar las exóticas especias que como en los tiempos de Marco Polo encargaba directamente al Asia, y no le faltaba hasta un pequeño huerto-jardín donde las flores alternaban con plantas aromáticas como la menta, el clavo y el orégano.

Sus ideas al respecto eran también cosa muy personal, muy de su estilo: ya dije que en llegando a este tema, la timidez habitual en él, lo abandonaba y tornábase súbitamente en un "causseur" delicioso:

—El arte culinario—solía decirnos entonces en esas ocasiones— reune en sí las excelencias de los que pudieran llamarse sus hermanos mayores. Entre éstos son pocos los que alcanzan a halagar más de un sentido, y a cambio el que yo frecuento, halaga a casi todos. Por otro lado, participa del sentido dinámico de la música o la danza, y al mismo tiempo del estático propio de la pintura o la escultura. Y si bien es cierto que al montarse un plato, quien lo haga con amor, lo estará haciendo al modo estático y estético de quien monta una estatua, no lo es menos que contrariamente al escultor, el "cordon bleu" trabaja para que su obra sea consumida por los mismos que van a disfrutarla... Somos pues, los artistas más generosos de la creación. O tal vez tenemos más agudizada la innata melancolía del tiempo que pasa, la certeza de que nadie puede sobreponerse a él...

Y en efecto, el tiempo le vencía, acaso más que a los demás, y el corazón le andaba perezoso, y las manos ya no eran tan seguras al deshuesar la codorniz esquiva, o al filtrar la bechamel antigua por los de ritual siete tamices...

Y un día llegó en que otra mano intrusa, venal, atarantada, juzgó que cierta col gigante, de las llamadas de Holanda, ocupaba harto espacio en la nevera, y sin más miramientos la arrojó al cesto de los desperdicios.

Era aquella una rara, delicada verdura, un ejemplar de muy difícil obtención, y la pena de perderla detuvo en seco aquel corazón más lento cada día, pudo matar así, sencillamente a un hombre bueno, ensimismado, candoroso.

•

Envío: No como flor, que no lo es, sino como alguna otra especie de aquellos vegetales que le eran gratos, o como la más humilde de las hierbas balsámicas que una vez prosperaban en su huerto, he querido ofrecer a la memoria de Felipe Arús esta borrosa página: que no desdeñe un ángel llevarla a su destino.

COCINERA DE FIN DE SEMANA

Por Regina de Marcos

Hay cosas que sólo se hacen por amistad o por amor. Por amistad a Fina la Rosa de Banet, por no hacerle perder la linda sonrisa, me humillo a escribir estas breves "confesiones" sobre mi ignorancia. Por amor me he convertido en cocinera de fin de semana, porque si realmente creo en los planes dietéticos, mi marido no comparte y, sobre todo, no practica la misma fe.

Nuestra cabaña en Tarará es pequeñita porque así la quise, como un refugio de la ciudad y de la rutina, para "manejarla sola", sin ayuda de nadie. Acostumbrada en periodismo y en publicidad a adaptarme fácilmente y hasta a "bluffear" un poco, imaginé que, con igual soltura, cocinaría sin saber freír un huevo.

"¡Pobre ilusa!", pensarán ustedes, señoras y señoritas, que en estas páginas vuelcan, o buscan, complicadas recetas. Pues, aunque les pese, es posible hacerlo gracias a un buen vecino que tengo exactamente a una cuadra: el moderno supermercado, el colosal supermercado, el salvador supermercado.

Recuerdo el cómplice regocijo de mis amigas cuando, en la merienda de despedida de soltera, me sorprendieron con una batería completa de cocina. Como casi todo lo que brilla es aluminio, numerosas ollas lanzaban guiños de luz; las tazas y cucharas medidoras imponían sus límites y hasta una máquina de moler carne parecía sugerirme, sabrosamente, un menú a base de picadillo.

Armada sólo de un abridor de latas he servido una vichysoisse de "cordon bleu", que únicamente hay que enfriar dos horas en el refrigerador y cortarle unos trocitos de perejil, y unos ravioli, que el Chianti acompañante hizo olvidar la etiqueta de "made in U.S.A." Las variadas frutas cubanas equilibran naturalmente estas improvisaciones que permiten infinitos cambios.

Cuando tenemos invitados, aún logro una simplificación más perfecta. Sobre las mesitas rodantes dispongo diferentes tipos de pan, jamón, mortadella y, en fin, lo que necesitaría un bien surtido lonchero. Más una ensaladera de lechuga y tomate, otra de una pasta de salmón o pollo y una fuente honda de queso crema ya mezclado con compota de fresa. Y ¡cada persona inventa su propio sandwich! Lo cual duplica la diversión, mientras los platos y vasos de cartón eliminan el trabajo en un cien por ciento.

Sí, porque aunque mi cocina amarilla es tan clara como un rayo de sol y tan linda como el pelo de un niño rubio, hay demasiado que hacer en Tarará el domingo: hay que bañarse en el mar, hay que leer los libros que no podemos leer durante la semana, hay que ver, y sorportar, como las bibijaguas devoran crudo y con excelente apetito, el jardín.

EL CARMIN DE LA POLA

Por Natividad Martínez de Sampil

Dieciséis de julio, día del Carmen. Hoy es la romería más grande de Asturias, el Carmín de la Pola de Siero, una villa alegre y limpia, con sus jardines y sus palacios, ese día se engalana. Ya el día antes hay baile por la noche en la calle y jardín principal, con farolillos de colores, la banda municipal, organillos y sidra, siempre sidra.

El día dieciséis, fiesta por la mañana en la Iglesia, procesión con la Virgen y por la tarde toda Asturias, ricos y pobres, aristocracia y pueblo, amos y criados, van a la romería. Empiezan a llegar coches, trenes y camiones, familias completas y grupos de alegres parejas, dispuestas a rendirse bailando y cantando hasta la madrugada. El campo de la romería, verde, inmenso, en las afueras del pueblo, donde las aldeanas venden los "perdones", unas avellanas tostadas con cáscara. Hay puestos de dulces, empanadas y sidra. Se comen los "perdones", se baila, se pasea y se saluda a toda Asturias, que disfruta como nunca.

A la seis empieza la merienda: sentados en el campo, en grupos, alrededor de la tortilla de patatas y chorizo de una pulgada de alto; la empanada, típica en las romerías, muy asturiana, de bonito, carne o pollo (la más típica la de bonito con sus tomates y sus pimientos dentro), dulces y sidra, mucha sidra, al natural que así es única, se "escancia" dejándola caer desde lo alto. Después cogidos de la mano por hileras, en parejas, se danza y se canta camino del pueblo, una hilera frente a otra. Una pareja lleva el solo, a la que responde el coro. Canta un solo. "Bauticeme en agua dulce", responde el coro: "Bauticeme en agua dulce, bauticeme en agua clara". Más lejos se oye otro grupo: "Hay merluza en salsa verde", "Hay merluza en verde salsa".

Alegres, cansados y contentos se llega al pueblo ya noche cerrada. Sigue el baile ya en forma de danza, cogidos de la mano en redondo, ya en forma de baile al son de organillos o bandas. Y sidra, siempre sidra, mucha sidra. Noviazgos, muchos noviazgos salen de este inolvidable Carmín de la Pola.

A la madrugada se regresa a la casa, ya en el pueblo o lejos de éste, cansados pero contentos; aún los rezagados comen sus churros o sus sopas de ajo al amanecer. Hay que aprovechar, pues el Carmín de la Pola sólo hay una, una vez al año, como hay sólo un pueblo "La Pola de Siero" bendito por la Virgen.

MERLUZA EN SALSA VERDE

INGREDIENTES:

- 1 merluza de 2½ libras.
- un poco de sal fina.
- 1 taza de aceite.
- 3 dientes de ajo.
- ½ cabeza de merluza.
- 1 cucharada de perejil picado.
- 1 cucharada de sal.
- 1 cucharadita de pimienta.
- 1 taza de guisantes desgranados y tiernos.

PREPARACION:

Se trincha la merluza en rodajas de un centímetro de grueso, echándole un poco de sal fina. Se pone al fuego vivo una cazuela de barro con el aceite y los ajos enteros. Se dora un poco y se echan en el mortero. En el aceite se van poniendo una a una las rodajas de merluza, después de humedecerlas en agua fría colocando en el centro la media cabeza de merluza, se sacude la cazuela, dejándola hervir de prisa para que no se licúen. A los pocos minutos se da vuelta con cuidado a las tajadas para no romperlas, se agregan los ajos machacados y el perejil. Se sacude sin cesar la cazuela para ligar la salsa y si se seca se agrega un poco de agua fría. Se adereza con sal y pimienta y se echan los guisantes, dejándolos cocer en la salsa unos veinte minutos. Aquí se puede emplear pargo para hacer este plato.

MARAÑUELAS

INGREDIENTES:

½ libra de mantequilla. 3 huevos.
1 taza de azúcar. ½ cucharadita de sal.
1 cucharada de anís. harina suficiente para
el zumo de un limón. hacer la masa.

PREPARACION:

En una fuente honda se bate la mantequilla con el azúcar por espacio de media hora, se le agrega el anís, después el zumo de limón, los tres huevos y la sal. Se sigue batiendo y se agrega la harina poco a poco, y cuando empieza a hacer masa se echa sobre la mesa y se trabaja hasta que esté muy fina y suave. Se hacen las marañuelas en forma de ochos y se cuecen al horno a 375° F.

LA UNIVERSIDAD DE VILLANUEVA CERTIFICA LA CALIDAD DEL CAFE "PILON"

Un reciente contrato de servicios entre la Universidad de Villanueva y LA FLOR DE TIBES, S. A., productores del CAFE PILON ha quedado formalizado.

Mediante este Contrato el Buró de Patrones de calidad de la mencionada Universidad, se constituye en vigilante de la calidad del CAFE PILON, otorgándole formal certificado, después de efectuar múltiples análisis y pruebas en sus laboratorios.

El CAFE PILON ha sido el primer producto cubano que ha obtenido este certificado con lo cual queda demostrada, una vez más, su insuperable calidad.

Este contrato autoriza al Buró de Patrones de Calidad de la Universidad de Villanueva a tomar muestras del producto donde lo estime conveniente y probar así la calidad del CAFE PILON, tanto en la calle como en la planta.

Otra de las condiciones de este contrato es que el Buró de Patrones de Calidad autorizará el uso de su sello únicamente mientras el producto mantenga el standard de superior calidad que acredite merecerlo, con lo cual el consumidor recibe el beneficio de la garantía absoluta del CAFE PILON que consume.

También este contrato señala que para mayor garantía del consumidor los productos certificados por el Buró de Patrones de Calidad llevarán el sello en el envase, por lo cual el CAFE PILON, ha ordenado la impresión de nuevos paquetes que próximamente saldrán con el certificado impreso.

MERCADOS DE AVES Y HUEVOS "EL LIRO"

Los médicos recomiendan el pollo como el alimento mejor y más sano por la mayor cantidad de proteínas de sus carnes (22%), por la alta calidad de las mismas, por su contenido en materia mineral (3.60%) y por su fácil digestibilidad; constituyendo el alimento proteínico perfecto en la alimentación de los niños, personas de edad avanzada y enfermos cuando estos pollos son criados científicamente por granjas responsables y de competencia absoluta.

Esta garantía en el pollo se obtiene comprándolos al Mercado de Aves y Huevos EL LIRO, de 17 y M, en el Vedado, que solamente vende pollos criados en granjas escogidas, pidiéndolos al teléfono F-5225 ó a sus sucursales en 42 y 1ª, Miramar y 14 y 9, Almendares, Teléfono B-2603.

Cuando de Aire Acondicionado
se trate, consulte a

en 23 e Infanta - Teléfono U-1853
Centro Comercial La Rampa

*Lo mejor y más moderno de la
Industria de Refrigeración*

RARA EXPERIENCIA GASTRONOMICA

Por Gloria Mendizábal de Morales

Pocas veces en la vida, a veces ninguna, se presenta una experiencia gastronómica tan rara, y al mismo tiempo exquisita, como la que se nos presentó a mi esposo y a mí en Caracas, donde fuimos con motivo del IX Congreso de Arquitectos, celebrado en esa ciudad. Son los venezolanos amantes de la buena mesa, viajando muchos de ellos a Europa todos los años, con la misma facilidad conque nosotros vamos a Miami. Por lo tanto el caraqueño educado tiene costumbres muy francesas.

Existe allí una asociación llamada Club de los Gourmets, formada por ochenta o cien miembros, que se reúnen mensualmente en distintos restaurants, para degustar grandes platos. Y los mejores chefs se disputan el honor de servirlos, para ser reputados luego como el mejor del año.

Tuvimos la suerte y privilegio de ser invitados por el ingeniero Manuel Tello Berisbeitía y su señora, personas encantadoras y gentilísimas que conocimos allí, a una de estas reuniones, que se celebró en el hotel Tamanaco; anunciándose en los periódicos que sería una "Cena Misterio" y que uno de los platos confeccionados sería algo nunca antes servido en Venezuela.

Muy embullada, puedo decir, que casi me pasé el día sin comer preparándome, pues ya sabía por anticipado que los banquetes de estos señores hacían época.

Nos presentaron el menú, en blanco, para que los comensales fueran anotando, según se probaran los distintos platos, su nombre y la manera como estaba confeccionado éste; con el vino que lo acompañaba y la cosecha. Cosa casi imposible, pues se puede a veces discernir el vino, pero no el año.

El premio para el que obtuviera la mayoría de puntos era un Magnum de Champagne de estupenda cosecha.

Yo, impresionada, rodeada por gourmets de alta escuela, decidí no tomar parte en el concurso, y guardar mi menú de recuerdo. Pero pasemos a la cena, pues ya deben tener la boca hecha agua:

Primer plato: se presenta una sopa cremosa, de ligero sabor a pescado, color verde, ¿qué será? Segura de que era sopa de tortuga, y el vino que la acompañaba Manzanilla, me atreví a decirlo, para consternación de los demás comensales, que opinaban: "No señora, es un amontillado o un sherry especialísimo; la manzanilla, es mucho más seca". Me callé y opté por no hablar más, pero tampoco hubiera podido, pues de ahí en adelante no supe nada de lo que me pasaron, aunque todo estaba exquisito.

Ahora el segundo plato, que era "quenelles de pescado" de una masa blanca y riquísima, que todos creíamos sería pargo. Rociado esto con su correspondiente vinillo, que luego en el menú a continuación, verán qué era.

Vino entonces el "Entrée" que lucía ser pechugas de pollo, muy gordas, con sabor a faisán, de carne muy blanca y huesito tan fino, que no podía de ninguna manera ser pollo ni gallina. Se barajaron nombres de aves de todas clases, unos decían perdiz, otros faisán que para blanquearlo habían "marinado" en vinagre, etc. Nada, que nadie sabía exactamente lo que era. Iba acompañado esto por un pepino relleno riquísimo, pero tampoco se averiguaba lo que contenía.

Fué servido con esto un vino delicioso, que todos opinaron era del Rhin.

Al fin, cuando realmente pensábamos no poder comer más, ¿pues quién hoy en día está acostumbrado a una comida de tantos platos?, llega la "piece de resistance": unas lascas de carne, con decidido sabor a caza, pero bastante mayores que lo que pudiera rendir un venado, que fué lo que la mayoría pensó que era. Una señora opinó que era jabalí, otro señor que Boeuf a la Mode, pero no se adelantaba nada. Sí puedo decir que es uno de los asados mejores que he comido. Servido con esto, un "vin Rosé" que los buenos connoisseurs de la mesa dijeron ser Bourgogne. Como para no dejar solo el asado, la acompañaba un purecillo riquísimo, muy suave y algo dulce, ¿serán castañas?

Y proseguía la cena... Ahora se pasa la bandeja de los quesos, todos nuevos para nosotros, y eso que somos buenos comedores de queso. Pedí uno que lucía por el aspecto Camembert, pero ahí se acababa el parecido. Los asistentes a mi mesa al probar el vino que los acompañaba decidieron en mayoría que era turco, o griego; nadie quería decir que sabía a Oporto.

Entonces el postre. El misterio más grande para mí era cómo podía siquiera probar algo más.

Unos sorbetes de frutas, de sabor agri-dulce, pero nuevo para todos en la mesa, pues nadie los reconoció.

Ya a estas alturas, las discusiones sobre la condimentación de los platos, y las cosechas de los vinos, después de saborear tantos, eran jocosas, pues había que ver algunos señores opinar valientemente sobre el año exacto de tal o cual vino, y molestarse si los demás no estaban de acuerdo.

Con los sorbetes había unos dulcecitos, con sabor a perfume, que éstos sí lucían de procedencia oriental. Luego el Champagne seco, muy frío y bien servido.

Y ya hemos llegado al fin; habíamos estado a la mesa aproximadamente unas dos horas, pero acompañados por personas encantadoras, que nos hicieron sentir entre viejos amigos, no me pareció tan largo el banquete, pues fué un verdadero banquete, que realmente reconozco como una experiencia única y extraordinaria, pues aunque nos decidiéramos a repetir esta cena, jamás se podría reunir en una sola comida tantos y tan distintos platos.

Ahora transcribimos el menú, completo, tal como nos lo repartieron al final y verán las sorpresas.

CLUB DE GASTRONOMOS
CENA MISTERIO

Menú

1) Tortue a l'Indienne. — Caldo de tortuga con yema de huevo, crema fresca y curry.

Manzanilla Fina de Valdespino. — Considerada como una de las mejores Manzanillas de Sanlúcar de Barrameda.

2) Quenelles de Murene Bercy. — La Morena es un pescado de la familia de las anguilas que vive en el Mediterráneo y en el Mar Caribe. Era plato preferido de los romanos. Fué pescado especialmente para el hotel Tamanaco en las costas de Cumaná.

Neuchâtel 1953. — Un año excelente para el vino blanco recolectado en las viñas de las orillas del Lago de Neuchâtel. Fué importado de Suiza.

3) Supreme de "Cornish Hen". — La "cornish hen" es el resultado de un cruce entre pollo y faisán que se ha conseguido después de varios años de experimentos. Actualmente se cría en los Estados Unidos. Su gusto y apariencia está entre estos dos tipos de aves. Fué importada desde Nueva York para la cena.

4) Dolma de Concombre. — Pepinos rellenos con hinojo, cebollina, menta, arroz y cordero picado. El dolma se cuece en un jugo de tomate fresco.

5) Pommes Saint Florentin. — Papas en croquetas empanadas con fideos.

Viña Undarraga. — Vino chileno que proviene de Santa Ana, Llano de Maipo.

6) Quartier d'Ours d'Alas-ka Braisé.
: Cuartos traseros y delanteros de oso cazado especialmente en Alaska para la "Cena Misterio". El encargo fué hecho hace 8 meses y es la primera vez que se sirve en Venezuela.
Se prepara en una marinada lo mismo que la res "a la Mode". Esta noche se han servido los trozos más tiernos del animal. Los demás necesitan ser guisados durante quince horas y más.

7) Purée Soubise.
: Puré de cebollinas frescas ligado con una salsa Bechamel. Debe su nombre al Mariscal del Primer Imperio.

Pomerol 1949.
: Vino de la región de Gironde (Bordeaux). Es uno de los vinos de Bordeaux más parecido al Bourgogne.

8) Les Fromages Rares.
: Boursault: Queso de leche de vaca (75% de crema). Hecho en Seine & Marne. Muy cremoso y poco salado.

    Saint Marcellin: Queso de cabra de tamaño pequeño (45% crema). Hecho en la región del "Bas Grésivaudan". Se come fresco, seco o fermentado.

    Bleu de Bresse: Originario de la provincia del mismo nombre. (50% crema). Ligeramente azulado.

    Magnum: Doble Camembert (75% crema). Hecho con leche de vaca en Rouvray. Seine Inférieure.

Porto Grande Réserve Groft's Vintage 1945.
: Cosecha de 1945 que fué embotellada en el año 1947. Proviene de los Altos del Duero en Portugal y fué adquirido e importado especialmente por el hotel Tamanaco.

9) Les Sorbets Mystere.
: El sorbete blanco es de la fruta llamada "Riñón". Fué seleccionada por el chef Boneil por su sabor exquisito.

    El de color amarillo proviene de la fruta

	"Maracujá" que se encuentra sólo en la selva brasileña de Manaus (Amazonas). El señor Kurt Peyer, gerente del hotel Excelsior Copacabana en Río de Janeiro, hizo un jarabe de dicha fruta y hace 48 horas fué traído al hotel Tamanaco para la "Cena Misterio" en avión refrigerado.
10) Friandises Orientales.	Locoum es una pasta de goma y miel perfumada con flores o frutas y cuyo delicado sabor es muy gustado de los gourmets orientales.
Pol Roger 1943.	Una marca y un año excelente que hablan por sí. Ha sido ofrecido por la Casa Pol Roger al Club de Gastrónomos.

¡Había que ver la expresión de un señor Ministro que estaba en nuestra mesa cuando se enteró que el vino que él aseguró ser francés, era chileno! Decía: "Desde mañana voy a ahorrar dinero, pues los vinos franceses son muy caros y no he podido saber la diferencia." Como hubo gran alboroto al saber que era oso el asado, y no lo querían creer, el maitre trajo a la mesa en bandeja de plata las pezuñas de dicho animal y entonces no cupo la menor duda.

Quisiera que en Cuba, donde hay tantos chefs excelentes y buenos gourmets también, se pudiera organizar algo parecido a este "Club de Gastrónomos", y mis compatriotas disfrutaran de momentos tan agradables e inolvidables como los que nos proporcionaron nuestros buenos amigos de Caracas.

Creo que después de leer el menú, estarán de acuerdo en que ésta fue una "rara experiencia gastronómica".

La amistad, cuando es verdadera, está fundada en la belleza del alma, tiene su origen en regiones más libres, más puras y más elevadas que ningún otro afecto. No nace del seno de una mujer reclinada sobre la cuna de un niño: no le sirve de pórtico un contrato; sino que nace del hombre por un acto de libertad suprema, y subsiste hasta el fin, sin que la ley del hombre, o de Dios, consagre sus resoluciones.

LACORDAIRE

UNA RECETA DE MIS TIEMPOS

Por Renée Molina de García Kohly

Alguien ha dicho que "recordar es volver a vivir" y esta receta trae a mi mente la época feliz de mi niñez y de mi juventud en que con mis venerados padres adoptivos, doña Teresa Quijano y don Fernando Molina, disfruté de aquella vida patriarcal en su palacete de la "Loma del Angel". Aquella "Loma del Angel" que tan bellamente describió en su novela "Cecilia Valdés" el notable escritor Cirilo Villaverde.

Las tradicionales fiestas de San Rafael, el proto-médico Divino, se celebraban en la Parroquia del Santo Angel y duraban diez días.

En la tarde del 14 de octubre daba comienzo el programa, quemándose en la plazoleta de la Iglesia un enorme pescado (atributo de San Rafael), y que lleno de palenques y cohetes, estallaba con gran estrépito, al mismo tiempo que las alegres campanas a vuelo llenaban el barrio de júbilo.

En las mañanas de los días siguientes se rezaba la novena, que terminaba con aquellos gozos:

> *Rafael de Dios querido*
> *Serafín enamorado,*
> *dad la salud invocado*
> *al doliente y afligido.*

El último día de la novena, con comunión general, venían después a casa las devotas amigas de mi madre a desayunar y especialmente a saborear las famosas "Tortillas de San Rafael". En la esmerada y bien servida mesa sobresalían altas salvillas, rebosantes de las más ricas frutas y deliciosas golosinas como también el exquisito chocolate batido con molinillo. Eran las amigas de mamá que se encontraban allí: Rosa Misa, Condesa de Ibáñez; Inés Goyri, Marquesa de Balboa; Concha Baró; Asunción Calderón, Condesa de Casa Bayona; Conchita Lombillo; Lola Roldán de Domínguez; Isabel Faura, Marquesa de Faura; Carlotica Bachiller y la muy querida comadre de mamá, Conchita de la Luz de Cárdenas.

En la noche del 23 eran la gran atracción los vistosos fuegos artificiales que terminaban con una gran estampa de San Rafael, iluminada por los pirotécnicos Ibáñez y Funes. Todo esto amenizado por la retreta en que tocaba la banda de los Bomberos Municipales en la que no podían faltar los números "El viaje a Güines" y el "Potpourrit de Aires del País".

Los estudiantes de la Facultad de Medicina asistían desde el primer día a estas festividades y "haciendo de las suyas" animaban el barrio con sus travesuras y buen humor.

En la mañana del 24, día de San Rafael, se celebraba la solemne fiesta que era costeada por la archicofradía y a la que también contribuía la Facultad de Medicina y los devotos del Médico Divino.

A esta fiesta asistía el Claustro Magno de la Universidad y destacados médicos: Antonio Díaz Albertini, Raimundo de Castro, Juan B. Landeta, Domingo Cubas, Manuel Bango, Vicente Benito Valdés y otros no menos notables.

El sermón de esta fiesta estuvo siempre a cargo de famosos oradores sagrados, como el Padre Ricardo Arteaga, Padre Manuel J. Doval y el Padre Miguel de los Santos. En una de esas grandes solemnidades tocó el "virtuoso" Rafael Díaz Albertini acompañado por el gran Ignacio Cervantes.

También alguna vez dejó oír su preciosa voz cantando el Ave María, la Srta. Amelia Agüero, más tarde Sra. de Domingo Espino.

¡Llegó el día de la procesión! Nuestros balcones se engalanaban con cortinas de damasco rojo y de los grifos de hierro de la fachada pendían farolitos encendidos. Grandes cestas de flores en los balcones para echarlas al paso del glorioso Arcángel. Bandas de música hacían el recorrido con los más distinguidos caballeros llevando el Palio y mi padre como hermano mayor de la Archicofradía llevaba el Guión. Aún recuerdo los nombres de aquellos devotos caballeros: José María Morales, Ignacio Peñalver, Ramón Morales, Isidoro Arteaga y Cervantes, Felipe Toledo, José Veyra, Docio, Enrique Andino...

En la calle de Compostela, desde Chacón hasta O'Reilly se instalaban los ventorrillos de "Tortillas de San Rafael" de la famosa Ramona Sumbao y de toda La Habana acudían las familias a saborearlas.

En todas las casas de la barriada se bailaba después de la procesión y aún recuerdo la última fiesta en mi casa que bailamos piezas de cuadro a los acordes del indispensable pianista Torroella, el célebre "Papaíto". Allí estaban las Fernandina, Lizzie Kohly, Juanilla del Valle, María Amblar, María Duquesne, Mercedes Romero, María Ojea, Angelita Guilló, Consuelo Domínguez, Mercedes y Guadalupe Montalvo, María Antonia Calvo, Pimpa de Cárdenas, Conchita Dominicis... y entre los muchachos, Félix Iznaga, Alfredo Arango, Carlitos Macía, Panchito Carrera Júztiz, Pelayo Fabián, Angel Sanguily, Julián de Ayala, Manuel Serafín Pichardo, Paco Guzmán, Ramiro Mazorra, Manolo Ossorio, Ricardito y Charles Kohly, Pedro Pablo Guilló, Mario García Kohly y Juanillo García Kohly que fué más tarde, mi idolatrado esposo.

Hasta aquí los recuerdos, ahora la famosa receta "Tortillas de San Rafael".

Primero se prepara el maíz "de finao" poniendo los granos cubiertos por agua y ceniza, durante tres días.

Al cabo de éstos se escurre sacándole el corazoncito blanco, se muele este maíz y se mezcla con mantequilla, cocinándolo con sal y un poco de azúcar y anís. Se hacen bolitas del tamaño del hueco del índice y pulgar cerrados. Estas bolitas se aplastan un poco por los extremos y se adornan con ajonjolí y se doran con brazas por encima.

LA CIENCIA MODERNA EN EL HOGAR

En su eterno afán por vivir un mundo mejor y más confortable, el hombre ha incorporado a la vida hogareña moderna, un destacado grupo de invenciones, aplicadas y traducidas en esos sencillos objetos que a diario encontramos en nuestra casa: desde que abrimos los ojos a la claridad de un nuevo día, hasta que los cerramos en las tinieblas, para reponer las energías de la jornada que ha finalizado.

Entre esas comodidades de la vida moderna, destaca por su importancia y trascendencia: la Refrigeración Doméstica.

Gracias a la **refrigeración doméstica**, el trabajo cotidiano del ama de casa se simplifica, convirtiéndose en un "ahorro económico" que se revierte en la contabilidad hogareña, porque la **refrigeración doméstica** permite la compra al por mayor de comestibles y alimentos, con la consiguiente ventaja de precios; permite la mejor conservación de frutas y vegetales, con todo su poder vitamínico; facilita la preparación de platos más sabrosos en menos tiempo, y la utilización de sobrantes que pueden ser empleados más de una vez y que sin refrigeración tendrían que desperdiciarse.

Entre los equipos de refrigeración doméstica que mayor aceptación han conquistado siempre, como auxiliar imprescindible del hogar moderno, destaca el **refrigerador FRIGIDAIRE**, una maravilla de la General Motors, que desde hace más de 30 años viene fabricando los mejores y más solicitados refrigeradores del mercado mundial. Decir **FRIGIDAIRE** en refrigeración doméstica es decir prestigio y calidad, belleza y economía, duración y funcionamiento inigualables.

Y volviendo atrás las páginas de la historia del hombre, regresando desde el descubrimiento del fuego, a través de los primitivos métodos para cocinar: leña, carbón y gas, hasta nuestros días, encontramos la electricidad aplicada a la doméstica e imprescindible labor de la cocina, en las modernas y condicionadas **cocinas eléctricas** de nuestro siglo, donde en un "abrir y cerrar de ojos" se confeccionan los más deliciosos platos.

Es aquí donde entran el juego las famosas Cocinas Eléctricas **FRIGIDAIRE**, las mejores de América, con la inconfundible calidad General Motors y con el respaldo de **FRIGIDAIRE**, una marca que es símbolo supremo de prestigio y calidad.

Cortesía de

Muebles Orbay
y Cerrato

Infanta y San Martín - Habana

EL ALIÑADO

Por María Lola Muñoz de Pulido

En el punto remoto y luminoso, donde se confunden la historia y la leyenda, brota en la cálida región oriental, un néctar dulce, delicioso y fuerte como el aire de sus montañas, ardiente como el sol que ilumina sus llanuras. El Aliñado.

Remóntase su invención a tiempos idos, cuando los piratas bloqueaban las costas orientales y saqueaban a los barcos que traían de España cargamentos de bebidas.

¿Cómo saludar la aparición de un nuevo ser, sin brindar con el licor que representa la esencia de la tierra? Y la tradición empezó.

Tan pronto como el ser engendrado hacía su primer reclamo, se empezaba la destilación y se mantenía, añejándolo, nueve meses, hasta que la aparición del nuevo ser, lo hacía brotar fecundo, generoso y deliciosamente significativo.

Hoy, en la tierra donde se iluminó el Sol de nuestra Independencia, la bella tradición se mantiene entre las familias descendientes de aquellos que iniciaron la costumbre y la hicieron posible.

INGREDIENTES:

3 libras de ciruelas pasas.
2 libras de higos.
6 manzanas.
5 libras de pasas.
1 galón de alcohol de 90°.
18 libras de azúcar blanca.
9 botellas de agua.
25 naranjas.
1 piña.

PREPARACION:

Se cortan en pedacitos las ciruelas pasas, los higos y las manzanas, y junto con las pasas se echan en el garrafón en maceración con el alcohol. Después de dos meses se hace un almíbar con las dieciocho libras de azúcar y las nueve botellas de agua. Cuando esté fría se le agrega el jugo de las naranjas y de la piña y todo eso se echa en el garrafón con el alcohol y las frutas maceradas. Se deja tres meses como mínimum, pero mientras más tiempo, queda mejor. Se cuela y se filtra para embotellarlo.

Fué en la heroica Bayamo donde se tiene noticias de que, por primera vez en la historia, un pirata, Gilberto Girón, secuestró a un Eclesiástico, el Obispo Altamirano. La juventud bayamesa, armándose valientemente, liberó al Obispo, haciéndoles pagar su atrevimiento con la vida. Silvestre de Balboa Troya y Quesada, compuso el primer poema que se conoce en Cuba, titulado "Espejo de Paciencia", donde se cuenta la prisión del Ilustrísimo señor Fray Juan de las Cabezas Altamirano, Obispo de la Isla de Cuba, en el puerto de Manzanillo, año mil seiscientos cuatro.

COMO CONOCI LOS "TEQUEÑOS" VENEZOLANOS

Por Isabel Margarita Ordetx

En los *cocktail parties* y las meriendas de las familias venezolanas, se suele servir un manjar sencillo y exquisito a la vez, que consiste en unos rollitos de pasta fritos y rellenos con queso, a los que se da el nombre de *tequeños,* que todo el que lo escucha por vez primera, cree es "pequeños".

No creo que jamás pueda volver a ver un tequeño sin recordar la encantadora familia en cuyo hogar conocí este manjar típicamente venezolano. Fué en una moderna y señorial mansión de Alturas de Miramar, a la sazón sede de la Embajada de la patria del Libertador, donde vivían el Excmo. Señor doctor Renato Esteva Ríos, ilustre pediatra, ex-diputado y ex-rector de la Universidad, quien, con toda esta ejecutoria, sólo contaba treinta y nueve años; su joven y bellísima esposa, la Excma. Señora Aura Grillet, dama toda gentileza, ternura y simpatía, y su importante prole, que se componía nada menos que de nueve hijos, contando la mayor—Mitsouko—nueve años de edad, y los dos menores, seis meses, pues entre ellos había dos parejas de gemelitos.

Siempre me han encantado los niños de diplomáticos, con su aplomo precoz, y su risueña cordialidad y cortesía con los visitantes, pero en estas criaturas precisamente por lo numerosas y lo pequeñas, estas cualidades cobraban singular relieve.

Mitsouko llegaba al salón durante los recibos informales, como una señorita en miniatura, recordando perfectamente los nombres de quienes acababa de conocer, y tenía para todos una sonrisa y una palabra amable, en tanto que Mitzi, que sólo contaba cuatro años, también gustaba de frecuentar el salón donde estaban los visitantes, y a todos saludaba, aunque, más tímida y desde luego bastante más pequeña que Mitsouko, no solía hablar y sólo escuchaba sonriendo cuanto le decían.

Los niños no eran menos sociables que sus hermanitas, pero sí eran mucho más vivos, y por consiguiente, no solían sentarse como las niñas en la tertulia de las personas mayores, y en cambio correteaban incesantemente por la terraza, las galerías y el jardín, generalmente trajeados de *cow boys,* y sólo abrían un paréntesis en sus juegos para saludar a un visitante cuando eran llamados expresamente para ser presentados.

Por cierto que todos se parecían extraordinariamente a su padre, y a veces se nos antojaba que veíamos al embajador en miniatura, corriendo por el corredor, con un revólver en una mano y un lazo en la otra.

Con otro miembro contaba esa feliz familia, el que la señora de Esteva Ríos decía que era para ella un hijo más: Alí, un precioso *cocker spaniel,* de larga seda color de miel, que compartía su tiempo entre jugar con los niños, y echarse en el suelo junto a las niñas cuando ellas estaban de recibo.

La primera vez que tuve el privilegio de visitar a la señora de Esteva Ríos en la intimidad familiar, y de conocer a Mitsouko y a Mitzi, probé los tequeños, que nos encantaron, tanto a mi querida amiga, la gentil señora Petrica Fernández Arenas, esposa del coronel Felipe Munilla, en cuya compañía iba, como a mí, y de ahí que al manifestarme la interesante señorita María Domínguez Roldán que las autoras de este valioso y originalísimo libro de cocina, me hacían el honor de querer que les diera una receta para incluir en la sección de "Momentos Felices", recordé los tequeños de tan grata memoria, y pedí la receta a la blonda y bella dama Berta Domínguez, esposa del distinguido diplomático señor J. M. García Grúber, el culto Primer Secretario de la Embajada de Venezuela, y la gentilísima dama amablemente me dió la receta, que me complazco en transcribir como sigue:

Se hace una masa como la que se prepara en Cuba para las empanadas, con harina de Castilla, poniéndole mantequilla en vez de manteca, y cuando esté bien mezclado, se cortan los pedazos de queso, que puede ser blanco, holandés o Craft, del tamaño aproximado de un dedo delgado. Se preparan tiras angostas de la masa, y se envuelven con ellas los pedazos de queso, que se fríen entonces en la misma forma en que se fríen las empanadas, y se sirven acabadas de freír.

Nada más sencillo, ¿verdad? Y el resultado es un delicioso y original "saladito", muy apropiado para *cocktails* y meriendas, que no tiene más inconveniente que el tener que hacerse inmediatamente antes de servirse.

Y antes de terminar, séame permitido recordar de nuevo a la encantadora familia que me dió a conocer los "tequeños", y que tanto se hizo querer durante su breve estancia aquí. A los pocos meses de su llegada a Santiago de Chile, adonde fué trasladado el Embajador Esteva Ríos, una linda niña aumentó a diez el número de sus hijos, y como una prueba más de que el clima de Cuba fué beneficioso para ellos, la esposa del secretario y amigo fraterno del embajador, la dulce y bondadosa Mina de Añez, se vió visitada por la clásica cigüeña después de once años de matrimonio, cuando ya desesperaba de recibir esa anhelada visita. Por todo esto, me parece altamente probable que ellos conserven de Cuba un recuerdo tan grato como el que nosotros guardamos de ellos.

"El hombre—dice Ali Bab en su "Gastronomie practique"—, no se distinguió verdaderamente de los animales hasta que supo utilizar el fuego."

HISTORIA Y RECETA DE UNOS BUÑUELOS DE VIENTO
Por Adelaida Rivón de Otheguy

¿Lugar? Ese maravilloso límite que alguien puso a Europa: Los Pirineos españoles.

¿Ocasión? Una excursión inolvidable a la fuente que —según cuenta la leyenda—, Rolando hizo brotar de la roca, cuando contra ella rompió su sonoro Olifante.

Un grupo de "mozos", una o dos señoras mayores, sol templado, alegría y canciones. Y como "menú" para la merienda, la pasta de los buñuelos que en hoguera improvisada habrían de freírse. Y el agua pura y fría de la legendaria fuente.

Si pueden reunirse de nuevo todos estos elementos para lograr ambiente como aquél, respondo del éxito de la receta, y si no, confío en la habilidad culinaria de cada cual.

BUÑUELOS DE VIENTO

INGREDIENTES:

- 2½ tazas de agua.
- 1 cucharada de manteca (colmada).
- ½ cucharadita de sal.
- 2 copas de Coñac.
- 2½ tazas de harina de Castilla (corriente).
- 1 cucharadita de polvos de hornear mezclada con la harina.
- 8 huevos.
- manteca y aceite para freír.

PREPARACION:

Se pone a hervir el agua con una cucharada de manteca, la sal y el Coñac; cuando esté hirviendo se le añade la harina sin retirarla del fuego pero manteniéndolo moderado. Se revuelve constantemente hasta que la pasta se forme y se separe del caldero. Se baja de la candela y se deja enfriar. Una vez fría se le van agregando los huevos —sin batirlos—, uno a uno, hasta que esté todo unido. Después se trabaja la pasta con las manos amasándola un poco. Se echan por cucharadas grandes, en manteca y aceite que estén bien calientes y se fríen a fuego lento hasta que se doren... y se llenen de viento.

Así hicimos los buñuelos una tarde en Roncesvalles...

"La Cocina Francesa —dice Anatole France—, es la primera en el mundo. Esta gloria brillará por sobre todas las otras, cuando la humanidad, más sabia, coloque el asador sobre la espada."

LA DELICIOSA PIÑA CUBANA

Por Rosa María Sánchez de Barro

Cuando estamos a muchas millas del hogar, de la tierra en que nacimos y llevamos en nuestra memoria todas aquellas cosas que nos son tan familiares como los propios allegados, solemos, a menudo, recordar los alimentos que habitualmente ingerimos y comparamos lo nuestro con lo que vamos encontrando en cada nueva ciudad que visitamos.

Es en esa hora, de "saudades" por lo distante y de regocijada curiosidad por lo nuevo y cercano, que el perfume inconfundible e incomparable de las frutas de Cuba cobra su verdadero valor.

Cuántas veces, en el comedor de los trasatlánticos, compañeros de travesía ingleses, venezolanos, mexicanos, nos han hablado de nuestros sabrosos anones, mameyes, mangos, piñas, etc., con tal acento de admiración y cariño, que sentíamos casi vergüenza de no haber comprendido bastante el tesoro de riqueza que en forma de espléndidas frutas nuestra tierra nos regala. Pero es casi lógico que no admiremos las cosas que vemos a diario y que sean los extranjeros de gusto refinado, cuando llegan a estas cálidas playas, los más aptos para apreciar aquello que nosotros disfrutamos de un modo tan natural e irreverente como el aire que respiramos.

A veces, hablar de lo que la naturaleza nos ha dado de manera pródiga, no es inmodestia, es más bien un deber impuesto por el propio suelo. Por eso consideramos un acontecimiento de excepcional trascendencia, por su carácter de aplicación inmediata, el último informe de la FIM (Federación de Investigaciones Médicas) sobre los nutrientes que, por revelar el enorme valor de las frutas cubanas en la alimentación, debiera ser ampliamente divulgado. Es de esperar que en el futuro todas las amas de casa que aquí residen prefieran ofrecer postres a base de frutas cubanas, las mejores del mundo, y siendo entre ellas la piña, el rico ananás, la reina de las frutas tropicales, con un altísimo valor en fósforo, calcio y ácido ascórbico. Nos complacemos en transcribir esta receta de un delicioso pastel de piña que saboreamos en una casona del legendario Camagüey donde se rinde culto a la amistad y a la buena mesa de tradiciones criollas.

PASTEL DE PIÑA

INGREDIENTES PARA LA CONCHA DEL PASTEL:

- 1½ tazas de harina.
- 1 cucharadita de sal.
- 1 cucharadita de polvos de hornear.
- 2 cucharadas de azúcar.
- ¼ libra de mantequilla.
- ¼ taza de agua fría.

PREPARACION:

Se cierne la harina junto con la sal, polvos de hornear y el azúcar. Se une la mantequilla a la mezcla de harina cortando con dos cuchillos o con el estribo hasta que esté como boronilla. Se le agrega el agua fría utilizando un tenedor para unir hasta formar una bola. Esta masa no se amasa. Se polvorea una mesa o mármol con harina y se extiende la masa a que cubra un molde de diez pulgadas de diámetro. Se cubre el molde, se adapta y se forman los bordes. Se le da unos pequeños cortes a la masa en el centro, se coloca un molde de menor circunferencia sobre la masa, y se hornea a 400° F. durante diez minutos. Se saca el molde pequeño y se continúa horneando a 375° F. hasta que esté dorada. Se retira del horno, se deja enfriar y se rellena con lo siguiente:

INGREDIENTES PARA EL RELLENO:

2 tazas de piña cortada fina.	3 cucharadas de maicena.
½ taza de azúcar.	½ taza de azúcar.
2 tazas de leche.	3 claras.
3 yemas.	3 cucharadas de azúcar.

PREPARACION:

Se ponen al fuego la piña y el azúcar, hasta que esté bien cocinada. Se pone a escaldar la leche, se baten las yemas con la maicena y media taza de azúcar, y se le une poco a poco la leche escaldada. Se cocina a fuego lento hasta que tenga consistencia de crema, se retira del fuego y se le agrega la piña ya cocinada. Se baten las claras a punto de nieve, se les une poco a poco las tres cucharadas de azúcar. Se rellena la concha de pastel con la crema de huevo y piña y se cubre con el merengue.

Jardín Casa Fraga

Importadores y Exportadores de Plantas y Flores

JOSE F. FRAGA
Presidente

CARLOS III y ZAPATA
LA HABANA - CUBA

TELEFONOS:
U-2768 - U-8553

COSTUMBRES DE ANTES

Por Amelia Solberg de Hoskinson

Siempre me ha encantado saber las costumbres de antaño y cuando era chiquita, me contaban Mamá y Abuelita las costumbres de cuando ellas eran jóvenes. Así, voy a tratar de recordar cómo se ponía la mesa para una merienda de hace setenta años y puede que cien también.

Desde luego, en aquella época, a las casadas y solteras les encantaba ir a pasar la tarde a casa de alguna amiga y según la categoría de la visitada y de la visitante, se arreglaba la mesa para la merienda.

Entonces, lo elegante era *plisar* a mano el mantel blanco (no se conocían los de color) de damasco muy fino. Se ponían seis puestos, o según se necesitaran, y el menú se componía de galleticas de sal, dulces, generalmente cafiroleta, muy rica y sabrosa, hecha de boniato, azúcar, yemas de huevo, leche de coco, canela y algunas veces un poco de vino de Jerez. Naranjas o algunas frutas del país. Chocolate a la española, servido en tazas. Y desde luego, el clásico refresco de agua con panales; pero sin hielo, pues en aquel entonces, sólo se traía hielo en buques que venían de los Estados Unidos de Norteamérica y se despachaba en la "Cortina de Valdés" (que hoy se llama Avenida del Puerto).

Si la visita llevaba algún niño a visitar a los de la casa, se les obsequiaba con "botellitas de licor" y panetelitas. Bueno, sería interminable esta reseña de viejas costumbres familiares, de aquellos buenos tiempos pasados.

En mi casa, recuerdo que cuando yo era niña, todas las noches a las nueve y media en punto, venía el criado de mano con una gran bandeja llena de tazas, una cafetera grande y una lechera, con ambos contenidos hirviendo. Y en otra bandejita los "suspiros" que hoy se llaman "polkas" y que se hacían echando, por cucharaditas, sobre papel grueso español, la pasta y se enviaban a cocinar en el horno de alguna panadería, pues no había hornos en las cocinas de las casas particulares.

Mamá tenía una amiga cuyas dos hijas llevaban relaciones. La mamá decía que no aguantaba novios más tarde de las diez de la noche. A las nueve y media, pues, la criada arreglaba las tazas para el café con leche sobre la mesa del comedor haciendo gran ruido con ellas y los novios decían a las muchachas: "ya tu mamá nos está echando". Así, después de la cenita, se despedían hasta la noche siguiente.

Una mesa que resultó preciosa, fué la de una jovencita amiga mía que cumplió dieciocho años. Después de *plisar* el mantel a mano, se roció con polvos de plata y con pétalos de rosas, en color pálido. Delante de cada puesto, había una tarjeta, rosa también, con el nombre de la que se sentaba allí. Habían invitado a diecisiete muchachas, amigas de la "anfitrión". La comida era a las seis y media de la tarde. Pero por la noche fué un baile en toda forma y se repartieron y pusieron en la gran mesa de refrescos, muchas salvillas de dulces de Marcos Lombillo y muchas poncheras con "bul".

NOTA DE LAS EDITORAS: Esta jovencita que Amelia Solberg no nombra fué ella misma cuando cumplió sus bonitos e igualmente rosados dieciocho años. Y sabemos que los cronistas sociales de la época, detallaron la preciosa fiesta con sus mejores adjetivos y dedicaron a la linda "anfitrión" los piropos que su fina belleza merecía.

CAFIROLETA

INGREDIENTES:

2 libras de boniato.
4 tazas de azúcar.
2 tazas de agua.
cáscara de limón verde.
1 rajita de canela.
1 coco seco.
3 yemas.

PREPARACION:

Se hierven los boniatos y se reducen a puré. Se hace un almíbar de medio punto con el azúcar y el agua y la cáscara de limón y se une al puré de boniato, se le agrega la canela y se pone al fuego moviéndolo hasta que espese. Se retira del fuego y se une la leche del coco y las yemas y se vuelve a poner al fuego cocinándolo durante diez minutos, revolviéndolo siempre. Se puede poner en moldes de cristal de horno, polvorearlo con canela y dorarlo en el horno a 375° F. Se puede servir en una dulcera y polvorearlo con canela.

Desodorante Esprey:

La Delicada Culminación de toda "Toilette"

Para la mujer, así como para el hombre, el uso de desodorante no es en modo alguno un lujo, sino una necesidad ineludible. Pero el desodorante que complete un tocado perfecto, no sólo ha de proteger, sino también proporcionar un discreto perfume; ha de ser duradero e inofensivo contra la piel y las ropas. Y todas esas cualidades las reúne el desodorante ESPREY.

EL SECRETO DE COMER

Por Pura Varona de Cazade

Se ha dicho últimamente por los más destacados dietistas, que la humanidad estaba hambrienta. No hambrienta de más comida, sino de más vida, de mejor vida; hambrienta de un cuerpo fuerte y vibrante y de un espíritu valiente, arriesgado y sereno.

Para muchos observadores, esa hambre es toda una realidad, ya que consideran que se ha tenido más en cuenta el gusto agradable que el *secreto de comer* para conservar la salud, una buena apariencia y una mayor vitalidad. Y así, señalan reiteradamente, como alimentos-maravillas a los siguientes:

1. La levadura de cerveza en polvo
2. La leche descremada en polvo
3. El yogurt.
4. El germen del trigo
5. La melaza oscura.

Afirma el famoso dietista Gayelord Hauser: "Cualquiera de estos cinco alimentos, usados diariamente, añadirá probablemente cinco años más de juventud a su vida".

Y nos recuerda que, la levadura de cerveza, contiene 17 vitaminas, incluyendo la familia B; 16 aminoácidos y 14 minerales de los llamados esenciales. Y podemos agregar, según las noticias de estos señores que escudriñan los alimentos para destacar los más útiles, que, además, contiene 46 por ciento de proteínas y es casi nulo el azúcar, el almidón y la grasa.

La leche descremada es rica en proteínas (libre de grasa), calcio, vitamina B_2 y otros elementos nutritivos.

El yogurt es usado en cada comida por los búlgaros, donde la dieta no es nada sobresaliente en otros alimentos, y se le considera que es éste el pueblo que ha logrado el alcance de vida más larga. Es el yogurt, además, de fácil digestión y se absorbe, asimismo, fácilmente, y es una especie de sanidad intestinal, por la limpieza que proporciona y donde las bacterias del yogurt multiplican enormes cantidades de vitamina B.

Recomiendo una bebida delicadamente nutritiva y beneficiosa:
Bátanse:

1 vaso de jugo de cualquier fruta
1 platanito
½ taza de germen de trigo, y
2 cucharadas de melaza oscura.

Recibe el organismo vitamina E, hierro y todas las vitaminas B, proteínas, etc.

Procure endulzar sus refrescos, sus jugos, sus leches, sus postres, con melaza o con azúcar parda u oscura, ya que así le dará a sus órganos: hierro, calcio, otros minerales y abundante vitamina B.

Y por último una receta que le llaman o bautizan con el nombre de "Leche enriquecida".

Modo de prepararla: En una batidora eléctrica preferentemente, coloque lo siguiente:

1 vaso de leche fresca	1 taza de leche descremada en polvo
4 cucharadas de levadura de cerveza en polvo	4 cucharadas de melaza
	1 melocotón en almíbar

Bátase suavemente y agréguese otro vaso de leche. Si quiere que esté más dulce puede agregar melaza o azúcar parda a gusto.

Resulta una delicada y nutritiva bebida, ricamente alimenticia, con calcio, hierro y vitaminas del grupo B, así como de un valor en proteínas "igual a siete bifteces". Cosa que ni usted ni yo lograríamos comernos en una sentada y nos libramos de dolor de cabeza y las otras molestias de una pesada digestión. La bebida que hemos señalado anteriormente, es de recomendarse para entre las comidas y a la hora de dormir. Y no olvidemos que, debemos comer más que con el gusto, con la inteligencia.

Tome su leche enriquecida al acostarse... y dulces sueños...

Notas:

1. Las proteínas son sustancias muy complejas, constituyentes primordiales de las células vivas del cuerpo humano.

2. Existen distintas vitaminas B y son muy importantes para la regulación del sistema nervioso (tan afectado en la vida relámpago moderna), normalizan la buena digestión y la salud de la piel.

3. El calcio es uno de los minerales más importantes en la formación de huesos y dientes; y es alimento indispensable en la expansión y relajación de músculos y nervios.

4. El hierro es uno de los ingredientes indispensables de los glóbulos rojos de la sangre. Sin el hierro la sangre no podría transportar el oxígeno de los pulmones a las células.

5. ¿Las vitaminas son alimentos? ¿Las vitaminas son medicinas? Ni lo uno, ni lo otro.

Las vitaminas son unos azuzadores de las células, una especie de despertadores, que las incitan, las estimulan, las mandan a trabajar.

Las vitaminas, en general, son un grupo de sustancias de naturaleza compleja, indispensables para el crecimiento y la nutrición del hombre, de los animales y de las plantas. Se han descubierto más de 20 clases de vitaminas. Ultimamente el doctor Albert Szent-Gyorgyi (húngaro) ha descubierto la vitamina P, reforzador de los vasos sanguíneos. Y la vitamina F, con muy buenos resultados en la caspa, mal que molesta a tantos individuos.

SUEÑOS DE UNA RECIEN CASADA [1]

Por Alicia de la Vega de Santamaría

De regreso de La Habana a donde había ido a tener un hijo (el sexto de mi colección) viajábamos mi madre y yo con mis cuatro pequeñas hijas, los dos varones mayores habían quedado con su padre en nuestra finca cerca de la ciudad de Bayamo.

La mañana estaba nublada y un viento frío soplaba de vez en cuando levantando torbellinos de polvo. Relámpagos fugaces surcaban el horizonte.

Mi madre, preocupada, le rogaba al chauffeur que aumentara la velocidad. No resultaba agradable pasar varias horas en una camioneta con cuatro muchachos hambrientos y revoltosos bajo un temporal. Faltaba un largo trecho para llegar a nuestra casa, cuando a la vuelta de un recodo divisamos la acogedora construcción de un bohío pequeño. Casi gritamos de alegría y entramos en la vereda del bohío bajo un fuerte diluvio.

Llegamos al fin, y una señora anciana vino a recibirnos, cortés y hospitalaria nos abrió la puerta, nos proporcionó asientos, llamó a sus hijas, dos lindas y frescas muchachas, que a los pocos minutos reían y jugaban con los niños.

Nosotras no deseábamos hacer pesar sobre la anciana la responsabilidad de alimentarnos. Mi madre sabía que no resultaba sencillo para un presupuesto modesto, como debía ser el de aquella pobre familia, llenar nuestros estómagos, halagando al mismo tiempo nuestro exigente paladar; le pidió disculpas a la anciana por nuestra invasión y le rogó que aceptara nuestro concurso para preparar algo con latas y fiambres que llevábamos previsoramente. La buena señora se negó rotundamente, y dirigiéndose a la cocina preparó para nosotras uno de los almuerzos más sabrosos que recuerdo haber comido en mi vida.

Después que terminamos de almorzar y pasó la tormenta, copió mi madre la receta del improvisado menú que hoy le brindo a ustedes para que prueben hacerlo en días de niebla o de frío. Verán que si no están demasiado bien educadas se chuparán los dedos, al igual que hice yo, pese a las miradas severas de mi madre, cuando sin poderlo remediar incurrí en ese delito. Estoy segura que ustedes no me imitarán, pero les costará trabajo.

---

[1] Hemos titulado así este trabajo porque su autora, recién casada en efecto, y además muy joven ha tenido esos seis hijos en su fecunda imaginación que, por lo visto anticipa los acontecimientos con tan deliciosa gracia que no hemos querido suprimir ni una de sus palabras.

CONGRI A LA ORIENTAL

INGREDIENTES:

- 1 taza de frijoles colorados.
- ½ libra de cebollas.
- 3 dientes de ajo.
- 2 cucharadas de grasa.
- ½ libra de carne de puerco.
- 3 tazas del caldo de los frijoles.
- 2 cucharaditas de sal.
- 1 hoja de laurel.
- 2 tazas de arroz.
- ¼ libra de tocino.

PREPARACION:

Se hierven los frijoles con suficiente agua hasta que estén blandos y sin que cuaje el caldo. Se cuelan y se separan tres tazas de este caldo. Se cocina la cebolla y los ajos en la grasa, se le agrega la carne de puerco picada en pedazos, se deja hasta que dore y se le añade agua que la cubra dejándola a fuego lento hasta que la carne esté cocinada y el agua se haya evaporado. Se le añade el caldo de los frijoles, la sal y la hoja de laurel y se pone a hervir. Se le añade el arroz, dejándolo a fuego vivo de ocho a diez minutos. Se baja el fuego y se le agrega el tocino picado en pedacitos y dorados, la grasa del tocino y se deja a fuego muy lento tapado hasta que el arroz esté.

TASAJO FRESCO

INGREDIENTES:

- 1 libra de carne.
- 1 cucharada de sal.
- 1 naranja agria.
- 4 dientes de ajo.

PREPARACION:

Se sazona la carne con sal y naranja agria, se pone directamente al fuego en una parrilla dándole vueltas hasta que la carne se vea cocinada. Se pone la carne en una tabla y se machaca con la mano del mortero, poniéndose a secar al sol por ambos lados por largo rato. Se doran en manteca bien caliente los ajos, se sofríe la carne sin dejar que se dore. Se puede servir con casabe frito, tostado o mojado en caldo.

PLATANOS GUISADOS

INGREDIENTES:

- 2 plátanos maduros.
- ½ libra de manteca.
- agua la necesaria.
- 4 cucharadas de azúcar turbinada.

PREPARACION:

Se pelan los plátanos y enteros se doran en la manteca caliente y sin que se hayan cocinado, se sacan y se les escurre la grasa. Se cubren con agua, se les añade el azúcar y se ponen a fuego lento hasta que se forme un almíbar. Estos plátanos en Oriente no es un postre. Se ponen acompañando cualquier plato.

DULCE DE NARANJA AGRIA RELLENA

INGREDIENTES:

    9 naranjas agrias.   4½ tazas de agua.
    9 tazas de azúcar.

PREPARACION:

Se rallan ligeramente, sin pelar la fruta, las cáscaras de las naranjas en un guayo. Se ponen en remojo durante veinticuatro horas para quitarles el amargor; se sacan y se les corta una tapita en la parte superior y se hierven durante diez minutos. Se dejan enfriar y se ponen en agua corriente durante doce horas. Con mucho cuidado de no romper las naranjas se vacían. Se hace un almíbar claro con el azúcar y el agua (media libra de azúcar por naranja) y se cocinan hasta que el almíbar tenga buen punto, teniendo cuidado de darle vueltas a las naranjas para que penetre bien el almíbar.

INGREDIENTES PARA EL RELLENO:

    5 tazas de azúcar.   18 yemas de huevo.
    2½ tazas de agua.   ⅛ cucharadita de vainilla.

PREPARACION:

Se hace un almíbar claro con el azúcar y el agua. Se baten bien las yemas y se le va añadiendo el almíbar caliente lentamente para que no se cocinen las yemas, batiendo siempre. Cuando estén perfectamente unidas se le agrega la vainilla, se pone a baño-maría tibio y se revuelve continuamente con cuchara de madera hasta obtener una crema espesa, que se separe de los bordes del recipiente. Se rellenan las naranjas y se cubren con el almíbar en que se cocinaron. Si se desea se adorna con merengue. Las naranjas se pueden cortar en forma de cesticos, o a la mitad, rellenándolas y uniendo las dos tapas para que parezcan enteras.

FIESTA
Por Chana Villalón de Menocal

Antes que nada consideremos lo que significa la palabra fiesta. Siempre es una ocasión de alegría, de reunirse amigos a pasar un rato agradable.

Es lamentable que la dueña de la casa reciba a sus invitados extenuada, nerviosa o preocupada. Hay quien evita en parte esta situación teniendo la fiesta en un Club o lugar apropiado. Pero otras personas que prefieren recibir en su casa, lo cual siempre tiene mayor encanto, pueden lograr cierta tranquilidad para la ocasión sólo a base de planeamiento y organización.

Primeramente se debe estudiar qué tipo de fiesta queremos dar.

Segundo, cuánto podemos gastar; y tercero, del espacio o local adecuado que disponemos para ello.

Una vez decididos estos problemas que aunque parezcan tres, es uno sólo, por la estrecha relación que guardan entre sí, compraremos una libreta a la que amarraremos un lápiz y llamaremos "El Libro de la Sabiduría".

Empezaremos por anotar en él la lista de los invitados haciendo cuatro columnas encabezadas así:

Número	*Persona*	*Teléfono*	*Contestación*
3	Los Fulanos	F. XXXX	Sí

Toda fiesta puede dividirse en tres partes que son: antes, durante y después.

Una vez decidido qué clase de fiesta vamos a hacer, la fecha y la hora y cuántos son los invitados, empieza a escribirse el capítulo Buffet.

EJEMPLO DE MENU

Escalopes de langosta
Mousse de foie gras
Jamón con cabello de ángel
Ensalada de frutas
Sandwiches surtidos
Helados
Postre
Café
Bebidas

Luego, en sucesivas páginas, se va dedicando una a cada plato del menú.

Escalopes de langosta: Si se manda a confeccionar fuera de casa, pedir precios a distintos lugares y anotar en cuatro columnas encabezadas así:

Establecimiento	Teléfono	Cantidad	Precio
El Cisne Blanco	F. XXXX	40 personas	$30.00

Averiguar si las porciones son abundantes y aconsejarse con el maitre cuántas se deben pedir para el número de invitados que se tiene.

Si uno decide hacerlo en su casa, calcular y ensayar si es posible días antes, en pequeña cantidad, para saber cuántas langostas necesita y cuánto de cada cosa. Anotarlo.

Es conveniente no hacer experimentos un día de fiesta, sino poner algo que sabemos que dominamos bien. Siempre es preferible dividir las cantidades de cada plato en tres o cuatro fuentes que se renovarán en la mesa según se terminen, pues esto mantiene el aspecto decorativo de la mesa y no da la sensación de sobra que ofrece una fuente al ir llegando a su fin.

Y así sucesivamente hasta llegar a las bebidas que usted decidirá si pone un cantinero, o usted preparará los martinis, highballs, etc.

No olvide calcular cuántas botellas debe pedir, cuántos refrescos, agua mineral, etc. Hielo en paquetes. Todo esto lleva su página con columnas como las anteriores del menú.

Una congeladora es un tesoro para preparar una fiesta, aparte de su inmensa utilidad en una casa.

Se pueden tener las langostas hervidas desde semanas antes, sandwiches en envases de cartón completamente herméticos, croquetas y empanadillas listas para freír, cakes sin cubrir, moldes de gelatinas, mousses, etc.

Terminado el capítulo buffet, pasamos al de accesorios. Pensemos en mesas, manteles, flores, cubiertos, cristalería y vajilla. A cada uno le dedicamos una página haciendo las columnas necesarias. Si decidimos usar manteles debemos de comprobar si sirven en las mesas que usaremos y de cuántos disponemos. Si pedimos prestados o alquilados, anotar quién nos presta o alquila, su teléfono, cantidad, precio, etc. Lo mismo se hace si decide pedir prestada o alquilar vajilla, cubiertos, etc.

Para el arreglo de flores en las mesas, pedir precio a diferentes jardines anotándolo como lo anterior. Además, pensar si se necesitan arecas o plantas para tapar áreas de servicio o por decoración y apuntar todo: jardín, teléfono, cantidad, precio.

Procurar que las plantas se coloquen el día anterior y los arreglos florales el mismo día.

Si uno desea hacer sus propios arreglos florales, ensayarlos días antes para calcular la cantidad necesaria y ver cómo resisten las flores arreglándolo la víspera, pues es algo que lleva mucho tiempo para hacerlo el mismo día de la fiesta.

Terminado el capítulo accesorios, considere el servicio.

Si es una fiesta grande necesita criados extra. Calcule cuántos serán y para qué cosa especial va a necesitarlos.

Es muy necesario cuando es una fiesta grande una persona dedicada exclusivamente a la entrada, sea en la calle para abrir la puerta de las máquinas, o en la casa para abrir la puerta de la casa.

Una criada de toda confianza para guardar los abrigos de sus invitados y ayudarlas con cualquier cosa que necesiten, y otra persona exclusivamente en el pantry o cocina dedicada a lavar cubiertos, vajilla, etc.

Si los criados que va a tener no conocen su casa haga que vengan personalmente días antes para hablar con usted y explíqueles dónde deben estar y qué desea que haga cada uno.

Durante la fiesta: Por fin llegó el día por el cual usted se ha desvivido. Concéntrese en el problema de su persona. Separe dos o tres horas para usted, especialmente para descansar, bañarse y arreglarse con el mismo afán que dedicó a toda la fiesta. Según usted se conozca, tome un calmante o un estimulante, del cual tenga experiencia personal y no recomendado por una amiga. Olvide todos sus problemas y sobre todo no los cuente, pues nadie notará qué le falló a usted ni qué pensó tener que no pudo ser, si usted no lo dice; es más, no les importa.

Concéntrese en recibir a sus huéspedes con verdadero placer, aun aquellos que usted discutió con su marido o con sus hijos el invitarlos.

Ocúpese de presentarlos, pero no trate de dominarlos a que vayan de un lado a otro, acuérdese de que "Dios los cría y ellos se juntan".

La actitud de usted es la que da el tono a la fiesta de bienestar y animación.

Yo he estado en fiestas perfectamente planeadas y lujosísimas, pero aburridísimas y en otras que ha faltado la luz y que ha diluviado y los invitados se han divertido locamente.

Después de la fiesta: Esto se puede dividir en dos partes. Una, inmediata según progresa la fiesta y otra más lejana, que es el día siguiente.

Para la inmediata es necesario coordinación y planeamiento como los "asembly lines" de una fábrica. Decida dónde se va a fregar y almacenar lo fregado. Dedique, primero, un recipiente donde echar los cubiertos que vienen en los platos; segundo, justamente al lado ponga otro donde echar las sobras.

Para esto es muy conveniente tener a mano una paletica de goma. No disponer de la basura hasta contar los cubiertos.

Tercero: ponga seguido a esto, dos recipientes grandes, preferible dos tinas, forradas con una frazada en el fondo y llenas de enjabonadura de detergente y dedique una para copas y otra a platos y fuentes. De aquí el fregador va sacándolas sin atolondramiento y las irá colocando en dos mesas también cubiertas con frazadas dedicadas a cada cosa.

Al día siguiente es conveniente alguna ayuda extra para volver a poner la casa en su estado habitual y ayudar a envasar lo prestado o alquilado para devolver.

Consulten en su "Libro de la Sabiduría" los teléfonos de los proveedores y llámelos a todos para recordarles que vengan a recoger lo que les corresponde.

COMO COMER BIEN Y BARATO EN EUROPA

Por Chana Villalón de Menocal

Hay dos reglas de Mr. Dodge en su libro "A poor man's guide to Europe", que hemos puesto en práctica con buen éxito.

La primera es no buscar restaurants en las grandes avenidas o plazas. Siempre hay, saliendo de ellas, callecitas con restaurants modestos.

En Francia, donde la comida fluctúa de buena a exquisita, esto es fácil. Además, ayuda a escogerlos la circunstancia que ofrecen en un lugar visible el menú con la especialidad del día y sus precios, y creemos que un corto paseo dedicado a esta lectura es muy satisfactorio.

En Italia existen las Trattorias, restaurants típicamente italianos, equivalentes a lo que son en España, Hosterías, Mesones, Tabernas, con platos regionales. Siempre son más baratos que los que llevan el nombre internacional de "Restaurant" y que generalmente lo internacional no es solamente el nombre sino la cocina.

Las Trattorias pueden distinguirse de lejos, aún antes de ver el letrero, porque generalmente usan un par de arbolitos en macetas a ambos lados de la puerta.

En Inglaterra, mi consejo es dedicarse al desayuno y al té. Ambos son abundantes. Los ingleses tienen la buena costumbre de incluir el desayuno en el precio del cuarto y son estupendos, y en cuanto al té, la mermelada de naranja que nunca falta, es la mejor del mundo. Pero respecto a las dos principales comidas, más vale no pensar en eso ni considerarlas así, pues se llevarán unas veces disgustos y otras, desengaños. La verdad es, que entre las muchas buenas cualidades de los ingleses, no está la del arte culinario. Hemos llegado a la conclusión de que los restaurants en Inglaterra, son caros o baratos según la indumentaria del personal y el lujo de la vajilla. Y no por la calidad de su cocina.

La cocina holandesa generalmente es excelente y no es cara. En Holanda hay la buena costumbre inglesa de incluir estupendos desayunos en el precio de la habitación.

La segunda regla es: ir a los restaurants donde van los nativos del país y nunca a los especialmente preparados para turistas. La clase media europea tiene la virtud de la economía y aprecia la buena cocina.

Los restaurants alejados de la población y que hacen hincapié en la belleza del paisaje o en su atracción histórica son, generalmente, lo que dicen, "encantadores", pero caros, pues son únicos por esa peculiaridad, y no siempre tienen la mejor cocina a pesar de su elevado precio.

Estas dos reglas son aplicables a toda Europa, aunque sólo haya mencionado algunos países de los que creí necesario explicar sus pecualiaridades.

CHEVROLET

OLDSMOBILE

CADILLAC

Distribuidores en Cuba:

Ambar Motors Corp.

Para tomar Mejores Fotos en Blanco y Negro o en Colores con su Cámara

"Use Películas Kodak"

THANKSGIVING DAY
(Día de Dar Gracias)

Por María Ana Warren

Su origen data de 1621, un año después del desembarco de los Peregrinos en Plymouth, Massachusetts, lugar donde ellos acamparon y dieron ese nombre.

Las vicisitudes pasadas por ellos en la travesía de Inglaterra al Nuevo Mundo fueron muy grandes así como el primer invierno. Su única esperanza de poder sobrevivir al segundo, dependía de la cosecha que pudieran hacer en el verano.

Tuvieron la suerte de que los indios de esa parte no eran feroces, pudiendo hacer amistad con ellos, y les enseñaron a cultivar el maíz y otros productos de la región.

La cosecha en el otoño fué muy abundante y siendo personas religiosas decidieron designar un día de noviembre para dar gracias al Señor por este beneficio. Esta norma fué seguida después por varios estados, hasta que siendo Lincoln presidente en 1864 decretó que el último jueves de noviembre fuese el día de dar gracias en toda la nación. Cada presidente sucesor ha seguido su ejemplo.

Esta fiesta nacional es una de las más apreciadas en los Estados Unidos de Norteamérica.

La razón por la cual se utiliza el pavo para celebrar esta fiesta, es que las únicas aves que pudieron conseguir los Peregrinos fueron cuatro pavos silvestres.

RECETA PARA EL PAVO

INGREDIENTES:

1 pavo de 12 libras.
sal y pimienta a gusto.
1 cucharadita de azúcar.
1 cucharada de cebolla picadita.
1 cucharada de apio picadito.

PREPARACION:

Se lava y se seca bien el pavo. Se frota por dentro con sal, pimienta, azúcar, cebolla y apio picadito. Se rellena y se cose. Se dora a 500° F. durante veinte minutos en cazuela sin tapa, después se cubre para cocinarlo al horno de 250 a 300° F. durante tres horas más o menos. Se calcula veinte minutos por libra.

INGREDIENTES PARA EL RELLENO:

½ libra de menudos y puntas de alas o carne de butifarras.
¾ taza de agua.
6 cucharadas de cebollas picaditas.
mejorana a gusto.
2 cucharaditas de sal.
½ cucharadita de pimienta.
⅛ libra de mantequilla.
6 tazas de migas de pan duro.
caldo el necesario.
½ taza de setas.
½ taza de pasas.

PREPARACION:

Se cocinan los menudos y puntas de alas en el agua con la mitad de la cebolla, la mejorana, la sal y la pimienta. Se dora el resto de la cebolla en mantequilla y se une a los menudos picados. Se humedecen las migas con el caldo ligeramente y se unen las setas picadas, las pasas y el resto de la sazón.

Jardín "El Fénix" S. A.

CARLOS III No. 754

Teléfonos: U-2347 - 2164 - 2280 - 4136

Con el Buen Ejemplo se Siembra Buena Semilla; y la Caridad obliga a Sembrar a todos...

Al Bon Marche

EFECTOS RELIGIOSOS, LIBRERIA Y JUGUETERIA

Enriquezca su cultura espiritual escogiendo en nuestro departamento de Librería siempre las últimas Novedades en Materia Religiosa.

REINA No. 467, ESQ. A BELASCOAIN
Al lado de la Iglesia de Reina
TELEFONO A-8197

LA BEBIDA PREFERIDA DE TODOS LOS TIEMPOS

La cerveza ha sido la bebida preferida por todos los pueblos desde los tiempos más remotos.

Desde el séptimo milenio antes de Cristo, cuando los Sumerios ya la tomaban diariamente, hasta nuestros días, la cerveza ha sido considerada como un elemento importante de la alimentación.

Durante millares de años los distintos pueblos disfrutaron de innumerables tipos de cerveza.

Con el conocimiento de cientos de fórmulas, y después de amplios estudios, la Cía. Ron Bacardí decidió, en 1927, poner al alcance del público, la mejor cerveza que humanamente pudiera fabricarse. Desde el primer momento HATUEY conquistó al público. Al cumplir un año ya todos la aclamaban ¡LA GRAN CERVEZA DE CUBA!

Más y más personas tomaban cada año CERVEZA HATUEY. En 1948 fué preciso construir otra gran planta que se levantó en El Cotorro. Cuatro años más tarde, la gran demanda hizo necesaria la construcción de una tercera planta, en la provincia de Las Villas: MANACAS, para abastecer mejor de cerveza HATUEY a las provincias centrales de Cuba. Así, todo el pueblo de Cuba puede disfrutar hoy de una cerveza que por su exquisito sabor, producto de la más cuidadosa selección de materias primas y de la más experta elaboración en modernísimas plantas, la colocan entre las mejores cervezas del mundo.

Para usted que se merece lo mejor, se hace la cerveza HATUEY.

Tenga siempre en su casa la sabrosísima y jacarandosa HATUEY: **LA GRAN CERVEZA DE CUBA.**

DETALLES QUE HACEN UN VIAJE INOLVIDABLE

Por Lydia Grimany de Bravo

Cuando tuve en mis manos el ticket de la COMPAÑIA CUBANA DE AVIACION que marcaba el vuelo No. 465 con destino a Barajas (aeropuerto de Madrid), sentí una sensación indescriptible. Se iba haciendo realidad un sueño—el mismo que tiene la mayoría de las personas—de viajar por el Viejo Continente. Pero en mí obedecía ese anhelo además, a un imperativo de fe, porque desde que visitara poco antes, dos meses antes con más exactitud, la Basílica de Guadalupe en México, me obsesionaba el deseo de conocer a la Virgen de Lourdes. De ahí ese estado emocional que produce lograr algo que se creía imposible, y sobre todo, lo confieso, me seduce intensamente el viajar en avión. Siento un placer infinito cuando me sé a 15 mil pies de la tierra.

Como invariablemente me ocurre, llegué a Rancho Boyeros con el tiempo preciso para subir al avión, y sin reponerme aún de la carrera que hube de dar, empecé a recibir atenciones del staff gentilísimo que compone la tripulación de a bordo de la COMPAÑIA CUBANA DE AVIACION.

Una tentadora merienda nos fué ofrecida tan pronto entró en ruta nuestro "Super-Constellation". Y a pesar de haberme hecho el propósito de ocultarle a mi estómago que íbamos de vacaciones, ante bandejas tan apetitosas, no pude resistir.

Las atenciones que se reciben a bordo de un "Super-Constellation" de la CUBANA contribuyen indefectiblemente a hacer el viaje inolvidable y como cuando se está inactivo, se puede con más calma que la de a diario saborear el menú, puedo decirles que todavía paladeo esa comida servida antes de llegar a Bermuda. Consistía en: consomé de ave, filete de jamón con salsa de manzana, medio pollo cacerola, ensalada de tomates y como postre un pudín diplomático. Desde luego, un aromático café cubano.

Bajamos en Bermuda los minutos de rigor, y como viajábamos, casualmente, varias personas amigas, entre ellas el doctor Raúl de Cardenas y señora Dulce María Blanco, el doctor Raúl Valdés Fauli y señora Margarita Pedroso y los Condes de Lagunilla, en todo momento gozamos de un ambiente de cordialidad y entusiasmo.

En marcha de nuevo, reanudan los sobrecargos las obsequiosidades: jugo, frutas y Champagne francés Cordon Bleu. Las comodidades de estos "Super-Constellations" llegan al máximo a la hora de descansar, acondicionándose los asientos de tal forma que más que en una litera, parecía que "flotábamos sobre una nube".

Pero nuestra gran sorpresa fué cuando despertados poco antes de llegar a Santa María para que tomáramos el jugoso desayuno, miré el reloj y comprobé que la noche que marcaban las manecillas la habíamos dejado atrás y que en esta otra parte del Atlántico... ¡ya era de día!

Y con los primeros rayos del sol portugués ingerimos: uvas, peras y manzanas al natural. Huevos con jamón, rolls y mantequilla, panetela, mermelada, café (cubano) con leche.

En esta isla de las Azores sentimos ya esa inquietud de viajero que quiere con sólo dos ojos abarcarlo todo. Admiramos las joyas de filigrana de oro, las blusas bordadas, los trajes típicos y lindas muñecas. Emprendimos de nuevo el vuelo ya con nuevos temas de conversación referente a lo que acabábamos de ver, y siempre ganando tiempo llegamos a Lisboa. La hora que allí estuvimos nos dió la idea de la hospitalidad de los portugueses y apreciamos la esplendidez del edificio de su aeropuerto.

Tan pronto se apagó el clásico letrero "NO FUMAR" y "ABRÓCHENSE LOS CINTURONES", empezaron los preparativos para el almuerzo que no puedo dejar de mencionar porque, como lo demás que comimos era obra de un chef. Después del cocktail de frutas, sirvieron el filete mignon con papas tan afamado en esta línea de servicio trasatlántico, ensalada mixta, vino, pastelería francesa, café y Champagne.

Unas horas más de gratísimo vuelo observando unas veces el bello panorama montañoso y otras rocas y arideces, hasta que un perfecto aterrizaje nos condujo al aeropuerto de Barajas y allí, entremezclados, vivimos la alegría del que llega lleno de ilusión con la avidez de conocer, y la satisfacción del que se va complacido, con la esperanza de volver.

Desde luego que hay detalles que dejan huellas y la esplendidez y franca obsequiosidad de la COMPAÑIA CUBANA DE AVIACION representado en el "Super-Constellation" por sus competentes tripulantes, es la primera seña que se graba y hace indeleble el recuerdo de una travesía afortunada.

Los lectores que estén interesados en las recetas de los menús descritos pueden escoger entre ir a la COMPAÑIA CUBANA DE AVIACION y pedirlas o decidirse a saborearlas a bordo del "Super-Constellation" en viaje hacia Madrid. En ese caso: ¡Bon voyage! Au revoir.

La mujer, que es el eje del hogar, es la que le imprime su ritmo. Si consigue ser feliz y que los otros lo sean, ha realizado una obra maestra y aporta tanta colaboración al bienestar de la nación como el hombre que hace oír en el Parlamento su voz directora.

APERITIVOS

Por Dolores Alfonso de Torralba

Llamamos aperitivos, a aquellos platos que servidos antes del almuerzo o de la comida, tienen la propiedad de estimular las secreciones de las glándulas salivales, haciendo que afluyan a la boca una mayor cantidad de saliva, la cual tiene por objeto estimular el apetito y hacer que la comida se digiera con mayor facilidad.

Estos alimentos dados, más bien en pequeñas cantidades, deben tener sabor ligeramente fuerte, con tendencia a salados, picantes o ácidos, para poder llenar la misión que les está encomendada y la cual no es otra, que la de alimentos exitadores de las glándulas.

Una vez dado el concepto de aperitivo, entremos en algunos puntos de suma importancia, como son: "detalle y clasificación".

En el primero, juega un papel importante el colorido, presentación y variedades.

Colorido y presentación: En este punto entra en acción el sentido de la vista, ya lo dice un viejo refrán: "Lo que no entra por la vista no llega al fin". Un plato cualquiera si su colorido es contrastante y su presentación es buena, nos dará en seguida deseos de comerlo. El manjar más exquisito, sin buena presentación y con un color uniforme, por bueno que sea no provocará deseos de comerlo. Los colores brillantes tienen esa propiedad, y si el plato tiene varios colores, el resultado obtenido ha de ser mucho mejor. Veamos un ejemplo: Un simple vasito de jugo de tomate es un gran aperitivo, ahora si al vaso de jugo le añadimos unas hojitas de yerbabuena o una rueda de limón cortada con gusto y colocada al borde del vaso, el resultado será mucho mejor, y si es en un día caluroso y lo presentamos además frappé todavía nos dará mucho más deseo de tomarlo; el color rojo y el verde estimularon el apetito y la temperatura del vaso estando de acuerdo con la estación lo hizo todavía más apetitoso. Ven, queridas lectoras, cuántos puntos al parecer sin mucha importancia han jugado papel en este vasito de jugo de tomate?

La variedad en los aperitivos también juega papel de suma importancia.

Clasificación: Cocktails, Saladitos o Hors D'Oeuvres, Jugos y Sopas ligeras, son considerados como grandes aperitivos, o estimuladores del apetito.

Cocktails: El uso de ellos se ha generalizado en nuestro país, sirviéndose al principio de las comidas, ellos están clasificados en tres clases:

1º Cocktails cuya base es la bebida.
2º Cocktails cuya base es el marisco.
3º Cocktails cuya base es la fruta.

Los tres tipos deben ser servidos bien fríos, en copas especiales y tratando de que su presentación sea original.

Saladitos o Hors D'Oeuvres, deben ser servidos en cantidades pequeñas, para que sólo sirvan para estimular el apetito.

Hay gran variedad de ellos: enrolladitos, canapés, etc., pudiendo ser servidos lo mismo fríos que calientes (de acuerdo con la estación).

Consomé y sopas ligeras: También ellas tienen la propiedad de estimular el apetito.

La palabra consomé, de origen francés, ha sido adaptada a todos los idiomas; son caldos clarificados y los cuales podemos servir en diferentes formas, pudiendo ser fríos o calientes, claros, obscuros o dorados: deben ser servidos en tazas de cristal o porcelana, acompañados de pedacitos de queso, pollo, jamón, galletas, etc., es decir con diferentes guarniciones.

Dada la clasificación, les daré una receta de cada clase.

COCKTAIL COMBINADO

INGREDIENTES:

1 vaso de Cognac.
1 vaso de Curacao.
½ vaso de Ron.
3 cucharadas de azúcar.
1 taza de hielo.
6 guindas.

PREPARACION:

Se ligan los licores con el azúcar y el hielo, se baten bien y se sirven en copas largas con una guinda en el fondo. Da para seis copitas.

COCKTAIL DE MARISCOS

INGREDIENTES:

½ libra de camarones.
2 cangrejos.
1 cucharada de sal.
½ libra de ostiones.
½ taza de salsa de tomate Catsup.
3 ó 4 gotas de salsa inglesa.
½ cucharadita de sal.
½ cucharadita de pimienta.
12 aceitunas aliñadas y rellenas.

PREPARACION:

Se salcochan los camarones y los cangrejos en agua hirviendo con una cucharada grande de sal (veinte minutos). Se limpian y se pican en trocitos teniendo cuidado de dejar algunos camarones enteros para adornar la copita. Se sacan los ostiones de su concha y se ligan los tres mariscos, colocándolos en depósitos especiales, se le agrega la salsa de tomate, la salsa inglesa, la sal y la pimienta. Se sirven decorados con los camarones enteros y unas aceitunas rellenas rodeando el depósito de hielo picadito.

COCKTAIL DE FRUTAS FRAPPE

INGREDIENTES:

½ taza de piña rallada.
2 tazas de pulpa de toronja.
2 tazas de pulpa de naranja.
3 cucharadas de jugo de limón.
¼ taza de almíbar.
3 cucharadas de granadina.

PREPARACION:

Se ligan todos los ingredientes y se colocan en la gaveta del refrigerador hasta que tenga consistencia frappé. Se sirve en copas de cristal heladas.

CANAPES DE BOLITAS

INGREDIENTES:

½ libra de jamón en dulce.
½ libra de queso petit Gruyere.
2 cucharadas de mayonesa.
⅛ cucharadita de pimienta.
⅛ cucharadita de sal.
½ cucharadita de mostaza.
galleticas o pan.
perejil bien verde.

PREPARACION:

Se muele el jamón, se muele o se maja con el tenedor el queso Gruyere, se unen todos los ingredientes, se hacen pequeñas bolitas y se colocan en el refrigerador hasta que estén bien frías. Se sirven sobre galleticas saladas o pedacitos de pan tostado y se decora con hojitas de perejil.

HORS D'OEUVRES SURTIDOS

INGREDIENTES PARA LOS HORS D'OEUVRES:

½ libra de camarones hervidos y pelados.
1 latica de filetes de anchoa.
20 aceitunas negras.
¼ libra de queso Kraf.

PREPARACION:

Se colocan todos los ingredientes en porciones iguales en un plato de porcelana o cristal fino colocando en el centro un recipiente hondito para la salsa. Se colocan palitos de colores a los camarones, quesos, aceitunas, etc. y se sirven bien fríos.

INGREDIENTES PARA LA SALSA:

4 yemas.
1 taza de aceite.
¼ taza de salsa Catsup.
1 cucharadita de salsa inglesa.
el jugo de dos limones.
½ cucharadita de sal.
⅛ de cucharadita de pimienta blanca.

PREPARACION:

Se hace una mayonesa bien espesa con las yemas y el aceite. Se le añade poco a poco la salsa de tomate, la salsa inglesa, el jugo de limón, la sal y la pimienta. Cuando esté bien fría se vierte en la salsera.

CONSOME

INGREDIENTES:

3 litros de agua.
1 libra de falda.
8 tomates.
6 tallos de apio con sus hojas.
6 granos de pimienta.
2 hojas de laurel.
1 cucharada de sal.
1 cebolla.
1 ají.
3 dientes de ajo.
1 clara de huevo.
palitos de queso o galleticas saladas.

PREPARACION:

En el agua fresca se coloca la falda picada en pedacitos pequeños y todo el resto de los ingredientes, menos la clara de huevo. Se deja hervir por dos o tres horas hasta que se reduzca a la mitad, se cuela por una muselina fina y se pone al fuego, se le agrega la clara batida y se espuma bien. Se sirve en tazas de consomé con palitos de queso o galleticas saladas.

EL PAN, ALIMENTO BASICO DEL HOMBRE

Por Silvia Beltróns

El origen del pan se pierde en la más remota antigüedad. En una u otra forma, el pan ha alimentado a los pueblos, en todas las eras de la existencia humana.

En los tiempos prehistóricos el hombre trituraba las semillas y bellotas que encontraba, entre pesadas piedras, formando con la burda harina que obtenía, una masa que secaba al sol.

En su continuo errar encontró un día una yerba que sostenía doradas espigas portadoras de un grano que saboreó con deleite: era el trigo.

Pronto convirtió aquellos ricos granos en harina que en su manera usual, mezcló con agua y secó al sol. Aquel primitivo pan le gustó más que los que hasta entonces había comido. Cuando empezó a usar el fuego como medio de cocción, cocinó su pan al fuego, con lo que sin duda ganó palatibilidad. Encantado con su hallazgo, comenzó a cultivar el trigo, convirtiéndose, por virtud de su descubrimiento, de cazador errante, en agricultor. Fijó su vivienda junto a su campo de trigo, para protegerlo; descubrió que podía cosechar los granos cuando estaban maduros, almacenándolos luego y moliéndolos a medida que los iba necesitando para hacer su pan; los hijos y las hijas lo ayudaron en el cultivo, en su molienda y en la confección de pan, proveyendo así más sustento para la vida. A este radical cambio en el método de vida del hombre se debe, sin duda la constitución de la familia. Este trascendental evento ocurrió probablemente hace cerca de 6,000 años, en la Mesopotamia, la "cuna de la raza", la fértil llanura asiática situada entre el río Eufrates y el Tigris. En las ruinas de antiquísimas construcciones caldeas se han encontrado hornos en los patios de casi todas las casas, con grandes piedras de moler granos junto a ellos.

A dondequiera que las razas primitivas emigraban llevaban consigo sus métodos de preparar pan.

Este sencillo alimento que el hombre intuitivamente escogió como "la base de su sustento" ha demostrado, a medida que hemos ido avanzando en conocimientos de nuestros alimentos, la justicia que en un principio se le hizo.

Hasta 1868, fecha en que Julios Fleischmann, cervecero austriaco, produjo por primera vez en los Estados Unidos, levadura comercial en forma comprimida, tal como la usan hoy los panaderos, el pan se elaboraba con levadura líquida o levadura de cerveza o levadura obtenida mediante la fermentación de cáscaras de papa. La introducción de la levadura comprimida, de uniformidad controlada y resultados garantizados, marcó un decisivo paso de avance en la fabricación del pan.

Se ha dicho con razón, que la levadura es el alma del pan. La levadura, mediante su acción enzimática, no sólo produce un pan ligero, esponjoso y agradable al paladar y al olfato, sino que al desdoblar, mediante sus enzimas, los azúcares, almidones y proteínas de la masa, lo hace un alimento 96% digerible.

La principal misión del pan en la dieta es la de suministrar una apetitosa y económica fuente de energía, una de las más grandes necesidades del individuo. Sin embargo, el pan contribuye en gran parte a cubrir casi todos los requerimientos nutriocionales del ser humano. El buen pan es uno de los alimentos mejor balanceados que puede ingerir la humanidad. Esta afirmación queda sorprendentemente ilustrada al comparar las proporciones casi idénticas de carbohidratos, proteínas y grasas en la dieta balanceada con las del pan de leche untado con mantequilla.

El pan hecho con leche suministra proteínas de alta calidad, carbohidratos, grasa, calcio, fósforo, azufre, potasio, cloro, hierro, cobre, manganeso, etc.

Osborne y Mendel encontraron que las proteínas del trigo entero eran por sí solas suficientes para suplir todos los requerimientos proteínicos para el crecimiento normal y también que se obtenía un buen crecimiento con dietas que suministraban 2/3 de la proteína de la harina blanca (pan blanco) y 1/3 de carne, huevos o leche.

Dice el propio folleto en su página 31: "Recientes investigaciones refuerzan el principio ya probado por el tiempo de que la dieta debe ser construída alrededor de pan y leche. Este principio no excluye nada de la dieta, pero hace hincapié en los alimentos que pueden considerarse como centrales en el cuadro dietético. El pan, porque produce tanto alimento por tan bajo costo; la leche, porque es tan eficiente y económicamente suple y balancea el pan".

Estas aseveraciones científicas glorifican por decirlo así, nuestro clásico "sube y baja" a veces único alimento de gran parte de nuestra clase pobre.

Cuando el enriquecimiento del pan sea en Cuba una realidad como lo es en los E.U.A., Canadá, Chile, Puerto Rico y otros países, este alimento, que a través de los siglos ha mantenido su preponderancia como alimento básico del hombre, será vehículo de tres importantes vitaminas del complejo B: tiamina, niacina y riboflavina, además del necesario mineral, hierro. El enriquecimiento no cambia el sabor ni la textura del pan, añade al alimento energético más económico que se conoce, cualidades protectoras.

¡Qué pensamiento tan regalado! ¡Dios desde toda la eternidad pensó en mí al crear esta fruta o comida! ¡Cuántas ruedas de la creación se han puesto en movimiento para poder yo comer este bocado de pan! ¡Bendita providencia y bondad de mi Dios!

FIESTAS DE NIÑOS

Por Silvia Beltróns

Las reuniones infantiles dejan, a través de los años, un recuerdo imperecedero. ¿Quién no recuerda con dulzura aquellas fiestecitas con que cada año nos sorprendían nuestros padres para celebrar el santo, cumpleaños, día de los Reyes Magos, Navidad y otras fechas señaladas? Recuerdo aún la exitación de los días que precedían a esas fiestas... mi buena madre haciendo preparativos con gran sigilo para que "los muchachos", como ella nos llamaba, no nos enteráramos de las sorpresas que nos preparaba y nosotros, pícaramente, haciéndonos los nuevos, escudriñando aquí y allá para descubrir sus secretos. Cuando el día al fin llegaba, ¡qué alboroto desde por la mañana!, ¡qué algarabía cuando se reunían nuestros amiguitos y nos disponíamos a romper la piñata y a jugar a nuestras anchas! Por la noche, cansados y con voces de bajo profundo, nos íbamos a la cama, dejando a nuestra madre agotada, pero con esa expresión de dulzura en el rostro, que revelaba el íntimo goce que sienten las buenas madres al ver satisfechos a sus hijos. Al evocar aquellos días comprendo la influencia que en las mentes jóvenes ejercen las reuniones con otros niños, no sólo por el placer que de ellos derivan, sino porque desarrollan hábitos de sociabilidad que han de convertirse al correr de los tiempos en poderoso baluarte. El niño que desde pequeño se acostumbra a tratar y atender a otros niños adquiere una desenvoltura, que lo ayudará a transformarse en el mañana en un joven seguro de sí mismo, que no titubeará para presentarse a solicitar un empleo o a dirigirse a un numeroso auditorio. Es por esto, amables lectoras, que me permito darles este amistoso consejo: cultiven en sus hijos hábitos sociales, que aparte de producirles una satisfacción espiritual y material, han de servirles de poderosa arma para abrirse paso en la vida. Una reunión infantil no representa un sacrificio económico; un refresco de frutas, unos sandwichitos y un cake, que pueden preparar ustedes mismas, con poquísimo gasto, llenarán ampliamente la parte de buffet.

Un punto muy importante en estas reuniones, es mantener entretenida a la gente menuda. Para esto pueden planear de antemano distintos juegos, en los que, olvidándose de la diferencia de años, puedan participar ustedes mismas, a guisa de directoras. Muchos de estos juegos pueden comprarse en los "Ten Cents"; pero existen muchos para los cuales no necesitan gastar nada, como el conocido por "la carrera de papas", que sin duda ustedes conocen, o el de "pipiniquén pisado", o el de la bandeja, sin contar los diversos juegos de prendas con penitencias, que son siempre divertidos. Las piñatas dan una nota alegre en estas fiestas y son muy fáciles de hacer con una cazuela de barro, un poco de papel crepé y un poquito de imaginación.

El Menú que les ofrezco aparte de ser muy sencillo, atractivo y económico, tiene la ventaja de combinar alimentos que no ocasionarán a las mamás el disgusto de ver enfermos a sus niños, como corolario de la fiesta.

Merienda — Comida
(Para una fiestecita de niños)

Ensalada "Payasitos de Pescado"
Bocaditos de Vegetales "Granja Infantil"
Cake con motivos infantiles
Batido Royal de Fresa
Caramelos.

PAYASITOS DE ENSALADA DE PESCADO

INGREDIENTES PARA LA ENSALADA:

2 libras de masa de pargo (asada y desmenuzada).
½ libra de papas salcochadas y cortadas en trocitos después de enfriarlas.
1 latica de petit-pois.
½ taza de aceitunas picaditas.
½ taza de pepinos encurtidos picaditos.
1 ramita de perejil picadito.
1 latica de pimientos morrones encurtidos y picaditos.
½ taza de salsa mayonesa.
2 huevos duros picaditos.

PREPARACION:

Se mezclan en un tazón, el pescado y las papas, los petit-pois, aceitunas, pepinos, perejil y los pimientos morrones. Se añade la salsa mayonesa, los huevos duros y se liga todo bien. Se pone a enfriar en el refrigerador, hasta el momento de servirla.

INGREDIENTES PARA LA DECORACION:

2 tomates de ensalada.
1 lechuga del país.
2 aceitunas rellenas y cortadas en rueditas.
1 zanahoria.
1 pimiento morrón.
6 ajíes rojos o verdes terminados en punta.

PREPARACION:

Se coloca una rueda de tomate de ensalada de media pulgada de grueso en el centro de un platico de ensalada y se bordea con hojas de lechuga, formando la gola. Se pone una bola de la ensalada de pescado sobre el tomate, para simular la cabeza. Se forman los ojos con rueditas de aceitunas rellenas de pimiento; la nariz con un pedacito de zanahoria cruda y la boca con una tirita de pimiento morrón. Por último, se coloca el cucurucho, formado por un ají verde o rojo, después de haberle cortado una tapa por el lado del tallo y de haberlo ahuecado. Da para seis raciones.

BOCADITOS DE VEGETALES

INGREDIENTES PARA EL RELLENO:

1 taza de col cruda, picada en tiritas.
1 taza de zanahoria cruda, picada en tiritas.

PREPARACION:

Se une la col y la zanahoria en un tazón de mezclar, se agrega el aliño y se une todo con dos tenedores, hasta que todos los vegetales hayan sido bañados. Se deja en este aliño por un rato y luego, se escurre en un colador de caldo.

INGREDIENTES PARA EL ALIÑO:

¾ taza de aceite.
¼ taza de jugo de limón o vinagre.
1 cucharadita de sal.
½ cucharadita de azúcar.
¼ cucharadita de apio.
½ cucharadita de mostaza preparada.
¼ cucharadita de salsa inglesa.
2 cucharadas de salsa de tomate Catsup.

PREPARACION:

Se ponen todos los ingredientes en un pote de cristal, con tapa de rosca. Se ajusta la tapa y se agita bien la mezcla, hasta que esté completamente ligada. Puede guardarse en el refrigerador por varios días, debiendo agitarse siempre, antes de usarlo.

INGREDIENTES PARA LOS BOCADITOS:

1 pan de leche entero rebanado.
1 pan de trigo entero rebanado.
¼ libra de mantequilla.

PREPARACION:

Se corta el pan en forma de animalitos, usando los cortadores que se venden para eso. Se unta la mantequilla suavizada con un tenedor, extendiendo una cucharada de relleno sobre las rebanadas blancas y se cubren con las oscuras.

BATIDO DE FRESA ROYAL

INGREDIENTES:

1 litro de leche.
1 paquete Gelatina Royal de Fresa.
azúcar al gusto.
hielo picadito.

PREPARACION:

Se vierte la leche en la coctelera, o licuadora eléctrica. Se añade la Gelatina "Royal", el azúcar y el hielo y se bate la mezcla unos minutos. Se sirve en vasos de refrescos. Puede añadirsele una bola de helado de fresa, hecho de acuerdo con las instrucciones que trae el paquete de Gelatina "Royal".

R E C E T A S

Por Marta Bosque

PASTEL DE PLATANO Y COCO

INGREDIENTES PARA LA CONCHA:

10 pastillas de marshmallows.
2 cucharadas de mantequilla.
1 cucharada de agua caliente.
1½ tazas de coco deshidratado.

PREPARACION:

Se ponen las pastillas de marshmallows y la mantequilla al baño-maría y se revuelve hasta que estén disueltas, se le añade el agua caliente, se revuelve, se añade el coco y se mezcla. Se esparce bien esta mezcla en el fondo y lados de un molde de "pie" de nueve pulgadas, engrasado. Se enfría hasta que esté firme.

INGREDIENTES PARA EL RELLENO:

1 paquete de gelatina sabor de cereza.
1¼ tazas de agua caliente.
1 pinta de helado de vainilla.
1½ tazas de platanitos en rebanadas.

PREPARACION:

Se disuelve la gelatina en el agua caliente. Se le añade el helado de vainilla y se revuelve bien. Se pone en el refrigerador hasta que esté medio cuajado. Se le añaden los platanitos y se rellena la concha. Se coloca de nuevo en el refrigerador hasta que esté firme. Se adorna a gusto.

FANTASIA DE PIÑA

INGREDIENTES:

1 piña blanca.	tintes rojo y verde.
2 manzanas cortadas en bolitas.	1 naranja en hollejos.
	el jugo de un limón.
1 libra de uvas peladas.	azúcar.

PREPARACION:

Se le quita el penacho a la piña, se corta a la mitad a lo largo, se le extrae la masa; una mitad se pica en pedacitos y a la otra mitad se le extrae el jugo. A una parte del jugo se le añade unas gotas de colorante rojo y se bañan las bolitas de manzana, y a la otra parte del jugo se le añade unas gotas de colorante verde y se bañan las uvas peladas y sin semillas. Se rellenan las conchas de piña con las frutas y se adornan con la naranja. Se rocían con jugo de limón y azúcar. Se sirven bien frías.

PESCADO CON VEGETALES

INGREDIENTES:

3 cucharadas de gelatina (sin sabor).	1 latica de crema de leche.
¾ taza de agua fría.	½ taza de pepinos encurtidos picaditos.
1 lata de vegetales surtidos.	
1 taza de caldo caliente.	½ taza de salsa mayonesa.
2 latas de pescado desmenuzado.	1 cucharadita de sal.

PREPARACION:

Se remoja la gelatina en el agua fría por cinco minutos. Aparte se escurren los vegetales y se echan en un molde de 9 x 5 x 3 pulgadas, se esparcen bien y se coloca el molde en el refrigerador. En el caldo bien caliente se disuelve la gelatina y se enfría a la temperatura ambiente. Se separa media taza de caldo y se vierte sobre los vegetales bien fríos y se coloca de nuevo el molde en el refrigerador hasta que esté firme la gelatina. En un tazón se mezcla bien el pescado, la crema de leche, los pepinos, la mayonesa y la sal y por último se le agrega el resto de la gelatina. Se revuelve bien y se vierte sobre los vegetales gelatinados. Se coloca de nuevo en el refrigerador hasta que esté firme. Se desmolda y se sirve con galleticas saladitas.

COCINAS ELECTRICAS

y

REFRIGERADORES

Westinghouse

LA MARCA DE GARANTIA

Compañía Electric de Cuba

GALIANO No. 408   LA HABANA

Cortesía de los Teatros

AMERICA

RODI

AVENIDA

RADIO CINE

23 y 12

DECORACION DEL MENU FAMILIAR

Por Esperanza Cardero

Decorar quiere decir hermosear, embellecer, adornar una cosa para que luzca mejor y atraiga la atención del que la contempla. Amar lo bello y crear la belleza a su alrededor es cosa instintiva en el ser humano; a través de todas las épocas lo vemos afanarse por tener a su alrededor objetos que sirvan de solaz a su espíritu. La observación detenida de las armas, utensilios de caza y hasta objetos del culto del hombre primitivo nos demuestran que también él sintió este ideal de belleza y lo expresó a su modo al pintar, labrar o adornar sus casas, hachas y demás objetos de uso diario.

Con el transcurso del tiempo alcanza el hombre un mayor grado de civilización y con ello depura su sentido artístico; se vuelve cada vez más refinado, más exigente al seleccionar, según sus preferencias, todos los objetos de que se rodea: su vivienda, sus templos, sus ciudades. La decoración del hogar, por ejemplo, tiene en nuestros días una gran significación. Es de todos sabido que el ambiente del hogar contribuye poderosamente a que el individuo reciba desde la infancia impresiones gratas que le ayuden a desarrollar desde edad temprana un perdurable sentido de refinamiento y de belleza que le asegura grandes satisfacciones en el transcurso de su vida. Es sabido que cuanto nos rodea tiene una directa influencia en nuestro bienestar, en nuestra salud y en nuestra conducta, de aquí que todos anhelamos vivir en un hogar cómodo, higiénico, satisfactorio desde el punto de vista artístico.

Cuanto dejamos dicho tiene aplicación directa en todo lo relacionado con la mesa familiar, los alimentos que ingerimos y la manera de presentarlos y disponerlos en las tres comidas diarias. Pensemos por un momento que alrededor de la mesa pasa la familia dos o más horas cada día, circunstancia que aprovechamos para que este escenario sirva para practicar desde él los buenos modales, la cortesía y aquellos detalles que tanto dicen de las personas refinadas. Los hábitos adquiridos alrededor de la mesa son la mejor carta de presentación ante aquellas personas que no nos conocen. Muchas cosas referentes a la infancia quedarán olvidadas cuando ya seamos mayores, pero el recuerdo de la madre amorosa, que guió nuestros primeros pasos por la vida y del padre recto y comprensivo que a diario nos exigía la corrección y la compostura en la mesa son recuerdos que perduran toda la vida. Los manjares exquisitos que prepara y presenta de modo atractivo la madre de familia son más tarde los platos de nuestra predilección y saboreándolos evocamos los días lejanos en que alrededor de la mesa se reunían padres, hermanos y demás familiares.

La buena apariencia que presenta la mesa familiar se debe a un gran número de detalles que conviene tener siempre presente: mantel sencillo, que resista las lavadas frecuentes, vajilla modesta pero bien conservada, en que no aparezcan platos ni vasos hendidos, averiados; cubiertos del mejor material posible para que duren mucho tiempo y conserven su buen aspecto.

La decoración de esta mesa diaria no representa problema a las dueñas de casa de nuestros días, son muchas las revistas y secciones de periódicos que ayudan en esto de modo eficaz. Lo que importa a la madre de familia es no perder de vista que esa mesa en que ofrece las comidas del día no debe dar a los hijos la impresión de cosa desaliñada, desolada, que sirve solamente para que en ella se pongan platos, presentados de modo igualmente desaliñado. La mayor demostración de afecto que podemos ofrecer a los nuestros es una mesa presentada artísticamente, limpia, con las piezas que necesita cada comensal y con alimentos presentados lo más artísticamente posible.

Tan importante como la decoración de la mesa es la presentación del menú y en ambas cosas ha de ponerse esmero y cuidado. Es cierto que muchas veces la dueña de casa no dispone del tiempo para crear adornos complicados ni aparecen luego los materiales que necesita para su confección, pero siempre puede ingeniarse para llevar una nota de alegría al plato más modesto. Un arroz blanco, pongamos por ejemplo, servido al descuido en una fuente cualquiera no ofrece un buen aspecto; en cambio ese mismo arroz moldeado y presentado sobre una base de berro cambia por completo su apariencia y nos incita a comerlo. En cambio un manjar hecho con buenos materiales, cocinado correctamente, mal presentado, no despierta nuestro apetito, no sabemos de sus bondades hasta que lo hemos probado.

Sabemos por la Psicología que gran parte de la satisfacción que nos producen los alimentos la recibimos a través del sentido de la vista, y luego el gusto y el olfato hacen el resto. Comemos con los ojos, se dice vulgarmente, dando a entender que sentimos gran satisfacción en presencia de un alimento presentado en forma atractiva, a tal extremo que nos incita a probarlo. Todo esto nos dice de la importancia que tiene para el individuo el contemplar una mesa bien dispuesta, platos suculentos y bien presentados.

En la decoración del menú conviene considerar algunos aspectos de importancia, entre ellos el que se refiere al color; al emplear materiales de un mismo color tenemos una monotonía que conviene destruir de cualquier modo. Berro, lechuga, pepino, pimientos usados en guarnecer los distintos platos de un menú no dan el bello aspecto que deseamos; en cambio colocando a tramos modestas flores hechas con rabanitos rompemos la monotonía en cuanto al color y llevamos una nota alegre al plato presentado.

En la actualidad se emplea con mucho éxito una gran variedad de vegetales con los cuales decorar un número variadísimo de platos.

Estos materiales vivos, por así decirlo, frescos, recién traídos al mercado, tienen en decoración mucho más valor que cualquier adorno que podamos hacer empleando aceitunas, espárragos y otro cualquier elemento decorativo parecido. Tienen también la ventaja de su poco costo, dato que conviene no perder de vista. Con centavos empleados en nabos, zanahoria, remolacha, pepino, etc., se logran adornos de gran belleza; con la ventaja de que estos materiales tienen siempre estación en nuestro país y por tanto podemos disponer de ellos durante todo el año.

Ejemplo de cuanto venimos diciendo es el plato decorado que paso a presentarles y cuyos ingredientes enumero a continuación.

ARROZ CON VEGETALES

INGREDIENTES:

1 taza de arroz.
2 tazas de agua.
2 cucharadas de manteca.
1 cucharadita de sal.
1 latica de remolacha picada en daditos.

PREPARACION:

Se cocina el arroz con los tres ingredientes siguientes en la forma corriente en que se hace en las casas el arroz blanco. Cuando ya está cocido este arroz se retira del fuego y se deja reposar, se vierte luego la mitad del contenido de la latica de remolacha, con su jugo correspondiente y se mezcla bien a fin de que adquiera un color parejo. Se engrasa un molde de tamaño apropiado y se echa en él el arroz presionándolo un poquito para que se adhiera a las paredes del molde. Se desmolda luego el contenido sobre un recipiente apropiado y se decora con la guarnición que explicamos a continuación.

HUEVOS EN COPA DE PEPINO:

Se escogen pepinos que tengan sus extremos agudos y bien formados, se cortan dichos extremos a una distancia aproximada de dos pulgadas. Se divide el borde en cinco partes dando cortes profundos hasta cerca del extremo del pepino. Se procura darle a cada una de estas partes la forma de pétalos, rebajando con el cuchillo la parte blanca y carnosa del pepino a fin de colocar dentro de la copa así formada un huevo previamente cocido. Se echa el huevo en una vasija con agua fría, se lleva al fuego y transcurridos doce minutos desde que el agua empezó a hervir, se retira; se pela el huevo y ya frío se tiñe empleando tintes vegetales de los usados en la confección de cake. Se tiñe cada huevo de un co-

lor diferente. El color verde del pepino contrasta con los colores dados a los diversos huevos que han de emplearse en esta guarnición así como el que tiene el arroz con vegetales, en cuya base va colocada esta guarnición.

Cubasanita

Juegos de baños - Azulejos - Papel de tapizar - Cocinas de gas
Artículos para el hogar

CABLE: CUBASANITA
TELS.: M-7505 - A-8914

O'REILLY, 454
HABANA

Los pisos de terrazzo de

LUIS MIÓN, S. A.

hacen más bella su casa

«If music be the food of love, play on, give me excess of it.»
SHAKESPEARE

En LA DISCOTECA Ud. podrá saciar su gusto musical con discos clásicos o populares de todas las marcas. Cuando de discos se trata, lo que no tiene LA DISCOTECA no lo tiene nadie.

LA DISCOTECA
(EDIFICIO RADIOCENTRO)

L Y 23 - VEDADO

TELEFONO F-5653

PARTICIPACION DE LA ASOCIACION DE DIETISTAS CUBANOS EN LA EXPOSICION DE ARTE CULINARIO CELEBRADA EN EL VEDADO TENNIS CLUB BAJO LOS AUSPICIOS DE LAS SALAS COSTALES Y SAN MARTIN DEL HOSPITAL UNIVERSITARIO GENERAL CALIXTO GARCIA

Por Ana Teresa Curbelo

Con sumo gusto accedemos a la petición que se nos hiciera de reseñar la participación de la Asociación de Dietistas Cubanos en la Exposición de Arte Culinario que tuvo lugar en los salones del Vedado Tennis Club el día 10 de Junio de 1953, organizada por las madrinas de las salas Costales y San Martín del Hospital Universitario General Calixto García, donde desde hace años un Comité de Damas, integrado entre otras por las citadas madrinas, se dedican con verdadero espíritu cristiano y gran abnegación, a la tarea de ayudar a sus semejantes, prestando su eficaz cooperación a la dirección de dicho hospital, la que se traduce en mejor servicio para los enfermos.

Fuimos invitadas como Presidenta de la Asociación de Dietistas Cubanos, cuya primera actuación pública tuvo lugar aquel día, a participar en dicha Exposición. Así fué que nos dimos a la tarea de pensar de qué manera podríamos ayudar más eficazmente a tan noble propósito y concebimos la idea de no sólo exhibir un menú balanceado con todos sus platos artística y atractivamente presentados y valorados mediante gráficas que también se expusieron, sino la de hacer funcionar el Bar que denominamos Tropical por el tipo de jugos que allí se ofrecerían y con el cual deseábamos contribuir al mayor éxito económico de la referida Exposición.

No fué tarea fácil, por cierto, la de preparar un Bar que habría de diferir de los corrientes, donde no se brindarían refrescos embotellados, bebidas alcohólicas, etc., sino donde se ofrecerían, en profusa variedad, combinaciones de distintos jugos o pulpas de frutas frescas acabadas de extraer, así como también de vegetales con el máximo del valor vitamínico y sales minerales que contienen, todo con la finalidad de orientar mejores hábitos entre nuestros compatriotas y justificar el nombre tropical de nuestro Bar, ya que por motivo del clima en Cuba, muy especialmente durante el verano, estamos necesitados de líquido que perdemos con exceso debido a la transpiración provocada a causa del calor reinante.

Nos complacería, por tanto, que ese tipo de Bar tuviera imitadores en nuestro país, para que fuera ése, y no otro el tipo de bar de las futuras generaciones de cubanos donde éstos pudieran satisfacer sus necesidades corporales de líquidos, sin menoscabo de su salud, así como pudieran proveerse de las sales minerales y vitaminas en los que son especialmente ricos los vegetales y las frutas, los que al ingerirlos de ese modo crudos y frescos no han sufrido pérdida alguna como infaliblemente ocurre con los que se someten a la cocción en cualquiera de sus formas.

A la ardua tarea de la extracción de los jugos, fué la que suscribe, ayudada eficazmente por un grupo de sus alumnas de la Escuela Normal para Maestros de La Habana, entre las cuales se destacó Azucena Perdomo, la que demostrando grandes aptitudes para el dibujo y aplicando sus conocimientos en esta materia, se encargó de pintar los carteles anunciadores que en gran profusión aparecían en las paredes del Bar, con el fin de orientar al público consumidor, sobre las bondades y valor nutricional de los jugos y sus combinaciones que allí se ofrecían.

Recuerdo que entre dichos carteles se destacaba el que ocupaba el lugar central de honor y el más alto, el de la insignia de la Asociación de Dietistas Cubanos, que por primera vez se daba a conocer al público, el que tiene la forma del escudo cubano y en el que aparece entre otros símbolos nuestro lema: "Salud por dieta balanceada". A su vez, en el centro del mostrador del Bar, como asunto decorativo se veía el Carrusel de la Salud, construído por mis alumnas, donde aparecían los siete grupos básicos, representado cada uno, por cestos que contenían los alimentos correspondientes, de material plástico, y donde se destacaba en el centro, la estatua de Cuba y su mapa con un letrero que decía lo siguiente: "Cuba necesita de hijos sanos y fuertes".

También prestaron su colaboración eficaz las Doctoras y a su vez Dietistas, Dulce María Mestre, la que tuvo a su cargo la decoración del Bar, la compra de las frutas y vegetales y que actuó como cajera en el mismo; y Aracelia López Villalonga que no sólo ayudó a la venta de los jugos en mi compañía, de mis alumnas y Blanca Suárez, otra de nuestras futuras dietistas, sino que preparó y decoró los platos del menú balanceado que se presentó en la Exposición y junto al cual aparecían las gráficas del valor del desayuno, almuerzo, merienda y comida y la de la suma de todas ellas, para compararlas con las que mostraban los requerimientos diarios del hombre y la mujer expresados, al igual que las anteriores, en los distintos nutrientes, calorías, proteínas, calcio, hierro, vitaminas A, tiamina, riboflavina, niacina, vitamina C, etc., que son necesarios al cuerpo para mantenerlo en estado de salud.

Terminada esta especie de introducción, pasaremos a exponer el menú con su valoración en nutrientes que se expuso aquel día en el Vedado Tennis, junto con las recetas de algunos de sus platos así como la de las combinaciones de jugos que se ofrecieron en el Bar Tropical.

MENU BALANCEADO
(Para cuatro personas)

DESAYUNO:
Toronja preparada (dos medianas) ½ toronja por ración.
Cereal: Corn Flake 4 oz. (1 oz. por ración).
Leche para la ración de cereal: 1/3 de taza.
Panecillos (biscuits): dos por ración, 8 en total.
Compota de fruta bomba: 8 cucharadas (2 por ración).
Leche sola para los niños (un vaso de 8 oz. por ración).
Café con leche para los adultos (vaso de 8 oz.).
Azúcar para endulzar el café con leche (1 cucharada por ración).

ALMUERZO:
Limonada bicolor: 4 vasos de seis onzas cada uno.
Arroz con vegetales después de cocinado: 4 tazas (1 por ración).
Filetes de pescado, grillé (2 onzas por ración), total 8 oz.
Ensalada: Lechuga, pepino y ají, ½ taza por ración (dos tazas).
Pan: 4 asemitas (1 por ración).
Postre: Piragua Siboney (véase receta para la cantidad).

MERIENDA:
Dos galleticas dulces (cookies) de avena por ración (8 en total).
Un vaso de leche de seis onzas por ración (4 en total).

COMIDA:
Cocktail pétalos de naranja (½ taza por ración).
Cake de carne entre flores (ración, véase receta adjunta).
Puré de papas, dos tazas (ración ½ taza).
Pan (dos rebanadas por ración).
Postre: Pudín de ciruelas pasas (ración, véase receta).

RECETAS DE ALGUNOS DE LOS PLATOS DEL ANTERIOR MENU

LIMONADA BICOLOR
INGREDIENTES:
¾ taza de agua de coco.
1 cucharada de jugo de limón.
2 cucharadas de azúcar o miel.
2 cucharadas de jugo de remolacha.

PREPARACION:

Se hace una limonada con los tres primeros ingredientes. Se coloca en el vaso en que se vaya a servir (de seis onzas). Sobre la limonada se vierte muy despacio, sobre la parte convexa de una cuchara el jugo de remolacha, el cual formará una franja roja. Esta cantidad da para una ración.

ARROZ CON VEGETALES

INGREDIENTES:

- 2½ tazas de agua.
- 1 cucharadita de sal.
- ½ taza de habichuelas cortadas en trocitos de ½ pulgada de largo.
- ½ taza de chayote crudo picado en cubos de 1 cm.
- ½ taza de habas limas o guisantes frescos.
- ½ taza de calabaza cortada en cubitos de 1 cm.
- ½ cebolla (1 oz.) picadita.
- 2 dientes de ajo.
- 2 cucharadas de ají verde picadito.
- 1 taza de pasta de tomate.
- 1 taza de arroz integral.
- 3 cucharadas de aceite.
- 1 lata de pimientos morrones.
- 2 tallos de apio.
- 1 lechuga del país.
- 1 pepino.

PREPARACION:

Se ponen al fuego el agua con la sal. Cuando empiece a hervir se echan las habichuelas, el chayote y las habas limas. Cuando de nuevo empieza a hervir el agua, se baja el fuego a "simmer" o muy lento. A los ocho minutos se agrega la calabaza, la cebolla, el ajo y el ají. Transcurridos siete minutos más se mide el caldo. Debe ser una taza de caldo. Se le adiciona al caldo la taza de pasta de tomate. Cuando empieza a hervir otra vez se agrega el arroz previamente lavado. Se cuece a fuego lento. Casi seco el arroz se le adiciona una cucharada de aceite y los vegetales cocidos. Se cubre con papel encerado engrasado con una cucharada de aceite. Se termina la cocción del arroz al baño-maría. Al separarlo del fuego se le añade otra cucharada de aceite revol-

viendo con un tenedor el arroz para que todo se impregne de la grasa. Dan cuatro tazas de arroz o cuatro raciones.

Notas: Se ha preferido echar las sazones crudas en vez de hacer un sofrito porque de ese modo son más digestivas. El arroz se moldeó dentro de un molde de celofán con la forma del casco de un barco. Los mástiles se figuraron con tallos de apio. La superficie del arroz se decoró con los pimientos morrones cortados en forma de cangrejitos, etc. El mar se simuló con la lechuga picada. Los filetes de pescados se montaron mediante palillos de dientes sobre rodajas de pepino (cuatro por cada uno). Las asemitas representaban los salvavidas. Las chimeneas se figuraron con dos pedazos de pepino.

PIRAGUA SIBONEY

INGREDIENTES:

1 tajada de melón Cantaloupe cortado en sentido longitudinal (4 onzas).

10 ó 20 fresas o un mamey.

2 tajadas de un melón de agua (Sandía).

PREPARACION:

Con el utensilio propio para cortar las papas o la cucharilla se extrajeron cuatro o cinco bolitas de la tajada de melón cantaloupe. En cada cavidad se colocó una fresa o una bolita de mamey. Con el melón de agua en forma de bolitas sacadas en la misma forma y ensartadas en palillo de dientes se simularon los cuatro inditos, uno para cada una de las cuatro piraguas.

COCKTAIL DE FRUTAS DENTRO DE PETALOS DE NARANJA

INGREDIENTES:

1 naranja Nevo sin semilla.

1 manzana roja.

½ piña mediana.

4 onzas de fruta bomba.

2 platanitos manzanos.

PREPARACION:

La naranja después de cepillada y sin pelar se corta en doce rodajas finas. El resto de las frutas se pica en cubos pequeños y se mezclan bien. Alrededor de copas de pie corto se colocan paraditas las rodajas de naranja, tres en cada una. Se llena el centro con las frutas picadas y mezcladas. Da cuatro raciones.

CAKE DE CARNE ENTRE FLORES

INGREDIENTES:

3½ onzas de carne de res molida.
1 onza de carne de puerco molida.
1 cucharada de cebolla picadita.
¼ taza de avena, tal y como viene en el paquete.
¼ cucharadita de sal.
1 cucharada de puré de tomate.
1 huevo.
¼ taza de agua.

PREPARACION:

Se combinan todos los ingredientes en el orden dado y se mezclan bien. Se vierte en un molde redondo de capacidad de 1/3 de litro o 1-1/3 taza, engrasado ligeramente presionándose bien la carne dentro del mismo. Se cocina al horno a temperatura de 300° F. por cuarenta minutos. Lista la cocción puede servirse caliente o como fiambre. Cuando se sirve caliente puede acompañarse con una salsa de tomate. Rinde para cuatro personas. Se decora con flores hechas con vegetales. Se presentó con dalias confeccionadas con ajos puerros.

PUDIN DE CIRUELAS PASAS

INGREDIENTES:

1 taza de migas de pan integral.
½ taza de leche.
3 yemas de huevo.
4 cucharadas de azúcar turbinada.
¼ cucharadita de sal.
½ cucharadita de vainilla.
2 claras de huevo batidas.
16 ciruelas pasas remojadas.
3 cucharadas de azúcar turbinada para acaramelar el molde.

PREPARACION:

Se remoja el pan en la leche y se pasa por el colador (también puede tostarse el pan y rallarse). Después se le agregan las yemas, el azúcar, la sal y la vainilla, y por último las claras batidas a punto de nieve. Las ciruelas remojadas se reducen a puré pasándolas por el colador. Con este puré se cubre el fondo del molde previamente acaramelado y frío este último. Encima de todo esto se vierte la mezcla de pan, leche, etc. Si se desea, cuando esté casi terminada la cocción, se le insertan ciruelas pasas en los bordes.

El molde es rectangular de capacidad de tres tazas. Se cocina a baño-maría al horno a 350° F. durante veinticinco minutos, o hasta que al introducirle un palillo de diente, salga seco. Cuando haya refrescado se saca del molde y ya frío se pone en el refrigerador. Si se desea puede cubrirse su superficie, no los bordes, con merengue que después se dora en un horno muy caliente unos minutos. Rinde para cuatro raciones.

LOS JUGOS DE FRUTAS Y SUS COMBINACIONES QUE SE OFRECIERON EN EL "BAR TROPICAL" DE LA ASOCIACION DE DIETISTAS CUBANOS

COMBINACIONES DE JUGOS DE FRUTAS Y GUARAPO

1.—Guarapo y limón:

INGREDIENTES:

¾ vaso de guarapo.
1 cucharada de jugo de limón.

¼ vaso de hielo.

PREPARACION:

Se ligan los ingredientes y se baten en la licuadora. Se sirve sobre el hielo.

2.—Guarapo, piña y limón:

INGREDIENTES:

¼ vaso de hielo.
¼ vaso de guarapo.
1 cucharadita de jugo de limón.

El resto de jugo de piña (½ vaso).

PREPARACION:

Se mezclan la piña, el guarapo y el limón. Se baten en la licuadora. Se sirve sobre el hielo.

3.—Guarapo, naranja y limón:

INGREDIENTES:

¼ vaso de hielo.
½ vaso de jugo de naranja.

¼ vaso de guarapo.
1 cucharadita de jugo de limón.

PREPARACION:

Igual que el anterior.

4.—Guarapo, pulpa de guanábana y limón:

INGREDIENTES:

¼ vaso de hielo.
¼ vaso de pulpa de guanábana.
1 cucharada de jugo de limón.
el resto de guarapo.

PREPARACION:
Se ligan todos los ingredientes, se baten en la licuadora; se sirve sobre el hielo.

5.—Guarapo, pulpa de fruta bomba y limón:

INGREDIENTES:

¼ vaso de hielo.
¼ vaso de pulpa de fruta bomba.
1 cucharadita de jugo de limón.
el resto de guarapo.

PREPARACION:
Se bate todo y se sirve sobre el hielo.

OTRAS COMBINACIONES

6.—Batido de guanábana, agua de coco y pasta de almendra. (Rico en calcio):

INGREDIENTES:

¼ vaso de hielo.
¼ vaso de pulpa de guanábana.
1 oz. de pasta de almendra.
el resto de agua de coco.

PREPARACION:
Se mezcla, se bate y se sirve sobre el hielo.

7.—Batido de guanábana, leche y almendra.

Más rico en calcio que el anterior. Ambos son recomendables para la mujer en estado de gestación sin sobrepeso:

INGREDIENTES:

¼ vaso de hielo.
½ vaso de guanábana.
1 oz. de almendra.
el resto de leche.

PREPARACION:
Se prepara como el anterior.

8.—Batido de plátano, piña y limón:

INGREDIENTES:

¼ vaso de hielo.
¼ vaso de plátano Johnson o manzano picadito.
1 cucharada de limón.
el resto de jugo de piña.

PREPARACION:

Se mezclan los ingredientes, se baten en la licuadora y se sirve sobre hielo.

9.—Melón de agua, plátano y limón:

INGREDIENTES:

¼ vaso de hielo picado.
¼ vaso de plátano.
1 cucharada de jugo de limón.
el resto de la masa del melón sin semilla.

PREPARACION:

Se mezcla, se bate y se sirve sobre hielo.

10.—Fruta bomba con leche:

INGREDIENTES:

¼ vaso de hielo picado.
¼ vaso de pulpa de fruta bomba.
1 cucharada de azúcar turbinada.
½ vaso de leche.

PREPARACION:

Todo se mezcla, se bate y se sirve sobre el hielo.

11.—Agua de coco y mamey:

INGREDIENTES:

¼ vaso de hielo picado.
½ vaso de pulpa de mamey.
1 cucharada de azúcar.
¼ vaso de agua de coco.

PREPARACION:

Se mezclan los ingredientes y se baten.

12.—Batido de ciruelas pasas. (Rico en hierro):

INGREDIENTES:

1/3 de taza de pulpa de ciruelas pasas.
1/2 taza de leche evaporada.
1 cucharada de jugo de limón.
2 cucharadas de azúcar.

PREPARACION:

La pulpa de ciruelas pasas se obtiene poniéndolas en agua durante tres o cuatro horas para que se ablanden. El agua sólo a cubrirlas. Quitadas las semillas a las ciruelas se echan en la licuadora y se reducen a pasta. Para hacer el batido se bate la leche hasta hacerla espumosa. Se le agrega el jugo de limón despacio y se continúa batiendo hasta que se endurezca la mezcla; se envuelve el batido en azúcar y después en la pulpa de ciruelas pasas.

13.—Limonada bicolor:

INGREDIENTES:

¾ vaso de agua de coco.
2 cucharadas de jugo de limón.
1 cucharada de azúcar o miel.
¼ vaso de hielo.
2 cucharadas de jugo de remolacha.

PREPARACION:

Se bate el agua de coco con el jugo de limón y el azúcar o miel. Se vierte en el vaso sobre el hielo. Se le echa encima el jugo de remolacha sumamente despacio sobre la parte cóncava de una cuchara de las de sopa. El jugo de remolacha se prepara del modo siguiente:

INGREDIENTES PARA EL JUGO DE REMOLACHA:

3 onzas de remolacha.
¾ taza de agua de coco.

PREPARACION:

Se pica la remolacha en pedazos pequeños, se echan en la licuadora, se le adiciona el agua de coco, se bate y se cuela por un paño fino o gasa doble.

14.—Agua de coco o mineral o jugo de toronja más jugo de espinaca o berro y jugo de limón. (Rico en hierro):

INGREDIENTES:

¼ vaso de hielo picado.
½ taza de jugo de berro o espinaca.
2 cucharadas de jugo de limón.

Una pizca de sal o dos cucharaditas de azúcar según el gusto.

PREPARACION:

Se ligan los ingredientes, se baten y se sirve sobre el hielo. Para hacer el jugo de berro o espinaca se empieza por lavar bien las hojas del vegetal de la manera siguiente: Se echan en un recipiente con bastante agua, se lavan bien; se saca el vegetal, se bota el agua y se enjuaga el recipiente de modo que no le quede ninguna arenilla. Este procedimiento se repite cinco veces. Después de lavadas las hojas se pican con un cuchillo, se echan en la licuadora con agua, se bate hasta que se disuelvan bien. Después se cuela por un colador.

15.—Agua de coco, jugo de zanahoria y de limón:

INGREDIENTES:

¼ vaso de hielo picado.
½ vaso de jugo de zanahoria.
1 cucharada de jugo de limón.
2 cucharaditas de miel.

PREPARACION:

Se mezclan los ingredientes, se baten y se vierten en el vaso sobre el hielo. Para hacer el jugo de zanahoria se procede como con el de remolacha después de bien cepillado, en uno y otro caso, el vegetal.

16.—Batido arco iris:

INGREDIENTES:

¼ vaso de hielo picado.
2 cucharadas de jugo de limón.
¼ taza de agua mineral o de coco.
1 cucharadita de miel.
2 cucharadas de jugo de zanahoria.
2 cucharadas de jugo de tomate.
2 cucharadas de jugo de espinaca.

PREPARACION:

Se hace una limonada con el jugo de limón, agua de coco o agua mineral y la miel, se bate y se vierte en el vaso sobre el hielo. Después poco a poco, muy despacio sobre la parte cóncava de una cuchara de sopa se va vertiendo encima primero, el jugo de remolacha; después en la misma forma el de zanahoria, el de tomate y por último el de espinaca. De ese modo se van formando franjas de distintos colores.

PONCHE TROPICAL FRAPPE

INGREDIENTES:

- 2 piñas cabezonas.
- 3 naranjas China (medianas).
- 6 limones.
- 8 onzas de azúcar.
- 4 botellas de agua gaseada (no bicarbonatada).
- 3 cocos indios.
- 2 litros de agua corriente.
- 1 pomo mediano de fresas o guindas.
- 1 mazo de hierbabuena (menta).

UTENSILIOS:

- 1 colador grande.
- 1 cuchillo.
- 1 cucharón de servir helados.
- 1 abridor de cocos.
- 1 abridor de botellas.
- 1 rallo, guallo o licuadora.
- 1 cuchara.
- 1 cepillo de raíz.
- 1 recipiente para hacer el helado cuya forma se adapte a la de la ponchera donde se servirá el ponche más tarde.

DESARROLLO:

Primer día: Preparar la garapiña y el helado.
1) Se corta la cabeza de la piña y se tira sus hojas verdes.
2) Se lava debajo del chorro del agua y se frota con un cepillo de raíz la cáscara de la piña.
3) Se pela la fruta y sus cáscaras, se ponen en maceración en dos litros de agua corriente durante veinticuatro horas.
4) Se ralla la piña y se exprime en un colador grande.
5) Se vierte este jugo en cuatro onzas de azúcar y se diluye.
6) Se lleva al refrigerador en molde apropiado y se congela durante veinticuatro horas.

Segundo día: En el momento de servir: Se corta en rodajas finas las naranjas de China, una vez lavadas. Se exprimen los limones. Se extrae el agua de los cocos. Se cuela la garapiña, se adiciona el agua de coco, el jugo de limón, el azúcar y el agua gaseada, se mueve ligeramente a diluir en azúcar dentro de la ponchera este líquido, sitúe cuidadosamente el helado de piña. Sobre toda la superficie y en la ponchera sitúe las rodajas de naranja y en el centro de ellas coloque graciosamente una guinda o fresa. Unas hojas de menta dejadas caer a intervalos dará más atractivo a la presentación del ponche.

Cómo se sirve: La ración individual llevará una bola de helado de cuatro a cinco onzas de líquido, una rueda de naranja con su guinda y un ramito de hierbabuena.

Nota: Se especifica que no se use agua bicarbonatada para evitar que el álcalis ataque destruyendo las vitaminas de las frutas usadas en esta receta.

En el siglo XVIII surge la ciencia de la nutrición, llamada también "Bromatología". Por primera vez se habla del calor que los alimentos producen, "calorías", poniéndose la base de las "vitaminas", que mucho más tarde habían de apasionar al mundo.

La vitamina A se encuentra en la avena, en el aceite de lino, en las espinacas, los tomates, el aceite de palma, la leche cruda, la manteca, la yema de los huevos, el pescado, el aceite de hígado de bacalao y en las grasas de origen animal y vegetal.

La vitamina B, se encuentra en el trigo, avena, maíz, arroz, guisantes, lentejas, coles, tomates, cebollas, espinacas, levadura de cerveza, hígado de ternera y carne de cerdo.

La vitamina C, se encuentra en las coles, zanahorias, cebollas, tomates, en las uvas, naranjas, zumo del limón.

La vitamina D, se encuentra en los peces, los mariscos, en el aceite de oliva, en la mantequilla, en el aceite de hígado de bacalao.

La vitamina E, se encuentra en el trigo, en la levadura de cerveza, en la yema de huevo, en los garbanzos frescos, en las papas, en la manteca, en el tomate, en la cebolla.

La vitamina de la papa se encuentra debajo de la piel, de modo que conviene rasparla más que pelarla, o hervirla con su piel.

LOS MERENGUES

Por Manuela Fonseca de Sarille

Los merengues son una deliciosa combinación de clara de huevo batida y azúcar, con alguna esencia o sabor; constituyen la base o el complemento de numerosos postres, aunque por sí solos también son muy apreciados.

Todos los merengues llevan los mismos ingredientes básicos, o sea, clara de huevo y azúcar, pero pueden agregarse otros para mejorar su sabor y textura. La proporción de los ingredientes, sin embargo, puede variarse y a esto se deben principalmente las diferencias que se obtienen, aunque la forma de cocción también afecta a la textura. Los merengues se clasifican en tres grupos:

1) Merengues blandos.
2) Merengues duros.
3) Merengues para cubrir bizcochos o azucarados.

Merengues blandos:

Son los merengues suaves y ligeros que se usan principalmente para cubrir o adornar los pasteles americanos de tipo descubierto, así como para colocar sobre los pudines, natillas e infinidad de dulces de pastas de harina. Se les llama también merengues suizos.

Los factores que influyen en la obtención de un buen merengue blando son los siguientes:

la proporción de azúcar y clara, la extensión del tiempo de batido, el momento en que se comienza a agregar el azúcar, la forma de agregarla y la temperatura y tiempo de horneo.

La proporción básica para el merengue blando es de una a tres cucharadas de azúcar por cada clara de huevo, aunque la más usada es dos cucharadas. Se puede substituir el azúcar por una cucharada de miel, sirope o jalea, por cada clara.

Aunque se pueden obtener resultados satisfactorios por otros métodos, el más aceptado para hacer un buen merengue es el siguiente:

Se ponen las claras a la temperatura ambiente y se baten hasta que estén espumosas; se añade una pizca de sal y se continúa batiendo hasta que formen picos suaves; entonces se añade el azúcar poco a poco mientras se continúa batiendo hasta que el merengue obtiene suficiente dureza para mantener sus picos cuando se levanta el batidor.

El azúcar estabiliza el merengue, pero si las claras se baten demasiado antes de agregar el azúcar, el merengue se volverá acuoso. Si se pone exceso de azúcar, el merengue resultará con una costra pegajosa. Por esto sólo se puede usar la proporción de tres cucharadas de azúcar por clara cuando es muy refinada. Conviene aclarar que el azúcar en polvo no resulta adecuada para hacer merengue debido a la maicena que contiene.

> *El horneo de los merengues blandos requiere unos veinte minutos a 300° F. (149 C.). Muchos prefieren temperaturas más elevadas y menos tiempo de horneo; con temperaturas inferiores a 300° F. los merengues blandos generalmente se resecan mucho y al sacarlos del horno se encogen.*

Merengues duros:

> *Este tipo de merengue tiene usos muy variados y numerosos. Se caracterizan principalmente por su textura dura y quebradiza, algo cristalizada, la que se debe a una gran proporción de azúcar y al horneado lento y prolongado.*

Entre los merengues duros se encuentran los merengues comunes, los besitos, los almendrados, los merengues glacés, las conchas y las tortas de merengue, así como algunas golosinas que se preparan combinando el merengue con cereales tostados. Estos últimos y los almendrados participan de las características de las confituras y de las galleticas, entre las cuales se incluyen generalmente.

RECETA MAESTRA:

> *Las proporciones de la Receta Maestra para merengue duro es de ¼ taza de azúcar, una pizca de sal y 1/16 cucharadita de crémor tártaro por cada clara de huevo. La sal contribuye a aumentar el volumen del merengue a la vez que da sabor. El crémor tártaro es el ácido preferido, pero puede usarse vinagre; su función consiste en estabilizar el merengue y ayudar a que la clara se coagule más aprisa cuando se hornea el merengue. Generalmente se añade extracto de vainilla u otro para dar sabor, en la proporción de ¼ cucharadita por clara.*

Ya se dijo que para hacer cualquier clase de merengue es indispensable tener las claras a la temperatura ambiente (82 a 86° F. es la mejor). El método para batir el merengue duro es el mismo explicado para merengue blando. Después se moldean los merengues con una cuchara o se vierte con la manga de pastelería, dándole el tamaño y forma deseada. Generalmente se cubre la bandeja de hornear con papel común sin brillo.

El horneado de los merengues duros se efectúa con temperatura baja, entre 225° F. a 325° F. durante quince minutos a una hora, o más, para que obtengan un bello color dorado y la superficie se reseque. La temperatura y duración del horneado depende de los ingredientes y tamaño de los merengues.

Merengue de tipo azucarado:

Son los que se usan para cubrir toda clase de bizcochos y para confeccionar confituras de textura suave, como las pastillas de altea. La preparación de estos merengues constituyen un problema de cocción de azúcar; comprenden dos clases: merengue preparado con almíbar caliente y merengue cocido.

Merengue preparado con almíbar caliente:

Entre los merengues preparados con almíbar caliente se encuentran el merengue italiano y el merengue francés.

Merengue Italiano:

Para el merengue italiano se hace un almíbar con punto de hilo (230 a 235° F. ó 110 a 113° C.); antes de que el almíbar llegue al punto indicado, se baten las claras a punto de nieve. El almíbar se vierte sobre las claras batidas, en forma continuada, mientras se sigue batiendo sin cesar. Antes de terminar el batido, se pone la esencia para que se mezcle bien. El uso de una batidora eléctrica resulta muy conveniente; de lo contrario será necesario la ayuda de otra persona.

Merengue Francés:

Para hacer el merengue francés se sigue el mismo proceso, pero se usa almíbar con punto de bola suave (235 a 240° F. ó 113 a 116° C.). Resulta más duro que el merengue italiano.

Merengue Cocido:

El merengue cocido, del cual es ejemplo el azucarado de siete minutos, se prepara colocando las claras, el azúcar y el agua en el cazo superior de un baño-maría y se bate con batidor de rueditas durante la cocción. Al terminar se le añade la esencia o sabor.

Merengues Glacés:
Se moldean merengues grandes y se hornean a 275° F. por cuarenta minutos; se les hace un hueco y se vuelven a poner en el horno para que se resequen. Se rellenan con helados, frutas o crema de leche batida.

Conchas de Merengue:
Se hacen vertiendo el merengue con cucharita o manga, dándole a cada una de tres a cuatro pulgadas de diámetro y una y media pulgadas de altura; para esto se pueden poner las capas de merengue necesarias, unas sobre otras, con la manga, o se moldean las conchas con una cuchara. Las conchas se hornean a 250° F. por cerca de una hora. Se sirven rellenas con frutas o helados.

Tortas de Merengue:
Las tortas de merengue son merengues horneados como una concha de pastel. Se usan moldes para pastel, de cristal o los de latón que tienen una cuchilla para desprender la torta. También se puede moldear la torta vertiendo el batido sobre papel sin brillo, con manga o con cuchara; se le da tamaño de pastel con ½ a ¾ pulgada de espesor a 1½ pulgadas de alto.

Merengues Pequeños:
Incluyen los besitos, los almendrados y los que llevan cereales tostados.

El merengue para los besitos se vierte por cucharaditas o con una manga sobre una plancha de hornear cubierta de papel sin brillo; se hornean a 275° F. durante quince a treinta minutos.

Muchas variaciones de besitos pueden obtenerse con sólo añadir coco rallado, maní o algún tipo de nuez picadita o molida en la misma proporción que el azúcar de la Receta Maestra. Cuando se añade algún cereal tostado se pone una cantidad doble a la de azúcar y se horneará a 300° F. por unos veinte minutos.

MERENGUE

INGREDIENTES:

    2 claras de huevo.
    ½ cucharadita de sal.
    ¼ cucharadita de crémor tártaro.
    ½ taza de azúcar.
    ½ cucharadita de vainilla.

PREPARACION:

Se baten las claras hasta que estén espumosas. Se espolvorea la sal y el crémor tártaro y se continúa batiendo hasta que formen picos suaves. Se añade el azúcar poco a poco mientras se sigue batiendo el merengue hasta que al levantar el batidor los picos sostienen su forma. Se añade la vainilla. En una bandeja de hornear forrada con papel sin brillo se forman los merengues con una cuchara o con una manga con boquilla sencilla. Se hornean en horno muy lento, a 250° F. durante cincuenta minutos o más. Se desprenden los merengues del papel. Si se desea, se unen de dos en dos.

VARIACIONES:

Merengue de nueces:

Se añade a la Receta Maestra media taza de nueces, avellanas, almendras, semillas de marañón, etc., bien picaditas. Después de darle forma a los merengues o a los besitos se espolvorean con parte de la nuez usada y se ponen al horno.

Merengue de nueces y dátiles:

Se añade a la Receta Maestra media taza de nueces y media taza de dátiles picaditos. Se moldean merengues pequeños y se hornean en horno moderado, 350° F., durante veinticinco minutos. Rinde cuarenta merengues pequeños.

Besitos:

Se procede como en los merengues grandes, pero se hacen pequeñitos, usando una cucharita o la manga de pastelería con boquilla rizada.

Besitos de coco:

Se usa la Receta Maestra, pero se sustituye el crémor tártaro por vinagre de sidra. Se añade media taza de coco rallado al menrengue y se forman los be-

sitos con una cucharita y una espátula pequeña. Se deja una pulgada de separación entre ellos. Se espolvorean con coco rallado. Se hornean a 275° F. hasta que tengan un bonito color dorado, unos cuarenta minutos. Se desprenden del papel y se dejan enfriar en la rejilla.

TORTA DE MERENGUE Y LIMON

INGREDIENTES PARA LA CONCHA:

4 claras de huevo
½ cucharadita de crémor tártaro.
¼ cucharadita de sal.
1 taza de azúcar.

PREPARACION:

Se baten las claras hasta que estén espumosas. Se añade el crémor tártaro y la sal. Se sigue batiendo hasta que forme picos. Se añade el azúcar poco a poco, batiendo, hasta que el merengue esté bien duro. Se coloca en un molde de pastel de nueve pulgadas de diámetro o sobre un papel sin brillo previamente engrasado. Se arregla con la espátula de manera que forme una concha de pastel. Se hornea en el centro del horno a 275° F. por cincuenta minutos o hasta que el merengue adquiera un color dorado. Se deja refrescar durante una hora, en un lugar que no tenga corriente de aire hasta que tenga consistencia dura.

INGREDIENTES PARA EL RELLENO:

4 yemas.
2 cucharaditas de ralladura de limón.
2 cucharadas de jugo de limón.
½ taza de azúcar.
3 cucharadas de harina.
1 taza de agua.

PREPARACION:

Se baten las yemas de huevo hasta que estén ligeras. Se le une la ralladura y el jugo de limón. Se mezcla el azúcar, la harina y el agua, revolviendo bien y se vierte sobre las yemas. Se cocina en la parte superior del baño-maría hasta que espese, unos diez minutos. Se retira del fuego y se cubre para que no forme nata en la superficie. Se deja refrescar bien. Se rellena la concha de merengue, ya fría, con la crema de limón y se deja que enfríe bien en el refrigerador. Rinde seis porciones.

QUESOS PARA TODOS LOS GUSTOS

Por Ana Dolores Gómez de Dumois

Mucho es lo que puede decirse sobre el queso y muchos son también los ricos platos que con él se confeccionan. Es el queso, con excepción del pan y la mantequilla, el único alimento elaborado por el hombre que es conocido y estimado por igual en todo el mundo.

Prácticamente cada país produce varios tipos de quesos y les asombrará saber que existen miles de variedades y también que su origen se remonta a más de dos mil años. Los entendidos afirman que el descubrimiento del queso fue, de manera probable, puramente accidental: el hombre primitivo halló un día que la leche que había dejado abandonada por un tiempo, se había cortado y, curioso, al probarla, encontró que en esta forma la leche no sólo era comestible, sino muy agradable al paladar. Este simple procedimiento de leche cortada es el origen de la mayor parte de los quesos; no obstante, para obtener las distintas variedades que hoy conocemos, el hombre ha complementado este sistema con otros procedimientos, por ejemplo: para obtener quesos blandos, corta y fermenta la leche a baja temperatura; para conseguirlos duros, por el contrario, la corta y fermenta a elevada temperatura y además los prensa.

Es el queso, en cualquiera de sus formas, un alimento básico, rico en calcio y proteínas y si a esto añadimos que su sabor es delicioso, no es mucho pedir a las amas de casa que lo tengan muy en cuenta en sus menús, como un plato en sí o como condimento de otros.

Son tantos y tantos, como antes dije, los quesos conocidos, que es difícil hacer una relación somera de unos cuantos, sin temer que "deje en el tintero" otros muchos, muy dignos también de mención.

Entre los quesos de fabricación casi casera o primitiva, pudiéramos decir, se encuentra el queso blanco, que se elabora en casi todos los países mediante el sencillo procedimiento de cortar y coagular la leche, ponerla en una bolsa de muselina a secar y comerlo luego con sal o azúcar. De este tipo de queso tenemos en Cuba el queso fresco, que se vende envuelto en hojas de plátano, el llamado queso blanco, que es un queso duro y prensado y la exquisita cuajada, que es un queso blanco y cremoso. Debido a la escasez de leche de vaca que estamos padeciendo en Cuba, hoy en día no abundan mucho estos quesos.

Francia cuenta con exquisitos quesos que son muy solicitados en todas partes del mundo. Entre ellos podremos citar los siguientes:

El Camembert, que debe su nombre al lugar de su origen, un poblado de Lisieux, en Normandía. Se elabora con leche cortada por un cultivo, que le da su sabor característico. Se le da forma de ruedas de uno y un cuarto pulgada de espesor y de cuatro y media pulgadas de diámetro, y se envasa en cajas redondas. Tiene una corteza muy fina y comestible, interiormente es cremoso, de consistencia casi flúida. Debe ser sacado del refrigerador varias horas antes de servirlo, o en caso apurado, puede calentarse rápidamente en el horno, pues siempre debe comerse cuando esté suave y cremoso.

Queso Brie: Como el Camembert, es uno de los más deliciosos quesos franceses; es hecho en las granjas del Obispado de Meaux. Tiene la forma y apariencia de un pastel de crema y es ligeramente salado. Es un queso blando, con una corteza veteada.

El conocido queso *Roquefort,* elaborado en el Departamento de Aveyron, el cual es curado en las cuevas naturales de la Villa Roquefort, a la cual debe su nombre. Tiene una interesante historia, que se remonta a la época de los antiguos Galos, cuando un joven pastor tuvo la idea de hacer quesos de la leche de sus ovejas y almacenarlos en las cuevas del lugar. Cuando volvió a los pocos días, se encontró que sus quesos habían experimentado una transformación: Estaban ligeramente calientes y eran fácilmente desmenuzables, comprobando, al probarlos, que su sabor era en verdad mucho más agradable que el de sus anteriores quesos. Repitió el experimento y obteniendo idéntico resultado, lo contó a sus compañeros. Pronto empezaron a levantarse numerosas chozas en las laderas de Combalou, donde los humildes habitantes de aquel lugar, empezaron a fabricar el hoy tan famoso Queso Roquefort.

Suiza también nos ofrece quesos tan exquisitos como el *Gruyere,* que también es fabricado en grandes cantidades en Francia, en la región de los Montes Jura. Los numerosos "ojos" que caracterizan a este queso, aparecen después que el queso ha sido debidamente salado en los cuartos de cura, donde los bloques permanecen algún tiempo, constantemente vigilados para evitar que se produzca algún moho o cultivo. Estos "ojos" son debidos al bióxido de carbono y al nitrógeno, causados por ciertos azúcares que permanecen en la leche. Un buen queso *Gruyere* debe ser de consistencia firme, de color amarillo claro y los agujeros deben ser grandes y no muy numerosos.

El *Sap-Sago* es otra variedad de queso suizo, llamado comúnmente *Queso Verde,* debido a su color, producido por la adición de hojas secas de una planta tipo clavo.

Pasemos ahora a los quesos de Italia, siendo los más conocidos el *Parmesano,* tan usado en la cocina, y el *Gorgonzola.* El Parmesano es uno de los quesos más famosos y es exportado a todas partes del mundo. Debe su nombre a ser originario de la Provincia de Bibbiano, que en un tiempo remoto perteneció al Ducado de Parma. Su origen data de muchas centurias, pero su fama quedó definitivamente establecida en el Siglo XIV. Boccaccio la cita en uno de sus cuentos, refiriéndose a "un país donde existían montañas de queso Parmesano rallado y cuyos habitantes no hacían otra cosa que comerlos en spaguettis y macarrones". Esto prueba, que aún en época remota, este queso era ya usado en la cocina.

Aún es la Provincia de Bibbiano la mayor productora de este queso aunque se está fabricando también en Bologna, Modena, Ferrara y Piacenza. Con el tiempo, el queso Parmesano gana en calidad y está mejor después de tres o cuatro años. Se vende en tres calidades: "vecchio" (viejo), "stravecchio" (muy viejo), y "stravecchione" (viejísimo), siendo éste último el preferido por los conocedores. El queso Parmesano rallado es uno de los más típicos condimentos de la cocina italiana y va siempre asociado a ella. Hay muchas imitaciones en el mercado, pero el genuino puede ser reconocido porque al cocinarse no se pone pegajoso, lo que sucede con aquellos de inferior calidad. Es un error muy común el comprar el Parmesano ya rallado. Nunca lo utilicen en esa forma, ya que su sabor y aroma se pierde un tiempo después de rallado, debiendo hacerlo solamente en el momento de usarlo.

El Bel-Paese, la Ricotta, El Pecorino Romano, El Reggiano, etc., son otros exquisitos quesos italianos.

Otro de los quesos más conocidos y comúnmente consumidos en nuestro país son los quesos *Holandeses*, como el *Edam* y el *Gouda*, algo parecidos al Cheddar inglés, de color amarillo, ligeramente duros y con corteza rojo brillante.

También mencionaré el típico *Limburger*, de olor fuerte y picante, lo que se debe mayormente a la gruesa corteza que lo cubre. Si el olor resultare desagradable, puede quitársele la corteza y envasarlo en latas o frascos para preservarlo.

Los Estados Unidos están fabricando magníficos quesos de todos los tipos indicados, y algunos con sabores especiales para satisfacer todos los gustos, los cuales son fáciles de encontrar en nuestro país y de sobra conocidos por todas las amas de casa.

Les daré, queridas lectoras, algunas recetas a base de queso y otras usando éste como condimento, que no dudo habrá de encantar a todos los de la familia, no sin antes recordarles que el queso es uno de los platos más socorridos y por ello deben estar siempre bien provistas de él, pues lo mismo les servirá para el desayuno que para servirlo como postre, acompañado de fruta, que servido en lasquitas para tomar un "traguito", que ofrezcan a cualquier visita inesperada, etc.

Hay quesos que deben siempre ser mantenidos en el refrigerador, bien envueltos en papel encerado y otros que pueden conservarse fuera, para que no se pongan demasiado duros y secos.

COTTAGE CHEESE (Queso fresco casero)

Doy esta receta para que las amas de casa puedan hacer ellas mismas un rico queso, muy propio para comer untado en galleticas, con ensaladas, etc.

INGREDIENTES:
    2 litros de leche cruda.   1 cucharadita de sal.
    jugo de 1½ limones.   1 cucharadita de azúcar.

PREPARACION:

Se pone la leche a la candela y al romper el hervor se le echa el jugo de limón. Al cortarse, se enfría, y se pasa por una muselina, exprimiendo un poco el suero. Se agrega la sal, revolviéndose bien con un tenedor, hasta que esté suave y se echa el azúcar. Se coloca en el refrigerador hasta que enfríe bien.

SOPA DE CEBOLLAS AL GRATIN

INGREDIENTES:
- 1 libra de cebollas blancas.
- ¼ libra de mantequilla.
- 6 tazas de caldo de pollo.
- ruedas finas de pan tostado.
- ¼ libra de queso parmesano.

PREPARACION:

Se cortan las cebollas en ruedas finas y se ponen a cocinar en la mantequilla, a fuego lento, hasta que estén bien blandas, cuidando que no se doren. Se le echan al caldo, ya colado, y se pone a hervir durante veinte minutos. Luego, en pequeñas cacerolas de barro, se sirven porciones individuales de sopa, y se colocan sobre ellas las ruedas de pan, espolvoreándoles el queso rallado y se ponen en el horno moderado, de quince a veinte minutos, hasta que se gratinen bien. Se deben servir en el mismo recipiente. Aparte, se coloca más queso rallado para que el que lo desee se sirva de él.

SOUFFLE DE QUESO

INGREDIENTES:
- ¼ libra de mantequilla.
- 6 cucharadas de harina.
- 2 tazas de leche.
- 2 tazas de queso amarillo rallado.
- 4 huevos.
- sal y pimienta a gusto.

PREPARACION:

Se derrite la mantequilla en una cacerola, se añade la harina y se echa la leche, poco a poco, revolviendo constantemente hasta que tome espesor de crema. Ahí mismo se le agregará el queso rallado, y se sigue revolviendo, a fuego muy lento, hasta que el queso se derrita. Se echa un poco de esta mezcla a las yemas de huevo, bien batidas, y se agrega luego al resto de la salsa. Se quita de la candela. Se sazona con sal y pimienta a gusto y por último se le incorporan las claras, batidas a punto de merengue, pero no muy secas. Se vierte en un recipiente refractario al calor, engrasado con mantequilla, y se hornea a 325° F. durante una hora, aproximadamente. Se sirve inmediatamente.

MANZANITAS DE QUESO (Muy indicadas para cocktails)

INGREDIENTES:

1 queso crema de 6 onzas.
¾ libra de queso Gruyere.
clavos de olor.
hojitas de hierbabuena.
pimentón.
galleticas saladitas, redondas.

PREPARACION:

Se ablanda el queso crema con un tenedor o en una batidora eléctrica y cuando esté suave, se agrega poco a poco el queso Gruyere rallado fino, hasta que pueda formarse una pasta que se despegue de las manos. Se forman bolitas del tamaño de una nuez y se hunde el dedo meñique en el centro, para figurar la forma de una manzanita. En esa hendidura se coloca un clavo de olor y dos hojitas de hierbabuena y con el índice se le va untando el pimentón en distintos lugares, para dar la idea de que las manzanitas empiezan a colorear. Se coloca cada una sobre una galletica saladita, redonda.

CAKE DE QUESO (CHEESE CAKE)

INGREDIENTES:

18 bizcochos Zweiback.
4 cucharadas de azúcar.
¾ cucharadita de canela.
¼ taza de mantequilla derretida.
1 taza de azúcar.
4 cucharadas de harina.
¼ cucharadita de sal.
5 ½ quesos crema, de 3 onzas cada uno.
1 cucharadita de vainilla buena.
4 huevos.
1 taza de leche evaporada.
2 cucharadas de jugo de limón.
¼ cucharadita de ralladura de limón verde.

PREPARACION:

Se pasa el rodillo a los bizcochos hasta que estén completamente desmoronados. Se mezcla con las cuatro cucharadas de azúcar, la canela y la mantequilla derretida. Se prensa con las manos en el fondo y costados de un molde redondo, desmontable, de ocho pulgadas de diámetro. Se une media taza de azúcar, la harina cernida, la sal y el queso crema. Se mezcla en la batidora hasta que se vea bien suave. Se añade la vainilla y las yemas, una a una. Se sigue batiendo durante unos minutos, se le agrega la leche evaporada, el jugo y la ralladura de limón. Aparte, se baten las claras a punto de merengue, echándose ahí la media taza de azúcar restante. Cuando esté bien unida, se agrega a la mezcla de queso en la batidora. Se vierte en el molde preparado y se hornea a 325º F. durante una hora y cuarto, aproximadamente. Se prueba antes de sacarlo del horno con la varilla de metal para ver si sale seco. Se deja enfriar para sacarlo del molde, quitándole el resorte de éste.

NOTA: Si se prefiere, puede servirse con una cubierta de un glaceado de fresas, piña o melocotones.

REPASO GENERAL

Por Adriana Loredo

¿Queda alguien en Cuba que no sepa ya hacer un "pai"? Mucho lo dudo; de un tiempo a esta parte se han multiplicado las secciones y programas de cocina a cargo de personas competentes, con lo que, en buena lógica, proporcionalmente han aumentado también las buenas fuentes de información; y el "pai" ha estado en ellas muy atendido y cuidado. Yo misma, ¿cuántas veces he tocado el tema? Una vez más, sin embargo, he de hacerlo todavía; no porque haga falta (que no la hace), sino porque no está demás.

No está demás un repaso general de la asignatura "Pasteles, Pais y Tartaletas", y pudiera ser que, a pesar de todo, alguien hubiera por ahí con alguna duda, algún problema, alguna curiosidad que quizás resuelva con una mirada rápida a toda la materia. Empecemos, pues; y empecemos por lo más fácil.

El "mix" para pastel

Que es, sin género alguno de duda, la mezcla preparada industrialmente. Una se limita a abrir la lata, sacar uno de los dos cartuchos que dentro vienen llenos de harina ya ligada con su manteca y su sal, agregarle el agua necesaria, extender la masa así obtenida y armar y hornear el "pai". ¿Fácil, no es verdad? Facilísimo; pero, sin embargo, tienen también sus puntos que cuidar...

En Cuba, donde suele hacer calor, sucede que a veces el mix se ablanda y "funde", por decirlo así, más de la cuenta. De ahí que, por sí o por no, yo empiece siempre por meter en el refrigerador, antes de abrirla, mi lata de "mix" para pastel. Luego lo vuelco en un tazón y procedo a trabajarlo con el estribo de pastelería—o con dos cuchillos, que es igual—, tal como si estuviera incorporando la manteca a la harina en una receta corriente. Por último, cuando ya tengo mi mix hecho una boronilla, le voy echando por encima, poquito a poco, el agua helada; con un tenedor corriente de mesa lo voy moviendo mientras tanto, para que la tome parejo. Y cuando se une y forma una bola que se separa del tazón, entonces me unto las manos ligeramente de harina y la amaso un casi nada; la pongo en la mesa muy poco enharinada—o entre dos papeles parafinados, también ligerísimamente untados de harina—, y procedo a extender y armar y hornear mi pastel, según costumbre.

El pastel congelado

Pero, ¿dije yo que usar mix era la forma más fácil de hacer un pastel? Témome que, según se interprete el verbo "hacer", no haya estado muy acertada. Pues a todo hay quien gane; y al facilísimo mix lo gana el super-facilísimo pastel congelado, que no necesita más que ser metido en el horno para darnos un delicioso "pai" con su relleno de frutas frescas y todo. De manzana, de melocotones, de cerezas frescas y naturales, con la concha y el relleno preparaditos los dos, los compramos en cualquier *grocery* habanero que se respete y lo servimos acabadito de hornear. Cuando llega el marido, la casa está impregnada de ese sutil aroma de un pastel de frutas cocinándose; y el hombre no puede sino creer lo que está viendo, que nosotras mismas hicimos esa maravilla del arte culinario que él ve salir del fogón... (Recurso para hacerse de fama, que nunca estorba).

Sin embargo, también tiene sus requisitos el pastel congelado. Lo mismo se puede hornear congelado que descongelarlo primero y meterlo en el horno después; pero, aunque parezca esto un disparate, la verdad del caso es que quedará mejor si lo horneamos *congelado*. Antes, sin embargo, hay que darle unos cortes en la cubierta, para que escape el vapor; y no hay razón ninguna para darlos a tontas y a locas. Por el contrario, está muy indicado el hacerlo decorativamente, trazando un diseño. Y para que se dore mejor, brochear con leche evaporada pura, tal como sale de la lata. Si el horno es bueno, darle quince minutos a 450º F., reducir la temperatura a 375º F., y seguir horneando sobre 30 a 35 minutos más, o séase hasta que se dore; si no es bueno el horno, pues darle una sola temperatura de principio a fin: 375° F. En cualquier caso, es preciso tener cuidado de que quede muy bien nivelado en el horno, pues de lo contrario los jugos pueden romper la junta de los bordes y derramarse, con el triple perjuicio al borde del pastel, a su calidad una vez terminado, y... al pobrecito horno, que quedará como no digan dueñas... Pero procédase como aquí se indica, y el pastel congelado horneado en la casa nada dejará que desear.

La concha de galleticas

Sigue, en escala de facilidad, la concha que se hace con galleticas molidas. Hay una fórmula que no requiere horneo, aunque lamento tener que decir que sí requiere (para quedar perfecta) algo mucho más difícil de encontrar: galletas *Graham*. La concha de galletas Graham refrigerada se hace con taza y tercio de galletas Graham molidas, un tercio de taza de azúcar prieta, media cucharadita de canela en polvo y un tercio de taza de mantequilla derretida. Galleta en polvo, canela y azúcar se mezclan entre sí, y en seguida se les incorpora la mantequilla y se trabaja con los dedos hasta obtener una boronilla. Tres cucharadas de la cual se apartan para echarle por encima al pastel ya rellenado, y el resto se pone en un molde de vidrio para pastel, bien engrasado, y se va apretando contra el fondo y los bordes con una cuchara. A ras del borde superior se deja cortada la concha, pues no admite—a diferencia de la receta horneada—, que se le forme y remate un borde más alto. Se mete en el refrigerador por lo menos cuatro horas, a que endurezca muy bien, y, por último se rellena; que esté el relleno frío, o por lo menos fresco. Vuélvase a poner en el refrigerador hasta que cuaje y endurezca el susodicho relleno, sobre el cual se habrán regado esas tres cucharadas de boronilla, que al empezar se apartaron.

Veamos ahora el más fácil de estos pasteles hechos sin harina, pero en el horno. Una taza de almendras peladas y molidas se mezclan con dos cucharadas rasas de azúcar blanca, y sin más ni más se procede a apretar la masa contra el fondo y los bordes de un molde de nueve pulgadas de diámetro, cuidando de no levantarle el borde más arriba del molde. Con esto, se hornea a 400° F.—horno caliente—, durante ocho minutos. Se deja refrescar lejos de corrientes de aire, se rellena y se refrigera antes de servir. Cuando hay nueces, puede hacerse con cualquiera de ellas, pelada y molida; y no habrá de qué arrepentirse.

De galleticas María, y de corn flakes también, se hacen muy buenas conchas para pastel. Se empieza por reducir una u otro a polvo, para lo cual se ponen entre dos papeles parafinados, o dentro de un cartucho limpio, y se les pasa por encima el rodillo, apretando bien. Si se está trabajando con corn flakes, pues se les mezcla, después de hechos polvo, dos cucharadas de azúcar blanca; pero a las galleticas María, que son dulces, no se les pone azúcar ninguna. De ahí en adelante, lo mismo se hace la concha de corn flakes que la de galletica: se ablanda (se ablanda con la cuchara, se crema; *no se derrite al calor*) un cuarto de taza de mantequilla (cuatro cucharadas rasas), y se le liga, a formar una boronilla que se apretará contra el fondo y los lados de un molde de nueve pulgadas de diámetro. Se le formará un pequeño reborde, trabajando con la cuchara y el índice de la mano izquierda. Se habrán dejado tres cucharadas de boronilla para adornar. Y se hornea ocho minutos a 375º F., rellenando después que se enfríe.

Elogio del aceite de maní

Pasemos al "pai" que se hace con aceite; aceite cubano de maní, sin olor ni sabor, que es el mejor de todos para repostería. Se empieza por cernir harina de todos los usos, que seguidamente se mide sin apretar; queremos dos tazas y cuarto. Ahora se vuelve a cernir, directamente a un tazón, con una cucharadita de sal (puede subirse la sal hasta cucharadita y media). En una taza se ponen nueve cucharadas de aceite de maní, y encima, *sin revolver,* un cuarto de taza más cucharadita y media de leche de vaca fría. Esto se echa *de golpe* encima de la harina, y se revuelve rápidamente con un tenedor; rápidamente, pero con ligereza y delicadeza. Al mezclarse los ingredientes, se forma una bola que se separa del tazón. Se amasa un poquito, con la mano ligera, y se divide en dos. Cada una de estas mitades se redondea y aplasta ligeramente con las manos, y se ponen entre dos papeles parafinados. Trabajando con delicadeza, desde el centro hacia los bordes, con movimientos cortos, se extiende cada bola a formar sendos redondeles. Si el papel de abajo se arrugara, simplemente se vira al revés el conjunto, de modo que el arrugado quede arriba, y el liso vaya abajo, y se sigue extendiendo. Cuando ha llegado el redondel al tamaño que se quiere—una pulgada más allá del borde del molde, virado boca abajo sobre la masa para calcular; se extiende, una pulgada más *a todo alrededor*—, pues entonces se "pela", arrancándolo en tiras, el papel de arriba. La masa, naturalmente, sigue pegada al de abajo. Así pegada, se lleva al molde, se sitúa bien encentrada sobre él, y se procede a arrancarle a tiras el papel, que, claro está, se ha dejado hacia arriba, hacia afuera. Si en esta arrancadera de tiras de papel se rompiere la masa o se rajare, bastará ponerle encima un parchecito de la misma masa, y apretarlo con los dedos, para que quede como si nada hubiera sucedido; advirtiendo, que esto se hace en seco, y no mojando la pasta como en las recetas de pastel elaborados con manteca. De ahí en adelante, se trabaja exactamente igual que un pai hecho con manteca, moldeando la pasta, rellenando y horneando, según indique la receta que se está siguiendo. En el caso de hornear una concha sin relleno—para pasteles abiertos, como el de limón, que se rellenan después de horneada y resfrescada la concha—, se marcará en el horno una temperatura muy alta: 450° F., y doce a quince minutos de tiempo. Conviene, en el caso de esta pasta empleada para pasteles de tapa, horneados ya rellenos, dar al principio diez a quince minutos de temperatura alta—450° F.—, y luego seguir a 375 ó 350° F., según diga la receta. Es importante recordar que para esta masa no se engrasa el molde, ni tampoco se engrasa ni se espolvorea con harina el papel usado para extenderla. Suficiente para un pastel cubierto o dos conchas abiertas.

La masa de "pai" auténtica

La auténtica masa de pai americano tiene dos versiones tradicionales y luego varias adaptadas a la moderna batidora eléctrica. Lo importante a recordar es que no tiene más que cuatro ingredientes, a saber: harina, sal, grasa y agua, dependiendo exclusivamente de la proporción entre los ingredientes, y de la manera en que se maneje, el secreto de su éxito. Respecto a los ingredientes—que hemos dicho que son sólo esos cuatro—, digamos que en la versión en que se emplea agua hirviendo en vez de agua helada—como veremos oportunamente—, se usa también levadura química; pero que es la excepción a la regla que acabamos de sentar.

Con agua hirviendo

Incluyendo la mejor de todas estas recetas, la que lleva agua hirviendo y es la que yo uso para la batidora eléctrica. Su gran ventaja consiste en la absoluta exactitud de las medidas; no hay punto que determinar, no hay poco más o menos... Es la mejor receta, por lo tanto, para empezar a hacer pasteles. Los ingredientes son, exactamente: 2 tazas de harina de todos los usos, cernida antes de medir; ½ cucharadita de levadura química de doble acción, 1 cucharadita de sal, 2/3 de taza de manteca y 1/3 de taza de agua *hirviendo*.

Se empieza por cernir juntos la harina, sal y levadura química, que se dejan aparte. La manteca—que estará a la temperatura ambiente, y más bien blanda que no dura—, se mide y se pone en un tazón chico, que bien puede ser el de la batidora eléctrica. Se le vierte por encima el agua hirviendo, y con la misma se procede a batir con batidora rotatoria, rápidamente; claro está que, si se tiene batidora eléctrica, será ésta la que batirá, a velocidad media. Obtenida una crema blanca perfectamente ligada, ha llegado el momento de añadir la mezcla de harina.

Esto se hace mejor incorporándola con un tenedor corriente de mesa; o bien a muy baja velocidad de la batidora eléctrica, teniendo cuidado de raspar los bordes del tazón con una espátula de goma y echar la mezcla hacia los molinillos, y de no batir más allá de treinta segundos.

Con lo cual ha quedado mezclada y formada la pasta, pero no lista para extender y hornear, ni mucho menos. Ahora hay que formar con ella una bola, envolverla en papel parafinado, y guardarla en el refrigerador por lo menos dos horas, y preferentemente más tiempo. Ya muy bien refrigerada, se procede a extender, moldear y hornear, cuidando, como siempre, de usar la menor cantidad posible de harina sobre mesa y rodillo. Temperatura del horno para concha abierta: 450º F., doce a quince minutos. Pastel relleno y cubierto: según indique la receta. Suficiente para dos conchas o un pastel cubierto.

La receta moderna

Veamos la manera más fácil—por exacta en medidas y método—, de hacer la masa de pai americano. Ingredientes: 2¼ tazas de harina de todos los usos, cernida antes de medir; 1 cucharadita de sal; ¾ de taza de grasa (manteca); 1/3 de taza de agua fría. Se ciernen juntas harina y sal, y entonces se aparta ¼ de taza. La manteca —que estará fría de refrigerador, dura, durísima (es uno de los secretos del pai), se pone encima de la harina, y se va cortando con dos cuchillos, o con el estribo de pastelería, hasta que forme una boronilla gruesa—y no más—. Entonces se hace una pasta (en crudo, naturalmente), con la harina que se reservó, y el agua indicada en la receta. Esta mezcla de agua y harina, se va echando sobre la boronilla de harina y manteca, mientras se mueve la misma con un tenedor, para que la tome parejo. Se sigue revolviendo hasta que al presionar suavemente, las partículas de masa se "pegan" unas a otras. Se amasa muy ligeramente, sólo lo necesario para formar una bola, que se envuelve en papel parafinado y se guarda en el refrigerador media hora, procediendo entonces a extender, moldear y hornear. Estas cantidades rendirán suficiente para dos conchas abiertas o un pastel doble; para una sola concha abierta, únanse taza y media de harina, media cucharadita de sal, media taza de grasa (Crisco o manteca) y tres cucharadas de agua; procédase igual. Temperatura del horno: 450º F. para concha cubierta, la que indique la receta para pastel cubierto.

La receta clásica

Veamos la receta clásica, en medidas para hacer dos conchas abiertas o un pastel cubierto. Ingredientes: 2½ tazas de harina de todos los usos, 1 cucharadita de sal, ¾ de taza de manteca (o Crisco), fría de refrigerador (importantísimo), y alrededor de cinco cucharadas de agua helada, (4½, 5, quizás 6, la medida no puede darse exacta). Método: poner la harina, cernida con la sal, en un tazón. Incorporar la manteca, trabajándola con dos cuchillos o con el estribo de pastelería, hasta obtener una boronilla gruesa. Entonces ir agregando el agua helada muy poco a poco y moviendo abajo la boronilla con un tenedor, hasta que los ingredientes se unan y puedan formarse en una bola manejable—pero ni una gota más. Todo (o casi todo) el secreto es ése: la menor posible cantidad de agua. Sin embargo, hay que decir que si se usa demasiado poca, la masa quedará quebradiza, y, aparte de que se cuarteará al extenderla y moldearla, después de horneada se romperá muy fácilmente. Si se usa demasiado, se pegará a mesa y rodillo a menos que se espolvoréen con una barbaridad de harina—y destruídas las proporciones, el equilibrio de los ingredientes, quedará dura y amazacotada.

Hecha la masa, conviene (aunque no es imprescindible) envolverla en papel parafinado y refrigerarla antes de extenderla; esto la hace más fácil de manejar, y con menos harina en mesa y rodillo. Luego, al extender, se trabaja con ligereza (que el rodillo, y no el brazo, se encargue de la labor), del centro hacia los bordes, con movimientos cortos y delicados. Como es natural, se divide la pasta en dos, y se forma en sendas bolas que se achatan antes de empezar a extenderlas. Puesta en el molde, se va aplastando contra éste con una bolita de la misma pasta, a expulsar el aire que haya podido quedar apresado entre uno y otra. Luego se perfora al fondo y bordes si es concha abierta lo que horneamos (y si no, no), se rellena y tapa si es pastel relleno y cubierto, se forman dos bordes, y se hornea. Aquí otro secreto: el horno tiene que estar muy caliente: 450° F. para concha abierta, o lo que diga la receta, para pastel cubierto.

Algunos secretos: el pai clásico queda mejor si se usa vino seco en vez de agua (excepción: la receta a base de agua hirviendo). El pastel relleno, quedará más jugoso, y mejor también la masa hacia el fondo, si se empieza por darle diez a quince minutos a 450° F., y luego bajar la temperatura a 375 ó 350° F.—según diga la receta—, para el resto del horneo. La concha abierta tiende siempre a abofarse, por bien que se le expulse el aire al moldear; contra esto hay el recurso de abrir el horno a medio horneo, y pinchar con un tenedor allí donde haya formado bolsas de aire; luego seguir horneando. Una yema de huevo batida con una nadita de agua dará un lindo glaceado a los pasteles cubiertos (que imprescindiblemente hay que hacerles cortes en la superficie para dejar escapar el vapor, y bien puede aprovecharse para que sean decorativos dichos cortes). El borde, suele tener tendencia a dorarse en exceso; cúbranse con una tira de papel de aluminio para evitarlo. Y... hay todavía otras y muy buenas recetas; de queso crema, de queso de proceso usados en vez de grasa, o junto con ella; de crema como parte del líquido; de harina especial para cake, en fórmula exquisita y especialísima. Pero las que aquí van son las básicas; y cualquiera, escogiendo entre ellas, puede hacerse experta en el sutil y delicado arte de la pastelería.

LOS VEGETALES

Por María J. Marón

Son los vegetales, de todos los alimentos, los que presentan una mayor variedad en la comida diaria. Vegetales, o sea, alimentos de origen vegetal, son tanto las frutas como los vegetales propiamente dichos, pero podemos hacer una distinción, muy relativa, diciendo que los vegetales son servidos durante la parte principal de la comida mientras que las frutas se sirven en los postres. Son muchas las frutas que, preparadas de una manera o de otra, son servidas como acompañantes de las carnes, en ensaladas o como entrantes. Sin embargo, el papel fundamental de los vegetales es darle vida a la comida con su incomparable color, frescura y variedad.

Hay distintas clases de vegetales, todos dependiendo del origen del mismo. Hay semillas como el maíz y los frijoles. Hay hojas como la col, espinaca, lechuga y berro. Hay raíces y tubérculos como las viandas, las zanahorias y la remolacha. Hay flores como la coliflor y el brócoli. Hay frutos como el pimiento, la calabaza, el pepino, los tomates y el quimbombó. Hay tallos como el apio y los espárragos. Hay bulbos como los cebollinos, la cebolla y el ajo.

Podemos hacer también una división de los vegetales dependiendo de su color en rojos, verdes, amarillos y blancos. Quizás sea esta división la más interesante y efectiva a los intereses del ama de casa, en cuanto a la cocción de los mismos se refiere, ya que depende, en gran parte, del color del vegetal los cuidados que se han de tomar al cocinarlos. Entre los rojos tendremos los tomates, la remolacha, la col y la cebolla morada o roja. Entre los verdes las espinacas, acelgas, habichuelas, etc. Entre los amarillos tendremos la calabaza y la zanahoria y, por último, entre los blancos tendremos las viandas.

No se puede hablar de los vegetales sin considerar su valor nutritivo. Los vegetales tienen distintas funciones en el organismo de las cuales vamos a hablar ligeramente. Es conocida la función limpiadora que ejercen en los intestinos debido a la gran proporción de celulosa no digerible que contienen los mismos; como alimentos energéticos están de acuerdo con la mayor o menor cantidad de azúcares o almidones que contengan así, los vegetales de hoja producen muy pocas calorías, pero las viandas, por ejemplo, tienen un alto por ciento de contenido en almidones lo que los hace muy energéticos; en cuanto al contenido en proteínas de los vegetales es muy escaso, con excepción de los frijoles, las nueces y de los cereales que las contienen en pequeñas cantidades y no de la mejor calidad.

En relación al contenido en vitaminas y minerales, los vegetales son la mejor fuente con que contamos. Entre los minerales, tenemos el calcio y el hierro, encontrándoles en mayor abundancia, del primero, en las acelgas, nabos y berzas y del hierro, en las hojas de nabo, mostaza y en las distintas variedades de frijoles. Las vitaminas más abundantes son: la Vitamina A, que se encuentra en los vegetales de hojas y en los de color amarillo; la Vitamina C que encontramos en los tomates, la col y los pimientos verdes, siempre que se coman crudos; la Tiamina que está presente, en pequeñas cantidades, en muchos vegetales, especialmente los frijoles secos; por último, la Riboflavina que se encuentra en cantidades regulares en los vegetales de hojas verdes.

Una vez que conocemos su valor nutritivo nos damos cuenta de las razones que hay para que necesitemos diariamente cantidades indispensables de los vegetales. Necesitamos una ración abundante de vegetales verdes o amarillos al día y pueden comerse crudos o cocinados; una ración de papa o viandas y dos raciones de vegetales que no sean verdes o amarillos. Como sustitutos de la ración de frutas cítricas, aunque no deben sustituirse todos los días, podemos usar la col, los tomates o el ají pimiento en la forma de ensaladas crudas.

Los vegetales pueden comprarse de distintas formas: frescos, enlatados o conservados, congelados y secos. Cualquiera que sea la forma en que los compremos debemos tener presentes algunos puntos básicos tales como: abundancia, precio, calidad, uso a que ha de destinarse y los gustos particulares de la familia. Durante la abundancia la selección se puede hacer mejor, los precios son más bajos y la calidad es siempre superior. El precio, determinado por la abundancia y la calidad, influye en la compra de los vegetales, pues siempre es mejor comprar los más económicos y que sean más nutritivos. La calidad buena es la mejor manera de ahorrar al comprar vegetales, cuando éstos son de buena calidad el desperdicio es menor y el rendimiento compensa el gasto que implica un mejor producto. El uso a que destinamos el vegetal es, también, punto a tener en cuenta; por ejemplo si vamos a hacer puré de papas no importa el tamaño de las mismas, pero si las vamos a servir enteras, el tamaño deberá ser uniforme, para que todas las raciones queden iguales. Y, en definitiva, serán los gustos de la familia los que determinen los vegetales a comprar, pues no importa que haya abundancia, o que estén baratos o la calidad de los mismos, si la familia no consume tal o cual vegetal que se bota, sin ser siquiera probado.

Al comprar vegetales también debemos tener en cuenta las facilidades que tengamos para su almacenaje. Hay vegetales que se mantienen frescos por un número determinado de días, pero otros no se pueden guardar por mucho tiempo pues pierden su frescura y valor nutritivo. Hay vegetales como los frijoles y cereales que aunque tienen una mayor resistencia al tiempo por estar secos, deben preservarse de los insectos que los atacan y destruyen su calidad. Las viandas no tienen la misma calidad después de muchos días de cosechadas, por lo que, deben usarse rápidamente. Los vegetales que se han de usar en ensaladas crudas deben ser muy frescos. Hoy en día, con las ventajas que nos ofrecen los vegetales enlatados y los congelados, podemos tener algunos de ellos, durante todo el año, de primerísima calidad.

Al cocinar los vegetales se producen cambios que alteran algunos de los constituyentes de los mismos. Estos cambios son: transformación del almidón, se reduce el volumen del vegetal debido a la pérdida de agua y a que la celulosa se ablanda y pérdida de algunos de los nutrientes tales como los minerales que se disuelven en agua y las vitaminas que se destruyen por el calor o que se disuelven en el agua. Para evitar en todo lo posible esta pérdida de valor nutritivo es que se recomiendan los siguientes puntos esenciales:

1. Cocine los vegetales en su cáscara, en agua hirviendo con sal y durante el menor tiempo posible.
2. Cocine los vegetales, siempre que pueda, al vapor o asados, enteros o cortados en trozos grandes.
3. Cocine la col, berzas y coliflor destapados para que eliminen el olor fuerte que tienen. Los vegetales suaves se cocinan tapados, aunque los vegetales verdes conservan mejor su color si se cocinan destapados.
4. No use bicarbonato, ni ácidos para cocinar los vegetales. Pueden cambiar su color y resultar desagradables al paladar, además ocasionan la destrucción de la Vitamina C.

Entre los métodos de cocción de los vegetales tenemos: asados, horneados, hervidos, a vapor, fritos y salteados. Se pueden también servir crudos, como en las ensaladas y combinados con las carnes combinando dos o más métodos de cocción o combinar vegetales crudos con alguno cocinado para darle variedad al primero, o al segundo.

Algunas recetas nuevas para usted, pero que pueden demostrarle los distintos usos de los vegetales, las distintas formas de presentarlos y algunos métodos de cocción, se ofrecen a continuación para que pruebe a introducir en su menú los vegetales que tan necesarios son en nuestra alimentación.

GAZPACHO

INGREDIENTES:

- 4 galletas bien gordas.
- $1\frac{1}{2}$ cucharadas de sal.
- 1 diente de ajo.
- 2 pimientos verdes carnosos.
- 2 tomates de ensalada.
- 1 cebolla regular.
- 1 cucharada de pimentón.
- $1/3$ taza de aceite de oliva.
- $1/4$ taza de vinagre.
- 1 pepino regular.
- 3 tazas de agua helada.
- 1 taza de hielo picado.

PREPARACION:
1. Se machaca la galleta en el mortero. Se añade la sal, el diente de ajo, ¼ de pimiento y ½ tomate y se machaca hasta hacer una pasta. Se agrega la mitad de la cebolla finamente picada, el pimentón, el aceite y el vinagre.
2. Se cortan los vegetales (pimientos, tomates, cebolla, pepino) en trocitos pequeños, si es posible en formas distintas. Se añaden a la mezcla anterior y se agrega el agua. Se ponen a enfriar.
3. En el momento de servirlo se agrega el hielo picado o más agua helada.
Se obtienen seis a ocho raciones.

PURE DE PAPAS ESPECIAL

INGREDIENTES:

1½ libras de papas.
1 cucharadita de sal.
2/3 taza de leche caliente.
¼ taza de mantequilla.
½ taza de zanahoria rallada.

PREPARACION:
1. Se hierven las papas en poca cantidad de agua, con la sal. Cuando estén blandas, se escurre el agua que le quede.
2. Se aplastan las papas con el majador o se pasan por el aparato de puré. Se agrega la leche caliente poco a poco, revolviendo bien, y la mantequilla. Se añade la zanahoria rallada. Se rectifica la sazón.
3. Se sirve bien caliente.
Se obtienen cuatro a seis raciones.

BERENJENAS GUISADAS

INGREDIENTES:

2 berenjenas medianas.
4 pimientos carnosos.
1 taza de aceite de oliva.
2 dientes de ajo.
1 taza de cebolla picadita.
1 taza de puré de tomate.
2 cucharaditas de sal, especias, si se desean.

PREPARACION:
1. Se lavan y se cortan las berenjenas en cubitos como de una pulgada. Se ponen en agua con sal durante una hora. Se escurren bien. Se cortan los pimientos en trocitos.
2. En una olla, se calienta el aceite y se fríe en él

los ajos, se sacan. Se dora la cebolla y se agrega la berenjena y los pimientos. Se rehogan por unos minutos, se agrega la salsa de tomate, la sal, y las especias que desee (laurel, pimienta, etc.). Se cocina a fuego lento, por espacio de treinta minutos o hasta que estén completamente cocinados la berenjena y los pimientos.
Se obtienen seis raciones.

REMOLACHAS EN VINAGRE
INGREDIENTES:

2 libras de remolachas.
½ taza de agua.
¼ taza de vinagre.

3 cucharadas de azúcar.
1 cucharadita de sal.
⅛ cucharadita de clavos.

PREPARACION:

1. Se hierven las remolachas con dos pulgadas de tallos de las hojas, en agua hirviendo, con sal, durante treinta a cuarenta minutos o hasta que estén blandas. Se escurren y se les quita la piel. Se cortan en rebanadas o en pedazos regulares.
2. Se mezclan los demás ingredientes colocándolos al fuego a hervir. Cuando rompe el hervor se vierte sobre las remolachas. Se sirven frías o calientes.
Se obtienen seis raciones.

TOMATES RELLENOS
INGREDIENTES:

6 tomates maduros, medianos.
½ taza de habichuelas.
½ taza de guisantes.
½ taza de zanahoria cruda.

½ taza de coliflor cruda,
sal y pimienta a gusto,
mayonesa,
hojas de lechuga.

PREPARACION:

1. Se escaldan los tomates, en agua hirviendo, para quitarles la piel. Se cortan en secciones, manteniéndolos unidos por el extremo que está unido a la planta. Se colocan sobre hojas de lechuga y se ponen a enfriar.
2. Se unen los vegetales cortados en pedacitos pequeños, se sazonan con sal y pimienta a gusto. En el momento de servir la ensalada se llena el centro de los tomates con la mezcla de vegetales y se coloca encima un poco de mayonesa.
Se obtienen seis raciones.

PIMIENTOS Y COL SALTEADA

INGREDIENTES:

    1 taza de pimientos picaditos.
    2 tazas de col picada en tiritas.
    4 cucharadas de grasa (aceite o mantequilla).
    sal y pimienta a gusto.

PREPARACION:

1. *Se calienta la grasa en una sartén no muy profunda.*
2. *Se mezclan los vegetales y se vierten en la sartén. Se va dando vueltas a los vegetales para que todo se cocine. Una vez que estén ligeramente suaves, se le añade sal y pimienta, si se desea, a gusto. Se tapa y se deja cocinar por unos diez a quince minutos a fuego muy lento.*

Se obtienen de cuatro a seis raciones.

CACEROLA DE BONIATO Y PIÑA

INGREDIENTES:

    2 libras de boniato.
    1½ tazas de piña en trocitos.
    1 taza de leche.
    ½ taza de azúcar turbinada.
    4 cucharadas de mantequilla.
    1 cucharadita de sal.

PREPARACION:

1. *Se hierven los boniatos, sin dejarlos ablandar demasiado. Se pelan y se cortan en ruedas.*
2. *Se engrasa una cacerola y se colocan camadas de boniato y piña en la misma, añadiendo leche y espolvoreando el azúcar y la mantequilla en trocitos, y la sal. Se continúa poniendo camadas hasta llegar a completar los ingredientes.*
3. *Se hornea a temperatura moderada, 350° F., durante una hora o hasta que los boniatos y la piña estén completamente cocinados.*

Se obtienen seis raciones.

PLATANOS AL HORNO

INGREDIENTES:

    3 plátanos pintones.
    2 cucharadas de azúcar turbinada.
    ½ cucharada de sal.
    ¾ taza de jugo de naranja.
    1 limón (el jugo).
    1 taza de agua.
    2 cucharadas de mantequilla.

PREPARACION:

1. Se cortan los plátanos en lascas de media pulgada de grueso, en sentido inclinado.
2. Se engrasa un molde y se colocan las lascas de plátano. Se espolvorean con azúcar y sal.
3. Se vierte los jugos y el agua sobre los plátanos. Se pone la mantequilla en la superficie, dividida en trocitos.
4. Se hornea a temperatura elevada, 425º F. durante cuarenta y cinco minutos, con el molde tapado durante los primeros treinta minutos.
Se obtienen seis raciones.

El Arte, S. A.

Cuadros y Molduras - Materiales para Artistas
Estudios Fotográficos

GALIANO No. 506

TELEFONOS:
Cuadros y Materiales M-2538
Deptos. Fotográficos A-4686

Marzo 12, Día de los Hospitales

ALIVIAR el dolor humano es deber de todos...

ACORDARNOS de los que sufren demuestra grandeza de alma.

CONTRIBUIR al mayor éxito del "Día de los Hospitales" es función que enaltece a la ciudadanía consciente.

Cortesía de *California*

a los pies de usted

GALIANO No. 465   -   TELEFONO W-5714   -   LA HABANA

UN CONSEJO A LAS AMAS DE CASA

Por Blanca Mujica

Respondiendo al honor que me han hecho de que escriba algo sobre la cocina, les diré, que al ir a preparar algún plato, no se sientan cocineras.

Desde niña tuve inclinación por la cocina, gustándome los platos que fueran bonitos y de buen gusto, y así los fuí mejorando cada vez más.

Cuando usted desee preparar algo, no entre en la cocina ni como cocinera ni como química; entre, como la señora dispuesta a hacer un plato exquisito que sea la admiración de todos.

Si usted va en el plano de una cocinera, le saldrá una cosa corriente, y si va como química le resultará falto de gusto y vida.

No crean por esto que soy contraria a las medidas, pues mi opinión es que en toda cocina no debe faltar una pesa y un reloj, pero ante todo se necesita tener sentido común y buen gusto, pues en muchos casos, los ingredientes que se emplean no son de la misma calidad que con los que fueron hechas las recetas y por lo tanto el resultado nunca podrá ser igual. Por ejemplo, tenemos el caso de los huevos que no tienen siempre el mismo tamaño y así, tiene usted que quitar o poner según lo requiera el caso.

Yo he preparado platos, poniendo la sal indicada en la receta y ha quedado soso para mi gusto, por lo tanto es mi opinión que la sal debe de usarse según el gusto de cada persona.

No presumo de excelente gusto ni de experta culinaria, solamente les recomiendo tener afición y sobre todo hacer las cosas con amor y arte, que ello será suficiente para obtener éxito en sus trabajos.

A continuación les envío esta receta, que creo será del agrado de todas por ser una receta francesa y poco corriente.

COSTILLAS DE CORDERO A LA BASQUE

INGREDIENTES:

12 costillas.
sal, limón y pimienta.
¼ libra de mantequilla.
2 cucharadas de harina.
½ taza de leche.
½ taza de caldo.
2 cucharadas de puré de tomate.
sal, pimienta y cayenne.
1 lasca de jamón.
1 pimiento verde.
4 cucharadas de queso rallado.
1 libra de papas.

PREPARACION:

Se pican las costillas de dos en dos, se les quita el hueso a una, para que queden más gruesas; se sazona

Con sal, limón y pimienta. Con dos onzas de mantequilla y la harina, se hace un fondo oscuro, agregándole la leche y caldo, se le pone el tomate, y se cocina todo lentamente, moviéndolo con cuchara de madera y se sazona con sal, pimienta y cayenne. Se cuela y se le agrega el jamón y pimiento, picados muy finos. Cuando tenga espesor de crema, se echa esta salsa en un plato para que enfríe. Las costillas se asan en la parrilla y se cubren con una capa de la salsa anteriormente preparada, se ponen en una tartera y se cubren con queso rallado, se derrite el resto de la mantequilla y se rocían las costillas. Se ponen al horno a 400° F. para gratinarlas, añadiéndole otra vez queso y mantequilla. Se sirven con las papas "a la Juliana".

INDUSTRIAS DERIVADAS DE LA AGRICULTURA
Elaboración de conservas de frutas y vegetales

Por Blanca Prieto Dávila

POR QUE SE DESCOMPONEN LOS ALIMENTOS

Vamos a exponer primero, aunque sea someramente, las causas principales que producen la descomposición de los alimentos, para de esa manera, comprender en qué se fundan los métodos modernos de conservación de los mismos.

Si abandonamos las sustancias alimenticias a sí mismas, notaremos, al cabo de algún tiempo, signos de alteración que las deprecian, para quedar más tarde inservibles para el consumo.

La descomposición de las substancias alimenticias se debe a un sinnúmero de seres vivientes microscópicos que pululan en el aire.

Entre éstos los principales son: Hongos, levaduras o fermentos y bacterias.

Hongos. Si dejamos abandonada una fruta bien madura o un pedazo de pan en un lugar húmedo y caliente, podremos observar que sufren alteraciones en su sabor, olor y textura, cubriéndose de unas manchas o una lana blanquecina, negra o rojiza.

Todos esos cambios son debidos a la presencia de diversos hongos, pequeñísimos, pero que pueden verse a simple vista.

Los hongos son seres vegetales. Cuando comienzan a desarrollarse se presentan en forma de red o lana blanca, que cambia de color a medida que se reproducen. Estos hongos se desarrollan generalmente en la superficie de las sustancias alimenticias; pero los productos de descomposición originados por su crecimiento invaden toda la masa, ocasionando el cambio de sabor y haciéndolos impropios para su consumo. Para poder vivir necesitan: sustancias orgánicas, aire, calor y humedad. La temperatura más propicia para su desarrollo y multiplicación es de 12 a 36, grados centígrados, muriendo cuando ésta sube por encima de 60° C. Resisten temperaturas inferiores a 0°, pero no se reproducen.

El aire es muy necesario para su vida, y la exclusión del mismo casi siempre detiene su desarrollo.

Levaduras. Otro de los enemigos naturales de las frutas y vegetales son las levaduras. Las levaduras producen en las sustancias alimenticias cambios diferentes a los que producen los hongos, no son tan marcados y rápidos, y la materia atacada pierde un tanto su valor nutritivo. Tienen la propiedad de descomponer el azúcar en alcohol y gas carbónico.

Las levaduras necesitan para su desarrollo más humedad que los hongos, y como ellos, aire y calor.

Viven activamente a una temperatura de 25 a 30° centígrados, resisten hasta 200 grados bajo cero, pero mueren a los 60° C.

Las principales levaduras empleadas en la industria son las del género Sacharamyces. Aun cuando las levaduras son enemigas de las frutas y vegetales, prestan servicios en la industria cervecera y en la panadera.

Bacterias. Si se abandona carne o legumbre cocidas en lugar caliente durante cierto tiempo, veremos que sufren cambios que denominamos putrefacción. Este tipo de alteraciones se caracteriza generalmente por fuertes olores desagradables, causados por las bacterias.

Las bacterias son más pequeñas que los hongos y levaduras, y sólo pueden verse con el auxilio del microscopio. Para su vida y propagación prefieren líquidos o sustancias alcalinas, invadiendo también las neutras, pero no los medios ácidos, en los cuales sólo queda su vida en estado latente.

Viven las bacterias en la superficie o dentro de las sustancias, atacando con preferencia las nitrogenadas (carne, leche, etc.).

La clasificación de las bacterias más interesantes en cuanto a las conservas se refiere es la que se basa en sus necesidades de oxígeno. Así tenemos:

Aerobias: Necesitan oxígeno para su vida y reproducción.

Anaerobias: Pueden vivir sin oxígeno.

Facultativas: Viven con o sin oxígeno libre.

Las bacterias aerobias toman el oxígeno del aire para su desarrollo y reproducción. Cuando éste se suprime, permanecen inactivas o mueren.

Las anaerobias toman el oxígeno de las mismas sustancias en que se desarrollan, reproduciendo grandes cantidades de gases que originan la inflazón de las latas de conservas mal cerradas y que han sido invadidas por ellas.

En general mueren todas, con algunas excepciones, a la temperatura de ebullición del agua.

Conocidos los medios de vida de los micro-organismos causa de la descomposición de las sustancias alimenticias, es fácil atacarlos y aniquilarlos, procurando eliminar los elementos y sustancias que ayudan a su vida y desarrollo, pues sabemos que el aire, la humedad y cierta temperatura, les son propicios para vivir.

El sentido común nos indica que restándole alguno de esos factores podremos obtener, quizás no su destrucción completa, pero sí la suspensión de sus actividades.

Dado el fin que se persigue alcanzar, necesitamos conocer cuáles son los factores que impiden la germinación y propagación de esos seres y los medios por los cuales se consigue la destrucción de los mismos. Ambas cosas se pueden obtener con la aplicación de:

1. Temperaturas elevadas.
2. Esterilización por medio de luz y electricidad.
3. Antisépticos.
4. Desecación.
5. Filtración.
6. Métodos mixtos.

Como lo que más nos interesa es la preparación casera de conservas y no su preparación para grandes industrias, indicaremos aquí el primer método, que es el más sencillo y económico.

Mediante este procedimiento las bacterias son destruídas al someter las sustancias a una temperatura de 100 o más grados, pero si dejamos que esas sustancias se pongan en contacto con el aire nuevamente, se contaminarán; es necesario pues, a más de la primera operación, es decir, la destrucción de las bacterias por el calor, colocarlos en recipientes previamente esterilizados y cerrarlos, sometiéndolos nuevamente a la esterilización.

RECIPIENTES USADOS COMO ENVASES

Los recipientes más usados para la preparación de las conservas caseras, son los pomos de cristal y las cajas de hojalata.

Pomos de cristal. Estos envases tienen un costo inicial mayor que el de las cajas de hojalata, pero poseen la ventaja de poderlos utilizar infinitamente, siempre que se cambien las arandelas de goma.

Deben escogerse los pomos que cierren perfectamente, tengan tamaño y forma adecuada, según el producto que se envasa y sean fáciles de manipular y limpiar.

Las arandelas de goma son las que garantizan el cierre perfecto de los pomos, y deben cambiarse todos los años. Para saber si una arandela es de buena calidad debe someterse a dos pruebas: primero, se dobla y aprieta por el doblez con los dedos, si es buena clase no se cuartea; segundo, se estira el doble de su longitud, si recobra su forma y tamaño primitivo, es buena.

Cajas de hojalata. Estas cajas se usan para conservas industriales y también caseras. Tienen algunas ventajas sobre los pomos; no se rompen, se calientan más fácilmente y pueden sumergirse en agua fría en seguida que se saquen del autoclave o baño-maría, y son más fáciles de manipular.

Las cajas más utilizadas son de cierre sanitario o de reborde. Se cierran por medio de una doble costura al borde de la caja de hojalata. Este cierre se hace por medio de una máquina especial tapadora.

Los tipos de cajas de hojalata más usados son los del número 2, con una capacidad de 20 onzas; la número 2½, con 28 onzas de capacidad y la número 3, con 33 onzas.

Es conveniente examinar siempre los productos en conserva antes de usarlos. Los envases que se salgan o cuyos productos parezcan alterados, deben desecharse, así como las latas cuyos extremos aparezcan aventados.

ESTIRILIZACION DE LOS ENVASES

Baño-maría. Para llevar a cabo la esterilización al baño-maría, se colocan las latas o pomos en la caldera, separados, para que el agua pueda circular entre ellas. Si son pomos el agua debe llegar hasta el cuello de los mismos.

El tiempo que dura la esterilización se comienza a contar cuando el agua empiece a hervir.

Después que ha terminado el tiempo indicado, si los depósitos que hemos utilizado son latas, se sacan y enfrían rápidamente en agua fría. Si son pomos, se procede a cerrarlos antes de sacarlos de la caldera, procurando que el agua no esté muy caliente al sacarlos, porque la diferencia de temperatura puede romper el cristal.

Esterilización en auto-clave. Para usar el auto-clave se echa agua en él hasta la altura de la armadura que sostiene los pomos. Esta cantidad es suficiente para que el auto-clave no se seque antes de la esterilización.

Después de colocar las latas o pomos en el auto-clave, se ajusta la tapa y se aprietan los tornillos moderadamente, de dos en dos, y cuando se haya terminado se vuelve otra vez y se cierran fuertemente.

Se abre la llave de escape hasta que empiece a salir el vapor y desde entonces se cuentan siete minutos; una vez transcurrido este tiempo, se cierra dicha llave y se espera que el manómetro marque la presión correspondiente a la temperatura deseada. Se cuenta el tiempo en que se logre la temperatura necesaria y se procura mantenerla durante el período indicado, regulando con cuidado la fuente de calor. Debe evitarse que haya variación de 10 a 15 libras en la presión porque esas variaciones son perjudiciales para la buena conservación de los productos.

Cuando se termine la esterilización, se quita el auto-clave del fuego y se procede de acuerdo con las instrucciones siguientes: cuando se usan pomos de a litro o latas número 3 se deja que la caldera se enfríe hasta que el reloj de la presión marque cero, sin abrir las llaves y entonces se da salida lentamente al vapor. Así se evita el descenso, demasiado rápido de la presión, que ocasionaría la salida del líquido de los pomos. Entonces se cierran los pomos en firme y se colocan invertidos. Para los pomos más pequeños o latas número 2 se abre en seguida la llave y se deja salir rápidamente el vapor. Se sacan las latas y se introducen en agua fría corriente; y si no, se le cambia el agua tan pronto se calienta.

Cuando se han enfriado los envases se colocan en un estante que esté en lugar fresco donde se observarán durante una o dos semanas. Si el contenido de algún pomo o lata muestra señales de descomposición se examinará todo el lote cuidadosamente, y cuando estemos seguros de que están en buen estado, se llevarán al lugar donde se van a guardar definitivamente.

Para método casero puede utilizarse la olla de presión en lugar de auto-clave, siguiendo las instrucciones que traen los folletos de dichas ollas.

CONSERVAS DE FRUTAS Y VEGETALES

Comenzaremos por tratar sobre la recolección de frutas y hortalizas.

Solamente la fruta recolectada a su debido tiempo y con esmero tendrá la resistencia necesaria para conservarse durante algún tiempo en estado fresco.

Cuando más jugosa está la fruta tanto más cuidado requiere para su recolección. La más leve raspadura o corte, es lo suficiente para ofrecer albergue a los micro-organismos, que posesionándose de ella originarían la podredumbre.

Según a lo que se destinan las frutas, conviene distinguir frutas de "primera", frutas de "segunda", frutas de "tercera" y fruta "corriente".

La fruta de "primera", cuyo aroma y apariencia se deseen conservar íntegros, debe recolectarse antes que el sol haya secado el rocío sobre ella y ponerla en la sombra, convenientemente separadas sobre mesas. También se seleccionará, tomando para esta clase, la mejor desarrollada y coloración uniforme.

Para la clase "segunda", rigen las mismas reglas anteriores, con la diferencia de que el tamaño de ésta, variará algo, pues será más pequeña.

La fruta destinada a la clase "tercera", se recolecta en un tiempo seco y claro y la formarán ejemplares bien desarrollados, sin tener en consideración coloración y tamaño.

La fruta destinada para la mesa, debe recolectarse una por una, y jamás sacudir los árboles para después recogerlas en el suelo.

La "**corriente**", **no** destinada para la mesa se recolecta con menos precauciones. Sin embargo, debe recolectarse antes de una lluvia y después de que haya desaparecido el rocío sobre la fruta. Cuando no ha podido recolectarse en tiempo seco, será bueno tenerla algunos días antes del empaque o almacenamiento en un lugar aireado y sombreado.

Las frutas destinadas para la elaboración de orejones y frutas secas, conservación en almíbar, preparación de jaleas, mermeladas y productos similares, jugos, vinos, etc., tampoco requieren una recolección esmerada, pero es de recomendar que su manejo sea cuidadoso, porque una fruta golpeada o magullada da siempre un producto inferior, y en jugos y vinos da un sabor amargo.

Es esencial apreciar el momento adecuado para la recolección de las frutas y vegetales. Debe tenerse presente que una fruta recolectada antes de que haya sazonado en el árbol, se arruga y descompone con mayor rapidez, y además puede, al igual que sucede con los vegetales, ser según la variedad, ácida o insípida. Igualmente es perjudicial a la fruta dejarla llegar a la madurez en el árbol pues en este estado ha perdido la resistencia, predisponiéndose a la podredumbre.

Es muy importante hacer notar que las frutas de un mismo árbol no deben ser recolectadas todas de una vez, porque es bien sabido que las que están aisladas maduran antes que las agrupadas o sombreadas.

Las frutas para la exportación natural, deben ser recolectadas con grandes precauciones para evitar la menor lastimadura. Para esta operación se emplean escaleras, cestos coge-frutas o podadoras. Cuando se realiza esta operación a mano, en escaleras se utilizan guantes especiales.

LAVADO DE LA FRUTA

Después que se han recolectado las frutas o vegetales, se lavan de modo cuidadoso, para quitarles todo el polvo o tierra que llevan adheridas, porque de este modo se disminuye considerablemente los micro-organismos que se encuentran en la tierra.

CONSERVA DE FRUTAS EN ALMIBAR

En esta fase, como en todas las que a las conservas se refiere la recolección tiene gran importancia y de ella hemos hablado ya. La siguiente operación es el lavado.

Limpia ya la fruta y seleccionada se procede a pelarlas o descortezarlas, labor que se realiza a máquina o a mano, con cuchillos especiales.

Acto continuo se colocan las frutas peladas en agua a la cual se le adiciona sal en la proporción de 12 gramos por litro. Después viene el deshuesado, trabajo muy importante en las conservas. Puede hacerse con el sacabocado, deshuesador o con un cuchillo filoso. También hay máquinas especiales para grandes industrias.

El escalde o blanqueo, que consiste en sumergir las frutas o legumbres en bastante agua hirviendo, por poco tiempo, tiene por objeto principal suavizar, por medio de la cocción, los tejidos de las frutas, eliminar una parte del agua de vegetación para ponerle en condiciones para la absorción del azúcar, blanquear y aumentar su esterilidad, eliminando las bacterias que se encuentran en la superficie. En algunos casos se suprime el escalde cuando la fruta es muy blanda o cuando está muy madura. El buen éxito de esta operación depende exclusivamente del operador y su dominio se adquiere sólo con la práctica.

Hay que tener presente que las vasijas para cocer los productos no sean estañados. Aun cuando en la práctica se ha demostrado que la mayoría de las frutas pueden conservarse en latas sin ninguna sustancia conservadora, es indudablemente cierto que las frutas preparadas con soluciones azucaradas conservan mejor forma, color y sabor original, que las conservadas exclusivamente en su propio jugo o agua simple a más de aumentar sus propiedades alimenticias y ser más fácilmente digeribles. Para las conservas en almíbar debe usarse siempre la mejor clase de azúcar, miel de abejas, etc. En caso contrario deben clarificarse o filtrarse.

Como en la práctica nos hemos encontrado en muchas ocasiones indicado el espesor o densidad de los jarabes para distintas conservas en grados Beaumé, vamos a explicar cómo se preparan los mismos:

Muy delgado, o sea a 20° Beaumé: 1 taza de azúcar y de 2 de agua.

Mediano, o sea 25° Beaumé: 1 taza de azúcar y 1 de agua.

Espeso, o sea 30° Beaumé: 3 tazas de azúcar y 2 de agua.

Muy espeso, o sea 35° Beaumé: 2 tazas de azúcar y 1 de agua.

Al preparar el almíbar debe procurarse disolver el azúcar con el agua, antes de que entre ésta en ebullición, pues de lo contrario se está expuesto a la cristalización.

Para determinar sin equivocaciones la densidad de un almíbar es recomendable el uso del aerómetro pesa-jarabe, que es muy barato y fácil de usar.

Al entrar en ebullición es conveniente agregarle 20 centímetros cúbicos de jugo de limón o un gramo de ácido cítrico por cada dos libras de azúcar. El ácido cítrico debe disolverse antes en una pequeña cantidad de agua caliente. Este procedimiento evita, en primer lugar, la cristalización del azúcar y también facilita la clarificación del jarabe.

Preparado ya el jarabe y teniendo ya la fruta escaldada y refrescada, debemos pasar al envasado. Si se verifica en pomos de vidrio debemos revisar éstos y las arandelas de goma, según se indicó ya. Ya elegidos los pomos se van colocando en ellos las frutas escaldadas, agregando después el jarabe de la densidad que le corresponda a cada fruta, para proceder inmediatamente a la esterilización de los mismos. Antes de cerrar los frascos deben limpiarse cuidadosamente con un lienzo humedecido en agua la boca de los frascos, pues endureciéndose el azúcar entre la tapa y la goma, forma verrugas o abultamientos, que ponen en duda el buen éxito del trabajo o dificulta el destapado.

Antes de pasar más adelante queremos decir algo sobre la clase de jarabe que se usa para distintas frutas.

Jarabe delgado: Se usa para frutas dulces.
Jarabe mediano: Se usa para frutas poco dulces.
Jarabe espeso: Se usa para frutas ácidas.
Jarabe muy espeso: Se usa para frutas muy ácidas.

La esterilización de las conservas domésticas o en las fincas se realiza al baño-maría, por el tiempo indicado en cada fruta. En las fábricas, se usan aparatos especiales, a presión o auto-clave. A continuación se ofrecen algunas preparaciones de conserva de frutas en almíbar:

Conserva de cascos de guayaba. Se eligen con cuidado frutas maduras, pero firmes, de color bonito y sanas. Se pelan, cortan en mitades y se les quita las semillas y masa adherida a las mismas. Si se desea enteras se les hace un solo corte transversal para sacar las semillas. Se echan en agua hirviendo y se salcochan diez minutos, se sacan y escurren y se colocan en los frascos en capas superpuestas con la parte cóncava hacia abajo. Se golpea a menudo el envase para que expulse el aire. Se rellenan los frascos con almíbar clarificada, de una parte de azúcar y una de agua. Se esterilizan en baño-maría, 20 minutos, los frascos de ½ litro y 30 minutos los de a litro, ó 10 minutos a 5 libras de presión.

Mermelada de guayaba. Se escogen guayabas bien maduras y después de lavarlas se pasan por la máquina de picar carne. La masa obtenida se pasa por un tamiz para quitarle las semillas y partes duras. Al terminar esta operación se pasa la pulpa obtenida para determinar el azúcar que se le agregará más tarde. Se pone la pulpa al fuego y se cocina sin dejar de revolverla, hasta que hierva 30 minutos. Entonces se le agrega el azúcar en la proporción de la mitad o tres cuartos del peso de la pulpa. Esta última proporción se usa si la guayaba es ácida. Así si tenemos 12 libras de pulpa de guayaba del tipo dulce, se les agregan seis libras de azúcar, y si la guayaba es ácida, se le agregan nueve libras de azúcar. Después de añadir el azúcar se deja hervir 15 minutos más sin dejar de revolver. Se esteriliza en baño-maría durante 10 minutos los envases de medio litro, y 20 minutos los de a litro a 5 libras de presión.

Conserva de mangos. Se escogen mangos pintones, que estén lo suficiente duros para que se puedan pelar. Se ponen en los envases, cubriéndolos con jarabe delgado. Se esterilizan al baño-maría, durante cuarenta y cinco minutos.

Mermelada de mangos. Se escogen frutas maduras, de masa firme, se pelan y se cortan en pedazos, quitando la semilla. Se ponen a cocinar en poca agua. Cuando estén blandas se quitan del fuego y se pasa por un tamiz la masa. La pulpa obtenida se pesa. La cantidad de azúcar que hay que echarle depende de la clase de mango. Si es muy dulce se le echa la mitad del peso de la pulpa, de azúcar; y si es algo ácido, entonces se le echa las dos terceras partes. Así, tenemos 12 libras de pulpa dulce, le agregaremos 6 libras de azúcar y si es algo ácida le ponemos 8 libras de azúcar. Se pone al fuego la pulpa con el azúcar, con una pequeña cantidad de agua y se deja hervir hasta que tome la consistencia deseada. Se esterilizan durante 5 minutos a 5 libras de presión.

Conserva de piña al natural. Se escogen frutas bien maduras y de color amarillo, a las que se corta el penacho y se pelan, quitando con el cuidado necesario todos los ojos. Se cortan en rodajas y se les quita el centro duro. Se colocan dentro de los pomos o latas apretándolos un poco. Se rellenan con almíbar delgado o espeso, según sea el grado de acidez de las piñas. Se esterilizan los frascos de a litro durante 30 minutos, ó 10 minutos a 5 libras de presión.

Mermelada de piña. Se pelan y limpian las piñas, se rallan cuidadosamente, teniendo cuidado que no vaya ninguna porción del centro. Se recoge el jugo y la pulpa y se pesan. Por cada libra de peso se le añade tres cuartos de libra de azúcar, poniendo a hervir la mezcla durante una hora o más, hasta que tome la consistencia deseada. Después se pone en frascos o latas y se esterilizan 10 minutos a 5 libras de presión.

Coco en almíbar. Se hierve un litro de leche con una rajita de canela y cascarita de limón. Se ralla un coco y se le agrega a la leche, dejándolo hervir lentamente para que el coco, pueda quedar completamente cocido; debe agregarse el coco con su manteca y leche. Se le agregan cinco tazas de azúcar blanca y se sigue cocinando hasta que quede en almíbar. Después se coloca en los frascos o latas y se esteriliza, 10 minutos a 5 libras de presión.

Dulce de naranja agria en cascos. Se pelan las naranjas o se ralla la cáscara y se ponen en agua con sal, durante tres o cuatro horas. Se sacan y se parten dejándolas en agua durante dos o tres días, cambiándolas tres veces al día. Después se exprimen bien y se ponen a cocinar. Cuando estén un poco blandas y hayan perdido el sabor amargo, se escurren y pesan. Se prepara un almíbar con igual cantidad de agua y azúcar que el número de libras de la fruta. Se echan dentro las naranjas y se deja hervir a fuego lento hasta que tome el punto deseado. Se coloca en los envases y se esteriliza durante 30 minutos, ó 10 minutos a 5 libras de presión.

Mamey de Santo Domingo. Se escogen frutas maduras, pero duras. Se pelan y se les quita la película que tienen adherida a la pulpa. Se cortan en lonjas largas y se cocinan en agua hasta que estén blandas. Se sacan y echan en agua fría. Se ponen en almíbar mediano y se deja al fuego hasta que tenga el punto deseado. Se pone en envases y se esteriliza al baño-maría, durante 40 minutos, ó 10 minutos a 5 libras de presión.

CONSERVA EN VINAGRE

Vimos ya al estudiar las causas que producen la descomposición de las sustancias alimenticias que los micro-organismos que la originan no se desarrollan ni multiplican en un medio ácido, de donde se desprende que uno de los métodos de conservación de legumbres es a base de vinagre, simple o aromatizado.

Para contrarrestar el efecto de las bacterias putrificantes, un vinagre de 1 a 2 grados puede ser suficiente; sin embargo, hay bacterias que prosperan muy bien en un medio de 3 grados de ácido acético. También hay algunos fermentos que viven perfectamente hasta en medio de 3 a 4 grados de ácido acético. Conviene por consiguiente, antes de mezclar el vinagre con las legumbres que se van a conservar en él, hervirlo o pasteurizarlo y luego filtrarlo. Generalmente, se vierte sobre las legumbres hirviendo, con el objeto de reducir el número de los micro-organismos adheridos a ellas y también porque con este procedimiento se conserva mejor el color de la mayoría de ellas. Asimismo el producto se curte en menor tiempo, quedando por consecuencia listo para su venta más rápidamente.

Por la propiedad que tiene el ácido acético de volatilizarse, el vinagre pierde su fuerza cuando se somete a un hervor prolongado y más cuando esta operación se repite varias veces.

La experiencia ha demostrado que las legumbres cuidadosamente preparadas se conservan perfectamente en un contenido final de 2 a 3½ grados de ácido acético. El conservador utiliza por lo regular, vinagre con una fuerza de 3 a 8 grados, según sea menor o mayor el contenido de agua de vegetación de las legumbres o conservas.

Las legumbres, por lo general, contienen de 70 a 94 por ciento de agua, en la que están disueltas las sustancias que nutren al vegetal, la que en contacto con el vinagre, sufre paulatinamente, al través de las células de las legumbres, un intercambio y ósmosis; es decir se verifica un equilibrio entre ambas soluciones; el vinagre, antes de una fuerza de 6 grados, se diluirá a unos 3 ó 3½ grados aproximadamente.

Este fenómeno de la ósmosis, hace necesario, a menudo, que el vinagre que sirvió para el curtimiento previo, sea, después de algunas semanas, decantado y repuesto por otro de más fuerza y generalmente aromatizado.

Las legumbres, muy especialmente los pepinos, se limpian con cepillo y agua y después se frotan con sal y se dejan junto con ésta para que suelten gran parte de su agua de vegetación. Hay otras que se ponen en salmuera (solución de agua y sal), donde permanecen algunas horas o una noche.

Las habichuelas, chícharos, espárragos, maíz tierno, etc., se lavan primero, después se escaldan, es decir, se sumergen poco a poco en agua hirviendo y se echan en salmuera o directamente en vinagre. Hay que tener cuidado que las legumbres estén perfectamente cubiertas por el vinagre, sujetándolas de manera que sobre ellas no quede ningún espacio sin ser bañado por él.

Si no se observa esta regla, las partes descubiertas de las legumbres, sin vinagre se oxidan, se secan y no tardarán en ser invadidas por los micro-organismos.

A CONTINUACION SE OFRECEN ALGUNAS RECETAS SOBRE CONSERVAS DE VEGETALES

Pimientos en conserva. Se escogen pimientos de masa gruesa, que estén bien rojos y sanos. Se colocan en un horno caliente o se asan por breves instantes para tostarles la piel y poder quitársela con facilidad, como cuando se preparan para ensaladas. Cuando están tostados se les quita la piel con una servilleta húmeda o sumergiéndolos en agua fría. Se les corta la parte superior, unida al tallo y se les sacan las semillas.

Cuando estén bien limpios se van colocando en frascos de boca ancha añadiéndoles una cucharadita de sal por cada frasco de a litro, o media cucharadita si el frasco es de medio litro. No se agrega líquido alguno, porque los pimientos en el baño-maría segregan un jugo que los envuelve y conserva suaves.

Se esterilizan los frascos al baño-maría, durante 45 minutos, ó 10 minutos a 10 libras de presión.

Conserva de salsa de tomates. Se escogen tomates bien maduros, porque así tienen más jugo y la conserva tendrá un color más atractivo. Se lavan y cortan en pedazos, poniéndolos a cocinar, dejándolos que hiervan durante 15 minutos. Se retiran del fuego terminado ese tiempo, y se pasan por un colador, y con la ayuda de una mano de mortero se restriega la cáscara del tomate contra el colador, para que se desprenda la pulpa.

Después se echa la salsa en una tela blanca que esté bien limpia y se cuelga a escurrir, para quitarle un poco del agua al tomate. Cuando la pulpa tenga el espesor deseado, se mide y por cada litro de pulpa se añade una cucharadita de sal; después se procede a envasarlo. Se esteriliza luego a baño-maría durante 30 minutos o cinco minutos a 5 libras de presión en la olla.

Conserva de tomate al natural. Se escogen tomates de tamaño grande, que estén maduros. Se echan en agua hirviendo y se mantienen en ella como un minuto, echándolos después en agua a la temperatura natural. Se pelan y se les quita las semillas, cuidando de no estropear la masa. Se echan en los frascos y se cubren con una mezcla de agua y el jugo que ellos hayan dado al pelarlos. Se añade una cucharadita de sal por cada envase de a litro. Se esterilizan durante 35 minutos, ó 5 minutos a 5 libras de presión en la olla.

Habas de Lima en conserva. Se desgranan y escogen las que estén completamente sanas y tiernas. Se ponen al fuego en una cacerola de porcelana que tenga agua suficiente para cubrirlas y se les da un hervor.

Se llenan los envases, previamente esterilizados, con las habas calientes, añadiéndoles del agua en que se hirvieron. Se les añade una cucharadita de sal a las latas número 2. Se esterilizan las latas durante 50 minutos ó 30 minutos a 10 libras de presión.

Habichuelas. Se utilizan sólo las habichuelas tiernas. Se lavan bien en varias aguas. Se cortan en pedazos del tamaño deseado. Se echan en una cazuela y se cubren con agua hirviendo, dejándolas hervir durante 10 minutos en vasija destapada. Se separan del fuego y se van echando calientes en los envases (los que deben estar ya esterilizados), añadiéndoles un poco del agua en que se hirvieron. Se echa media cucharadita de sal por cada lata número 2, y se esterilizan durante 20 minutos a 10 libras de presión.

Maíz tierno. Debe procurarse recoger el maíz en las primeras horas de la mañana y envasarlo en seguida, antes de que el azúcar se haya convertido en almidón.

Se despoja y limpia bien. Con un cuchillo afilado se cortan los granos de la mazorca, se pasa y añade tres cuartos de taza de agua hirviendo por cada taza de maíz picado; se ablanda por espacio de 30 minutos. Se vacía en seguida en los envases, añadiendo una cucharadita de sal y dos de azúcar a cada envase, lata número 2. Se esterilizan durante 55 minutos a 10 libras de presión.

Jugo de tomates. Se escogen tomates rojos, maduros y sanos. Se lavan y cortan en pedazos, se ponen al baño-maría y se ablandan lentamente hasta que se puedan pasar por un jibe fino. Deben dejarse desbaratar algunos de los tomates para que así haya líquido suficiente para ablandarlos. Se pasan por un jibe bien fino y se recoge el jugo, calentándolo después, pero sin que llegue a hervir. Se echa el jugo en los envases (previamente esterilizados), se le agrega una cucharadita de sal y se procede a envasarlo. Se esterilizan las latas número 2 por 5 minutos a 5 libras de presión.

Puré de tomates aromatizado. Se prepara primero el puré de tomates y a cada cuartillo se le añade dos cebollas bien picaditas, una hoja de laurel, una taza de pimiento maduro bien molido, dos cucharaditas de azúcar y una cucharadita de sal. Se cocina todo hasta que la cebolla y el pimiento estén blandos. Se saca la hoja de laurel y se vierte en seguida en los envases calientes. Se esterilizan siguiendo el mismo procedimiento que para el puré.

Guisante. Se usan sólo los guisantes tiernos y verdes. Se desgranan utilizando los granos pequeños y medianos solamente. Se lavan bien en varias aguas. Se ponen en una olla, añadiéndoles agua hasta que los cubra, y se dejan servir por 10 minutos.

Se envasan calientes en frascos o latas ya esterilizados, y se les añade un poco de agua donde se hirvieron. Se agrega media cucharadita de sal y una de azúcar. Se esterilizan por 30 minutos a 10 libras de presión.

Institución Médica

CRUZ AZUL

Pensionistas y Asociados

17 Y 2 - VEDADO   TELEFONO F-8110

Cortesía de los

Laboratorios Frost

Cortesía de

AMERICAN INTERNATIONAL INSURANCE COMPANY

PASTA CHOUX (PÂTE À CHOUX)

Por Carmencita San Miguel Pagés

INGREDIENTES:

1 taza de agua.
½ cucharadita de sal.
¼ libra de mantequilla.
1 pulgada de cáscara de limón.
1 taza de harina de pastelería, cernida antes de medirla.
2 huevos.
3 yemas.

PREPARACION:

Se vierte en un cazo el agua y se le añade la sal, la mantequilla y la cáscara de limón. Se coloca el recipiente al fuego y se deja hasta que el agua manifieste el hervor en toda la superficie. Se retira del calor y de golpe se le añade la harina. Se revuelve seguido hasta formar una pasta. Se lleva nuevamente al calor (calor muy lento) y se cocina revolviendo durante dos minutos o hasta que la pasta esté bien seca. Se retira del calor y se vuelca la pasta en una taza bola. Se revuelve seguido hasta que enfríe a la temperatura ambiente. Se retira la cáscara de limón. Se añade un huevo y se bate vigorosamente hasta que se mezcle bien. Se añade el segundo y se procede en la misma forma y así se continúa con las yemas (siempre añadir una, ligar bien y añadir la segunda, etc.). Se deja reposar durante 20 minutos cubierta con un paño. En una plancha de hornear engrasada con mantequilla y enharinada se van marcando los pasteles. La mejor forma para marcarlos es echar la pasta dentro de una manga de pastelería con boquilla lisa. Se va apretando la manga y se le da la forma alargada, redonda o de rosca, según se prefiera. Se debe dejar de separación entre pastel y pastel una distancia de cuatro a cinco centimetros que es lo suficiente prudencial, para que no se junten al cocinarse. Se cocinan en el horno a 425° F. durante diez minutos y después se reduce la temperatura a 325° F. durante veinte minutos. Se retiran del calor y se dejan enfriar a la temperatura ambiente. Se cortan a la mitad sin llegar a separarlos y se rellenan. Se cubren según sean pasteles, dulces o salados. Se colocan en una bandeja provista de un tapete de encaje.

SECRETOS PARA EL EXITO EN LA CONFECCION DE LA PASTA

En el inicio de la confección de la pasta indico al poner el agua, sal y mantequilla al calor, que se espere hasta tanto se manifieste el hervor en toda la superficie; esta expresión nos da la seguridad del calor que necesitamos para formar el engrudo que ha de constituir la base de la pasta. ¡Cuántas veces he visto considerar el *hervor* cuando en el fondo del recipiente se han manifestado *burbujas* o cuando en el borde de la superficie líquida se han producido pequeños *globitos*! Quiero que la lectora se fije bien. No son burbujas ni son globitos, son *borbollones* los que tienen que formarse, es decir, globos que se hacen y deshacen por un impulso producido por el agua de abajo hacia arriba a través del calor.

Se retira del calor (al formarse los borbollones) y de *golpe* se añade la harina (no olvide la indicación de añadirla de golpe para obtener cuajo instantáneo) revolviendo de prisa, hasta formar una masa suave y fina. Como esta masa necesita secarse bien, se coloca el *cazo* en el fuego (un fuego muy lento que le permita secarse, pero no cocinarse más) y se revuelve hasta alcanzar la sequedad que se requiere.

Para orientar a la lectora voy a ofrecer algunas carcterísticas que nos permiten conocer la sequedad de la masa. La masa se manifiesta al revolverla en forma de ovillo. También puede empezarse a pegar al *cazo*. Puede indicarnos también, al desprenderse de la paleta de madera con la cual se revuelve o también llegando a un punto máximo de sequedad, la mantequilla empieza a rezumar, es decir a manifestarse por los poros de la masa.

Indico que al apartarse del calor se vuelque la masa en una taza bola profunda, de loza o cristal. ¿Qué es lo que pretendo al aconsejar este paso? Primero el cambio de recipiente facilita el enfriar más rápido la masa (a la temperatura ambiente). Segundo, la preferencia de que el material de la taza sea de loza o cristal es por la adición de huevos que lleva la pasta, los recipientes de metal alteran la coloración del huevo, ennegreciéndola.

No olvide que la masa se tiene que enfriar a la temperatura ambiente, pues si conserva calor, al añadir los huevos, éstos por motivo de ese calor pueden iniciar una cocción, que le reste efecto para poder aleudar el pastel. Voy a indicar cómo puede usted precisar ese calor ambiente: coloque el dorso de la mano sobre la masa y si no recibe sensación de calor, es decir que responde al calor de la mano, puede estar segura que la masa está en perfectas condiciones para recibir la adición de los huevos.

Se añade un huevo y cuando esté bien ligado se añade el segundo. En este paso debo prevenir a la lectora de un fenómeno que va a sufrir la masa. Antes de añadir el huevo la masa está compacta y al echarse el huevo y tratar de ligarlo, la masa se fracciona en muchas partes, resbaladizas todas, pero batiendo vigorosamente se llega a reconstruir de nuevo la masa a la textura señalada. Luego conociendo este fenómeno, no se añadirá el siguiente huevo, hasta tanto obtenga una reconstrución total la masa a través del batido, que le permitirá trabajarla de nuevo.

Quiero señalarle a la lectora que la receta original de la pasta lleva huevos enteros (clara y yema) pero como nosotros los que nos dedicamos al *Arte y Ciencia de la Cocina,* no sabemos qué nos sucede que nos encanta *crear* (unas veces originando platos a través de bases y comprobaciones científicas y otras modificando la esencia de otros platos) es por lo que yo modifiqué lo original en cuanto al contenido de huevos enteros, por huevos y yemas exclusivamente, como aparece en los ingredientes (dos huevos y tres yemas) y además añadí (ingrediente que no lleva el original) cáscara de limón para aromatizar la pasta.

También quiero sugerir que puede sustituirse la cantidad de cáscara de limón por canela en rama, vaina de vainilla o anís (media cucharadita). El agua puede ser sustituída por leche y en caso en que el pastel no se rellene (como en las roscas) se puede añadir al agua dos cucharadas de azúcar para hacer la pasta dulzona.

Voy a dar un secretico muy importante (que siempre doy a mis alumnas) y resulta muy interesante para conocer si la pasta está bien trabajada: Al revolver la pasta (que debe estar con una textura muy espesa) y hacerlo con mucha rapidez se debe de formar una *telilla transparente* por donde hace el surco la paleta, con esta manifestación se puede tener la seguridad de éxito en el trabajo de preparación.

Terminada la pasta se cubre con un paño y se deja reposar veinte minutos. El paño la proteje de formar corteza en contacto con el aire. El reposo la beneficia porque se ahuecan más los pasteles. Esto lo comprobé al preparar en distintas ocasiones tandas de pasteles que todos no pudieron ser horneados a la vez y siempre resultaban más perfectos (por estar más ahuecados) los últimos que los primeros. He querido hacer llegar a usted la observación comprobada para recalcar que en cada aficionado a la cocina o cocinero, existe un descubridor si es un buen observador.

Y hablando del ahuecado del pastel también quiero hacer otra observación que considero importante: los huevos muy frescos son los que deben de usarse en la preparación, pues los conservados no tienen suficiente cuerpo y al *ligarlos* a la masa lo que hacen es ponerla amazacotada, es decir pesada y después resulta difícil el que se pueda elevar el pastel.

Aconsejo engrasar y enharinar la plancha de hornear para que el pastel presente por debajo la misma coloración (en cuanto al tostado) que por arriba.

Los pasteles para marcarlos, es decir modelarlos con rapidez se hacen con la manga de pastelería, pero aquéllas que no tengan la manga, se pueden valer de una manga de papel doble (se corta el papel en forma triangular cuyas medidas del triángulo sean la base de treinta pulgadas y la altura de quince. Se procede hacer el embudo, colocando el medio de la base, entre los dedos pulgar e índice de la mano izquierda y después con los dedos pulgar e índice de la mano derecha se toma la punta que constituye el ángulo de la derecha del triángulo y se lleva la mitad de la línea que representa la base a formar línea recta con la línea que representa la altura del triángulo (aquí se une el ángulo de la derecha con el ángulo de la altura, formándose un cono). Se envuelve sobre el cono el resto del triángulo quedando unidos los tres ángulos. Se cose la unión para que el embudo no se abra. Se vierte la pasta y se procede a cerrar el embudo, retorciendo el sobrante de papel libre de pasta. Se corta la punta a un ancho de tres cuartos de pulgada. Se va apretando la parte retorcida para provocar la salida de la pasta y se van marcando los pasteles según se prefieran, alargados, redondos, roscas, etc.

Si no tiene habilidad para manejar la manga de tela o de papel, no se contraríe; le voy a indicar cómo resuelve el moldeado del pastelillo: Con una cuchara, coja pequeñas porciones de la pasta y con el dedo ayude a desprender la porción de la cuchara dejándola caer en la plancha en forma de montoncito (no olvide la separación que hay que dejar entre un pastel y otro para que no se unan al cocinarse.)

Indico una temperatura más alta, 425° F. los diez primeros minutos; este calor ayuda a la elevación y el inicio del dorado, pero es necesario reducirlo a una temperatura moderada (325° F.) para que cocinen bien por dentro y queden bien huecos. Si se dejan a temperatura alta se doran mucho y quedan crudos, hay que sacarlos antes de tiempo (por dentro quedan crudos y arrugados por fuera). No debe abrirse el horno mientras se están elevando (deje por lo menos pasar quince minutos y al abrir la puerta del horno hágalo con picardía, es decir, entreábrala nada más, para curiosear el proceso) porque si la abre mucho el aire que penetra atrofia el crecimiento del pastel y se baja. Ellos no se cocinan más de veinte a treinta minutos (la diferencia estriba en el tamaño del pastel). Después de horneados los pasteles deben quedar bien huecos y por tanto muy ligeros de peso.

Quiero aconsejarles que si los pasteles se estuvieran dorando demasiado por deficiencia del horno, se cubren con un papel de estrasa engrasado con mantequilla, hasta tanto se venza el tiempo de cocción.

Una vez horneados se enfrían a la temperatura ambiente y después se cortan por un lado sin llegar a separarlos (generalmente ellos indican por dónde hay que abrirlos para rellenarlos.)

Resulta interesante una vez obtenido el éxito en la elaboración de la pasta ver la diversidad de aplicaciones que tiene tanto en la cocina como en la repostería. Sería interminable la aplicación, pero a modo de *Guía Gastronómica* voy a ofrecer la denominación de aquellos pasteles que resultan más conocidos y apetecidos.

GUIA GASTRONOMICA

Americanos: Se marcan pasteles alargaditos de cinco cms. de largo por uno de ancho. Se hornean y se enfrían. Se rellenan con crema de coco y ron. Se bañan con fondant blanco al ron.

Benoist: Se marcan pasteles alargaditos. Se hornean. Se rellenan con crema pastelera con puré de castañas y se bañan con fondant de chocolate.

Buñuelos Soufflé (de viento): Se le disminuye a la receta básica de la pasta choux la mitad de la mantequilla (los demás ingredientes se dejan en la medida indicada). Confeccionada la pasta se fríe por cucharadas en suficiente cantidad de grasa caliente, hasta que se inflen y doren. Se escurren y se sirven polvoreados con azúcar lustre (azúcar en polvo) o se bañan con almíbar de medio punto.

Brasileña: Se marcan pasteles alargaditos. Se hornean. Se enfrían. Se rellenan con crema pastelera de piña y se bañan con fondant amarillo aromatizado con esencia de piña.

Café: Se marcan pasteles alargaditos. Se hornean. Se enfrían. Se rellenan con crema de café (Moka) y se bañan con fondant de café.

Carolinas: Se marcan pasteles alargaditos. Se hornean. Se rellenan con dos cremas pasteleras (de café y de chocolate). Se bañan o glacean la mitad del pastel con fondant de café y la otra mitad con fondant de chocolate.

Chantilly: Se marcan pasteles redondos o alargaditos. Se hornean. Se enfrían. Se rellenan con crema Chantilly aromatizada con vainilla. Se cubren polvoreándolos con azúcar lustre (azúcar en polvo.)

Chantilly Praline: Se marcan pasteles redondos o alargados. Se hornean. Se rellenan con crema Chantilly mezclada con praline de almendra en polvo. Se cubren con azúcar lustre polvoreada.

Chocolate: Se marcan pasteles alargaditos y se hornean. Se enfrían. Se rellenan con crema pastelera de café y se bañan con fondant de chocolate.

Colomba: Se marcan pasteles alargaditos y se hornean. Se enfrían. Se rellenan con crema de avellanas tostadas, aromatizadas con curacao. Se bañan con fondant rosado, aromatizado con curacao (se salpican con grajea).

Crema: Se marcan pasteles alargaditos Se hornean. Se enfrían.

Se rellenan con crema pastelera aromatizada con vainilla. Se bañan con fondant blanco.

Chuchus: La misma receta de los pasteles de crema pero al marcar el pastel se le da forma redonda. Suele bañarse con almíbar a punto quebradizo.

Dorindas: Se marcan pasteles alargaditos. Se hornean. Se enfrían. Se rellenan con crema de almendras, aromatizada con vainilla. Se bañan con fondant rosado aromatizado con extracto de fresa.

Divorciadas: La misma receta del pastel Carolina, pero se divide el glaceado de chocolate y café con una guirnalda de crema de mantequilla al ron, puesta en manga decoradora con boquilla rizadora.

Duquesas: Se marcan pasteles redondos (grandes). Se hornean. Se enfrían y se rellenan y cubren con cualquiera de las cremas y glaceados indicados. Suelen también rellenarse con merengue o con helado y se cubren con azúcar lustre polvoreada.

Monte-Cristi: Se marcan pasteles redondos y se hornean. Se enfrían. Se rellenan con crema pastelera y se cubren con caramelo claro.

Palos de Jacob: Se marcan pasteles alargados grandes y se hornean. Se enfrían. Se rellenan con crema pastelera y se cubren con caramelo oscuro. (Estos pasteles quedan tres veces más grandes que los corrientes.)

Pasteles gelatinados: Se marcan pasteles alargados. Se hornean. Se enfrían bien en el refrigerador. Se rellenan con gelatina de fruta a medio cuajar. Se dejan cuajar y se sirven bañados con crema Chantilly.

Pasteles Susana: Se marcan pasteles redondos (grandes). Se hornean. Se enfrían y se rellenan con helado. Se cubren con sirope o crema de altea bien fría.

Pastel Saint-Honoré: Un fondo de pasta quebradiza pinchado y horneado; bordeado por corona triple de pastelitos pequeños (forma de chuchus) aproximadamente del tamaño de una nuez, horneados. Se rellena con crema Saint-Honoré y se polvorea con almendras tostadas picaditas.

Pastel Polka: Se hace un disco de pasta quebradiza como en el Saint-Honoré. Se pincha el disco. Se bordea con una corona de pastelitos de la pasta choux (pequeños chuchus). Se hornea. Después se enfría y se rellena formando una cúpula con una crema pastelera bien fina y espesa. (Se le adiciona a la crema mantequilla). Se polvorea bien la cúpula con azúcar y con un aparato de hierro especial (para planchar), calentado hasta ponerlo al rojo vivo, se quema el azúcar hasta formar corteza acaramelada (como la natilla quemada.)

París-Brest: Una corona de pasta choux de dos pulgadas de espesor puesta en plancha sin engrasar. Se polvorea con almendras picaditas y azúcar. Se hornea. Se deja enfriar. Se corta a la mitad y se rellena con crema pastelera de almendra con mantequilla. Se polvorea con azúcar lustre.

Princesa: Se marcan pasteles alargados. Se hornean. Se rellenan con crema de almendra aromatizada con vainilla y se bañan con fondant de pistacho (coloreado ligeramente con tinte colorante verde.)

Religiosa: Se marcan pequeños pasteles de forma alargada. Después de cocinados una mitad se rellena y glacea con chocolate y la otra con café. Se hace una torta de pasta quebradiza dulce, cuyo diámetro sea de 14 centímetros. Se pincha y se cocina. Se enfría bien. Se rellena con crema Saint-Honoré enfriada en un molde en forma de embudo y desmoldada en la torta (el diámetro de la base del embudo debe ser de 12 centímetros para que penetre bien en la torta). Se van colocando los pasteles alternos uno de chocolate y otro de café, hasta cubrir bien la pirámide (debe quedar vestido con los pasteles). El piquito de la pirámide se decora con un pastelito (pequeño chuchu). Se decora el dulce con crema moka puesta en manga decoradora con boquilla rizadora (la decoración con la crema debe hacerse alrededor de la torta, entre pastel y pastel y en la terminación del embudo.)

PEQUEÑOS PASTELES DE PASTA CHOUX (PETIT-FOURS)

Carolinas: Pequeñísimos pasteles alargaditos que después de cocidos deben quedar del tamaño del dedo meñique. Se perforan con un lápiz por un lado y se rellenan con crema Chantilly (puesta en manguita decoradora). Se polvorean con azúcar lustre.

Japoneses: Pequeñísimos pastelitos que se hornean. Se enfrían y se rellenan con crema de mantequilla y chocolate. Se bañan con fondant de chocolate y sobre cada uno en el centro se coloca media avellana tostada.

Magdalenitas: Pequeñísimos pasteles que se marcan en forma de S. Se polvorean con azúcar y se hornean. Se enfrían y se rellenan con dulce de grosella.

Ninis: Pastelitos que se marcan en forma ovalada. Se cocinan. Se enfrían y se rellenan con crema pastelera mezclada con frutas confitadas picaditas. Se bañan con fondant blanco, aromatizado con Kirsch. Se coloca media guinda confitada en el centro de cada pastel.

Salambos: Se marcan pequeños lazos con la pasta (puesta en manga decoradora). Se hornean y se enfrían. Se rellenan con crema batida o crema pastelera. Se cubren con almíbar quebradiza y se salpican con almendras tostadas picaditas.

Supremas almendradas: Se marcan pequeños pastelitos redondos o en forma de lazo. Se barnizan con huevo batido y se salpican con almendras picaditas y azúcar. Se hornean y se enfrían. Se rellenan con crema de mantequilla almendrada y se polvorean con azúcar lustre (azúcar en polvo.)

Pompadours: Con la manga pastelera se marcan pequeñísimos pastelitos en forma de coma (,). Se hornean. Se rellenan con crema de castaña y se bañan con fondant blanco aromatizado con ron. Se decora cada una con media almendra.

Tiroleses: Se marcan pequeñísimos pastelitos y se salpican con almendras picaditas. Se hornean. Se enfrían y se rellenan con crema de almendra aromatizada con ron. Se polvorean con azúcar lustre (azúcar en polvo.)

Todos estos pequeños pastelitos se sirven colocados en capucillos de papel.

ENTREMESES DE PASTA CHOUX

Buñuelos de queso, jamón y almendras: Se añade a la pasta choux queso rallado, jamón picadito y almendras picaditas. Se fríe la pasta por cucharadas en suficiente grasa caliente, hasta que se inflen y doren. Se sirven calientes.

Buñuelos de queso: Se añade a la pasta choux queso Gruyere rallado y pimienta en polvo. Se fríe la pasta por cucharadas en suficiente grasa caliente hasta que se inflen y doren. Se sirven con una salsa caliente.

Carolinas de Foie-Gras: Se marcan pasteles alargaditos tan pequeños que después de cocinados queden del tamaño del dedo meñique. Se hornean. Se rellenan con foie-gras y se decoran con mantequilla de almendra.

Delicias de pollo: Se marcan pasteles alargaditos y se hornean. Se enfrían. Se rellenan con ensalada de pollo y se cubren con mantequilla de hígado de ave.

Delicias de sesos: Se marcan pasteles alargaditos y se hornean. Se rellenan con una Bechamel espesa mezclada con sesos, cocinados, picaditos y yemas de huevo. Se adornan con tiritas de queso.

Gnocchi o la Parisién: Se prepara pasta choux y se deja caer en forma de bolitas en agua hirviendo, salada. Se cocinan unos minutos sin que el agua hierva pero muy caliente. Se escurren y se terminan de cocinar en una salsa Bechamel muy clara (fuego muy lento). Se mueve el recipiente para envolver bien las bolas en la salsa. Se pasan para un recipiente llano que resista el calor. Se polvorean con queso o migas de pan rallado. Se rocía con mantequilla derretida. Se cocina en el horno hasta que los gnocchi aumente su volumen.

Gougere: Se prepara pasta choux con adición de queso (cortado en cuadraditos muy pequeños). Se coloca la pasta en forma de corona sobre una plancha de hornear engrasada. Se pinta con huevo batido y se colocan encima lonjitas de queso Gruyere. Se cocina en el horno.

Ramequins: Marcar pequeños chuchus (pastelitos redondos del tamaño de una nuez). Colocar encima láminas de queso Gruyere cortadas en cuadraditos. Se hornean. Se rellenan con salsa Bechamel bien espesa, mezclada con queso.

Tartaletas: Hornear tartaletas (pasta quebradiza). No dejarlas dorar.

Rumanas: Se enfrían y se colocan en el interior de cada una, casi pegados al borde, pequeños círculos de pasta choux con queso, puesta en manga pastelera. Se rellena el centro con una cucharada de salsa Bechamel bien espesa ligada con yemas de huevo y queso rallado. Se hornean hasta que la pasta se dore.

PASTEL DE MANZANA, ESPECIAL

INGREDIENTES PARA LA PASTA:

2 tazas de harina de pastelería cernida y después medida.
½ cucharadita de sal.
4 cucharadas de azúcar.
¼ libra de mantequilla bien fría.
cucharadas del agua de la cocción de las manzanas para el relleno.

PREPARACION:

Se cierne la harina, sal y azúcar. Se añade la mantequilla y se hace la mezcla por medio del estribo o en sustitución con dos cuchillos de mesa. Se trabaja la liga hasta obtener una boronilla. Se van añadiendo cucharadas del agua de la cocción de las manzanas (previamente enfriadas) hasta formar una masa. Se extiende la masa entre dos papeles parafinados, con el rodillo hasta dejarla lo suficiente amplia, para forrar un molde de pastel de diez pulgadas de diámetro. Se quita el papel que cubre la pasta y se invierte ésta de modo que el otro papel quede en la parte superior. Se deja caer la pasta sobre el molde y se desprende el papel. Se adapta bien la pasta a las paredes del molde. Con un tenedor enharinado se ajusta el borde de la pasta al molde. Se coloca en el refrigerador mientras se prepara el relleno.

INGREDIENTES PARA EL RELLENO:

¼ libra de mantequilla.	2 cucharadas de harina de pastelería.
1 taza de azúcar.	
4 huevos.	4 manzanas de cocinar, peladas, cocinadas y reducidas a puré.
¼ cucharadita de canela en polvo.	
½ cucharadita de polvos de hornear.	azúcar en polvo (para polvorear el pastel.)
1 panetela de ½ libra desboronada.	almendras tostadas y picaditas para salpicar el pastel).

PREPARACION:

Se bate la mantequilla hasta cremarla bien. Se le añade gradualmente el azúcar. Se creman bien ambos ingredientes. Se separan las yemas de las claras. Se añaden las yemas una a una al batido de mantequilla. Se agrega la canela y los polvos de hornear. Se ligan bien los polvos. Se añade la panetela desboronada y después de bien unida se añade la harina y las manzanas. Se baten las claras a punto de nieve y se incorporan al batido. Se vierte la preparación dentro del molde del pastel y se alisa bien. Se cocina en el horno a 350° F. hasta que se dore y esté firme. Se retira del calor y se deja perder el vapor. Se polvorea con el azúcar y se salpica con las almendras.

PASTEL DE PASAS

INGREDIENTES PARA LA PASTA:

2 tazas de harina de pastelería cernida y después medida.	3 cucharadas de agua.
	1 cucharada de vinagre.
	¼ libra de mantequilla.
½ cucharadita de sal.	

PREPARACION:

Se cierne la harina con la sal. Se separa de esta harina 1/3 taza. Se mezcla este tercio con el agua y el vinagre. Se revuelve hasta formar un engrudo. Se reserva. Se añade al resto de la harina la mantequilla. Se liga por medio de estribo o en sustitución dos cuchillos de mesa. Se trabaja hasta que la mezcla esté bien desboronada. Se añade el engrudo y por medio de un tenedor de mesa se va humedeciendo toda la mezcla hasta que se forme una masa. Se divide la masa en dos partes. Cada parte se extiende entre dos papeles parafinados hasta dejarla lo suficientemente amplia para forrar un molde de pastel de nueve pulgadas de diámetro. Se coge una de las partes extendidas y se le quita el papel de la parte superior. Se invierte la pasta de modo que el papel quede en la parte superior. Se deja caer la pasta sobre el molde de pastel y se le quita el papel. Se adapta bien al molde. Se vierte el relleno de pasas y se cubre con el resto de la pasta (siguiendo el mismo proceso anterior de quitar el papel, invertir la pasta, etc.). Una vez cubierto con la pasta, se cortan los sobrantes de pasta y se adapta el borde al molde por medio de un tenedor enharinado. Se le dan cortes en la superficie en distintas direcciones (para que la pasta no se levante al cocinarse). Se brochea con huevo batido con media cucharadita de azúcar. Se hornea a 400° F. hasta que esté dorado. Aproximadamente cuarenta minutos. Se retira del calor y se deja enfriar a la temperatura ambiente.

INGREDIENTES PARA EL RELLENO:

- 3 cucharadas de harina de pastelería.
- 2/3 taza de azúcar.
- 2 tazas de agua.
- 2 tazas de pasas.
- ½ cucharadita de canela en polvo.
- ¼ cucharadita de nuez moscada.

PREPARACION:

Se vierte en un tazón la harina y el azúcar. Se calienta el agua a punto de ebullición y se le añaden las pasas. Se deja hervir un minuto. Se retira del calor y se vierte gradualmente sobre la mezcla de harina y azúcar, revolviendo según se añade. Se cocina a fuego moderado revolviendo seguido, hasta que se vea el fondo del recipiente. Se retira del calor y se añaden la canela y la nuez moscada. Se deja enfriar a la temperatura ambiente.

PASTELITOS DE QUESO Y JAMON

INGREDIENTES PARA LA PASTA:

- 2 tazas de harina de pastelería cernida y después medida.
- ½ cucharadita de sal.
- ¼ libra de mantequilla.
- 1 taza de queso rallado.
- cucharadas de agua fría.

INGREDIENTES PARA EL RELLENO:

¼ libra de jamón prensado molido.   ⅛ libra de queso Gruyere molido.

PREPARACION:

Se cierne la harina con la sal. Se añade la mantequilla y se ligan ambos ingredientes, por medio del estribo o en sustitución con dos cuchillos de mesa. Se trabaja hasta que la mezcla esté bien desboronada. Se añade el queso y se liga bien. Se añaden cucharadas de agua fría hasta humedecer la harina y formar una masa. Se deja reposar la pasta diez minutos. Se extiende entre dos papeles parafinados hasta dejarla de ⅛ pulgada de espesor. Se retira el papel de la parte superior y se van cortando los pastelitos con un cortador redondo cuyo diámetro sea de tres pulgadas. A una mitad de los discos obtenidos se le coloca en el centro una cucharadita de relleno (jamón y queso mezclados). Se van cubriendo los pastelitos con la otra mitad de los discos. Se unen los bordes por medio de un tenedor enharinado. Se brochean con yema de huevo batida con media cucharadita de leche. Se cocinan en el horno a 375° F. hasta que se doren. Se retiran del calor y se deja perder el vapor. Se sirven calientes.

El poeta dijo: «Cuando mi pensamiento va hacia ti, se perfuma», es decir, se hace flor, fragancia, gracia, amor...

Ponga al servicio de sus sentimientos estas sutiles mensajeras

a través del

Jardín California

que se especializa en adornos de fiestas, bodas, bautizos, etc.

LYDIA VIGÓN　　　　　　　　　　　　　TELÉFONOS
25 No. 1201 entre 10 y 12　　VEDADO　　F0-4486 - F0-1709

DR. EUSEBIO ORTIZ FRANCHI
Representaciones

Mercaderes No. 262　　　　　　　　　　　　　　La Habana

LAS SALSAS

Por Leocadia Valdés Fauli y Fuentes

Desde hace muchos años la fama de la cocina francesa está cimentada en sus salsas, siendo éstas verdaderas obras de arte culinario, puesto que son las que le dan al plato ese toque especial de tal o cual sabor, ya sea por el vino, las especias, la crema usada, el caldo que sirvió como base, en fin, esos pequeños detalles de la buena cocina que son los que hacen los grandes platos.

Hay salsas típicas de sobra conocidas en nuestra cocina, hay otras que nos parecen secretos de alquimia, pero todas son necesarias en una buena cocina.

Las salsas pueden clasificarse de varias maneras: por Salsas Blancas, Salsas Oscuras, Salsas Frías, Salsas de Aceite o clasificarlas, de acuerdo con el alimento que vayan a acompañar, ya sean para carnes, pescados, etc.

También tenemos las salsas o cremas dulces, que se utilizan como acompañamiento de ciertos postres, como pudines, panetelas, helados.

En este capítulo hemos querido reunir las salsas de acuerdo con su base o fondo y las salsas que se derivan de las básicas.

SALSA BLANCA (BECHAMEL)

Esta salsa es de uso muy frecuente en la cocina, de muy fácil elaboración, pero tiene sus normas y medidas de acuerdo con el tipo que se vaya a hacer. Podemos decir que tenemos tres tipos de salsa blanca atendiendo a su grueso.

SALSA BLANCA LIGERA
Propia para sopas de cremas.
INGREDIENTES:

1 cucharada de mantequilla.
1 cucharada de harina.
1 taza de leche.
½ cucharadita de sal.
¼ cucharadita de pimienta.
¼ cucharadita de nuez moscada.

SALSA BLANCA MEDIANA
Propia para vegetales, huevos, carnes, aves, pescados y mariscos.
INGREDIENTES:

2 cucharadas de mantequilla.
2 cucharadas de harina.
1 taza de leche.
½ cucharadita de sal.
¼ cucharadita de pimienta.
¼ cucharadita de nuez moscada.

SALSA BLANCA GRUESA O DOBLE
Propia para croquetas y soufflé.

INGREDIENTES:

- 3 cucharadas de mantequilla.
- 3 ó 4 cucharadas de harina.
- 1 taza de leche.
- ½ cucharadita de sal.
- ¼ cucharadita de pimienta.
- ¼ cucharadita de nuez moscada.

PREPARACION:

Se derrite la mantequilla a fuego muy lento, se le añade poco a poco la harina revolviendo a que quede la mezcla lisa y suave. Se añade la leche lentamente y revolviendo siempre, se agregan las sazones y se deja la salsa cocinando a fuego lento sin dejar de revolver hasta que tome el espesor deseado y esté cocinada la fécula. Se procede lo mismo en los tres tipos de salsa.

Partiendo de la Salsa Blanca podemos hacer una infinidad de combinaciones que resultan muy agradables y de variados usos en la cocina.

SALSA DE QUESO O MORNAY

INGREDIENTES:

- 1 taza de salsa blanca mediana.
- ¼ taza de queso Parmesano rallado.

PREPARACION:

Se unen los ingredientes. Al incorporar el queso se debe tener extremo cuidado de usar fuego muy lento, pues de otra forma quedaría gomosa la mezcla. Muy propia para servir con huevos, pescados y vegetales.

SALSA ROSA

INGREDIENTES:

- 1 taza de salsa blanca mediana.
- ¼ taza de salsa de tomate.
- ¼ cucharadita de pimentón.

PREPARACION:

Se unen todos los ingredientes. Propia para servir con huevos y mariscos.

SALSA DE CREMA DE TOMATE
INGREDIENTES:

1 cucharada de mantequilla.
2 cucharadas de cebolla picadita.
2 cucharadas de perejil picadito.
2 cucharadas de aceitunas picaditas.
1 taza de salsa blanca gruesa.
1 lata de sopa de tomate pura.
2 huevos duros picaditos.

PREPARACION:

Se pone a fuego lento la mantequilla y la cebolla hasta que estén suaves, se añade el perejil y las aceitunas, se deja unos minutos al fuego. Se mezclan la salsa y la sopa de tomate, se une a lo anterior, se deja unos minutos al fuego, se retira y se agregan los huevos. Se sirve caliente con pescados y mariscos.

SALSA DE CAMARONES
INGREDIENTES:

1 taza de salsa blanca mediana.
½ taza de camarones hervidos y picados.
1 cucharada de mantequilla.

PREPARACION:

Se unen todos los ingredientes, se ponen al fuego a hervir por unos minutos y se cuela por un colador fino a que quede una crema doble y ligeramente rosada.

SALSA NANTUA
INGREDIENTES:

½ taza de masa de cangrejos.
2 cucharadas de mantequilla.
3 cucharaditas de perejil picadito.
1 taza de salsa blanca mediana.
tinte vegetal.

PREPARACION:

Se cocina unos minutos a fuego lento la masa del cangrejo con la mantequilla y perejil, se pasa por un colador y se añade la salsa blanca, se da un ligero hervor y se colorea con tinte vegetal. Se le puede añadir pedacitos de masa de cangrejo.

SALSA CARDENAL

Es lo mismo que las anteriores pero utilizando los pedazos pequeños de la masa de las langostas (pecho y paticas). Se sirve con mariscos y su color, como su nombre lo indica, es rojo más fuerte.

SALSA BLANCA A LA CREMA

INGREDIENTES:

¼ taza de crema pura al 40%.

1 taza de salsa blanca espesa.

PREPARACION:

Se bate la crema a montarla ligeramente, se añade la salsa, se dobla la mezcla para unir y se sirve bien caliente. Propia para huevos y pescados.

SALSA DE CEBOLLAS A LA CREMA

INGREDIENTES:

½ libra de cebollas blancas.

2 cucharadas de mantequilla.

3 cucharadas de vino blanco.

1 taza de salsa blanca mediana.

PREPARACION:

Se cocinan en agua las cebollas hasta que estén casi cocinadas y no quede líquido. Se añade la mantequilla y el vino dejando las cebollas a fuego lento hasta que estén blandas. Se une la salsa blanca, se deja hervir un minuto y se cuela. Muy propia para servir con carnes.

SALSA BLANCA DE MENUDOS

INGREDIENTES:

6 hígados de pollo cocinados.

2 mollejas cocinadas.

3 cucharadas de mantequilla.

½ hoja de laurel.

2 cucharadas de vino blanco.

¼ cucharadita de pimienta.

1 taza de salsa blanca mediana.

PREPARACION:

Se muelen los hígados y las mollejas y se cocinan durante unos minutos a fuego lento con la mantequilla, el laurel, el vino y la pimienta, se añade la salsa blanca, se deja unos minutos más al fuego, se le saca el laurel y se cuela. Se sirve con aves y huevos.

SALSA DORADA

INGREDIENTES:

1 taza de caldo de ave desgrasado y clarificado.

1 cebolla molida.

2 tazas de salsa blanca gruesa.

2 yemas de huevo.

PREPARACION:

Se une el caldo, la cebolla y la salsa blanca, y se cocinan revolviendo siempre. Se deja hasta que la salsa vuelve a tomar espesor. Se cuela y se le añaden las yemas de huevo batido. Se pone un minuto al fuego lento y se sirve acompañando huevos, carnes o pescados rebozados.

Salsas a base de caldo claro o blanco, ya sean de carne o pescado.

CALDO CLARO

INGREDIENTES:

½ libra de falda limpia.	1 ají grande.
1 libra de huesos de ternera.	1 ajo puerro.
	1 zanahoria.
menudos de pollo.	1 cebolla.
2 litros de agua fría.	6 granos de pimienta.
1 cucharada de sal.	

PREPARACION:

Se pica en trocitos la carne; los huesos se parten en pedazos (dejándoles el tuétano) y se unen a los menudos, el agua fría y la sal, dejándolo todo en reposo media hora. Se pone al fuego vivo y cuando rompa a hervir se baja la temperatura a fuego mediano y se deja cocinando durante una hora. Se debe espumar el caldo para obtener caldo claro. Se le añaden los restantes ingredientes y se deja al fuego moderado por una hora más. Debe mantenerse tapada la cacerola durante la cocción. Pasado el tiempo adecuado se retira del fuego, y se cuela el caldo sin pasar ninguno de los vegetales. Para obtener un caldo más fino puede colarse por una tela fina, previamente humedecida. El caldo ya listo se guarda en el refrigerador con objeto de que la grasa se endurezca y poderlo desgrasar fácilmente, colándolo de nuevo por la tela húmeda en agua helada. Los caldos para usarlos como base de salsas deben estar desgrasados y clarificados. Esta receta puede hacerse de pescado o gallina, sustituyendo la carne y huesos por lo siguiente:

CALDO DE PESCADO

INGREDIENTES:

1 cabeza de pargo.	½ libra de masa.

CALDO DE GALLINA

INGREDIENTES:

1 gallina de 3 a 4 libras con sus menudos.   ½ libra de huesos de ternera.

CLARIFICACION DE LOS CALDOS

INGREDIENTES:

1 ó 1½ litros de caldo.   1 clara de huevo.

PREPARACION:

Se pone el caldo ya desgrasado al fuego y cuando hierva de tres a cinco minutos, se añade la clara de huevo ligeramente batida y se deja a fuego lento hirviendo hasta que la clara esté coagulada y se vea claro y transparente el caldo. Se retira del fuego y se cuela por una tela fina húmeda.

SALSA VELOUTÉE

La Salsa Veloutée está hecha a base de caldo claro o blanco y ella a su vez es la base de variadas salsas.

INGREDIENTES:

2½ cucharadas de mantequilla.   1 litro de caldo claro desgrasado y clarificado.
2 cucharadas de harina.

PREPARACION:

Se rectifica la sazón. Se pone al fuego la mantequilla y la harina a que doren ligeramente, se les añade poco a poco el caldo revolviendo a que quede una crema lisa. Se deja cocinando a fuego lento hasta que cuaje de cuarenta a sesenta minutos. Puede hacerse la Veloutée más gruesa aumentando la harina a cuatro cucharadas.

SALSA SUPREMA

INGREDIENTES:

2 tazas de Salsa Veloutée.   ½ taza de crema doble, al 40%.
2 yemas de huevo.

PREPARACION:

Se unen la Salsa Veloutée y las yemas, se pone a fuego lento durante diez minutos, revolviendo siempre. Se le añade la crema doble y se deja unos minutos más al fuego.

SALSA VILLEROI

INGREDIENTES:

2 tazas de Salsa Veloutée gruesa hecha con caldo de gallina.

3 yemas.

PREPARACION:

Se unen la Salsa Veloutée y las yemas y se ponen al fuego lento hasta que espese bien. Esta es la salsa típica del pollo a la Villeroi.

SALSA POULETTE

INGREDIENTES:

2 tazas de Salsa Veloutée.
2 yemas.
½ taza de champignons.

2 cucharadas de perejil picado.
1 cucharada de jugo de limón.

PREPARACION:

Se unen la Salsa Veloutée y las yemas, se ponen a fuego lento unos minutos, se le añaden los restantes ingredientes y se deja por unos minutos más al fuego. Se sirve caliente y es muy propia para acompañar carnes.

SALSA DERBY

INGREDIENTES:

2 tazas de Salsa Suprema.

½ taza de gelatina hecha con caldo de carne.

PREPARACION:

Se unen ambos ingredientes y se sirve en seguida. Es propia para acompañar pollo, pato, etc.

SALSA HUNGARA

INGREDIENTES:

2 cucharadas de mantequilla.
1 cebolla picada fina.
1 taza de vino blanco.
¾ taza de Salsa Veloutée.

¼ cucharadita de pimentón.
¼ cucharadita de pimienta.

PREPARACION:

Se dora en la mantequilla la cebolla, se le añade el vino blanco y se deja al fuego a reducir a la mitad el vino. Se le une la Salsa Veloutée, el pimentón y la pimienta y se deja unos minutos más al fuego. Propia para servir con huevos, aves y pescados.

SALSA DE VINO BLANCO

- 2 tazas de vino blanco.
- ½ libra de masa de pargo.
- 1 cebolla en ruedas.
- 4 yemas de huevo.
- 1 cucharada de jugo de limón.
- 4 cucharadas de mantequilla.

PREPARACION:

Se cocina a fuego lento en el vino la masa de pargo con la cebolla hasta que quede reducido el vino a un cuarto de taza. Se retira del fuego y se cuela. Se une el vino a las yemas batidas, se agrega el limón y se cocina al baño-maría revolviendo hasta que esté cuajado. Se retira del fuego y se quita del baño-maría. Se le añade la mantequilla cortada en pedacitos con un batidor rotatorio hasta que tenga una consistencia doble. Se vuelve a poner al bañomaría en agua caliente pero fuera del fuego hasta el momento de servirla. Muy propia para servir con pescados.

SALSAS A BASE DE FONDOS OBSCUROS

En este tipo de salsas, por lo general la base es el caldo obscuro de carne, previamente desgrasado, el vino tinto, la gelatina de carne, todas pueden utilizarse con el mismo fin. También podemos hacer salsas obscuras con residuos de salsas de la cocción de carnes, aves y pescados.

CALDO OBSCURO

INGREDIENTES:

- 2 onzas de tocino.
- ½ libra de falda.
- 3 dientes de ajo.
- 1 cebolla.
- 1 ají grande.
- ½ libra de huesos de ternilla.
- ½ libra de huesos con sus tuétanos.
- 1 zanahoria picadita.
- 1 ramito de perejil.
- 5 granos de pimienta.
- 1 hoja de laurel.
- 1 cucharadita de sal.
- 2 litros de agua fría.

PREPARACION:

Se pica el tocino en trocitos y se pone al fuego a dorar y que suelte la grasa. Se añade la carne en pedazos, los dientes de ajo, la cebolla y el ají y se deja al fuego a que dore bien; si fuera necesario para que termine de dorar se puede añadir un poco más de grasa. Se añaden los huesos, se deja unos minutos al fuego dorando y por último se añaden los restantes ingredientes. Se deja a fuego vivo hasta que comience a hervir. Se baja el calor y se deja cocinando a fuego muy lento de tres a cuatro horas. Pasado este tiempo se cuela, y se deja enfriar para poderlo desgrasar. Debe quedar el líquido reducido a unas tres tazas aproximadamente y su consistencia al enfriarse medio gelatinosa. Este caldo debe guardarse en el congelador en potes cerrados, e ir extrayendo las cantidades necesarias.

SALSA OBSCURA (Básica)

INGREDIENTES:

2 cucharadas de harina.
1 cucharada de grasa.
1 taza de Caldo Obscuro.
1 cucharada de puré de tomate.
¼ cucharadita de sal.
¼ cucharadita de pimienta.
1 cucharada de mantequilla.

PREPARACION:

Se dora la harina hasta que tome un color tostado obscuro, se le añade la grasa y se deja a fuego lento revolviendo durante cinco minutos. Se le añade poco a poco el Caldo Obscuro revolviendo, el puré de tomate (esto es a gusto) y las sazones, se deja a fuego lento o al baño-maría cocinándola por espacio de media hora. Se le debe ir quitando la grasa sobrante mientras se cocina. Se retira del fuego y se le añade la mantequilla. Esta salsa puede usarse simplemente en esta forma, o guardarla como base para otras salsas.

SALSA DE MADERA

INGREDIENTES:

½ taza de vino de Madera.
1 cucharada de cebolla picadita.
1 taza de Salsa Obscura.
1 cucharadita de mantequilla.

PREPARACION:

Se pone al fuego el vino de Madera y la cebolla dejándolos que hiervan y se reduzcan a la mitad. Se añade la Salsa Obscura y se deja al fuego por unos minutos más. Se retira y se le añade la mantequilla.

SALSA CAZADORA

INGREDIENTES:

- 2 cucharadas de aceite.
- ½ taza de champignons.
- 3 cucharadas de cebollas picaditas.
- ¼ taza de vino blanco.
- 1 taza de Salsa Obscura.
- 2 cucharadas de puré de tomate.
- 1 cucharadita de mantequilla.
- 2 cucharadas de perejil picado muy fino.

PREPARACION:

Se doran en el aceite los champignons y la cebolla, se le añade el vino y se deja unos diez minutos al fuego lento. Se le une Salsa Obscura y puré de tomate y se cocina durante diez minutos más. Se retira, se le agrega la mantequilla y al momento de servirla, el perejil. Esta salsa resulta muy propia para carnes.

SALSA DE HIGADOS

INGREDIENTES:

- 2 cucharadas de mantequilla.
- 2 cucharadas de cebolla picadita.
- 3 ó 4 hígados de pollo hervidos.
- ¼ taza de vino blanco.
- ½ hoja de laurel.
- 1 taza de Salsa Obscura.
- ¼ cucharadita de sal.
- ⅛ cucharadita de pimienta.
- ⅛ cucharadita de nuez moscada.

PREPARACION:

Se cocina en la mantequilla a fuego lento la cebolla, se le añade los hígados de pollo picados fino, el vino y el laurel, dejándolo todo unos minutos a fuego lento. Se añade la Salsa Obscura y las sazones y se deja por cinco minutos más al fuego. Se retira y se cuela la salsa. Se sirve caliente y es muy propia para acompañar platos de aves.

SALSA GENOVESA

INGREDIENTES:

- 2 cucharadas de aceite.
- ½ taza de champignons picaditos.
- 2 cucharadas de cebolla picadita.
- 2 onzas de jamón picado.
- ¼ taza de zanahoria hervida picada muy fina.
- ¼ taza de vino blanco.
- 1 taza de Salsa Obscura.
- 2 cucharadas de Catsup.
- ¼ cucharadita de sal.
- ¼ cucharadita de pimienta.
- 2 cucharadas de queso rallado.

PREPARACION:

Se cocina a fuego lento en el aceite los champignons y la cebolla. Se añade el jamón y la zanahoria rehogándolos unos minutos con lo anterior. Se les une el vino y se deja al fuego hasta que hierva unos minutos. Se añaden Salsa Obscura, Catsup y las sazones dejándolo todo al fuego lento por espacio de cinco minutos. Se retira del fuego, se le añade el queso, revolviendo a que se disuelva. Se sirve caliente. Propia para huevos y pastas.

SALSA DE ENCURTIDOS

INGREDIENTES:

2 cucharadas de aceite.
2 cucharadas de cebolla picadita.
2 cucharadas de ajíes.
⅓ taza de vinagre.
1 taza de Salsa Obscura.

2 cucharadas de cebollitas de encurtido picadas.
2 cucharadas de pepino de encurtido picadito.
2 cucharadas de aceitunas picadas.

PREPARACION:

Se cocinan en el aceite a fuego lento las cebollas y los ajíes, se añade el vinagre y se deja hervir a reducir. Se le une la Salsa Obscura, se deja unos cinco minutos a fuego lento y por último se añaden las cebollitas, los pepinos y las aceitunas. Se retira del fuego y se sirve caliente. Es muy propia para pescados y mariscos.

SALSA DE CEBOLLAS

INGREDIENTES:

3 cucharadas de mantequilla.
¼ libra de cebollas picadas en ruedas.
½ taza de vino blanco.

1 taza de Salsa Obscura.
¼ cucharadita de sal.
¼ cucharadita de pimienta.

PREPARACION:

Se cocina en la mantequilla a fuego lento las cebollas y se dejan dorar ligeramente (pero que no se tuesten ni quemen). Se añade el vino y se deja cocinar a que reduzca a la mitad. Se unen la Salsa Obscura y las sazones y se deja todo unos minutos más al fuego. Esta salsa se puede servir colada o no. Es propia para servir con carnes, aves y huevos.

SALSA INGLESA

INGREDIENTES:

2 cucharadas de mantequilla.
1 cebolla picada fino.
½ taza de Cognac.
1 taza de Salsa Obscura.
2 cucharadas de Catsup.
1 cucharadita de azúcar turbinada.
¼ cucharadita de sal.
1 cucharada de salsa inglesa (Worcestershire Sauce).

PREPARACION:

Se cocina a fuego muy lento en la mantequilla la cebolla, hasta que esté suave y blanda. Se le une el Cognac y se deja al fuego hasta que se reduzca a la mitad. Se le añade la Salsa Obscura, el Catsup, el azúcar, la sal y la salsa inglesa, dejándola por unos minutos más al fuego. Se sirve caliente y es propia para acompañar carnes.

SALSA DE TOMATES

INGREDIENTES:

3 cucharadas de mantequilla.
1 cebolla picadita.
1 ají picadito.
¼ taza de zanahoria hervida y molida.
1 ramito de perejil.
1 hojita de laurel.
1 taza de puré de tomate.
1 taza de Salsa Obscura.
½ cucharadita de azúcar.
¼ cucharadita de pimienta.
¼ cucharadita de sal.

PREPARACION:

Se cocina en la mantequilla a fuego lento la cebolla, el ají, la zanahoria y el perejil. Se le agrega el laurel, el puré de tomate, la Salsa Obscura y las sazones, dejándolo todo a fuego muy lento por treinta minutos. Se cuela la salsa para servirla. Se puede aclarar añadiéndole caldo o consomé. Es propia para huevos, carnes y pescados.

Uno de los cocineros más famosos del siglo XIX fué Carême. Su especialidad eran los platos fríos y los entremeses. Conocía la preparación de más de trescientos potajes y fué el creador del vol-au-vent, y esto sólo es suficiente para perpetuar su nombre.

SALSA DE MOSTAZA

INGREDIENTES:

2 cucharadas de mantequilla.
2 cucharadas de cebolla molida.
2 cucharadas de harina.
1½ tazas de Salsa Obscura.
2 cucharadas de mostaza.
3 cucharadas de caldo.

PREPARACION:

Se cocina en la mantequilla a fuego muy lento la cebolla. Se tuesta la harina aparte hasta que tome un color dorado obscuro y se le añade poco a poco a la mantequilla. Se le une, revolviendo, la Salsa Obscura caliente. Se deja unos minutos al fuego y se le agrega la mostaza disuelta en el caldo, dejándolo unos minutos más al fuego. Se sirve caliente y es propia para acompañar carnes y pescados.

SALSA DE CASTAÑAS

INGREDIENTES:

30 castañas.
½ cucharadita de sal.
1 cucharada de harina.
2 cucharadas de mantequilla.
1 taza de vino blanco.
½ taza de caldo.
sal y pimienta a gusto.

PREPARACION:

Se hierven las castañas con la sal hasta que ablanden. Se pelan y se machacan en el mortero con la harina. Cuando estén bien molidas se unen al resto de los ingredientes y se cocinan a fuego suave, revolviendo siempre, durante un cuarto de hora. Se sazona con sal y pimienta.

SALSA DE MANTEQUILLA

INGREDIENTES:

2 yemas de huevo.
¼ taza de agua.
3 onzas de mantequilla.

PREPARACION:

Se unen las yemas batidas con el agua, se ponen a fuego lento, revolviendo continuamente. Se le agrega la mantequilla derretida a que espese. Se retira del fuego.

SALSA DE TOMATE A LA CREMA
INGREDIENTES:

- 2 cucharadas de mantequilla.
- 2 cucharadas de cebolla picadita.
- 2 cucharadas de perejil picadito.
- 1 lata de sopa de tomate.
- ½ taza de leche.
- 2 huevos duros picaditos.
- aceitunas o pepinos picaditos a gusto.

PREPARACION:

Se cocina en la mantequilla la cebolla a fuego lento. Se agrega el perejil y el resto de los ingredientes. Se sirve bien caliente.

SALSA DE TOMATE
INGREDIENTES:

- ½ taza de aceite.
- 1 cebolla picada fino.
- 2 cabezas de ajo.
- ¼ libra de carne de res.
- ¼ libra de masa de puerco.
- 1 ají picado fino.
- 1 ramito de perejil.
- ¼ libra de jamón picado.
- 1 lata Firenze.
- 1 lata de puré de tomate.
- 4 tazas de agua.
- 1 zanahoria picada muy fino.
- 1 cucharadita de sal.
- ¼ cucharadita de pimienta.
- ½ cucharadita de azúcar.
- 3 cucharadas de queso Parmesano rallado.

PREPARACION:

Se doran en el aceite, la cebolla, el ajo, la carne de res y el puerco, picadas en trozos. Se le añade el ají, perejil, el jamón y el resto de los ingredientes menos el queso. Se cocina a fuego lento hasta que las carnes estén blandas. Se le agrega el queso y se sirve bien caliente. Propia para macarrones, etc.

SALSA HOLANDESA
INGREDIENTES:

- ½ taza de vinagre.
- ¼ cucharadita de pimienta.
- 3 yemas.
- 2 cucharadas de mantequilla.
- ½ cucharadita de sal.

PREPARACION:

Se ponen a baño-maría el vinagre y la pimienta, cuando hierva y esté reducido el vinagre, se retira del fuego y se deja refrescar. Se le añaden las ye-

mas batidas a unirlos bien, la mantequilla y la sal. Se pone de nuevo a baño-maría, batiendo siempre hasta que monte y quede una crema doble y lisa. Se retira del fuego y se sirve en seguida.

SALSA MAYONESA (Receta básica)

INGREDIENTES:

- 1 yema.
- 1 huevo entero.
- 1 cucharadita de sal.
- 1 cucharadita de mostaza.
- ¼ cucharadita de pimienta.
- 1¼ tazas de aceite.
- 1 ó 2 cucharadas de jugo de limón o vinagre.
- 2 cucharadas de leche.

PREPARACION:

Se baten durante unos minutos las yemas de huevo, se le añaden sal, mostaza y pimienta, se sigue batiendo y se le va añadiendo, lentamente, el aceite, batiendo siempre hasta terminarlo. Se le agrega el jugo de limón o vinagre. Como la mayonesa se corta con mucha facilidad si no se tiene cuidado al unir el aceite se puede evitar esto añadiéndole la clara de huevo, pues ésta actúa como agente emulsificante o estabilizador de la emulsión, que es lo que es la mayonesa. Para evitar el sabor de aceite y suavizar la mayonesa se le puede añadir dos cucharadas de leche. Si la hacemos en la mezcladora eléctrica, se deben poner en el tazón chico, la yema, el huevo entero, la sal y la pimienta y la mostaza. Se bate a la velocidad máxima por unos minutos a que espese y entonces se añade el aceite batiendo siempre y por último el jugo de limón y el vinagre.

MAYONESA DE PIMIENTO

INGREDIENTES:

- 1 pimiento rojo de ensalada.
- 1 pimiento verde de ensalada.
- 1 taza de salsa mayonesa.

PREPARACION:

Se asan los pimientos, se pelan y se lavan. Cuando estén escurridos se pican muy finos y se unen a la mayonesa.

SALSA RUSA

INGREDIENTES:

1 taza de salsa mayonesa. 3 cucharadas de pepinos
¼ taza de salsa de tomate. picaditos.

PREPARACION:

Se unen todos los ingredientes. Se le puede añadir dos pimientos morrones picaditos.

SALSA MAYONESA A LA CREMA

INGREDIENTES:

½ taza de crema al 40%. 1 taza de salsa mayonesa.

PREPARACION:

Se bate la crema y se une a la mayonesa al momento de servirla.

SALSA MAYONESA VERDE

INGREDIENTES:

2 macitos de perejil. 1 cucharadita de vinagre.
2 macitos de berro. 1 taza de salsa mayonesa.

PREPARACION:

Se pican fino perejil y berro, se le añade el vinagre y se ponen unos minutos al fuego con poca agua, se pasan por un paño fino para extraer el jugo a obtener un cuarto taza de jugo espeso y se le añade a la mayonesa.

ALIOLI

INGREDIENTES:

6 dientes de ajo. 1 receta de mayonesa sin mostaza.

PREPARACION:

Se machacan los ajos en el mortero hasta hacerlos una pasta, se le añaden las yemas y sazones y se sigue batiendo como se indicó.

SALSA TARTARA

INGREDIENTES:

2 cucharadas de pepino encurtido. 2 cucharadas de aceitunas encurtido.
2 cucharadas de cebollitas encurtido. 1 cucharada de alcaparras.
1 taza de salsa mayonesa.

PREPARACION:

Se pican fino todos los encurtidos y se añaden a la salsa mayonesa.

SALSA MAYONESA Y MOSTAZA

INGREDIENTES:

1 yema de huevo duro.
2 cucharadas de mostaza.
1 taza de salsa mayonesa.

PREPARACION:

Se machaca la yema de huevo en el mortero y se le añade la mostaza y la mayonesa.

SALSA MAYONESA DE FRUTAS

INGREDIENTES:

1 taza de salsa mayonesa.
¼ taza de crema ligera.
¼ taza de pulpa de naranja.
¼ taza de pulpa de toronja.

PREPARACION:

Se unen todos los ingredientes.

SALSA MAYONESA DE NARANJA

INGREDIENTES:

½ taza de jugo de naranja.
1 cucharadita de maicena.
1 cucharadita de jugo de limón.
1 taza de salsa mayonesa.

PREPARACION:

Se unen naranja, maicena y jugo de limón. Se ponen a fuego lento revolviendo hasta que tenga espesor de crema ligera. Se retira del fuego y se deja enfriar. Se añade la mayonesa.

SALSA MAYONESA MIXTA

INGREDIENTES:

½ taza de pulpa de aguacate.
1 taza de salsa mayonesa.
2 cucharadas de salsa de tomate de pomo.

PREPARACION:

Se unen todos los ingredientes.

Durante las fiestas celebradas en Versalles con motivo de las bodas de Luis XIV y la Infanta María Teresa apareció por primera vez la salsa conocida como "Salsa Española".

SALSA DE REMOLACHA

INGREDIENTES:

2 cucharadas de remolacha.
2 cucharadas de pepino.
2 cucharadas de alcaparra.
1 cucharada de perejil.
1 taza de salsa mayonesa.
1 cucharada de mostaza.

PREPARACION:

Se pican fino los cuatro primeros ingredientes y se añaden a la mayonesa y mostaza.

SALSA MAYONESA GELATINADA

INGREDIENTES:

1 cucharada de gelatina simple.
2 cucharadas de agua fría.
¼ taza de agua caliente.
1¼ tazas de salsa mayonesa.
2 cucharadas de perejil picado muy fino.

PREPARACION:

Se remoja la gelatina en el agua fría, se disuelve en el agua caliente y se une a la mayonesa. Se engrasan con aceite seis moldecitos de flan y se polvorean con el perejil. Se vierte en ellos la mayonesa y se deja en el refrigerador a que gelatinice. Se desmoldan y se sirven acompañando ensaladas.

SALSA MAYONESA PICANTE

INGREDIENTES:

2 yemas de huevo duro.
1 cucharadita de mostaza.
1 cucharada de vinagre.
1 cucharada de perejil picado muy fino.
1 cucharadita de salsa inglesa.
1 taza de salsa mayonesa.
2 claras de huevo duro.

PREPARACION:

Se machacan las yemas de huevo en el mortero, se le añaden la mostaza, el vinagre, el perejil, la salsa inglesa y se une bien. Se le agrega poco a poco la mayonesa y por último las claras de huevo duro picaditas. Propia para mariscos y pescados.

Una cosa sé: de ustedes, las únicas personas que serán realmente felices son aquéllas que busquen y hallen la manera de ser útiles a los demás.

ALIÑO FRANCES
INGREDIENTES:

    1 cucharadita de sal.
    ½ cucharadita de azúcar.
    ¼ cucharadita de pimienta.
    1 cucharadita de pimentón.
    ¾ taza de aceite.
    3 cucharadas de vinagre.

PREPARACION:
Se unen los ingredientes secos, se le agrega el aceite y por último el vinagre. Se vierte en un pomo de cierre hermético y se agita a unirlo bien. Se puede guardar en el refrigerador varios días, teniendo cuidado de agitarlo antes de usarlo.

SALSA VINAGRETA
INGREDIENTES:

    4 cucharadas de vinagre.
    1 taza de aceite.
    1 cucharadita de sal.
    ¼ cucharadita de pimienta.
    3 cucharadas de perejil picadito.
    2 cucharadas de pepinos picaditos.
    2 cucharadas de aceitunas picaditas.

PREPARACION:
Se unen los cuatro primeros ingredientes y se baten bien durante cinco minutos, se le añaden los restantes ingredientes y se sirve en seguida.

SALSAS PARA DULCES

Las salsas dulces y siropes son indispensables en nuestra cocina, pues hay ciertos platos de la repostería, como los pudines, panetelas, helados y gelatinas que se complementan con ellos, mejorando su sabor. Damos aquí varias recetas muy sencillas, pero que son de buenos resultados y que nos servirán para hacer diferentes combinaciones.

SALSA DE HUEVO
INGREDIENTES:

    6 yemas de huevo.
    2 tazas de leche.
    2 cucharaditas de maicena.
    ¾ taza de azúcar.
    cáscara de limón verde.
    1 cucharadita de vainilla.

PREPARACION:
Se baten las yemas a unirlas bien, se le añade la leche con la maicena ya diluida. Se cuela, se agrega

el azúcar y la cáscara de limón y se pone a cocinar a fuego lento revolviendo siempre a que pinte una cuchara de metal. Se retira del fuego, se le agrega la vainilla y se pone a enfriar.

SALSA DE CHOCOLATE

INGREDIENTES:

½ taza de azúcar.
1 taza de leche.
1 cucharadita de mantequilla.
2 tabletas de chocolate rallado.
¼ cucharadita de sal.
1 cucharadita de vainilla.

PREPARACION:

Se unen todos los ingredientes menos la vainilla. Se pone al fuego dejándolos cocinar, a partir de que empiece a hervir, cinco minutos. Se retira del fuego y se le agrega la vainilla. Se deja enfriar.

SIROPE DE FRESAS

INGREDIENTES:

1 latica de fresas en almíbar.
1 cucharada de maicena.
3 cucharadas de azúcar.
una pizca de sal.
1 cucharadita de mantequilla.
1 cucharadita de jugo de limón.

PREPARACION:

Se separa el sirope de las fresas. Se une el sirope a la maicena, se cuela y se le une el azúcar y la sal. Se pone a fuego lento a que espese ligeramente. Se retira del fuego, se le agrega la mantequilla y el jugo de limón. Se agregan las fresas.

SIROPE DE CARAMELO

INGREDIENTES:

6 cucharadas de azúcar.
¾ taza de agua hirviendo.
2 cucharadas de miel de abeja.
1¼ tazas de azúcar.
1 cucharadita de vainilla.

PREPARACION:

Se hace el caramelo con las seis cucharadas de azúcar, se le agrega el agua hirviendo con la miel de abeja y luego el azúcar. Después que toda la superficie rompa a hervir se deja a fuego más lento por *espacio de tres minutos. Se baja del fuego, se le agrega la vainilla y se deja enfriar. Se vierte en un pomo y se pone en el refrigerador.*

SALSA DE VINO

INGREDIENTES:

½ taza de azúcar.
2 cucharadas de harina.
²/₈ taza de agua.
2 cucharadas de mantequilla.

⅛ cucharada de vino de Oporto.
1 rajita de canela.

PREPARACION:

Se unen el azúcar y la harina, se agregan el agua y la mantequilla y se cocina durante cinco minutos hirviendo, revolviendo siempre hasta que espese. Se retira del fuego y se le añade el vino y la canela. Se deja al baño-maría cinco minutos. Se sirve caliente.

SALSA DE CARAMELO

INGREDIENTES:

1 taza de azúcar.
2 cucharadas de agua fría.
1½ tazas de agua hirviendo.

1 cucharada de maicena.
1 cucharada de mantequilla.
1 cucharadita de vainilla.

PREPARACION:

Se pone al fuego el azúcar con una cucharada de agua fría, se revuelve y se deja hasta que forme caramelo, se le agrega el agua hirviendo poco a poco a unirla bien, se agrega la maicena disuelta en la otra cucharada de agua y se cocina durante cinco minutos. Se pone al baño-maría por diez minutos más y al momento de servirla se le une la mantequilla y la vainilla.

En el palacio de Nerón, el techo del comedor estaba hecho de unos paneles de marfil movible que representaban las estaciones del año y cambiaban a cada servicio. Del mismo caían sobre los invitados una lluvia de pétalos de flores perfumados.

LOS HELADOS

Por Ernestina Varona de Mora

Las bebidas heladas se conocen desde la más remota antigüedad. Los chinos, persas y árabes y más tarde los griegos y romanos refrescaban sus bebidas con la nieve que traían de las montañas cercanas.

Ya a fines del siglo XVI se descubrió que la mezcla de la sal gruesa con el agua congelada hacía bajar tanto la temperatura que se podía emplear para hacer helados. Sin embargo, se notó que al usar los componentes al natural éstos se separaban, pero que haciendo un almíbar con el agua y el azúcar y añadiendo entonces los jugos de frutas se obtenía una mezcla que se helaba fácilmente.

Más tarde un siliciano introducía en Francia los helados que tuvieron gran aceptación. A fines del siglo XVIII se perfeccionaron en París agregándoles crema, con lo que se hizo famoso Tortoni por lo exquisito de sus preparaciones.

A continuación daré algunas recetas fáciles que espero sean del agrado de mis lectores.

HELADO DE ALBARICOQUE A LA ITALIANA

INGREDIENTES:

- 1 pedazo de vainilla de una pulgada.
- 1 lata grande de albaricoques del No. 2½.
- 1 taza menos dos cucharadas de azúcar.
- 3 cucharadas de agua.
- 2 claras de huevo.

PREPARACION:

Se cocina la vainilla en el jugo de los albaricoques por cuatro minutos para que éste coja el gusto de la vainilla y espese un poco, se deja enfriar y se agrega a los albaricoques, se pasa todo por un tamiz. Aparte se hace un almíbar muy espesa con el azúcar y el agua, se baten las claras hasta que estén secas, se les agrega el almíbar y se baten hasta que el merengue se enfríe, se le añade la pulpa de albaricoques y se mezcla revolviendo, pero sin batir. Se pone en hielo y sal por cuatro o cinco horas. Si se usa refrigerador eléctrico se echa en una bandeja, se tiene en frío máximo por una hora y en la temperatura normal del refrigerador por cuatro o cinco horas sin revolverlo. Se saca y se corta en lascas servidas encima de una panetela del mismo tamaño o con bizcochitos lenguas de gato.

HELADO DE NARANJA

INGREDIENTES:

    1 rajita de canela.
    2 tazas de leche.
    18 cucharadas de azúcar.
    1½ cucharaditas de gelatina granulada.
    4 cucharaditas de agua fría.
    2 tazas de jugo de naranja.
    ½ limón.

PREPARACION:

Se hierve la canela en media taza de leche y se enfría, se une al resto de la leche, se le agrega el azúcar y se revuelve hasta que se disuelva. Se pone la gelatina a remojar en el agua fría por cinco minutos, se disuelve al baño-maría, y se une al jugo de naranja y limón. Se le echa la leche poco a poco al jugo de frutas revolviendo constantemente y poco a poco para que no se corte, se pone a helar. Si se usa refrigerador eléctrico, se echa en el compartimento de helar y se revuelve cada media hora, después que haya empezado a helarse. El tiempo necesario para revolverlo por primera vez depende del grado de frialdad que tenían los ingredientes cuando se pusieron a helar.

CREMA SUPREMA DE AVELLANAS

INGREDIENTES PARA LA NATILLA:

    2 tazas de leche.
    ½ taza más dos cucharadas de azúcar.
    ¼ cucharadita de sal.
    3 yemas de huevo.
    1 cucharada de maicena.
    ¼ libra de mantequilla.
    ¼ libra de avellanas tostadas y pesadas sin la cáscara.

INGREDIENTES PARA EL ALMIBAR:

    ½ taza de almíbar espesa.
    4 cucharadas de Kirsh.
    18 suspiros pequeños.

PREPARACION:

Se hace una natilla con la leche, azúcar, sal, yemas y maicena y cuando espese se le agrega fuera del fuego la mantequilla y las avellanas ralladas. Se deja enfriar. Se mezcla el almíbar con el Kirsh y se empapan los suspiros con esa mezcla. Se coloca en un molde engrasado con mantequilla una camada de suspiros, se cubre de crema, se pone otra camada de suspiros, se cubre de crema y así hasta que se coloque todo. Se deja en el refrigerador por lo menos cuatro horas. Se puede servir como helado poniéndolo en una bandeja de hacer helado en el refrigerador, teniéndolo en el frío corriente de éste unas seis horas.

HELADO DE CAFE

INGREDIENTES:

1½ litros de leche.
¼ libra de café en grano tostado.
12 yemas de huevo.
¾ libra de azúcar.

PREPARACION:

Se hierve la leche, se pone el café tostado en el horno y cuando los granos empiecen a sudar, se echan dentro de la leche caliente y se deja hervir todo junto por diez minutos, se tienen las yemas ya batidas con el azúcar, se va mezclando poco a poco la leche colada, con los huevos batidos. Mientras se va uniendo la leche con las yemas se batirá la mezcla, con un batidor, constantemente. Se deja refrescar y se hiela.

SHORTEST AND QUICKEST ROUTE TO CUBA
FROM ANY U.S. OR CANADIAN POINT
via the
FLORIDA HAVANA RAILROAD CAR FERRY SERVICE
(Daily Sailings)
and the
NEW ORLEANS HAVANA RAILROAD CAR FERRY SERVICE
(Weekly Sailings)
of the
WEST INDIA FRUIT & STEAMSHIP CO., INC.

FOR BOOKINGS AND RATES CONSULT:

HAVANA CAR FERRY OPERATING CO., INC.
and/or
DUSSAQ & TORAL, S. A.
HORTER BUILDING, SECOND FLOOR
HAVANA

PROTEINAS: PAPEL QUE DESEMPEÑAN EN LA DIETA DIARIA

Por Georgina Veulens de Martínez

Que tu alimento sea tu medicamento.
Hipócrates

Es necesario que el hombre aprenda a comer racionalmente ya que la alimentación tiene una importancia biológica, fisiológica, económica y social. Se asegura, el hombre, mediante ella su desarrollo, mantiene sus funciones y así contribuye a un bienestar colectivo a favor del perpetuamiento de la raza y a una mejor condición física de cada uno de los seres que constituyen la familia.

Todo esto puede obtenerse únicamente de alimentos seleccionados, preparados, consumidos, absorbidos y utilizados en tal forma que aseguren el suministro de las cantidades óptimas de elementos nutritivos que requiere el individuo. Un régimen alimenticio, por tanto, debe ser suficiente en cantidad, completo por la calidad de sus componentes, armónico en las proporciones que guardan sus principios alimenticios entre sí y adecuados al organismo que lo utiliza.

Según sea la edad, el trabajo, el estado físico del individuo, etc., ha de ingerir mayor o menor cantidad de alimentos. El hombre que realiza trabajos que exigen grandes esfuerzos, necesita una alimentación más rica en calorías que aquel cuyo trabajo intelectual lo obliga a permanecer inmóvil durante varias horas, con un gasto físico casi insignificante. El niño necesita una alimentación sencilla, pero cuya calidad sea todo lo buena para ayudar a su crecimiento, así en cada edad el hombre necesita una alimentación apropiada para ella, si su estado de salud se lo permite.

Una dieta apropiada que proteja y asegure la salud debe contener los siguientes elementos: 1) suficiente cantidad de proteínas; 2) elementos minerales; 3) vitaminas; 4) calorías necesarias para las necesidades energéticas; 5) agua.

La alimentación, en su gran papel de protectora, provée al organismo de materia prima para su crecimiento y la reparación de los tejidos del mismo. Estas funciones son ejercidas por las proteínas que durante la infancia y la juventud aportan la materia prima para dicho crecimiento y la reparación de los tejidos y que en el adulto aseguran el proceso de reparación tisular, necesario para mantener un peso y funciones normales. En esa propiedad que tienen las proteínas, de brindar los elementos necesarios para reponer el desgaste tisular, radica su diferencia con los hidratos de carbonos y las grasas ya que ambos, fundamentalmente, suministran al organismo la energía necesaria para su actividad diaria, que constituye otra de las funciones primordiales del alimento.

Las proteínas son el elemento esencial de las células de animales y vegetales. En la estructura de toda célula; en los líquidos orgánicos, con excepción de la bilis y de la orina; en la composición de las hormonas, etc., las proteínas constituyen su elemento principal. De ahí su importancia, no sólo durante el crecimiento, sino en las distintas etapas por las que pasa el organismo humano, reemplazando, reparando y renovando los tejidos de niños y adultos. Los animales carecen del poder de crear proteínas, tienen que obtenerlas de las que contengan sus alimentos. Los vegetales las fabrican de sustancias inorgánicas que toman del aire y de la tierra.

Desde el punto de vista químico, las proteínas, son grandes y complejas, no difusibles y formadas por la unión de aminoácidos. El valor biológico nutritivo de ellas depende de su contenido en estos aminoácidos, especialmente los esenciales. Aquellos que contienen todos los aminoácidos esenciales son las proteínas de primera calidad, completas, de alto valor biológico: las de origen animal, leche, carne, huevos; las que, por el contrario, no tienen todos los aminoácidos esenciales, forman las proteínas de segunda calidad, incompletas, de menor valor biológico: las de origen vegetal, trigo, leguminosas, maíz. La gelatina se considera dentro de estas últimas. Las de origen animal se absorben en mayor proporción que las de origen vegetal.

Hay edades y estados patológicos en que aumenta la necesidad de proteínas. Durante el embarazo y la lactancia la mujer necesita mayor cantidad de proteínas ya que en ambos casos está fabricando tejidos. En una dieta bien balanceada se debe ingerir, de las proteínas totales, un 60% de las de origen animal o completas y un 40% de las de origen vegetal o incompletas. Como mínimo de proteínas diarias un adulto debe ingerir un gramo por kilo de peso. Como regla práctica en cada comida del menú diario debe haber un plato proteico, que será el plato principal.

Las carnes como fuente principal de proteínas.

Carne es la parte muscular, visceral y de tejidos blandos en general que se emplea en la alimentación humana y proceden de mamíferos, aves, peces, crustáceos, moluscos y batracios.

El valor nutritivo de las carnes es bien conocido en la actualidad: proteínas de alto valor biológico, grasas, minerales y vitaminas. Tienen un 20% de proteínas, debiéndole a éstas su verdadero valor plástico y biológico ya que proporcionan la mayoría de los aminoácidos indispensables para la formación de tejidos. La constitución anatómica y la composición química de las carnes son factores que determinan las modificaciones útiles o perjudiciales durante la preparación culinaria.

Carne de res

Es la carne más usada en Cuba. Se debe distinguir la carne de ternera, que procede del animal de 3 a 14 semanas de nacido, de la carne de vaca que es del animal de más edad.

Las proteínas y el agua en la carne de res están en proporción directa a la cantidad de grasa: cuando la grasa aumenta las proteínas y el agua disminuyen. La cantidad de grasa varía en las diferentes especies y en los cortes de un mismo animal. La grasa aumenta el sabor de la carne y ayuda a conservar la humedad. Existe un grupo de compuestos: las materias extractivas, que le dan a la carne sabor y, junto con las grasas, valor de saciedad; son productos más abundantes en el animal más viejo. Lo que le da color a la carne, variedad de tonos, es la hemoglobina de la sangre y del músculo, siendo mayor en los animales viejos que en los jóvenes, de aquí el tono más claro de la carne de ternera. La carne es rica en hierro y en fósforo, pero pobre en calcio.

La carne de res de superior calidad tiene: 1) grano fino y textura aterciopelada; 2) tejido conjuntivo escaso; 3) aspecto marmolizado por la grasa entremezclada con las fibras musculares; 4) un color rojo brillante. Si el hueso está cortado ha de ser de aspecto esponjoso y rojo para que pertenezca a un animal joven, por el contrario, si es duro y quebradizo pertenece a un animal viejo.

La clasificación de la carne en Cuba es: 1) carne de primera; lomo y piernas; 2) carne de segunda: cogote, falda, pecho, jarrete; 3) carne de tercera: ternilla, huesos y recortes de limpieza. El filete se separa y se considera como parte especial.

Cuidados y cocción de la carne de res

La carne de res nunca debe ser lavada en un chorro de agua, ni debe ponerse en remojo, todo lo anterior hace que la carne pierda valor nutritivo y sabor. Debe limpiarse con un paño húmedo para quitarle cualquier suciedad. Si se van a guardar en el refrigerador debe hacerse envuelto en papel y en el lugar más frío del mismo. El mayor tiempo que pueda conservarse la carne dependerá de la temperatura y la humedad del refrigerador y de la calidad y condiciones de la carne al comprarla. La carne molida tiene menor capacidad de conservación que la carne en piezas grandes. Las carnes cocinadas deben guardarse en el refrigerador en vasijas tapadas para evitar que se resequen.

La carne es más jugosa, tierna y de mejor sabor cuando se cocina a temperaturas moderadas. La cocción de la carne influye sobre su sabor, aspecto, consistencia y valor nutritivo. La pérdida de vitaminas es mayor mientras mayor sea la temperatura a que la carne es sometida. La carne puede ser cocinada por calor seco y por calor húmedo. Los cambios que sufre por el calor seco son: 1) formación de costra tostada; 2) concentración de jugos; 3) contenido mayor en sales purinas; 4) coagulación de las proteínas; 5) escasa modificación del colágeno endureciéndose en la superficie y ablandándose en el centro. Los cambios con calor húmedo: 1) falta de costra tostada al no haber desecación; 2) reduce el contenido en purinas que pasan al agua; 3) el colágeno se transforma en gelatina; 4) la consistencia disminuye y hasta puede separar las fibras musculares. La carne pierde peso al ser cocinada, 100 gramos de carne cruda al ser cocida perderá más o menos, 30 gramos de su peso.

Distintas maneras de hacer un caldo y consecuencias.

1. Agua fría y carne. Se ponen ambas a calentar y luego que hierva durante el tiempo conveniente. Al influjo del calor gradual y cada vez mayor que va recibiendo, se desprende la mayor parte de las sustancias alimenticias que contiene dicha carne, quedando así *un caldo más sabroso y nutritivo y la carne más insípida.*

2. Agua en el grado de ebullición, se le echa la carne. Los resultados en este caso es que el calor repentino que rodea la carne, coagula la albúmina en su capa exterior y entonces ya no salen para enriquecer el caldo las sustancias nutritivas que la carne contenga interiormente, o sea, *un caldo menos sabroso y una carne blanda, que conserva toda su riqueza nutritiva y de agradable sabor.*

Otra carne muy popular es la de carnero, por su fácil digestión. Su mayor uso es en algunas dietas de enfermos que no toleran la carne de ternera o de vaca. Una buena carne de carnero ha de ser ligeramente rosada con el gordo blando y firme. Los huesos han de estar ligeramente rojos, lisos y húmedos. Su cocción y cuidados han de seguir las reglas generales dichas anteriormente para la carne de res en general.

La carne de puerco es de agradable sabor. Su digestibilidad es difícil, de aquí lo poco apropiada en las dietas de personas enfermas. Su carne es rosada-blanca, firme, carne marmórea. Los huesos tienen una ligera coloración rojiza. Su cocción ha de ser muy esmerada para facilitar su digestión.

Aves

La carne de ave tiene el mismo valor alimenticio que la de carne de res. Existen las carnes de aves de corral, las más usadas, y las de caza. La digestibilidad del pollo es fácil por eso se incluyen mucho más que la carne de res en las dietas de enfermos.

Cuidados y cocción de la carne de ave

En la actualidad en La Habana es bastante fácil conseguir buena calidad de carne de ave, pollo, gallina, pavo, son las más usadas. Los venden limpios y preparados para su cocción que ha de seguir las reglas señaladas que se siguen con las carnes en general. Se usará, bien el sistema por calor seco o bien el sistema por calor húmedo, a gusto de las personas que lo vayan a comer como lo requiera el caso específico de que se trate.

La calidad de las aves depende de la textura y el sabor de la carne, así como de la distribución de la carne y el gordo en la armazón del ave. El ejercicio afecta el sabor y la contextura de la carne ya que las fibras y tejidos conectivos se endurecen y las sustancias extractivas se aumentan. La edad influye en el sabor de la carne, poca edad ventajosa; mucha edad, desventajosa.

En un pollo o cualquier otra ave de calidad la pechuga ha de ser flexible. Un ave de comer ha de tener alta proporción de carne en relación con el tamaño de los huesos. El pecho ha de ser grande y lleno. La cresta debe ser floja, los ojos claros y llenos y no haber lastimaduras en la cabeza. Los muslos han de ser largos y firmes. El pellejo ha de ser seco y firme, demostrando que el animal ha sido desplumado en seco, de lo contrario se le ven manchas. Pelos en el pellejo es señal de vejez. Las patas de los animales jóvenes y recién muertos se sienten húmedas, suaves y flexibles. Según el animal envejece, las patas se afinan y endurecen; no deben ser escamosas; los pollos tienen espolones suaves y los gallos duros. Los animales jóvenes no tienen grasa. La grasa ha de estar bien distribuída uniformemente a través de la armazón, mejorando esto el sabor del pollo cuando se cocina. Los huesos de las alas deben ser tiernos y recogerse a su lugar después que se les tira hacia afuera.

Para su mayor conservación, si no se va a usar en el momento, debe guardarse en el refrigerador.

Pescados

El pescado es una fuente rica en proteínas, alto contenido en fósforo y otros minerales. Su ventaja es que, debido a su fácil digestibilidad, puede ser ofrecido a los enfermos sin más límite que la cantidad y tolerancia de la persona. Su composición química tiene similitud a la de la carne de res: proteínas de alto valor biológico que están en una proporción de un 16 a un 22%, según la especie.

Pueden ser clasificados según la procedencia y el color de su carne, así tenemos pescados del mar, bacalao, pargo; pescado de río, dorado; el pescado de lago, salmón; los pescados de carnes blancas, pargo, merluza; los pescados de carnes rojas, salmón, atún.

Cuidados y cocción del pescado

El pescado es un alimento que se altera con facilidad, de ahí el cuidado que hay que tener con él. Se ha de guardar en el refrigerador limpio y tapado, en el lugar más frío y ha de ser un pescado con olor fresco, de carne firme y húmeda, de buen color, ojos brillantes, con agallas y colas frescas. Cuando se trate de pescados congelados, éste no debe ser descongelado hasta que se vaya a usar. Los pescados enlatados han de ser guardados en lugares secos y no han de ser abiertos hasta que se vayan a usar.

La regla general y principal que hay que seguir para cocinar pescado es usar el mismo sistema seco que húmedo, pero con pequeño tiempo de cocción y momentos antes de servirlo.

Crustáceos y moluscos

Los crustáceos son dietéticamente poco usados. Son muy solicitados por la exquisitez de sus carnes y complicada preparación culinaria.

Los crustáceos tienen en su carne un alto valor nutritivo, pero resultan indigestos, sobre todo peligrosos, porque se descomponen con facilidad. Su carne es muy rica en sustancias fosforadas y en proteínas, pero pobre en grasa. Las especies comestibles son: la langosta de mar, los langostinos, camarones, cangrejos de mar.

Los moluscos son más consumidos por ser bastante nutritivos y más digestibles que los crustáceos. Su carne es de sabor agradable, rica en proteínas y sobre todo en grasas fosforadas. Las especies más comunes son las almejas, ostras, calamares, etc.

La leche y sus derivados y el huevo completan el grupo de proteínas completas de primera calidad.

Para mayor seguridad de que ingerimos la cantidad de proteínas de primera calidad en el día, debemos tener un patrón de menú donde como regla principal esté la de incluir en cada comida un plato proteico cuyo ingrediente principal sea: carne de cualquier tipo, leche y sus derivados, huevos y dos veces a la semana, en una de las comidas, hígado, sesos, riñón.

Patrón para el menú del día que incluye un plato hecho con proteínas de primera calidad

Desayuno

Fruta cítrica.
Café con leche.
Pan y mantequilla.

Almuerzo y comida

Jugo o fruta natural.
Carne, ave, pescado.
Huevo, plato donde entre
la leche y el queso.
Plato feculento: arroces,
viandas, harinas, pastas.
Plato de vegetales.
Postre.

Se puede sustituir el plato de carne, ave, etc., por un plato de granos. En este caso se puede hacer un postre con leche o poner una ración de queso.

JARDIN - PORTAL   COCINA - PANTRY
TERRAZA - PISCINA   COMEDOR - BAR

Muebles de Aluminio
CON CINTAS PLASTICAS

Son frescos, duraderos y sobre todo, muy livianos

Véalos y se encantará:

HOME & GARDEN

CALZADA Y PASEO   VEDADO   TELEFONO F0-1038

AMPLIO ESPACIO PARA PARQUEAR

Cortesía de la

Compañía Textilera Ariguanabo S. A.

COMO COCINAR AL MINUTO

Por Nitza Villapol

Si usted trabaja en la calle—o en la casa—, si le gusta ir de tiendas o jugar canasta, si tiene que dedicar la tarde a sus hijos o sencillamente no le interesa pasarse el día en la cocina, quizás piense que eso le impida disfrutar la legítima satisfacción de preparar platos sabrosos, nutritivos y bonitos para toda la familia.

Los industriales que elaboran productos alimenticios comprenden las necesidades de la mujer moderna y ponen a nuestro alcance mezclas para pudines rápidos e instantáneos, mezclas para cakes, galleticas y pasteles, frutas, jugos y vegetales en conservas; alimentos congelados, etc., toda una inmensa variedad de productos que simplifican grandemente la labor de la cocina. A esto tenemos que añadir las licuadoras, mezcladoras, ollas de presión e infinidad de artefactos útiles para preparar vegetales, abrir latas, etc. Hasta la tarea de fregar se ha hecho más fácil con los polvos detergentes que disuelven la grasa al instante dejando la loza y cristalería reluciente.

He aquí algunas recetas que le permitirán cocinar al minuto, todas son rápidas y fáciles de hacer.

AGUACATES RELLENOS

INGREDIENTES:

- 2 aguacates chicos.
- sal, pimienta.
- aceite y vinagre.
- 2 latas de langosta al natural.
- ¾ taza de salsa mayonesa.
- 1 latica de petit-pois.
- 1 cucharadita de salsa Inglesa.
- ¼ taza de Catsup.
- 1 lata de pimientos morrones.
- 1 pomito de aceitunas rellenas.
- 1 lechuga.

PREPARACION:

Se pican los aguacates a la mitad y se les quita la semilla y la cáscara. Se les corta una lasquita de la parte de abajo para que queden firmes sobre el plato. Se pinchan con un tenedor varias veces por la parte de adentro y se aliñan al gusto con la sal, pimienta, aceite y vinagre. Se pica la langosta, se añade la salsa mayonesa, los petit-pois, la salsa Inglesa y el Catsup. Se rellenan las mitades de aguacates y se adornan con tiritas de pimientos y aceitunas. Se sirven bien fríos sobre hojas de lechuga.

ENSALADA CORONITAS DE BONITO
INGREDIENTES:

1 sobre de gelatina simple.	6 aceitunas picaditas.
¼ taza de agua.	¼ cucharadita de pimentón.
¾ taza de salsa mayonesa.	1 cucharada de vinagre.
1 lata de bonito en aceite.	1 lechuga.
1 ají de ensalada molido.	1 lata de remolacha en ruedas.
½ taza de apio molido.	1 lata de petit-pois

PREPARACION:

Se remoja la gelatina en el agua y se pone al bañomaría hasta que esté disuelta. Se añade la salsa mayonesa, el bonito desmenuzado, el ají, el apio, las aceitunas, el pimentón y el vinagre. Se pone a enfriar en moldes de coronitas engrasados con aceite. Se desmolda y se sirve en una fuente llana en la cual se coloca la lechuga picadita cubierta por las ruedas de remolacha, sobre la remolacha se colocan las coronitas y se les rellena el centro con los petitpois. Da seis raciones.

PUDIN DE BONITO
INGREDIENTES:

2 latas de bonito.	2 cucharadas de Catsup.
4 rebanadas de pan de leche.	3 huevos.
½ taza de leche evaporada.	1 cucharadita de sal.
1 cebolla chica.	¼ cucharadita de pimienta.

PREPARACION:

Se desmenuza el bonito, se le añaden las migas del pan mojadas en leche, la cebolla picadita, el Catsup, los huevos batidos, la sal y la pimienta, se vierte en un molde engrasado y se cocina en olla de presión a quince libras de presión, durante veinticinco minutos.

LANGOSTAS A LA CREMA
INGREDIENTES:

⅛ libra de mantequilla.	1 cucharadita de jugo de limón.
5 cucharadas de harina.	2 latas de langosta al natural.
2 tazas de leche.	pan de molde o acemitas tostadas.
1 cucharadita de sal.	
¼ cucharadita de pimienta.	

PREPARACION:

Se derrite la mantequilla, se añade la harina y se une bien, se le agrega poco a poco la leche y se mantiene a fuego lento revolviendo constantemente hasta que espese, se le añade la sal y la pimienta, el jugo de limón y la langosta picadita. Se sirve caliente sobre el pan tostado.

PANECITOS RAPIDOS
INGREDIENTES:

- 2 tazas de harina.
- 1 cucharada de azúcar.
- 1 cucharada de polvos de hornear.
- ½ cucharadita de sal.
- 1 lata de sopa crema de pollo.
- 1 huevo bien batido.
- ¼ taza de mantequilla derretida.

PREPARACION:

Se cierne la harina con el azúcar, los polvos de hornear y la sal. Se une la sopa con el huevo y la mantequilla, se vierte todo en el centro de los ingredientes secos revolviéndolo hasta que esté unido solamente. Se pone por cucharadas en moldecitos de panecitos individuales, engrasados con mantequilla (sólo deben llenarse hasta las ²/₃ partes). Se hornea a 400° F. durante veinte minutos. Salen doce panecitos. Se sirven calientes con mantequilla.

FLAN DE COCO
INGREDIENTES:

- 3 huevos enteros.
- 3 yemas de huevo.
- 1 lata chica de dulce de coco en almíbar.

PREPARACION:

Se baten los huevos y las yemas (seis yemas y tres claras serán en total), se añade todo el contenido de la lata de dulce de coco. Se vierte en un molde bañado con caramelo y se pone al baño-maría hasta que al introducirle un palillo en el centro, salga seco. Puede hacerse en olla de presión con una taza de agua en la olla a quince libras de presión durante veinte minutos aproximadamente. Si desea hornearlo al baño-maría la temperatura del horno debe ser de 350° F. y el tiempo aproximadamente una hora y media. El tiempo de cocción depende del tamaño y la forma del molde. En moldes que tienen forma de anillo, los flanes y pudines se cocinan más pronto.

LA HISTORIA DE UN MARAVILLOSO POLVO DE HORNEAR

Parece casi imposible que los deliciosos, livianos y suaves "cakes" que saboreamos hoy con deleite sean descendientes directos de las mezclas de cereales molidos y agua secadas al sol, que nuestros primitivos antecesores consideraron tan buenas.

Sin embargo, la más importante y esencial diferencia entre ambos, es la presencia de un agente leudante.

Casi todas las recetas de "cakes" publicadas en libros de cocina de antaño especificaban gran cantidad de huevos, que se utilizaban, hasta cierto punto, como leudante. Aquellos "cakes" deben haber lucido bastante distintos a los de hoy. A fines del siglo dieciocho parece que se usó potasa purificada en la confección de bizcochos de melaza y jengibre. A esto siguió el empleo de bicarbonato de sosa, que había que mezclar con leche agria, vinagre o melaza. No se popularizó mucho entre las amas de casa, porque la masa de los "cakes" resultaba muy burda, veteada, de un color amarillo, desvanecido y con el inconfundible sabor acre de un fuerte bicarbonato de sosa.

En 1855 "The Practical American Cook Book" dió la noticia de haberse obtenido una maravillosa combinación de bicarbonato de sosa y crémor tártaro. Los "cakes", en que se empleaba según se aseguraba, quedaban suaves, de una fina textura y maravillosamente deliciosos.

"Por fin", pensaron las amas de casa, "se ha encontrado un agente leudante de acción rápida y resultados satisfactorios".

Infortunadamente, pronto descubrieron que ello no era enteramente cierto, porque a menos que ligaran esos ingredientes correctamente y en la debida proporción cada vez, los resultados eran muy dudosos.

En 1866, sin embargo, se ofreció a las amas de casa una combinación de crémor tártaro y bicarbonato, preparada comercialmente con medidas exactas, perfectamente ligada, cuidadosamente sellada en latas herméticas y siempre lista para usarse al instante. Este producto se llamó ROYAL BAKING POWDER, el primer polvo de hornear que salió al mercado.

Inmediatamente gozó de la aprobación general, porque representaba un medio sano y seguro de que "cakes" y otras masas horneadas que se ponían en el horno salieran perfectamente crecidos y sabrosos.

Desde que se fabricó por primera vez en un pequeño pueblo de Indiana, hace 89 años, se ha tenido el mayor cuidado posible para que cada uno de sus ingredientes sea absolutamente sano y puro. Por eso el ROYAL BAKING POWDER se ha mantenido como una necesidad del hogar, a través de los años, sirviendo fiel y eficientemente a millones de amas de casa en todo el mundo.

Recetas Culinarias muy Selectas

Así son las que el lector encontrará en las páginas de este libro, debido a la obra perita y cuidadosa de dos finas damas. Así se complace en reconocerlo

"EL IRIS"

COMPAÑIA DE SEGUROS MUTUOS CONTRA INCENDIO
FUNDADA EN 1855

Capital de Reserva..... $ 2.794,094.48
Cifra total de seguros.. $150.054,775.00

OFICINA: TELEFONOS:
EMPEDRADO No. 312   ML-1394 y M-2186

Esta Compañía reparte cada año a sus socios
UN ALMANAQUE EXFOLIADOR
con frases de grandes hombres, anécdotas, versos famosos y también muy sabrosas
RECETAS CULINARIAS

EL HOMBRE EN LA COCINA

Por Ana Dolores Gómez de Dumois

Es algo realmente curioso, pero a pesar de ser la mujer la que en todos los países se dedica preferentemente a la cocina y demás faenas domésticas, los cocineros más famosos en el mundo entero han sido y son hombres. Asimismo, los nombres de Brillat-Savarin y Escoffier, que han alcanzado una celebridad que perdura a través de los años, no pertenecen a ninguna dama, sino a representantes del sexo "fuerte". ¿La causa?... No sé cómo explicármela, ya que lógicamente, si es mayor el número de las mujeres que cocinan, debería también ser mayor la proporción de ellas que se destacaran en esa profesión. Lo mismo sucede con los pianistas: En casi todas las casas hay una muchacha que estudia el piano, se gradúan todos los años cientos de jóvenes del sexo femenino en los Conservatorios y apenas si hay dos o tres mujeres que alcancen la fama como concertistas, que "ellos" conquistan en todo el mundo... Pero volvamos a lo nuestro y hablemos del papel del hombre en la cocina. Es de notar que en muchos países, entre ellos Italia, constituye un verdadero orgullo para el cabeza de familia, tanto en las clases modestas como en las más encumbradas, ponerse un delantal y entrar en la cocina para confeccionar su plato favorito, que luego brindará muy ufano a sus invitados. Esta afición he podido comprobarla también en nuestro país, ya que en varias ocasiones he tenido el placer de contarme como invitada a un exquisito almuerzo o comidas informales, en los cuales el plato fuerte ha sido un delicioso pargo asado, o una formidable paella, o bien los sabrosos spaghetti o un criollísimo arroz con pollo, confeccionado por el dueño de la casa. (No sé por qué, pero entre nosotros éstos parecen ser los platos que prefieren hacer los hombres que nos hacen la competencia como cocineros.) Entre esos anfitriones, cuyas excelentes dotes culinarias conozco, los hay que son médicos y cirujanos de una gran reputación, abogados, ingenieros y arquitectos, políticos y ¡hasta músicos, poetas y escritores!... los que, dejando a un lado sus ocupaciones profesionales, saben hallar el tiempo necesario para entrar en la cocina y confeccionar su plato predilecto, que en ocasiones es una verdadera obra maestra. En honor a la verdad, debo confesarles que el hombre en la cocina es realmente un experto en la materia. Y ¿sabían ustedes que, según las estadísticas, cada día aumenta el número de hombres cuyo "hobby" es cocinar? Sí, lectora amiga, no se sonría pensando cómo luciría su esposo en la cocina, tratando, por ejemplo, de hacerle el cake de cumpleaños a su hijita, o preparando unos sabrosos frijoles negros. Aunque usted no lo crea, los hombres con aficiones culinarias toman muy en serio su papel y al entrar en funciones, forman una verdadera revolución con los cacharros, dejando la cocina que parece un campo de batalla. También suelen gastar mucho más que las mujeres al comprar los ingredientes y en cuanto a los preparativos ¡ni hablar! A veces es cosa de horas... El hombre que cocina, no gusta mucho de la variedad, sino más bien se perfecciona en un solo plato, que llega a constituir su especialidad y que repite con agrado hasta alcanzar un merecido renombre entre sus amistades, de lo cual se siente muy orgulloso. Prefiere también los platos fuertes y abundantemente condimentados, que constituyen por sí solos una comida completa; y si bien hay algunos que escogen menús sencillos y rápidos, otros, —tal vez los más—, prefieren platos muy elaborados, que requieren un buen rato para prepararlos. Y tampoco son muy amigos de la repostería. Para terminar: creo que "el hombre en la cocina" (aún con los inconvenientes que antes he señalado, con perdón de "ellos"), sale siempre airoso en su cometido y no sería mala idea que leyeran ustedes estos párrafos a los hombres de su familia, para ver si alguno se embulla a probar sus cualidades como cocinero. (Desde ahora les ruego que no me echen la culpa de lo que pueda suceder...) ¿Alguno les ha dicho que sí? ¡Pues manos a la obra!

A continuación van a disfrutar ustedes de las especialidades de estos conocidos "chefs aficionados", cuyas recetas han ofrecido gentilmente, para deleite de todos.

CON EL EMBAJADOR DE ESPAÑA

Por María Domínguez Roldán

Don Juan Pablo de Lojendio, Marqués de Vellisca y Embajador de España es un gran aficionado, y más aún, un entendido conocedor en materias gastronómicas y de cocina. No en vano es vasco, Es sabido que los vascos de ambas vertientes del Pirineo se caracterizan por el especial cultivo de las artes culinarias cuyo desarrollo y refinamiento estiman, como lo es en realidad, uno de los más visibles síntomas de una civilización depurada.

Bilbao y San Sebastián son los centros más importantes de la cocina vasca, pero en el pueblo más pequeño—y no diremos apartado porque en las Provincias Vascongadas los pueblecitos se suceden como cuentas de un rosario—hay restaurantes, paradores y tabernas en las que un pueblo jovial rinde constante culto al arte de comer y de beber.

El Embajador de España es de San Sebastián, capital de Guipúzcoa, capital veraniega también de España, bellísima ciudad a la que en los meses estivales se traslada el Cuerpo Diplomático acreditado en Madrid. San Sebastián—a caballo entre la cocina española y la cocina francesa—es el centro de la cocina vasca y entre sus moradores se encuentran grandes autoridades en materias gastronómicas y culinarias.

No se crea por lo dicho que el país vasco—que, como se sabe, es una de las más activas regiones industriales de España—lleva solamente una vida edonística y materialista. Filósofos como Unamuno, escritores como Baroja, pintores como Zuloaga y artistas de todas clases, han florecido y florecen también en las bellas capitales y en las villas de las Provincias Vascongadas. Las exposiciones de pintura de artistas locales son constantes y la afición a la música es tanta y tan intensa, que sus grupos vocales constituídos por aficionados son universalmente conocidos y han ganado los últimos años los grandes concursos internacionales de música polifónica celebrados en Langoven, Inglaterra, con asistencia de coros de una veintena de países del mundo.

Hemos querido preguntar al Embajador de España sobre una de las instituciones más curiosas de la vida "donostiarra" (se llama "donostiarras" a los hijos de San Sebastián y la misma palabra define a cuanto a San Sebastián se refiere) que constituyen los clubes dedicados exclusivamente a actividades culinarias y formados por gentes de las más diversas clases sociales unidas solamente por la afición al arte de comer y de beber con refinamiento.

—"En efecto—nos dice el Marqués de Vellisca—hay en San Sebastián una docena de sociedades de las características que ustedes me indican. Son centros populares situados todos ellos en la llamada "Parte Vieja" de San Sebastián, antiguo núcleo amurallado de la ciudad y concretamente en la Calle 31 de Agosto, única que quedó en pie después del incendio sufrido por la ciudad en las guerras napoleónicas y en la que están emplazados tres magníficos monumentos supervivientes también de la catástrofe: la Iglesia Parroquial de Santa María, construída en el siglo XVIII por los armadores y navegantes guipuzcoanos que habían constituído la Real Compañía de Caracas y mantenían el comercio con Venezuela; la Iglesia de San Vicente, de sobrio estilo gótico; y el antiguo Monasterio de San Telmo, hoy día Museo Municipal admirablemente tenido y en cuya magnífica Iglesia, ahora enteramente decorada con murales de Sert, he hecho yo guardia como soldado de artillería cuando estaba convertido en parque regimental.

En este medio encantador de calles estrechas están situados todos esos clubes dedicados al arte de comer."

—Embajador, ¿pertenece usted a alguno de ellos?

—"Sí, por cierto. Pertenezco, aunque tengo poca ocasión de frecuentarlo, al llamado "Kañoyetan", junto a las paredes de San Telmo. La mayoría de los otros tienen también nombres vascos: "Gastelupe", "Gastelubide", "Aixepe", etc., etc. Forman parte de ellos—y esta es una de sus características—gente de la más diversa condición económica y social, de tal manera que el ambiente es de la más absoluta democracia. Pero como no hay democracia bien organizada sin una determinada jerarquía, también en estos clubes existe esa jerarquía, puesto que todo el mundo respeta a quien entiende más que uno mismo en materias de comida y cocina."

—¿Cocinan los propios socios?

—"Sí, señora, pueden hacerlo y a menudo lo hacen y en el caso de que requieran ayuda suele haber en todos ellos alguna de esas magníficas cocineras de nuestra tierra capaces de llevar a ejecución cualquier receta que se les dé o cualquier idea que se les sugiera."

—Teníamos entendido que en esas sociedades no entraban mujeres.

—"También es cierto. Solamente esas cocineras que ayudan a los socios son admitidas en ellos, puesto que las reuniones en los clubes gastronómicos en la "Parte Vieja" de San Sebastián son de hombres solos. Debo señalar otra excepción, pues en el Club Kañoyetan a que pertenezco me autorizan todos los años a invitar señoras para una comida que ofrezco al Ministro de Asuntos Exteriores, a algunos de los Embajadores residentes en San Sebastián y a personalidades de la vida oficial y social madrileña y donostiarra con sus señoras."

—¿Y usted mismo cocina, Embajador?

—"No, yo no soy cocinero. Soy un poco compositor pero no ejecutante"—nos aclara sonriendo.

—¿Y qué otras características tienen estos clubes?

—"Debo decir que el ambiente no puede ser de más sana y amistosa armonía. Muchas veces la comida se mezcla con los cánticos, pues ya se sabe que un vasco es un vasco; dos, un partido de jai-alai y tres, un orfeón. Y he aquí otra característica curiosísima. No existe servicio de caja; es decir, nadie cobra en estos clubes. Las bebidas están marcadas con su precio que se deposita en un cepillo como el de las iglesias sin ningún control y del mismo modo las cosas accesorias que sean necesarias para la confección de la comida, ya que las materias primas se traen de fuera. Y todos los clubes de la "Parte Vieja" de San Sebastián tienen a gala el que nunca haya faltado un céntimo de sus cajas."

—¿Y cuáles son los platos más característicos de la cocina vasca y de la cocina española en general?

—"La cocina española tiene platos de extraordinaria suntuosidad. Todos los que reciben el común denominador de paella, el arroz a la valenciana, el arroz a banda, etc., etc., son platos que cuando están bien hechos son realmente extraordinarios. El "cocido madrileño" es también entre todos los que reciben el calificativo de pucheros o de potajes en los distintos países del mundo, sin duda alguna el más rico; los callos a la madrileña, el bacalao a la vizcaína, los mariscos gallegos y toda la inmensa variedad de las cocinas regionales españolas ofrecen una riqueza difícil de superar en país alguno. Tenemos, para nosotros, los pescados más ricos: el lenguado, la lubina, la merluza, el besugo, el mero, el rodaballo, el bonito, el salmón de Asturias, las truchas, etc., etc., que pueden ponerse cada uno de ellos a través de muy diversas recetas una variedad inacabable de mariscos. La carne blanca de ternera, la llamada ternera de Avila, es exquisita; los fiambres como el jamón serrano, los embutidos, chongos, salchichones... presentan características realmente difíciles de superar en su género y las frutas son insuperables: naranjas de Valencia, melones de Castilla, melocotones de Aragón, plátanos de Canarias, uva moscatel y de Almería, fresones de Aranjuez, etc., etc. Las legumbres y productos de huerta son también riquísimos y basta citar, como ejemplo, los espárragos también de Aranjuez o de la Rioja. Todos estos elementos y nuestro excepcional aceite dan base a una extensa y riquísima cocina."

"En vinos, la variedad española es extraordinaria. Para mí, y yo creo que para todo el mundo, el rey de los vinos españoles es el Jerez, pero se trasladan también a España cepas de otras procedencias y así tenemos vinos estilo Rhin, Burdeos y Borgoña, de calidad realmente buena. A mí me gustan los típicos vinos españoles, el vino de Rioja y ese clarete de la Ribera que hay por todas las tierras de España."

—¿Y de la cocina vasca?

—"Dentro de todo este material, la cocina vasca se especializa principalmente en los productos del mar, la sopa de pescado, la merluza, el besugo a la vasca, las diversas maneras de cocinar el lenguado y el bonito, las famosas angulas, los chipirones en su tinta son los platos preferidos en mi región."

—¿Y el país vasco tiene vinos?

—"No produce vino sino en una pequeña región de Alava, que ya forma parte geográfica de la Rioja. Hay, eso sí, un vino agrete de uvas verdes que se llama chacolí de producción muy desigual, pero que cuando sale bueno (allí se dice "bonito") es un vinillo alegre, muy rico."

—¿Algunas anécdotas para terminar?

—"A propósito del chacolí se me ocurre una. Hace un par de años nos invitaron los Marqueses de Casa Núñez de Villavicencio a un grupo de amigos cubanos y españoles a comer en "La Nicolasa" de San Sebastián. Después de hacer el menú, me preguntaron qué podríamos tomar como aperitivo y yo les insinué un pequeño aperitivo del país: sardinas asadas y chacolí. Fué tal el éxito del aperitivo y tantas veces lo repetimos, que por poco renunciamos a hacer los honores al menú."

—¿Nos quiere decir algo de su "chef"?

—"Cómo no, es Giovanni, a quien ustedes conocen. De los Abruzzos, la región de donde proceden los mejores cocineros de Italia. Lleva conmigo más de diez años y estoy muy satisfecho de sus servicios. Tiene las condiciones de los grandes cocineros: tranquilidad para cualquier encargo de última hora, de los habituales en Embajadas como la nuestra en la que media hora antes de la comida se le dice a veces al cocinero que tiene que prepararla para catorce o veinte personas."

"Y una característica de los cocineros italianos, que es su imaginación inventiva, la que hace que, estando como estamos con frecuencia en países en los que faltan los productos europeos, encuentra manera de sustituirlos muy adecuadamente."

—En atención a la finalidad benéfica que nos mueve, ¿podría facilitarnos alguna receta de cocina vasca?

"Le voy a dar dos recetas: una de cocina francesa con variaciones introducidas en casa y la otra de cocina vasco-cubana, que creo les gustará. En una y otra mis indicaciones son más bien sumarias, porque siempre creo que el detalle, el "punto", la dosis exacta están en la mano, en la interpretación personal del cocinero. Puedo decirles que con estas dos sencillas recetas que yo le dí a mi cocinero, Giovanni ha conseguido dos platos exquisitos que creo se pueden repetir en cualquier casa":

CANGREJO MORO A LA VASCA

Se vacía el cangrejo y sus recortes se saltan al aceite con un poco de coñac y un diente de ajo. Se añade salsa de tomate a la casera dejándolo hervir durante una media hora. Se pasa esta salsa y se le agrega luego toda la pulpa del cangrejo, incluídas las muelas, dejándolo rehogar unos diez minutos. Se coloca después dentro de la caparazón o carcasse del cangrejo. Se pone encima un poco de pan rallado y perejil y se le gratina con un golpe de horno. Se puede servir con arroz pilaf.

HUEVOS MARCHAND-DE-VIN

Se corta en cuadrados un pan de molde (los cuadrados del tamaño para que en cada uno quepa un huevo). Se fríen al aceite y se vacían dejando un hueco. Se saltan a la mantequilla menudillos de ave, champiñones y jamón cortado a la juliana mojándolos en vino tinto y se coloca al fondo de la caja de pan. Encima, es decir, dentro del hueco de cada cuadrado de pan y sobresaliendo de él la mitad superior, se coloca un huevo escalfado.

Se baña él todo en salsa "marchand-de-vin", es decir, al vino tinto.

Se coloca una rodaja de tuétano encima.

INGREDIENTES PARA LA SALSA MARCHAND-DE-VIN:

    1 cebolla chica.   1½ tazas de vino tinto.
    2 cucharadas de mantequilla.   1 cucharada de harina.

PREPARACION:

Se pica muy fina la cebolla y se cocina a fuego muy lento en la mantequilla. Se le agrega el vino y se deja hervir a reducir a la mitad. Se retira del fuego y se cuela. Se tuesta la harina y se añade al vino caliente poco a poco revolviéndolo a que tome la consistencia de una crema ligera. Se retira del fuego y se cubren los huevos.

La trufa es el producto más misterioso y prodigioso de la tierra. Planta subterránea, de la familia de los hongos, para su recolección se destina una raza de perros llamadas Lau-Lau, que salen al campo y olfatean su rastro. En realidad la trufa tiene siempre algo de caza, no sólo por la manera con que la cobran, sino por el sabor que es tan peculiar en ella. En el año 350 A. C. se consideraba un vegetal engendrado por las lluvias de otoño, cuando iban acompañadas de rayos y truenos. Cicerón la consideraba como hija de la tierra producida espontáneamente por el sol. En el siglo XVIII se descubre que la trufa es un vegetal, un hongo. Las más famosas son las de Perigord, Francia.

SOBRE LA COCINA

Por Agustín de Foxá (Conde de Foxá)

He sido gordo; pero ahora estoy sometido a dieta y no me resigno. Porque un gordo hambreado nunca es un flaco, sino un ex gordo, como tantos ex reyes, ex príncipes y ex duques, que ahora pueblan los destierros de Europa.

La cocina es la flor de la civilización; el termómetro que nos da la fiebre de la antigüedad de un pueblo. ¡Cuántos ensayos desde el prehistórico bistec enterrado—la putrefacción fué la más primitiva de las cocciones anterior al invento dorado del fuego—hasta llegar a la finura, un poco viciosa, del foie-gras, gloria de Francia como sus catedrales góticas!

Tengo mucho miedo a los platos regionales. Generalmente la cocina folklórica que más me gusta es la francesa. Los dos grandes pueblos cocineros son Francia y China. La cocina más inocente es la norteamericana. Es higiénica; pero no de paladeo. Falta la vitamina G que es la inicial de la gula. Sus vegetales, zanahorias, lechugas, remolachas, me gustan mucho; pero pasadas siempre a través del colador del cerdo o de la vaca. Sus vitaminas son un tránsito entre las salsas antiguas y las futuras píldoras, del hombre que llegará a Marte. Abusan de la leche y renuncian al vino.

La cocina cubana merece ese adjetivo, tan prodigado por los cubanos, de "sabrosa". No tiene relación ninguna con su clima. Aquí deberían comerse sus maravillosas frutas o, si acaso, algunos de sus pescados. La fabada y el caldo gallego, es una prueba de que los emigrantes españoles viajan como los buzos, con atmósfera propia.

El lechón cubano es sensacional. Me gusta más este palmito gruñidor, que el cebado con bellotas.

Creo que se come aquí más arroz que en la China; pero se le ha añadido el magnífico frijol negro, originario de América, que lo enaltece y se perfuma con el nombre de "Moros y Cristianos" que tiene una nostalgia del Romancero.

Europa, España, trajo aquí en las carabelas un menú muy suculento: limones y naranjas, cerezas, que había heredado de Roma después de sus guerras de Armenia. El pan y el vino para el hombre y para la Eucaristía. La carne del puerco, de la oveja y del novillo; todos los quesos y mantequillas de la vaca, con sus helados y batidos posibles. El fuego diminuto de la fresa. El melocotón. La pera. La manzana, de tan funesto recuerdo.

El menú de América, desconocido, era este: el maíz que levantó las terrazas de los Mayas; el casabe para las Antillas, la papa, sobre la cual se construyeron los templos al Sol de los Incas; el fresón, que es de Chile. En los bosques de Yucatán y Guatemala, desde siglos antes del nacimiento de Cristo, nos aguardaban las futuras

Navidades con el inédito pavo o guajalote, o chompipe, o guanajo que los franceses llamaron "dinde" (d'Inde, es decir, de las Indias) y los ingleses "turkey" porque después de América fué en Turquía donde empezó a prosperar. En Soconusco, Guatemala, está la patria de los bombones, de los helados de chocolate de las meriendas frailunas, porque por esta región nació el Cacao.

La caña de azúcar, que parece americana, cubana, es de la India. Y aquí para endulzar las cosas había que acudir a la verdosa miel de las abejas que hacen un panal subterráneo y que son lejanas parientes de las matinales visitadoras de las rosas cantadas por Virgilio.

También el café había merecido nacer en Cuba o en Colombia. Pero no, lo descubrió un pastor etíope al ver a sus cabras nerviosas e insomnes, haciendo de trapecistas en la roca.

Pero el tabaco, remate ilusionado y azul de las comidas, es cubano.

Da poesía —por innecesario— a las cenas; prolonga el diálogo. Y en el cenicero, nos recuerda los dulces labios femeninos con su carmín en la boquilla de oro.

Cortesía

BANCO NÚÑEZ

El Pionero de los Bancos Cubanos

SPAGHETTI

Por el Reverendo Padre Lorenzo Spiralli

¿Hablar sobre el Padre Spiralli? Sus obras hablan por él, como las Iglesias de San Agustín, Santa Rita; el Dispensario de San Lorenzo, la Creche, en construcción, y su realización excelsa, la Universidad de Villanueva. Sacerdote de múltiples actividades y grandes propósitos, sus muchas ocupaciones no le impiden de vez en cuando hacer su plato preferido, el típico de su Patria: los spaghetti. Pero ha hecho mucho más, nos ha dado, para enaltecer nuestro libro y cooperar a que los enfermos del Hospital Calixto García tengan, con algo de su personalidad, una ayuda más, su nombre y la receta de sus spaghetti. Gracias, Padre Spiralli.

RECETA

1. Hacer un sofrito de cebolla, perejil y ajo con mantequilla.
2. Echar en el sofrito tomates frescos o de lata, pero que sean buenos.
3. Cocinar los spaghetti en mucha agua hirviendo durante quince minutos; no dejarlos pegar, despegarlos con frecuencia.
4. Poner la pasta en una fuente, añadirle la salsa ya hecha y queso Parmesano. Servirlos calientes.

POLLO A LA VILLEROI

Por José Aixalá Jr.

INGREDIENTES PARA LA COCCION DEL POLLO Y DEL CALDO:

- 1 pollo de 2½ libras.
- 1 cebolla.
- 1 ají.
- perejil
- 1 zanahoria.
- 1 rama de apio.
- 1 ajo puerro.
- 1 cucharada de sal.
- 1 cucharadita de pimienta.
- 1 hojita de laurel.
- 1 litro de agua.
- 1 limón.

PREPARACION:

Se hierve el pollo con sus menudos y todos los ingredientes, menos el limón. Cuando esté blando se saca el pollo, se cuela el caldo, sin pasar los vegetales y se separan dos tazas de caldo para la salsa. Al pollo se le sacan los huesos con sumo cuidado y se rocía con jugo de limón. Hecho esto se procede de la siguiente manera:

INGREDIENTES PARA LA SALSA Y REBOZADO DEL POLLO:

⅛ libra de mantequilla.
8 cucharadas de harina.
2 tazas de caldo.
1 cucharadita de sal.
½ cucharadita de pimienta.
¼ cucharadita de nuez moscada.
3 yemas.
galleta molida.
2 huevos enteros batidos.
perejil para adornar.

PREPARACION:

Se derrite la mantequilla, se le añade la harina poco a poco, revolviendo hasta unir bien, se le agrega caldo, sal, pimienta y nuez moscada. Se pone a fuego lento revolviendo siempre hasta que espese. Se retira del fuego y se le añaden las yemas ligeramente batidas, revolviendo rápido para evitar que se cocinen. Se engrasa una fuente, se colocan los pedazos del pollo y se cubren con la salsa. Se dejan enfriar por varias horas. Se sacan con gran cuidado las porciones del pollo cubiertas con la salsa y se pasan por galleta molida, huevo batido y por último por galleta molida. Se frien en abundante manteca caliente a que doren. Se colocan sobre papel absorbente a que escurran la grasa sobrante. Se sirven calientes adornados con ramitas de perejil.

NOTA: La salsa del pollo a la Villeroi puede hacerse a partes iguales de leche y caldo o leche sola, esto es al gusto, pero siendo la salsa de leche solamente, resulta una Bechamel corriente y no tiene el sabor especial del caldo del pollo.

Cortesía

PÉREZ BENITOA - LAMAR Y OTERO

ABOGADOS

LAS FAMOSAS SOPAS DE MENJOU

Por Ramón Arroyo (Arroyito)

Cuando Adolfo Menjou, en Hollywood, subía la empinada cuesta de la fama, tomó como "valet" a un inteligente joven peruano que había llegado a la Meca del cine en busca de aventuras.

Y en casa de Menjou, empezaron a ofrecerse grandes comidas en las que unas deliciosas sopas eran el deleite de sus invitados, directores y estrellas de primera clase, que se disputaban el honor de ser huéspedes de tan "distinguido culinario".

Durante mucho tiempo, Menjou mantuvo el secreto y el éxito de sus sopas, hasta que una noche, en que asistían a su casa el cuerpo diplomático de Los Angeles, distinguidas personalidades y yo, una inesperada ocurrencia que obligó al "valet" a reforzar la cena apresuradamente, me puso al tanto del secreto de las sopas que no eran, ni más ni menos, que sopas de lata, ampliadas con cuantos ingredientes caían a mano: aceite español, ajos, cebollas, orégano, galletas o pan rallado, pimienta, queso en polvo y un caprichoso adorno de pequeños trocitos de pan o galleticas de soda pasados por mantequilla.

¡Quién sabe si estas sopas que habían obtenido tan prominentes admiradores al astro del cine, le ayudaron a escalar la cima de su fama!

Hoy en día yo preparo a las mil maravillas las famosas sopas de Menjou y también tengo exquisito cuidado en esconder las latas. Andando el tiempo, el "valet" de Menjou y yo coincidimos en la dirección de una gran revista de cine y nos hicimos muy amigos. Por esta razón y porque actualmente disfruta de una privilegiada posición político-económica y social en una de nuestras repúblicas hermanas, no digo su nombre.

ROLLETES DE FRIJOLES

Por Ramón Arroyo (Arroyito)

Fué también en Hollywood, una noche en que un exceso de invitados me hizo echar mano a una receta improvisada que titulé "Rolletes de Frijoles". Y fueron frijoles, precisamente, porque guardaba, dormidos en el refrigerador, una buena cantidad de frijoles negros mexicanos, hechos a la cubana, por cierto, y que era necesario disfrazar en un plato de singular condición dada la calidad de los invitados que se me habían presentado, entre los cuales se encontraba el jefe de ventas de una fábrica de jabones para baño, a quien yo quería venderle una de esas ideas locas que se me ocurren de cuando en cuando. Deseé pues, deslumbrarle con un plato nuevo, no comido nunca y hacerle creer alguna fantástica historia relacionada con el inusitado manjar.

Entre las cosas que encontré en la cocina, además de los frijoles, había dos latas de anchoas, un paquetito de queso Parmesano en polvo, una libra de pan de molde y una botella de aceite francés, muy parecido al de oliva español. Con estos ingredientes había que trabajar.

Se me ocurrió hacer una pasta de frijoles, pasándolos por la sartén como frijol refrito, luego les agregué otra pasta, la de las anchoas. Corté el pan en rebanadas, sin corteza, y sin dejarlas *enchumbar*, las pasé también por el aceite caliente. Puse en cada rebanada de pan, una buena ración de la pasta de frijoles y anchoas, las enrollé y prendí, cada una, con un palillo y entonces las cubrí, a conciencia, con el queso Parmesano. Presentados los rolletes entre hojas de lechuga, a mi juicio quedaron exquisitos. ¿No les parece? Sin embargo, nunca más volví a ver a aquel jefe de ventas de jabones para baño...

Cortesía del

Dr. Guillermo Martínez Márquez

GALANTINA DE PAVO

Por Gabriel Ballester, Chef del Hotel Nacional.

INGREDIENTES:

1 pavo de 15 libras (sin abrir).	sal, pimienta, nuez moscada, vino seco y Cognac a gusto.
4 lbs. de carne de res.	
4 lbs. de masa de puerco.	1 clara de huevo.
½ lb. de lengua de res ahumada.	1 cebolla.
	1 zanahoria.
½ lb. de jamón.	1 hoja de apio.
½ lb. de tocino salado.	laurel, pimienta en grano, orégano, sal.
4 onzas de trufas.	

PREPARACION:

Se abre el pavo por el lomo del pescuezo a la cola y se deshuesa separando además toda la masa, quedando por tanto, solamente la piel. Se toma la carne de res, la masa de puerco y las masas del pavo y se ponen a remojar por espacio de cuarenta y ocho horas dentro del refrigerador cambiándole el agua dos o tres veces en ese tiempo. Después se escurre y se pasa por la máquina de moler carne con la cuchilla fina. Entonces se le añade la lengua, el jamón, el tocino y la trufa, cortados en cuadritos. Se mezcla con la sal, pimienta, nuez moscada, vino seco y Cognac y la clara del huevo hasta que esté todo convertido en una pasta con la cual se rellena la piel del pavo, la que más tarde se cose con hilo de algodón blanco, se envuelve en un paño y se amarra por ambos extremos. Se pone en una cazuela mediada de agua los vegetales y las diferentes especias, así como los huesos del pavo. Cuando esté hirviendo, se sumerge la galantina envuelta en el paño y se deja hervir por dos horas. Al cabo de ese tiempo se saca, se cambia de paño por otro seco y se amarra de nuevo colocándolo bajo una tabla o plancha que pese alrededor de diez libras para que se amolde hasta que se enfríe. Una vez frío, se guarda en el refrigerador. Poco antes de servirse se decora a gusto.

Acordaos que entre los pucheros anda el Señor.

SANTA TERESA DE JESUS

BACALLA A LA LLAUNA

Por José F. Barraqué

Así se denomina el plato cuya receta ofrecemos, perteneciente genuinamente a la amplia y sabrosa cocina catalana. Explicaremos primero que "llauna" significa literalmente "lata", para llegar a la conclusión de que en aquellos primitivos tiempos de lata se hacían las tarteras, y por ahí a traducir libremente al castellano nuestro guiso como "Bacalao en tartera".

Procedamos así a su condimento: Se pican cuatro cebollas, que no sean ni grandes ni chicas, en pedacitos medianos a las que se le agrega un 40%, aproximadamente, de perejil picado en igual forma y cinco o seis dientes de ajo también picados, revolviendo o mezclando bien estos tres ingredientes para cubrir totalmente con ellos el fondo de la tartera. Sobre ello se colocan doce o catorce trozos de *buen* bacalao—debe escogerse con esmero la calidad—, trozos que previamente habremos cortado de un tamaño prudencial, digamos más o menos de 3¼ por cuatro y media pulgadas, y puestos en remojo 36 a 48 horas, cambiándoles el agua cada 10 ó 12 horas. Debemos aclarar que este pescado fué deshidratado en Noruega o Islandia—procedencias que debemos preferir—, y que, por tanto, deberemos devolverles aquí el agua eliminada en su lugar de origen para tornarlo a sus naturales condiciones. Y como en esta operación pierde lógicamentee la sal deberemos agregarle ésta a gusto al colocarlo sobre la tartera, adicionándole igualmente media cucharadita de pimienta negra molida, una rajita de canela en rama y tres hojas de laurel.

Al llegar a este punto le tiraremos por encima aceite de oliva con una proporción de agua, que a continuación detallamos, suficiente a cubrir completamente aquella citada mezcla de cebollas, perejil y ajos. Para estas cantidades que llenan la voracidad de seis comensales con apetito, deben bastar 1¾ a 2 tazas de aceite con ¾ de taza de agua, pudiendo usarse, para mayor aclaración, las conocidas medidas americanas llamadas "cups" para igualar a una taza. Este aceite debe ser precisamente de oliva, como antes se especifica, y además de excelente calidad; por ejemplo, cualquier aceite de oliva refinado y español de las distintas marcas que hay hoy en nuestro mercado, ofrecen, por igual, tales garantías.

Así las cosas comenzaremos a cocinar poniendo la tartera a fuego vivo hasta que comience a dorar la cebolla, y obtenido esto se retira del fuego para mayor comodidad, agregándole entonces cuatro cucharadas de un buen puré de tomate sin condimento y se polvorea a gusto, pero prudentemente, con galleta molida. Seguidamente se mantiene a fuego lento hasta que salsa y bacalao se juzguen en su punto, posiblemente unos 20, a lo sumo 25 minutos.

Se sirve caliente, cuidando de no quemarse. Y que aproveche.

ANECDOTA

Por José F. Barraqué

El simpático grupo que sobre sus hombros ha echado la ardua labor de coordinar estos trabajos me pide con la receta una anécdota de algo ocurrido mientras cocinaba este plato, pero es el caso que nada digno de mención me ha pasado en tales ocasiones.

Claro, en mi deseo de complacer podría inventar algo para hacer ameno el caso, que es lo que se persigue, como por ejemplo: que al no encontrar buen bacalao cuando me disponía a cocinarlo le "metí mano" al que lleva a cuestas el hombre de la Emulsión, o cosa parecida, pero no voy a apelar a semejante broma.

No me queda así otro remedio, dentro de aquella buena disposición apuntada, que relatar tal anécdota, aunque ésta se relacione con distinto guiso: Sucedía en aquel tiempo que a mis hijos les encantaba, y les sigue la manía, un arroz con pollo que yo hago, y de ahí que al querer ellos atender a sus amistades, pepillos y pepillas entonces todos, no concebían hacerlo más que invitándolos a comer tan alimenticia combinación, al punto que ésta adquirió fama entre tan alegre elemento, fama que no atribuyo, desde luego, a pericia de mi parte sino al buen apetito natural de aquellos años mozos.

Y así sucedió que entre aquellos jóvenes surgió uno, hoy casado y distinguido hombre de negocios,[1] que quiso, en su entusiasmo, aprender a cocinar "mi arroz", actuando al efecto como ayudante en distintas oportunidades, sin que podamos omitir como a virtud de estar él conectado en su negocio con alguna fundición de hierro hubo de ordenar para regalarme, cual lo realizó, una sartén de las que usan en Valencia, para estos fines, y con capacidad para cuarenta comilones, sartén que decoró con una plancha contentiva de expresiva dedicatoria "Al maestro Chepín Barraqué, de su pinche", excelente recuerdo que en gran aprecio tengo y conservo.

Y aquí viene la cosa. Considerándose ya el pinche con práctica suficiente ideó una fiesta en su casa, donde deberíamos estrenar la citada sartén, actuando él de "maestro" y yo de auxiliar o consultor. Preparamos los condimentos sin olvidar detalles y comenzamos a guisar. Todo marchaba a las mil maravillas, llegando en esas condiciones hasta tener casi listo el sofrito, lo que coincidió con la magnífica aparición de los primeros "pollos", no los que íbamos a cocinar sino los otros, y en esto fué que se alborotó el novel "maestro" admirando a ésta, saludando a la otra y piropeando a la de más allá, hasta que acabó por abandonar la cocina, endosándome por entero el resto de la tarea.

Bueno, esto ya yo me lo esperaba.

---

(1) Ing. Armando Valdés.

EL NECTAR DE LOS DIOSES

Por Alfredo Benítez y de Cárdenas

Según cuenta la leyenda, cierto día le fué entregado a las Ninfas para que lo criasen, el más joven de los dioses de la Mitología Griega.

Ya crecidito, parece que bebió más de la cuenta del jugo de unas frutas silvestres, embriagándose hasta el punto de empezar a correr tambaleándose, por las escarpadas rocas, por la espesura de los bosques y por lo hondo de los valles.

Emanaba de su ser una alegría tan grande y contagiosa que iba transmitiéndola por donde pasaba. Y como solía hacerlo con frecuencia, se hizo tan conocido que fué coronado por las Ninfas con pámpanos y hojas de laurel.

Esto nos hace pensar que el primer "borrachito" de la humanidad fué Dionisos, el Baco de los Romanos. Y dado lo mucho que ha gustado en la tierra dicho néctar, hoy en día, el vino y en general los licores, podemos seguir pensando que desde esa fecha, el 95% de las personas que lo han probado han seguido, dosificadamente o con exceso, bebiéndola.

HISTORIA DE LA VID

El origen de la vid se pierde en lo más lejano de los tiempos.

Se dice que Noé llevó vinos en el Arca y en ese caso, es lógico pensar que, de cuando en cuando, se diera sus traguitos y quizás no los jugaba porque no tenía ni el cubilete ni los dados, inventos que aunque muy posteriores, voy a intercalar por creerlo interesante.

Se cuenta que en un grupo de magnates ingleses que acostumbraban reunirse a conversar el "scotch and soda" como todos querían pagar, a uno de ellos se le ocurrió tomar un terroncito de azúcar y ponerle, en una de sus caras, un punto negro. Volviéndose a los amigos dijo: "Vamos a tirarlo y al que le caiga el punto negro, tiene el placer de pagar."

Cuando volvieron a Inglaterra fueron implantando la costumbre en sus respectivos clubs. Un día a un lord que miraba el juego se le ocurrió mandar a hacer un cuadradito de marfil con las figuras de la baraja inglesa en cada una de sus caras.

Pero volviendo a la vid y al vino, éste es la fermentación del zumo de la uva o mosto, teniendo cada región una variedad especial. Su nombre viene del latín que denominaba la vid "vitis vinifera". La vid nació y creció espontáneamente, en Asia Occidental, en el sur de Europa, en el norte de Africa, al sur del Cáucaso y del Mar Caspio; esparciéndose posteriormente por el resto del mundo, bien por la mano del hombre o por las aves.

Los enemigos de la vid son el hielo, la escarcha, la niebla y el granizo.

Según A. Girad y L. Linde, contiene lo siguiente: Agua, 97.92; fermentecible, 23.51; crémor tártaro, 0.52; ácido tartárico libre, 0.2; ácido málico y otros, 0.29; materias nitrogenadas, 0.38; materias no dosificadas, 1.80; materias minerales, 0.15; residuos insolubles, 0.43.

David, en el Salmo 103, dice: "El vino alegra el corazón". "No tienen vino", dijo María a Jesús, refiriéndose a los esposos de Caná. Horacio, en el año 64-7 a. de J.C., sostiene que el vino de Palermo está mejor cuando tiene más de diez años.

VINOS CELEBRES DEL MUNDO

Champaña o Champagne. Su nombre se debe a la región francesa donde se cultiva la vid que da la uva con la cual se elabora ese famosísimo y exquisito vino. San Remigio, célebre arzobispo de Reims por el año 530, mencionaba ya en su testamento, los viñedos de las colinas de la Champagne, y se sabe que el Papa Urbano II, siendo oriundo de esa zona, gustaba tanto del *vino Ay,* como le llamaban, que según refiere la Historia, no podía comer sin él, algo parecido a lo que le sucede a muchos criollos, que no pueden comer sin aguacate.

El rey Enrique IV gustaba ostentar el título de Sire de Ay. El benedictino Pedro Perignon, más conocido por *Don Perignon* era el encargado del cultivo de las viñas, y al cual se debe en gran parte el perfeccionamiento de dicho vino, pues enseñó a combinar las distintas especies de uvas hasta lograr darle ese delicioso gusto que lo ha hecho famoso en el mundo entero, prestando a su vez, un gran servicio económico a su provincia y a Francia.

COMO SE ELABORA EL VINO CHAMPAÑA

La recogida o vendimia de la uva con que se elabora el Champaña se hace muy de mañana con el rocío, escogiéndose las uvas más sanas y más maduras, debiéndose apartar con gran escrupulosidad las echadas a perder, las verdes y las podridas. Entonces se colocan delicadamente en cestos no muy grandes para llevarlas al lagar en hombros de jornaleros o a lomo de caballería. Una vez en el lagar, esa misma mañana procédese a prensarla y a dejarla escurrir unos veinte minutos, revolviéndose el orugo nuevamente, prensándose otra vez y dejándose escurrir otros veinte minutos.

Entonces se recoge el mosto y se echa en los cubetos donde debe permanecer de veinticuatro a treinta horas. Este mosto, ya limpio, se trasiega a toneles muy limpios, previamente azufrados, teniendo cuidado de llenarse hasta el borde, para que al hervir o fermentar el vino, eche fuera las impurezas que contenga.

Al echarse en los toneles, debe añadírsele un cuartillo de aguardiente o Cognac por cada cien cuartillos de mosto. Tres o cuatro veces al día, durante la fermentación, se van llenando los toneles con el mismo mosto, recogiéndose cuidadosamente el vino que sale por la abertura de los toneles.

Estos toneles tienen que estar colocados en cuevas frescas o en sótanos. Del 15 al 20 de diciembre, en días serenos y secos, se saca el vino y se trasiega para barriles muy limpios y azufrados. Ya así, se deja posar el vino durante un mes; pasado dicho tiempo se vuelve a trasegar el vino para otros toneles azufrados. A los vinos de naturaleza ácida se les añade azúcar-piedra disuelta en vino blanco, en cuyo caso se emplea una libra de azúcar por cada arroba de vino.

EL EMBOTELLADO

El embotellado y la conservación de los vinos gaseosos requieren muchísimo cuidado y precauciones. Las botellas en que se ha de embotellar han de ser muy fuertes y de espesor igual en todas sus partes; debiendo tener el cuello estrecho y en forma cónica, para que el tapón pueda resistir la fuerza expansiva del ácido carbónico en el momento de abrirse. Los corchos han de ser de muy buena calidad, hundiéndose el tapón con una maceta de madera, sujetándose después sólidamente con un alambre.

Al año de estar embotellado se forma en la botella un depósito que altera su transparencia, y que se le quita, tomando la botella cuidadosamente con la mano derecha, con el tapón vuelto hacia abajo, dándosele un movimiento horizontal y circular durante medio minuto. Después se coloca la botella boca abajo en una tabla agujereada, durante quince días o un mes. Entonces, armado de un gancho, se le rompe el alambre que sujeta el tapón, y la fuerza del gas arroja fuera el poso y parte del vino, que cae en una vasija, para no perderlo, y se le pasa a otro operario, que la llena con vino bien claro.

Realizada esta operación, se vuelve a tapar con un corcho nuevo, mojado antes ligeramente en aguardiente o Coñac. Una vez pasados cinco o seis meses, ya se encuentra en condiciones de tomarlo.

Las mejores cosechas reconocidas hasta la fecha, han sido las siguientes: 1874, 1884, 1889, 1893, 1900, 1904, 1906, 1911, 1913, 1919, 1921.

El champagne se sirve muy frío, para cuyo efecto se lleva a la mesa en un cubo de plata o metal lleno de hielo, con la botella dentro. Al servirse, se envuelve la botella en una servilleta, y se destapa, teniendo cuidado de que no produzca ruido el ácido carbónico al expansionarse; echándole un poquito primero en la copa de la persona que invita, antes que a los invitados, después a éstos, y por último, llenando la copa de quien invitó. No es distinguido hacer sonar el tapón al destaparse, y mucho menos, repetir lo que hizo Homobono.

Homobono, que era de Hongolosongo, se enriqueció en las Vacas

Gordas, y vino para La Habana. Un día fué a comer a un distinguido restaurante con toda su familia, y observó que unos "nuevos ricos" estaban bebiendo un vino que hacía mucho ruido al abrirse la botella. Llamó al mozo y le dijo: "Tráigame del vino que suena". Cuando el mozo se lo trajo, Amaranta, que así se llamaba su mujer, le dijo al mozo cuando éste abría la botella: "que no brinque el tapón no sea que me manche". Homobono se quedó algo preocupado, por lo que al tomarlo, se puso la mano en la cabeza y dijo en alta voz: "Niños, *asujétense* la cabeza por lo que pueda ocurrir, que el tapón no ha *saltao*."

HISTORIA DEL VINO DE JEREZ

Desde tiempo inmemorial se cultiva en Andalucía la vid que produce el Jerez. Supónese que la uva Nebrissa, cuyo nombre se deriva de los Sátiros *Nebris,* son las actuales uvas de la región jerezana.

En un ánfora del año 31 antes de J. C., se lee *Vinum Gaditanum,* y como hay que pensar que ese nombre lo recibió del puerto de donde se embarcaba—como sucede hoy con el Oporto, el Burdeos, etc.—puede deducirse con toda razón que se trata del vino de Jerez, puesto que los mismos, según escritores de la antigüedad citan con frecuencia los célebres vinos gaditanos en las mesas de los emperadores y patricios romanos, junto con los más exquisitos vinos de Grecia, Italia y Sicilia. El vino de Jerez, desde entonces ha sabido mantener su magnífica calidad a través de todos los tiempos. Según Bartolomé Gutiérrez, el 20 de abril de 1485 salió una nave de Jerez para la toma de Málaga, llevando entre otras cosas, 5,000 arrobas del vino famoso.

COMO SE ELABORA

El fruto se recoge a principios de septiembre, o sea, en su perfecta madurez, seleccionándose las más sanas y mejores. Se cortan los racimos de la mata, con navajas, para que no sufra el tallo, y se van colocando en tinetas de veinte o veinticinco libras; realizándose esta operación durante todo el día. Trasladándose al almíjar, donde se vacían en sus alrededores, quedando a la intemperie para que al darle el sol pierdan la humedad. Por la noche se tapan para evitar que cojan el rocío. A las veinticuatro horas se pasan al lagar, cuando ya están completamente secas.

Aunque existen trituradoras mecánicas, por lo regular, el fruto es pisado por cuatro "pisadores" por lagar, que usan calzón corto y zapatos de cuero, con clavos combinados en la suela. Esta tarea se comienza a media noche, y se termina al mediodía siguiente, descansando durante las horas de más calor, a fin de que la fermentación del vino se produzca más lentamente.

Seis o siete horas después de pisadas las uvas, empieza a fermentar. Para quitarle el mosto, se calienta la mitad, a temperatura de setenta a setenta y cinco grados. Cuando la espuma ha tomado consistencia, se le saca y se le deja calentando el mosto nuevamente, hasta la ebullición, para que vuelva a espumar. El mosto caliente se vuelca en los toneles hasta llenarlos. El Jerez más o menos dulce se obtiene sin echarle azúcar, solamente con darle más o menos calor al mosto. Es curioso observar que mientras los vinos de Jerez están en las vasijas de madera, su fermentación continúa por tiempo indefinido.

Las mejores cosechas de Jerez han sido las siguientes: 1838, 1843, 1882 y 1932.

Entre los distintos tipos de vino Jerez, el más caro de todos es el *Amontillado,* lo cual obedece a que hay años en que la cosecha es muy pobre, o no hay cosecha. Su nombre se debe a Montilla, población cercana a Córdoba, donde se produce el mejor. Una de las condiciones de dicho vino, es que mejora constantemente y además, aunque esté destapado, tarda mucho tiempo en perder su bouquet y demás cualidades.

Desde el siglo XIX, Jerez empezó a fabricar vinos quinados especiales, tónicos y aperitivos, mediante la adición de quinina y otros productos medicinales.

VINO DE BORGOÑA

Borgoña es una región francesa que, como Champagne, y la de Burdeos, produce soberbios vinos que llevan el nombre de la localidad donde se cosechan. Consta de cinco departamentos que más se destacan por la calidad inmejorable de sus vinos, o sea, Coté D'Or, Saone-et-Loire, Yonne, Ain y Aube. La fama de esos vinos se remonta a más de cuatro centurias. La Historia dice que Luis XII, queriendo hacerle un rico presente a Jaime IV, le envió un gran cargamento de vinos de Borgoña, y Jaime IV, al probarlos, los encontró tan exquisitos, y tanto le agradaron, que los dió a probar a los más destacados miembros de su Corte, los que quedaron encantados, partiendo de ahí su fama mundial.

En el mencionado distrito de Coté D'Or, es donde se producen los más famosos vinos, blanco y tinto, llamados de Borgoña.

EL PRIMER CANTINERO DE LA CREACION

La leyenda dice que la bellísima Hebe, diosa de la juventud eterna e hija de Zeus y Hera, en la Mitología Griega y en la Romana de Júpiter y Juno, era la encargada, por mandato expreso de su padre de servir a los dioses del Olimpo en grandes copas de oro cuajadas de piedras preciosas, el néctar y la ambrosía con que se celebraban sus fiestas y orgías. Pero a Zeus o a Júpiter, como quieran ustedes, no le pareció apropiado ese trabajo para una doncella, ni aun para servir a los propios dioses, y se dedicó a buscar por el mundo a la persona que, según su leal saber y entender, pudiera llenar a plenitud tan elevados menesteres olímpicos.

Después de vagar por todas partes, encontró en Troya lo que tanto ansiaba, o sea, un verdadero príncipe troyano, bello e inteligente doncel como no ha habido otro. Transformándose en una gigantesca águila se lo robó, transportándolo al Olimpo, para que allí sustituyese a su hija Hebe y sirviese el *néctar* y la *ambrosía,* en cuyas grandes copas de oro cuajadas de piedras preciosas *"empinaban el codo"* los señores dioses. Homero, el más grande poeta, ha dicho en uno de sus versos, que *Ganimedes,* que así se llamaba el príncipe, era representado sentado sobre un águila o al lado de Júpiter, llevando sobre su cabeza un gorro frigio, de todo lo cual se desprende que ha sido, sin lugar a duda alguna, el primer cantinero que ha existido en el mundo.

ACLARACION

Deseo hacer constar con respecto a lo anteriormente escrito, que sólo me he concretado a seleccionar y copiar lo que han hecho personas muy inteligentes y capacitadas, eso sí, hojeando algunas veces el *guarda espalda* de los ignorantes... la Enciclopedia.

Y para terminar, me permito sugerirle que, si a usted le agrada beber, siga bebiendo (si no le hace daño); pero eso sí, cuídese mucho de no caer dentro de la órbita del mono, divirtiendo a los demás; del cerdo, tomando hasta saturarse, y muchísimo menos, del león, que es la más peligrosa de todas, pues le da por pelear con sus semejantes.

CUENTOS DE CANTINA

Por Alfredo Benítez y de Cárdenas

Carlos Maciá tomaba sus tragos todos los días. Una vez, sintiéndose mal, fué a ver a un médico amigo suyo, y éste le dijo: "Carlitos, estás bebiendo más de la cuenta, debes empezar a tomar como máximo *una onza* solamente de bebida al día". Y Carlitos le contestó al doctor: "Doctor, con un *centén* me conformo".

Un grupo de amigos se reunía diariamente para tomar juntos. Con frecuencia, se les *pegaba* un individuo muy simpático y educado; pero que no pagaba nunca. Como era una persona muy fina, si no lo invitaban no pedía. Los amigos convinieron en darle una lección, no invitándolo. En la próxima vez que vino, al darse cuenta de que todos seguían tomando y no le invitaban, se volvió a uno de ellos y le dijo: "¿Te enteraste de lo que le pasó a *Mr. Tomas?"* Ninguno recordaba quién era ese *Mr. Tomas;* por lo que volvió a repetir: "El pobre Mr. Tomas, ¡el otro día lo arrolló un ómnibus y casi lo ha destrozado!" Como ninguno recordaba quién era Mr. Tomas, uno del grupo le preguntó: "¿Qué Tomas?" —"Un Coñac, igual que siempre".

Don Manuel Sanguily solía ir a menudo al "Anón del Prado", para tomar con sus amigos un aperitivo. Estando Carlos Maciá en la barra, un día, cuando llegó don Manuel, Carlitos le preguntó: "¿Qué desea usted tomar?" Don Manuel Sanguily dirigiéndose al cantinero, le dijo: "Dame un vasito con hielo"; y siguió conversando. Después le dijo: "Ponle un poquito de azúcar", y siguió conversando... Al poco rato se volvió al cantinero y le indicó: "Dame la botella cuadrada de ginebra". Y, por último, le pidió el sifón de agua de seltz. Carlitos, que lo observaba, se volvió hacia don Manuel y le dijo: "Don Manuel, ¿por qué no pide una compuesta, y le sería más fácil?"

CUALQUIERA SE EQUIVOCA

Por Alfredo Benítez y de Cárdenas

En una casa muy distinguida, invitaron a comer a una señora que presumía de refinada. Según iban sirviendo los platos, reiteradamente los iba celebrando. Cuando pasaron la ensalada, servida ésta en una fuente de plata, y adornada en su alrededor con espárragos, al presentarle el sirviente la fuente, tomando el cuchillo se volvió hacia la señora de la casa y cortándole todas las puntas a los espárragos, dijo: "Deben estar deliciosos, es la parte que más me gusta..."

Estando comiendo una familia muy distinguida en un gran hotel de los Estados Unidos, el plato especial era de alcachofas, adornadas bellísimamente. Con rigidez protocolar, se comieron todo el adorno y dejaron las alcachofas...

A la casa de una conocida familia, fué a almorzar un matrimonio íntimo de aquélla. Y por primera vez, como sucedía antes, sentaron a almorzar al hijo más joven. Sirvieron tortilla al Ron. Y cuando le sirvieron, en último término, al jovencito, ya se había apagado la candela; y volviéndose al padre, le dijo: "Papá, ¡yo quiero candela! ¡yo quiero candela!..." Hoy día es un gran odontólogo.

ESMERALDAS RELLENAS Y GOTAS DE RUBI

Por Alfredo Benítez y de Cárdenas

Aunque usted no sea cocinera, puede convertirse en un Cordon Blue utilizando en abundancia el principal misterio de la cocina, "los ingredientes". Y para demostrarlo, procedamos a indicarle nuestra receta.

Se selecciona cuidadosamente un ají verde para cada invitado, en perfecta sazón, y con mucho cuidado, se le quita el tallo y toda la parte interior, dejándolo totalmente hueco. Una vez hecha esta operación, se lava cuidadosamente con agua muy limpia y se sumerge en una cubeta llena de agua, colocándose en el refrigerador durante cuatro horas treinta y dos minutos y medio. Entonces, se prepara un guiso con lo siguiente: Se cortan dos onzas de la parte del centro de un filete; dos onzas de jamón de Virginia; una onza de carne de ternera que no haya pasado de los quince; dos onzas de carne de puerco, bien entendido que estas onzas de puerco han de ser precisamente de punta de palomilla; una onza de pechuga de pavo real; una onza de liebre que haya ganado por lo menos dos competencias, para que sea muy ligera; dos hígados de guinea blanca y dos hígados de pavo, pero criado en pilón. Todo esto se pasa por una máquina hasta convertirlo en una masa perfectamente unida.

Aparte se prepara un sofrito en una sartén, con un cuarto de onza de mantequilla de los Padres Trapenses, un cuarto de onza de manteca de puerco jíbaro; un grano de pimienta pulverizado en un mortero de cristal lalic; la octava parte de la cabeza de un ajo que no sea muy testarudo; media hoja de laurel de ser posible cuya rama haya servido para coronar a algún sabio. Todo esto se cocina a fuego lento hasta que comience a dorarse; uniéndose entonces a la pasta que anteriormente hemos preparado.

Una vez que esté perfectamente cocinado, se retira del fuego y se deja enfriar. Cuando esté totalmente frío, se rellenan dichos ajíes con la referida pasta hasta alcanzar un centímetro y medio del borde del ají, colocándose en una fuente honda de cristal llena de gelatina al gusto, para que queden parados, colocándolos en la nevera tres horas y diez y siete minutos y medio.

Aparte en un platico se sirve salta tártara rodeada de peonías, a fin de que el invitado se las pueda llevar como demostración de haberle agradado el manjar.

CORTESÍA DE

Tabacalera Cubana, S. A.

FABRICANTES DE LOS TABACOS Y CIGARROS

LA CORONA

ENSALADA DE VEGETALES MOLDEADA

Por Joaquín Béquer

Chef del Restaurant "El Aguila"

INGREDIENTES:

4 lbs. de papas peladas y cocinadas en cuadritos.
1 lata de habichuelas del No. 2½.
1 lata de remolachas del No. 2½.
1 lata de zanahorias del No. 2½.
1 taza del líquido de las remolachas.
2 sobres de gelatina.
1 lata de petit-pois del No. 2½.
1 lata de espárragos del No. 2½.
sal a gusto.
1 taza de salsa mayonesa.
1 lechuga picadita.

PREPARACION:

Se cocinan las papas cuidando de no ablandarlas demasiado para que no se desbaraten al ligarlas con los demás ingredientes; se escurren y se ponen a enfriar. Los vegetales deben ponerse desde el día anterior en el refrigerador para que estén bien fríos. Se ponen a escurrir separando una taza del líquido de las remolachas. En un poquito de este líquido se remoja la gelatina y después se disuelve en el resto que debe estar caliente. Un poco de esta gelatina se pone en el fondo del molde que vamos a utilizar. Cuando ésta se empiece a cuajar se añade la mitad de los petit-pois y las puntas de los espárragos se colocan parados alrededor del molde. Se mezclan las papas, zanahorias, remolachas, habichuelas, la otra mitad de los petit-pois, el resto de la gelatina, la sal y las tres cuartas partes de la mayonesa. Esto se vierte en el molde cuando la gelatina del mismo esté bastante cuajada. Se coloca la ensalada en el refrigerador y al servirla se voltea en una fuente que estará cubierta con lechuga picada bien finita y se adorna con mayonesa. Para que esta ensalada quede bien moldeada debe de estar de ocho a diez horas en el refrigerador, siendo preferible prepararla desde el día anterior.

Nunca comas sin bendecir al Señor y a la comida que tan liberalmente te da.

TUYA CUBAN EXPRESS

Servicio de expreso aéreo desde los Estados Unidos a Cuba

OFICINA PRINCIPAL:

Edificio Tuya Cuban Express
Avenida 26 No. 755
ALTURAS DEL VEDADO
Habana, Cuba
Teléfonos: F-3834 - F0-5140 - F0-5170

OFICINA EN NEW YORK

186 Front Street
Teléfonos: Whitehall 4-0724 - 4-0725

OFICINA EN MIAMI

Edificio Tuya Cuban Express
6600 North West 36th. Street
Teléfonos: 88-1663 - 88-1664

MIEMBROS DE

Cámara de Comercio de la República de Cuba.	Habana, Cuba
The American Chamber of Commerce of Cuba.	Habana, Cuba
Asociación de Anunciantes de Cuba.	Habana, Cuba
National Association of Executives.	Habana, Cuba
Miami Chamber of Commerce.	Miami, Fla.
Traffic Club of Miami.	Miami, Fla.
Chicago Association of Commerce and Industry.	Chicago, Ill.
Commerce and Industry Association of New York.	New York, N. Y.

REPRESENTANTES EXCLUSIVOS EN CUBA DE
INTERNATIONAL FORWARDING CO., INC.
200 East Illinois Street
Chicago, Ill.

(107 terminales para la recepción de carga en los Estados Unidos)

UN REGALO SINGULAR

Por Aurelio Boza Masvidal

En el Camagüey legendario y encantador de fines del siglo XIX, cuya alta sociedad se caracterizaba por una atractiva sencillez, de elegancia natural y generosidades insólitas, vivía en su gran casona de la calle de San Juan (después Avellaneda), un distinguido matrimonio: Doña Concha Marín y Loynaz y Don Joaquín de Quesada.

Era doña Concha el tipo perfecto de la gran señora de su tiempo; su casa, elegantemente amueblada, era objeto de sus mayores cuidados, todo en ella estaba en su lugar con la mayor pulcritud, allí todo relucía. Cuidaba su patio con el mayor esmero, tenía pasión por las plantas, hacía injertos en sus rosales; también dedicaba gran parte de su tiempo a costuras y bordados que hacía con primor; otra afición suya era la repostería, para ella hacer un pastel o un dulce era una cumplida obra de arte a la que había que consagrar el mayor cuidado.

Es motivo de gran placer para mí recordar a esta querida tía abuela mía, de la cual guardo muestras de afecto inolvidables.

Su esposo, don Joaquín, era un cumplido caballero, dedicado a sus negocios, pero no tan sociable como ella. Ella cultivaba las relaciones familiares y sociales con el mayor esmero, como sus más excelentes rosales. Tenía lista del onomástico de familiares y amigos, para no incurrir en ningún olvido, lista de las visitas que recibía y que "pagaba", en fin, era ella uno de esos seres de bondad y sociabilidad admirables, que se complacen en halagar y servir a los demás. La generosidad fué el rasgo dominante de su carácter. Gozaba con obsequiar y regalar. Ya de mucha edad, se empeñó en regalarme la escribanía de plata que usaba don Joaquín, y el plato y el vaso de plata mandado a hacer por ella al renombrado platero camagüeyano don Juan Minueses, para que yo, aficionado a las antigüedades, los conservara, privándose ella de seguir usando esas preciosas piezas, y no valieron mis ruegos para que ella desistiera de tal regalo.

Don Joaquín no gozaba de buena salud, con frecuencia mandaba a buscar para que le curara de sus males a su médico, el doctor Alonso Betancourt, hijo de don Gaspar, El Lugareño. Eran los tiempos en que los enfermos no iban a casa de los médicos para sus consultas, sino al contrario, los médicos, con elegante atuendo, marcando su carácter profesional, salían en sus coches a girar visita a sus enfermos. Se observaba muy escrupulosamente por entonces —época en que todavía se hacía el solemne juramento ante el Crucifijo al recibir el diploma de Licenciado o de Doctor en Medicina— el carácter sacerdotal de esa nobilísima profesión.

Los médicos acababan siempre por ser amigos de las familias y éstas se complacían en tributarles las mayores atenciones. Y era natural, eran visita frecuente de la casa, cuando la enfermedad del paciente era de gravedad, la visita se repetía en el mismo día; con él había que tratar asuntos tan íntimos como las dolencias personales.

Muchas veces las familias de los pacientes y la del médico mantenían una gran amistad desde tiempo inmemorial, como en este caso, en que una antigua y fraternal amistad unía a mi familia con la de los Betancourt.

Cada vez que el doctor Betancourt "daba de alta" a don Joaquín, poniendo punto final a una dolencia suya, ante la reiterada negativa de él, a "pasar la cuenta", porque su afecto y amistad se lo impedían, a los pocos días doña Concha, con tarjeta de ella y de su consorte, con palabras de honda gratitud y afecto le mandaba un regalo. Tantos y tan variados y costosos fueron éstos, que al ir personalmente a dar las gracias el doctor Betancourt por el último, le dijo a doña Concha: "Le advierto que no acepto más regalos de ustedes, ya sabe las razones, así que si envía uno más se lo devolveré. No acepto más regalos de usted que esos dulces primorosos que sólo usted sabe hacer."

No pasó mucho tiempo sin que una nueva dolencia de don Joaquín hiciera necesaria la asistencia médica del doctor Betancourt. Se envió con el cochero el consabido recado de que "pasara por allá", y el doctor diligente como tantas veces, fué en seguida a ver a don Joaquín; sus recetas tuvieron la eficacia de siempre, su locuacidad y gracia dieron ánimo al enfermo y pronto estuvo perfectamente bien.

Y de nuevo estuvo tía Concha en el trance de preparar un regalo para el doctor Betancourt. No se podía pensar en reincidir en leontinas, gemelos, bastones, monederos de plata tejida, bandejas... en fin, recordaba que había dicho que solamente aceptaba sus "dulces primorosos"; sabía de cierto que todos los dulces típicos de Camagüey eran muy de su gusto. Pero a la generosidad, al afecto y la gratitud de doña Concha le parecían el envío de un dulce, por bueno y delicado que fuera, un regalo de muy poca importancia. Entonces concibió la idea de enviar al doctor Betancourt, *un regalo singular,* un dulce de alta calidad y de gran valor. Le oí contar esta anécdota con gracia encantadora.

En Camagüey le llaman *naranja cubierta,* a un dulce hecho de esas grandes naranjas que allá llaman *cidras,* a las que una vez peladas le quitan sus semillas y su centro, las cortan en tajadas, por decantación le quitan su amargor, las cuecen y después las recubren de espeso almíbar que se cuaja y quedan *cubiertas* de azúcar, algo así por el estilo a lo que llaman en Italia frutas cristalizadas o abrillantadas.

Doña Concha preparó con esmero este dulce, pero no dividió la naranja en tajadas, por un pequeño agujero en la parte superior sacó sus semillas y todo su centro, y allí colocó tras haberlas lavado y relavado y pulido, veinte onzas de oro españolas, después la recubrió con almíbar que cuajó en seguida, la decoró con grajeas y confites de colores y en fina dulcera de cristal y en bandeja de plata la mandó con la negra Reyes a casa del doctor Betancourt cuando se aproximaba la hora de la comida.

La negra Reyes. Me complace su recuerdo, la conocí siendo muy pequeño. Nació esclava, de padres africanos, en casa de mi bisabuelo don Pedro Nolasco Marín y Garay, Licenciado en Medicina (conservo su título en latín otorgado por la Real Universidad de la Habana en 1845), la misión de ella al principio era acompañar a la esposa de éste doña Concha Loynaz y Caballero, llevándole a la iglesia la sillita portátil de asiento bordado y ser su ayudanta en todo. Cuando don Pedro libertó sus esclavos, ella como otros, no quiso irse de la casa. Era un modelo de sirvienta respetuosa y eficaz. Después estuvo sirviendo en casa de doña Concha y don Joaquín y finalmente en casa de mis padres. Recuerdo que le decía a mi abuela, "la niña Suncia" y a mi tía "la niña Concha", cosa que me sorprendía mucho a mí.

Tenía ella una habilidad magistral para contar cuentos, a mis hermanos mayores y a mí nos embobaba con sus relatos. Su gracia y viveza alcanzaba una fuerza pictórica y realística sorprendentes; tenía el don de la onomatopeya, y en sus cuentos hacía oír el rumor del correr del río, el mugir de las vacas, el estampido del trueno, el silbido de los grillos en el silencio de la noche, el trinar de los pajarillos en la madrugada... complicaba y enredaba sus relatos y los llevaba de pintura en pintura y de sorpresa en sorpresa y desembocaba en desenlaces plácidos y felices, a veces ejemplificadores, y entonces pronunciaba su graciosa fórmula final: *"Y quiquiribú mandinga".* Dejándonos a nosotros con la boca abierta, con la mayor admiración. Y nos entreteníamos tanto, que muchas veces le hacíamos repetir el cuento, o al comenzar le pedíamos: "Yeyita (así la llamábamos), no llegues pronto a *"quiquiribú"*.

Los lectores de corazón sabrán dispensarme esta larga digresión.

A la misma Yeyita le oí ponderar el asombro de ella al ver que "la niña Concha" ponía a aquel dulce tan extraordinario relleno, y el orgullo de ella al llevar tan singular regalo, y su curiosidad en el momento de ser servido el dulce; tanta, que se quedó en la cocina con los sirvientes de los Betancourt para ver desde el postigo por donde se pasaban los platos al comedor, el efecto de la sorpresa de los comensales.

Como puede suponerse fué ella muy grande y entonces el doctor Betancourt escribió unos versos ocasionales que yo oí decir alguna vez pero que no recuerdo ahora, y terminaban así:

> En generosidad y en repostería
> Con doña Concha no puede haber porfía.

Y despidió a la negra Reyes para que los llevara a su señora y le dió a ella de propina una de las onzas.

Muchos años después, con alegría desbordada contaba ella esta anécdota del singular regalo, y repetía: "¡Cosas de la niña Concha! ¡La niña Concha!"

¿DONDE SE COME MEJOR EN EUROPA?
(APUNTES DE UN VIAJERO)

Por Armando Cabrera

Cuando se vuelve de viaje al Viejo Continente, son muchos, los que tras los saludos de ritual nos hacen esta pregunta: ¿Dónde se come mejor?... ¿En Francia, en España, en Italia, en Alemania?...

La respuesta es función de lo que cada cual llame, comer bien. Para mi gusto es en Francia donde mejor "se come"... hablo en términos generales y englobando en la frase, "comer bien", no sólo lo que al acto físico, material se refiere, sino también a la presentación, condimentos, adornos, ambiente, servicio... en fin, los mil detalles, que en Francia son de ritual, espontáneos, naturales y que en otros países, *no lo son*... ese conjunto de pequeños detalles "adicionales"... son los que contribuyen a "comer bien", sobre todo a un tipo, como yo, que con la edad—casi viejo—me voy poniendo exigente—los criollos le llaman a uno "majadero"—me voy aristocratizando en mis costumbres... pero dejando la aristocracia a un lado, quiero decir y lo digo, que "me revienta" la vulgaridad en todo y más que nada en la mesa...

En Europa—vamos a contestar a nuestro interlocutor—salvo Inglaterra, el comer es un asunto importante, no sucede como en los Estados Unidos y ya va sucediendo en Cuba (donde desgraciadamente tenemos la tendencia de imitar—generalmente lo malo—), de comer a la carrera, que se da alimento al cuerpo para que siga funcionando sin protestas, comiendo cualquier cosa, de prisa y por necesidad...

En Francia, más que en otros lugares, el acto de comer, es una hora, que dura generalmente dos, en que se dedica uno a saborear con despacio los platos, los vinos, la conversación, se cultiva la camaradería con la familia, con los amigos... en España y en Italia, también la comida importa mucho, mas no existe—juicio personal mío—la fineza que se observa en Francia y Bélgica; que en lo que a comida respecta es muy similar a Francia.

Los meridionales, e incluyo a la Francia del Mediterráneo, son un tanto glotones, lo que les interesa es comer *mucho*, pasando las estilizaciones del "Cordon Bleu" a segundo plano. Los arroces, las bouillabaisse, los estofados, los escabeches, los guisotes son platos para llenar, son platos clásicos del glotón, del *gourmand*... el francés es en su mayoría *gourmet*.

El ritual culinario francés y belga empieza en la cocina. El cocinero francés, orgulloso de su estirpe, confecciona un menú con la seriedad de quien hace una obra de arte. Cuando el *Chef* en un restaurant en Francia hace un plato, hasta el propio *maitre* que va a la cocina—espoleado por la futura propina—a ver cómo anda "la thermidor" que nos ha recomendado, se queda estático contemplando al cocinero preparar lo ordenado, se le ve confeccionarlo con la meticulosidad y la seriedad del cirujano ante el caso espectacular... cada plato es una creación, el *Chef* se torna en *vedette* al que sólo faltan los aplausos, pues la admiración y las sonrisas de aprobación del personal subalterno, que lo mira boquiabierto, son de ritual.

Entremos y echemos una ojeada a la cocina del restaurant español o italiano... la cosa es un tanto diferente... un camarero cualquiera —el maitre, si lo hay se queda afuera conversando con alguna moza que nunca falta—entra a la cocina y ordena a gritos el menú pedido... tiene que repetir tres o cuatro veces la orden, el cocinero por un lado, los ayudantes por otro, cada cual tiene su corrillo donde se habla y se comenta el último crimen, la última corrida... otras veces están lavando las carnes o los vegetales y cantando a voz en cuello o silbando la última canción de moda, aquello es un jolgorio... el Chef con su delantal generalmente sucio, la colilla entre los labios, comienza a cumplir la orden dentro de aquella baraúnda... a veces tiene que buscar y rebuscar o llamar a Juan o a Pedro que le busque el aceite o el vinagre o la pimienta... luego las medidas se hacen a ojo de buen cubero... un chorrito de esto... un puñadito de esto otro... así algunos días el plato ordenado queda perfecto, es su punto exquisito de sabor... otros días no hay quien le meta el diente... las cosas salen a la buena de Dios...

Tal cosa debe haber sucedido una memorable tarde en que escoltados por nuestro guía, fuimos al *Grande Ristorante D'Angelo* en lo alto de una colina napolitana. Nos presentan con gran prosopopeya y distinción al propietario Alfredo Antolini, poseedor de la fórmula mágica que tiene fama en Italia, de la *Pizza al Secreto*... mas la *Pizza* de Antolini, cuyo *secreto* sólo conocen el dueño y uno sólo de sus chefs—por si muere Don Alfredo no vaya a la tumba un secreto tan trascendental—repetimos, la *Pizza* tan renombrada, la de tanto *secreto* y tanta fanfarria, ese día al menos, no quiero condenarla siempre, no resistía comparación con la que nos servían en el Hotel Vesubio todos los días y que sin alardes de secreto, era infinitamente mejor.

Y ya que hablamos de nuestro Hotel Vesubio recomendamos casi todos los platos que nos servían. La *Lasagna Piamontesa*, no la hemos comido mejor en parte alguna... al igual que los macarrones y spaghetti, típicos de Nápoles y la carne "a la pizzaoila"... allí aprendimos a comer los palitos de pan que se llaman *Grizzini* y vemos que a la toronja le llaman *Pompelmo*...

Los vinos más populares en Nápoles son el Salerno, el de Amalfi y el Marsala de Sicilia. En Florencia y Venecia cultivan mucho *Chianti*. En Roma se toma el vino "dei Castelli" y el blanco *Orvieto*.

Y de Inglaterra ¿qué nos dice?

Los ingleses han mejorado notablemente en sus comidas después de la última guerra, aunque los ingleses no se distinguen en el mundo por su afición a la buena mesa. La comida para ellos, es un acto rutinario, inevitable, se come para nutrir el cuerpo, sin darle al acto del "yantar" mayor trascendencia que el de cumplir una función fisiológica. Es ya proverbial que los instintos de procreación y conservación los practican los ingleses, como males inevitables, pura y simplemente para que no se extinga la respetable especie de *homo britannicus*.

Y en la Alemania de la post-guerra, ¿se come bien?

Sí... la Alemania que hemos contemplado y donde hemos vivido seis semanas, hace pocos meses, ha dado un cambio radical de la Alemania de Hitler. La gente en la actualidad se ve alegre, se come bien, aunque sin refinamiento, se bebe vino y cerveza en cantidades fabulosas. Las tardes de sábados y domingos en los pueblecitos a orillas del Rhin y del Mosela, son un espectáculo inolvidable. En septiembre, durante las festividades del vino—Weinfest—hay paradas con trajes típicos, salen carrozas, montan parques de diversiones en las plazas y en muchos lugares el vino es gratis. Cuando se anda por la calle, durante las fiestas—que duran tres o cuatro días en cada lugar—no es raro el que la gente lo tome a uno por el brazo, lo abrace o lo acaricie con una alegría sana y comunicativa. Hombres, mujeres y hasta soldados se caen en las aceras borrachos perdidos. Hay un dicho popular que dice: el que ha estado un domingo en *Altenhar* y lo recuerda... ese no ha estado en *Altenhar!*...

En Alemania la carne y los embutidos de todo tipo, son comidas de cada día. La cerveza, magnífica, es la bebida popular, el vino es para las comidas de más seriedad, excepto en ciertas épocas, como la citada en que la gente festeja y bebe vino en exceso.

El cocinero alemán, es pródigo en la manteca, el francés usa mantequilla. En Italia y España, aceite. Además, la cocina alemana se caracteriza por la abundancia de harinas y féculas... la papa aparece en casi todos los menús en una forma o en otra, pero "papa habemus"... otra característica, en Alemania los platos son raciones para grandes comedores, dan "cantidad" de comida que hay que ingerir con la ayuda de mucho pan que también es bueno y que en las mil *Backerei*, están sacando del horno a todas horas del día.

La cerveza la sirven en casi todas partes en *steins* (jarras de barro, a veces preciosamente decoradas) de medio y de un litro. El vaso o jarra pequeña: *ein kleines* es para algún pobre diablo delicadito o enfermo...

En Alemania nadie toma cocktails, ni high-balls, se pueden pedir en los grandes hoteles, pero por lo general no se toman, no hay ese hábito.

Como decíamos arriba, el fuerte de los alemanes son los embutidos. Es Frankfort el centro de fabricación de carnes mayor del país. El perro caliente, llamado realmente Frankfurter, es originario de esta ciudad. El salchichón de hígado es originario de Hess. El Bratwurst, embutido totalmente de puerco, es de Nuremberg. El Weisswurst, embutido blanco de sesos y bazo, es lo típico de Munich. El Blutwurst, como la morcilla de sangre española y el Rindewurst, de carne de res solamente, son productos de Westphalia, donde también preparan un jamón exquisito. Hay también el Bouillonwurst de Hannover, el Mettwurst de Brunswick... en fin, creo que cada ciudad alemana tiene su embutido particular, invento de algún carnicero sibarita.

Se distingue Alemania por sus vinos blancos, que después de los franceses son los mejores del mundo. Personalmente me gusta el vino ligero del Mosela. El maitre de uno de los restaurants a orillas del Mosela, nos aconsejó, en un almuerzo, el Wehlener Sonnenuhr, que era delicioso.

Y ya que hablamos del Mosela, debemos decir que sus pescados son muy buenos.

La guerra ha dulcificado el carácter del camarero alemán y también el de "la señora camarera" y este año nos han resultado las comidas en Alemania de lo más *gemutlich;* de lo más agradables, aunque casi siempre demasiado suculentas y nutritivas para un pobre diablo que quiere conservar la línea... aunque sólo sea la línea lo único que los años me dejen conservar...

CONSOME

Receta del Coronel J. W. Caldwell
(Enviada por su hijo Alfredo Caldwell)

INGREDIENTES:

- 3 libras de carne de res.
- 1 cucharada de manteca.
- 1 gallina.
- 2 libras de huesos.
- 5 litros de agua.
- 1 cucharada de sal.
- 15 granos de pimienta.
- 15 clavos de comer.
- 1 ramito de perejil.
- 1 cucharada de thyme (tomillo).
- 1 taza de cebollas picadas finas.
- ½ taza de zanahorias picadas finas.
- ½ taza de apios picados finos.

PREPARACION:

Se pican las tres libras de carne en pedazos chicos. La mitad se dora en manteca y se echan con la otra mitad de la carne, la gallina y los huesos que también se habrán picado, en cinco litros de agua fría y se deja reposar por media hora, antes de ponerlo al fuego. Se pone a hervir rápidamente y después de una buena hervida, se deja cocinar a fuego lento durante cinco horas. Se le añaden los demás ingredientes y se sigue cocinando muy lentamente, durante otra hora y media o dos horas. Se cuela por un colador con un paño fino y después de refrescado se coloca en el refrigerador, en recipiente de loza. Después de bien frío se le puede quitar la grasa que se forma encima, teniendo cuidado de quitar sólo la grasa a la parte que se va a usar. Se sirve frío o caliente, según el gusto.

FISH CHOWDER ESTILO NEW HAMPSHIRE

Receta del CORONEL J. W. CALDWELL

(Enviada por su hijo Alfredo Caldwell)

INGREDIENTES:

- 1 pargo o cherna de ocho libras.
- 4 litros de agua.
- 2 cucharadas de sal.
- 1 taza de tocino picado.
- 1 cucharada de manteca.
- 2 cebollas grandes, picadas.
- 2 libras de papas.
- 1 taza de leche.
- 1 taza de crema de leche.
- ½ taza de mantequilla.
- 18 galleticas Saltine.
- 1 cucharadita de pimienta.

PREPARACION:

Se escama el pescado, se le saca la masa por ambos lados separándola del espinazo y se corta la cabeza. Se divide la masa en trozos de una y media pulgadas y se deja aparte en el refrigerador. Se pone la cabeza, cola y espinazo con el agua y la sal a hervir, hasta que se consuma a dos litros. Se cuela. Se corta el tocino en pedazos chicos y se fríen hasta que se doren ligeramente, se le añade la cebolla y se dora también. Se le agrega al caldo de pescado junto con las papas picadas en ruedas finas y el pescado picado, y se cocina durante diez minutos o hasta que estén cocinados; se le añade la leche, crema, mantequilla, galleticas y la pimienta. Se calienta bien sin dejar hervir y se sirve. Da para 12 personas.

VARIEDADES

Por Enrique Cazade

Hace algún tiempo leí en "Diario de la Marina" una serie de entrevistas dirigidas a investigar cuáles eran las lecturas que hacían las personas a las que se interrogaba. Recibí la sorpresa de que una dama relacionase, entre sus lecturas, libros de recetas de cocina. Me pareció un acto de inocencia, puesto que debían señalarse sólo las lecturas que eran cultivo del espíritu... Sin embargo, cuando he tenido en mis manos los originales de este libro, ¿GUSTA, USTED?, recordé aquella entrevista y me dije: "Este sí es un libro de recetas de cocina que se lee con placer, porque nos deleita y nos instruye". Pero es que estas recetas de cocina están condimentadas con las finas especias producidas por el ingenio y la cultura de nuestras plumas más reputadas. Este es un libro que orienta para cocer los más variados y más ricos platos de los más diversos países, a causa de que personas de distinción y de buen gusto que vinieron de ellos, o regresaron de visitarlos, nos trajeron de esos pueblos sus peculiaridades culinarias más exquisitas. Este libro, por tal razón, es algo así como el folklore universal de los fogones, y más que un recetario de cocina, es una lección de vida, de buena vida, pues si algo hay en el mundo de atracción suprema y de goce de regusto, es lo que nos traen a la mesa, desde la cocina... y desde las bodegas.

Seguro estoy de que ¿GUSTA USTED" es un libro que gustará a cuantos lo lean, y que a todos hará buen provecho.

Ha de querer Dios que así sea, por la generosa intención que lo inspira y por el noble fin a que se destina.

•

"Los cocineros más famosos son hombres—dice Ana Dolores Gómez de Dumois—a pesar de ser las mujeres las que se dedican preferentemente a la cocina". Eso es cuestión de publicidad. El hombre que, un día en un año, confecciona un plato, un arroz con bacalao, unos spaghetti o un arroz con pollo, un solo plato, se proclama él mismo un mago de la cocina. Y ese día, habría que ver lo que gasta... y lo que ensucia. Y la cantidad de vino o de cerveza que le adiciona a "su" plato, es como para emborrachar su arroz... o su pollo.

Si en toda una comida gastara la esposa cada día, lo que gasta en un único plato uno de estos maridos cocineros, habría que oirlos. Y mientras ellos se marchan a contarle a los amigos sus proezas de cocineros, ellas se quedan con la peor faena de la cocina: limpiar y ordenar lo que ensució y desordenó el gran cocinero de "un único plato".

•

Se reunieron cierta vez en París, en una comida, dos grandes poetas entre los que había como cierta secreta rivalidad literaria que no excluía las cortesías. Era uno de ellos el francés Remy de Gourmont, y el otro el nicaragüense Rubén Darío, un genio de la Poesía. Les acompañaba Fabio Fiallo, poeta y cuentista dominicano y hombre en verdad exquisito.

La lista del lujoso restaurant parisién fue puesta en las manos de Remy de Gourmont, quien la pasó a Rubén Darío envuelta en una gentileza. La trasladó éste a Fabio Fiallo, al que sabía un fervoroso de la buena mesa... Confeccionó con sumo cuidado el menú, ordenando con cada plato el vino que le correspondía. Tras de leerlo con la mayor atención, el *Maitre d'Hotel* le hizo a Fabio Fiallo una reverencia tan expresiva, que era, más que una aprobación, un aplauso. Admirado de lo sucedido, Rubén Darío le dijo con la mayor efusión al poeta dominicano:

—Ay, Fabio, por esa reverencia del *Maitre d'Hotel* daría yo el mejor de mis libros.

●

Comer bien, de platos selectos, de ricos manjares, es placer ciertamente apetecible. Pero saber comer, saber elegir lo que se va a comer, y de manera especial si se le sabe adicionar a cada plato el vino que justamente le corresponde, es cosa de exquisitos y da satisfacción a los señores de los salones... y de los comedores.

Dos vinos distintos en una comida, se considera que es muy limitado para una mesa de selección y de gran cumplido, y se señala como cosa correcta servir, en este orden, los siguientes vinos, aunque hay otras indicaciones no menos acertadas:

Después del potaje, Jerez o Madera. Con las ostras o el pescado, Sauternes, Barsac, Chablis o Graves. Con el primer servicio, Saint-Emilión. Con el segundo servicio, Borgoña o Medoc. Con el entremés, Chateau d'Yquem o Chateau-Chalón. Con el *róti*, Saint-Julién. Con el *páte de foie gras,* Chateau-Lafite o Chateau-Margaux. Con el postre, Champagne, Cognac o Tokay. Como digestivo, después del café, Cointreau o Benedictino. Se trata, como se comprenderá, de un menú de gran distinción y, desde luego, de todos esos vinos se bebe media copa de cada uno.

●

Después de las comidas, no cabe duda que es muy agradable una taza de café.

Alguien ha dicho que el café debe tener las calidades que se contienen en las letras de su propio nombre, es decir: *C*aliente, *A*margo, *F*uerte, *E*scaso.

Se atribuye a Carlos Mauricio de Telleyrand, el ingenioso diplomático francés, aunque de nada buena reputación en lo moral, que recomendaba como excelencia del café que tuviese estas características: cálido como el infierno, negro como el diablo, puro como un ángel y dulce como el amor.

Usted no se guíe por Telleyrand ni por el otro... bébalo a su gusto.

•

¿Sabe usted por qué o para qué se chocan las copas cuando se va a beber en una reunión de amigos? El caso es curioso: para usar de los cinco sentidos. Al mirar la copa que le sirven, usa usted el sentido de la vista; al tomar la copa en su mano, usa el sentido del tacto; al acercarse la copa, percibe el aroma del licor, interviniendo así el sentido del olfato; al ingerir el contenido de la copa, usa el sentido del paladar. Sólo faltaba eso, que chocaran las copas y se produjera la música de los cristales, para que en el brindis participase también el sentido del oído. Es decir, que al ingerir una copa, participan todos los sentidos. Lo que debemos cuidar es, de no ingerir tantas copas que nos hagan perder el sentido de las buenas formas.

•

En ciertas ocasiones hemos escuchado esta expresión: ¡Cómo hay que luchar por la *bucólica!*

Muchas personas toman esta palabra como sinónimo de comida, de cosas para llevarse a la boca. En son de chanza, dijo Cervantes en el Quijote: "Sancho sobre su antiguo rucio, proveídas las alforjas de cosas tocantes a la *bucólica...*"

Y Lope de Vega, llamado el Fénix de los Ingenios, hizo este chascarrillo:

"*No quiero más ventura*
que tener la "bucólica" segura."

Se le llama bucólica a un género de poesía pastoral y la palabra es voz que nos viene del griego, *boukolikos,* que quiere decir precisamente eso, pastoral, que nada tiene que ver con la comida, aunque haya hasta diccionarios que la recogen con esa acepción, si bien en estos tiempos horroriza ver las cosas que están aceptando los diccionarios...

•

Sucedió en Hamburgo, Alemania, esto que vamos a contar. Estaban reunidos varios diplomáticos e intelectuales y a alguien se le ocurrió interrogar a todos los presentes acerca de cuál era la ciudad del mundo que más le gustaba a cada uno. Se mencionaron, desde luego, París, Madrid, Londres, Barcelona, Berlín, Viena... Cuando le preguntaron a Fabio Fiallo, que representaba a la República Dominicana en Hamburgo, dijo que la ciudad que él prefería era La Habana.

Un cubano que estaba presente, se interesó por conocer la razón de esta preferencia, y Fabio Fiallo dijo:

—La ciudad que más me gusta es La Habana, por sus helados... y por sus mujeres.

•

Con productos del mar, no creo que haya otro lugar en que se confeccionen platos tan variados y tan sabrosos como en Gibara, llamada poéticamente la Villa Blanca por las espumas de su mar, sin duda uno de los más bellos e intranquilos de Cuba. Allí se producen especies que no es fácil encontrar en otros mares, como la coquina y el curbino, por ejemplo.

En la playa que tiene Gibara junto a sus calles nos encontramos con esta novedad: una institución de amantes del mar que se nombraba el Club de los Erizos, con su local social en un altito de madera dura sobre el mar mismo, con perenne sabor a yodo y a salitre. El almuerzo que saboreamos allí, a base de productos del mar únicamente, lo hemos recordado siempre como uno de los mejores almuerzos de nuestra vida, y nuestra vida ha sido de muchos almuerzos. El fundador de ese club, doctor Washington Rosell, médico, nos afirmó que el erizo debía ser el alimento primero para el pueblo de Cuba, porque tiene calidades nutritivas excepcionales.

Nosotros nos hemos deleitado con el erizo sobre el mismo inquieto mar de Gibara. Es, en efecto, un alimento que se siente que lo es.

•

Consejos para el comer: Al ingerir la sopa no llene la cuchara, ni haga ruido al aspirar el líquido. Hay cubiertos especiales para pescado, si no dispone de ellos, use un tenedor cualquiera, pero nunca el cuchillo. Hay unas pinzas para tomar los espárragos; si no dispone de ellas córtelos con el cuchillo y tómelos con el tenedor; no use los dedos ni en la mesa más íntima. Las ensaladas de hojas deben llevarse a la mesa cortadas y en platos individuales; es molesto para el invitado tener que cortarlas. Los italianos son unos artistas comiendo sus spaghetti, imítelos; los enrollan en el tenedor, apoyando éste en una cuchara. El pan no debe introducirse en el café con leche; es feo y hasta insaluble. Si en una mesa de cumplido le ponen un servicio que usted no conoce, aguarde cautamente a ver qué hacen los demás. Cuando penetre en el comedor, para hacer sus comidas, no permita que penetre en su comedor nada desagradable; no deje que lo profanen con una conversación impropia, ni enconos ni disputas; pídale al Señor que bendiga sus alimentos—ya sean opíparos o frugales—para que tengan sabor de cosa sagrada y le llenen de paz, que es lo que más aprovecha.

PESCADO A LA CUBANA

Por Humberto de Cárdenas

INGREDIENTES:

1 taza de aceite español.
3 dientes de ajo.
4 tazas de aceite vegetal.
4 cebollas.
6 ajíes.
10 tomates.
2 onzas de almendras.
pimienta en grano.
6 ó 7 libras de tronchos de filetes de pargo.
1 ó 1½ tazas de vino seco.
1 cucharada de sal.

PREPARACION:

En una cazuela grande se echa el aceite español con el ajo, y cuando los ajos estén cocinados se le aumentan las tazas de aceite vegetal, se cortan las cebollas y se le agregan. Cuando las cebollas estén cocinadas se le añaden los ajíes cortados y se le deja un rato cocinando; luego se le añade los tomates cortados, almendras y pimienta en grano; si se quiere se cuela y en la salsa colada o no, se le echan los tronchos de filete de pargo picados en pedazos de una y media pulgada. Después de un rato en el fuego se le agrega el vino seco y la sal. La salsa debe cubrir el pescado, por lo que si fuera necesario se le pone más aceite vegetal.

El Petróleo Contribuye al Progreso de los Pueblos

Cuba progresa gradualmente, y en su evolución industrial y comercial, el petróleo desempeña un papel de gran importancia.

A la ESSO STANDARD OIL satisface íntimamente el desarrollo del país, a cuyas comunidades se siente vinculada desde hace más de 70 años, colaborando en el constante mejoramiento de esta joven República.

ESSO STANDARD OIL, S. A.
DIVISION DE CUBA

EN TORNO A SANTA MARIA DEL ROSARIO Y A SU FUNDADOR

Por José María Chacón y Calvo

Para estar en el ambiente de este libro debía haber recordado, algunos de los actos sociales en los viejos tiempos en los que los Condes de la Casa Bayona tenían señorío sobre la ciudad y ofrecían suculentos banquetes; pero me ha parecido un más puro homenaje al olvidado fundador recordar algunas de las cláusulas de la fundación de Santa María del Rosario, que prueban que el viejo conde sabía sentir su señorío como una fuerza espiritual. Y me parece también que contribuyo así mejor al propósito esencial del generoso libro, que no es, a la postre, sino una afirmación de cubanía.

Han pasado muchos años y la impresión de aquella tarde en Madrid, en la Real Academia de la Historia, en la biblioteca en donde trabajé largo tiempo, se mantiene con la misma nitidez de los primeros momentos. Recorría la vastísima Colección de don Juan Bautista Muñoz, el gran investigador e historiador ("el último historiador español a la manera clásica", dice de él Menéndez y Pelayo), y me detuve en uno de los nutridísimos volúmenes, que ascienden a un buen número. Si mi memoria no me es infiel (escribo lejos de mis notas de archivo), era el 46. Tenía este título: "Escudos de ciudades de Indias". Aparecen en el mismo sólo dos de Cuba. Uno, de la Villa de la Asunción de Baracoa, nuestra capital primada; el otro, de Santa María del Rosario. ¿Por qué esta preferencia del fundador del Archivo de Indias por Santa María del Rosario? El escudo de Baracoa, como la más vieja ciudad de Cuba, era lógico que estuviese. Pero, ¿por qué no está el de La Habana, o el de cualquiera de las otras villas fundadas por Velázquez? Quizás Santa María del Rosario se diese como ejemplo de los señoríos creados en Cuba en el siglo XVIII. Pero de todas suertes el hecho es muy singular.

No es éste un volumen correspondiente a un solo país de América, sino generalísimo, que se refiere a las llamadas, en otros tiempos, Indias Occidentales. Y es ya como un homenaje histórico el que recibe Santa María del Rosario incorporándose, en esa forma, al repertorio documental más vasto que se conoce de la colonización de nuestra América. Forma su compilación Muñoz en el último tercio del siglo XVIII. Con la reproducción fiel del escudo, se acompaña una somera noticia acerca de la concesión del mismo. No tengo, como antes dije, a la vista, las notas minuciosas que en varios años tomé del gran repertorio. Puedo sí atestiguar este hecho: el escudo que reproduce Muñoz es el que tradicionalmente se afirma como el auténtico de nuestra ciudad. Aparecen allí, en la misma disposición conocida, los elementos característicos: el árbol y la paloma en un óvalo, que circunda un rosario, y todo, bajo una corona condal.

Bien merecía, sin duda, este homenaje del famoso investigador la ciudad cuyos capítulos de fundación son una grave quiebra para la interpretación materialista de la Historia. Un viejo ingenio de fabricar azúcar, nombrado Quiebra Hacha, y un corral para ganado menor, son tierras que el Conde de Casa Bayona ofrece para asiento de la nueva población. La considera necesaria para que el grupo de labradores, "que ahora tiene grandes dificultades para adoctrinarse y para vivir en comercio político", pueda más fácilmente conseguirlo. Conviene recordar las palabras textuales de los capítulos de fundación: "ha deliberado dicho señor Conde demoler una y otra hacienda, destruyendo la crianza de ganado del expresado corral, y las labranzas del mencionado ingenio... sólo con el fin de que en los campos se aumente la cultura y tengan los labradores una república en qué situar sus casas y que viviendo en ellas puedan gozar de la doctrina y beneficio espiritual de Nuestra Santa Madre la Iglesia"...

Más adelante, al señalar los detalles de las casas de los pobladores, se afirma que éstas se han de mirar "con una misma proporción, con hermosa y deleitable vista, y a sus fábricas he de concurrir yo, el fundador, ayudando a los pobladores con suplemento de mi caudal debajo de los conciertos y pactos que con cada uno celebrare para que así se facilite la construcción de dicha ciudad en el término que se me señale."

Hay aquí una preocupación estética bien visible; toda ha de estar bien proporcionada, toda ha de ofrecer "una hermosa y deleitable vista". Ahora, comprende bien uno la majestad de nuestra Iglesia, construída en 1733. No fué el azar, sino el propósito deliberado. Y la distinción señorial, cierto buen tono, que, en medio de toda clase de agobios, no se ha perdido nunca en Santa María del Rosario.

El viejo Conde quiso erigir en nuestra ciudad, además de la Iglesia Parroquial, un Convento de Dominicos. Minuciosamente se señalan los detalles. Los religiosos serían 12; doce por tanto el número de las celdas; la iglesia estaría separada del convento. Por una vez se la proveería de todo lo necesario; los ornamentos sacerdotales, la cruz, las lámparas y todos los ciriales de plata, etcétera. Habría también tres altares adornados, "sin que me obligue a que exceda de lo preciso, útil y necesario". *Lo preciso, útil y necesario.* Estos son los términos de la obligación. Y de tal modo entendía estos deberes el fundador de Santa María del Rosario, que el Obispo Espada y Landa, el insigne prelado, al visitar a nuestra ciudad, llama a su iglesia "la catedral de los campos de Cuba".

Ciudad rural, ciudad diminuta y humilde, amada ciudad de los días de mi adolescencia: una vez, próximo el momento en que iba a abandonar a la patria por muchos años, escribí tu elogio y en la melancólica evocación revivieron los más hondos recuerdos familiares. Esta imagen de la ciudad silenciosa, con su gran iglesia, de paredes húmedas y despintadas, con sus pinturas antiguas en el altar, con la severa majestad de su amplia nave, con la cruz que se yergue en el cerro vecino, me ha acompañado en mis largas peregrinaciones por lugares históricos de incomparable belleza. El nombre con acento de poesía, el nombre evocador de Santa María del Rosario, resonaba en mi espíritu cuando me envolvía en la gran paz de los lugares tradicionales: Silos, Covarrubias, Salas de los Infantes, Madrigal de las Altas Torres, Avila de los Caballeros, Alba de Tormes, Santillana del Mar... Decía estos nombres, capítulos de arqueología viva, historia transmutada en material poesía, y veía la íntima concordancia que con todo aquello, religión, belleza, historia, tradición creadora, tenían este nombre y este recuerdo melancólico, apacible, deleitable de Santa María del Rosario, ciudad fundada hace dos siglos, que supo de hechos heroicos de nuestra última guerra de independencia, y que no ha necesitado nunca dedicar un recuerdo tangible, visible, a su fundador, porque toda ella es una memoria viva, perdurable, de quien trazó sus planos, distribuyó sus tierras entre sus primitivos pobladores, sus hidalgos pobladores, y levantó la iglesia majestuosa, a la que el Obispo Espada llamó sencillamente "la catedral de los campos de Cuba."

CACEROLA DE HABICHUELAS

Por Francisco A. Chaviano

INGREDIENTES:

1 lata de habichuelas.
1 lata de sopa de pollo.
2 cucharadas de queso amarillo rallado.
2 cucharadas de pan rallado.

PREPARACION:

En un molde pyrex se combinan en camadas las habichuelas bien escurridas, la sopa de pollo concentrada y el queso rallado; al terminar las camadas se polvorea con pan rallado y se pone en el horno a 325° F. por veinte minutos. Se sirve caliente.

En China se le regalaba a los recién casados un par de gansos como símbolo de fidelidad.

POR DECIR ALGO...

Por Antonio María Eligio de la Puente

Es muy difícil para quien no es *gourmet* ni *gourmand,* ni ama de casa ni cocinero, ni siquiera pinche, colaborar justificadamente en un libro dedicado a contener las mejores enseñanzas para hacer los más suculentos manjares con que regalar el paladar. Si me he sometido a ello ha sido solamente, llevado de una innata tendencia irresistible, que me inclina a complacer siempre, mucho más si como en este caso, quien pide, sabe pedir.

Naturalmente que no podré explicar la evolución y desarrollo desde un punto de vista gastronómico, del arte de usar ninguno de los frutos que han contribuído a la alimentación del hombre en las distintas épocas que ha vivido la humanidad, porque además de ser materia poco o nada documentada en las enciclopedias, que es el refugio de cuantos se ven en el mismo o parecido trance en que yo me encuentro ahora; tendría que remontarme muy lejos, tal vez *más allá de las Islas Filipinas,* (como le pasó a D. Tomás Iriarte, cuando quiso contarnos los sucesivos usos que se dieron a los huevos de gallina, en un lugar donde estos bípedos eran desconocidos) para descubrir algo que mereciera consignarse en estas esmaltadas páginas.

Pero como la cabra tira siempre al monte, se considerará natural que un humilde bibliómano se acoja, como si fuera sagrado, al campo de sus aficiones, y se me disculpará por esta razón que dé una somera reseña de algunos libros de cocina famosos, con lo cual, al mismo tiempo que señalo el antiguo y venerable abolengo de esta preciosa colección de recetas que tiene el lector en sus manos; quedará justificado el empeño de sus gentilísimas autoras de dotarnos con otro manual del arte culinario, que al mismo tiempo que contribuya a mantener la tradición nunca olvidada entre nosotros, de la buena mesa, aumente el tesoro del cocinero criollo.

La buena mesa y sus admiradores han sido de todos los tiempos. De la tradición oriental se nos trasmiten muchas noticias interesantes entre otras fuentes, en los *Cuentos de las Mil y Una Noches,* que todos recordamos, y de los cuales sólo quiero citar como muestra los versos del banquete con que la enamorada Zein Al-Mawassif obsequió a su apasionado Anis, después de vencerlo en unas partidas de ajedrez, para dejarse vencer en otro no menos famoso torneo que le invitó a jugar inmediatamente después.

Dicen así estos versos:

> ¡Hunde las cucharas en las salseras grandes, y regocija tus ojos y regocija tu corazón con todas estas especias admirables y variadas!
>
> ¡Guisados y cochifritos, asados y cocidos, confituras y helados, fritadas y compotas al aire libre o al horno!

¡Oh codornices! ¡Oh pollos! ¡Oh capones! ¡Oh enternecedores! ¡Os adoro!

Y vosotros, corderos cebados durante tanto tiempo con alfónsigos, y ahora rellenos de uvas en esta bandeja, ¡oh excelencias!

Aunque no tenéis alas como las codornices y los pollos y los capones, ¡me gustáis mucho!

En cuanto a ti, oh kabab a la parrilla ¡que Alah te bendiga! ¡Jamás me verá tu dorado decirle que no!

Y a ti, ensalada de verdolaga, que en esta escudilla bebes el alma misma de los olivos, te pertenece mi espíritu, ¡oh amiga mía!

A la vista de esta pareja de pescados asentados en el fondo del plato sobre menta fresca, te estremeces de placer en mi pecho, ¡oh corazón mío!

¡Y tú, bienhadada boca mía, cállate y sueña con comer estas delicias de las que por siempre hablarán los anales!

En la tradición clásica, son bien conocidos los nombres de Lúculo y de Heliogábalo; el primero de los cuales de todas sus correrías por el mundo antiguo aportó a Roma las frutas más exquisitas que encontrara y que allí no eran conocidas aún.

Es natural que este arte de bien comer, encontrara pronto su panegerista. Fuera de las tradiciones aludidas ya, no se conserva rastro de libros dedicados a la cocina en los pueblos orientales, lo cual no autoriza a pensar que no existieran, y debemos alimentar (ya que se trata de cocina) la esperanza de que aparezcan algún día.

Por esa ausencia de noticias sobre los libros orientales, hemos de comenzar recordando a los tratadistas griegos, que a pesar de lo frugal de su mesa en los tiempos primitivos, luego supieron hacer de sus banquetes verdaderos alardes de gusto y de lujo. De estos tratadistas sólo se conservan fragmentos salvados por Ateneo en su *Banquete* en donde se han conservado los nombres de Agis de Rodas, que sabía asar el pescado; de Nereo de Chio, que cocía admirablemente los congrios; de Cariades de Atenas, que inventó una forma de pudín llamado *thrion;* de Lamprias, que preparaba el ragut negro; de Aftonos, genial inventor del budín; y de Eutimio, experto en la preparación de las lentejas.

Peor suerte corrió en Roma, Cayo Matio, que inventó las manzanas *matianas* y cuyo tratado de cocina, en tres libros, se ha perdido totalmente. Su contemporáneo, Marco Gravio Apicio, famoso *gourmet* romano, escribió otro tratado en diez libros que afortunadamente se ha conservado y que publicado en buenas versiones italiana, alemana, inglesa y francesa, esta última hace unos veinte años, es accesible a todos los curiosos. Este es pues el más antiguo de los libros de cocina conocidos. Se duda de que lo compusiera el propio Apicio, y se cree que es obra de Celio (con cuyo nombre se publicó varias veces) quien lo puso bajo la protección del nombre

de Apicio por la fama de que éste gozaba como entendido en la materia. Tiene como nota característica la preferencia que Apicio o su autor, da a los manjares a base de carne, aunque conserva todas las enseñanzas de los griegos, pues en esto como en tantas otras cosas, los latinos fueron grandes imitadores de los helenos. Es curioso, sin embargo, advertir que mientras los griegos trataban de conservar a cada manjar su diferente sabor, Apicio trata de sustituir sus mil sabores por un sabor único, obtenido a fuerza de especias y condimentos, mezclando lo amargo, lo dulce y lo ácido y usando en abundancia los aromáticos. De la obra de Apicio se hizo un catecismo abreviado que circuló bastante, aunque el original conservó siempre muchos adictos. Su título es *Apitii Celii de re coquinaria libri decem,* y fué impreso primeramente en Venecia en el siglo XV, entre 1483 y 1486; y luego varias veces más.

De la edad media se conserva un pequeño *Tractatus de modo preparandi et condiendi omnia cibaria et potus,* en latín como indica su título; y otro en francés: Traité ou l'on enseigne a faire et appareiller tous boires, comme vin claret, moure et autres, ainsi qu'a appareiller et assaisonner toutes viandes selon diverses usages de divers pays. Es como se ha visto el más antiguo de los tratados universales de cocina.

De 1540 es el más antiguo de los tratados franceses modernos: *Grand Cousiner de toute cuisine* que se atribuye a Pedro Pedauqui.

La bibliografía italiana cuenta desde 1475 con el famoso libro de Bautista Platina de Cremona titulado *"De honesta voluptate et valetudine"* que se dice renovó el arte de la mesa. Los ingleses no tuvieron nada semejante hasta 1723 en que apareció en Londres, el *Modern Cook* de Vincent L. Chapelle. Los españoles contaron desde el siglo XV con un *Arte Cisoria* obra del Marqués de Villena, relacionado con nuestro asunto, aunque no es propiamente un libro de cocina.

Fácil es advertir que no ha sido mi propósito hacer una bibliografía completa de un arte que cuenta los tratados en abundancia; sólo he querido recordar en estos breves apuntes, lo antiguo de la costumbre de encerrar en un libro para uso de todos, los secretos del arte de preparar las comidas. Para los que deseen, más completa información pueden acudir ya sea a la *Bibliographie Gastronomique* de M. Vicaire, publicado en 1890, y que no ha sido superado, o a la reciente *Bibliotheca Gastronómica* de Andre L. Simón, publicada en Londres en 1953.

Sería curioso también recorrer el desarrollo de estos libros en Cuba, desde el conocido *Cocinero Criollo* de José Triay, hasta el presente, pero es materia que nos obligaría a extendernos demasiado. Y diremos como Baltasar del Alcázar después de su cena opípara, rociada del buen vinillo aloque:

¡Quédese para mañana!

FILETE DE RES CON SALSA DE HIGADO DE POLLO

Por Luis Estévez

INGREDIENTES PARA EL FILETE:

- 1 filete entero de 6 libras.
- 2 naranjas agrias.
- 2 cebollas.
- 3 dientes de ajo.
- 2 cucharaditas de pimienta blanca.
- 1 cucharada de sal.
- ½ libra de mantequilla.
- 2 cucharadas de salsa inglesa.

PREPARACION:

Se limpia y se lava el filete. Se pone en el adobo de las naranjas agrias, cebollas en ruedas, ajo bien machacado, pimienta y sal. Se pincha por distintos lugares para que el adobo penetre, y se tiene así por espacio de dos horas por lo menos. Al momento de cocinarlo, se unta generosamente de mantequilla, se coloca en una plancha a fuego lento, dándole vueltas para que se dore parejo, y rociándolo continuamente con el adobo, alternando con pinceladas de mantequilla y la salsa inglesa.

INGREDIENTES PARA LA SALSA:

- 1 litro de agua.
- 1 libra de hígados de pollo.
- ½ penca de apio.
- 1 cebolla grande.
- 3 ajíes.
- 1 cucharadita de sal.
- ½ cucharadita de pimienta.
- ⅛ libra de mantequilla.
- ¼ taza de vino de Jerez seco o Manzanilla.
- 2 cucharadas de harina.

PREPARACION:

Se hace un caldo con el agua, la libra de hígados, el apio, la cebolla, ajíes, sal y pimienta. Cuando los hígados estén blandos, se baja el caldo, se cuela, se cortan los hígados en trocitos, y se vuelven a echar en el caldo, que nuevamente se monta al fuego, agregándole la mantequilla y el Jerez seco (no Jerez de cocina). Este caldo se cuaja con dos cucharadas de harina de Castilla disueltas en media taza del caldo frío; se revuelve continuamente para que no forme pelotas. Al servir el filete se decora con rodajas de limón y con perejil fresco. La salsa se sirve aparte.

PARGO A LO WAHOO

Por Laureano Falla

INGREDIENTES:

harina la necesaria.
1 pargo de 5 libras.
1 cucharadita de sal.
2 cucharaditas de pimienta.
¼ taza de jugo de limón.
½ libra de bacon.
¼ libra de mantequilla.
¼ taza de vino blanco.
1 lata de consomé.
½ cucharada de mostaza.
2 cucharadas de crema.

PREPARACION:

Se pasa por harina el pargo picado en filetes de dos o tres pulgadas de grueso, se sazonan con sal, pimienta y limón. Cuidadosamente se envuelven en tiras de bacon que los cubran totalmente. Se colocan en una tartera de cristal y se ponen al horno a 350° F. para que el bacon suelte la grasa y se tueste ligeramente. Se quita la grasa que sobra y se añade la mantequilla, el vino, el consomé, la mostaza, y por último la crema. Se cocina lentamente hasta que esté completamente dorado el bacon. Suficiente para seis personas.

SOPA DE PESCADO WAHOO

Por Laureano Falla

INGREDIENTES:

1 cabeza de pescado.
el espinazo del pescado.
1 rueda de pargo de ½ libra.
1 cucharada de sal.
1 hoja de laurel.
6 granos de pimienta.
2 litros de agua.
¾ taza de aceite de oliva.
2 cebollas grandes.
1 libra de zanahorias en rueditas.
1 pimiento verde grande.
½ libra de papas en trocitos.
1 cabeza de ajo.
2 lascas de pan de leche.
4 huevos.

PREPARACION:

Se unen los seis primeros ingredientes para hacer el caldo. Se doran ligeramente en el aceite las cebollas picadas y se agrega a lo anterior. Se pone todo al fuego y cuando esté blando el pescado se cuela, reservando la rueda de pescado, y se le añade la zanahoria, el pimiento, las papas y la cabeza de ajo desmenuzada y sin pelar. Los vegetales en crudo. Se cocina lentamente durante una hora y media. Se le añade la rueda de pargo picada en pedacitos y el pan en igual forma. Se cocina un poco más, se retira del fuego y se le agrega poco a poco los huevos bien batidos. Se sirve en seguida.

El más alegre...
El que a todos gusta...

JUANITO EL CAMINADOR
Johnnie Walker

Nació en 1820...
y Sigue tan Campante...!

DISTRIBUIDO POR:
MANZARBEITIA Y CIA.

Carniceria NANCY
MANUEL PÁRANO

AVENIDA 11, Esq. a 68
AMPLIACIÓN DE ALMENDARES   TELEFONO B-7739

SOBRE LA SAZON

Pou José García Montes

La sazón en Cocina, es el arte de condimentar los alimentos. Como en todo arte, la habilidad innata en la persona es la primera condición para llegar a la maestría; pero sin tan elevadas aspiraciones podemos llegar a sazonar bien, siguiendo las pocas reglas conocidas, cuya aplicación, la experiencia enseña, que conduce a la satisfacción del paladar de la gran mayoría de las personas normales.

Naturalmente, es impracticable satisfacer a todo el mundo a plenitud, el objetivo a que podemos aspirar es que nuestra sazón guste a todos (con las naturales excepciones de los paladares anormales), aun cuando muchos la prefieran más subida o atenuada o con la inclusión o exclusión de algún condimento que usamos.

El que una sazón guste a todos, se dice pronto; pero no es fácil de alcanzar, pues no hay dos paladares humanos iguales y para muchos el margen entre lo que les gusta y lo que definitivamente no les gusta es muy estrecho. Esto ocurre generalmente entre las personas que aprecian los más tenues sabores. Corolario de esta observación es que debemos cuidar más los excesos que las deficiencias. La falta de sal, el condimento más usado, puede ser corregida en la mayoría de los casos; el exceso, no tiene remedio.

Con ese conocimiento muchos aficionados a la cocina usan los condimentos en dosis tan reducidas que bien podrían omitirlos totalmente puesto que en nada contribuirán a la sazón.

En cocina todo lo que contribuye a prestar sabor o aroma a las sustancias comestibles es un condimento; pero con carácter más restringido, al usar ese vocablo, solemos referirnos sólo a las sustancias que tienen sabor y aroma.

Necesitamos distinguir de entrada entre el uso de condimentos para sazonar y el uso de alguno específico que dará carácter a la composición culinaria. Por ejemplo, el vino de Jerez u otros, se usan lo mismo como condimento, mezclando su sabor con otros condimentos en muchos platos, sin destacarse de los otros que lo acompañan y también con el objetivo de prestar carácter, destacando su sabor sobre los demás.

Así en un arroz con pollo el vino, el comino, ají, culantro, ajo y perejil han de combinarse para proporcionar un sabor en el que ninguno sobresalga sobre los demás. En un consomé al Jerez, éste caracteriza la composición y su sabor debe sobresalir sobre los demás que empleamos. Naturalmente no usaríamos la misma calidad de vino en el arroz con pollo que en el consomé.

El uso de los condimentos en la cocina, es igual que el de los perfumes primarios en perfumería, las hojas de tabaco en las ligas y la mezcla de licores. En perfumería especialmente se procura obtener como en cocina una fragancia agradable en la que la inmensa mayoría de las personas no puedan apreciar cuáles esencias fueron mezcladas, porque ninguna sobresale; fundiéndose todas, por así decirlo, en uno distinto de todos. En este arte sin embargo no hay que temer alteraciones de los ingredientes, pues operamos a base de ligas o mezclas a la temperatura ordinaria.

En cocina, el calor y tiempo de cocción, pueden y de hecho alteran el sabor de algunos ingredientes y condimentos. Así el sabor del ají es muy distinto si lo sofreímos poco o mucho y la contribución del vino y el ajo al sabor de un arroz con pollo no es el mismo si lo usamos al inicio en el sofrito o después de añadir el agua que es el último tiempo.

Con lo dicho se comprenderá que una buena sazón no depende sólo de los condimentos que usamos sino también de la oportunidad en que los usamos y del tiempo en que están sometidos a la acción del calor, sin mencionar la calidad. Es importante por tanto en el caso de recetas de garantía, seguir estrictamente el tiempo de incorporación de cada ingrediente; cualquier alteración material, probablemente cambiará el sabor característico.

En la cocina universal, todo lo que no es la pieza o sustancia y sus accesorios, que constituyen el "plato", se considera un condimento, así el tomate, la cebolla, el pimiento, y todos los demás elementos que se usan para invitar al apetito. En la cocina cubana, el tomate, la cebolla y el ají constituyen un núcleo que no consideramos como condimento. La mezcla de esos tres que conocemos como sofrito, es positivo que cansa pronto al paladar si se usa como solo complemento de un plato cualquiera; pero de hecho, en nuestra cocina, constituye un fondo que sabiamente complementado con otros condimentos presta riqueza y suavidad a la composición. Con esa condición, es sorprendente la cantidad de sofrito que un arroz con pollo o un aporreado puede tomar sin objeción por parte de paladares melindrosos.

Aunque la trufa es el diamante de la cocina para las personas de paladar educado, los distintos vinos según los casos, ocupan en nuestra opinión el primer lugar entre los condimentos, pues son muy pocas las personas que no aprecian debidamente su contribución al sabor de un plato.

La única regla de aplicación universal, sin excepciones, es respetar el sabor de un comestible cuando éste es suficientemente marcado y tan bueno o mejor que el de cualquier condimento o conjunto de ellos que podamos añadirle.

Un buen pescado, un boliche, una pierna de cordero y un plato de macarrones pueden y deben ser sazonados; pero una excelente costilla de cordero o una parte noble de una res cebada, infiltrada de fina grasa, nada ganan con condimento alguno que vendría a alterar el sabor propio. La plancha es el proceso adecuado de cocción en esos casos.

Un buen ostión de Sagua perderá su delicado sabor con cualquier cosa que se le añada, limón inclusive. El caviar, el aguacate mismo, tienen sabores propios suficientemente buenos para no requerir auxiliares. Los comestibles que he mencionado, se caracterizan por un sabor delicado y tenue con excepción de las trufas, y nuestro objetivo debe ser ofrecerlo a los comensales en la forma que mejor exalte ese sabor.

El sabor del chocolate es tal vez el de mayor aceptación entre todas las sustancias comestibles. Poquísimas personas no gustan del chocolate. En este caso sin embargo, se trata de un sabor fuerte y marcado que pocos condimentos pueden ocultar usados prudentemente. Así, según es sabido, admite la esencia de vainilla y canela y puede usarse en cocina sin temor a que su sabor se desvanezca por mezcla con otros ingredientes. La adición de vainilla contribuye a exaltar el sabor del chocolate y su mezcla con mantequilla ofrece al paladar un bocado difícil de superar, conservando sin embargo el chocolate todo su sabor.

Para terminar estas breves notas nos referiremos al frijol negro al que se ha aplicado en mayor grado que ningún otro plato de nuestra cocina la fantasía de profesionales y aficionados a la cocina.

No es que critiquemos las numerosísimas recetas que se han propuesto y se usan, pues sobre gustos nada hay escrito, y si las respectivas recetas satisficieron el paladar de sus autores, nada hay que decir; pero esas recetas constituyen flagrantes violaciones de la regla antes mencionada en la que convinieron y convienen los grandes maestros del arte.

El frijol negro, es sin duda el rey de los frijoles cuando está fresco, su sabor propio, como el del aguacate y las otras sustancias a que antes nos referimos no puede ser mejorado con la adición de condimentos que alteran y hasta ocultan ese sabor que no es suficientemente fuerte para prevalecer sobre el de los condimentos que algunas recetas recomiendan. Ni es tan tenue y delicado como un buen ostión o aguacate, ni mucho menos tan fuerte como el chocolate o la trufa.

En consecuencia admite cierto complemento; pero no condimento propiamente dicho, pues cualquiera de ellos será más fuerte que el sabor del frijol. El ají por ejemplo que una gran mayoría de las recetas contienen, dará al frijol negro sabor a ají y si lo que nos gusta es este sabor, es más lógico cocinar el frijol colorado más barato y más fácil de conseguir y que careciendo de un delicado sabor propio admite los condimentos.

El frijol negro según es sabido, constituye con el maíz la base de alimentación de los indios americanos y es interesante observar que no lo condimentan, comiéndolo ligeramente tostado, proceso que en muchos alimentos contribuye a exaltar el sabor propio. Podría decirse que el paladar de los indios no es como el nuestro;

pero los mejicanos, tan refinados como cualquiera, han encontrado que prefieren el frijol en la forma que lo comen los indios. Cuando en Méjico cocinan el frijol negro en salsa sólo añaden aceite, cebolla y vinagre y un poco de azúcar cuyo uso como condimento estamos aprendiendo a utilizar en Cuba. El frijol tiene suficiente sabor propio para sobresalir plenamente sobre el de la cebolla frita que en este caso viene a exaltar el sabor de aquél, borrando el ligerísimo sabor poco deseable de la cáscara de todos los frijoles, muy tenue en el negro.

CREMA DE YEMAS Y TRUFAS

Por José García Montes

INGREDIENTES:

12 yemas de huevo.
½ cucharadita de pimienta blanca.
¼ lata de trufas.
2 ó 3 cucharadas de leche.
⅛ libra de mantequilla.
tostadas de pan.
mantequilla.

PREPARACION:

Se unen las yemas y se le añade la pimienta, se coloca en una cacerola de asa al baño-maría. Lo importante de este plato es lograr una crema perfecta, sin grumos, lo que se obtiene: moviéndola continuamente con una cuchara de madera; cocinándola a fuego lento; y procurando mantener la temperatura del agua del baño-maría a un calor que se puedan introducir las yemas de los dedos. Cuando esté medio cocinada se le añade las trufas bien picadas y el agua de las mismas; se continúa la cocción hasta que las yemas estén completamente cocinadas. Se baja del fuego, se le echa las cucharadas de leche, las necesarias para aflojar ligeramente el punto de la crema. Por último se le añade, fuera del fuego, la mantequilla mezclándola un buen rato. Para mantenerla caliente se tapa y se deja sumergida en el depósito del baño-maría, manteniendo el agua tibia, pero fuera del fuego, hasta el momento de servirla. Se sirve sobre tostadas untadas generosamente de mantequilla. Y a comer sabroso.

El caviar son los huevos del esturión salados y adobados en aceite.

ARROZ CON POLLO

Por José García Montes

Esta es la receta original del famoso Arroz con Pollo, que tenía tanta fama en el siglo pasado, del Hotel "La Chorrera del Vedado", del gran cocinero Monsieur Petit, muy conocido y de gratos recuerdos para muchos habaneros.

INGREDIENTES:

- ¾ taza de manteca.
- 1 libra de cebollas.
- 1 ramo generoso de perejil.
- 4 pimientos verdes grandes.
- 30 tomates medianos maduros.
- 2 pollos de dos libras cada uno.
- 1½ libras de arroz Valencia.
- 2 litros de consomé.
- 1 cucharadita de sal.
- 2 laticas de petit-pois.
- 2 laticas de pimientos morrones.
- culantro.
- 4 dientes de ajo.
- ½ cucharadita de comino.
- ½ cucharadita de pimienta en grano.
- 3 ó 4 rajitas de canela.
- bijol o azafrán para darle color.
- ¾ de botella de vino Jerez

PREPARACION:

Se pone la manteca en la cacerola y se echa la cebolla bien picadita con el cuchillo; cuando esté dorada ligeramente se le añade el perejil bien picado y cuando la cebolla esté dorada, se le echan los pimientos picaditos; cuando los pimientos se marchitan se le echan los tomates pasados por la máquina, se dejan cocinar hasta que el tomate inicie un color ligeramente amarillento, se agrega el pollo picado en sextas partes, dejándolo al fuego hasta que los muslos estén blandos. Se incorpora el arroz, se sofríe y se trabaja con la espumadera para que no se pegue, se le agrega el consomé a cubrir el arroz y que sobresalga del arroz un dedo y medio; se mezcla bien y se le añade la sal, el agua de los petitpois y de los pimientos morrones. En el mortero se tiene machacado el culantro, ajo, comino, pimienta y canela, se echa en el mortero un poco del líquido del arroz, se mezcla bien, y se le agrega al arroz. Se le da color con bijol o azafrán y por último se le añade el vino de Jerez. Se tapa, se pone al horno a 200° F. durante media hora aproximadamente y cuando esté blando se le echan los petitpois y los pimientos morrones.

INGREDIENTES PARA EL CONSOME:

- 4 libras de huesos de choquezuela.
- 5 litros de agua.
- 1 libra de falda.
- 2 ó 3 ajos puerros.
- 2 zanahorias medianas.
- 1 cebolla grande con un clavo incrustado.
- 3 ajos.
- 1 cucharada de manteca.

PREPARACION:

Se ponen los huesos al fuego con bastante agua durante doce horas, reponiéndole el agua. Al cabo de ese tiempo se le añaden los demás ingredientes, sofriendo previamente el ajo y la cebolla en manteca. Se cocina durante dos horas, se deja enfriar y se pone en el refrigerador. Antes de ponerlo en el refrigerador se le quita toda la grasa que esté arriba.

SARGENT

HERRAJES

COMERCIAL OXFORD, S. A.

IMPORTADORES Y DISTRIBUIDORES

19 DE MAYO Nos. 3 y 5, ESQ. A AYESTARAN

TELEFONO U-3809

LA ESPINITA

PESCADOS Y MARISCOS

Precios incomparables

MERCADO DE MARIANAO   TELEFONO B0-8730

CAMARONES FRITOS
Por Agustín de la Guardia

PREPARACION:
>Se salcochan los camarones en agua con sal. Se pelan y se sacan las venas, se les echan unas gotas de limón. Se baten en un cartucho que contenga harina y se fríen en aceite caliente. Se sirven con mayonesa o salsa tártara.

BOLAS DE CAMARONES FRITAS
Por Agustín de la Guardia

PREPARACION:
>Se salcochan los camarones, se pelan, se les quita la vena y se parten con la mano procurando desflecarlos. Se bate mantequilla y se le agrega toda la cantidad de camarones que la misma pueda absorber. Se forman unas bolas pequeñas y se pasan por nueces picaditas o polvo de galleta y se fríen en manteca caliente.

PASTA DE HIGADO PARA BOCADITOS
Por Agustín de la Guardia

INGREDIENTES:

½ libra de butifarras de hígado.	3 cucharadas de mayonesa.
3 huevos duros picaditos.	sal a gusto.
1 queso crema de 3 onzas.	pimienta a gusto.

PREPARACION:
>Se le quita la piel a la butifarra, se le agregan los demás ingredientes uniéndolos bien. Si fuera necesario se le echa más mayonesa unida con un poquito de leche a fin de que esté suave y sea fácil extenderla en el pan o galleta.

GUINEA CON SIDRA
Por Agustín de la Guardia

INGREDIENTES:

⅛ libra de manteca.	2 tazas de caldo de pollo.
¾ libra de cebollas.	½ botella de sidra.
¾ taza de puré de tomate.	1 taza de vino seco.
1 cucharada de sal.	1 latica de petit-pois.
1 guinea.	1 cucharada de azúcar.
1 cucharada de harina.	

PREPARACION:

Se calienta la manteca y se fríen las cebollas ralladas a dorarlas; se agrega el jugo de las mismas, cuidando no se quemen. Se le une el tomate y se deja cocinando a fuego lento por espacio de veinte minutos, revolviendo todo el tiempo, para que no se pegue. Se sazona con sal la guinea y se añade al sofrito, dejándola a fuego lento hasta que ablande un poco. En una sartén grande se tuesta la harina y se le agrega poco a poco el caldo, revolviendo seguido hasta que espese. Se añade sidra, vino seco y esto se une a la guinea. Se agrega el petit-pois y se deja al fuego hasta que la guinea esté bien cocinada. Se hace caramelo con el azúcar y se añade a la salsa, dejándolo unos quince minutos más al fuego. Si la salsa espesara demasiado puede añadirse más caldo de pollo.

PANETELA

Por Agustín de la Guardia

INGREDIENTES:

- 8 yemas.
- ¼ cucharadita de sal.
- 8 claras.
- ¾ cucharadita de cremor tártaro.
- 1¼ tazas de azúcar.
- ¾ taza de harina.
- ½ cucharadita de vainilla.

PREPARACION:

Se baten las yemas hasta que estén espesas. Se le agrega la sal a las claras y se baten, cuando empiecen a ponerse espumosas se le añade el cremor tártaro y se continúa batiendo como para merengue. Se agrega el azúcar poco a poco. Cuando se ha añadido todo el azúcar se agregan las yemas batidas uniéndolas al merengue. Se cierne la harina y se mide la cantidad indicada, se cierne por tres veces más y se añade de una sola vez a las claras y yemas, uniéndola en un movimiento envolvente de arriba abajo. Se agrega la vainilla, se vierte en un molde de tubo y se coloca al horno a 350° F. por treinta y cinco minutos. Se saca del horno y se deja enfriar virando el molde boca abajo por una hora. Si el molde no tiene unas paticas en la parte superior para que descanse en ellas al virarlo debe colocarse sobre una parrilla de manera que le entre aire por debajo.

INGREDIENTES PARA EL RELLENO Y CUBIERTA DE CHOCOLATE:

1 taza de leche.
½ taza de azúcar.
2 tabletas de chocolate.
2 yemas de huevo.
2 cucharadas de mantequilla.
1 cucharadita de vainilla.

PREPARACION:

Se pone en un recipiente a hervir la leche con el azúcar y chocolate revolviendo todo el tiempo para evitar que se pegue en el fondo y no se queme. Esta crema estará cuando al revolver con la paleta se vea el fondo. A las yemas ligeramente batidas se le agrega muy despacio un poco de chocolate caliente revolviendo seguido para que no se cocinen, después se vierte esto en el chocolate restante cuidando de revolver sin parar hasta unirlo bien. Se baja del fuego y se le agrega la mantequilla y la vainilla.

GALANTINA DE PAVO

Por Cristóbal de la Guardia

INGREDIENTES:

3 libras de carne de puerco.
1 cucharada de sal.
½ cucharadita de pimienta.
1 ralladura de nuez moscada.
10 huevos.
1 taza de vino.
1 pavo de doce libras.
1 libra de jamón en dulce.
1 libra de manteca en rama.
1 latica de trufas.

PREPARACION:

Se limpia bien la carne de puerco, se sazona con sal, pimienta y nuez moscada y se pasa dos veces por la maquinita con la cuchilla más fina. Se le añaden los huevos, se baten un poco las yemas y claras juntas, y una taza de vino. Si la masa está muy floja, se le echa un poco de galleta molida para darle consistencia, pero no ponerla demasiado dura. Se deshuesa bien el pavo, abriéndolo desde el pescuezo hasta la rabadilla, mejor dicho, hasta una pulgada antes de la rabadilla, y con cuidado de no romper el pellejo, se saca todo el caparazón y se pone parte de las pechugas y muslos en las partes en que no hay casi carne. Ya bien repartida y cubierto el pellejo, se empieza a rellenar; se pone una capa de la masa de carne de puerco y encima se pone una raya de jamón que se ha cortado a la larga y como de un centímetro de ancho, igual que la manteca en rama y las trufas. Se sigue poniendo una tira de jamón, otra de manteca en rama, y las trufas. Esto se repite dos veces, y queda como de un ancho de seis dedos o más; luego se vuelve a poner otra capa de carne de puerco y otra de los otros tres ingredientes, jamón, manteca, trufas. Entonces se cierra cubriéndolo con el pellejo con mucho cuidado y sin coserlo se envuelve en un paño, dándole la forma redonda, se atan bien los extremos con cordel y además se sujeta también con cordel bien duro tres veces entre un extremo y otro. Ya listo se mete en el caldo que debe de estar hirviendo, durante dos horas, si es tierno el pavo y si es duro más tiempo. Al meter la galantina se le echa al caldo dos tazas de vino. Al sacarlo se le quita el paño en que se envolvió, se lava muy bien y se vuelve a enrollar bien apretado como si fuera en prensa, se amarra bien fuerte por los extremos, tratando de que quede bien liso y se ponen las tres amarras del centro y se coloca en el refrigerador tan pronto se enfríe. Se deja así hasta la hora de servirlo.

INGREDIENTES PARA EL CALDO:

- 2 ajos puerros medianos.
- 1½ libras de zanahorias.
- 3 cebollas grandes (a una se le entierra seis u ocho clavos).
- los huesos y menudos del pavo.
- 3 litros de agua.
- 2 tazas de vino.

PREPARACION:

Se hierve durante dos o tres horas y cuando se echa la galantina para cocinarla en el caldo, se le añade las dos tazas de vino.

FILETE A LA PLANCHA
Por Julián de la Guardia

PREPARACION:

A un filete entero y grueso se le cortan las puntas después de haberlo limpiado quitándole el exceso de grasa y se le introducen a lo largo por los extremos cuatro a cinco tiras de bacon. Esto puede hacerse con un instrumento afilado como un picador de hielo. Por la parte de afuera todo alrededor, se le introducen pedacitos de cebolla (una cebolla entera picada en pedacitos largos) abriendo la carne con un cuchillo fino y afilado para que éstas penetren bien y no se salgan. Se le pasa un diente de ajo por toda la superficie y se unta con bastante sal. Se le pone pimienta preferiblemente acabada de moler. Esto puede hacerse en un mortero. Por último se cubre toda la superficie del filete con perejil picado bien fino (solamente las hojas), y se cocina en una plancha bien caliente y sin grasa. Esta debe estar lo suficientemente caliente para que se dore la carne al momento. Dórelo por un lado y otro, y siga cocinándolo dándole vueltas constantemente durante veinticinco minutos más o menos. Al terminar lucirá bastante quemado por fuera, pero por dentro estará rosado. Se le pone por encima un pedazo de mantequilla que se extenderá por toda la superficie hasta derretirse. Colóquese el filete en una fuente caliente, adórnese si se quiere con ramitas de perejil, aceitunas rellenas y lascas de pepinillo dulce. Puede vertérsele por arriba la salsa dorada o ponerla en una salsera y servirla individualmente.

INGREDIENTES PARA LA SALSA DORADA:

4 cucharadas de mantequilla (rasas).	6 cucharadas de harina de Castilla.
1 rueda de cebolla.	2 tazas de caldo.
1 hojita de laurel pequeña.	sal y pimienta.
1 ó 2 ramitas de perejil.	

PREPARACION:

Se pone la mantequilla al fuego en una sartén junto con la cebolla, laurel y perejil. Cuando la cebolla está dorada, se saca de la mantequilla junto con el perejil y laurel. Se sigue removiendo la mantequilla, constantemente hasta que se ponga color carmelita muy claro. En seguida se le agrega la harina toda de una vez, y se sigue removiendo la mezcla hasta que se tueste la harina y se ponga la mezcla color carmelita claro. En seguida que tome este color se le añade el caldo poco a poco, removiendo sin cesar. Se deja hervir la salsa dos minutos, se sazona con sal y pimienta y se le agrega, si se desea, dos cucharadas de vino de Jerez seco, y una latica de champignons. Se tendrá mucho cuidado de no dejar tostar demasiado la mezcla de harina y mantequilla, porque si se quema adquirirá la salsa un sabor algo amargo.

CREME DE VIE

Por Miguel Guerrero Alvarez

INGREDIENTES:

1 lata de crema de leche.
4 yemas de huevo.
1 lata de leche condensada.
2 tazas de Ron.
½ taza de Vermouth amargo.
2 tazas de azúcar blanca.
1 taza de agua.
1 cucharadita de vainilla.
2 gotas de extracto puro de canela.

PREPARACION:

Se bate la crema de leche con las yemas de huevo y se agrega gradualmente la leche condensada, el Ron y el Vermouth. Se hace un almíbar doble con el azúcar y el agua, y se deja enfriar, se une el almíbar a la mezcla anterior. Se pone toda la mezcla al baño-maría hasta que alcance punto, se aromatiza la mezcla con la vainilla y la canela. Se deja enfriar bien la crema. Se embotella y se guarda en el refrigerador.

ARROZ CON BACALAO

Por Raúl Gutiérrez Sánchez

INGREDIENTES:

1 libra de bacalao.
1 libra de papas.
2 libras arroz Valencia.
6 dientes de ajo.
½ taza de aceite de oliva.
1 cucharadita de pimentón.
1 cucharada de vinagre.
1 pepino en encurtido.

PREPARACION:

Se pone en remojo el bacalao la noche anterior. Se pone a hervir con bastante agua y cuando esté blando se extrae del agua y se le quitan las espinas. Se vuelve a poner en la misma agua, y se le añaden las papas picadas en trozos como de una pulgada. A los diez minutos de estar hirviendo se le añade el arroz, se tapa y se pone a hervir a fuego vivo hasta que el arroz esté medio blando. En este momento se hace un sofrito con los ajos y el aceite, cuidando que no se quemen los ajos. Se le agrega el pimentón al sofrito. Se retira el sofrito de la candela y se le agrega al arroz, revolviendo para que se mezcle bien. Cuando el arroz esté completamente blando, se retira del fuego y se sirve directamente a la mesa. La última cocción—cuando ya se le agrega el sofrito—se hace a fuego lento, y entonces se le agrega la cucharada de vinagre. El arroz debe de quedar bien ensopado; casi nadando en líquido. Se adorna con el pepino en lascas finas.

ENSALADA DE AGUJA

Por Raúl Gutiérrez Sánchez

INGREDIENTES:

- 4 libras de aguja.
- ¾ cucharadita de sal.
- 1 cebolla grande.
- 1 libra de papas.
- ¼ taza de aceite.
- 2 cucharadas de vinagre.
- 1 cucharadita de sal.
- ½ cucharadita de pimienta.
- 1 lata de petit-pois fino.
- 1 lata de pimientos morrones.
- 1 lata de espárragos.
- 2 pedazos de apio.
- 2 tazas de salsa mayonesa.
- 2 huevos duros.

PREPARACION:

Se hierve la aguja con sal y una cebolla grande. Cuando esté cocinada se saca y se deja enfriar. Se pasa por la máquina de picar y mientras tanto se hierven las papas, en cuadraditos de media pulgada y se deja enfriar. Una vez frío el picadillo de aguja y las papas, se mezclan en un recipiente hondo. A esa mezcla se le echa un poquito de aceite y vinagre, la sal, pimienta y los líquidos del petit-pois, pimientos y espárragos. Se mezcla bien. Se le añade el apio bien picadito. Una vez todos los ingredientes bien mezclados, se le añade una taza de mayonesa y se mezcla. Se le da la forma que se desee y se cubre con el resto de la mayonesa y se adorna con petit-pois, pimientos, espárragos y huevos duros. Esta ensalada es estupenda para "buffets".

Los "hors-d'oeuvre" son platos sin importancia, como lo dice su nombre. Podemos llamarlos una introducción, una obertura de ópera, un flirt. Su papel es exitar el apetito sin cargar el estómago, por consiguiente deben ser, ligeros, delicados y de poco volumen.

UN RECUERDO CULINARIO DE LA CORONACION DE JORGE VI

Por Max Henríquez Ureña

Invitado por mi gentil amiga la Srta. María Domínguez Roldán a colaborar en este repertorio culinario que con el objeto de recaudar fondos para fines altruístas da a la publicidad un grupo de damas, he pensado que, en vez de digresiones más o menos oportunas sobre los secretos y refinamientos de la cocina, será preferible hacer una evocación de carácter anecdótico, ligada a la historia de alguna creación digna de nota en el arte de Brillat-Savarin.

Tal es el caso del "Pollo Coronación", concebido por el *chef* del restaurant Luigi con motivo de la consagración del Rey Jorge VI en el trono de Inglaterra. Me encontraba yo en Londres como jefe de la Misión Diplomática de la República Dominicana, y en consecuencia hube de asistir el 12 de mayo de 1937 a la solemne ceremonia de la coronación del rey y la reina en la Abadía de Westminster, y subsecuentemente a otros muchos actos que se celebraron en la Corte de San Jaime en tan sonada oportunidad. En uno de los diversos banquetes a que asistí se sirvió por primera vez el Pollo Coronación, en verdad exquisito.

Traté de obtener la receta de ese plato y me informaron que el único que podía dar copia de ella era su propio autor. Pasadas las grandes fiestas, me encaminé al restaurante Luigi, donde ya el Pollo Coronación estaba incluído en la lista de especialidades de la casa. Me acompañaban dos amigos que estaban de paso por Londres y no habían probado tan sabroso plato. Ordené al *maître d'hôtel* que nos lo sirviera y le pregunté si no podía conseguirme una copia de la receta: se excusó, manifestando que eran ya muchos los clientes que la habían pedido, pero el *chef* quería mantenerla en secreto.

—De todos modos—agregó sonriendo—, ese plato se hace, en parte, a la vista del cliente.

Vino a poco con una gran fuente de plata que contenía supremas de pollo, nadando en una salsa de *champignons* picados, muy menuditos, a medio freir, puestos al fuego, encima de un reverbero. No tardó el *maître* en derramar sobre el pollo una buena dosis de cognac Napoleón, al punto le aplicó un fósforo encendido, y la blanca carne quedó envuelta en una llama azul, que el *maître* hacía viajar con una cuchara, elevándola y haciéndola caer desde varias pulgadas de altura. Cuando se extinguió la llama, echó en la bandeja un poco de crema y otro poco de puré de tomates con perejil muy picado, manteniéndola al fuego.

De todo ello fuí tomando nota. Pasados algunos instantes el *maître* declaró que el plato estaba listo, y procedió a servirlo. Le pregunté si sabía cuánto tiempo había estado el pollo al fuego antes de traerlo y echarle el cognac, y me contestó que el pollo se había cocinado allí mismo, en parte con el cognac y en parte con el fuego en que se frieron los *champignons*.

—Esto es un truco—dije a mis acompañantes—, pero alguna falsedad han de alegar ellos para mantener el misterio de la receta. Con lo visto me basta, y desde ahora los invito para que vayan a almorzar el domingo a casa, a ver si con los apuntes que he tomado aquí y la precaución de preparar el pollo desde horas antes, y pasarlo previamente, un poco, por el fuego, el plato queda igual.

De acuerdo con la receta que, sumando mis observaciones, redacté horas después, el Pollo Coronación fué preparado y servido en casa el domingo siguiente. En opinión de mis amigos, no era inferior al que comimos en el Luigi.

Sólo me falta, para terminar, copiar la receta que dió tan feliz resultado. Hela aquí:

Pollo Coronación

Se prepara un pollo algunas horas antes, o la noche anterior al día en que ha de cocinarse, cortándolo en pedazos, y se pone en un mojo de vinagre, limón y sal, con algunos pedazos de cebolla encima y alrededor. Si se usan dos o más pollos, hay que duplicar o triplicar las proporciones de los ingredientes que más abajo se indican.

Hay que tener presente que no todo el pollo va a utilizarse: hay quien sólo usa las supremas o pechugas, pero lo esencial es saber que, una vez que está suficientemente blando, se le quitan todos los huesos, y se puede también separar la carne de los muslos y de las alas: es como un *fricassé* sin huesos. Lo demás del pollo (el cuello, el resto de las patas, etc.) podrá utilizarse para otra cosa, como por ejemplo, para hacer caldo para la sopa.

Pasadas, pues, unas horas de estar el pollo en el mojo, se pone al horno, a medio fuego, sólo para ablandarlo y quitarle un poco de grasa, pero no para que se cocine completamente. El tiempo máximo que puede estar en el horno, a fuego lento, es media hora.

Cuando ya el pollo está en condiciones, se echa buena cantidad de mantequilla en una sartén grande, y en ella se fríen *champignons* en pedacitos muy menudos. (Bastan dos pequeñas latas de *champignons* cuando se trata de un solo pollo). Hay que cuidar de que la mantequilla no se queme, de modo que más que freír sea hervir en mantequilla. Al empezar se pondrá en la sartén la cantidad necesaria para que la mantequilla caliente la cubra toda, y se seguirá echando, de vez en vez, para que no se queme ni se ponga negra.

Después de hervir la mantequilla un rato, se echan en la sartén los pedazos de pollo, y cuando ha pasado otro rato, siempre sin dar ocasión a que se queme la mantequilla (pues hay que renovarla cuando quede poca), se echa medio vaso de cognac de primera clase, y se enciende con un fósforo. Hay que mantener el cognac encendido, y con el auxilio de la cuchara regarlo por todo el pollo varias veces, hasta que se apaga. Si se apaga demasiado pronto es porque la dosis fue demasiado escasa, y hay que echar una segunda dosis, y encenderla.

Cuando se apaga el cognac, se echa un cuarto de litro de crema fresca; y a poco, encima, una cantidad un poco menor de puré de tomates bien fino, con perejil muy picado, en pedacitos muy menudos, casi como si fuere molido. (Hay que tratar de que el color de la salsa, así mezclada, sea ligeramente rosado, tirando a fresa, lo cual se gradúa con la proporción del tomate, que no debe ser excesiva).

Cuando la salsa se consume un poco y queda medianamente espesa, retírese todo el fuego, y sírvase.

American International Life Insurance Company

Los más modernos planes de seguros de vida y las más científicas pólizas de retiro

José Ernesto Muzaurieta
PRESIDENTE-DIRECTOR

HABANA Nos. 258 - 260
c/. San Juan de Dios y Empedrado
HABANA, CUBA

CENTRO PRIVADO:
W-5685 - M-8688 - M-8608

LOS "ALIMENTOS TERRESTRES"
Por Francisco Ichaso

"¿Cómo he de comer?", preguntó un esclavo a Epicteto. "De un modo que agrade a Dios", le contestó el estoico.

Los antiguos daban importancia a la mesa. En la de yantar como en la de jugar se prueba la educación de los hombres. Los griegos hicieron de la sobremesa un placer filosófico. Coronados con las rosas del banquete, los comensales se entregaban al diálogo espiritual. La eupepsia de una buena comida abrillantaba el ingenio y alejaba de la conversación las ideas demasiado polémicas.

Ese es el secreto: una buena comida para una buena digestión, una buena digestión para una buena tertulia. Bien entendido que una buena comida es algo más que la ingestión de alimentos sanos. Para el hombre civilizado comer es un arte y desde la sopa hasta el postre todo lo que se ingiera debe ser el resultado, la quintaesencia diríamos, de una elaboración rigurosa.

En el prólogo al libro de Nicolasa, la vizcaína sabia en guisos, Gregorio Marañón señala la importancia que tiene la cocina en la buena o mala fama de los pueblos. Dime lo que comes y te diré quién eres. Para el gran médico y ensayista, la "leyenda negra" española "estaba en gran parte formada con la humareda densa de mal aceite frito". La picaresca, el teatro clásico, toda una zona considerable de la literatura hispana de la mejor época, hace de la parvedad alimenticia un eje de conflictos dramáticos o de ocurrencias cómicas. Cualquiera que leyese "El lazarillo de Tormes" o "El buscón" creería que los españoles de aquel tiempo se alimentaban camaleónicamente del aire. Marañón apunta a esta realidad: la periferia ha enseñado a comer al centro de la península. Las cocinas regionales han borrado la "leyenda negra". Esas cocinas regionales están íntimamente ligadas con el vasto y diverso folklore peninsular. En Francia pasa otro tanto. Un mapa culinario de uno u otro país sería el más pintoresco mosaico que cabe imaginar. Hay una correlación evidente entre los platos típicos y la poesía y la música populares, los trajes, las costumbres, hasta la idiosincrasia de las personas. Federico García Lorca pronunció en La Habana una conferencia en que emprendía un viaje sentimental por las provincias españolas a través de los antojos y golosinas de cada lugar.

No hay en realidad platos buenos y platos malos, platos distinguidos y platos plebeyos, como suponen los que no saben comer. Los platos regionales son tan ilustres como los universales cuando se ha puesto sabiduría y buen gusto en su condimento. El mérito del *gourmet* consiste precisamente en saborear con la misma finura unos y otros, pues afiliarse a un solo tipo de cocina revela un paladar rutinario y una falta inexcusable de imaginación.

Los malos cocineros no sólo son enemigos del género humano, sino que muestran una grosera hostilidad hacia las animalías y plantas que el Creador puso sobre la tierra para que no se extinguiese aquel reflejo de su divinidad. Porque la mayor ofensa que se le puede hacer a un cordero o a una zanahoria—especies de una ternura infinita—es cocinarlos mal. El mundo está lleno de incitaciones para la boca. Hay siempre un alimento en el aire o a flor de tierra o en las profundidades del mar. El planeta hierve de sabores y de vitamina. Pero he aquí que surge el mal cocinero y todo ese universo de las "nourritures terrestres" se desordena. Es como si un nuevo pecado original manchase al hombre.

La alta cocina exige naturalmente materias primas de alta calidad. Mas hay muchas maneras de traicionar a las viandas, de desnaturalizarlas, de pervertirlas, de hacerlas odiosas al paladar y al estómago. En las cocinas se sabe mucho de esto. Y en cambio ¡Qué ejemplo el de esas amas de casa campesinas que, con unos cuantos ingredientes modestos, cosechados en el huerto familiar, confeccionan manjares deliciosos!

El arte de cocinar no difiere del arte de escribir o del arte de pintar, a no ser en que su deleite es un tanto más fugaz y se paga a la larga con agujetas en las extremidades. Los escritores, los pintores, hasta los músicos, le llaman "cocina" al oficio, a la destreza específica con que se combinan las palabras, los colores o los sonidos en la olla a presión del cerebro. Yo soy un admirador de esas mezclas extraordinarias que se hacen junto al fuego y que antes de satisfacer en definitiva al gusto regalan a la vista y al olfato. En realidad un plato bien hecho ha de responder a esos tres sentidos del hombre; es lo que llamaríamos la "prueba por tres", semejante a la "prueba por nueve" que se aplica en las matemáticas.

Toda la aversión por el mal cocinero se trueca en simpatía y admiración sumas, hasta en devoción, por el buen cocinero, aunque sea también maestro en el arte o más bien en la artimaña de sisar. Bajo su gorro medieval y dentro de su veste impoluta, el cocinero se me antoja un mago de la estirpe de Nostradamus que manipula su colección de simples para un brebaje ahuyentador de los malos espíritus. Y hay en efecto mucho de exorcismo y de conjura en sus maniobras. En la cazuela se precipitan las materias impuras, desde la manteca de cerdo hasta la hierba silvestre. El cocinero cierne y decanta esas especies animales y vegetales. El resto lo hace el fuego. Afortunadamente quedan vivas las toxinas, las que matan lentamente al hombre abriéndole las ganas de vivir, el apetito de lo bello sensual y espiritual; pero mueren los venenos fulminantes y sobre todo los olores y los sabores que estragan el paladar y van poco a poco pudriendo el alma. Porque estoy convencido de que la mala comida no sólo estropea el estómago, sino que acaba arruinando el espíritu.

La literatura culinaria cubana se enriquece con este libro. Aquí está un nuevo código de buen comer. Bienvenido sea. Los devoradores de bazofia no entrarán en el reino de los Cielos .

ROAST-BEAF DE CABALLO

Por Pedro Iglesias Betancourt

(Receta creada y experimentada en París: 1928-1938)

Se amarra, para que no se deforme, un buen pedazo de "filete de caballo". Se sala convenientemente y se adoba con media a una naranja agria.

En una cacerola, se calienta media libra de mantequilla. Una vez derretida y *bien caliente* se pone a cocinar en ella, destapada la cacerola, dos cebollas cortadas por la mitad, hasta que se doren.

Seguidamente, mantenida la mantequilla bien caliente, se coloca el Roast-beaf, ya adobado, dentro de la cacerola y se cuece volteándolo cada cinco minutos como si tuviera cuatro caras. Debe quedar bien tostada su superficie y sangrante el centro.

Se sirve con las cebollas y puré de papas.

Esta receta tiene por fin demostrar:

a) Que el filete de caballo es excelente y que, bien entendido, estaba más al alcance de la situación económica de los estudiantes cubanos residentes entonces en París.

b) Que era posible ofrecerlo como "plato especial" a los turistas cubanos que de vez en cuando nos honraban con su visita. Habitualmente se lo comían con gran placer. Teníamos, por cierto, el cuidado de ocultar la procedencia de "la materia prima del filete". Como quiera que, esos días excepcionales, por lo general, completábamos el "banquete" con una o dos o más botellas de "vin rouge de celui qui tache" (léase en español "vino rojo peleón"), al final de aquél, bajo los efectos agradables de los radicales OH, preguntábamos al invitado qué tal le había parecido el Roast-beaf. —Exquisito, era la respuesta habitual. —Pues bien, añadíamos, te has comido un "fileticode caballo". —¡No me digas...! ¡Puaah...! Y en sólo dos ocasiones, un reflejo psíquico en estómagos melindrosos, terminó la digestión natural de nuestro plato favorito.

El Papa Gregorio III prohibió los sacrificios de caballos en nombre de la religión, y de aquí, la aversión que actualmente nos inspira a todos la hipofagia. Es una aversión de carácter religioso, como la que el moro y el judío sienten por la carne de puerco.

ENSALADA DE PAPAS ALEMANA

Por Merrit J. Karn

He servido esta ensalada durante doce años que he vivido en Cuba y siempre ha sido muy popular entre mis invitados. Es especialmente buena cuando se sirve con jamón frío en lascas, puerco asado o pollo frito. Esta receta mi madre la recibió de mi abuela, quien la trajo de Luxemburgo, donde nació, y emigró a los Estados Unidos poco tiempo antes de nacer mi madre.

INGREDIENTES:

8 papas grandes cocidas con la cáscara, ligeramente enfriadas, peladas y cortadas en rebanadas.
1½ tazas de cebolla picada finita.
1 cucharadita de sal.
¼ cucharadita de pimienta.
¾ taza de vinagre.
2 tazas de agua.

½ libra de bacon cortado en pedazos de media pulgada.
4 cucharadas de harina de Castilla.
1 cucharada de azúcar.
½ cucharadita de sal.
¼ cucharadita de pimienta.
perejil o huevos duros para adornar.

PREPARACION:

Se adoban las papas en una fuente con las cebollas, sal, pimienta y vinagre como sigue: Se cubre el fondo de la fuente con una camada de papas en rebanadas y se rocía con cebolla, sal, pimienta y unas cuantas cucharadas de una mezcla de un cuarto de taza de vinagre y media taza de agua. Se continúa en esta forma hasta que se haya usado todas las papas y las cebollas. Se tapa y se deja en el adobo durante media hora. Se fríe el bacon hasta que esté tostadito y mientras está aún caliente se le añade la harina y se revuelve hasta que la harina esté dorada. Entonces se añade la media taza de vinagre sobrante y la taza y media de agua a esta mezcla de bacon y harina mientras está caliente. Se revuelve hasta que esté lisa y se le añade el azúcar, la sal y la pimienta. Se echa esta salsa sobre las papas y se mezcla bien. Se conserva la ensalada caliente hasta el momento de servirla. Conviene dejarla reposar media hora antes de servirla. Suficiente para ocho personas. Se adorna con perejil y huevos duros.

EMPANADILLA CAMAGÜEYANA

Por José S. Lastra

INGREDIENTES:

1 libra de harina.	2 huevos enteros.
2 cucharadas de mantequilla.	2 onzas de agua.
	1 cucharadita de sal.
2 cucharadas de manteca.	2 onzas de azúcar.

PREPARACION:

Se unen todos los ingredientes y se amasan hasta que esté la pasta fina. Se corta en porciones de manera que salgan treinta empanadillas.

INGREDIENTES PARA EL RELLENO:

Picadillo fino de pollo, con pasas, aceitunas y un vasito de vino.

PREPARACION:

Se forman las empanadillas y se fríen en manteca no muy caliente, subiéndose la temperatura gradualmente. Se pueden rellenar también con guayaba.

BUFETE BENGOCHEA

LETRADOS:

Dr. ARTURO BENGOCHEA   Dr. MODESTO BENGOCHEA
Dr. AMADOR BENGOCHEA   Dr. ARTURO MENENDEZ
Dr. ARTURO BENGOCHEA, Jr.

PROCURADOR:

ANTONIO F. CAULA REY

DIRECCION: TELEFONOS:
LONJA DEL COMERCIO 303   M-8027 y M-8030

COCTELES ESPAÑOLES DEL SIGLO XVII

Por Rafael Marquina

¡Válgame Dios, que en la primera palabra di ya el primer tropezón! Pues ¿cómo habrá de escribirse: cocteles o "cocktails" sin arromanzar vocablo que, por su mixtura, bien a las claras admite cualesquiera ingerencias? Me atengo al coctel porque, al cabo, no anduvo España tan ajena a su invención insidiosa que no pueda presumir en esto como en el buen mosto que ya celebraba su Arcipreste primer poeta, de ser "clásica" con su buen prestigio añejo en la diabólica mezcla de bebidas muy indicadas para no beberlas.

En los tiempos de Nuestro Señor el Rey Felipe IV, que Dios guarde, abundaban en la villa y corte, en sus expendedurías y puestecillos, en el Mentidero y en las tabernas, las bebidas compuestas, anticipaciones del actual coctel y tan varias como éste en la fantasía, solapada de malicias, de sus mezclas.

No me sospechen de cazurro con malos deseos si les ofrezco en una lista en que puedan escoger con excusa de aperitivo y deseo de delicia alguna tentación de tales compuestos bebestibles, si se me permite su poquito de exageración.

Acompáñenme, ante todo—que esto es inofensivo—a ingerir estos vasos de espirituosa bebida que nos ha ofrecido esta buena mujer que acaso no hace mucho le preparaba a su marido, de facha feroche, el "agua de anís" que él solía sacar a buena venta, mala, por las calles madrileñas, o también la famosa "agua de canela" que metió en el gusto de la plebe y hasta en el de señorones de mucho empaque el taimado francés Juan Baillaque y que asimismo, por ser de expendio callejero, esmerábase en venderlo como fuese el buen aguador.

Vénganme acá y vean y huelan antes, si se lo exige el escrúpulo y les demanda la cautela. A guindas huele éste y a membrillo estos otros. Y ya saben ustedes de qué están hechos, aparte la mala parte de su alcohol espiritado que no se declara porque es el secreto de que se nutre el fraude.

Pero estas bebidas en aquel extraordinario siglo XVII—sima y cima de lo español a un mismo tiempo—son de muy poca jerarquía en punto a satisfacer el plante de un bravonel bebedor o de un gustador castizo de buenos zumos, en mixturas experto y en desplantes alardoso. No. No se fíen demasiado.

Otros "cocteles" más violentos en la fusión de sus elementos irritantes se expendían en el Madrid de Felipe IV, de mucho y alterado sabor a escándalo y para paladares audaciosos.

Uno de ellos, el más famoso sin duda, fué el llamado poniendo en la mixtura la aceituna semántica de la hipocresía—el "hipocrás"—. Fué en zambras, tabernas, baileteos y mesones, mozo de fortuna, galán de rumbo y a la vez jaque majetón de navaja en filo y verba injuriadora. Pendenciero y solapado. Y dió tanto que hablar que hubo de enmudecérsele muchas veces para cercenar el verborreo.

El caso es que, en sí mismo, el hipocrás, no era tan de mal talante como se le tenía. Sujeto a sus propios humores no habría sido tan de malas acciones. En suma, una mezcla, si fuerte y acentuada de sapidez múltiple y difícil, nada en verdad seriamente sospechosa de escorpión: una dosificada mezcla de vino (de buena clase, desde luego), canela, azúcar, almizcle y ámbar. No es como para enloquecer. Aunque se permite carraspear después de ingerirlo y aun con achaque de elegancia, beberse en pleno ardor de tragaderas su buen vaso de agua fresca.

Resultó, sin embargo, que los buenos bebedores, amigos del hipocrás solían complicarlo con hipocresía de refinamiento. No solamente con adición de clavo y almendras que, al fin, les desplacía, sino también—y eso ya dió en peligrosa exacerbación de lo muy gustoso—, añadiendo pimienta, pimiento molido y piedra de alumbre. Claro es que esta maravillosa mezcla casi explosiva estuvo siempre prohibida lo cual explica naturalmente, la mucha boga que llegó a ganar en España.

Fue tanta, por vida mía, que en muchas ocasiones, no pudiendo contener a los alojeros y vendedores y confeccionadores de tan heterogéneo brebaje, en los justos términos de su mejor receta menos irritante, se accedió por las superiores autoridades munícipes y hasta por la del Rey S.M. que Dios guarde, a erradicar el hipocrás de los predios matritenses. Pero volvió siempre. Si se le desterraba por favorecer de paso, y como quien no lo quiere, a interés de los dueños de tabernas y puestos de vino, al poco tiempo se le admitía por propiciar sin alusión expresa los intereses creados y re-creadores, que al cabo, todos somos hijos de Dios y la Justicia ha de ser equitativa. Y, si como le aconsejó Don Quijote a Sancho la vara de la justicia, caso de doblegarse, ha de ser por el peso de la misericordia y no por el de la dádiva, bueno era darle, con magnánimo espíritu alguna misericordia de buena atención a las dádivas.

El caso fué que en la revuelta miscelánea de prohibiciones y tolerancias, la venta del hipocrás quedó confiada a los cuidados de confiteros y boticarios que, menos obligados a no doblegar la vara de la justicia, hicieron con él abundante comercio de licencias expendedoras. Con lo que, al cabo, vino a ser expedido y degustado en todas partes, como conviene a un claro entendimiento de los derechos humanos y de los bebedores, que son humanos también.

Y a propósito de todo esto ha escrito el eruditísimo José Deleito y Piñuela: "Su popularidad (la del hipocrás) aumentaba de día en día, y con ella el reflejo que dejó en la literatura y el teatro de la época. Así se ve en Quiñones de Benavente, Tirso y Moreto. Un personaje de este último en "De fuera vendrá..." conquistaba a las sirvientas con hipocrás y castañas". Lo cual era, decimos nosotros, una manera hipocrática de anticipar el "alexander" con croquetas.

Pero si la dama melindrosa rechazaba el hipocrás, por no caer en peligroso juego de castañas, tenía a su alcance la "carraspada", bebida mucho más castiza a fin de cuentas, como compuesta de vino —siempre el vino—cocido y adobado, muy propio para el invierno y que expertas mujeres preparaban, según cuentan—y ellos lo saben muy bien—eruditos como Herrero García y el ya citado Deleito.

Sin embargo, en mejor parentesco con el hipocrás, les aconsejaría la "garnacha" muy en boga también en salones, corrales y mesones. Según la receta que ha llegado a nosotros por el buen celo de los investigadores "se componía de zumo de tres clases de uva, azúcar, canela, pimienta y otras sustancias (malévolo secreto quizá, podemos sospechar, de los componedores) y fué inventada al mediar el siglo por un proveedor del Real Palacio.

Dos cosas curiosas, señoras mías, debemos desviar por vía de cháchara aperitiva, de este manojillo de entremeses verbales. La una es que en todos esos anticipados y precursores cocteles del siglo XVII, cuando la Corte de las Españas iba ya siendo un corte en la escala de España, entraba en principal cuantía, con máxima importancia categorial, el vino. Del vino de España se ha hablado tanto y de tan diverso modo por viajeros y bebedores que falta aún quien hable de una vez. Inténtelo un benedictino, si paciencia tiene para ello y sabe de pecados y virtudes; o un cartujo que sea diestrísimo en las sutiles destilaciones de su licor famoso. Lo que interesa es la testimonial presencia del vino, como síntoma de lo poco apegados que, en fin de cuentas, fueron los españoles hasta los umbrales del vigésimo siglo, en el que vamos viviendo, a bebidas alcohólicas que no fuesen las logradas en las vendimias de sus comarcas vinateras, gloria de Dios que esta vez quebró la vara de la justicia en misericordia de los buenos catadores.

La otra cosa es—y con esto termino—el buen modo con que España se ingenia para dar a lo foráneo su sello propio. Dadle un mantón de Manila y creará una bailarina. Dadle un mundo y forjará una quimera; dadle un don de buena gastronomía francesa y os dará una sobria suculencia culinaria.

Viénele de esta potestad geniosa una inventiva genial. Y andan sus frutos por esos mundos diciendo de su sabiduría con postizos nombres sin que ella se cuide de hacer historia. Porque ya tomados los cocteles para sentarnos al yantar, sepan ustedes por ejemplo, que la famosa, corriente, socorrida "tortilla a la francesa" fué invención española por los cuatro costados. La viró por primera vez en la sartén—con aceite, claro está, no con manteca—un cocinero español en 1637, acaso después de una buena libación de hipocrás. Nada menos que el famoso cocinero de S.M. Felipe IV que Dios guarde: Martínez Montiño. Eso sí—y el dato vale por una revelación—la llamó "tortilla a la Cartuja". Los cartujos, mudos en su retiro, **guardan golosos el secreto.**

RECUERDOS GASTRONOMICOS

Por Guillermo Martínez Márquez

Mi única experiencia culinaria data de los años treinta y resulta ciertamente muy pobre. Sólo por carecer de otra mejor me atrevo a relatarla. Fué en 1935. Hacía unos meses que estaba en Tampa, exilado, cuando mi esposa tuvo que regresar a Cuba. Quedé solo, en nuestro apartamento de Newport: Sala, comedor y cuarto, en una pieza de tres por cuatro metros. A la hora del almuerzo, los Capablanca—Ramiro y señora—, me invitaron a su mesa. Por la tarde me encontré solo. Debo reconocer mi ignorancia: no tenía la menor idea sobre el arte de freir un par de huevos. Con frecuencia los hombres menospreciamos la tarea que encomendamos a nuestras esposas. Aquella noche me di cuenta de las dificultades de la improvisación en la cocina. Sólo después de meditarlo mucho, y de comprobar que el dinero no me alcanzaría para comer en el restaurant de la calle Platt, me decidí a hervir unas papas para untarlas con un poco de mantequilla. ¿Puedo agregar que cuando me acosté me sentía realmente satisfecho de mi hazaña? Tal fue mi humilde debut en el mundo de Brillant Savarin. Sólo quiero añadir que ni me entristece recordarlo ni me alegraría tener que repetirlo.

Realmente no debería seguir este desvaído relato. Si a los cuarenta años, la noticia más importante para el hombre es la que se refiere a su buena digestión, a los cincuenta y cinco hablar de apetitos voraces o de cenas pantagruélicas puede llegar a ser casi peligroso. Tal vez por eso, yo que nunca llegué a ser un Heliogábalo, soy un ser prudente y rutinario en la mesa. Recuerdo que, cuando me iniciaba en el periodismo, allá por el año 20, fuí invitado a almorzar un bacalao a la vizcaína, cocinado nada menos que por un pelotari llamado Martín. Era con motivo del onomástico de José Manuel Valdés Gayol, cronista de jai-alai. Como es usual, la comida tardó más de lo previsto.

Me parece que eran cerca de las tres de la tarde, cuando pusieron sobre la mesa tres o cuatro grandes cacerolas de más de medio metro de diámetro cada una. Eramos unos veinte comensales en total. Lo primero que me pregunté fué: "¿Qué van a hacer con lo que sobre?". Yo no sabía lo que era un vizcaíno comiendo. Pero el hombre se llamaba Martín, era pelotari, y todos los cálculos iban a fallar. Una hora más tarde, nuestro cocinero iba ya por su séptimo plato de bacalao, cuando de repente, casi violentamente, se echó hacia atrás, y apoplético, gritó: "¡Uf, ya no puedo más!" Realmente había que verlo. El rostro congestionado, jadeante la respiración, con los ojos inyectados, sudaba en tal forma, que parecía recién escapado de una ducha. Con gran trabajo lo trasladamos al patio. Allí lo dejé, con la rabadilla en el borde del asiento de un sillón, casi inconsciente. Al día siguiente me encontré en la Administración

Municipal de La Habana con Valdés Gayol. "¿Y Martín?—le pregunté—¿Cómo sigue?" La respuesta no se hizo esperar: "Anoche jugó un partido maravilloso". Y a mí me parecía que todavía tenía sabor a bacalao en la boca.

¿Saben ustedes lo que es una "parrillada"? Hace unos cuatro años, durante la conferencia de la Sociedad Interamericana de Prensa, en Montevideo, los periodistas uruguayos nos invitaron al Carrasco Country Club. Allí asistí—ciertamente, asistí más que comí—, una parrillada. Igual que en la Argentina, la parrillada es en el Uruguay la comida de las fiestas campestres. Constituye una verdadera ceremonia. Primero preparar el fuego, luego colocar la res, finalmente ir sirviendo, una a una sus partes. Para comenzar, las vísceras, más tarde las extremidades, finalmente la carne. Yo era un neófito. Como tenía buen apetito aquella tarde friolenta de octubre, comencé a saborear los primeros platos. Cada uno venía acompañado de una copa de vino. Entre plato y plato, alternando chistes y risas, al llegar a la media docena, me sentí más que satisfecho. Fué entonces cuando, con desencanto, comprobé que iban a comenzar a servir los incomparables filetes del novillo de las regiones del Río de la Plata. Pero ya no me era posible admitir un bocado más. Creo haber recordado a Martín, el pelotari. Ciertamente, no estaba muy seguro de poder jugar aquella noche un buen partido, ni siquiera con la almohada, si seguía comiendo.

Tal vez estos recuerdos no vienen bien a un libro destinado a enaltecer los placeres de la mesa, y a marcar rutas a las amas de casa en aquello de ganarse a sus maridos por el estómago. Pero, si en una ocasión me atreví nada menos que a hervir unas papas, nada de extraordinario tiene que aún tenga valor para escribir sobre el arte del buen comer. Deben ustedes reconocer por ello que soy un hombre muy valeroso.

American National Life Insurance Company
Seguros de Vida al alcance de todas las fortunas

American National Capitalization Bank
Hágase propietario capitalizando. Casa propia
al alcance de todas las fortunas

American National Fire Insurance Company
Incendio, ciclón, motín y terremoto

Edificio propio:

EGIDO y APODACA   Teléfonos: W-3998 - M-5956

SOPA DE PESCADO

Por Antonio Martín

INGREDIENTES:

- 2 cabezas de cherna.
- 4 ajos puerros.
- 2 zanahorias grandes.
- sal y pimienta a gusto.
- 2 latas de puré de tomates.
- 1 libra de cebolla.
- ½ libra de ajíes.
- 2 latas de pimientos dulces.
- 3 libras de papas.
- ½ libra de arroz Valencia.
- 1 litro de aceite bueno.
- 4 libras de cachetes de cherna u otro pescado.

PREPARACION:

Se hace un caldo con las cabezas de cherna, los ajos puerros y las zanahorias y se sazona. Se cuela este caldo antes de agregarle un sofrito que se hace con el puré de tomates y las cebollas, ajíes y pimientos que se han pasado por la máquina de picar. Se pican en pedazos pequeños las papas y zanahorias y se agregan al caldo junto con el arroz. Se sacan las masas de las cabezas cuidando que no le queden huesos ni espinas y se fríen junto con los cachetes para agregárselos al caldo. Se cocina todo al fuego lento hasta que estén blandas las papas y el arroz.

PÁRRAGA Y GARCÍA - HERNÁNDEZ
ABOGADOS

23 No. 105, VEDADO   LA HABANA, CUBA

REMINISCENCIAS CULINARIAS QUE NO LLEGAN A SER RECETAS

Por Massaguer

En mi casa natal de Cárdenas, en mi casona de la Habana y en el destierro de Yucatán, en aquellos años inolvidables de mi niñez y también de mi juventud, gocé comiendo innumerables veces aquella carne que mi madre llamaba de "Panchita Cambó". Fué así como me familiaricé, ya lejos de mi pueblo, con el catalanísimo apellido cardenense. Muerta mi adorada madre, esa receta desapareció de nuestra cocina. Cuando tuve el gusto de conocer a los hermanos Cambó (Juan, Felo, Lucas, Angel...), le pregunté a uno de ellos quién era esa Panchita Cambó, y me informó que era una tía, casada con un español que se había ido a vivir a España. Quizá la receta la conozca alguna dama cardenense que vivió aquella época cuando Varadero era desconocido, y don Pancho Comas era el Alcalde Mayor.

Otra reminiscencia culinaria muy divertida, ocurrió en junio de 1926, cuando volví a México, después de 18 años. Al llegar a la "mera capital", con el vicepresidente don Carlos de la Rosa y su señora, Orestes Ferrara y señora, el doctor Remos, el doctor José Manuel Carbonell, esposa e hija Lidia, el Comandante Alberto Barrera y su esposa, y otros amigos, almorzamos en el hotel "Regis". Como yo tenía doce años largos de residente en México, los invité a comer enchiladas. Mi mujer, presintiendo un cataclismo, me miró espantada. Cuando trajeron la fuente llena del picante manjar, mis amigos impulsados por el hambre que provocó el airecillo de las cumbres de Maltrata, atacaron la fuente repleta. A los primeros bocados mis invitados empezaron a resoplar, corrieron alrededor de la mesa gritando: ¡Agua, agua! Yo les aconsejé un trago alcohólico para enjuagarse la boca, pero insistieron en tomar agua helada, que no resolvía el conflicto. Ante la mirada atónita de todos, me comí tres o cuatro enchiladas, que después de tantos años de ausencia me supieron a gloria.

Otra reminiscencia la sitúo en París. Un señor francés nos invitó a comer un conejo "a la no recuerdo qué". Entre los invitados estaba Kiki, la famosa modelo; el Vizconde de Lascanotegui; un fotógrafo de New York; Alejo Carpentier; los pintores Fugita y Martino; Huidobro; los caricaturistas Fabré, Brocá y Toño Salazar; Teresa Bonney y un ricacho de Oklahoma.

He estado—confesó el anfitrión—tres días preparando esa salsa que es digna de un gran duque de Rusia. Y cuando todos empezamos a gozar del exquisito manjar, el de Oklahoma pidió al Savarin del "party" si tenía "un pomo de Catsup"... ¡Tableau! El francés congestionado el rostro gritó: Llévense de aquí a este "yanki" o lo descuartizo. Lo había lastimado en su orgullo de maestro culinario francés. Ni la diplomacia del Vizconde, y los besos de Kiki lo aplacaron. El de Oklahoma tuvo que desaparecer. Los demás en silencio devoramos el conejo.

MACARRONES TROPA 4

Por Bernardito Nobo Espinosa

(Scout de la Tropa 4)

INGREDIENTES:

3 litros de agua hirviendo.
4 cuadraditos (chips) de mantequilla.
1 libra de macarrones.
1 lata de puré de tomate concentrado.
2 latas de sardinas españolas en aceite.
½ taza de queso amarillo rallado.

PREPARACION:

En el agua hirviendo se ponen dos cuadraditos de mantequilla y el paquete de macarrones partidos por la mitad. Cuando estén blandos, o sea, que al oprimir un pedacito de macarrón entre los dedos se parta suavemente, se echan en un colador grande para botarles agua caliente, se les echa agua fría y se dejan escurrir. Aparte se prepara una salsa con el puré de tomate, el aceite de las sardinas y los otros dos cuadritos de mantequilla. Si la salsa está muy espesa se le puede añadir dos cucharadas de agua. Se cocina muy poco a fuego bajito y revolviendo continuamente. Se aparta del fuego. Se colocan los macarrones en un molde de horno, se cubren con la salsa, se polvorea con queso y se adorna con las sardinas formando una estrella con las sardinas enteras. Se polvorea de queso y se hornea hasta dorarlo. Los Scouts que no tenemos horno usamos una tapa con brasitas encima, y para servirlo le ponemos ramitos de berro alrededor y en el centro, tanto como seis u ocho ramitos, pues alcanza para ocho raciones con su ensalada de berro. El punto de sal es a gusto, pues hay que tener en cuenta que la mantequilla, queso y sardinas tienen sal, y ese punto se le da, probando cuando ya están blandos antes de sacarlos del agua.

FRIJOLES NEGROS A LO "RICARDO"

Por Ricardo Núñez Portuondo

INGREDIENTES:

- 2 libras de frijoles negros puestos en remojo el día anterior, con dos cucharaditas de polvos de hornear.
- 4½ tazas de agua del remojo.
- 2 cucharadas de sal.
- 1 taza de aceite.
- 2 tazas de cebolla picadita.
- 4 cucharadas de aceitunas corrientes.
- 4 dientes de ajo.
- 4 ajíes grandes.
- 6 cucharadas de jugo de naranja agria.
- orégano.
- 2 latas de mejillones.
- 2 cucharaditas de azúcar blanca.
- pimienta a gusto.

PREPARACION:

Se ponen los frijoles en la olla de presión con cuatro tazas y media de agua del remojo y la sal y se tapa la olla. Cuando el vapor salga por la válvula de escape, se pone el indicador de presión según las instrucciones de la olla, y al marcar las quince libras se reduce el fuego y se tienen cocinando los frijoles diez minutos a esa presión. Transcurrido ese tiempo se aparta la olla del calor y se deja que baje la presión. Cuando no salga vapor por la válvula de escape se destapa y se le añade un sofrito utilizando tres cuartos de taza de aceite y reservando un cuarto para más tarde. El sofrito se hace con el aceite, la cebolla, las aceitunas y demás ingredientes. Se pone el azúcar blanca y pimienta a gusto y se revuelve bien. Se tapa la olla de nuevo. Cuando el vapor salga por la válvula de escape se pone el indicador de presión. Al marcar quince libras de presión, se rebaja el calor y se cocinan a esta presión los frijoles durante veinte minutos.

El Gladiolo

FLORES

A. GARCIA TRIANA

23 No. 1209, entre 12 y 14
VEDADO

TELEFONOS:
FO-1689 - F-6296

PARGO EN SIDRA Y MANTEQUILLA

Por José Emilio Obregón

INGREDIENTES:

- 6 tronchos de pargo.
- ½ libra de mantequilla.
- 1 taza de sidra.
- 1 limón.
- 2 cucharaditas de sal.
- 1 cucharadita de pimienta negra.
- 3 cabezas de pargo.
- 3 cebollas de Bermuda.
- 12 papas medianas.
- sal a gusto.
- 1 lata de champignons.
- 2 tazas de caldo de pescado.
- 3 cucharaditas de harina.

PREPARACION:

Se lavan bien los pargos, escamados, se le cortan las cabezas y se dejan a un lado. Del cuerpo de los pargos se sacan los filetes, que se cortan en tronchos medianos. Estos se colocan en una tartera bien untada de mantequilla. Se rocían con sidra, limón, sal y pimienta negra. Se hornea a 350° F. como cualquier pescado asado. Aparte se hace un caldo con las cabezas de los pargos, las cebollas blancas de Bermuda y las papas y sal a gusto. Cuando éstas estén blandas se majan para puré, agregándole poquitos del caldo, mantequilla, y el champignon picadito. Se separan dos tazas del caldo de pescado y se unen poco a poco a la harina previamente tostada, se deja a fuego lento revolviendo siempre hasta que espese, se retira del fuego y se cubre el pescado. Con las bolas de puré de papas se decora el pargo asado. Esta receta es para seis personas.

Hernández, Cagigal y Compañía

IMPORTADORES DE VIVERES

SOL Nos. 55 y 57
Teléfonos: M-8318 - M-8319
HABANA

Apartados: 2181 - 2126
Telégrafo: "PUMARIEGA"
Cable: "AGUIMARCO"

Cortesía de

Roberts Tobacco Co.
Neptuno Núm. 167
La Habana

LA COCINA AFROCUBANA
Por Fernando Ortiz

Los negros africanos influyeron indudablemente en la alimentación de la sociedad cubana que ellos contribuyeron a formar, así con sus fuerzas musculares como con sus culturas. El influjo del negro en el pueblo cubano está en la composición étnica como en el carácter, las costumbres, las músicas, los cantos y bailes, las creencias religiosas y también en la comida. Esta última influencia se manifiesta de varias maneras: por ciertas comidas y bebidas oriundas de Africa que aquí se popularizaron, aun cuando muchas ya se perdieron, por los nombres africanos que aún reciben en Cuba ciertas cosas de la alimentación, por algunos platos condimentados a estilo de los pueblos del Continente Negro y por ciertos gustos, prácticas y hábitos culinarios que de allá nos vinieron.

Aquí sólo daremos algunos ejemplos; pero podría escribirse un libro. La acuciosa folklorista cubana Lydia Cabrera está preparando un recetario de la cocina que los negros nos trajeron o crearon.

El Africa negra, hoy día, consume muchos alimentos originarios de América, como la yuca, el maíz, el maní, el boniato, el tomate, la guayaba, etc.; pero América a su vez recibió comidas de los africanos, como la gallina de Guinea, el ñame, la malanga, el plátano y el quimbombó. (Quizás debiéramos decir *kingombó,* como se dice en el Congo; la voz *kimbombó* allí se aplica sólo a una bebida fermentada. *Grengué, guengueré* o *ñengueré* es una planta originaria de Guinea que substituye a veces al *quimbombó).*

Los nombres africanos de ciertos alimentos y bebidas usados en Cuba son varios. Por ejemplo: *afió* es cierta especie de yuca, de cuya fécula se hacen buñuelos. Esa voz es muy oída en el cubano de Oriente, donde dicen que es africana, traída de Haití. En Congo *a-fiot* significa "de negro". Por otro lado, *fió* es palabra mandinga para "cierto tubérculo silvestre" y en lengua efik *afiaió* es "cierta planta o raíz" y *afiak* "una bola de masa comestible".

Ají puede ser también vocablo africano, aunque eso es muy controvertido. Lo mismo puede decirse de *ají-jijí* y de *ají-guaguao.* Ambos parecen proceder del Congo. Aquél es un vocablo en el cual se reduplica la raíz *ji,* muy conocida entre los bantú, para significar la mayor intensidad del picante, y el otro parece ser una traducción al congo de cierto calificativo insultador y apicarado que aquí le da el vulgo al más picante de los ajíes. *Guaguá* en Congo significa "de madre". Mulata sería también la palabra *aguají,* salsa picante hecha con ají, cebolla, zumo de limón, ajo y agua, que algunos dicen "mojo crudo".

Banana: Según Cristóbal de Acosta (1578), es voz africana y también parece serlo la fruta. En algunos libros escolares, no pocos de ellos malos, hemos visto la figura de un indio observando el desembarco de Colón y agazapado tras una mata de plátano; pero en las Antillas no había plátanos cuando llegó Don Cristóbal. Los plátanos fueron introducidos en América desde Canarias por fray Tomás de Berlanga, allá por 1516. Varias clases de plátanos en Cuba tienen calificativo africano, como el *guineo*. El plátano llamado *burro* parece procedente del Calabar. Ese *burro* es vocablo efik, allá sólo aplicado a los plátanos, y nada tiene que ver con asnos ni jumentos.

La *butuba*, o *butúa*, en el lenguaje vulgar de Cuba equivale a "la comida". En lengua efik, la de los ñáñigos, *mbuntabia* quiere decir "los ñames".

Cañandonga es voz mulata con la que se distinguió la caña fístola de la caña de azúcar, o cañaduz, y de la cañavera. *Indonga* quiere decir "de Angola".

Fricanga es voz mulata, que decimos a una fritura de mala clase. En el Congo dicen *Kikanga* a las frituras y particularmente a una hecha de yuca y ají. En Cuba hemos cambiado el prefijo *Ki* por la sílaba *Fri* (de frita) y tomado la voz *Kanga* "freír" con el sentido despectivo que aquí tiene siempre ese fonema subfijo.

Congrí es vocablo venido de Haití donde a los frijoles colorados se les dice *congó* y al arroz *riz*, como en francés. *Congrí* es voz del "creole" haitiano que significa "congos con arroz". *Congrí* no equivale a "moros y cristianos", como en Cuba decimos al arroz con frijoles negros, que también parece ser plato de cocinero africano.

Al *Congrí* suelen echarle trocitos de carne de puerco y chicharrones y hoy se hace en Oriente también con frijoles caballeros, con preciosos y hasta con garbanzos. El folklorista oriental Ramón Martínez nos dice que "ha mucho tiempo, un negro de nación quiso condimentar una comida muy de carrera y sin condimento; echó a hervir el arroz y los frijoles juntos y casi se cocinaron al mismo tiempo, porque los frijoles eran frescos. Más tarde se cocinó con más cuidado, se pusieron a cocinar los frijoles hasta que estuvieron blanditos, luego se aliñaron y se les echó el arroz; y cuando éste hubo reventado se sacó un poco de agua y se le dejó secar a fuego lento y quedó hecho lo que hoy es nuestro plato favorito, cuyo nombre no figura aún en los diccionarios; pero sí, en las listas de comida. En la década de 1868-1878 algunos chuscos en vez de decir un plato de *congrí*, decían un plato de "voluntarios y bomberos" aludiendo a que los voluntarios eran blancos y los bomberos todos eran negros y usaban cuellos y bocamangas rojos".

Mulatas son las voces *mondongo* y *gandinga*, aplicadas generalmente y en conjunto a los despojos del matadero, por lo cual la expresión "tirarlo a mondongo" significa despreciarlo o tirarlo a cosa despreciable.

Algunas comidas y bebidas de Cuba son sin duda africanas. El negro encontró en Cuba algunos de sus alimentos e importó otros. Pudo casi totalmente reproducir aquí sus manjares preferidos y aún hoy en día se conservan algunas de sus costumbres culinarias. Sus religiones conservan ciertos platos exóticos que ya habrían desaparecido si no tuvieran un arraigo ritual.

Aloja era cierta bebida refrescante compuesta de agua, miel y especias, que a veces se decía *agualoja*. En las lenguas bantúes, la raíz *loja* o *loha,* con muchas variantes, significa "vino de palmera" o "cerveza de los negros".

Sambumbia era bebida fermentada, hecha con agua, ají y melado, según la Academia; pero en Cuba se extendió el vocablo a toda bebida muy aguada, de poco agrado o mal gusto. Cirilo Villaverde atribuye con razón el vocablo a los africanos y lo es sin duda. Su raíz principal es *mbi* que en bantú significa "malo", "abominable", "criminal", "forajido", etc., y que forma la voz *mambí,* palabra que, en las Antillas, fué muy despectiva y ahora es título muy honroso.

Champola: "Refresco hecho con pulpa de guanábano (sic), azúcar y agua o hielo". Así reza el diccionario de la Academia, dando la voz como cubanismo. También corre ésta por la América Meridional y la Central donde suele decirse mejor "guanabada", que aquí en Cuba jamás se oye. La definición académica está equivocada, dicho sea con todo respeto, porque la pulpa que se utiliza para el refresco cubano, no es la del guanábano, (árbol) sino la de guanábana, (fruto) que, como con sobrada razón dice el Dic., es "una de las más delicadas de América". *Champola* es voz africana. En el lenguaje sereré, del Senegal, *chambola* es nombre de cierto melón que aquí los negros pudieron aplicar a la guanábana, de cuya fruta se hace dicho refresco. Por otro lado, *sampula* en Congo, quiere decir "agitar rápidamente" y así se hace la *champola.*

Prú: Bebida o tizana popular en Oriente que se hace con varias fórmulas. Una de ellas contiene bejuco amarra-leña, raíz de china, raíz de berraco, hojas de canela, pimienta gorda, canela en rama y granitos de anís. Se hierve y al enfriarse se bate y se endulza con azúcar y se le pone "la madre" que es un poco, (4%) de *prú* viejo avinagrado. Se tapa y al día siguiente ya está fermentado para beber.

Fufú: Este plato de la cocina africana todavía es muy popular en Cuba, hecho con ñames o plátanos hervidos y amasados. Se aplica esa voz en general a cualquier otro plato africano a base de harina. El D. de la A. trajo en la undécima edición, la voz *Fufú* como provincialismo cubano; pero ya en la duodécima la suprimió. ¿Por qué? La voz *Fufú* está muy extendida en Africa. *Fufú* es entre los negros hausas una mezcla de ciertas semillas y hojas comestibles. A la harina de yuca se le llama en el Congo *mfunfú.* En Ashanti *fufú* es "plato de los negros preparado con ñames o plátanos, los cuales después de hervidos son amasados en un mortero, con cuya masa se hace una albóndiga que se echa en la sopa. En Akra, *fufú* es alimento favorito de los nativos, compuesto de ñames, casabe y plátanos amasados".

En Dahomey *fufú* es "plato indígena a base de maíz, pescado y aceite de corojo". *Fufú* se dice en el interior de Sierra Leona a "una masa de ñames". Como se ve, el vocablo se extiende más allá de la región Bantú, lo cual permite suponer que se derive de la voz inglesa *"food-food"*, que los negros usaban en la jerga de la trata. Pero todos estos vocablos, según sostiene Watermann, son derivados de *fufú* "blanco" o color de harina o masa de yuca, plátano, etc. algo así como "manjar blanco" que diríamos nosotros. De todos modos esa es de las más típicas comidas del Africa negra. *Fufú* es aquí aplicable a toda masa o pasta blancuzca de ñame, boniato, plátano, malanga, yuca, etc., molida o majada en el pilón.

Funche: Según Pichardo es comida hecha de maíz seco, molido, agua, sal y manteca. Solían hervirla con huesos de res, tasajo o sebo. En la región oriental de Cuba, lo llamaron *serensé*. Tenemos la expresión vulgar: "Funche en batea", para la persona cariancha y gordinflona. Este cubanismo es originario de Africa y más concretamente de Angola donde al millo molido y guisado en esa forma se le dice *nfungi*.

La *di* de *fundi* se ha trocado en *che,* por el sentido despectivo con que esta sílaba desinencial suele sonar en América, tal como en *icha, iche, uche,* etc. *Funche* es voz de los congos para designar platos hechos con harina de yuca, que comen con salsa o caldo de carne o pescado.

De esa voz, como de *fufú,* ya asegura su origen netamente africano, el cubano fray J. M. Peñalver en 1795, en un estudio lingüístico aún inédito. Es una variante de *fufú* como alimento y quizás como vocablo.

La *zambuila* o *sambuila,* es conga; es la rebanada de plátano pintón, aplastada a mano después de medio frita en manteca y luego acabada de freír. Esta voz africana va en desuso, sustituída por otras, como *chatines,* etc.

Yurumú o *yurumunú* es guiso afrocubano de calabaza, compuesta con ají, tomate, cebolla y manteca. Ramón Martínez dice que se hace de calabaza, alcaparra, aliolí, etc. "Es como un mojo de calabaza".

Grengué: Así se dice al arroz mezclado con *grengué* y con cogollito de ceiba.

Corazón de palma: Se hierve para ablandarlo y se le cocina con picante y carne de puerco. No se trata del cogollo, que hoy exportan en conserva algunas Antillas, sino del corazón.

Pilón: Se muelen plátanos verdes y pintones, se machacan o majan en un pilón y la pasta es una especie de *fufú* que se come con *calalú.*

Los *orichas* o dioses de la santería lucumí tienen muchos platos especiales que se conservan en sus ritos propiciatorios, pues ellos no comen sino "cosas de su tierra". *Calalú,* según Pichardo, se compone de hojas de malanga, verdolaga, calabaza y otros vegetales cocidos con sal, vinagre, manteca o aceite. Entre los mandingas, *calalú* es una especie de yerba. Y *kalalú* quiere decir "muchas cosas".

Acará: Son croquetas o bollos de harina de frijoles y jengibre, cocidos con aceite de corojo y pimienta negra.

Abeguidí: Harina de maíz cruda muy mezclada con quimbombó, también crudo.

Agguidí: Harina de maíz agriada con zumo de limón y algo cocinada con azúcar prieta. Luego se envuelve en porciones, en hojas de plátano atadas con arique, como peloticas o albóndigas y se acaban de cocer al vapor. Son sabrosas, si se comen recién cocinadas, pues pronto se agrian.

Amalá: Es una harina hecha de plátano verde salcochado que después se seca al sol y se cocina con agua. También se hace con harina de maíz "sin pajuza" en agua hirviendo, durante unas tres horas hasta que se pone espeso. A veces le añaden almidón.

Ekó: Se dice a cierta pasta hecha con maíz tierno fermentado y azúcar que se disuelve en agua: especie de *majarete.* Se usa mucho para los "santos" de la mitología lucumí. Se hace con granos de maíz. Se remojan, se muelen con piedra dos o tres veces, se pasan repetidamente con agua por un *jibe* de paño "para que suelte el majarete" y con esta pasta se hacen como tamalitos. O se toma con agua, como si fuera café, en cuyo caso le dicen *Oggodó.* O lo ponen unos días en agua para que fermente y le dirán *Omikán.* El *ekó* hace años aún se vendía en la plaza y por las calles, en algunos barrios. *Ekó* es voz de tierra yoruba o lucumí donde se conserva con la misma pronunciación y su significado. Bouche llamó *ekó* a una especie de tamal y *oká* a cierta bebida. Y así debe ser en Yoruba porque Bowen llama *ekó* a la pasta dura de *okrá* y Johnson dice textualmente: *"Ekó* especie de manjar blanco, hecho de harina de maíz remojada".

Ekrú: Se hace una pasta de *frijoles de carita* pelados, machacándolos con "una china pelona" sobre una piedra lisa o mármol. Esta pasta se echa en una cazuela con bastante manteca de corojo y una vez revuelto todo ello con una cuchara de güira, se coloca la pasta para ser envuelta en hojas de plátano como tamal y se cocina al baño-maría. No se le echa sazón alguna, ni siquiera sal; pero se le da color con bija. Es comida poco usada que se mantiene en los ritos lucumíes, donde se usa para comida del *oricha* o santo llamado *Obatalá.* Es vocablo yoruba. *Ekurú* allí significa "pasta o pan de frijoles".

Babá: Es quimbombó cocinado con harina de maíz en caldo de gallo.

Ilá: Es el quimbombó en caldo, comida de *Changó.*

Olelé: Se hace con fufú de "frijoles de carita" descascarados y muy molidos, sofritos con sal y manteca de corojo.

Ochinchín: Es un sabroso sofrito o revoltillo seco de berzas, berros, acelgas y almendras fritas con manteca de corojo. Generalmente se le ponen camarones de río; todo lo cual responde a su consagración a *Ochún,* la diosa del agua dulce; pero muchas veces se le echa huevo, picadillo de gallina de santería y hasta jamón o carne de puerco. No sabemos si así se hacía en Africa; pero esto último parece cosa criolla y profana.

Takutaku: Es una especie de harina de maíz con azúcar hecha como chocolate espeso.

Egusí o Egunsé: Pequeños queques cocidos al horno, hechos de una pasta de almendra, verdolaga, harina de maíz ya cocinada, miel y azúcar prieta, todo muy bien batido. Muy sabrosos.

Eguá: Fufú de "frijolitos de carita" salcochados con agua de palitos de hoja de plátano, lo cual pone la pasta prieta, que luego se sofríe con sal, mucho ajo, cebolla y manteca de cerdo.

Asará: Es un refresco hecho de *ekó* disuelto en agua y azúcar que se usa para criar. A veces los criollos le echan leche.

Chequeté: Es una bebida hecha con maíz tierno tostado que se pone a fermentar de un día para otro con una tusa de maíz quemado, cocimiento de yerba-luisa, naranja agria sin cáscara ni semilla y melado con azúcar. Se parece a la antigua chicha americana de la cual quizá debieron de aprenderla los africanos.

Ciertas comidas son exclusivas de los "santos". La gente no las come como el *Ebégguedé,* para *Changó:* pasta de quimbombó crudo y harina de maíz mezclado a "punto de merengue".

Muchas comidas africanas han desaparecido como el congo *munangue,* hecho de harina de millo molido con ají de Africa y con *soyanga,* cierta lombriz de tierra. De esa pasta se hacían como galletas tostadas sobre una lata, a modo de burén.

De Africa son también ciertas ensaladas de verdolaga, de bleo blanco y asimismo algunos dulces hechos con tallos de fruta-bomba y con fruta de pan salcochada y frita con corojo. También por los *orichas* o santos se comen las jicoteas, *(allabá)* las codornices *(akuaró) las gallinas* de Guinea *(etun)* y una porción de animales, de los que se matan en los sacrificios propiciatorios.

Algunos usos culinarios muy generalizados en Cuba proceden de Africa o al menos se han desarrollado en Africa y América en ocasión de la trata negrera, de la esclavitud y de los factores geográficos, climáticos y económicos que se relacionan con esas terribles instituciones sociales, hoy en día abolidas por el progreso racionalista. Los negros africanos gustan mucho del maíz y de la yuca aunque según la opinión predominante son alimentos oriundos de América. Allí los comen de muchas maneras especialmente en harina, bollos, tamales, ayacas, etc., con salsas o mojos de manteca de corojo, cebollas y otros vegetales muy sazonados con pimienta.

Es de influencia afro-occidental el comer mucho arroz blanco o sea simplemente hervido, mezclado con todos los demás alimentos. El arroz aunque proveniente de Filipinas, según Vovilov, fué extendido por los musulmanes hasta el Mediterráneo y Africa y ya los viajeros de este continente señalaron esa costumbre en las tierras de donde sacaban los esclavos. De allá parecen venirnos también la harina con cangrejos y los guisos de camarones secos que, siendo de río, son muy populares para la diosa *Ochún* o sea la Caridad del Cobre. La harina de maíz tostado y bien molido origina el gofio. La molida de la yuca y del coco produce manjares exquisitos. En Brasil es un plato nacional *la farofa*, que no es sino casabe bien pulverizado.

En Cuba, nos limitamos a rayar la yuca y el coco, con lo cual al comerlos siempre queda en la boca un residuo leñoso. Si moliéramos bien la yuca y la carne de coco hasta la finura de la harina de trigo para el pan o de la de maíz para el gofio, nuestros manjares de yuca y de coco serían mejores, aún más sabrosos que los usuales. En Brasil se atribuyen a los negros el arroz con pollo y varias maneras de preparar el pollo y el pescado, y otros muchos platos apetitosos, como el *yatapá*, el *carucú*, el *tutú*, la *farofa*, el *effó*, etc., amén de numerosas confituras. El sabroso *cochino en tierra* también parece venirnos de Africa, así como es herencia de los indios el *asado de barbacoa*.

Es característico de la cocina africana que no use de la leche. Son pocos los pueblos negros, aun los ganaderos, que beban leche, conozcan su mantequilla, salvo para alguna curandería, y que hagan queso. En 1817 un médico de ingenios de Cuba atribuía en parte a la repugnancia que les causaba la leche a los esclavos, la frecuencia en éstos de la disentería. Tampoco comían huevos. Leche y huevos eran a modo de substancias excrementicias, no propias para la boca humana. Los santos no los comen. Si en algún plato de santería entran los huevos de ave, es por transculturación criolla que blanquea los ritos. Ni el guanajo se come en santería, porque no es africano. Tampoco el negro suele comer pescado, ni siquiera en las costas, a menos que sea ahumado; en cuyo caso lo saborea con placer aunque no acepte el bacalao, esa especie de "tasajo de mar" que no se conoce en Africa. Ello se explica por el clima tórrido que rápidamente descompone los peces apenas son sacados del agua. Como sucede con las carnes y demás alimentos. Lo cual obliga al uso intenso de pimientas para disimular su mal sabor y olor cuando "se pasan".

El *maíz de finaos*, aunque los negros lo usan para los muertos, (los ñáñigos para sus *ñampes*, los lucumíes para sus *ikú* y los congos para sus *fuiri* o *mfumbi*), parece ser originado en las viejas culturas de Europa, pues allí se conoció ese mismo rito religioso llamado *lectisternio*, que aún sobrevive en pueblos cristianos. Los negros de Cuba lo hacen con granos de maíz pelados y revueltos con ceniza y manteca de corojo. En la Habana a veces se hallan comidas dedicadas a los muertos en el cementerio chino y aun en el de Colón, sobre ciertas tumbas que el folklore tiene por milagrosas.

El estudio detallado de la alimentación afrocubana, así en sus valores nutritivos y de gusto, como en sus implicaciones históricas y sociales está por hacer. ¿Por qué no lo emprende algún joven estudioso?.

Cortesía del

Banco de Capitalización y Ahorros Previsora Latino Americana

O'REILLY 524 - LA HABANA

Laboratorios Frosst

INDUSTRIA. NUM. 508

TELEFONO: W-5774

PESCADO EN SALSA NEGRA

Por Gonzalo Pedroso

INGREDIENTES:

1 pargo de 5 a 6 libras. sal, pimienta, limón.
2 cebollas grandes picadas en ruedas muy finas.
⅜ libra de mantequilla.
6 cucharadas de harina de Castilla.
3 tazas de caldo de pescado.
½ lata de champignons.
¼ lata de trufas francesas.
sal y pimienta a gusto.
1 onza de Cognac.
3 onzas de vino de Jerez.
el jugo de medio limón.

PREPARACION:

Se sacan los filetes del pescado, se les quita la piel y todas las espinas. Se dividen oblicuamente en forma de steaks. Se le echa sal, pimienta y unas gotas de limón. Con el resto del pescado se hace un caldo. Aparte, en una sartén, se fríen a fuego moderado las cebollas en un cuarto de mantequilla, hasta que tengan color castaño, es decir, que estén doradas y bien blandas. Se cuelan y se dejan a un lado. En esta mantequilla más el resto que nos quedaba, se echan unas seis cucharadas de harina de Castilla y se pone al fuego hasta que adquiera un color marrón. Entonces se le echa las tres tazas de caldo de pescado, revolviendo en caliente, hasta que desaparezcan los grumos. Se echa en este caldo las cebollas doradas, los champignons cortados en lonjitas y las trufas, con su agua, cortadas en rebanadas finas. Sal y pimienta a gusto. Debe de quedar picante. Se le añade el Cognac y el Jerez y se deja hervir lentamente, cuidando que no se pegue, hasta que espese, echándole el jugo de medio limón. Se cubre el fondo de un molde apropiado con parte de esta salsa, se colocan los filetes sobre ésta, cubriéndolos con el resto de la salsa y se ponen al horno a 350° F. o a 400° F. hasta que estén blandos. Se sirve caliente.

NOTA: El autor de esta receta no está acostumbrado a medidas; por lo tanto habrá que añadir más o menos harina a la salsa hasta que tenga la debida consistencia. Al colocar los filetes en el molde, no deben sobreponerse unos sobre otros. También si el pargo es menor de cuatro libras pueden cocinarse los filetes enteros, con la salsa debajo y por arriba en la forma indicada.

ME SUCEDIO EN MALAGA
Por Mario Pedroso

—Camarero, unos huevos a la malagueña.
—No sabemos qué es eso, señor, deme una idea para tratar de imitarlos.
Son al plato, con vegetales, camarones, etc.
—Aquí los conocemos por "Huevos a la Flamencia" y los tendrá en seguida señor.

NOTA: Parece que algún cocinero al llegar a Cuba y en recuerdo de su origen, rebautizó los huevos a la Flamencia, llamándolos a la Malagueña.

SPAGHETTI A LA MARINERA
Por Roberto Pedroso

INGREDIENTES:

4 litros de agua.
1 cucharada de sal.
1 libra de spaghetti.
½ libra de queso Parmesano rallado.

PREPARACION:

Se ponen a hervir los cuatro litros de agua con la cucharada de sal y cuando esté hirviendo el agua se echan los spaghetti. Se cocinan de doce a quince minutos para buena consistencia y veinte minutos si se quieren más blandos.

INGREDIENTES PARA LA SALSA:

1 taza de aceite de oliva.
6 dientes de ajo (picados chiquitos).
2 ramos de perejil (picados chiquitos).
⁴/₄ puré de tomate.
orégano.
½ cucharada de sal.
½ cucharadita de pimienta.
1 libra de masa de puerco.

PREPARACION:

Se ponen el aceite, ajo y perejil en una sartén y se fríen por cinco minutos (hasta que el ajo esté dorado). Se le agrega el tomate, orégano (lo que se puede coger entre los dedos), la sal y la pimienta. Se cocina lentamente por media hora. Por último se agrega la carne de puerco, picada muy chiquita, y previamente dorada, y se sigue cocinando a fuego lento quince minutos más. Se escurren los spaghetti y se sirven en una fuente, aparte en una salsera la salsa y aparte también el queso rallado. Sirve a doce personas.

PESCADO SALSA PERRO

Por Porfirio Pendás

INGREDIENTES PARA EL CALDO:

1 cabeza de pescado.	1 ajo puerro.
agua la necesaria.	3 tomates.
1 ají.	½ libra de papas.
1 cebolla.	sal a gusto.
1 diente de ajo.	

INGREDIENTES PARA EL PESCADO:

1 pescado de 5 libras (cubera o cherna criolla).	3 pimientos grandes.
	sal a gusto.
3 libras de papas.	aceite.
½ libra de cebolla.	ají guaguao.
¼ libra de ajo puerro.	1 cabeza de ajo.
	ají picante.

PREPARACION:

Se corta la cabeza del pescado, se abre a la mitad y se hace con ella un caldo que se sazona con un ají, una cebolla, tres dientes de ajo, un ajo puerro, tres tomates y se le añade media libra de papas. Se corta el pescado en ruedas de tres cuartos pulgada así como las papas; se coloca en una cazuela de aluminio, no muy alta, una camada de papas y una de pescado, encima las cebollas y ajos puerros, cortados en ruedas finas y los pimientos en tiras; otra vez las papas y el pescado, etc., y así sucesivamente hasta terminar los ingredientes. Se añade la sal y buen aceite español. A los diez minutos de tenerlo a fuego lento se agrega el caldo al que se le ha echado un mojo con ají guaguao, seis o siete dientes de ajo y ají picante, bien machacado todo con aceite. Debe quedar cubierto por el caldo. Se aviva el fuego hasta que rompa el hervor. Entonces se reduce la candela y se deja cocinar durante hora y cuarto, apartándolo cuando estén blandos el pescado y las papas. Este plato no se revuelve. Es típico de los pescadores de Caibarién.

Anfitrión: rey de Tebas, esposo de Alcumena, espléndido en sus banquetes. El que tiene convidados a su mesa y los regala con esplendidez.

CASSOULET DE CASTELNAUDARY
Por Porfirio Pendás

Este es un plato típico de la región del Languedoc, del que se conocen, al menos, tres variaciones principales: de Carcassone, de Toulouse o de Castelnaudary. Parece haberse iniciado en Castelnaudary, por lo que, al hablar de cassoulet, se le conoce como el "Jefe de fila".

INGREDIENTES:

- 3 libras de frijoles blancos medianos.
- 1 libra de tocino.
- 1½ libras de costillas de carnero.
- 2 dientes de ajo.
- 1 ají.
- 1 hoja de laurel.
- sofrito.
- 1 cebolla grande.
- 8 tomates.
- ¼ lata de puré de tomate.
- aceite o grasa de ganso. (cocinar estos ingredientes y colar).
- 1 lata de confi d' oie. (carne de ganso conservada en su grasa).
- pan molido.
- 12 butifarras de puerco.

PREPARACION:

Se ponen en remojo desde la víspera los frijoles con el tocino cortado en pedacitos de una y media pulgada. A la mañana siguiente se ponen a hervir, a fuego no muy vivo, con el tocino y el carnero, dos dientes de ajo, un ají y una hoja de laurel, que se sacan cuando estén blandos. Cuando comiencen a ablandarse se le añade el sofrito colado y cuando cuaje, el "confi d' oie", dejándolo cocinar a fuego lento quince minutos más. Se cambia para una cazuela de barro. Cuando esté frío se espolvorea con pan molido hasta que forme una capa. Encima de ésta se colocan las butifarras o longanizas. Se guarda en el refrigerador y al día siguiente se pone al horno, a 350° F. una hora antes de servirlo. Este plato ha de cocinarse muy lentamente para que no se rompa el grano.

NOTA: El "confi d' oie" es la carne de ganso (oca) que se ha preparado de la siguiente forma: Se parte en pedazos el ganso y se deja en sal durante veinticuatro horas en el refrigerador. Se cocinan los pedazos en su propia grasa, ya que esta ave es de mucha grasa; la cocción ha de ser a fuego muy lento para que no quede la carne frita. Se dejan cocinando hasta que al pinchar los muslos no salga sangre y esté blanda la carne de ellos. Esta carne se guarda en pomos de boca ancha estériles y con la propia grasa de la cocción a la que se le ha quitado el jugo de la carne. Si no hubiera suficiente grasa, se cubren con manteca de puerco sólida. En este plato si no se encontrara el "confi d' oie" puede sustituirse por carne de puerco asada y ahumada.

"CURRY" DE CAMARONES

Por Evelio Pina Iglesias

INGREDIENTES:

1 zanahoria grande.
1 cebolla grande.
1 ají verde.
¼ de mantequilla.
Curry Powder.
2½ libras de camarones.

PREPARACION:

Se pica la zanahoria en ruedas finas, la cebolla y el ají se cortan en pequeños trozos como si fueran para sofrito. Todo esto se vierte en una cazuela donde se pone también la mantequilla y se sofríe. Se le agrega un poco de agua para aumentar la salsa y se agrega el polvo de "Curry" hasta darle la intensidad de picante que se desee (media cajita es un buen temple). Los camarones se vierten en esta salsa habiéndose hervido y pelado previamente, todo se revuelve y se deja a fuego lento listo para servir.

Alco-Elite

INDISPENSABLE EN EL HOGAR

Antiséptico infalible para el aseo de los niños, inyecciones, después de afeitarse, en las axilas como eficaz y económico desodorante y muchos usos más.

Un Producto ARECHABALA

PROSAPIA DE LA MUSICA PARA COMER

Por Antonio Quevedo

Pietro Aretino fué algo más que un escritor festivo y satírico italiano del siglo XVI. No fué ciertamente su nativa Arezzo la que infundió en su vida el gusto por la sensualidad de los colores y de las formas, por las comidas sazonadas con ricas especias y alegradas por vinos espumantes, por los amores lascivos y los versos amatorios, sino aquella otra ciudad ilustre a orillas del Adriático, a un tiempo laguna pestilente y palacio aristocrático, lugar de ensueño, hervidero de pasiones y vorágine de razas.

Fué en Venecia en donde Pietro Aretino vivió, si no como un Dux al menos como un potentado. La música y la poesía eran sus pasiones favoritas. Pasiones, decimos, porque no fueron amadas por él con deliquio espiritual, sino con ardor pagano y vehemencia erótica. Quien ha leído sus "Sonetos", que los dibujos de Julio Romano hacen escandalosos y libertinos, comprenderá cuánta lubricidad había en aquella floración de poetas y pintores del Renacimiento para quienes la existencia era un lujo vital, y el arte su perfecto vehículo.

Pietro Aretino se rodeaba de músicos durante sus comidas. Los Príncipes y los Cardenales del Renacimiento también lo hacían, pero más bien como un alarde y ostentación en su diario atuendo, sin que la música ejecutada tuviera significación alguna como tal.

¿Cuál sería la música que sonaba en las estancias del Aretino, los días señalados por la amistad alegre o el yantar voluptuoso? No seguramente las pavanas y gallardas de los primitivos italianos; menos aún las primeras toccatas para clavicímbano, o las curiosas "diferencias" que sobre el arte de tañer fantasía comenzaban a escribir los músicos españoles, hasta culminar más tarde en las del ciego Salinas, creadas para el órgano de regalía que oyera Felipe II en su recámara del Escorial.

Se sabe por testimonios de la época que el Aretino gustaba de la "viola d' amor" del "violino piccolo alla francesa", de la tiorba y el bajoncillo, del salterio medieval y los broncos instrumentos de cobre. No nos ha quedado de él, como de la cámara del Príncipe Don Juan, hijo de los Reyes Católicos, relación fidedigna de los instrumentos de corte, a cuyos sones se adormecían las musas propicias de la música y de la danza. Pero el solo hecho de que dispusiera de un conjunto tan nutrido para su época, da claras muestras de sus gustos musicales y estirpe artística.

No se crea que la costumbre de comer con música es de nuestros días. Danzarinas que tañían cítaras y arpas animaban las comidas de los Faraones y las de los fabulosos reyes del Oriente. China y la India fueron en tal aspecto los ejemplos más refinados. Al evocarlo ahora, en este libro casi sápido y oloroso, sólo hacemos una apetencia más, entre tantas como discurren en él.

RECETAS

Por Alfredo T. Quílez

Estas recetas proceden del archivo de la familia Deniz-Bonifaz, cuyo fundador lo fué el general Don Carlos Deniz y Trueba, casado con la señora Doña María Teresa Bonifaz y Otero.

LA BEBIDA ROJA

La Bebida Roja tuvo su origen en el Palacio Real de Madrid, siendo muy conocida por los concurrentes a las fiestas y buffets ofrecidos por la Familia Real. Su composición es la siguiente:

INGREDIENTES:

- 1 botella de Champagne dulce.
- 1 botella de vino tinto (St. Julien, Chateau Margaux o Chateau Lafitte).
- 1 botella agua de Seltz.
- 1 copa grande de vino blanco (Chateau Iquem o Chateau Latour).
- 1 copa de Curacao.
- 20 gotas amargas.
- 1 rama de hierbabuena.
- bastante hielo picado.

PREPARACION:

Se mezclan bien todos los ingredientes y se pone a enfriar en una ponchera.

PUDIN DE VERDURAS

Por Alfredo T. Quílez

INGREDIENTES:

- 2 mazos de acelgas.
- 1 pedazo de col.
- 2 zanahorias.
- 2 papas.
- 1 huevo.
- jamón a gusto.
- 4 cucharaditas de harina de trigo tostada.
- sal a gusto.
- salsa mayonesa.
- 1 lata de petit-pois medianos.
- perejil.
- pan.

PREPARACION:

Se hierven las verduras, zanahorias y papas. Se escurren bien y se pican, mezclándolas y haciendo una pasta. Se adiciona el huevo, batido ligeramente, los pedacitos de jamón, la harina tostada y la sal. Se pone en un molde engrasado y se cocina al horno o al baño-maría hasta que la punta de un cuchillo al introducirla en la pasta, salga seca. Se deja enfriar y se cubre con salsa mayonesa, adornándose con el petit-pois, las ramitas de perejil y pan frito.

GAZPACHO ANDALUZ

Por Alfredo T. Quílez

Este plato era otro de los favoritos de hace algunos años. Su composición era la siguiente:

INGREDIENTES:

- 3 tomates grandes maduros.
- 1 ají grande.
- 1 cebolla grande.
- 1 diente de ajo.
- pan el necesario.
- aceite de oliva.
- agua bien fría.
- 2 cucharadas de vinagre.
- 1 pepino.

PREPARACION:

Con una cuchilla fina se muelen el tomate, ají y cebolla. En el mortero se machuca el diente de ajo y se va echando poco a poco las verduras molidas, machacándose con pedazos de pan. Después se le echa bastante aceite de oliva, se coloca luego la masa en un recipiente. Se le añade agua bien fría. También dos cucharadas de vinagre y ruedas finas de pepinos.

---

bandín y cía., s. en c.

IMPORTADORES DE EFECTOS SANITARIOS

AVENIDA DEL PTE. MENOCAL No. 402, esq. a SAN MIGUEL

TELFS.: U-3058 - U-2424   -   Cable y Telég.: BANDINCO

LA HABANA

LO TRÓFICO Y LO ESPIRITUAL EN LA MESA

Por Juan J. Remos

El arte de la mesa (y al decir mesa se sabe que es por antonomasia, la de comer) influye extraordinariamente en la vida de relación, desde la más remota antigüedad. Si no fuera, como es, un regalo del gusto, en la intimidad, para personas de sensibilidad fina, el arte de la mesa, comtemplado desde el ángulo social, es de una importancia trascendental. Alrededor de la mesa la humanidad ha solido cumplir, no solamente con sus necesidades tróficas, sino con las espirituales: deliquios de amor (y va en primer término porque el amor lo ha movido todo en la historia y sigue moviéndolo); reconocimiento a la inteligencia, testimonio de cordialidad internacional, enaltecimiento al estadista, agasajos del compañerismo; todo, en una palabra, lo que supone recompensa moral de algún género, se consuma entre las delicias de un menú. Por algo dijo Mariano José de Larra, que las deudas del espíritu las pagaba el estómago.

La mesa representa, a través de la historia, el eje que ha visto girar a su alrededor acontecimientos de una significación suprema, como la Divina Cena. Recuérdese que Platón, en uno de sus famosos *Diálogos,* titulado *El Banquete,* hace polemizar a Sócrates, Aristófanes, Alcibíades, etc., sobre motivos de profunda especulación filosófica, haciendo afirmaciones que aún se citan, como referencia autorizada, en los textos modernos. El gran prosista ecuatoriano, Juan Montalvo, dedicó uno de sus *Siete Tratados,* al "banquete de los filósofos"; pero aprovecha el tema para hacer un ensayo medular, como fueron todos los suyos, sobre el arte de comer, haciendo de la ironía, a trechos, el tono predominante, cuando no el satírico, llegando al sarcasmo: "Los ángeles no comen: las mujeres se dejan llamar ángeles por nosotros, pero no nos quieren dar gusto en esto de no comer. Si se satisfacen al igual de nosotros que somos diablos, ¿cómo son ángeles ellas?". No cabe duda que la mesa ha sido, en efecto, el centro de atracción en lo trófico y en lo espiritual, y que plumas magníficas le han consagrado estudios de monta, como el de *La Casa de Lúculo o El Arte de Comer,* del ensayista español Julio Camba, en que toma al célebre ricacho romano y sus costumbres, como señuelo del tema. En la Edad Media menudearon los libros de esta índole; ejemplo en nuestra lengua: *Arte cisoria o del cortar del cuchillo,* de Enrique de Villena.

Pero de todas las reuniones humanas alrededor de la mesa, la de más importancia, la que entraña más honda significación en la vida humana, es la de la familia. Si alguna mesa debiera ser modelo de buen servir y de más artístico yantar, y al mismo tiempo de mejor motivo para mantener la comunión del hogar, esa es la mesa familiar. Al almuerzo y a la cena (o comida, como decimos en Cuba) deben reunirse los jefes de la familia con sus descendientes, y debe aprovecharse el tiempo de consumir el menú, para conversar sobre cosas que, durante el día se hace imposible, porque ocupaciones y expansiones no permiten otra oportunidad. Además, la mesa de la familia entraña un símbolo muy particular: es la representación práctica del cumplimiento de uno de los deberes sagrados que tienen los que son el sostén del hogar: propiciar el alimento necesario a quienes están bajo su amparo. Pero esta obligación material hay que cumplirla sin ostentación; y de ahí que la mesa deba ser uno de los lugares más calificados y eficaces de la convivencia familiar, donde cada reunión debe ser una ratificación del mutuo cariño y de la cooperación de todos a esa célula imprescindible de la sociedad sin la cual ésta perdería su legítimo carácter en la cultura occidental.

Es un error no hacer de la mesa familiar un acontecimiento cotidiano, en que se revele tanto interés por el buen gusto y la corrección como el que se revela cuando se está en compañía de extraños. También los orientales respetan la mesa en sus tradiciones, dándole el elevado significado que acabamos de subrayar. La mesa no es sólo el cumplimiento de una necesidad trófica: la mesa es la ratificación diaria de nuestros sentimientos íntimos en la comunión hogareña. Los católicos bendicen los alimentos antes de sentarse a comer; y todos en general dan en su interior gracias a Dios porque nos dé "el pan nuestro de cada día"; y no sólo por el pan en sí, sino porque el pan es símbolo de triunfo en la unión para la lucha por la vida.

Si a lo que de moral entraña la mesa, unimos lo que de arte tiene, su misión es completa. A cumplirla ha de ayudar este libro, que trata de satisfacer el paladar, para mover la voluntad, ya que nunca es ésta más activa que cuando aquél ha sido plenamente satisfecho.

Cortesía del

Vino

Lágrima Christi

EL PRIMER CATADOR DE FRANCIA

Por Leandro Robainas

Si existe, señores, por ejemplo, el primer escultor, el primer pintor, el primer artista de cine, el primer boxeador, etc.; no el primero en el orden numérico, pero sí el primero por su categoría, por su celebridad, por el fallo de la opinión pública. Existe también el primer catador de Francia.

En un interesante concurso al que asistí en París, en mi carácter de periodista extranjero y en fecha que no es necesario señalar aquí, resultó proclamado con toda la pompa, entusiasmos y agasajos dignos de tan extraordinaria, de tan original dignidad... el Primer Catador de Francia; obteniendo, entre las muchas recompensas por su triunfo, la condecoración de la Legión de Honor, que le fué impuesta con gran solemnidad.

Y lo fué en el cuadro apropiado a su nueva gloria: las "caves" —bodegas— inmensas de un gran restaurante del Passage des Princes, templo subterráneo del dios Baco, donde duermen en venerable polvareda y en botellas tranquilamente acostadas, los más famosos vinos de la Francia, y por consiguiente, del mundo.

El dueño de este restaurante, organizador del original concurso, era entonces Monsieur Carme, Presidente de la Unión de Sumilliers, —"sommeliers": catadores de vinos— el cual mostraba a los visitantes el día del evento el motivo de sus éxitos, probando, entre numerosos vasos de vinos —todos al parecer iguales— y señalándolos por sus nombres, reconociendo sus marcas.

Entre los opositores del concurso, obtuvo el Primer Premio, por haber acertado, casi en su totalidad, las marcas, regiones y buena parte del historial de los numerosos vinos que le fueron ofrecidos a prueba, M. Le Cudennec, que fué proclamado ese día el *primer catador de Francia*.

Resulta, en verdad, original y a la vez curiosa, la degustación de los vinos, que es todo un arte, aunque todo el mundo puede, con mayor o menor dificultad, intentar y hasta obtener éxito en la prueba, pues el paladar es susceptible, en principio, a toda preparación. No obstante, muchos expertos para aumentar la sensibilidad de sus papilas linguales, mascan un pequeño pedazo de queso antes de comenzar sus experimentaciones. Estas se reducen a "mirar, oler y gustar". El gusto es la estocada final que encuentra el secreto y precisa el diagnóstico, ya algo conseguido por el color y la fragancia.

La degustación o catadura de vinos, requiere al beberlos una práctica razonada y metódica de la memoria... y de sangre fría, es decir, de serenidad y reposo. Los conocimientos son aumentados sistemáticamente, y M. Le Cudennec, siendo bretón, demostró con sus éxitos y con el triunfo en este concurso a que nos referimos, que no es necesario haber nacido en las provincias vinícolas de Francia para conquistar la palma como Primer Catador de vinos.

Si Monsieur Cudennec conociera la vulgar superstición, al beber en tantos vasos... ¡líbrenos Dios de sus secretos!

En el mar, en el aire, en las grandes ciudades, en los pueblos, en el campo, en su casa... En todas partes y a todas horas está presente la industria del petróleo, que mantiene latente el ritmo de la marcha del progreso y las necesidades de la civilización moderna.

Cía. PETROLERA SHELL DE CUBA, S. A.

Oscar J. Angulo

EQUIPOS DE HOSPITALES

NEPTUNO No. 565

HABANA

TELEFONOS:
U-6300 - U-7671

PUDIN DE PESCADO

Por José Sampedro Camus

INGREDIENTES:

- 1 pan de leche.
- ½ litro de leche.
- 2 latas de bonito en aceite.
- ¼ libra de mantequilla.
- 1 lata de puré de tomate.
- 6 yemas.
- 1 cebolla bien picadita.
- 2 cucharaditas de sal.
- 1 cucharadita de pimienta.
- 2 cucharadas de perejil.
- 6 claras.
- mantequilla para engrasar el molde.
- 6 u 8 cucharadas de galletas molidas.
- Catsup.
- 1 latica de pimientos morrones.
- 1 latica de petit-pois.

PREPARACION:

Se le quita la corteza al pan y se ablanda con leche aplastándolo con un tenedor. Se desmenuza el bonito y se le une al pan. Se le van agregando y mezclando todos los ingredientes menos las claras de los huevos que se le agregan últimamente previamente batidas a punto de merengue. El molde se unta con mantequilla y galleta molida y se hornea a 350° F. por una hora. Se saca caliente del molde y se cubre con Catsup, pimientos morrones y petit-pois.

POLLO ESTILO ITALIANO

Por José Sampedro Camus

INGREDIENTES:

- 2 pollos de 3 libras cada uno.
- 3½ cucharaditas de sal.
- ½ cucharadita de pimienta.
- 2 naranjas agrias.
- 6 cucharadas de manteca o aceite.
- 1 taza de cebollas picaditas.
- ½ taza de ajíes verdes picaditos.
- 4 dientes de ajo picaditos.
- 1 taza de puré o pasta de tomate.
- 3½ tazas de tomates frescos picados en cuartos.
- ½ taza de vino Chianti.
- 2 hojas de laurel.
- queso Parmesano rallado.

PREPARACION:

Se pican los pollos en cuartos y se sazonan con sal, pimienta y naranja agria. Se calienta la grasa en una cacerola grande o sartén. Se fríen los pollos en la grasa hasta que estén dorados por todas partes. Se agrega la cebolla, ají y el ajo, se sofríe durante unos minutos, se le agregan los ingredientes restantes y se deja hervir lentamente durante unos cuarenta minutos, cubriéndolo con la salsa, espolvoreándolo con queso Parmesano. Da para seis u ocho personas.

ARROZ NEGRO SIRIO O MORO

Por José Sampedro Camus

INGREDIENTES:

¾ libra de cebolla.
aceite suficiente para freír la cebolla.
caldo de pescado concentrado.
1 libra de arroz.

PREPARACION:

Se pica la cebolla muy menudita y se sofríe con el aceite hasta que se dore tanto que se vea de un color carmelita bien oscuro, pero con cuidado que no se queme. Se le escurre el aceite y en la misma cacerola donde se ha dorado se machaca la cebolla con la mano de mortero hasta convertirla en una pasta, que quedará como un polvo negro, se vierte en el caldo concentrado y colado dejándose hervir unos minutos para que se tiña el caldo de negro. Después se mide el caldo y se cocina el arroz en el (tres o cuatro tazas de caldo para una libra de arroz), procurando quede algo desgranado. Si se desea se le puede agregar las masas de pescado del caldo.

INGREDIENTES PARA EL CALDO:

2 cabezas de pescado grandes.
1½ litros de agua.
1 cebolla.
1 ají verde.
1 ramita de perejil.
2 dientes de ajo.
6 tomates frescos.
1 ajo puerro.
1 hoja de laurel.
1 zanahoria.
sal.

PREPARACION:

Se hierve hasta reducirlo a un litro y se pasa por el colador chino.

EL ARTE DE COMER PARA NO ENFERMAR

Por Rafael Suárez Solís

Quisiera disponer de tiempo e ingenio para intentar una indagación culinaria. De entrada me plantearía esta cuestión: ¿Quiénes son los culpables de la decadencia del arte que Brillat-Savarin elevó a la filosofía? Hay quienes—cada día más—se sientan a la mesa como si fuera en el banquillo del garrote, en espera de que les indulten por el pecado de la gula, mientras dicen: "¿Cuándo se servirán *menús* en píldoras? Si es cierto que las ciencias adelantan que es una barbaridad, ¿por qué los científicos no hacen esa barbaridad de una vez?". Con esos comensales ¿cómo animar hoy a los cocineros para la conquista del *Cordon Bleu* que otorga a los dioses de la cocina la Academia de los Psicólogos del Gusto?

Otros, a la hora de lamentar la decadencia de la cocina, echan la culpa a los médicos. "Los médicos—dicen—, con sus dietas, quitan a uno las ganas de comer. Cada dieta que imponen sabe a medicina. Y uno no se sienta a la mesa de Agatón, como Sócrates, Fedro, Eriximaco y Alcibíades, para engullir productos farmacéuticos en vez de hablar del amor y la amistad. Las medicinas son esas pócimas que hay que tragarlas apretándose la nariz."

No se dan cuenta al hablar de ese modo que no son hombres sanos, sino enfermos, y que la dieta clínica es un remedio contra el pecado de gula. Ignoran también que la verdadera cocina, como advierte Julio Camba, es un arte sedentaria que, "nacida con el primer aposentamiento humano al borde de un río pesquero o bajo unos árboles frutales, fué enriqueciéndose y depurándose hasta la funesta invención de las cámaras frigoríficas". Y lamenta el autor de "La casa de Lúculo": "¡Dichosa edad aquélla en que nadie conocía más frutos que los de su huerto, porque esos frutos, buenos o malos, eran para cada hombre una alimentación tan específica como la leche materna! Entonces, todo se relacionaba lógicamente —el hombre, el clima, la alimentación y el paisaje—, y en esa relación consistía la armonía del mundo antiguo."

Esto me hace recordar un regreso a mi casa paterna cargado de medicinas y aprensiones, y la respuesta que me dió mi padre—médico excelente, dicho sea sin temor a caer en vanidad—cuando le dije que no tomaba chocolate porque le hacía daño al hígado. "No lo creas—me replicó—. El chocolate no hace daño al hígado. Algunos hígados hacen daño al chocolate. Y el tuyo no tiene esa mala intención."

Comer bien no es comer mucho, ni siempre comer mucho es alimentarse bien. Lo de comer es un arte. Y lo es la propia medicina, puesto que a curar hombres se dedica. El que se enferma es por no haber aprendido el arte de comer: guardar las relaciones que deben existir entre el hombre, el clima, la alimentación y el paisaje.

Comer demasiado es la mejor y más rápida manera para morir de hambre. Hay varios avisos profilácticos a ese respecto. Uno el del gastrónomo que a fuerza de mucho comer había perdido el apetito, y ese gran estimulante que es el hambre. Un día, paseando su desgano en compañía de su esposa, vió como la mujer de un albañil destapaba junto a su marido, que dejaba el trabajo para almorzar, un cocido oloroso.

—¡De qué buena gana me comería ese potaje!—dijo el glotón.
—Pues nada—respondió la mujer—. La cosa es muy sencilla. Paga a ese matrimonio el almuerzo en el restaurante de la esquina y cómete tú el cocido del albañil.

Así lo hizo; pero a medias. Entregó el dinero del almuerzo en el restaurante y se dispuso a comer el cocido a la madrileña. Pero el apetito no pasó de ser una ilusión. A lo que la esposa dijo:

—Para la gana de comer ese potaje te falta un detalle muy importante.
—¿Cuál?
—Que te hubieras levantado a las seis de la mañana y después trabajases cuatro horas seguidas subido a un andamio.

De estas cosas saben los poetas tanto como los médicos. Y hay una poesía de Campoamor donde se habla, *científicamente,* del arte de mezclar lo dulce con lo amargo, si no se quiere que el mucho dulce obligue a la amargura de buscar remedio, tanto para los males del cuerpo como para los del alma. Lo que hace decir al poeta:

> "*¡Oh, cuán sabio es el doctor*
> *que cura de un modo igual*
> *las dolencias en amor,*
> *en higiene y en moral!*"

¿Es moral acaso, en cualquier caso de los tres, lo que defienden los georgianos a la hora de sentarse a la mesa? Medítese esta barbaridad gastronómica: "Solamente demasiado es bastante algunas veces."

Así es como la cocina ha llegado a la goma de mascar, a los *menús* en píldoras y al complejo de vitaminas. Mientras el faisán recobra su categoría de ave silvestre en el paisaje. Y el Imperio Británico pierde sus colonias. Bernard Shaw lo vió a tiempo. "Unicamente perdurará el Imperio Británico si los ingleses sobreviven a su alimentación."

Los nerviosos, los irritables, los histéricos son toda gente que debe beber poco café o no debe de beberlo en absoluto. Lo malo es que nadie sabe que se es nervioso, irritable ni histérico... y cuando se le dice, piensa que es cosa de los otros.

MAESTOSE FETTUCCINE AL TRIPLO BURRO
Por José I. Tarafa

Llamamos a este rico plato italiano "Fettuccine a lo Alfredo" por haberlo comido en múltiples ocasiones en el famoso restaurante de la Vía della Scrofo No. 104 en Roma.

Realmente debemos el haber aprendido a confeccionarlo a nuestro querido amigo el Rev. Padre Lorenzo Spiralli.

Para seis personas, se toman dos paquetes de tallarines de media libra, y se ponen en agua hirviendo, a la que se le ha agregado sal a gusto, teniendo cuidado que queden bien cubiertos por el agua, la que se mantiene en el fuego por veinte minutos. No deben de adherirse ni formar pasta, para lo cual se mueven lentamente con un tenedor largo. Posteriormente se escurre el agua, para lo cual se utiliza un colador grande. Entonces se vierten sobre una fuente llana en la que previamente se ha echado media taza de leche tibia, agregándosele media libra de mantequilla, la cual se mezcla con la ayuda de una cuchara y un tenedor, y al mismo tiempo se le va agregando queso Parmesano rallado (alrededor de un cuarto de libra), pudiéndosele sumar posteriormente mayor cantidad, según gusto personal.

Se sirve en platos individuales, dejando siempre en la fuente la porción para el invitado de honor, que debe de comerlos en este recipiente.

En otro restaurante de Roma, le sirven al invitado de honor con unos cubiertos de oro.

LICOR DE LECHE DE SANTIAGO DE CHILE
Por José I. Tarafa

Durante nuestra visita en el año de 1953 a la bella ciudad de Santiago de Chile y a nuestros queridos amigos, el distinguido cirujano-ortopédico Profesor Carlos Urrutia y su familia, nos fué dada la receta que a continuación tenemos el gusto de ofrecer.

INGREDIENTES:

- $1\frac{1}{2}$ litros de leche.
- $1\frac{1}{8}$ libras de azúcar.
- 1 litro de alcohol de 90°.
- $1\frac{1}{2}$ limones cortados en rodajas.
- $1\frac{1}{2}$ palos de vainilla.

PREPARACION:

Se mezcla la leche cruda con el azúcar en un frasco grande y se le agrega el alcohol, limón y vainilla. Se deja en maceración por diez días, revolviéndolo todos los días una vez, luego se cuela por un colador grueso y se termina pasándolo por un papel de filtro. Queda en un tono verde claro.

DESAYUNO EN EL VATICANO

Por José I. Tarafa

Desayuno inolvidable: La mañana del 5 de septiembre de 1954, estábamos en Roma, con motivo de la Conferencia Internacional de Poliomielitis a la que habíamos sido invitados por la National Fundation for Infantil Paralysis. Nos encontrábamos en el Hotel Excélsior: Laura Tarafa Vda. de Villapol, nuestra querida prima; mi esposa Mercy G. de Tarafa y yo, y para inmensa satisfacción de todos, el querido Padre Lorenzo Spiralli. El Rev. Padre Spiralli con el dinamismo que lo caracteriza igual en nuestra patria que en el extranjero, nos invitó a confesar y posteriormente a comulgar. Pero lo que no sabíamos, era que íbamos a recibir una de las más grandes alegrías y honores que puede recibir un católico, pues nos dijo la misa y nos dió la sagrada comunión en el altar mayor de la Basílica de San Pedro.

Como complemento de esa feliz mañana, nos invitó a desayunar en el comedor donde desayunaban los padres que ofician en esa gran catedral y ésta es la razón por lo cual llamamos a este gran honor, uno de los más grandes que hemos recibido en nuestra vida: Desayuno inolvidable.

OTRO DESAYUNO MEMORABLE

Por José I. Tarafa

Otro desayuno que nos ha impresionado, por lo que representa en el sentido de la amistad y el afecto, ha sido el del día 1º de mayo de 1955, que desayunamos con nuestro querido amigo Monseñor Dr. Belarmino García Feito. Dicho desayuno fué con motivo de celebrar su trigésimo aniversario como Párroco de la Iglesia de los Quemados de Marianao. Después de una Misa Solemne de Comunión, fuimos invitados un grupo de feligreses que sentimos gran admiración y devoción por el ilustre Párroco, a compartir un rato sumamente agradable en la mesa donde nos servían el desayuno.

ALMUERZO CON LA MAS DEMOCRATA DE LAS REINAS

Por José I. Tarafa

El día 15 de Septiembre de 1954, nos encontrábamos en La Haya. Ese día yo tenía el honor de presidir la sesión general de Rehabilitación del Congreso de la International Society for the Welfare of Cripples, en mi condición de vicepresidente de esta sociedad internacional para el bienestar del lisiado. A esta sesión concurría su majestad la reina Juliana de Holanda. Para recibirla acudimos los ejecutivos del congreso y al invitarla para que ocupara la presidencia, me contestó en la forma más natural, que ella no concurría allí como reina, sino como un miembro más de aquel congreso y que ocuparía un puesto entre las personas del auditorio. Deseo señalar que ella era la que patrocinaba ese congreso.

En mi carácter de presidente de la sesión, me tocó darle la bienvenida, y además pedirle su autorización para cerrar la sesión.

Al terminar la sesión, nos invitó para almorzar con ella a los dirigentes de la International Society, y todos quedamos sorprendidos de la forma tan democrática en que se realizó aquel almuerzo.

El lugar, fué uno de los comedores del Hotel Kurhaus y el servicio en forma de buffet, solamente había caliente el consomé, los otros eran platos fríos, servidos en una mesa en un extremo del comedor a la cual acudíamos todos a buscar la comida. En mesas separadas y constituyendo cuatro grupos de comensales nos sentamos. En la primera estábamos: Mr. J. M. Raveslost, presidente del congreso; Konrad Persson, presidente de la International; Howard Rusk, presidente electo; Stanley Evans, otro vicepresidente; Donald Wilson, secretario; Henry Kessler, Juan Farill y el Barón de Nuffield que habían sido premiados con el Premio Lasker y el que les narra. Su Majestad que acudió acompañada solamente por su secretaria, se fué sentando a ratos en cada una de las mesas y cuando la abandonaba su secretaria ocupaba el puesto que ella había tenido. Nosotros tuvimos el honor que fuera la primera mesa en que se sentara y tomó con nosotros el consomé. Durante su estancia en la misma habló con cada uno de nosotros sobre diferentes temas; como era natural en nuestro turno hablamos sobre el azúcar de Cuba y del Centro de Rehabilitación Franklin Delano Roosevelt, acabando por obsequiarla con los objetos hechos por los lisiados del mismo y que teníamos en la exposición del mencionado congreso. En la segunda mesa comió un plato de carnes frías, que ella misma se fué a servir; en la tercera el postre, también servido por ella misma y por fin en la cuarta mesa tomó el café.

Al terminar el almuerzo Su Majestad permaneció charlando con sus invitados en la misma forma que lo hacemos nosotros cuando tenemos un grupo de amigos en nuestra casa o en el club.

Todos estábamos convencidos que habíamos almorzado con la reina más demócrata del mundo.

OTRO ALMUERZO DE GRATOS RECUERDOS

Por José I. Tarafa

Llegamos a París en ocasión de celebrarse el Congreso de la Sociedad Francesa de Ortopedia, y por gentileza de nuestro querido amigo Judet, acudimos a la primera sesión de este interesante congreso. Estando en la misma, otro querido compañero ortopédico, el Profesor Merle D'Abigné, nos invitó para el almuerzo que ofrecía el presidente de dicho congreso.

Siempre ha sido para nosotros de gran agrado, asistir a esta parte social en los distintos congresos, pues verdaderamente reina una gran camaradería entre los asistentes y todos se despojan de la austeridad con que los hemos visto en las sesiones científicas, para tener charlas amenas con los demás compañeros. Este de la Sociedad de Ortopedia Francesa, nos resultó uno de los más agradables a que hemos asistido, pues en el mismo tuvimos el honor de la compañía del profesor Ombredanne, que a pesar de sus años conserva su intelecto y sus energías, que recordamos tenía en el año 1935, cuando lo visitamos en sus servicios de París.

El ilustre profesor, padre de la ortopedia francesa, además de hacer gala de sus conocimientos científicos hizo derroche de su gentileza, al transferir el homenaje que se le rendía, a las señoras de los miembros del congreso.

He querido referir esta anécdota, para completar tres ratos muy agradables pasados en la mesa, durante mi viaje de 1954; el primero uno espiritual: nuestro desayuno en el Vaticano; el segundo en lo social: el almuerzo con S. M. la reina Juliana de Holanda y el tercero en lo científico, pues constituye una satisfacción para cualquier cirujano ortopédico, el almorzar con el ilustre Profesor Ombredanne.

PIENSOS TROPICAL, S. A.

ALIMENTO PARA AVES, GANADO Y CERDOS
POLLITOS TROPICAL PARA RAPIDO ENGORDE

•

New-Hampshire, Rock Hamp, White Rock, Indian River, Vantress y las famosas Ponedoras Sex Link

•

KILOMETRO 14½
CARRETERA CENTRAL LA LISA

APARTADO No. 23
TELEFONO B0-7130

EMBUTIDO DE MARISCOS

Por Raúl Valdés Fauli

INGREDIENTES:

- 4 langostas grandes.
- 3 libras de camarones.
- 2 libras de almejas frescas (o de lata).
- 2 libras de masa de pargo.
- ¼ taza de jugo de limón.
- ¼ taza de vino seco.
- 3 zanahorias.
- 3 cebollas.
- 2 pimientos verdes.
- 1 lata de pimientos morrones.
- 2 cucharadas de sal.
- 2 cucharaditas de pimienta.
- ½ cucharadita de nuez moscada.
- leche necesaria para unir.
- 6 huevos.
- 6 saquitos.

INGREDIENTES PARA EL CALDO:

- patas de langostas.
- cáscaras de camarones.
- carne.
- 1 libra de cebolla.
- 2 pimientos.
- 12 tomates.
- hojas de laurel.
- granos de pimienta.

PREPARACION:

Hervidos los mariscos ligeramente y el pescado perdigado en agua, zumo de limón y vino seco, se pasa todo por la maquinita, en cuchilla fina con las zanahorias, cebollas, pimientos verdes y pimientos morrones. Todo se reúne en un recipiente, echándole sal, pimienta, nuez moscada, un poco de leche y los huevos. Una vez reunido todo se llenan los saquitos. Aparte se tiene preparado un caldo que se hace con las patas de las langostas y las cáscaras de los camarones y se le echa además un poco de carne de res y abundante cebolla, pimientos, tomates, hojas de laurel y unos granos de pimienta. Se echan los saquitos en el caldo hirviendo y se tienen en la candela a fuego vivo durante treinta minutos, sacándolos en seguida y poniéndolos en un recipiente seco. Se come frío.

Los turcos son muy aficionados al yoghourt, como ellos lo llaman, y no yoghurt, como lo llaman los búlgaros. Se dice que el yoghourt se originó cuando los turcos eran tribus nómadas, en Asia Central y acostumbraban a llevar la leche sobre los camellos. El calor del sol y el movimiento convertía la leche en yoghourt.

POLLO CON SALSA DE AJONJOLI

Por Raúl Valdés Fauli

INGREDIENTES:

2 pollos.
2 cucharadas de sal.
1 cucharadita de pimienta.
1 taza de aceite.
1 libra de cebollas picadas.
1 pimiento verde grande.
1 taza de consomé.
4 ó 6 cucharadas de ajonjolí.

PREPARACION:

Matados los pollos y divididos los encuentros y pechugas, se polvorean con sal y pimienta. Aparte se prepara un sofrito en aceite, de cebolla bien picada y poco pimiento verde. Después de cocinado algo a fuego lento el sofrito, se le echa el pollo y un poco de consomé, teniéndolo en la candela hasta que el pollo esté regularmente cocinado. Se tiene preparado ajonjolí que deberá ser tostado, sin quemarlo, se machaca en un mortero y después se le echa al pollo, teniéndolo en la candela hasta que esté completamente blando. Debe de tenerse cuidado de no echarle mucho consomé, con el objeto de que la salsa quede espesa. Puede también hacerse con costillas de puerco.

BRASCHIOLE (Macarrones con enrollados de carne)

Por Alberto Valdés Fauli y Fuentes

INGREDIENTES PARA LOS MACARRONES:

1 ½ litros de agua.
2 cucharadas de aceite.
1 cucharada de sal.
1 libra de macarrones tipo italiano.
⅛ libra de mantequilla.
¼ libra de queso Parmesano rallado.
salsa de tomate con los enrollados de carne.

PREPARACION:

Se pone al fuego agua, aceite y sal. Cuando hierva el agua se agrega los macarrones y se dejan hirviendo veinte o veinticinco minutos. Se retira del fuego, se escurren y se le agrega agua fría para evitar que se peguen. Se escurren bien. Se colocan los macarrones en una fuente, se le agrega la mantequilla, se polvorean con queso rallado y se sirve acompañados con la salsa de tomate cubriendo los macarrones y enrollados de carne. El queso restante se sirve aparte.

INGREDIENTES PARA LOS ENROLLADOS DE CARNE:

- ¼ libra de cebolla.
- 15 ramitas de perejil.
- ½ libra de jamón crudo.
- 1¼ libras de carne de primera picada en veinte lascas finas.
- ½ cucharadita de sal.
- ¼ cucharadita de pimienta.
- cordel o hilo para amarrar los rollitos.

PREPARACION:

Se muelen juntos la cebolla, perejil y jamón. Se limpian bien las lascas de carne y se estiran dándoles unos golpes con la mano del mortero. Se le esparce a cada lasca de carne el picadillo de jamón y se polvorea con sal y pimienta. Se enrollan y amarran bien ajustándolos con varias vueltas de cordel o hilo. Se cocinan en la salsa de tomate.

INGREDIENTES PARA LA SALSA DE TOMATE:

- 3 cucharadas de manteca.
- 4 dientes de ajo.
- ½ cebolla molida.
- 4 ajíes grandes molidos.
- 1 cucharadita de sal.
- ¼ cucharadita de pimienta.
- 1 lata de pasta de tomate.
- 1 lata de puré de tomate.
- 3 hojas de laurel.
- 4 tazas de agua o caldo.
- ⅛ libra de mantequilla.

PREPARACION:

En la manteca bien caliente se doran los rollos de carne y los dientes de ajo; los ajos se sacan cuando estén dorados. Se agrega la cebolla, ají, sal y pimienta y demás ingredientes, se deja al fuego hasta que la carne esté cocinada. Se le añade la mantequilla y se sirve con los macarrones. Se puede agregar más líquido si fuera necesario para cocinar la carne.

Conservatorio de Música "Orbón"

Director: JULIÁN ORBÓN

Administrador: ARMANDO ORBÓN

CALZADA No. 1010, ALTOS
ENTRE 10 Y 12, VEDADO

TELEFONO F-7539

FIDEOS A LA MEJICANA

Por Pedro Vargas

INGREDIENTES:

- 1 libra de fideos refinos blancos "La Pasiega".
- 2 tazas de aceite de oliva o maní.
- 3 dientes de ajo.
- 1 cebolla.
- 1 lata de tomate al natural.
- 4 tazas de agua o caldo.
- ¼ libra de queso*

* En cuanto al queso debe usarse preferentemente queso pasteurizado, que es el que mejor se derrite.

PREPARACION:

Se calienta el aceite en una freidera grande y se doran en él los dientes de ajo. Se sacan los dientes de ajo después de dorados y se van friendo poco a poco en el aceite los fideos, sacándolos cuando estén doraditos. Después de tener fritos todos los fideos se quita aceite hasta dejar aproximadamente ¼ de taza en la freidera y se sofríe en ese aceite la cebolla molida y el tomate. Se colocan luego los fideos sobre ese sofrito y se les añade el caldo o agua. Debe usarse siempre agua o caldo caliente. Si se usa agua hay que añadirle sal y pimienta, aproximadamente una cucharadita de sal y ¼ cucharadita de pimienta molida. Se tapan y se dejan cocinar a fuego lento aproximadamente de 15 a 20 minutos, ya los fideos estarán secos y blandos. Después se colocan los fideos en un molde pyrex engrasado con mantequilla y se van poniendo los pedacitos de queso, o bien queso rallado. Se ponen al horno a 350° F. aproximadamente 5 minutos. Si no se tiene horno se pueden servir polvoreados de queso.

VARIACIONES:

Al sofrito puede añadírsele si se desea, jamón, chorizo, picadillo o carne de puerco frita. Pueden hacerse también con trocitos de pollo cocinado. Esta receta es muy económica y rinde mucho. ¡Pruébela!

Remedios baratos para los que viven en las grandes ciudades:

AEROTERAPIA: Arte de respirar bien aire puro.
PARQUETERAPIA: Arte de pasear por los parques.
PAISAJETERAPIA: Arte de embriagarse de naturaleza.
HELIOTERAPIA: Arte de saber la dosis de sol que debemos recibir.

BACALAO A LA GALLEGA

Por Armando de la Vega y Faura

INGREDIENTES:

1 libra de bacalao gordo.
2 cebollas grandes.
2 ajíes grandes.
1 taza de aceite de oliva.
2 cucharadas de pimentón español.
2 libras de papas.

PREPARACION:

Se remoja el bacalao el día anterior, se salcocha con una cebolla entera (cortando el bacalao antes); al primer hervor se saca y se le quitan las espinas y el pellejo, guardando el agua. Se hace un sofrito con el ají en tiras y la cebolla en ruedas grandes sin dejarlo dorar mucho, cuando esté listo se le une el pimentón. En el agua del bacalao se hierven las papas en trozos grandes, cuando están casi blandas se le saca el agua y se terminan de cocer al vapor. Al anterior sofrito se le echa un poco del agua del bacalao y se le une éste y las papas dejándolo por diez minutos en la candela procurando que la salsa lo cubra todo. Se sirve con el ají en tiras y las cebollas conforme se hizo el sofrito. Suficiente para cuatro personas.

PICADILLO DE PUERCO CON OSTIONES

Por Luis Yip

INGREDIENTES:

1 pedacito de jengibre.
6 ostiones secos grandes.
1 libra de carne de puerco.
3 cucharadas de manteca.
½ cucharada de maicena.
2 cucharadas de vino.
1 taza de castañas de agua (Ma-Tai).
1 lechuga criolla.
1 macito de culantro.
1 macito de cebollinas chinas.

PREPARACION:

Se corta el jengibre con un cuchillo en pedacitos bien chiquitos. Se remojan los ostiones en agua toda una noche. Se pasan por la máquina, la carne de puerco, los ostiones y el jengibre. Se cocinan en manteca caliente en una sartén. Cuando esté cocinado se le agrega la maicena disuelta en el vino y las castañas picadas en trocitos pequeños y se mezcla todo bien. La lechuga se pica a la juliana y se coloca alrededor de la fuente y en el centro se le pone el picadillo. Se cortan bien finitas el culantro y las cebollinas chinas y se echa encima del picadillo.

NOTA: Los ostiones se pueden adquirir en un almacén de efectos de Asia.

La Señal de la Perfección

Pontiac 56

DISTRIBUIDORES GENERALES:

VILLOLDO MOTOR CO.

CALZADA y 12, VEDADO - TELEFONO F-9977

CORTESIA DEL

Centro Médico Quirúrgico

VEINTE Y NUEVE Y D, S. A.

VEDADO

COMO NACIO EL RESTAURANT

Boulanger, a quien todos debemos conocer, estableció en París en 1765, en la antigua calle "des Poulies", el primer restaurant, y este hecho en apariencia tan banal, inaugura para los gastrónomos una nueva era.

Hasta entonces, la "grande cuisine" era monopolizada por la nobleza, el clero y los ricos; la institución del restaurant, puso al alcance de todos, el poder ofrecer a sus amigos, sin preocupaciones, una delicada y deliciosa comida.

¿Qué mejor que visitar nuestros restaurants, quizá los mejores del mundo, para saborear nuestro plato favorito?

CASTILLO DE JAGUA

Primero en servicio de Super-Buffet
23 Y G - VEDADO
TELEFONOS: F-6187 - F1-5171

CENTRO VASCO

Especialidad en comida vasca.
Abierto todo el día.
Aire acondicionado.
CALLE 3a, ESQ. A 4 - VEDADO
TELEFONO F0-3285

LA FLORIDA (EL FLORIDITA)

Bar-Restaurant.
La Catedral del Daiquirí.
y donde la comida hace experimentar el más delicioso de los placeres.
OBISPO Y MONSERRATE
HABANA, CUBA.

HOTEL VEDADO

Almuerzos de 12.15 a 2.30 p.m. a la carta.
Lunch de 2.30 a 6 p.m.
Comida de 7.15 a 9.30.
Table d'hote desde $2.50 a $3.50.
Aire acondicionado.
Cocktail Lounge.

EL JARDIN

Fresca terraza. Ambiente distinguido.
Especialidad en Buffets para bodas.
Despedidas de solteras, 15 años, Inauguraciones, Actos sociales y profesionales.
LINEA Y C - VEDADO

MIAMI

Cocina Criolla, Española y Americana. Buffets y toda clase de actos sociales a domicilio.
**PASEO DE MARTI 362, ESQ. A NEPTUNO
TELEFONO M-4265**

LA REGULADORA

Cocina Cubana, Española, Americana.
Aire acondicionado.
AMISTAD No. 412.
TELEFONOS: ML-1940 - M-4938

TROPICANA
> Rendezvous de nuestro mundo elegante.
> Dinner de Luxe desde $4.00.
> Maravillosos Shows.
> **Reservaciones: B-4544.**

RANCHO LUNA
> El lugar más típico con el pollo mejor.

EL SITIO
> Comida italiana los jueves.
> Especialidad en Ravioli a la Tetrazzini.
> Berenjena a la Parmegione.
> CARRETERA DEL WAJAY KM. 7.
> TELF.: 084 - ARROYO ARENAS.

"3 ASES"
> Bar y Restaurant.
> PRADO No. 356.
> TELEFONO: M-4578.

Cortesía de

ORGANIZACION GODOY-SAYAN

- Seguros
- Capitalización
- Banca

PALABRAS PRELIMINARES A LAS ENTREVISTAS CON LOS CHEFS

*C**UANDO se nos ocurrió que sería interesante entrevistar a algunos de los Chefs más conocidos en La Habana, tanto los de los grandes Hoteles y Restaurants, como de casas particulares, sobre estos últimos nos preguntábamos quién podría, a manera de introductora de Ministros, facilitarnos las entrevistas. Y un rayo de luz dibujó el nombre: Amelia Solberg de Hoskinson.*

La llamamos por teléfono y al comunicarle nuestra idea, se sumó a ella con entusiasmo.—"Ahora mismo voy a prepararlas todas".

Media hora más tarde, Amelia, con su dinámica serenidad, palabras que parecen antagónicas, pero que en Amelia armonizan a maravilla, había cumplido su promesa. "Hablé con Lily y las recibirá encantada. Y dice Loló, que cuando ustedes quieran. Y Nena las espera mañana. Y María Luisa, y María Teresa..." ¿Para qué seguir? Amelia, con su dulce bondad y clara inteligencia, había resuelto el problema. No encontramos palabras con qué darle las gracias. Reciba desde estas líneas la expresión de nuestro cariño y admiración, y para la gentil amabilidad de las señoras María Antonia Alonso de Aspuru, Celia de Cárdenas de Morales, María Teresa Falla de Batista, Guillermina García Montes de Gómez Waddington, María Luisa Gómez Mena de Cajiga, Condesa de Revilla de Camargo, Lily Hidalgo de Conill, Loló Larrea de Sarrá, María Luisa Menocal de Argüelles, Nena Velasco de González Gordon, nombres de sobra conocidos y queridos en nuestra vida social, cultural y, desde luego, en los nobilísimos empeños de ayudar al desvalido, vaya la sincera gratitud de quienes gracias a ellas pudieron escribir estas páginas de "Qué Opinan los Chefs", capítulo que consideramos de muy ameno y educativo interés.

Nuestras más expresivas gracias también a Carmen de la Guardia de Lazo por habernos proporcionado las entrevistas en las Embajadas de los Estados Unidos de Norte América y de España.

EN CASA DE MARIA ANTONIA ALONSO DE ASPURU

Chef José Di-Battista

En la Quinta Avenida tuvimos la satisfacción de visitar la mansión de los Aspuru, cuyas tradiciones de prestigio social acompañan a varias generaciones.

Al llegar, como un saludo de arte, nos encontramos en presencia de una bella estatua, "Segadora", del gran escultor italiano Romanelli y haciéndole fondo un bello y auténtico biombo chino.

Nos esperaba María Antonia Alonso, que amablemente nos presentó a su Chef, José Di-Battista. Pero antes de empezar la entrevista, María Antonia nos mostró en un elegante y suntuoso salón, los magníficos retratos de sus bellas hijas hechos por el famoso pintor español López Mezquita y luego en la biblioteca, amable sitio de meditación y estudio, contemplamos el viejo esplendor de nuestra primera industria a la que la familia Aspuru se encuentra vinculada hace tantos años, en una de las colecciones más completas de los antiguos ingenios de Cuba, litografiados a colores, por L. Marquier.

Nuestro entrevistado nació en un pueblo que tiene fama en el Viejo Mundo por los grandes cocineros que en él han nacido: Roio del Sangro, Provincia Chieti, pueblo montañés en la orilla del Adriático.

A los quince años partió para Roma y entró como pinche en casa del Príncipe de Colonna, familia vinculada a la historia del Renacimiento italiano por su magnificencia y sentido del poder.

En esta casa permaneció tres años y poco después pasó al Restaurant "Ulpia". De ahí fue a servir en el Círculo "Degli Scacchi", en donde lo más granado de la sociedad romana rinde culto a la buena mesa.

Ha recorrido algunas de las principales capitales europeas como Chef del Embajador Italiano Bernardo Attolico, con quien estuvo en Moscú y en Berlín y allí experimentó una de las satisfacciones más gratas de su vida al preparar un gran banquete para el Príncipe heredero de Italia, Humberto de Saboya, y obtener un pergamino y una medalla que reconocían la exquisitez de la comida servida.

Al regresar a Italia fue Chef del Gran Almirante Dendice Di-

Frasso. Vino a América como Chef de la Embajada de Italia en México. Desde ese instante un nuevo horizonte se abre a su capacidad de Chef. Conocedor de siete idiomas le es fácil moverse en ambientes distintos, especialmente en el dominio del inglés. Pasa un año en el Club de la Universidad de Pittsburgh, en Pennsylvania, donde se hizo famosa su comida. Luego, en Cuba, de tránsito, la Sra. Laura Tarafa de Villapol le dió empleo durante tres años, hasta que pasó a casa de los Aspuru, donde se encuentra muy a gusto.

Para Di-Battista la inteligencia es básica, como la buena voluntad, en el trabajo. Tratar de complacer a quienes se sirve, tener buen carácter, ser muy limpio, procurar una buena presencia, no ser "tomador", pues eso perjudica al paladar, y ser muy honesto en la administración.

Sus especias favoritas son la pimienta y la nuez moscada en las comidas y el uso del queso en las pastas. Para la preparación de los dulces, el uso de la canela y los licores.

Su especialidad en la repostería es el pastel Mil Hojas, cuya elaboración es dificilísima.

En sus ratos libres es muy aficionado a leer historia y narraciones de viajes.

Al terminar nos facilitó las recetas que lo hicieron famoso en los Estados Unidos.

DEVIL CRAB

INGREDIENTES:

- 10 rebanadas de pan de molde.
- 1 libra de masa de cangrejo hervida.
- ¼ de crema al 40%.
- ½ cucharadita de pimienta.
- 1 cucharadita de mostaza.
- 4 ó 5 gotas de salsa de Tabasco.
- polvo de galleta.
- 2 cucharadas de mantequilla derretida.

PREPARACION:

A las rebanadas de pan se les quita la corteza y se pican en cuadraditos chicos. Se mezclan bien el pan, la masa de los cangrejos y la crema, formando una pasta. Se le agrega la pimienta y mostaza y por último las gotas de salsa de Tabasco. Ya bien unido todo se rellenan los carapachos. Se espolvorean con el polvo de galleta y con la brocha se le unta la mantequilla. Se coloca al horno caliente de 350° F. a 400° F. por veinte minutos y cuando empiece a subir se saca y se sirve bien caliente. Se puede acompañar de cualquier tipo de ensalada o papas fritas a la francesa.

DEVON SHIRE

INGREDIENTES:

    2 rebanadas de pan de molde.
    1 cucharadita de mantequilla.
    2 lascas de bacon tostadas.
    3 lascas de pechuga de pavo asado.
    ¾ taza de salsa Bechamel mediana.
    1 cucharada de queso Parmesano.

PREPARACION:

Se fríe el pan en la mantequilla y una de las dos rebanadas se pica a la mitad en forma de triángulo y se deja aparte. Sobre la rebanada de pan entero se colocan las lascas de bacon y luego las de pavo y se cubre con la salsa Bechamel, se espolvorea con el queso Parmesano, se coloca en un plato refractario al horno en la parrilla a 350° F. durante uno o dos minutos para gratinarlo. Se sirve en el mismo plato y se pone el pan cortado en forma de triángulo a ambos lados. Se puede acompañar con ensalada de papas.

PECHUGA DE POLLO PETRONIANA

Este plato es famoso en Bolonia en un restaurant que se encuentra frente a la estatua de Petronio.

INGREDIENTES:

    1 pechuga de pollo con su ala.
    1 lasca de jamón.
    1 lasca de queso Gruyere bien fina.
    ½ cucharadita de sal.
    el jugo de medio limón.
    1 cucharada de harina.
    1 huevo.
    1 cucharada de galleta molida.
    2 cucharadas de mantequilla.

PREPARACION:

Se aplasta la pechuga y se le quita el nervio, sobre ella se coloca el jamón y el queso asegurándola con un palillo. Se sazona con sal y limón. Se reboza con harina, huevo y galleta molida y se fríe en mantequilla. Se sirve con puré de papas y petit-pois.

LASAGNA

INGREDIENTES:

- 1 cucharada bien llena de puré de espinacas.
- ½ libra de harina.
- 3 huevos enteros.
- ½ cucharadita de sal.
- 5 litros de agua.
- 1 cucharadita de sal.

PREPARACION:

Se hace una masa con las espinacas, la harina, los huevos y la sal a formar una bola y con el rodillo se extiende a ponerla bien fina, se deja secar al aire y se corta en cuadrados de cuatro por cuatro pulgadas. Se salcochan en los cinco litros de agua con la cucharadita de sal, se echan cuando el agua esté hirviendo y se deja hervir de cinco a seis minutos. El recipiente se pone en seguida debajo del agua corriente para enfriar las pastas. Se tiene preparada una salsa Bolognesa que se hace en la forma siguiente:

INGREDIENTES PARA LA SALSA BOLOGNESA:

- 4 onzas de tocino.
- ½ cebolla.
- 1 diente de ajo.
- 1 cucharada de aceite.
- 1 cucharadita de sal.
- ½ libra de masa de puerco.
- 1 taza de vino blanco.
- 1 lata de una libra de puré de tomate.
- pimienta.
- nuez moscada.
- ½ litro de salsa Bechamel.
- ½ libra de queso Parmesano.
- mantequilla.

PREPARACION:

Se pica bien chiquito el tocino, la cebolla y el diente de ajo, se hace un sofrito con el aceite y sal, se le añade la masa de puerco molida en la máquina, el vino blanco y el puré de tomate. Se sazona con pimienta y nuez moscada. Esta salsa debe cocinarse durante media hora, teniendo cuidado de que no se seque y si es necesario se le añade un poco de caldo. Se tiene lista la salsa Bechamel y el queso Parmesano rallado. Se coge un molde Pyrex cuadrado, se le unta mantequilla, y se colocan unas cuantas de las pastas cuadradas que se han puesto a escurrir, haciendo un fondo. Sobre ellas se echa un poco de la salsa Bechamel, después la salsa Bolognesa y el queso Parmesano. Esta operación se repite por tres o cuatro veces, se coloca al horno a 250° F. durante quince o veinte minutos. Se sirve caliente.

EN CASA DE CELIA DE CARDENAS DE MORALES

CHEF LUIS ROIG

En el corazón del Vedado, en una antigua residencia de lo que fue nuestro barrio más aristocrático, fuimos a visitar a Celia de Cárdenas de Morales, líder de Acción Católica.

El prestigio del antiguo patriciado conserva el espíritu de comunidad cuyos vínculos no se desintegran por la formación de nuevas familias, sino que a cada instante parece que todos sus miembros se encuentran presentes. Esta convivencia y hermandad del espíritu constituye la atmósfera que nos envuelve al entrar en la casa.

Nos recibieron Celia de Cárdenas y sus hijos y a nosotras nos acompañaba Chana Villalón de Menocal.

Pronto conocemos al Chef Luis Roig, cuya sociabilidad y simpatía nos produce una grata impresión y más aún, notar el profundo afecto que todos sienten por él después de más de treinta y siete años de labor.

Su carácter extravertido rezuma gracia al contarnos lo que el azar tuvo que ver con el descubrimiento de su vocación.

Al terminar la guerra de Independencia, siendo apenas un muchachón campesino fue a Artemisa para vender unas aves y hacerse de algún dinerito y poder vivir en tiempos en que la economía cubana había sufrido la cruenta lucha por la libertad. En esta ocasión Francisco Martínez, propietario de la fonda "La América", le invitó a que se quedara trabajando con él; aceptó con entusiasmo y a cambio de tres pesos mensuales hacía de pinche, aguador de la fonda, repartidor de cincuenta cantinas, limpiaba el gallinero y pelaba papas. En medio de esta labor múltiple y agotadora el cocinero Mateo Díaz le enseñó el arte de la cocina. Seis años después, muy joven aún, Luis Roig, encabeza un restaurant y a poco su prestigio lo hace propietario de "La Invasora".

Aguijoneado por sus ansias de progreso llega a La Habana en 1911 y organiza un famoso restaurant que se llamó "Campoamor".

Más tarde fue Chef del señor Rafael Fernández de Castro y luego de Rafael Angulo. Pero esto fue por breve tiempo, pues como decíamos al principio, lleva treinta y siete años en casa de Celia de Cárdenas.

Su gran modestia considera que para él constituye un honor nuestro interés por conocer sus opiniones respecto al don de ser un magnífico maestro cocinero. Y nos dice que para poder depositar toda la confianza en un Chef éste debe poseer como primera cualidad la de captar el gusto de cada uno de los miembros de la familia, sentir amor por su trabajo y abstraerse por completo en lo que se hace.

De las especias destaca el uso, por igual, de todas, para evitar que sobresalga alguna en particular. Dice que en este equilibrio está el éxito de la sazón. La cebolla es la piedra de toque de todas las salsas, excepto la roja. Y a su juicio no existe diferencia entre la cocina y la repostería, si para ambas hay idéntica capacidad.

Su mayor satisfacción se la produjo lo siguiente: Con motivo de Misiones Diplomáticas presentes en nuestro país para un cambio de poderes presidenciales, hace años, se celebró en el Capitolio Nacional una extraordinaria cena que prepararon los más notables Chefs de La Habana. En uno de los salones, habilitado para cocina, con lujo de precauciones y facilidades culinarias, se preparó una de las mejores comidas, según él, que se han servido en Cuba y acaso en el mundo entero. Cada cocinero disponía de su equipo, de ayudantes particulares, y a él le cupo el honor de preparar un Pargo Mantua, que fué la sensación de dicha cena, no sólo por la maravilla de su esquisitez, sino por el espectáculo que constituía aquel enorme pez que cocinado parecía conservarse vivo.

Su momento más difícil fue un día en que había dejado un pollo al horno al cuidado del pinche y al regresar para servir la cena se encontró el pollo quemado. Como el pollo iba preparado a la King, su inventiva le aconsejó preparar una cabeza de sesos que tenía en el refrigerador en la misma forma o sea a la King. Y los invitados no notaron la sustitución. Al preguntarle cómo era posible, dada la diferencia de sabor entre el pollo y los sesos, nos explicó que saltear el seso en mantequilla y tocarlo con limón, partido en trocitos, era un "camouflage" al pollo.

Su ilusión fue llegar a ser químico por el interés que le han producido ciertos y curiosos fenómenos en la confección de alimentos. También tiene gran afición a las lecturas históricas y literarias que le mantienen la vena lírica de la que nos dió muestras al recitarnos algunos de sus versos.

Después de esta grata conversación le rogamos nos diera una receta del plato que más le agradara y resultó una creación propia que transcribimos a continuación:

PASTEL DE POLLO "ROIG"

INGREDIENTES PARA LA PASTA:

1 libra de harina.
1 cucharadita de polvos de hornear.
4 cucharadas de azúcar.
¼ cucharadita de sal.
2 yemas de huevo.
1/3 taza de vino seco.
7 onzas de manteca o mantequilla.

PREPARACION:

La harina cernida con el polvo de hornear se echa sobre la mesa, se abre un hueco en el centro y se le echa el azúcar, la sal, las dos yemas de huevo, el vino seco y la mantequilla. Se trabaja la masa por espacio de diez minutos sobre la mesa, se envuelve en un papel parafinado y se deja reposar en el refrigerador por media hora. Pasado este tiempo se pone la masa de nuevo sobre la mesa, se extiende con el rodillo hasta obtener un espesor de un centímetro, se cortan discos con un diámetro de ocho pulgadas. Se ponen los discos separados sobre la tartera, se le dan dos o tres pinchazos con la punta del cuchillo y se hornea por espacio de veinticinco minutos a 350° F. Para montar el pastel se coge una fuente o bandeja y se cubre con un poco del relleno preparado de antemano. Se monta el disco sobre dicho relleno y sobre ese disco se echa otra capa de relleno, y así sucesivamente, hasta terminar. Ya colocado el último disco se cubre con el resto del relleno y se alisa.

INGREDIENTES PARA EL RELLENO:

- 1 litro de leche.
- 4 cucharadas de harina.
- ¼ libra de mantequilla.
- pimienta a gusto.
- 1 rallada de nuez moscada.
- una pizca de sal.
- 2 pollos de 1½ libras cada uno.

PREPARACION:

Se pone la leche a la candela, se cuaja con cuatro cucharadas de harina a que se forme una Bechamel espesa, se le agrega la mantequilla, la pimienta, nuez moscada y la sal suficiente. Se deja cocinar diez minutos, se le adiciona el pollo previamente picado menudito después de asado y deshuesado.

Cortesía

de la

COMPAÑÍA CUBANA
DE ELECTRICIDAD

EN CASA DE MARIA TERESA FALLA DE BATISTA

CHEF SYLVAIN BROUTÉ

María Teresa Falla de Batista, bondad y exquisita sensibilidad, se entusiasmó ante el propósito que anima este libro y amablemente nos instó a que visitáramos su casa y entrevistásemos a su Chef.

Así pues, vamos a su residencia, que posee un jardín más que bello, porque en él, además de la belleza natural se encuentra la atención refinada y los conocimientos de su poseedora de los más raros ejemplares de plantas, tanto de ornamentación, como rosales, orquídeas maravillosas, etc. Públicos son los resultados de este cultivo de alta jardinería. Muchos son los premios que su hija, María Teresa Batista de Mestre, ha obtenido en las diferentes exposiciones de jardinería efectuadas en La Habana.

Dentro, la casa sigue siendo receptáculo de grandes bellezas. Y sigue revelándonos el finísimo espíritu artístico de sus dueños, cuya generosidad y amor hacia el arte, los ha hecho figurar en primera línea como Mecenas de diversas manifestaciones artísticas.

Y como arte también es el saber comer, al frente de su cocina está uno de los mejores Chefs, no sólo residentes en La Habana, sino del mundo: Sylvain Brouté.

Oriundo de Saint Calais, provincia de La Sarthe, entre la Normandie y Touraine, nos habla de su país natal y de su región donde no sólo hay cultura general, sino la bendición del cielo por sus productos. Manzanas exquisitas y sidra, una excelente sidra que inspiró la bella composición "Vive le Cidre de Normandie", por el gran poeta francés Berenger.

También nos habla de que esa región da la mejor leche y mantequilla de Francia y nos cuenta cómo se utilizan esas materias en la cocina francesa. Y llevado de sus recuerdos y de su amor patrio, sigue hablándonos de los Castillos a la orilla del río Loire, de las tradiciones de la aristocracia francesa y de cómo en la capital de la provincia de Tours, se hacen para regalo de los más exigentes paladares los famosos "Rillettes", fiambre que para su conservación se coloca en potes de barro y que resulta inolvidable para quien lo come. De su vida nos cuenta que empezó a los cinco años a trabajar como ayudante del pastelero de su pueblo.

A los 18, lleno de ilusiones y conocimientos, marcha a París, en donde empieza a trabajar como ayudante de cocinero en la Embajada de Italia. Después, pasa a casa de los banqueros Rothschild, en la que permanece dos años y donde había un Chef, seis primeros cocineros y varios ayudantes y él alcanzó la categoría de segundo cocinero. De ahí en lo sucesivo se acredita entre las grandes cocinas de las familias más ricas y conocidas de Francia: la Princesa de la Tour D'Auvergne, el Conde de Vienne, etcétera.

Y va a Montecarlo ya en calidad de Chef.

Más adelante, entra como gran maestro de cocina en casa del famoso perfumista Jacques Guerlain. Hasta que la señora María Teresa Falla de Batista, hace siete años, lo trajo a Cuba.

Para Sylvain el mejor aprendizaje fue el que hizo con la práctica junto a los consagrados de la cocina que fueron sus maestros. Y agrega que de cada diez personas que se creen con vocación, una sola llega a ser Chef. Para él, las cualidades necesarias son, en primer término, la voluntad, luego la energía y la sobriedad en la vida, junto al gusto del arte en su profesión. La gracia—dice—, premia al que logra mantener esas virtudes.

Su especia favorita es la pimienta blanca y el uso adecuado de la sal, que no es tan sencillo como parece. Y también los vinos, que son indispensables.

Nos dice: "Se requiere la exactitud de un laboratorio en las proporciones culinarias y el conocimiento perfecto de los distintos elementos que se emplean. Quizás—añade—, sobre todo, en la pastelería."

Su mayor satisfacción data de cuando preparó el buffet para la boda de la señorita de la casa, María Teresa Batista, buffet que preparó durante dos meses. Los halagos y celebraciones de los ochocientos invitados a la ceremonia, los recordará siempre con hondo placer.

Y, como todo en la vida no siempre es dicha, nos cuenta de unos momentos en los que sufrió honda inquietud y nos dice textualmente:

—"Este suceso podría llamarse "Inquietudes por un plato retrasado". Sucedió en París, antes de la guerra. Entonces yo era Chef de cocina en casa de Madame Guerlain que reunía a la familia y a unos cuantos amigos para una comida en su mansión de la calle de Murillo. La comida era para las ocho. En el "menú" figuraba una torta de palomas a lo "marocaine" que es un plato delicioso; la masa es de hojaldre y las palomas deshuesadas y rellenas con un fino relleno de "ras-el-anout" reposan sobre una cama de sémola cocida en consomé; todo esto regado con un poco de salsa medio cuajada y cubierto con una delgada capa de hojaldre dorado y cocinado en el horno durante una hora."

"No sé cómo me atrasé, en la preparación de la torta; pero cuando estuvo lista para el horno, eran las siete y media. La cosa era seria; un atraso de media hora no podía justificarse y me sentía atormentado."

"A las ocho menos diez, llegaron algunos invitados, lo que aumentó mi tormento. Pero, dieron las ocho, y las ocho y cuarto, y el mayordomo no pedía la comida. En el horno la torta "cantaba" dulcemente; pero yo sabía que todavía le faltaban lo menos veinte minutos para que estuviera en "punto".

"A las ocho y veinte, Madame Guerlain, vino a la cocina. Faltaban dos invitados y la buena señora estaba inquieta por la comida, pensando que el atraso de los invitados pudiera perjudicar los platos preparados."

"Me apresuré a tranquilizarla diciendo que haría todo lo posible para que la comida pudiera esperar y todo saldría bien. Madame Guerlain se tranquilizó y mi tormento se transformaba en alegría porque en todo esto ya eran las ocho y media. Los últimos invitados llegaban y la famosa torta había quedado bien cocinada y sabrosa."

"Es la única vez en mi vida que bendije el retraso de unos invitados."

Como final de la entrevista el gran Chef que es Sylvain Brouté, desprovisto de egoísmo y reservas nos ofrece unas recetas que damos a continuación:

LAS PAPAS SOUFFLEES, MILAGRO DE LA COCINA FRANCESA

Fueron inventadas por casualidad cuando se preparaba el banquete de inauguración del Ferrocarril de París a San Germán-en-Lage hace más de cien años.

El tren salía de París, y en San Germán se había preparado un banquete para recibir a todos los personajes oficiales del Gobierno y de la Compañía con sus señoras. Había mucha efervescencia en la cocina; en el menú figuraban unas papas fritas y el cocinero encargado de ellas, las había cortado—por fantasía o intuición—en láminas finitas y puestas a freír en gran freidera. Pero... entró el jefe de cocina diciendo: "Oh, pero es demasiado temprano para esas papas fritas, sáqueme estas papas de la manteca; el tren no llegará antes de media hora." Y se sacaron las papas cocinadas a medias.

Pero el primer tren llegó a su hora. A los cinco minutos: tu-tu-tu, el tren llegaba, era exacto. ¡Pronto las papas fritas!, gritó el Chef. El cocinero entonces volvió a poner el cesto de papas en la freidera que mientras tanto se había calentado mucho y el milagro se hizo. Las papas se hincharon como almohadas de plumón con gran sorpresa de todos; las escurrieron con cuidado, espolvoreándolas ligeramente con sal fina y fueron servidas en el acto. Las encontraron bonitas y deliciosas. Una cosa nueva había nacido. El cocinero se acordó de la manera que las había cortado y cocinado, así como la clase de papa; y de la técnica de cocción. Las papas "soufflées" fueron un florón más en la cocina francesa, la que ya en aquella época tenía gran renombre.

RECETAS DE LAS PAPAS "SOUFFLEES"

Se pelan las papas, se igualan los costados y se cortan en tajadas dándoles un espesor rigurosamente igual, de tres milímetros; se lavan en agua fría, se secan bien y se echan en la manteca caliente.

En seguida se aumenta el calor para establecer el equilibrio calórico, ya que la temperatura de la manteca ha bajado mucho por la inmersión de las papas. Se mantiene el mismo grado de calor hasta que estén cocinadas, moviendo lentamente la sartén. Cuando las papas suben a la superficie y empiezan a crecer se escurren en el cesto especial y se echan en seguida en una freidera más caliente. Esta inmersión provoca la inflación la que también está determinada por la diferencia brusca de temperatura. Se dejan secar las papas, se escurren sobre un paño tendido en la mesa, se les pone sal y se sirven. En Cuba las papas del país no se inflan porque contienen azúcar; es preferible emplear las papas blancas americanas o mejor aún de "Hidao".

FILETES DE PARGO FORESTIERE

INGREDIENTES PARA LOS FILETES:

10 filetes de pargo.
¼ libra de mantequilla.
2 cucharaditas de sal.
½ cucharadita de pimienta.
el jugo de un limón.
1½ tazas de "Fumet".
"Emince" de champignons.
salsa holandesa.

PREPARACION:

Se colocan los filetes en una placa o plancha engrasada con mantequilla y polvoreada con sal. Se les echa a los filetes la sal, la pimienta y el jugo de limón y se cubren con el "Fumet de pescado". Se tapan con un papel engrasado y se hornean a 375° F. durante diez minutos. Los filetes de pescado escalfados en el "Fumet" se presentan sobre el "Emince" de champignons y se cubren con la salsa holandesa ligada con la salsa en que se cocinó el pescado. La fuente debe ser alargada y se deben disponer los filetes de manera que cada filete esté sobre el siguiente. Se doran en el "broiler" y se sirven en seguida.

INGREDIENTES PARA EL "FUMET":

1 cabeza de pargo con sus espinas.
2 litros de agua.
1 taza de vino blanco.
½ libra de cebollas.
1 hoja de laurel.
1 ramita de perejil.
1 ramita de tomillo.

PREPARACION:

Se lavan bien la cabeza y las espinas, se ponen en una cacerola con el agua y el vino, se deja hervir, se espuma bien y se añaden las cebollas picadas en tajadas finas y las especias. Se deja al fuego durante media hora, se cuela y se vuelve a colocar al fuego hasta reducir la cantidad de líquido a una taza y media.

INGREDIENTES PARA EL "EMINCE" DE CHAMPIGNONS:

    1½ libras de champignons.
    3 cucharadas de mantequilla.
    1 cucharadita de sal.
    ½ cucharadita de pimienta.
    1 cucharada de harina.
    ½ litro de crema fresca.

PREPARACION:

Se cortan los champignons en rebanadas muy finas, se sofríen en mantequilla con sal y pimienta, se añade la harina y la crema fresca, se deja cocinar durante cinco minutos revolviéndola sin cesar a fuego lento. Se retira del fuego, se tapa y se tiene cerca del calor hasta el momento de usarla.

INGREDIENTES PARA LA SALSA HOLANDESA:

    4 yemas de huevo.
    4 cucharadas de agua fría.
    ½ libra de mantequilla sin sal.
    ½ cucharadita de sal.
    ¼ cucharadita de pimienta.
    ½ cucharadita de jugo de limón.
    "Fumet" de la cocción del pescado.

PREPARACION:

En la parte superior del depósito del baño-maría se ponen las yemas, el agua fría y la mantequilla cortada en pedacitos. Se pone a cocinar (con el agua del baño-maría no muy caliente para que no se derrita muy rápidamente la mantequilla y se pueda montar la salsa). Con una pequeña batidora de globo para salsas se bate suavemente al principio, aumentando en rapidez según se vaya derritiendo la mantequilla. Esta salsa debe tener una consistencia cremosa y lisa y se debe retirar en seguida del fuego para evitar que se corte. Se le añade la sal, la pimienta y jugo de limón y el "Fumet" de pescado que quedó de su cocción, que deberá estar cuajado y fresco par evitar que licúe la salsa.

Cuban Canadian Petroleum Company of Cuba
EDIFICIO AMBAR MOTORS

Héctor Rivero
PRESIDENTE

HÉCTOR RIVERO
SEGUROS Y FIANZAS

EDIF. AMBAR MOTORS
AVE. MENOCAL Y 23
HABANA

TELEFONOS:
U-3547 - U-8547

EN CASA DE GUILLERMINA GARCIA MONTES DE GOMEZ WADDINGTON

Chef Antonio Oliver

En todo hogar, el vivir cotidiano es la representación de lo que somos material y espiritualmente y refleja una tradición que es síntesis de hechos, para expresar la historia de una familia y la de un grupo social.

Para mí, visitar la casa de los Gómez Waddington era revivir un recuerdo que se hizo tan real como el hecho de describirlo.

Mientras recorríamos la avenida que conduce a la residencia experimentaba viejas vivencias de un sitio familiar embellecido por el gusto refinado de su dueña. El césped, las enredaderas florecidas de bouganvillea roja, la simetría de los rosales artísticamente combinados, era el amable saludo de la naturaleza que contemplaba la acogida cordial que nos dieran.

Esta casona con jardines que prodigan toda la belleza del trópico y tan vinculada a mi niñez, tiene en su arquitectura algo tan placentero como la brisa suave de una tarde de verano mientras se disfruta de la plática que intercambia emociones y se trasluce el generoso afán de hacer algo por la felicidad de los demás.

En esta ocasión es el entusiasmo de Blanca García Montes de Terry que nos acompañó con su nuera, Herminia Saladrigas, a la mansión de su hermana Guillermina y su amiga Carmen Angulo que felizmente se encontraba allí en ese momento y nos esperaban con un afecto que mucho agradecemos.

En el interior de la rica biblioteca, que muestra la cultura y personalidad de su poseedor y antes de iniciar nuestro recorrido por el hogar de los Gómez Waddington volvieron las dulces remembranzas de mis visitas infantiles cuando mi querida abuela Lola Roldán viuda de Domínguez me llevaba a casa de sus buenos amigos Enriqueta Waddington y don Pedro Gómez Mena.

En el salón de verano contemplamos dos grandes paneles de Domingo Ramos que como todas sus obras tienen la peculiar belleza criolla de nuestro suelo.

Por último, en el portal, donde se nos sirvió una exquisita merienda, empezamos la entrevista con el Chef Antonio Oliver, mayorquín que vino a Cuba con la esperanza de desarrollar sus facultades de gran repostero, oficio al que se había dedicado en su tierra natal.

Comenzó a ejercitarse en la desaparecida dulcería "El Boulevar", situada frente al Parque San Juan de Dios. Después trabajó en casa del ilustre Don Fernando Ortiz, donde su éxito por los dulces que preparaba motivó que le indicaran la conveniencia de aprender a cocinar. Estimulado en su nuevo oficio pronto dejó de ser aficionado para convertirse en Chef, pasando luego a casa de Emilia Ramírez viuda de Arozarena y de ahí a casa de los Gómez Waddington, donde lleva trece años al frente de la cocina.

Nos dice que para el perfeccionamiento de su arte le han servido los diversos viajes al Viejo Continente, particularmente a París, que los señores Gómez Waddington suelen proporcionarle. En la Ciudad Luz tomó un curso en el Cordon Bleu; después en el Hotel Plaza Athenee y que ha adquirido práctica y experiencia capaz de satisfacer a los más refinados "gourmet".

Su afición por los dulces lo ha convertido en un artífice de la pastelería. Asistió a un curso en el sitio más famoso del mundo, conocido de todos los amantes del buen comer, "Maison de Thé Rumpelmayer", famoso en chocolates, pasteles y su especialidad es el "Mont Blanc".

Sin ninguna dificultad idiomática, dada la facilidad que tienen los que dominan la lengua catalana, le fué fácil comprender a plenitud el francés, que le facilitó grandemente su tarea de hacerse un gran Chef.

Al referirse a las cualidades propias de su cargo señaló que las virtudes esenciales son: paciencia y buen carácter, aparte de poder resolver las dificultades de trasladar a un medio como el nuestro las recetas que proceden de otros climas, con otros productos y en condiciones distintas. Nos señaló el caso de los pasteles de hojaldre, que en Cuba se requiere una mayor rapidez al hacerlos, porque se corre el riesgo de inutilizar la mantequilla, que se derrite a la temperatura ambiente.

El secreto de la condimentación de Oliver está en el uso de la sal, que es el elemento principal del gusto y da lugar al uso de las especias y a la acción complementaria de los vinos.

Su mayor satisfacción fué en la Exposición de Cocina que organizamos a beneficio de las salas Costales y San Martín del Hospital Universitario "General Calixto García" y se llevó a cabo en el Vedado Tennis Club. Envió una creación de "Envoi de Nice" que produjo gran entusiasmo por la belleza de su presentación y su exquisito sabor.

Su momento más desdichado fué en cierta ocasión en que antes de servir un cake de naranja se le quemó el merengue que lo cubría, problema que resolvió quitando el merengue rápidamente y cubriéndolo con una crema que tuvo que hacer al instante. Esta crema entusiasmó a los comensales y quedó como una nueva creación del gran Chef.

Su mayor placer al concluir las labores del día se la produce una cerveza bien fría y su "hobby" es escuchar buena música.

Y después de darnos algunas de sus recetas nos despedimos de la amable mansión de Guillermina con la grata emoción de lo que fué para nosotros un gran día.

COCA MALLORQUINA

Este es un plato típico de las Islas Baleares. Se puede hacer el relleno de sardinas y bacalao. Si a la pasta se le añade azúcar se puede rellenar con sobreasada, cabello de ángel o con crema.

INGREDIENTES PARA LA MASA:

- ½ sobre de levadura.
- 1 taza de agua.
- 2 tazas de harina.
- 6 cucharadas de aceite.
- 6 cucharadas de mantequilla.
- una pizca de sal.

PREPARACION:

Se disuelve la levadura con el agua, se le va incorporando la mitad de la harina para formar una masa, se deja en sitio caliente por una hora, (sobre el horno). Esta masa debe subir el doble. Se echa sobre la masa el aceite, se mezcla bien con la mano y se agrega la mantequilla, el resto de la harina y la sal para formar una masa como pan. Se deja media hora en reposo. Se forra un molde de cake de una pulgada de alto, la masa debe quedar formando una fuente, para poder rellenar el centro. Se deja en el molde ya colocado media hora y se va preparando el relleno.

INGREDIENTES PARA EL RELLENO:

- 1 cebolla grande.
- ½ taza de aceite.
- 1 pimiento verde grande.
- perejil.
- 2 libras de pargo.
- sal.
- pimienta.
- 2 dientes de ajo.
- 1 ó 2 tomates de ensalada.
- 2 cucharadas de aceite.

PREPARACION:

Se pica la cebolla y se cocina en el aceite sin dorarla, se incorpora el pimiento y el perejil bien picado y se cocina a fuego lento de diez a quince minutos para que se ablanden. Se pica el pescado crudo en trocitos chicos, se sazona con sal, pimienta y ajo bien picadito y se mezcla con el sofrito. Se coloca el relleno en el centro de la masa dejándole un dedo a todo el borde sin rellenar. Se colocan ruedas de tomates sobre el relleno para adornarlo. Se lleva al horno caliente a 350° F. durante veinte minutos. A los diez minutos de estar en el horno se le echan las dos cucharadas de aceite por encima. Se debe servir inmediatamente que esté listo.

POLLO TIBIDABO

INGREDIENTES:

- 1 pollo de 3 libras.
- 1 cucharadita de sal.
- pimienta a gusto.
- el zumo de un limón.
- ¾ taza de aceite.
- 1 cebolla grande.
- ¾ taza de vino blanco.
- 2 dientes de ajo.
- ⅛ libra de almendras peladas y molidas.
- perejil.
- ¾ taza de caldo.

PREPARACION:

Se corta el pollo en cuartos, se sazona con sal, pimienta y zumo de limón y se deja en este adobo. Se pone en la cazuela la mitad del aceite y se dora el pollo. Cuando esté dorado se echa la cebolla picada fina a que dore. Se le agrega la mitad del vino y se deja diez minutos a fuego lento. Se machacan los ajos, las almendras y el perejil en el mortero y se le incorpora la otra mitad del aceite y del vino y con la mano del mortero se va formando una pasta con todos estos ingredientes y se vierte sobre el pollo. Se limpia bien el mortero con el caldo para aprovechar bien la pasta y se echa al pollo. Se tapa y se deja veinte minutos a fuego lento teniendo cuidado que no se pegue y se prueba para ver si está bien de sal. Al momento de servirlo se cubre con la salsa y se acompaña con arroz blanco.

PASTEL BALEAR

INGREDIENTES PARA LA PANETELA:

- 4 claras.
- 4 cucharadas de azúcar.
- 4 yemas.
- 4 cucharadas de harina.
- ¼ libra de mantequilla.
- 3 gotas de vainilla.

PREPARACION:

Se baten las claras a punto de nieve, se le echa el azúcar por cucharadas, se sigue batiendo y se le agregan las yemas una a una, la harina cernida, la mantequilla derretida y por último la vainilla. Se revuelve con una espátula sin moverla mucho. Se coloca en un molde de cake grande o en dos pequeños. Se hornea a 200° F. durante veinte minutos. (El horno debe estar caliente.)

INGREDIENTES PARA LA CREMA:

- 1 litro de leche.
- ½ libra de azúcar.
- 1 cascarita de limón.
- 1 ramita de canela.
- 4 yemas de huevo.
- 3 cucharadas de azúcar en polvo.

PREPARACION:

Se hierve la leche con el azúcar, la cascarita de limón y la canela hasta reducirla como un dulce de leche que quede bien espeso. Se retira del fuego, se le echa una a una las yemas y se vuelve a poner al fuego, se sigue revolviendo un ratico para que espese a formar una crema, se debe dejar dos o tres minutos más y se cuela. Se pone a enfriar, se vierte entre las dos panetelas y se polvorea con azúcar en polvo.

QUESO DE ALMENDRAS

INGREDIENTES:

- 2 tazas de azúcar.
- 1 taza de agua.
- ralladura de limón.
- una pizca de canela en polvo.
- 1 libra de almendras molidas.
- 8 yemas de huevo.

PREPARACION:

Se pone el azúcar al fuego con el agua, el limón y la canela y se deja hervir. Cuando empieza a tomar punto se echan las almendras molidas y se incorporan poco a poco las yemas batidas previamente. Cuando esté espeso, se echa en un molde engrasado con mantequilla y se deja enfriar. Se saca del molde y queda como turrón.

Cortesía de los

Laboratorios Pfizer

Cortesía de la

Asociación Médico Quirúrgica
"El Sagrado Corazón"
Clínica "Varela Zequeira"

EN CASA DE MARIA LUISA GOMEZ MENA DE CAJIGA, CONDESA DE REVILLA DE CAMARGO

Chef René Junot

Aceptando la gentil invitación de la Condesa de Revilla de Camargo que nos esperaba para presentarnos a su Chef, fuimos a su espléndida residencia que además de mostrar lo que es un regio vivir, prueba lo que valen los detalles del refinamiento, cuando un exquisito gusto los preside.

Traspuesto el vestíbulo, que no cede en belleza, ni lujo, a los más suntuosos de las grandes residencias europeas, llegamos a una bella terraza cubierta cuya ornamentación parecía hacer brotar los más lindos ejemplares de la naturaleza en plantas exóticas y adornos florales que combinaban su unidad de decoración con los muebles en tonos claros, plácidos y confortantes al espíritu.

Ya junto a María Luisa, a Susanita de Cárdenas de Arango y a Tecla Bofill viuda de Domínguez Roldán, nos pusimos a comentar la magnificencia de la casa que deja, en quienes asisten a las fiestas que María Luisa ofrece a la sociedad cubana y a las más altas figuras de la realeza europea y personajes notables que visitan a Cuba, un indeleble recuerdo. Y pensamos que en la entrevista con el Chef, que como todos los que han cocinado en esta casa vienen especialmente de París, encontraremos interesantísimos detalles.

La entrevista se realiza en el jardín, uno de los más bellos de La Habana, ricamente adornado con muebles de hierro negro tapizados en rojo, y la deliciosa sombra proyectada por grandes sombrillas, invitaban a la plática amable. E iniciamos el diálogo al conocer el origen del Chef Junot, oriundo del pueblo de Laignes, Côte d'Or, provincia renombrada por su vino Bourgogne y su paisaje donde las viñas se extienden hasta perderse de vista.

René Junot es un hombre alto y viste un impecable uniforme blanco. Su apellido nos recuerda el de un célebre general de Napoleón, conocido por su bravura, vencedor de Portugal, lo que le valió el título de Duque de Abrantès y Gobernador de París en dos ocasiones. El general Junot también era nativo de la Côte d'Or. Así se lo decimos al Chef Junot y todos reímos de la coincidencia.

Y ahora, lo que nos dijo René Junot. Desde pequeño le interesa la cocina hasta el punto que a los quince años empieza a estudiar y a practicar con los cocineros que tenía a su alcance. Después de trabajar de cocinero en distintos lugares el interés y amor a su oficio hicieron que muy pronto se le considerara un verdadero Cordon Bleu, mejor dicho, Chef, que es el título que se le da a los cocineros que tienen varias personas a sus órdenes: marmitons, o pinches o cocineros de segundo orden.

Las cualidades de un Chef, nos dice, deben ser primero la vocación, luego tener memoria y organización, ser ágil de pensamiento y rápido de acción, muy limpio, tener buena salud y ser "gourmet" para al probar poder descubrir y remediar detalles, insignificantes a veces, de los cuales depende el éxito de un plato.

Nos dice que ha trabajado en muchos lugares, en Francia, en casas particulares, hoteles de lujo y en la casa Prunier, restaurant famoso por sus mariscos. Estuvo en Egipto en casa del Virrey Mohammed Alí, donde tuvo ocasión de preparar comidas para el cuerpo diplomático extranjero. En Londres y en Escocia.

Como recuerdo agradable en su carrera su encuentro con el gran maestro, Escoffier, cuyo prestigio llena toda una época de la vida social parisina, célebre por sus platos exquisitos y complicados. Otro recuerdo completamente distinto es el de haber hecho un pastel de manzana al que ya finalizado se le ocurrió añadir un poco de azúcar por encima y en el momento en que el mayordomo mandaba el plato a la mesa se dió cuenta de que se había equivocado de pomo y en lugar de azúcar había echado sal. Naturalmente recuperó el pastel y todavía le da gracias a Dios por haberse dado cuenta de su equivocación.

Quisimos saber lo que hacía en un caso de "emergencia" en que tenía poco tiempo para preparar un plato y nos dijo que un "Poulet a la Crème", "es rápido y siempre gusta".

Y así terminó esta entrevista en la que al placer de dar a conocer las características del Chef de la Condesa de Revilla de Camargo, tuvimos el honor y la satisfacción de disfrutar la convivencia de uno de los sitios que más prestigio goza en los círculos selectos del mundo en lo que a vida social se refiere.

POISSON D'ANTIN

INGREDIENTES:

1 pargo de 3 libras.
6 tomates de ensalada maduros.
1 cucharada de mantequilla.
1 cebolla picada fina.
1 latica de champignons.
1 ramita de perejil.

2 tazas de "Fumet" de pescado.
2 cuharaditas de sal.
¾ cucharadita de pimienta.
1 taza de crema doble.
¼ libra de mantequilla.
el jugo de un limón.

PREPARACION:

Se sacan los filetes del pargo con mucho cuidado. (Se reserva la cabeza y el espinazo para hacer el "Fumet"). Se pasan los tomates por agua hirviendo para quitarle la piel, se cortan en cuartos, se les quita la semilla y se pican fino. En una cacerola se cocina a fuego lento la cucharada de mantequilla y la cebolla (no dejar que se ponga oscura la mantequilla), se echan los tomates dejándolo todo unos minutos al fuego. Se pican fino champignons y perejil, se agrega a lo anterior dejándolo cinco minutos más a fuego lento. Se ponen con mucho cuidado los filetes de pargo sobre el sofrito anterior, se añade el "Fumet", la sal y la pimienta. Se cubre con un papel engrasado en mantequilla y se tapa bien dejándolo cocinar de quince a veinte minutos a fuego lento. Se pone al horno a 350° F. durante diez minutos. Se retira del horno, se sacan los filetes de pescado sin salsa ninguna, se disponen en la fuente en que se va a servir cubriéndolo con el papel engrasado y al calor. Se pone a hervir la salsa que quedó en la cacerola y revolviendo siempre para que no se pegue, se añade la crema y se deja enfriar, se le agrega el cuarto de libra de mantequilla poco a poco para que se combine. Si esta salsa se cortara se añade unas gotas de agua fría y se bate para arreglarla. Por último se une el jugo de limón, se cubre el pescado con la salsa y se sirve en seguida.

INGREDIENTES PARA EL "FUMET DE POISSON":

- 1 litro de agua.
- 2 tazas de vino blanco seco.
- la cabeza y el espinazo del pargo.
- 1 cebolla.
- 1 ramita de apio.
- 1 ramita de perejil.
- 1 clavo.
- 1 cucharadita de sal.

PREPARACION:

Se echa en el agua el vino, la cabeza y el espinazo del pargo, se pone a hervir y se saca la espuma que se forma con la ebullición. Se le añade la cebolla, el apio, el perejil, el clavo y la sal, dejándolo cocinar todo por veinte minutos. Se cuela y se debe obtener medio litro.

POLLO A LA CREMA

INGREDIENTES:

- 1 pollo de 3 libras.
- 1 cucharada de sal.
- 1 cucharadita de pimienta.
- 3 cucharadas de mantequilla.
- 1 lata de champignons.
- 1 cebolla picadita.
- ½ taza de vino de Oporto o Madera.
- 1 taza de crema doble.

PREPARACION:

Se prepara el pollo separando los encuentros y cortándolos en dos, lo mismo con las alas y se corta el caparazón en cuatro. Se le añade sal y pimienta. En una cacerola se pone la mantequilla a calentar a fuego lento, se pone el pollo a cocinar de veinticinco a treinta minutos bien tapado. Se debe mantener siempre el fuego lento para evitar que la mantequilla se oscurezca y dar lugar a que el pollo se cocine. Para saber si el pollo está cocinado se introduce en el muslo una aguja grande de cocina y si sale blanca nos indica que el pollo está cocinado, de lo contrario saldrá roja. Se sacan los pedazos del pollo, separando las pechugas y encuentros, pues el resto no se manda a la mesa. Se debe conservar cerca del calor. En la mantequilla que quedó en la cacerola se doran ligeramente los champignons y la cebolla, se saca la mantequilla, se añade el vino de Oporto o Madera dejándolo a fuego lento unos minutos a que se reduzca un poco, se le añade la crema cocinándolo unos minutos más y se retira del fuego. Se envuelven bien los pedazos de pollo en esta salsa y se sirven acompañados de arroz a la criolla o papas hervidas.

EN CASA DE LILY HIDALGO DE CONILL

Chef José Miranda

En una de esas tardes que tan bien describe la Condesa de Merlín, plenas de sol que al debilitarse por el crepúsculo destacan con brillantez el colorido de nuestra naturaleza tropical, nos encaminamos hacia la antigua casona de Paseo y Once, residencia de Lily Hidalgo de Conill, espíritu siempre abierto a todas las causas nobles.

Nos recibió su secretaria excusando amablemente la ausencia de Lily, inevitable en esa tarde, y nos presentó al señor José Miranda, asturiano de origen que, con sencillez cordial nos refirió sus andanzas en Cuba, de la que ha hecho su patria adoptiva.

Como quien se deja guiar por el destino, después de referirse a los diferentes trabajos desempeñados, nos habla con entusiasmo de su propio descubrimiento como cocinero cuando entró como pinche en casa de la señora de Conill y penetró los secretos de la alta cocina gracias a Gerardo Hernández, gran figura cubana de la cocina.

Desde 1942, José Miranda está a cargo de la cocina de los Conill completando su preparación de Chef con la generosa ayuda de la señora de Conill, que ha propiciado sus viajes a París, donde tomó clases particulares en el Cordon Bleu y con sus visitas al Hotel Plaza Athenee como observador de los diferentes platos que tanta fama le han dado.

Cuando le interrogábamos sobre las condiciones que deben caracterizar a un Chef, nos explicó que la comprensión del ambiente y la captación de algo tan sutil como el gusto de las personas para quienes se trabaja, era importantísimo y que había que tener el sentido de creación para saber interpretar las recetas de acuerdo con los ingredientes y climas distintos. "He podido comprobar —nos dijo—, que muchas recetas que en París salían perfectamente, aquí no daban resultado, pues hay que variar, de acuerdo con el medio, incluso el tiempo de cocción y las medidas. El asunto no es copiar al pie de la letra las recetas sino tener la capacidad de darse cuenta de lo que debe variarse o sustituirse."

Al hablar de eso que constituye el secreto de la condimentación nos dice José Miranda que el estragón que tanto uso tiene en Francia aquí exige cuidado, porque al usarse en conserva resulta mucho más fuerte. Nos habla del thym, una especia aromática muy conveniente y del ramillete surtido que se compone de apio, laurel, perejil y estragón. Nos señala la conveniencia de moderar el uso del apio y sigue hablándonos de las especias por cuyo logro el mundo occidental realizó el descubrimiento de las Américas.

Nos cuenta lo que le ocurrió en Francia cuando estuvo en el Cordon Bleu. Por desconocimiento del idioma pasó momentos desagradables hasta que tuvo la suerte de conocer a una profesora también de cocina que hablaba español, la cual, después de conversar con él le explicó a su maestro: "No se trata de un aprendiz sino de un cocinero hecho ya." "A partir de ese instante, el francés no fué necesario para entendernos profesor y alumno."

Antes de despedirnos le hicimos la última pregunta respecto a sus preferencias y nos contestó: "Prefiero la comida y mi especialidad son los platos fríos." Luego, amablemente nos dió la receta de su plato favorito.

Al abandonar esta mansión cuyo jardín demuestra el amor a la naturaleza, a los árboles, a las plantas, a las flores, vimos con cierta añoranza el contraste de dos épocas: una cochera donde se guardan modernísimos autos, entre ellos una antigua "Victoria". La serenidad parsimoniosa del pasado y el presente raudo que día a día nos aleja de una vida estable y que por su contraste nos hace sentir entre dos épocas.

OEUFS EN GELEE AU FOIE GRAS

INGREDIENTES PARA EL CALDO:

2 libras de jarrete.
la pechuga de una gallina.
1 libra de huesos.
2 ramitas de apio.
1 cebolla grande.
2 zanahorias.
½ ajo puerro.
4 tomates.
4 litros de agua.
1 cucharada de sal.

PREPARACION:

Se hace un buen caldo con todos los ingredientes y se deja hervir por lo menos tres horas.

INGREDIENTES PARA CLARIFICAR EL CALDO Y HACER LA GELEE:

el resto de la gallina.
½ cebolla.
2 ramitas de apio.
½ ajo puerro.
1 zanahoria.
2 huevos enteros.
4 claras de huevo.
unas gotas de caramelo quemado.
1 taza de vino de Jerez.
8 sobrecitos de gelatina simple.

PREPARACION:

Para clarificar el caldo se le echa el resto de la gallina molida por la cuchilla de tres dientes y se le agrega la cebolla, el apio, el ajo puerro, la zanahoria, todo pasado por la máquina y por último los huevos, las claras y el caramelo para darle color. Se pone al fuego revolviendo constantemente para que no se pegue. Cuando haya hervido se le baja la can-

dela y con una cuchara se va separando hacia los lados todo lo que suba dejando en el centro un espacio limpio. Se le echa el vino de Jerez y la gelatina remojada en agua y se deja hervir dos horas a fuego lento para que la ebullición no revuelva el caldo. Para comprobar si tiene suficiente gelatina a medida que se hace se debe poner un poco en un plato en el refrigerador y si está muy claro se le añade más gelatina, hasta que adquiera una consistencia que se pegue a los dedos, pero sin estar demasiado dura. Se deja asentar y se pasa por un paño caliente; se rectifica la sazón.

INGREDIENTES PARA MONTAR EL PLATO:

6 huevos duros.
2 zanahorias.
1 ramita de perejil.
2 cajas de trufas.

12 huevos para hacerlos pochés.
1 caja de foie gras.

PREPARACION:

En moldes individuales se pone un poco de gelée, se pone a enfriar y cuando esté duro se adorna en la forma que se quiera con pedacitos de huevos duros, zanahorias, perejil y trufas. Se cubre con gelée, de manera que el adorno quede en el medio, y se pone a enfriar. Para hacer los huevos pochés se pone en una cazuela suficiente agua para que los cubra, sal y un poco de vinagre. Cuando esté hirviendo se van echando los huevos. Es muy importante que el agua esté hirviendo porque la acción del agua caliente con el vinagre hace que la clara envuelva la yema impidiendo que ésta se endurezca. Con una espátula se corta la clara que sobra y se coloca uno en cada molde individual ya adornado, se cubre con gelée y se pone de nuevo a enfriar. En un molde grande se pone un fondo de gelée, se adorna como los moldes individuales y se enfría. Cuando esté duro se coloca encima el foie-gras en lascas, en bolas o en puré. Se cubre con gelée para que el foie-gras quede en el medio y se pone en el refrigerador. Para colocarlos en la fuente en que se van a servir, el molde grande se voltea en el centro y alrededor los moldes individuales y se adorna con gelée picado en la forma que se desee. Para voltear todos los moldes a base de gelée, es conveniente sumergirlos en agua tibia, de manera que el calor desprenda las paredes y evite que se rompan.

Como en su Propia Casa...

Así se siente Ud. en EKLOH!

EKLOH se ha convertido en un lugar de reunión por su ambiente tan acogedor...

Al llegar a EKLOH, usted coge su carrito y se sirve lo que necesita, tomándose todo el tiempo necesario y sabiendo que escoge entre los mejores productos del mercado. Luego, al pagar y recoger sus paquetes, usted recibe el famoso 3% Bono EKLOH, y apenas tiene que esperar pues en EKLOH hay ocho contadoras en movimiento para atenderle más rápidamente.

Y... para los que van en su automóvil, EKLOH tiene una amplia zona de "parqueo" con espacio para 108 automóviles!

En EKLOH *se siente Ud. como en su propia casa.*

Supermercados

CALZADA DE COLUMBIA Y CALLE 12

UN MUNDO DE ATRACCIONES BAJO UN SOLO TECHO

EN CASA DE LOLO LARREA DE SARRA

Chef Heliodoro Andrés Nodarse

Atendiendo a la cita que nos había dado, llegamos a mediodía a la mansión de la señora Loló Larrea de Sarrá.

Después de cruzar el ancho hall, que muestra gobelinos de extraordinario valor, penetramos en un pequeño salón Rosa; la fina sensibilidad y cultura de sus moradores lo han convertido en un museo en el que se pueden admirar porcelanas, jades y vitrinas que atesoran una de las colecciones de abanicos más completa de Cuba.

En este precioso lugar nos recibió con sencilla fineza, Loló Larrea, que nos esperaba para la entrevista con su Chef, a quien ella aprecia mucho.

Nos encontramos en presencia de un anciano alto, distinguido, de escasos cabellos blancos que nos hizo recordar la época de nuestras abuelas, cuando la cortesía imponía un sello peculiar de bondadosa comprensión y afectos duraderos entre las distintas posiciones sociales.

Sus expresiones de reconocimiento ganaron nuestra simpatía, su timidez y modestia, pronto se tradujeron en respetuosa familiaridad y con soltura comenzó a comunicarnos sus experiencias y su dominio del arte culinario. Nos manifestó su alegría al reconocer que por primera vez en sus ochenta años, era centro de interés, aquello que él había ejercido, como un servicio normal desde la cena íntima, hasta la gran recepción, que se brinda como un regalo a los que han participado en ella, y cuyo secreto consiste en la adecuada elección de un Chef.

Nos contó su afición infantil que lo llevó al deseo de abandonar su pueblo, Guanajay, y comenzó a trabajar en 1887 en el almacén de víveres finos de Monsieur Adolfo Mendy, quien lo empleó de pinche de cocina que regía un famoso cocinero de la época, el congo Esteban Montalvo Hernández, que había aprendido en París durante quince años el arte de la cocina francesa y junto al cual conoció los primeros secretos de la misma.

Uno de los productos que caracterizaban este almacén era la preparación de los jamones en la que se hizo experto y después, como plato apreciado por su dueño, el "pote-au-feu". Tres años más tarde pasó a casa de don Francisco Cuadra.

Durante la guerra de Independencia trabajó como cocinero en una casa de huéspedes ocupada por militares españoles, período que no se caracterizó por la buena cocina. Aquí nos cuenta la anécdota que debido a la carestía y alto valor de los elementos básicos de la comida, muchas veces se veía en la imposibilidad de echarle manteca al arroz, que los soldados llamaban "pringue", y cuando se daban cuenta tiraban el arroz por la campana de la cocina en señal de protesta. Otras veces, pagándole solamente dos centavos, estaban dispuestos a servirle de pinche.

De allí fué a prestar sus servicios a la mansión de la Condesa de Fernandina, Josefina Herrera, famosa por su belleza y que unía a su riqueza una gran bondad y de la que guarda un grato recuerdo.

Sirvió también en un antiguo Ingenio en el Mariel, de don Antonio Balsinde, pasando a casa de la señora Elvira Machado de Machado, y luego estuvo en casa del hijo de nuestro Apóstol, José Martí, y cuya esposa la señora Teté Bances le ocupó en sus múltiples agasajos, donde la buena mesa rendía un gran honor al prestigio de la casa.

Heliodoro Andrés Nodarse, con ese regocijo de la fidelidad justamente valorada y reconocida, siente un gran orgullo, cuando se refiere a esta última etapa de su vida que tiene su mejor expresión en el modo como llama a la distinguida dama: "Mi Angel".

Es así como nos adentramos al interrogatorio que teníamos proyectado respecto a la exquisitez de su arte.

Nos interesaba saber cuáles eran, según su opinión, las condiciones esenciales de un gran Chef. Sus palabras fueron sencillas pero elocuentes, cuando nos dijo: conciencia, formalidad y amor propio; tratar de mejorar todos los platos; nunca decir que no, y superarse día a día; hacer todo con agrado y cada realización que sea la mejor muestra de su capacidad.

Penetrando en el secreto de la confección de un plato, tratamos de saber cuál debía ser el uso de las especias en la condimentación.

Nos señala que el gusto decidía su uso, pues había que respetar la voluntad de los que lo tenían a su servicio, pero en su opinión la nuez moscada posee cualidades que la hacen apropiada, por su sabor peculiar, en el mayor número de platos.

Le preguntamos su preferencia respecto a la repostería y la cocina, y él optó por esta última, aunque le gusta hacer dulces fríos, pero su especialidad es catar las salsas, que es la esencia de la buena cocina.

Su mayor satisfacción se la produjo el banquete que preparó con motivo del Primer Congreso Médico de La Habana, a raíz de constituirse la República, y que se llevó a cabo en casa del Dr. Ignacio Plasencia, en honor de los médicos extranjeros, los cuales apreciaron, y así se lo manifestaron, la exquisitez de sus manjares.

Como en todas las actividades humanas, la más viva satisfacción la produce el reconocimiento, la comprensión y la justa estimación de una obra.

Y para terminar, le pedimos que nos diera la receta de su plato favorito.

ARROZ MARISCAL

INGREDIENTES PARA EL CALDO:

- 1 cabeza grande de pargo
- ½ cucharadita de azafrán.
- 2 zanahorias chicas.
- 3 ajos puerros.
- 1 ramita de apio.
- 1 cabeza de ajo.
- 1 cebolla.
- sal y pimienta a gusto.
- nuez moscada a gusto.
- 2 litros de agua.

PREPARACION:

Se hace un caldo con todos los ingredientes y se deja hervir hasta que quede litro y medio de caldo.

INGREDIENTES PARA EL ARROZ:

- 5 cangrejos moros.
- 1 libra de camarones grandes.
- 1 langosta de tamaño mediano.
- una pizca de sal.
- 2 libras de arroz Valencia.
- un poco de aceite para dorar el arroz.
- pimienta, nuez moscada y sal a gusto.
- 1 parguito de dos libras.

INGREDIENTES PARA EL SOFRITO:

- ½ taza de aceite.
- 12 tomates.
- 1 cucharadita de azúcar.
- 1 latica de puré de tomate.
- 1 ají verde.
- 1 ajo puerro.
- 1 cebolla.
- 1 taza de vino blanco.

PREPARACION:

Se salcochan los cangrejos y se separan las bocas para el adorno, las patas se pican con mucho cuidado para no astillarlas y se cocinan con el arroz. Se salcochan los camarones y esa agua se agrega al caldo de pescado. La langosta se salcocha aparte pero no se utiliza el agua porque tiene un gusto muy fuerte. Todo esto se cocina con un "polvito" de sal solamente para darle "tono". El arroz se pasa por un jibe para limpiarlo bien y no se lava, se dora en una sartén con aceite a fuego lento. Se hace un buen sofrito con todos los ingredientes, teniendo cuidado de echarle un poco de azúcar porque el tomate cubano es muy ácido. Cuando esté listo se mezcla con el arroz, se reboga todo y se le añade el caldo (para una libra de arroz un litro de caldo). Se sazona con pimienta, nuez moscada y sal a gusto. Cuando el arroz empieza a secarse se le agregan los camarones, la langosta y los codos de los cangrejos.

Al parguito después de limpio se le quita el espinazo y se asa. Para servirlo se coloca una base de arroz, encima se pone el parguito como si estuviera nadando y alrededor se le pone arroz para dejarle solamente el lomo, la cabeza y la cola fuera. Se cubre con salsa Veloutée.

INGREDIENTES PARA LA SALSA VELOUTEE:

- 1 cucharada de mantequilla.
- 3 cucharadas de harina.
- 1 taza de caldo de pescado.
- pimienta a gusto.
- 1 ralladura de nuez moscada.
- 1 cucharada de salsa de tomate Catsup.

PREPARACION:

Se hace la salsa con todos los ingredientes y a lo último se le echa la salsa de tomate Catsup para darle color. Se cubre el pescado con la salsa, dejando que caiga sobre el arroz lo natural, sin cubrirlo. Alrededor de la fuente se colocan las bocas de los cangrejos.

EN CASA DE MARIA LUISA MENOCAL DE ARGÜELLES

Chef Miguel Candepadrós

En las márgenes del Almendares se yergue la residencia de Elicio Argüelles y a una invitación de su esposa, María Luisa Menocal, fuimos a realizar la entrevista con su Chef.

Bordeado por jardines que forman terrazas sucesivas hasta la orilla del río, la perspectiva es maravillosa. Y esas terrazas ofrecen un rico colorido en plantas y flores al que se añade el espectáculo de una magnífica cassia en tonalidad rosa.

La entrevista se realizó en el portal cubierto decorado por el artista de la paleta Hipólito Hidalgo de Caviedes, cuyo mural simbolizando la Vendimia representa tres figuras de mujer recogiendo el fruto de la vid.

La gentil anfitriona nos relacionó con su Chef Miguel Candepadrós, el único habanero de los Chefs que hemos conocido en nuestras entrevistas. Nos hizo su historia con mucho entusiasmo. Se inició como pinche de cocina de los duques de Amblada, e hizo su aprendizaje bajo la dirección de un gran maestro de cocina, Juan Pablo Valdés. De ahí, fué a casa de Chepín Barraqué, luego a casa de Amelia Hierro y por último a casa de Argüelles.

Ama su oficio y se siente muy satisfecho de su arte. Es muy estudioso y siempre está dispuesto a un conocimiento nuevo y a una experiencia más.

Sobre las condiciones que necesita su arte opina que sólo la madurez de los años nutrida por el trabajo constante y la experiencia hacen un gran Chef. Es de importancia primordial, nos dice, la buena presentación de los platos y su sazón.

En la comida a la criolla es el orégano su especia favorita y su plato especial las guineas asadas a la cubana.

En la cocina francesa juegan un papel principal los buenos vinos, la pimienta y el polvo curry, con un pródigo tratamiento de mantequilla y crema.

Le gustan por igual la cocina y la repostería y nos cuenta que un momento que pudo ser desagradable en su vida produjo los resultados más satisfactorios para su experiencia de Chef: mientras preparaba un plato de huevos a la Colinet, al ir a montarlo se le abrió la gelatina. Sin perder ecuanimidad, tuvo la idea luminosa de ponerle una gelatina más fuerte con la cual rehizo el plato, que no sólo le quedó perfecto, sino mucho más atractivo a la vista.

Como todo buen Chef tiene sus preferencias y de ella una buena muestra es las recetas que damos a continuación.

También nos dice que además de sus responsabilidades como Chef que dispone el magnífico menú diario de la casa, en ocasiones y después de cambiar ideas con la señora de Argüelles, le gusta mucho la preparación de fiestas en que la distinción tradicional de una antigua y aristocrática familia cubana abre sus puertas a lo más distinguido de nuestra sociedad.

POLLO SALTEADO A LA CAZADORA

INGREDIENTES:

1 pollo de 3 libras.
1½ cucharaditas de sal.
½ cucharadita de pimienta.
harina la necesaria.
½ taza de aceite.
⅛ libra de mantequilla.
perejil, picado fino.
pan frito.

PREPARACION:

Se corta el pollo en cuartos, se adoba con sal y pimienta y se enharina. Se saltea en aceite y mantequilla bien calientes, y se dora por ambos lados. Se tapa la cazuela y se deja cocinar en el horno a 325° F. Se coloca en una fuente redonda en pirámide, se cubre con la salsa Cazadora, se salpica con perejil picado fino y se rodea la fuente con pan frito cortado en triángulos. Como se ha podido observar el pollo salteado se cuece en seco, es decir, con la mantequilla y el aceite, pero sin ningún líquido ni salsa, de modo que el pollo quede crujiente, que es lo que caracteriza al pollo salteado. Si se cocinan juntos pollo y salsa, resulta un guisado. La grasa que queda en la cazuela se reserva para añadirla a la salsa.

INGREDIENTES PARA LA SALSA CAZADORA:

¼ taza de aceite.
1 latica de champignons.
3 cucharadas de cebolla picadita.
¼ taza de vino blanco.
1 cucharada de harina.
½ taza de consomé.
½ taza de caldo.
1 taza de puré de tomate.
1 cucharadita de mantequilla.
2 cucharaditas de perejil picado.
la grasa de la cocción del pollo.

PREPARACION:

Se saltea en el aceite caliente los champignons picados en lascas finas, cuando estén dorados se le agrega la cebolla y se deja unos minutos al fuego. Se añade el vino y se cocina a reducir a la mitad. Se incorpora la harina, se revuelve bien, se agrega el consomé, caldo, puré de tomate y se deja a fuego lento por espacio de cinco minutos. Se retira del fuego, se agrega la mantequilla, perejil picado y la grasa de la cocción del pollo.

POLLO SALTEADO A LA BORDELESA

INGREDIENTES:

1 pollo de 3 libras, salteado en la misma forma que el Pollo a la Cazadora.
1 libra de alcachofas.
1 lata de champignons.
aceite para saltear.
anillos de cebolla fritos.

PREPARACION:

Se condimenta y se saltea el pollo de igual forma que en el Pollo a la Cazadora y cuando esté cocinado (antes de agregarle la salsa específica de él) se coloca en una fuente adornada con montoncitos de alcachofas picadas y salteadas, champignons salteados en aceite y anillos de cebolla fritos. Se vierte sobre el pollo la siguiente salsa:

INGREDIENTES PARA LA SALSA:

2 onzas de mantequilla.
1 cucharada de harina.
1 lata de consomé.
1/8 cucharadita de pimienta.

PREPARACION:

Se derrite la mantequilla a fuego lento, se añade la harina y se deja cocer unos minutos revolviendo, se agrega el consomé y la pimienta revolviendo constantemente, se deja hervir y se cocina durante quince minutos a fuego lento. Se cuela y se vierte sobre el pollo.

ANILLOS DE CEBOLLA

INGREDIENTES:

1/2 libra de cebollas.
2 tazas de leche.
harina la suficiente.
grasa para freírlas.
sal.

PREPARACION:

Se cortan las cebollas en rebanadas finas y se dejan en la leche largo tiempo. Se escurren bien y se polvorean con mucha harina; se sacuden y se fríen en manteca muy caliente de manera que se frían en cuestión de segundos. Se sacan, se escurren bien y se polvorean con sal. Esta cebolla sirve para acompañar carnes y es la que se usa en el pollo salteado a la Bordelesa.

Cortesía de

Terminal Panamericana de Carga Aérea

OPTICA EL PRISMA

Moderno Gabinete y Talleres Propios Exclusivos para nuestros clientes. Armaduras Americanas y Europeas

RAUL L. YANES Y CIA.

NEPTUNO No. 563   TELEFONO U-6320

HAVANA BUSINESS ACADEMY

SPECIALISTS IN ENGLISH, BUSINESS
& SECONDARY EDUCATION

EN CASA DE NENA VELASCO DE GONZALEZ GORDON

Chef Mercedes Montes de Oca

La suntuosidad del Palacio de los Velasco que es como una fortaleza que guardara, en lucha con el tiempo, el espíritu y la expresión de una cultura que, entre sus más elevadas manifestaciones, destaca el arte magnífico del buen comer.

Al subir la regia escalera nos encontramos un retrato de tamaño natural del último monarca español pintado por Marcelino Santamaría. En un salón del más rancio sabor europeo contemplamos, desde los balcones, la Avenida de las Misiones y la entrada del puerto de La Habana, en donde el pasado y el presente conviven en una mezcla que pone junto a la añoranza del recuerdo tradicional, el Morro, la pletórica actividad actual; esfuerzo e ilusión.

Nos esperaba Nena Velasco, de temperamento alegre, comprensivo y captador de todo lo que tenga interés y valer y con gran sencillez nos conduce a través de su "viejo Palacio", como le llama, y donde el lujo más absoluto armoniza con el buen gusto, a una cocina tan moderna, que más que el lugar de preparación del alimento cotidiano parece el templo donde se oficia un culto que une la más elaborada técnica con la sensibilidad artística más depurada. Aquí conocemos a la Chef Mercedes Montes de Oca, ejemplo magnífico de superación intelectual y de perfección culinaria.

Según nos cuenta, quiso ser artista y tenía grandes condiciones para ello. Como buena mexicana que es, las formas de expresión, tanto en música como en pintura le eran fáciles; pero el arte no respondió a sus necesidades materiales y eso la condujo a un oficio que conserva las virtudes de la vieja artesanía.

Mercedes Montes de Oca en la cocina, pone sus dotes de artista cuidando tanto el sabor de sus manjares como de su exquisita presentación. Para mantenerse al día en todo cuanto a su arte se refiere no se detuvo ante las barreras idiomáticas. Estudió inglés, francés y alemán y estos tres idiomas le permiten mantenerse al día en cuanta divulgación se haga de las distintas cocinas europeas y americanas. Hace cuarenta años llegó a Cuba y recuerda el selecto número de familias que gustaron de su cocina: Mercedes Romero de Arango, los Condes del Castillo, Aída López de Rodríguez y la actual: Alvaro González Gordon y Nena Velasco.

Interrogada sobre las cualidades de un auténtico Chef, con una culta sencillez expresa que lo esencial es tener un surtido completo de los elementos básicos; ser sumamente limpia y ordenada y tener "un lugar para cada cosa y cada cosa en su lugar". Según ella, los misterios de la comida se basan en su condimentación por medio de las especias; pero sin abusar de las mismas, pues siendo como es, una mujer culta, sabe que lo más sano, el agua incluso, es dañina si se toma con exceso.

La nuez moscada, el ramillete, los vinos y el Champagne intervienen con preferencia en sus guisos.

Enamorada de su arte, de este arte de la cocina, que sustituyó los otros, no permite que nadie decida la selección de lo que constituirá su obra: desde ir al mercado hasta la presentación artística en la mesa. Su mayor satisfacción es el hecho siguiente: Moldeó un pescado para una gran cena y al voltearlo para ponerlo en condiciones de ser servido se le estropeó. Ante lo que suponía aquella situación no se le ocurrió nada mejor que invocar desesperadamente a Santa Teresa de Jesús, de quien es muy devota: "Teresita mía, sácame de este apuro". Inmediatamente se le ocurrió una forma nueva de presentación que le obtuvo las más vivas y calurosas frases de halago.

Mientras nos narraba sus experiencias, prácticamente nos daba una lección sobre la forma de preparar sus platos. Nos enseñó un menú completo que era una delicia del paladar y de los ojos. La presentación de sus platos al combinar los ingredientes, semejaba el colorido de un clásico de la paleta.

De sus aficiones artísticas que cultiva siempre, puede decirse que son las alternativas que presenta su honda sensibilidad humana. La música y la pintura son expresiones raigales del espíritu. Nos consuelan en las tristezas o revelan nuestras alegrías y esas dos manifestaciones no son, según nos dijo ella misma, ajenas a su emoción de gran artífice en el arte culinario.

CONSOMME MOSAIQUE

INGREDIENTES:

4 litros de agua.
2 huesos enteros de choquezuela.
2 libras de falda.
1 libra de jarrete.
10 patas de pollo.
3 ó 4 zanahorias.
½ tallo de apio.
3 ajos puerros.
un poco de perejil.
6 tomates de cocina.
1 cucharadita de sal.

PREPARACION:

Se hace un caldo con todos los ingredientes y se deja hervir durante tres horas. Se guarda en el refrigerador y al día siguiente se le quita la grasa que se le ha formado arriba.

INGREDIENTES PARA CLARIFICAR EL CALDO:

- 2 huevos enteros.
- 2 libras de jarrete.
- 1 gallina cruda.
- 6 caparazones de pollo crudos.
- huesos de pollo asado.
- 4 zanahorias.
- ½ tallo de apio.
- 3 ajos puerros.
- perejil.
- 6 tomates.
- una pizca de nuez moscada.
- 12 pimientos.
- 2 cebollas grandes claveteadas con cuatro clavos cada una.
- 4 tazas de vino de Jerez.
- ½ litro de agua.

PREPARACION:

Se pone en una olla el caldo del día anterior, se le echan los dos huevos enteros con la cáscara triturada en el mortero. Se muelen el jarrete y la masa de la gallina todo en crudo, se le añaden los caparazones de pollo sin masa, si se tienen huesos de pollo asado se le agregan también, pues le da color al consomé. Se le unen las zanahorias, los apios, los ajos puerros, el perejil y los tomates picados, se revuelve, se echa la nuez moscada, los pimientos y las cebollas. Se pone a fuego lento revolviendo continuamente hasta que rompa a hervir. Se baja de la candela, se le agrega el vino de Jerez y el agua y se pone a fuego lento bien tapado durante tres horas y media. Se cuela por una servilleta mojada en agua caliente a que quede sin grasa. En el momento de servirlo se le echan las guarniciones.

INGREDIENTES PARA LAS GUARNICIONES:

- 2 zanahorias cocinadas.
- 2 nabos cocinados.
- ¼ libra de lengua a la escarlata (de lata).

PREPARACION:

Se cortan en tiritas bien finas todos los ingredientes y se les echa el consomé. Suficiente para diez personas.

JAMON A LA CHAMPAGNE

INGREDIENTES:

- 19 libras de jamón precocinado.
- 3½ botellas de Champagne.
- 1 piña cabezona.
- 1 pedazo grande de canela en rama.
- 4 ó 6 clavos.
- 4 cucharadas de azúcar blanca para cubrir.

PREPARACION:

Se limpia el jamón, se pone en una pavera y se le agregan todos los ingredientes, la piña cortada en cuatro pedazos. Se hornea a 350° F. durante tres o tres horas y media, teniendo cuidado de rociarlo a menudo. Se saca de la pavera, se coloca en una tartera, se cubre con azúcar y se pone en el horno, si éste tiene plancha de dorar y si no con una plancha corriente se dora. La piña se corta en pedacitos, se espolvorea con azúcar y se pone a dorar al horno. Para servirlo se corta el jamón en lascas, se coloca en la fuente sobre el hueso adornado su extremo con papel cortadito, se le da la forma de jamón, alrededor se le ponen los huevos hilados y al borde la piña.

INGREDIENTES PARA LOS HUEVOS HILADOS:

- 30 yemas.
- 3 libras de azúcar.
- 1½ tazas de agua.
- 5 ó 6 gotas de vino dulce o Marrasquino.

PREPARACION:

En un recipiente de porcelana y sobre un colador se van echando una a una las yemas a las que se les ha quitado completamente las claras, y con la misma cáscara se parten. Se deja que cuelen ellas solas. Se hace un almíbar con el azúcar y el agua y cuando esté hirviendo se coge un colador especial de huevos hilados y se van echando en el almíbar las yemas ya coladas con un movimiento de rotación para que se cocinen, (dos o tres minutos). Al lado se tiene colocado un recipiente con agua fría y se van echando los huevos hilados; con una espumadera se van sacando, se exprimen bien con la mano, se sacuden y se extienden en una fuente. Se rocía con unas gotas de vino dulce o Marrasquino y se vuelven a sacudir. Si el jamón no va acompañado de huevos hilados y trozos de piña y se sirve caliente puede ir acompañado de Salsa Madera.

INGREDIENTES PARA LA SALSA MADERA:

- 2 tazas de jugo de carne.
- 2 cucharadas de fécula de papa.
- ¾ taza de vino de Madera.
- una pizca de nuez moscada.
- 1 cucharada de mantequilla.
- ⅛ lata de trufas.
- 1 lata de champignons.
- 1 lata de foie-gras.

PREPARACION:

Se pone al fuego el jugo de carne, cuando esté hirviendo se le echa la fécula de papa disuelta en el vino de Madera y cuando hierva nuevamente se le incorpora la nuez moscada, la mantequilla y las trufas y champignons picados en trocitos pequeños. Se retira del fuego y se sirve en una salsera. A esta salsa se le añade una lata de foie-gras y se sirve cubriendo un pavo asado.

PAVO ASADO

INGREDIENTES PARA EL PAVO:

1 pavo americano de 15 libras.	2 ajos puerros picaditos.
½ taza de jugo de limón.	1 cebolla picadita.
2 cuchardas de sal.	1 ramillete surtido.
2 cucharaditas de pimienta.	1 taza de vino blanco.
2 zanahorias picaditas.	½ libra de mantequilla.
	1 cucharada de caramelo o esencia de cocina.

PREPARACION:

Se limpia bien el pavo y se le da unos cortes para que se introduzca la sazón. Se coloca en una pavera y se adoba con el jugo de limón, sal, pimienta, zanahorias, ajos puerros, cebolla y el ramillete surtido. Se deja en este adobo y se hace el sofrito.

INGREDIENTES PARA EL SOFRITO:

1 cucharada de manteca.	8 onzas de champignons.
¼ libra de tocino cortado en trocitos.	

PREPARACION:

Se sofríen todos los ingredientes hasta que cojan color. Se le echa el sofrito al pavo, el vino blanco y se cubre con trocitos de mantequilla. Se pone al horno previamente calentado a 450° F., durante diez minutos y pasado este tiempo se baja a 325° F. y se continúa horneándolo calculando el tiempo de cocción a razón de veinticinco minutos por libra. Cada veinte minutos se rocía con su misma salsa. Es conveniente cubrir las pechugas del pavo para hornearlo con un lienzo empapado en un buen caldo o vino y humedecerlo a menudo para evitar que se raje la piel del pavo. Se retira del horno. Se coge un poco de su salsa, se pone a enfriar en el refrigerador, se le quita la grasa si la tiene; si no tiene suficiente color se le puede poner una cucharada de caramelo o esencia de cocina. Se le añade la salsa Madera con foie-gras y se cubre el pavo. Se pone un poco de la salsa del pavo, sin foie-gras, en una salsera aparte y se sirve acompañando al pavo.

FRUTAS ACARAMELADAS

INGREDIENTES PARA EL CARAMELO:

1 taza de agua.	1 cucharada de glucosa.
1½ libras de azúcar	4 gotas de ácido acético.

PREPARACION:

Se unen el agua y el azúcar y se ponen al fuego, cuando hierva se le añade la glucosa y con una brocha mojada en agua fría se van limpiando los bordes del recipiente para evitar que el almíbar quede turbia y se queme. Se le echa el ácido acético, que es lo que da el punto de caramelo quebradizo, pues si no quedaría amelcochado. El almíbar debe estar aproximadamente veinte minutos al fuego que es cuando empieza a tomar un color ámbar. Se prueba dejando caer unas gotas en agua fría y cuando parte el caramelo indica que ya está. La base principal de las frutas acarameladas radica en el punto del caramelo.

INGREDIENTES PARA LAS FRUTAS:

12 fresas frescas con su tallo y sus hojitas.	1 queso crema de 3 onzas.
los gajos de una naranja.	1 taza de dulce de coco de punto fuerte.
12 uvas con su tallito.	12 ciruelas pasas.
12 dátiles sin semillas.	1 naranja reina para adornar.

PREPARACION:

Se limpian las fresas con una brocha para quitarles el polvo. Los gajos de naranja se ponen al sol para que se sequen bien. Las uvas se secan con un paño, los dátiles se rellenan con queso crema. Las yemitas de coco se hacen con un dulce de coco de punto fuerte para poderlas formar bien y se dejan enfriar. A las ciruelas pasas se les quita la semilla y se rellenan con pasta de almendras en distintos colores dejando que sobresalga un poquito la pasta para que haya contraste de colores.

INGREDIENTES PARA LA PASTA DE ALMENDRAS:

½ libra de pasta de almendras.
3 cucharadas de azúcar en polvo.
1 cucharadita de clara de huevo.
1 cucharadita de Marrasquino.
unas gotas de tinte vegetal.

PREPARACION:

Se le añade a la pasta de almendra el azúcar en polvo, la clara de huevo y el Marrasquino y se amasa a suavizarla. Se le añade las gotas de tinte vegetal de los colores que se desee. Se amasa a formar unos rollitos finos y se rellenan las ciruelas. Se introduce un cuchillo en azúcar en polvo y se hacen unas marcas en la pasta para adornarla. Ya listas todas las frutas se van bañando, una por una, en el caramelo y se colocan en un mármol engrasado para que no se peguen. Esta misma operación se hace con las yemitas de coco.

PRESENTACION DE LAS FRUTAS:

A la naranja reina se le da unos cortes en la corteza hasta la mitad para formar los pétalos de una flor y se baña en caramelo. Se pone en el centro de una bandeja y alrededor se van colocando las frutas y las yemitas acarameladas armonizando los colores. Si se prefiere se puede sustituir la naranja por un ramo de uvas acaramelado. Las uvas deben estar bien secas, para que se adhiera bien el caramelo.

HELADO DE CARAMELO

INGREDIENTES PARA LA CREMA:

1 litro de leche.
1 raja de canela grande.
⅛ cucharadita de sal.
10 yemas de huevo.
1 taza de azúcar.
1 taza de caramelo.
5 claras de huevo.
¾ taza de azúcar.
1 cucharadita de vainilla.

PREPARACION:

Se pone a cocinar la leche con la canela y la sal a baño-maría hasta que hierva. En una taza bola se colocan las yemas con el azúcar y se baten bien hasta que monten, se le añade poco a poco la leche hervida y se sigue batiendo durante todo el tiempo.

Se pone de nuevo a cocinar a baño-maría revolviendo siempre con una cuchara de madera y cuando la crema pinte, una cuchara de metal, se retira del fuego y se pone a enfriar. Se le añade el caramelo, se revuelve para unirlo bien. Se baten las claras a punto de nieve y se le agrega poco a poco el azúcar batiendo siempre hasta terminar. Se le añade la vainilla. Se incorpora al merengue la crema ya fría batiendo sólo lo necesario a unir. Se coloca la crema en la sorbetera y se bate hasta que esté hecho el helado. Se vierte el helado en un molde especial y se pone en un recipiente con hielo hasta el momento de servirlo. Para sacarlo del molde se pone éste bien cerrado debajo de la llave del agua. Se coloca en una bandeja una panetela y sobre ella el helado. Se adorna con merengue. Se puede añadir a la crema de caramelo, Praline, logrando una variación a base de almendras.

INGREDIENTES PARA EL CARAMELO:

1 taza de azúcar.   ½ taza de agua.

PREPARACION:

Se pone el azúcar a derretir a fuego lento y cuando esté hecho el caramelo se le añade el agua hirviendo dejándolo al fuego que hierva durante dos o tres minutos.

INGREDIENTES PARA EL MERENGUE:

3 tazas de azúcar.   5 claras de huevo.
1½ tazas de agua.

PREPARACION:

Se hace un almíbar con el azúcar y el agua a punto de bola suave (238° F.) Se baten las claras a punto de nieve y se le añade el almíbar batiendo siempre. Cuando esté el merengue se vierte en la manga y se decora a gusto el helado y la panetela.

INGREDIENTES PARA EL PRALINE:

¼ libra de almendras con su cáscara.   1 taza de azúcar.

PREPARACION:

Se limpian las almendras con un paño seco. Se colocan en una cacerola con el azúcar a fuego lento hasta que esté hecho el caramelo. Se vierte en un mármol engrasado con aceite o mantequilla y se deja enfriar. Se muele por la cuchilla más fina de la máquina dos veces.

ENSALADA DE ENDIVES

INGREDIENTES:

    2 libras de endives.   mostaza francesa.
    aceite.   pimienta.
    vinagre.   sal.
    mostaza inglesa.

PREPARACION:

Se le sacan las hojitas a los endives, se aliñan bien y se colocan a gusto en una ensaladera.

SECRETOS DE LA COCINA

Para hacer los huevos amelcochados se ponen en un recipiente con agua fría. Mientras tanto se pone a calentar agua con sal y vinagre y cuando esté hirviendo se colocan los huevos delicadamente en el agua teniendo cuidado de no romperlos. Se deja por seis minutos, y no se distraiga; al tiempo marcado se le bota el agua caliente, y se echan en agua fría. Se pelan inmediatamente para facilitar el trabajo.

♦

En la cocina cuando se hacen asados o pollos no se bota la salsa. Se guarda y sirve de base para hacer otras salsas.

♦

Para mantener los vegetales en su color hasta la hora de servirlos se envuelven en papel parafinado, se colocan a baño-maría tibio, pues el mucho calor les hace perder su sabor, color y vitaminas.

CORTESIA DE

F. A. ROVIROSA, S. A.

AVENIDA DE LAS MISIONES No. 1

TELEFONOS: W-5688 - M-8236
M-7749 - M-7771

Cortesía de la

Cooperativa Médica de Dependientes

CON SANATORIO PROPIO

Fundada en 1932 por Médicos Cubanos

REINA No. 255   CZDA. SAN MIGUEL DEL PADRÓN No. 263
TELEFONO M-2255   TELEFONOS: X-1213 - X-1312

Caldos de Pollo y de Carne

KNORR-SUIZA

Los Caldos KNORR-SUIZA son algo realmente especial. Pudiendo usted utilizarlos también en sustitución del agua, tanto para consomés, como para realzar el gusto y sustancia de las legumbres, las pastas alimenticias, como base de salsas, en los arroces amarillos y con cualquier otro plato que usted desee mejorar.

EN LA EMBAJADA DE LOS ESTADOS UNIDOS DE NORTEAMERICA

Chef Román Sempe

Acompañadas por Carmen de la Guardia de Lazo, nos dirigimos a uno de los más bellos lugares del Country Club, donde está situada la Embajada. Fuimos recibidas, con gentilísima amabilidad por Mr. Arthur Gardner, Embajador de los Estados Unidos. Y en ausencia de Mrs. Gardner, su secretaria, Mrs. George C. Sichlick, nos atendió con gran cortesía, poniéndonos en relación con el Chef Román Sempe. Pero no podemos pasar adelante sin decir el efecto que nos causó la Embajada, una de las mansiones que con mayor dignidad puede servir de marco a la representación de nuestro gran vecino. Toda la casa tiene ese toque de grandeza refinada que corresponde al pueblo más poderoso de nuestro tiempo. La maravilla de los jardines engalanan la fastuosidad de la arquitectura. A un mismo tiempo, se unen en armonía, el dinamismo de la vida actual, el confort plácido y sereno y los valores del arte, muestrario de la sensibilidad de espíritu e intelecto de sus moradores.

La entrevista se efectuó en la biblioteca, no sin antes haber recorrido la casa y contemplado las maravillas en muebles y colecciones de objetos antiguos y soberbios adornos que nos dicen del exquisito gusto de Mrs. Gardner.

Dentro de su impecable atuendo de gran Chef, Román Sempe poseedor de gran dignidad profesional, nos narra su historia. Y creemos más interesante cederle la palabra y transcribirlas:

"Nací en Pau, Basses Pyrenées, en la región de Biarritz, país vasco-francés, en el antiguo reino de Navarra. Pau está construída al borde de una terraza que domina el valle de Jurançon. El monumento más importante es el castillo donde nació Enrique de Navarra, luego Enrique IV, Rey de Francia.

Desde muy niño me interesó el arte de la cocina, sobre todo la pastelería. A los trece años entré como aprendiz en una de las mejores pastelerías de Pau, "Chez Herri-Camy".

Más tarde fuí ayudante de cocina en el Hotel Beau Sejour y luego en la confitería de "Josuat".

A los 18 años ingresé como uno de los ayudantes de los ocho cocineros que había en casa del Barón Henri de Rothschild. Y esa fue quizás la mayor satisfacción de mi carrera por lo inesperado que fue para mí el que me llevaran en el viaje que por todo el Mediterráneo efectuó el Barón en el año 1928.

Visitamos Grecia, Turquía, Canal de Suez, Djibouti, España, etc. En Santander recibimos al rey. Luego fuimos hacia el norte de Noruega, visitamos los Fiords y llegamos a Amsterdam para los Juegos Olímpicos, en los que Philippe, el hijo del Barón, tomaba parte.

Durante tres años, he paseado por mar, en los veranos, mientras aprendía mi oficio. Esos viajes me han dado grandes satisfacciones y me han dejado recuerdos imborrables.

Después estuve algún tiempo alejado de mi oficio por el servicio militar obligatorio, con el cual cumplí mi deber. Y al terminar el reclutamiento reanudé mi trabajo. Estuve en varias grandes casas y por suerte participé en el acto que quizás ha despertado mayor expectación en el mundo elegante. El gran baile de trajes que en el verano de 1951 ofreció a la sociedad europea el millonario Carlos Bestigui, en el palacio de Labia, en Venecia, de gran valor artístico en el que se encuentran varios frescos del gran pintor veneciano Giambattista Tiepolo, en el que el derroche y el boato desplegados produjeron los más contradictorios comentarios.

En la cocina del Palacio, actuábamos varios Chefs, muchos cocineros e innumerables ayudantes y pinches. Todos de distintas nacionalidades y por supuesto, se hicieron verdaderas maravillas culinarias.

También estuve en casa de la princesa de Ligne, cuya hija está casada con el hijo del rey de Grecia. Con esta familia hice diferentes viajes a las distintas posesiones que tienen. Inclusive al norte de Africa, donde se preparan las cacerías de leones en las que participan grandes personalidades.

De vacaciones en Biarritz, supe el deseo de un embajador de Norteamérica por contratar un Chef de gran categoría, y recomendado por la Condesa de Revilla de Camargo, entré a las órdenes del Embajador Mr. Arthur Gardner.

Creo que una de las condiciones básicas de un buen Chef es saber renunciar a los domingos y días de fiesta, cuando las exigencias de su profesión lo pide así. No cabe duda que un Chef es esclavo de grandes responsabilidades y que su horario de trabajo varía de acuerdo con las necesidades del día, o de la noche.

Sobre las especias, no tengo preferencias. Todas son igualmente necesarias según el plato que se prepare.

Como predilección particular en mi oficio, la pastelería. Aunque mi gran experiencia sobre las más exquisitas cocinas internacionales hace que disfrute de la preparación de esos grandes platos. Desde luego mis conocimientos en varios idiomas, cosa muy precisa para un Chef, me facilitan las más complicadas preparaciones.

Como anécdota tengo una que tal vez sea la más interesante en sentido general sobre la psicología humana:

Entré en una casa en donde, como es lógico, se me pidió presentara el "menú" de prueba. Lo hice, y al mostrarlo a la señora de la casa, de bastantes años y peor genio, su indignación al ver una ensalada servida con carne caliente, se exteriorizó en descompasados gritos.

Sin comprender su disgusto, le contesté suavemente que eso era muy corriente; pero que si no le gustaba, podía quitarla. La señora se aplacó y yo me quedé en la casa, en donde preparé infinitas ensaladas con carne caliente, esperando que se repitiera la escena del primer día. Como no fue así, mi sorpresa cada vez era mayor hasta que la secretaria de la señora me explicó que aquella escena de los gritos había sido para ver si yo tenía buen genio, cosa muy difícil es un Chef.

Con esa misma familia, fuí a Madrid. Y como estaba un poco escamado de que nunca me cumplimentasen por mis platos, hablé con mis compañeros y amigos españoles sobre el caso de tener que dejar la casa. Me quedé sorprendido a más no poder al informárseme que la señora, no sólo estaba muy contenta conmigo, sino que celebraba muchísimo mi cocina. Desde entonces he aprendido que es mucho más fácil, con cierta clase de personas y caracteres, recibir reproches y negaciones que halagos y felicitaciones.

Sobre mi posición actual, poco tengo que decir. Estoy muy contento y trabajo muy a gusto."

Al salir de la Embajada de los Estados Unidos, después de esta interesante entrevista, volvemos a contemplar los bellísimos jardines y admiramos frente a una pared de verdor, la majestuosa águila que perteneció al monumento del "Maine" y que un ciclón, hace años, dañó. Perfectamente reconstruída y colocada con arte, impresionan su belleza y su actitud que parece emprender el vuelo. Todo un mundo de pensamientos, consideraciones, recuerdos y esperanzas, nos asaltan y en silencio, porque la emoción es como mejor se expresa, abandonamos la espléndida residencia de la Embajada de los Estados Unidos de Norteamérica.

OMELETTE SOUFFLEE
(Tortilla Soplada)

INGREDIENTES:

- 6 yemas.
- 3 cucharadas de salsa Bechamel, mediana.
- 6 claras.
- 3 cucharadas de queso Gruyere o Parmesano, rallado.
- 3 onzas de mantequilla.

PREPARACION:

Se mezclan las yemas con la salsa Bechamel, se baten las claras a punto de nieve, se une a la mezcla anterior, usando movimiento envolvente, y se incorpora el queso. Se pone en una sartén bien caliente la mantequilla, se añade la preparación de huevo y se cocina a fuego lento. No se debe usar tenedor para moverla, se hace saltar y se enrolla sobre un plato. Esta tortilla se puede acabar de cocinar al horno a la temperatura de 325° F. durante unos minutos.

TORTILLA GERTH

INGREDIENTES:

- 6 huevos enteros. (uno para cada tortilla)
- 2 tazas de salsa Bechamel, espesa.
- 3 yemas de huevo ligeramente batidas.
- 1 huevo batido.
- 2/3 taza de queso Parmesano o Gruyere, rallado.
- 1/3 taza de pan rallado fino y cernido.
- grasa para freirlas.

PREPARACION:

Se hacen seis pequeñas tortillas con un huevo cada una en una sartén para "crépes" de cinco o seis pulgadas de diámetro. Se enrollan dándoles la forma de pequeños tabacos. Se une la salsa Bechamel con las tres yemas ligeramente batidas y se envuelven las tortillas cuando estén frías, se dejan en reposo durante un rato a que cuaje la salsa. Se pasan por el huevo batido y por último por el queso rallado y el pan. En el momento de servirlas se doran en grasa caliente.

MANZANAS OFFRANVILLE

INGREDIENTES PARA LA MERMELADA DE MANZANAS:

- 6 manzanas deliciosas.
- 3 tazas de agua.
- 1 taza de azúcar.
- 1 cucharadita de vainilla.
- 4 claras.
- azúcar para el caramelo.

PREPARACION:

Se pelan y se cocinan las manzanas con su cáscara en el agua. Se pasan por un colador a reducirlas a puré. Se le añade el azúcar y se deja a fuego lento revolviendo a menudo hasta obtener una mermelada bastante espesa, se retira del fuego, se le añade la vainilla y se deja refrescar. Se baten las claras a punto de merengue y se añade a la mermelada. Se cubre un molde con caramelo rubio claro, y cuando esté frío se vierte la preparación anterior. Se cocina en el horno a baño-maría a 375° F. durante treinta o cuarenta minutos. Se deja enfriar bien, se desmolda en una fuente y se sirve con crema inglesa.

INGREDIENTES PARA LA CREMA INGLESA:

- 1 taza de leche.
- 4 yemas.
- ½ taza de azúcar.
- ½ cucharadita de vainilla.

PREPARACION:

Se unen la leche y las yemas, se cuelan y se les añade el azúcar. Se cocina a baño-maría a fuego lento revolviendo siempre hasta que la crema pinte una cuchara de metal. Se retira del fuego, se añade la vainilla y se pone a enfriar. El agua del baño-maría no debe estar muy caliente para evitar que se produzca el fenómeno llamado "sineresis" por el que toma la crema un aspecto cortado.

HELADO LENERYNKS

PREPARACION:

En una fuente refractaria al calor se pone una panetela o "biscuit génois" y se recorta a darle la forma que se desee. Se moja con Cognac o Ron. Sobre esta panetela, se coloca en forma de "domo" un helado de caramelo que debe de estar muy duro. Se cubre todo con merengue italiano decorándolo, se polvorea con azúcar glacé a la que se le habrá añadido dos cucharadas de canela en polvo. Se tiene el horno encendido a 500° F. y se coloca durante unos segundos dejando la puerta abierta a que dore ligeramente.

NOTA: Para el merengue italiano, ver trabajo sobre los merengues de Manuela Fonseca de Sarille.

EN LA EMBAJADA DE ESPAÑA

Chef Giovanni Marchitelli

Terminada nuestra entrevista con Juan Pablo de Lojendio, Embajador de España, Marqués de Vellisca, nos quedaba completar la entrevista con su Chef Giovanni Marchitelli, y decimos completar porque ya habrán visto nuestros lectores en la sección titulada "El Hombre en la Cocina" que el Embajador de España nos había dado algunos datos sobre Giovanni.

Y ahora es Giovanni el que habla: "De mi patria chica, o sea Villa Santa María degli Abruzzi y próxima a Nápoles entré de aprendiz a los catorce años en casa de la Duquesa Magliana, que es una de las residencias más famosas de Nápoles y de allí pasé a Roma a casa de la Condesa Pignatelli, luego crucé el Atlántico con una familia inglesa que me llevó a Buenos Aires, donde permanecí diez años hasta que conocí al señor Embajador, entonces Ministro."

"Desde entonces estoy vinculado a la movida existencia de este gran diplomático español, primero en Montevideo, después en París y ahora en La Habana."

"Creo que entre las cualidades de un gran Chef es muy importante la paciencia, una gran serenidad, amor a su trabajo y una inventiva fecunda. Mi predilección es la pastelería, acaso por la belleza que requiere la misma. Mis especias más usadas son la albahaca para el guisado y el estragón para las salsas finas. Vino blanco para los pescados, el tinto para las salsas y el Oporto especialmente para los dulces."

"Un Chef constantemente tiene que renovarse para estar al día sobre lo que producen los centros fundamentales de alta cocina. Conozco varios idiomas y tengo la satisfacción de tratar en sus íntimos detalles todo lo que se refiere a mis responsabilidades como Chef con el señor Embajador que como ustedes habrán podido comprobar es un gran "connaisseur" de las exquisiteces de la buena mesa."

Y es así como pudimos apreciar la preparación de la comida que se ofrecía dos días después al Embajador de Cuba en Washington, Dr. Miguel Angel de la Campa, para la cual habían recibido por avión de Asturias un soberbio salmón que nos fué presentado en magnífica bandeja de plata. Fuimos invitadas a pasar al comedor donde esa noche se efectuaba un banquete en honor del Ministro de Salubridad de España, de paso en La Habana, y de otras personalidades y pudimos observar desde la fineza del adorno hasta el gusto selecto del menú preparado para esa noche.

Mi mayor satisfacción—nos dice—ha sido el buffet que preparé para la inauguración de la Casa de la Embajada. Buffet que se preparó en sólo dos días y que fué para ochocientas personas y cuyo éxito fué tan grande que me olvidé del cansancio que tenía.

En Cuba su inventiva ha sido estimulada por nuestros mariscos, especialmente por los cangrejos moros que considera los mejores del mundo. Luego nos habla de nuestras ricas frutas tropicales de las que ha sacado el mayor provecho y para demostrarlo, aporta su receta "Bomba Tropical" que a continuación ofrecemos entre otras que también nos da.

Después de la entrevista el Embajador nos llevó por los jardines en los que la fronda exuberante de nuestra tierra se une a la esbeltez de las palmeras que rodean la piscina. Fué una tarde deliciosa en la que su amable cortesía nos hizo disfrutar gratamente.

BACALAO A LA CATALANA

INGREDIENTES:

- 2 libras de bacalao.
- harina la necesaria.
- 1 taza de aceite.
- 1 cebolla grande.
- 4 libras de tomates.
- 2 tazas de agua.
- 2 cucharadas de harina.
- 1 cucharadita de sal.
- ½ cucharadita de pimienta.
- 4 dientes de ajo.
- 1 sobre de azafrán.
- ¼ libra de almendras tostadas y peladas.
- 1 ramita de perejil.
- 1 cucharadita de aceite.
- 2 cucharadas de agua caliente.
- 1 latica de petit-pois.

PREPARACION:

Se remoja el bacalao desde la noche anterior y en crudo se le quita la piel y las espinas. Se pica en pedazos y se espolvorea con harina. Se fríen los pedazos de bacalao en aceite no muy caliente. Se cubre el fondo de una cazuela con ruedas de cebollas y tomates, se disuelve en el agua las dos cucharadas de harina, se le añade la sal, la pimienta, los ajos, el azafrán tostado y molido y los pedazos de bacalao. Se cocina durante diez minutos a fuego lento a obtener una salsa liviana. Se machacan en el mortero las almendras con una ramita de perejil añadiéndole un poquito de aceite y agua caliente y se vierte sobre el bacalao. Se termina de cocinar a fuego lento a que se espese la salsa. Al servirlo se cubre con petit-pois.

TALLARINES PARISIEN

INGREDIENTES PARA LA PASTA:

- 1 libra de harina.
- 5 huevos.
- ½ taza de agua.
- 1 cucharadita de sal.

INGREDIENTES PARA LA COCCION DE LOS TALLARINES:

5 litros de agua.
2 cucharadas de sal.
¼ libra de mantequilla.

PREPARACION:

Se mezclan todos los ingredientes de la pasta, se amasan bien y se trabaja durante cinco minutos. Se divide la masa en tres porciones y se dejan en reposo durante media hora. Se extiende con el rodillo cada porción a obtener láminas bien finas, se espolvorcan con harina y se dejan de nuevo en reposo durante media hora. Se pliegan las láminas y se cortan los tallarines de dos milímetros de ancho. Se cocinan en el agua hirviendo con la sal durante siete minutos, se retiran y se dejan refrescar y se saltean en mantequilla. Se sirven acompañados de la siguiente salsa.

INGREDIENTES PARA LA SALSA:

1 litro de salsa Bechamel mediana.
medio pollo en picadillo.
1 lata de champignons.
1 lata de trufas.
1 taza de queso Parmesano rallado.
2 cucharadas de mantequilla.

PREPARACION:

Se unen la salsa Bechamel, el picadillo de pollo, los champignons y las trufas bien picaditas. Todo bien ligado se une a los tallarines. Se vierte en un molde Pyrex engrasado, se espolvorea con el queso y se le añade la mantequilla. Se coloca en el horno a 350° F. a gratinar durante quince minutos. Se sirve enseguida.

LANGOSTA A LA AMERICANA

1 langosta grande.
1 cucharadita de sal.
½ cucharadita de pimienta.
½ taza de aceite.
½ cebolla.
3 dientes de ajo.
2 libras de tomates.
1 copita de Cognac.
1 taza de vino blanco.
1 taza de caldo de pescado.
1 taza de crema al 40%.
estragón o perejil picado bien fino.

PREPARACION:

Se corta la langosta cruda en pedazos y se rompen las patas y pinzas, reservando las partes cremosas y el coral, si los tiene. Se sazona la langosta con sal y pimienta y se rehoga en el aceite. Se le agrega la cebolla, los ajos, los tomates, todo bien picado, y el Cognac, el vino blanco y el caldo de pescado. Se cocina en una cazuela tapada al horno a 350° F. por quince o veinte minutos. Se retira la langosta de la cazuela y se coloca en la fuente de servir. A la salsa se le agrega la crema, la parte cremosa de la langosta y el coral, el estragón o perejil, se rectifica la sazón, se deja unos minutos al fuego, se pasa por un colador y se vierte bien caliente sobre la langosta. Se sirve acompañada de arroz blanco.

BOMBA TROPICAL

Inspirada en el sabor y color de las frutas cubanas.

INGREDIENTES PARA LOS HELADOS:

- 2 mangos grandes.
- 2 mameyes.
- 1 guanábana.
- 3 sobres de gelatina simple.
- ½ taza de agua fría.
- ½ taza de agua caliente.
- 3 tazas de almíbar.
- 3 copitas de Marrasquino.
- 3 tazas de crema al 40% o merengue doble con azúcar.

PREPARACION:

Se le saca la pulpa a las frutas, y se dejan separadas para hacer tres helados diferentes. Se pone en remojo la gelatina en el agua fría y se disuelve en el agua caliente. Se divide en tres partes iguales para unirla bien a cada fruta. Se le agrega a cada una, una taza de almíbar, una copita de Marrasquino y una taza de crema o merengue todo bien batido. Se coloca cada crema en un molde sobre hielo, cuando tenga consistencia de helado se van colocando por cucharadas en un molde que tenga diez centímetros de alto, alternando los helados, de manera que los colores combinen para mayor lucimiento. Se deja sobre el hielo media hora y después se coloca en el congelador.

INGREDIENTES PARA LA CANASTA DE AZUCAR:

- ½ libra de azúcar.
- 2 tazas de agua.
- 2 gotas de tinte vegetal verde.
- aceite.
- 1 taza de almíbar a punto de hilo.

PREPARACION:

Con el azúcar y el agua se hace un almíbar a punto de caramelo, se le agrega el tinte vegetal y se vierte sobre un mármol engrasado de aceite. Antes que se enfríe se vierte en un molde rectangular bien engrasado y con un cuchillo, y las manos, también engrasadas, se forra completamente el molde a formar una canasta. Cuando esté endurecido se retira el molde, teniendo cuidado de no romper el caramelo. Se coloca esta cesta en el centro de un plato de cristal transparente y un poco hondo y dentro de ella el helado. En el momento de servirlo se tiene una taza de almíbar a punto de hilo, se coloca un tenedor sobre una cuchara de madera y se van haciendo como hilos de azúcar y con esto se decora la cesta de helados. Después de terminada hace el efecto de una bomba de cristal de Murano por su bella presentación.

CENTRO VASCO

Chef Juanito Saizarbitoria

El Chef del Centro Vasco, Juanito Saizarbitoria, reside en Cuba desde el año treinta y nueve y empezó modestamente y con la ayuda de su esposa, cocinando para un grupo, más que clientes, de amigos que disfrutaban del menú vasco que preparaban en su casa. Recuerda que la clave de su éxito fué el producto de una cena para el Club Hispanoamericano de treinta comensales, con lo cual obtuvo la consagración definitiva en el antiguo Centro Vasco de Prado y Malecón.

Su mayor satisfacción la obtuvo cuando se produjo el cambio en su vida, de cocinero ayudado por su esposa, a la situación actual en que cuenta con cuarenta empleados.

Según él, las condiciones esenciales para un Chef en la cocina vasca, es tener buen paladar, saber utilizar los condimentos que requieren cada plato, tener mucho cuidado con la sal para que el cliente no tenga motivos de queja.

Sus especias favoritas son la cebolla y el ajo que son la base de la cocina vasca, el uso adecuado del aceite y en las carnes el vino seco. Ha obtenido grandes triunfos en la preparación del marisco y el pescado. Tiene por norma lavarlo y prepararlo con agua de mar. Es importante, dice, la proporción de tres partes de agua por cada una de pescado que requiera cocinar para conservar y destacar las características que presenta cada uno de ellos.

Como anécdota nos cuenta que en cierta ocasión el señor Félix Menéndez le ordenó la preparación de unos "callos" para un almuerzo. Preocupado por la escasez de carne que había en La Habana se le olvidó preparar el plato y cuál no sería su disgusto cuando entrando en la cocina el señor Menéndez con sus amigos le dijo ¡Ya! El le contestó: ¡Ya! Pero al darse cuenta que no podía resolver la situación dió un fuerte puñetazo en la fuente, que la rompió, hiriéndose, y esto le costó dos meses de hospitalización con el riesgo de perder la mano.

Su receta favorita es el "Bacalao al Pil-Pil" por considerarlo uno de los platos más finos de la cocina vasca y que a continuación damos.

BACALAO AL PIL PIL

INGREDIENTES:

- 4 libras de bacalao.
- 1½ tazas de aceite de oliva.
- 6 dientes de ajo.
- 1 cucharada de harina de Castilla.
- ¼ libra de mantequilla.
- 1 lata de pimientos morrones.

PREPARACION:

Se escoge un bacalao delgado y se corta en pedazos cuadrados, se pone a desalar sin desgarrarle la piel durante toda la noche dejándole la llave del agua un poco abierta para que se remueva el agua. A la mañana siguiente se le cambia el agua dos o tres veces. Se colocan los pedazos en una cazuela con la piel hacia arriba, se cubre con agua fría y se pone al fuego. Cuando va a romper a hervir se retira, se deja enfriar en esa misma agua, que no debe botarse, y se le quitan las espinas. En una cazuela de barro se colocan los pedazos de bacalao uno al lado del otro en una sola capa. En una sartén se pone el aceite y se echan en frío los dientes de ajo picaditos como arroz y cuando empiecen a dorar se les echa la cucharada de harina; a medida que espese la salsa se le va echando el agua donde se cocinó el bacalao tratando de mantener esta salsa líquida. Se vierte sobre el bacalao hasta cubrirlo. Se pone al fuego y cuando empiece el "pil-pil", que quiere decir en vasco, "hervir", se coge la cazuela con ambas manos y se le da un movimiento de rotación continuo; este es el "chiste" del bacalao, mientras más se mueva, mejor queda. Cuando el bacalao esté cocinado se le echa la mantequilla cortada en trocitos para que se derrita y se sigue moviendo la cazuela. La salsa debe quedar como una mayonesa y el aceite bien unido se tardará en batir unos veinte minutos. Se le agregan los pimientos morrones y se sirve en la misma cazuela al minuto.

RESTAURANT LA FLORIDA (El Floridita)

Chef Louis Lafon

Nació en Burdeos, Francia, y desde niño sintió gran vocación por la cocina, aunque su padre, que era fotógrafo, quería que él también lo fuera. Empezó primero por la repostería hasta que obtuvo su mayor deseo, ser cocinero.

Hizo su aprendizaje en Tolouse y fué después a París, la cuna del buen comer, donde permaneció doce años aprendiendo y perfeccionándose hasta llegar a ocupar durante tres años el puesto de primer Chef del Hotel Magestic. En esa época se consideraba uno de los mejores y más lujoso restaurant de la ciudad y donde mejor se comía antes de la guerra.

Después de terminada la guerra, donde combatió seis años, siendo prisionero de los japoneses, volvió a París durante cuatro años, después fue al Africa del Sur, donde estuvo tres años de primer Chef del Windsor Hotel, después en Ceptow y de allí vino a Cuba. Hace cuatro años que está en La Habana. Trabajó en el Palacio Presidencial, en casa de la señora Condesa de Revilla de Camargo, en la Embajada Americana, y ahora en el Floridita donde se siente muy halagado, pues sus creaciones han gustado mucho.

Entre las cualidades necesarias para ser un gran Chef considera que es indispensable una gran perseverancia, mucha memoria, para retener mil detalles imprescindibles en la confección de los platos, sin omitir el tiempo que requiere su elaboración y sobre todo poner gran amor, pues quien no se interesa en su trabajo no podrá jamás sentirse feliz y ver sus obras terminadas lleno de orgullo y satisfacción.

Sus especias favoritas y las que más utiliza por su gran aroma y sabor especial son el tomillo, el clavo, la nuez moscada y el laurel, y para las ensaladas, el basilic, que le da un sabor peculiar a los aliños.

Nos cuenta que uno de los momentos más emocionantes de su vida fué durante la guerra siendo cocinero en un barco de transporte de las fuerzas del General De Gaulle. "Una noche en que estaba en el transporte, el "Félix Roussel", con dos mil soldados a bordo, la comida estaba lista para ser servida, hubo una alarma, el barco dió un viraje rápido y toda la comida, platos y cazuelas cayeron al suelo perdiéndose todo, y esa noche la tropa, con gran susto, pero con gran apetito, sólo pudo comer jamón frío, galletas y confituras. Pero entonamos hambrientos y felices La Marsellesa y de nuestros labios se escapó un grito de "Vive la France".

Considera que los pescados y mariscos de Cuba son maravillosos y gustosamente nos da su receta de una nueva creación.

PAUPIETTES DE PARGO FLORIDITA

INGREDIENTES PARA LOS FILETES:

   3 pargos de tres libras cada uno.

PREPARACION:

Se sacan diez filetes de los pargos a lo largo, de manera que quede cada pieza de ocho pulgadas de largo por dos y media de ancho y se les quita la piel. Se guardan en el refrigerador mientras se prepara el "Mousse de Poissón" para rellenarlos.

INGREDIENTES PARA EL MOUSSE DE POISSON:

la masa cruda restante de los pargos.	½ litro de crema al 40%.
5 claras de huevo.	6 onzas de champignons.
1 cucharada de sal.	1 onza de trufas.
½ cucharadita de pimienta molida.	

PREPARACION:

Se pone la masa cruda de pescado en el mortero con las claras de huevo, la sal, la pimienta y se machaca bien durante cinco minutos. Se pasa por la máquina de moler y se pone en una cazuela de doble fondo el cual contendrá hielo. Con una cuchara de madera se bate la pasta hasta que tenga cuerpo y tome una consistencia de goma. Se le añade poco a poco la crema, sin dejar de trabajar la pasta con vigor. Se le unen los champignons y las trufas picaditos. Al terminar ya tiene usted su "Mousse de Poissón" para rellenar los filetes de la forma siguiente. Se cubre cada filete con el "Mousse de Poissón", se enrollan sobre sí mismos de manera que queden diez Paupiettes. Se colocan las Paupiettes en una tartera o placa engrasada y se guardan en el refrigerador.

INGREDIENTES PARA LA VELOUTEE DE PESCADO:

las cabezas y las espinas de los tres pargos.	1 hoja de laurel. un poco de tomillo.
2 litros de agua.	1 rama de apio.
1 taza de vino blanco.	1 cucharada de sal.
el agua de los champignons y de las trufas.	½ libra de mantequilla. 3 cucharadas de harina.
2 clavos de olor.	4 langostinos de buen tamaño.
1 cebolla en rebanadas.	

PREPARACION:

Se unen los diez primeros ingredientes y se ponen al fuego a que hiervan, cuando hiervan se espuma el caldo y se deja cocinar a fuego fuerte durante veinte minutos. En una cazuela aparte se pone la mantequilla y cuando esté caliente se le agrega la harina y se deja cocinar un ratico a fuego muy suave, se le añade el caldo caliente y colado revolviendo siempre. Se deja cocinar a fuego muy lento por espacio de una hora. Se machacan los langostinos crudos bien limpios, con sus muelas y carapachos y se agrega este puré a la salsa que hicimos anteriormente. Se cuela por un colador muy fino sobre las Paupiettes y se cubren con un papel parafinado engrasado con mantequilla. Se pone al fuego a hervir y después se lleva al horno a 400° F. durante quince minutos.

INGREDIENTES PARA MONTAR EL PLATO:

10 tartaletas del tamaño de las Paupiettes.
salsa de la cocción de las Paupiettes.
4 yemas de huevo.
6 onzas de mantequilla.
trufas picaditas.
puré de papas Duquesa.

PREPARACION:

Se sacan los filetes del horno, se colocan en las tartaletas. La salsa de la cocción de las Paupiettes se pone a hervir y se le añaden las yemas y la mantequilla revolviendo siempre a que quede una crema suave y lisa, se vierte esta salsa sobre las Paupiettes y se ponen a gratinar. Esto se llama "Glacer a la Salamandra". Se cubren con las trufas picaditas y se montan las tartaletas en una fuente adornada con el puré de papas Duquesa y se sirve bien caliente.

HOTEL SEVILLA BILTMORE
Chef José M. López Peña

El Chef del Hotel Sevilla, llegó a Cuba en el año 1921 a la edad de dieciséis años. En el barco estableció relaciones con uno de los cocineros del Hotel Sevilla que le ofreció empleo de pinche, el cual aceptó. Ya en La Habana, durante ocho años trabajando, aprendió el arte de la cocina, en la que fue ascendiendo hasta ser primer cocinero, luego Chef del Casino Nacional, más tarde del Jockey Club, regresando al Sevilla como Chef desde el año 1935.

No ha sido solamente un hombre práctico de la cocina, sino que se dedicó a estudiar las diferentes cocinas, especialmente la francesa, que es su especialidad, siendo una de sus fuentes de documentación la del gran Maestro Escoffier. No le ha faltado tiempo para adquirir el conocimiento del inglés y el francés para sus relaciones con la clientela habitual del Sevilla.

Sus especias favoritas son la pimienta y la nuez moscada que corresponden a la condimentación básica de la comida, y el azafrán para el arroz.

La satisfacción mayor de su vida fué el día que preparó una comida improvisada, hallándose entre los comensales la gran artista del cine Gloria Swanson que estaba en Cuba festejando el gran premio "Oscar" ganado ese año por ella. Al observar cómo fue preparado el menú y ante la esmerada presentación del mismo le dijo "que ni en París había comido una cena tan buena y bien presentada".

Entre los triunfos por él obtenidos recuerda el primer premio ganado en una Exposición Culinaria efectuada por el Club de los Leones en que presentó un plato "Zócalo de Canapés Surtidos".

Sus creaciones favoritas que a continuación damos demuestran su gran capacidad culinaria.

PIÑA RELLENA HABANERA

INGREDIENTES:

- 1 piña.
- ¼ de manzana.
- ½ taza de jugo de piña.
- 4 supremas de naranja.
- 3 supremas de toronja.
- 1 guinda picada en cuatro.
- 4 perlas de melón rocío de miel.
- 1 cucharadita de Marrasquino.

PREPARACION:

Se lava la piña y se corta a la mitad. Con un cuchillo de toronja se vacía y se rellena con la misma piña y la manzana picadita y el jugo de piña. Se decora con las supremas de naranja y toronja, las guindas y las perlas de melón. Se rocía con Marrasquino.

PECHUGA DE POLLO LONGCHAMP

INGREDIENTES:

la pechuga de un pollo de dos y media libras.
1 cucharadita de sal.
½ cucharadita de pimienta.
1 tostada de pan de leche.
1 lasca de jamón en dulce.
2 cabezas de champignons.
1 papa grande, cortada a la juliana y frita.
¼ libra de habichuelas, picaditas.
¼ libra de habas limas.
1 cucharada de mantequilla.

PREPARACION:

Se saca unida la pechuga del pollo y se deshuesa, se sazona con sal y pimienta y se cocina a la parrilla. Sobre la tostada de pan se coloca la lasca de jamón, la pechuga del pollo y los champignons, las papas a la juliana y los vegetales hervidos y salteados en mantequilla. Se cubre con la salsa Maitre d'Hotel.

INGREDIENTES PARA LA SALSA MAITRE D'HOTEL:

1 cucharada de mantequilla.
el jugo de un limón.
1 cucharadita de perejil picado fino.

PREPARACION:

Se derrite la mantequilla a fuego lento, se retira del fuego y se coloca sobre hielo para poderla trabajar, se le echa el jugo de limón y el perejil y se bate hasta que tenga cuerpo.

FILET MIGNON SEVILLA BILTMORE

INGREDIENTES:

1 filete de siete onzas.
1 cucharadita de sal.
½ cucharadita de pimienta.
2 tiras de bacon.
1 cucharada de mantequilla.
1 cabeza de trufas.
¼ taza de vino de Jerez seco.
1 cucharada de jugo de carne.
1 cucharadita de mantequilla.
1 alcachofa.
2 cabezas de champignons.
1 papa grande.
½ taza de coliflor.
¼ taza de habas limas.
½ taza de habichuelas picaditas.
⅛ libra de mantequilla.
12 cebollitas glacé.

PREPARACION:
Se limpia el filete, se sazona con sal y pimienta y se le enrollan las tiras de bacon. Se coloca una plancha o sautoir en el fuego con la mantequilla y cuando esté caliente se pone el filete y se le da vueltas a que tome el punto deseado, se retira del fuego. Se quita la grasa del sautoir, se ponen las trufas picadas, el vino de Jerez y cuando se haya reducido un poco se le agrega el jugo de carne y se deja unos minutos a que se reduzca a la mitad, se le agrega una cucharadita de mantequilla y se vierte por encima del filete. Se sirve sobre un fondo de alcachofas y champignons, se decora con papitas parisién, coliflor, habas limas, habichuelas, todas estas legumbres salteadas en mantequilla y por último las cebollitas glacé.

BARTENDER DEL RESTAURANT LA FLORIDA (EL FLORIDITA)

Manuel López Laza (Pedrito)

El Floridita, cuya fama internacional ha sido producto de la exquisita combinación de las bebidas que en él se sirven tiene en "Pedrito" el fiel continuador del prestigio que Constante conquistó con sus grandes creaciones.

Muy joven Manuel López Laza llegó a Cuba y en el "Floridita" pasó treinta y cinco años de su vida al lado de Constante, desde la labor humilde de lavador con que empezó. Tuvo la habilidad y las condiciones necesarias para llegar a ser uno de los bartenders más destacados del presente.

Hombre de pocas palabras, nos describió las cualidades ensenciales que deben adornar a los que tienen la responsabilidad de atender una clientela que al calor de los tragos y en amistosa camaradería comunican los más íntimos accidentes de su vida y que solamente la discreción y la caballerosidad más acendrada pueden conservar la confianza del sitio al que habitualmente concurren.

Con gran frecuencia destacadas familias de la sociedad habanera requieren sus servicios de bartender en sus fiestas y es así como durante años lo fue de la Marquesa de Pinar del Río y lo es ahora de la Condesa de Revilla de Camargo, de la familia Sarrá y de otras distinguidas familias del mundo social.

El trabajo de bartender es duro, requiere meticulosidad y arte para producir los más exquisitos cocktails.

Su hobby es el cultivo de las rosas y claveles y particularmente su rosa favorita, el Príncipe Negro.

Solamente una vez se ha ausentado de nuestra patria y fué cuando los productores del Ron Pampero, de Venezuela, lo contrataron para una jira de propaganda para que diera a conocer los más variados cocktails y despertar así el gusto y refinamiento del buen beber entre los venezolanos. Esto se realizó en los hoteles más importantes del hermano país, donde la costumbre hasta ese momento de la alta sociedad era la de beber whisky y cerveza y el pueblo cerveza y Ron.

Sus creaciones son de gran inspiración y llevan nombres poéticos como:

PARAISO AZUL

1 onza de licor Perfecto Amor.	1 cucharadita de azúcar.
	½ clara de huevo.
1 onza de Cognac.	1· cascarita de limón.

Se bate bien a mano, se echa en la copa que debe estar fría y se adorna con la cascarita de limón.

BARTENDER DEL HOTEL SEVILLA BILTMORE

Rafael Rigau

Nos dirigimos al Hotel Sevilla para entrevistar a su bartender, Rafael Rigau, y a nuestra pregunta de cuál había sido su mayor ambición en la vida nos respondió: "La ambición más grande de mi vida era ser un gran abogado y empecé a estudiar desde niño. Cursé mis estudios hasta el tercer año de Bachillerato, me gradué luego en Comercio y cuando terminé tomé un curso de vendedor. Pero las circunstancias de la vida me obligaron a suspender mis estudios y empecé a trabajar en lo que más me atraía, en un bar. Me familiaricé con el oficio y hoy significa para mí un gran atractivo. He tratado de superarme, aprendiendo inglés, indispensable en este giro por los turistas americanos que son tan amantes de nuestros cocktails. Empecé a trabajar en el Summer Casino y después en el año 1935 vine para el Sevilla como auxiliar y ahora estoy de instructor de bar."

Entre las cualidades que debe tener todo bartender según su opinión, es que debe ser ante todo muy limpio y activo, tener tacto y ser sumamente discreto, pues en una barra, lo mismo que se hace un negocio se oye la ruina de otro y la felicidad o la desdicha de muchos. Tener gran cuidado en la preparación de las bebidas, leer mucho en revistas y libros todo lo referente a la profesión. Posee una gran biblioteca con muchos libros dedicados por sus autores, entre ellos, uno de Chicote.

Al preguntarle a qué tipo de cliente prefería servir nos contestó que el cantinero se luce cuando el cliente conoce el licor. Y recuerda que una vez estando en la barra de "El Criollo" preparando un Old Fashion de Schenley para un cliente americano, cuál no sería su sorpresa cuando se enteró que era nada menos que el vicepresidente de la compañía Schenley y oír de sus propios labios que nunca había tomado nada mejor. Me gusta preparar recetas originales y a la vez que se adapten a los gustos del cliente. A veces, dice, me he visto en un gran aprieto después de preparar un ponche que ha gustado mucho pedirme la receta y encontrarme en la imposibilidad de contestar, pues lo iba haciendo a gusto sin llevar cuenta de los ingredientes.

Estima que para que un bar se considere de primera clase debe tener en vinos y Champagne no menos de setenta renglones y no menos de cien en licores.

La mayor satisfacción que he recibido fue una noche que se encontró una lujosa cartera llena de billetes de cien pesos en la barra. "Me puse a indagar entre los clientes si alguien la había perdido y cuando su dueño la recuperó se quedó mirándome asombrado.

—¿Le gusta?, me preguntó.

—Mucho, contesté, pero como no son míos...

"Entonces, sonriendo, me entregó cinco billetes de a cien."

Su "hobby" preferido es coleccionar fotografías de todos los cantineros y bares del mundo.

Con mucho gusto nos dió la receta de un cocktail original que damos a continuación.

ALFREDO BENITEZ SPECIAL

En un vaso grande se echan dos onzas de Ron, dos onzas de Vermouth y una cucharadita de Granadina. Después se le pone un solo trozo de hielo y se revuelve hasta enfriarlo bien. Se sirve en una copa de Champagne previamente enfriada, en la cual se echan dos o tres gotas de Ajenjo, volviendo la copa y dejando correr dichas gotas por todo el borde hasta quitarlo, teniendo mucho cuidado, al servirse, de no llenarla, añadiéndole una espiral de cáscara de limón o de lima. Esta proporción es para una sola toma.

BANANA DAIQUIRI

½ jugo de limón.
2 onzas de Crema de Plátano.
hielo.

Se bate bien. Se sirve en copas bien frías.

PICK ME UP

⅓ Dubonet.
⅓ Ojen.
⅓ Cognac.
1 clara de huevo.
hielo.

Se bate bien. Se sirve en copas bien frías.

AL cerrar la edición de «¿GUSTA, USTED?» nos llegaron las siguientes recetas, no por eso quedarán fuera de lo que supone esta obra: Esfuerzo, generosidad y muy gentil colaboración.

TOMATES RELLENOS

Por Fina Alvarez de Urrutia

INGREDIENTES:

6 tomates de ensalada grandes y rojos.	¼ cucharadita de pimienta.
3 cucharadas de mantequilla.	2 cucharadas de perejil picadito.
1 cebolla picadita.	3 huevos enteros.
1 ají grande picadito.	1 lata de sopa de champignons.
1 taza de carne molida.	
½ cucharadita de sal.	1 cucharada de salsa inglesa.

PREPARACION:

Se les quita la piel a los tomates, se dejan refrescar, se les corta una tapita y con mucho cuidado se vacían. Se cocinan a fuego lento en la mantequilla, la cebolla y el ají. Se le añade la carne, sal, pimienta y perejil, dejándolo todo unos minutos al fuego. Se baten los huevos enteros y se añaden a lo anterior, se deja a fuego lento revolviendo siempre hasta que el huevo esté cocinado. Se le une la sopa de champignons pura y la salsa inglesa. Se rellenan los tomates y se ponen al horno a 350° F., en una tartera engrasada durante quince o veinte minutos. Se retiran del horno y se sirven acompañados de Risotto Piamontes.

INGREDIENTES PARA EL RISOTTO:

3 cucharadas de mantequilla.	¼ cucharadita de pimienta.
1 cebolla grande.	
1½ tazas de arroz.	1 lata de pasta de tomate.
3½ tazas de caldo.	2 onzas de queso rallado.
½ cucharadita de sal.	perejil picado muy fino.

PREPARACION:

Se cocina en la mantequilla la cebolla y cuando empiece a dorar se le añade el arroz y se deja, moviéndolo siempre, hasta que se dore. Se le añade el caldo hirviendo, la sal y la pimienta. Se deja por unos minutos al fuego vivo, se baja el fuego y se deja durante diez minutos. Se le añade la pasta de tomate, se revuelve a unirlo bien, y se deja a que termine de cocinar. Cuando esté listo, se le añade el queso rallado y se retira en seguida del fuego. Se colocan los tomates en una fuente grande y se adorna a los lados con el arroz en forma de anillo, y se polvorea el arroz con perejil picado muy fino.

CAMARONES A LA CRIOLLA

Por Martha Figueroa de Cuervo

INGREDIENTES:

- 2 cebollas en rebanadas.
- 2 cucharadas de manteca.
- 2 cucharadas de harina.
- 1 cucharadita de sal.
- 1 taza de agua.
- 2 tazas de salsa de tomate.
- 2 tazas de petit-pois.
- 1 cucharada de vinagre.
- 1 cucharadita de azúcar
- 2½ tazas de camarones hervidos.
- 3 tazas de arroz cocinado caliente.

PREPARACION:

Se cocinan las cebollas en la manteca hasta que estén doradas. Se le agrega la harina, la sal y se vierte el agua poco a poco, cocinándose quince minutos. Se le agrega la salsa de tomate, los petit-pois, el vinagre, el azúcar y los camarones. Se sigue cocinando por diez minutos más. Se sirve colocando el arroz en forma de conos o anillos alrededor de los camarones. Este plato es para siete personas.

OMELETTE A LA POULARD

Por Rosita González de Mateo

INGREDIENTES:

- 3 huevos enteros.
- 5 yemas.
- 1 pizca de sal.
- 3 cucharadas de crema pura.
- 5 claras.
- 2 cucharadas de mantequilla.

PREPARACION:

Se baten los huevos enteros y las yemas con la sal y la crema. Se baten las claras a punto de merengue duro y se unen al batido anterior. Se echa la mantequilla en la sartén y cuando esté bien caliente se vierte la mezcla anterior y se cocina de un solo lado y se dobla como una tortilla a la francesa.

BACALAO A LA PROVENSAL

Por Elsa Sosa de Toledo

INGREDIENTES:

1 caja de filetes de bacalao.
1 cabeza de ajo.
aceite el necesario.
1 libra de papas.
leche la necesaria.

PREPARACION:

Se pone el bacalao en remojo; se cocina una hora para ablandarlo. Se sacan las espinas y se corta en pedazos y se pone en el mortero con los ajos. Se majan bien en el mortero y al mismo tiempo se le va añadiendo el aceite gota a gota como para una mayonesa. Este trabajo se hace por largo rato porque el bacalao debe subir y tener la consistencia de un puré. Las papas se salcochan mientras tanto, se sacan del agua y se escurren bien. Se reducen a puré sobre el bacalao mezclándolos bien y se vierte la leche caliente poco a poco. Es mucho trabajo pero queda una crema deliciosa.

Nuestro Agradecimiento

Al «Diario de la Marina», en especial al Ingeniero Gastón Baquero y al Dr. Pedro Hernández Lobio, por el gran regalo de un corrector de pruebas para «¿Gusta, Ud.?».

Y no un corrector de pruebas a secas, sino un inteligentísimo y culto colaborador que ha trabajado con entusiamo y realizado una labor difícil en extremo. El señor Enrique Cazade, para quien tenemos admiración, gratitud y afecto muy bien ganados por él.

Notas de Dolor

Con profunda pena escribimos estas líneas sobre tres sentidísimas bajas que, entre sus colaboradores, ha sufrido «¿Gusta, Ud.?».

El Sr. José F. Barraqué, que con tanta amabilidad nos dió su trabajo y alentó nuestra labor.

El Ing. José García Montes, que con su colaboración y entusiasmo por la obra tanto nos ayudó.

Y la Sra. María Faz Vda. de la Rosa, que escribió una delicada página de tiernas y bonitas evocaciones.

A los familiares de estas tres personalidades, enviamos nuestra sincera expresión de condolencia, que tiene el consuelo de publicar en el libro, unos trabajos póstumos de gran valer.

APÉNDICE INFORMATIVO

MESAS PRESENTADAS EN LA EXPOSICION DE ARTE CULINARIO CELEBRADA EN EL VEDADO TENNIS CLUB

Julia Aspuru de Rousseau
  Bandeja de desayuno con precioso juego de porcelana blanca.

Club de Señoras del Canal 2
  Mesa para despedida de soltera. Cake alusivo y decorada con diminutos ramos de flores de pastillaje.

Blanca García Montes de Terry
  Mesa de merienda en el jardín. Presentaba un precioso adorno de frutas.

Petronila Gómez de Mencía
Delia Echeverría de Moret
  Mesa para bautizo. Finísimo mantel y hermoso cake en el que se destacaba la madrina con el bebé.

Ana Dolores Gómez de Dumois
  Mesa para bodas, mantel de encaje y el clásico cake de bodas.

Lily Hidalgo de Conill
  Mesa para comida. Con rica porcelana y finísima cristalería, decorada con faisanes de plata y centro de claveles rosados.

Lyceum Lawn Tennis Club
Lila Figueredo de Cubas
  Mesa para almuerzo. Preciosa combinación de paja y cerámica carmelita.

Elena Lencería
Josefina Knight de Mendiola
  Mesa para almuerzo en la playa con finísimos doilies de muselina.

Emma Montejo
  Mesa estilo cubano antiguo. Decorado en plata y porcelana antigua. Mantel de alemanisco blanco plisado a mano.

Carmencita San Miguel
  Mesa de pastas. Presentadas en forma original.

María Luisa Pérez de Comas
  Mesa para almuerzo campestre. Centro elaborado con flores y frutas del país. Presentaba nuestro clásico menú criollo: puerco, congrí, tamales y dulces del país.

Carmelina Tarafa de Cárdenas
  Mesa para té. Mantel de encaje y hermosa porcelana dorada antigua.

Lupe Zúñiga de Sardiña
Mesa mexicana. Preciosa cerámica mexicana y platos típicos.

Mesa de Arroces
En colaboración con el FIM: Ana Dolores Gómez de Dumois, Nitza Villapol, Esperanza Cardero, Carmencita San Miguel, Leocadia Valdés Fauli, Caruca San Miguel y Graciella Pérez Ricart.

Carlos Mendoza
Comida en la terraza. Mesa de hierro con candelabros del mismo material. Centro de frutas.
Mesa de gran comida. Centro de porcelana rosada, vajilla de cristal verde, doilies en rosa y oro.
Mesa para comida. Centro en negro y oro. Candelabros en el mismo color. Doilies de paja en negro y oro.

MADRINAS DE LAS SALAS COSTALES Y SAN MARTIN

Mercedes Valdés Fauli de Menocal.
Carmen Alonso de Orúe.
Teresa Alvarez de Toledo.
Ana Rosa Almoina de Rodríguez Tejera.
Josefina Alvarez de Urrutia.
Martha Aldereguía de Chaviano.
Bertha Autrán de Fusté.
María Caridad Cao de Miyares.
Julia Costales de Benach.
María Domínguez Roldán.
María Antonia Dumás de Varela Zequeira.
Rosita Espinosa de Nobo.
Estela Echarte de Clavijo.
Graciella Figueroa.
Martha Figueroa de Cuervo.
Rosita González de Mateo.
Mélida Jordán de Mesa.
Cora Jiménez de Barroso.

Silvia Lobé de Smith.
Elena La Rosa de Villa.
Isabelita La Rosa y Freire.
Fina La Rosa de Banet.
Mercedes Menocal de Hernández.
Cuca Montero.
María Lola Muñoz de Pulido.
Minina Peñaranda de Villa.
Liliam Pina de San Martín.
Alejandrina Pereira de Pinto.
Herminia Saladrigas de Terry.
Cristina Saladrigas de Dediot.
Beba Sosa de Pina.
Elsa Sosa de Toledo.
Carmelina Santana.
Sarita Trillo.
Consuelito Urquizo de Iriondo.
Beatriz Varela de Cuéllar.
Bertica Villalón y Pina.
Margarita Zayas de Saladrigas.

PERSONAS Y ENTIDADES QUE TODOS LOS AÑOS
CONTRIBUYEN EL DIA DE LOS HOSPITALES
A LAS SALAS COSTALES Y SAN MARTIN

> *Se siente uno mejor narrando bondades ajenas.*
>
> José Martí

Carmen Alonso de Orúe.
Carmen Rosa Aguiar.
Encarnación Canut.
Mélida Jordán de Mesa.
Kiki Lavandeira de López.
Silvia Lobé de Smith.
Margarita Montoto.
Josefina Miró de Gutiérrez de Celis.
Clarita Nicola de Romero.
Mercy Pina de Busto.
Isolina Rodríguez de Falcón.
Carmelina Santana.
Silvia Soto.
Mercedes Segrera de Segrera.
Amelia Solberg de Hoskinson.
Audrain y Medina.
Dr. Curbelo.
Rómulo Diez Flores.
Manuel Fresneda
Martín Fox.
Miguel Humara.
Alfredo Levy.
Jesús Pernas.
Luis Rodríguez Tejera.
Luis Rodríguez Machín.
Octavio Rivero Partagás.

Benigno Pasos.
Colegio del Apostolado de Marianao.
Colegio Teresiano.
Colegio de La Salle del Vedado.
Orfeón Infantil de la Escuela Valdés Rodríguez.
Arechabala.
Cerveza Tropical.
Cerveza Polar.
Cerveza Hatuey
Sidra La Zagala.
Coca-Cola.
Cawy.
Chocolate La Estrella.
Chocolate La Ambrosía.
Compañía Nacional de Alimentos.
Helados Guarina.
Helados Hatuey.
Helados San Bernardo.
Dulcería Lucerna.
Dulcería La Gran Vía.
Restaurant El Jardín.
International Bakery.
El Bon Marche.
La Casa Cofiño.
La Casa Quintana.

Escarpines Casino.
El Encanto.
La Esmeralda.
La Epoca.
La Filosofía.
Fin de Siglo.
El Gallo.
La Indochina.
Jardín California.
Jardín El Fénix.
Jardín El Gladiolo.
Jardín Milagros.
La Modernista.
La Mariposa.
La Moderna Poesía.
La Nueva Isla.
Pasta Gravi.
La Parisina.
Perfumería Fibat.
Casa Pérez.
Perfumería Roger Gallet.
El Palacio de Cristal.

Sears.
La Sortija.
Ten Cent de San Rafael.
Ten Cent de Monte.
Ultra.
H. Upmann.
Valdepares y Cía.
Laboratorios Abbot.
Laboratorios Baxter.
Laboratorios Classic.
Laboratorios Drean.
Laboratorios Frosst.
Laboratorios Garrido.
Laboratorios Henri Le Bienvenu.
Laboratorios Linner.
Laboratorios Lissa.
Laboratorios Leti.
Laboratorios Murai.
Laboratorios Om.
Laboratorios Pancar.
Laboratorios Recalt y Camy.
Laboratorios Sandoz.
Laboratorios Squibb.

ÍNDICE

PAG.

A MANERA DE PROLOGO. COMO SE HIZO ESTE LIBRO.
   Por *Dolores Guiral de Costa* 9
SIETE CONOCIMIENTOS PRECISOS. Por *Leocadia Valdés Fauli y Fuentes* ....

   Términos Culinarios 19
   Tabla de Pesos y Medidas 24
   Cómo Medir 25
   Cómo Solucionar el Problema del Horno 26
   Conocimiento Utiles a Toda Mujer 28
   La Importancia del Desayuno 35
   La Vida Moderna y sus Menús 38

PRONTUARIO CULINARIO Y NECESARIO

Capítulo I

COMIENCE BIEN SUS COMIDAS

COCKTAILS
   Cocktail de Mango. Por *María Caridad Cao de Miyares* 43
   Manzanitas Heladas. Por *Cora Jiménez de Barroso* 44
   Toronjas Rellenas. Por *Mélida Jordán de Mesa* 44
   Cocktail de Frutas. Por *Liliam Pina de San Martín* 45
   Cocktail de Frutas. Por *Beba Sosa de Pina* 45
   Cocktail de Piña y Fruta Bomba. Por *Leocadia Valdés Fauli y Fuentes* 46
   Yoghourt de Pepinos. (Biber Yoghourtlu.) Por *Chana Villalón de Menocal* 46

CALDOS Y SOPAS
   Bouillabaisse. (Sopa de Marsella.) Por *Bebé Arozarena de Morales* 47
   Bortsch. (Sopa Rusa de Remolacha.) Por *Blanca García Montes de Terry* 48
   Sopa Georgiana. Por *Blanca García Montes de Terry* 48

	PAG.
Sopa de Tomate "Escoffier". *Por Carmen de la Guardia de Lazo*	49
Soupe a L'oignon Gratinee. (Sopa de Cebollas.) *Por Silvia Kourí de Pendás*	49
Sopa de Fideos a la Mexicana. *Por María Enriqueta Manrique de Brown*	50
Crema Vichyssoise. *Por María Luisa Menocal y Valdés Fauli*	50
Jigote Camagüeyano. *Por Olga Núñez de Argüelles*	51

Capítulo II

PLATOS FUERTES. (PROTEINAS)

AVES

Pollo "Ofelia". *Por Ofelia Aixalá de Hernández*	53
Pavo Relleno a lo Rosa María. *Por Rosa María Barata de Barata*	54
Pato con Naranja. *Por Tecla Bofill Vda. de Domínguez Roldán*	55
Pato Asado. *Por Tecla Bofill Vda. de Domínguez Roldán*	55
Palomitas en Salmis. *Por Celia de Cárdenas de Morales*	56
Relleno de Castañas. *Por Celia de Cárdenas de Morales*	57
Poulet aux Amandes. *Por Lissette Dediot de Pagadizábal*	57
Galantina de Pavo. *Por Lucila Díaz Quiñones Vda. de Sánchez*	58
Pavo Santiago. *Por Delia Echeverría de Moret*	59
Galantina de Gallina. *Por Martha Frayde Barraqué*	60
Pollo Borracho. *Por Marina García de Casalduc*	61
Pollo a lo Marengo. *Por Blanca García Montes de Terry*	62
Pollo en Cacerola Enrique IV. *Por Blanca García Montes de Terry*	62
Le Coq au Vin. (Gallo al Vino.) *Por Mme. R. Josset*	63
Poularde Royale. *Por Blanca Mujica*	64
Palomitas Escabechadas. *Por Elena Sampedro*	65
Pechugas de Guinea. *Por Gloria Seigle de Gamba*	65
Guinea o Pollo a la Verónica. *Por Gloria Seigle de Gamba*	66
Pollo Capricho. *Por Lupe Zúñiga de Sardiña*	67

CARNES

Piña Rellena. *Por Ofelia Aixalá de Hernández*	69
Picadillo con Huevo. *Por Bebé Arozarena de Morales*	70
Lajem Mischue. *Por Josefina Barreto de Kourí*	70

	PAG.
Carne Mechada Estilo Camagüeyano. *Por Josefina Barreto de Kourí*	71
Civet de Liebre con Ciruelas Pasas. *Por Tecla Bofill Vda. de Domínguez Roldán*	71
Paupiettes. *Por Tecla Bofill Vda. de Domínguez Roldán*	72
Lengua al Jerez. *Por Margot Boza de Heymann*	73
Jamonada de Puerco. *Por Leonor Cervera de Martín*	73
Ancas de Rana en Salsa de Almendras. *Por Amelia Crusellas de Benítez*	74
Soufflé de Sesos. *Por María Antonia D. de Varela Zequeira*	75
Embutido Holandés. *Por Carmelina Garmendía de Leiseca*	75
Costillas de Ternera Foyot. *Por Blanca García Montes de Terry*	76
Ladrillo de Carne con Ciruelas y Melocotones. *Por Luisita Hernández de Morffi*	76
Riñón en Vino Tinto. *Por María Herrera de Ortiz*	77
Filet Marine. *Por Mme. R. Josset*	78
Filetes Rossini. *Por Hilda Lecuona de Giberga*	79
Mousse de Jamón. *Por Hilda Lecuona de Giberga*	79
Carne en Salpicón. *Por María Enriqueta Manrique de Brown*	80
Pierna de Puerco Exquisita. *Por Rosario Novoa*	80
Jamón Volteado. *Por Emma Ortiz de Cruz Planas*	81
Côtes de Porc à la Flamande. *Por Alice Peláez de Mena*	82
Queso de Puerco. *Por Ernestina Pola de Bustamante*	82
Pudín de Carne de Puerco. *Por Elena La Rosa de Villa*	83
Carne de Puerco Asada. *Por Elena La Rosa de Villa*	84
Sauerbraten. *Por Millie Sarre*	84
Pichelsteiner. *Por Millie Sarre*	85
Filete en Cazuela. *Por Georgina Shelton*	86
Pan de Hígado a la Francesa. *Por Consuelito Urquizo de Iriondo*	87

PLATOS DE QUESO

Mousse de Queso. *Por Julia Aspuru de Rousseau*	89
Buñuelos de Queso. *Por Lola Díaz Arrastra de Acosta*	90
Queso Fresco. *Por Dulce María Mestre*	90
Cacerola de Queso. *Por Rosario Novoa*	91
Soufflé de Queso y Tomate. *Por Delia Salcedo de Posada*	91
Soufflé de Queso. *Por Clara Sampedro de Barraqué*	92

GRANOS

Bola de Almendras. *Por Bertha Caballero de Boix*	93
Frijoles Holandeses. *Por Marina García de Casalduc*	94
Pelota Catalana. *Por Carmen Guerrero de Peral*	94

	PAG.
Potaje de Garbanzos. *Por Carmen Guerrero de Peral*	95
Cocido Montañés. *Por Nena Otero de Arce*	95
Cocido Madrileño. *Por Nena Otero de Arce*	96

HUEVOS

Huevos a la Madrileña. *Por Martha Aldereguía de Chaviano*	97
Costillas de Huevo. *Por Bertha Autrán de Fusté*	97
Huevos en Tomate. *Por Trina de Céspedes de Febres*	98
Revoltillo con Champignons. *Por Silvia Lobé de Smith*	99
Huevos Mimosa. *Por Mercedes Menocal de Hernández*	99
Tortilla a lo Madame Stael. *Por Minina Peñaranda de Villa*	100
Huevos Muselina. *Por María Carlota Pérez Piquero de Cárdenas*	100
Chinitos. *Por Elena La Rosa de Villa*	101
Huevos Escalfados a la Florentina. *Por Cristina Saladrigas de Dediot*	101
Huevos a lo Charles Quint. *Por Herminia Saladrigas de Terry*	102
Huevos Chantilly. *Por Adriana Valdés Fauli*	102
Huevos Rossini. *Por Adriana Valdés Fauli*	103
Huevos Rellenos. *Por Adriana Valdés Fauli*	103
Huevos Rellenos a la Duquesa. *Por Leocadia Valdés Fauli de Menocal*	104
Huevos en Flan. *Por Leocadia Valdés Fauli de Menocal*	105

MARISCOS

Cangrejos Rellenos. *Por Teresa Alvarez de Toledo*	107
Mariscos en "Casserole". *Por Julia Costales de Benach*	108
Langosta a la Crema. *Por Rosa Espinosa de Nobo*	108
Langosta con Chocolate. *Por Carmen Guerrero de Peral*	109
Langosta Bellavista a la Parisién. *Por Lily Hidalgo de Conill*	110
Langosta a la Pompadour. *Por María Luisa Menocal de Argüelles*	111
Langosta a lo Cardenal. *Por María Luisa Menocal de Argüelles*	111
Cangrejos a la Newburg. *Por Alice Peláez de Mena*	112
Medallones de Cangrejo. *Por Mina Pina de Iglesias Betancourt*	113
Langostinos "Pepe". *Por Natalia Suárez de Aixalá*	113
Camarones Guisados. *Por Renée Triay de Castro*	113

PESCADOS

Pudín de Bacalao. *Por Ana Rosa A. de Rodríguez Tejera*	115
Pescado con Salsa Takini. *Por Josefina Barreto de Kouri*	116
Flan de Pescado. *Por Cachita Manzini de García Tojar*	116

	PAG.
Filete de Pargo al Vino Blanco. *Por María Luisa Menocal de Argüelles*	117
Pescado a la Crema. *Por Josefina Miró de Gutiérrez de Celis*	118
Pescado Relleno. *Por Josefina Miró de Gutiérrez de Celis*	118
Pargo Relleno. *Por Ondina Olivera*	119
Filets de Pargo en Buisson Sauce Tartare. *Por Alice Peláez de Mena*	120
Bacalao en Salsa Espesa. *Por Rosario Rexach de León*	120
Embutido de Pescado. *Por Isolina Rodríguez de Falcón*	121
Flan de Pescado. *Por Ana Slavek*	122
Flan de Pescado. *Por Georgina San Martín de Sánchez*	123
Pescado Frío. (Plato de Verano.) *Por Natalia Suárez de Aixalá*	123
Flan de Pescado. *Por Blanca Viana Vda. de Peñaranda*	124

Capítulo III

PLATOS COMPLEMENTARIOS. (FECULAS)

ARROCES

Arroz con Supremas de Pollo. *Por Rosa Alvarez de Sierra*	125
Paella. *Por Evelia Delgado de Sosa Bens*	126
Arroz a la Milanesa. *Por Estela Echarte de Clavijo*	128
Arroz Moldeado con Pescado. *Por Manuela Fonseca*	128
Arroz con Pollo en Cazuelita. *Por Ana Dolores Gómez de Dumois*	129
Arroz Chino. *Por Rosita Rivacoba de Marcos*	130
Arroz con Vegetales Moldeado. *Por Carmelina Santana*	131
Arroz con Vino Tinto e Hígados de Pollo. *Por María Rosa Sardiña de Dávalos*	131
Arroz Bogotá. *Por Josefina Seigle de Borges*	132
Arroz Pilaf. *Por Leocadia Valdés Faulí y Fuentes*	132
Arroz con Pescado. *Por Nitza Villapol*	133

PASTAS

Hígado con Spaghetti. *Por Bebé Arozarena de Morales*	135
Canelones. *Por Blanca García Montes de Terry*	136
Spaghetti con Camarones. *Por Josefina Miró de Gutiérrez de Celis*	137
Macarrones a lo King. *Por Sarita Trillo*	138

MAIZ

	PAG.
Empanadas de Maíz Camagüeyanas. Por *Angela Herminia Armiñán de Pedroso*	139
Tamales en Hoja. Por *Olga Lage de Rivero*	140
Tamal en Cazuela. Por *Mercedes Dora Mestre*	140
Pastel de Maíz Tierno. Por *Adriana Valdés Fauli*	141
Tamales con Ciruelas Pasas. Por *Leocadia Valdés Fauli y Fuentes*	142
Albóndigas de Maíz. Por *Margarita Zayas de Saladrigas*	143

VIANDAS

Papas "Puffs". Por *Ofelia Aixalá de Hernández*	145
Fufú. Por *Juanita Iraola de Miranda*	145
Almojabanas. Por *Cuca Montero*	146
Buñuelos de Afió. Por *María Luisa Pérez de Comas*	146
Tumbe Mayorquín. Por *Nena Otero de Arce*	146

Capítulo IV
PLATOS AUXILIARES

VEGETALES

Col Morada con Manzanas. Por *Ofelia Aixalá de Hernández*	149
Calabaza a la Duquesa. Por *Rosa Alvarez de Sierra*	149
Aguacate Relleno. Por *Cecile Arozarena de Real*	150
Tibbili. Por *Josefina Barreto de Kourí*	150
Mesche de Col. (Coles Rellenas.) Por *Josefina Barreto de Kourí*	151
Chayote Relleno a la Oriental. Por *María Luisa Pérez de Comas*	151
Berengenas con Yoghourt. Por *Chana Villalón de Menocal*	152

ENSALADAS

Ensalada de Pescado. Por *Teté Bengochea de Pedraza*	153
Ensalada de Carne Asada. Por *Esther Carricaburo de Argimón*	154
La Verdadera Ensalada Rusa. Por *María Luisa Díaz*	154
Ensalada de Pollo. Por *Aurora Faz Vda. de Smith*	156
Ensalada de Tomates Rellenos. Por *Graciella Figueroa*	157
Ensalada de Jamón. Por *Blanca García Montes de Terry*	157
Ensalada Polynesian Delight. Por *Mercy González Fantony de Tarafa*	158

	PAG.
Ensalada de Vegetales. *Por Angela Gómez*	158
Adobo Camagüeyano. *Por Cruz Guerrero de Cruz*	159
Ensalada de Arroz. *Por Carmen Guerrero de Peral*	160
Creme Dubarry. *Por Silvia Kouri de Pendás*	161
Mousse de Espárragos. *Por Cristina López Oña de Arcos*	161
Ensalada de Queso. *Por Rosita Rivacoba de Marcos*	162
Tomates Rellenos. *Por Dolores Santos*	162
Ensalada Tropical. *Por Anita Seigle de Menocal*	163
Ensalada Cremosa de Piña. *Por Virginia Sbow de Trelles*	163
Ensalada de Frutas. *Por Nena Valdés Fauli de Menocal*	164
Ensalada Waldorf. *Por Elena Varona de Hernández Ibáñez*	165
Ensalada de Mariscos. *Por María Teresa Varona*	165
Ensalada de Navidad. *Por Leocadia Valdés Fauli y Fuentes*	166

GELATINAS

Gelatina de Tomate. *Por Lilia Castro de Morales*	167
Aspic de Vegetales. *Por América Núñez de Veranes*	168
Gelatina de Frutas con Crema. *Por María Carlota Pérez Piquero de Cárdenas*	169
Aspic de Aguacate y Tomate. *Por Isolina Rodríguez de Falcón*	169
Ensalada de Pollo Gelatinada. *Por Isabelita La Rosa*	170

Capítulo V

POSTRES

DULCES

Yemas Dobles. *Por Olga Alvarez de Miquel*	171
Tortilla Soufflee *Por Bebe Arozarena de Morales*	172
Chocolate Fudge. *Por Mrs. Antonio Bermúdez Sr.*	172
Pudín de Banana del Paraguay. *Por la Sra. Vda. de Carlstein*	173
Ice Box Cookies. *Por Mrs. Herbert Copelan*	173
Flan de Coco. *Por Zoila Domínguez de Dosal*	174
Boniato con Manzanas. *Por Estela Echarte de Clavijo*	174
Torta de Boniato. *Por Carmen Escobio de Montero*	175
Coqui Mole con Huevo. *Por Ofelia Fernández Coca de Sorzano*	175
Queso de Piña. *Por María Luisa Fernández Porro de Mendive*	176
Galleticas de Coco. *Por Marina García de Casalduc*	176
Crema Pícara Helada. *Por Aurelia Gómez*	176
Pudín Diplomático. *Por Carmen Gómez Vda. de Quintana*	177

	PAG.
Hindenburg Torte. *Por Elisa von Holzwarth de Plasencia*..	178
Bien me Sabe. *Por Olga Lage de Rivero*	178
Tocino del Cielo. *Por Ritica Marcané de Crusellas*	179
Dulce de Chocolate Francés. *Por María Luisa Menocal y Valdés Fauli*	179
Turroncitos de Coco Blanco. *Por Celia Miyar de Puig*	180
Empanadillas de Chocolate. *Por Rosario Novoa*	180
Brownies. *Por Beba O'Farrill de Martínez Fonts*	181
Tusitas de Guayaba. *Por María Luisa Pérez de Comas*	181
Polvorones. *Por Alejandrina Pereira de Pinto*	182
Pastel de Coco. *Por Rosa Pertierra de del Real*	183
Arroz con Leche Moldeado sobre Frutas. *Por Graciella Pérez Ricart de O'Farrill*	183
Fudge. *Por Ernestina Pola de Bustamante*	184
Dulce de Leche y Huevo con Naranja. *Por Cheché Remón de Cueto*	184
Flan de Frutas Lourdes. *Por Esperanza Reyes de Echevarría*	185
Flan de Huevo "Hortensia". *Por Hortensia Reyes Gavilán viuda de Castellanos*	185
Dulce de Leche en Almíbar. *Por Hortensia Reyes Gavilán de Castellanos*	186
Salchichón de Chocolate. *Por Isolina Rodríguez de Falcón*	187
Negro en Camisa. *Por Leocadia Valdés Fauli Vda. de Menocal*	187
Majarete Criollo. *Por Ana María Varona de Díaz Quibús*	187
Espuma Mexicana. *Por Loló Villa Vda. de Figueroa*	188

CAKES

Spice Cake. *Por Mrs. George Adair*	189
Bizcocho. *Por Angela Herminia Armiñán de Pedroso*	190
Cake de Chocolate. *Por Mercedes Auñón de la Guardia*	190
Gateau de Avellanas. *Por Helene Bauch de Lenzt*	191
Panetela de Almendras. *Por Esther María Benavides*	192
1-2-3-4-Cake. *Por Mrs. H. M. Coleman*	192
Chiffon Cake. *Por Mrs. Bowen C. Crandall*	193
Envoi de Nice. *Por Guillermina García Montes de Gómez Waddington*	194
Cake de Novia. *Por Ana Dolores Gómez de Dumois*	195
Panetela Cuatro y Cuarto para Desayuno. *Por Zoila González de Cruz*	196
Cake de Queso Crema. *Por Nilza González de Porro*	196
Melting Moments. *Por Carmen de la Guardia de Lazo*	197
Pastel Chiffon de Fresa. *Por Rosina Guastella de Navarro*	197
Toasted Coconut Cake. *Por Mrs. H. T. Harris*	198
Panqué. *Por Esther Herrera*	199

INDICE

	PAG.
Cake Cesta de Flores. Por *Juanita Iraola de Miranda*	199
Tropical Treat. Por *Mrs. H. B. Jeffre*	200
Cake Relámpago. Por *Estela V. Langwith*	201
Pastel de Bizcochos Champagne. Por *Lily Lenz de Stark*	202
Bizcocho Nido. Por *Cachita Manzini de García Tojar*	203
Cake de Frutas. (Oscuro.) Por *Onelia Méndez de Iturrioz*	204
Cake de Naranja. Por *Josefina Menocal de Puig*	205
Pudín de Garbanzos. Por *Cuca Montero*	206
Torta de Melocotones. Por *Lydia Montiel de Menocal*	206
Chocolate Cup Cakes. Por *Mrs. Peggy R. de Muro*	207
Enrollado Exquisito. Por *Ondina Olivera*	208
Cake "Narcisa". Por *Bertha Pina de Cárdenas*	209
Cake Estuche de Bombones. Por *Ena Portilla de Picalla*	209
Bizcocho Nido. Por *Nena Rodríguez de Gómez*	211
Bocado de la Reina. Por *Antonia Rodríguez de Lastra*	213
Brazo Gitano de Chocolate. Por *Esther P. de Rosenthal*	214
Cake de Caramelo. Por *Mamie Salazar de Fernández*	215
Brazo Gitano con Crema Moka. Por *Rosa Emilia Santiago*	215
Torta de Almendras "Primavera". Por *Ernestina de Varona de Mora*	216
Fondant. (Cubierta Francesa.) Por *Ernestina de Varona de Mora*	217
Cheese Cake de Fresas. Por *Chana Villalón de Menocal*	218
Cake María Estrella. Por *Nitza Villapol*	219
Chocolate Cake. Por *Mrs. William West Sr.*	220

Capítulo VI

PASTELERIA

Quiche de Lorraine. Por *Helene Bauch de Lenzt*	221
Ramequius de Queso. Por *Helene Bauch de Lenzt*	222
Brazo Gitano de Pollo. Por *María Bosch de Mercadé*	222
Pecan Pie. Por *Mrs. Joseph Butler*	223
Tartaletas de Fresas. Por *Celia de Cárdenas Vda. de Morales*	224
Stake and Kidney Pie. Por *Elwelin Downer*	224
Pan de Maíz. Por *Carmen Escobio de Montero*	225
Pastel de Masa Real. Por *Blanca García Montes de Terry*	225
Pastelón. Por *Dolores Guiral de Costa*	226
Pastelón Camagüeyano. Por *Juanita Iraola de Miranda*	226
Masa para Empanadas. Por *Mélida Jordán de Mesa*	227
Tartaletas para Entremés. Por *Poli Juncadella*	228
Empanadas con Huevos Fritos. Por *Olga Lage de Rivero*	228
Pastel de Limón. Por *Silvia Martínez y Bertica Villalón*	229

	PAG.
Quiche de Lorraine. *Por María Luisa Menocal y Valdés Fauli*	230
Empanaditas de Cocktail. *Por Georgina Menocal de Sardiña*	231
Vienna Horns. *Por Mrs. Andrés Poliakoff*	232
Buñuelos de Viento Sorpresa. *Por Minina Romero de Echarte*	232
Empanadillas y Enrolladitos de Jamón. *Por Elena La Rosa de Villa*	233
Cream Puffs. *Por Mrs. Juan Toroella*	233
Cangrejitos. *Por Eulalia Valdés Fauli*	234
Sobrecitos de Jamón. *Por Lupe Zúñiga de Sardiña*	235

Capítulo VII

BOCADITOS

Pasta para Bocaditos. *Por María Antonia Clark de López*	237
Canapés de Anchoa. *Por Marta Mercadé de Arango*	237
Sandwich "Supremo". *Por Rosario Novoa*	238
Tablero de Damas. *Por Alice Peláez de Mena*	238
Bocaditos Económicos. *Por Alicia Ramírez de Guastella*	239
Canapés de Pollo. *Por Leocadia Valdés Fauli y Fuentes*	239
Canapés Variados. *Por Ana María Varona de Díaz Quibús*	240
Bocaditos Enrolladitos. *Por Anita Villa de Hernández*	241
Enrolladitos de Jamón. *Por Loló Villa de Hernández*	241
Bocaditos Dulces con Yoghourt. (Sokina Yogurtlu.) *Por Chana Villalón de Menocal*	242

Capítulo VIII

GELATINAS DULCES

Gelatina de Chocolate con Frutas. *Por América Benítez Vda. de Domínguez Roldán*	243
Bavaroise Pralinée. *Por Blanca García Montes de Terry*	244
Gelatina de Melocotones. *Por Rosa Herrera*	244
Gelatina de Frutas y Queso Crema. *Por Cristina López Oña de Arcos*	245
Cake de Melocotón y Queso. *Por Amalia Medina de Guncet*	246
Espuma de Fresa. *Por Nelia Mesa de Galíndez*	246
Torta de Queso Fría. *Por Ana Nagle*	247
Carlota Rusa. *Por María Carlota Pérez Piquero de Cárdenas*	248
Crema Española. *Por América Pina de Ponte*	248
Ensalada Flan de Albaricoques. *Por Frances Sarmiento de Rodríguez Llano*	249

Capítulo IX
HELADOS

	PÁG.
Reglas Básicas en la Confección de los Helados. *Por Leocadia Valdés Fauli y Fuentes*	251
Helado de Caramelo "Lolita". *Por Lolita Alfonso de Torralba*	252
Parfaits. *Por Silvia Beltróns*	252
Receta Básica de "Parfait". (Amarillo.) *Por Silvia Beltróns*	253
Parfait de Meple y Nueces. *Por Silvia Beltróns*	254
Sorbetes o Helados de Frutas. *Por Silvia Beltróns*	254
Receta Básica para Helados de Frutas. *Por Silvia Beltróns*	254
Helado de Naranja. *Por Silvia Beltróns*	255
Helado de Limón. *Por Silvia Beltróns*	255
Receta Básica para Sherberts. *Por Silvia Beltróns*	255
Helado de Platanito. *Por Alicia Domínguez Roldán*	256
Helado de Chocolate. *Por Trina Céspedes Vda. de Lefebre*	256
Mamey con Piña Nevada. *Por Ana Dolores Gómez de Dumois*	257
Parfait de Moka. *Por Ana Dolores Gómez de Dumois*	258
Eclairs "Longchamps". *Por Ana Dolores Gómez de Dumois*	258
Mantecado. *Por Leocadia Valdés Fauli y Fuentes*	259
Melocotones Melba. *Por Leocadia Valdés Fauli y Fuentes*	260
Mantecado Pralinée. *Por Leocadia Valdés Fauli y Fuentes*	260
Mantecado con Frutas. *Por Leocadia Valdés Fauli y Fuentes*	261
Helado de Fresa *Por Adriana Valdés Fauli*	261

Capítulo X
SALSAS

Salsa Mahonesa. *Por Bertha Caballero de Boix*	263
Salsa de Crepés Suzette. *Por Blanca García Montes de Terry*	264
Chutney de Mango. *Por Carmen de la Guardia de Lazo*	265
Catsup. *Por Carmen de la Guardia de Lazo*	265
Salsa de Yoghourt. *Por Chana Villalón de Menocal*	266
Las Salsas. (Otras Recetas.) *Por Leocadia Valdés Fauli*	553

LUCES Y ADORNOS

Carta Sobre la Mesa. *Por Isabel Fernández de Amado Blanco*	269
Flores y Luces. *Por Hilda Martin*	273
La Mesa. *Por María Radelat de Fontanills*	274

	PAG.
LOS SECRETOS DEL BAR. *Por Mary Seigel de Cárdenas y Estrella Villalón de Coello*	281
Martini	282
Martini Dulce	283
Manhattan	283
Manhattan Seco	283
Presidente	283
Old Fashioned	284
Colonial	284
Méndez Vigo	284
Brandy Cocktail	285
Stinger (Picador)	285
Cognac Sour	285
Biarritz	285
Nevado	285
Internacional	285
Valencia	286
Luna de Miel	286
Doncellita	286
Pousse-Cafe	286
Ciruelón	287
Creme de Vie	287
Cotillon	287
Rob Roy	287
Julep de Menta. (Mint Julep)	288
Terremoto. (Earthquake)	288
New Yorker	288
Tipperary	288
Admiral	288
Costa Bárbara. (Barbary Coast)	289
Highland Cocktail	289
Sociedad. (Society Cocktail)	289
Sonrisa Real. (Royal Smile)	289
Señora Rosada. (Pink Lady)	289
Tuxedo	289
Parisiense	290
Señora Blanca. (White Lady)	290
Dorado Amanecer. (Golden Dawn)	290
Honolulu	290
Bijou	290
Alexander I	290
Daiquirí I	291
Daiquiri II	291
Mary Pickford	291
Observador	291

ÍNDICE

PAG.

Olamarina. (Beachcomber)	291
Mulata	292
Tigre Volador	292
Black Magic	292
Supremo	292
Santiago	292
Nacional	293
Tom Collins	293
Sabrosura	293
Flip de Oporto	293
Rickey de Cognac	293
Sour de Whiskey	294
Cobbler de Jerez	294
Cobbler de Ron	294
Cobbler de Vino Oporto	294
Cobbler de Sauterne	294
Daisy de Cognac	295
Cardenal Cup	295
Albaricoque Cup	295
Piña Cup	296
Wine Cups	296
Gin-Fizz	296
Bucks-Fizz	296
Collins de Ron	297
Ponche de Ron	297
Ponche de Naranja	297
Ponche Clarete	298
Ponche de Verano	298
Ponche Real de Champagne	298

PENSANDO EN EL MAÑANA

Gelatina de Salmón y Espárragos. *Por Silvia Capín y de Hoyo*	303
Pescado Relleno. *Por Carmen Cepero y Arce*	303
Bolitas de Carne para Cocktail. (Estilo Venezolano.) *Por Mireya Comas Pérez*	304
Arroz Relleno. *Por Mireya Comas Pérez*	305
Cake de Queso Crema. *Por Milly Fernández Flamand*	306
Helado Biscuit. *Por Gloria de la Guardia y Auñón*	307
Pan de Maíz. *Por Gloria de la Guardia y Auñón*	307
Pizzas. *Por Carmen Herrera Espinosa*	308
Parfait de Albaricoques. *Por Maggie Heymann y Boza*	309

	PAG.
Bocaditos "Callas". Por *Elena Pedroso y Pujals*	309
Salsa para Carnes. Por *Elena Pedroso y Pujals*	310
Carne en Brochette. (Carne en Pincho.) Por *Elena Pedroso y Pujals*	310
Galleticas. Por *Carmen Peral y Guerrero*	311
Mantecado. Por *Alina Pons y Menéndez*	312
Pescado a la Crema en Cesticos de Pan. Por *Margarita Regueira y Rodríguez*	313
Huevos Reales. Por *Marilyn Terry y Saladrigas*	313
Tortilla Genovesa. Por *Mariíta Terrón Carballo*	314
Torta Ciapaneca. Por *Silvia Terrón Carballo*	315
Rollo de Chocolate. Por *María Ana Torralbas y Alfonso*	315
Galleticas de Pascua. Por *Conchita Van der Water y Valdés Fauli*	316
Caramelos de Chocolate. Por *Conchita Van der Water y Valdés Fauli*	317

RECETAS DE ANTAÑO. Por *Dolores Guiral de Costa*	323
Pastelón Camagüeyano al Estilo 1800. Por *Cruz Guerrero de Cruz*	339
Dulces Inolvidables. Por *Mercy González Fantony de Tarafa*	340
Dulce de Leche. Por *Mercy González Fantony de Tarafa*	340
Espuma de Chocolate. Por *Mercy González Fantony de Tarafa*	340
Pan de Harina de Maíz. Receta de la Sra. *Aurora Fonts Vda. de Valdés Fauli*. (Enviada por su hija Adriana Valdés Fauli)	341
Carne de Puerco Mexicana. Receta de la Sra. *Aurora Fonts Vda. de Valdés Fauli*. (Enviada por su hija Adriana Valdés Fauli)	342
Dulce del Obispo. Por *Adelina Navarro Vda. de Estévez*	343
Ensalada Alemana. Por *Emma Montejo*	343
Queso de Leche. Receta de la Sra. *Angelina Rodríguez Vda. de Morel*. (Enviada por su nieta Esther María Benavides)	344
Buñuelos de Catibía. Por *Aida Rodríguez Sarabia*	344
Casabe. Por *Aida Rodríguez Sarabia*	346
Cosubé. Por *Aida Rodríguez Sarabia*	346
Fufú de Plátano Verde. Por *Aida Rodríguez Sarabia*	346
Polvorones de Café y Anís. Por *Aida Rodríguez Sarabia*	347
Ponche Criollo. Por *Aida Rodríguez Sarabia*	347
Helado al Champagne. Receta de la Sra. *Mercedes Sáenz de Codina*. (Enviada por su hija Margot Codina)	348
Jaruco. Receta de la Sra. *Mercedes Sáenz de Codina*. (Enviada por su hija Margot Codina)	348
Soufflé de Chocolate. Receta de la Sra. *Mercedes Sáenz de Codina*. (Enviada por su hija Margot Codina)	348

MOMENTOS FELICES

	PAG.
Fiesta de San Juan Bautista. *Por la Excma. Sra. Lydia de Goes Monteiro*	351
Mâe Benta. (Madre Bendita)	352
Panquecas de Aipine. (Crepe Suzette de Yuca)	352
Bolo de Inhame. (Pastel de Ñame)	353
Pamonhas Dulces. (Tamales de Maíz)	353
Olhos de Sogra. (Ojos de Suegra)	353
Cuscus do Norte	354
Quindins de Yaya	354
La Comida China. *por la Excma. Sra. Kitty Tan*	355
Langostinos Fritos	356
Pato Guisado con Castañas	356
Honduras. *Por la Excma. Sra. Virginia Zelaya de Bermúdez*	357
Tamalitos	357
Picadillo	358
Dulce de Plátano Minimo. (Johnson)	358
El Arte, la Tradición y el Significado de la Comida Japonesa. *Por la Excma. Sra. Etsuko Izawa*	359
Tempura. (Frituras)	361
Diciembre. Las Posadas. *Por la Srta. Laura Bosqués Manjarrez*	362
Cocktail Mil Cumbres	363
Pastel de Navidad	364
Ensalada de Nochebuena	364
Buñuelos	365
Mole de Cacahuate. (Maní)	365
San Nicolás. *Por la Sra. Edith Deym de Stritez de Van Panhuys*	366
Speculaas	366
Borstplaat. (Crema Fondant)	367
Mazapán	367
Hutspot. (Olla de Leiden.) *Por la Sra. Olga de Bijpost*	368
Sara Delano Roosevelt en un Atisbo Reposteril. *Por Berta Arocena*	371
El Antecedente Histórico de Nuestras Cazuelas. *Por Anita Arroyo de Hernández*	372
Los "Pardons" en Bretaña. *Por Tecla Bofill Vda. de Domínguez Roldán*	375
Zabijacka. (Matanza de Cerdo.) *Por Ruth Braden de Saladrigas*	376
Queso de Puerco	377
Butifarras de Hígado de Puerco	378
Col Guisada	378
Navidad en Alemania. *Por Blanca Bravo*	379
México. *Por Tere C. de Vargas*	380
Tortitas de Papas a la Michoacana	380
Salsa Michoacana	381
Suspiros de Pedro Vargas	381

	PAG.
Crema	382
Decoración y Presentación de las Comidas en los Trasatlánticos Europeos. *Por Matilde Cruz Planas de Gómez Cortés*	385
Una Merienda Improvisada. *Por Bertha Domínguez Roldán de Lecuona*	390
El Santo de Abuelita. *Por Bertha Domínguez Roldán de Lecuona*	391
Ponche de Champagne	393
Bizcochuelo Camagüeyano. *Por Guillermina Domínguez Roldán de Boza Masvidal*	393
Bizcochuelo Camagüeyano. (Receta)	394
Crepés de Martes de Carnaval. *Por Madame George Dor*	395
Un Gran Concierto y una Gran Comida. *Por Tina Farelli de Bovi*	396
Una Boda de Principios de Siglo. *Por María Faz Vda. de La Rosa*	397
Torta de Coco	398
Astorga. *Por Angelina Fernández Arrojo*	400
Mantecadas de Astorga	400
Asturias. *Por Angelina Fernández Arrojo*	401
Empanada Asturiana	402
Santiago de Compostela. *Por Angelina Fernández Arrojo*	402
Pisto Gallego	403
Perú. *Por Mimí Fuentes de Hevia*	404
Papas a la Huancaina	405
Seviche	406
Frijoles Colados	406
Alfajores de Majar Blanco	407
Almuerzo Vienés. *Por Vera Furth*	407
Leberknoedl. (Peloticas de Hígado)	408
Pudín	408
Bistecs de Ternera Empanizados	409
Cabeza de Moro	409
Mi Pueblo Natal. *Por M. F. G.*	411
Quenelles de Champignons	411
Por qué era Mejor la Cocina Cubana Antigua. *Por Blanca García Montes de Terry*	412
Huevos con Salsa Azul	413
Salsa de Grosella	413
La Comida. *Por Petronila Gómez de Mencia*	414
Langouste en Bellevue	414
El Café y el Alma de Cuba. *Por Maricusa Gorostiza de Millares Vázquez*	415
La Belleza Siempre está a su Alcance. *Por Lydia Grimany de Bravo*	417
Mamaliga. (Hungría.) *Por Mariana G. de Rosman*	420
Mamaliga. (Receta)	421
Frijoles Negros a la Cubana. *Por Dolores Guiral de Costa*	423
Receta de los Frijoles Negros a la Cubana	425
Cudillero. *Por María del Carmen Insunza*	425

INDICE

	PAG.
Calderetas	426
Una Maravillosa Asociación. *Por Margot La Rosa*	427
Pavo en Lascas con Jamón "Louisiana"	428
Gnocchis alla Romana. *Por Inesita Leoni*	429
On Tire les Rois. *Por Suzanne Lorenzo de Mora*	430
Pasta de Hojaldre para la Galette. (Torta de Reyes)	431
Breve Semblanza del Dr. Arus. *Por Dulce María Loynaz*	432
Cocinera de Fin de Semana. *Por Regina de Marcos*	434
El Carmín de la Pola. *Por Natividad Martínez de Sampil*	435
Merluza en Salsa Verde	436
Marañuelas	437
Rara Experiencia Gastronómica. *Por Gloria Mendizábal de Morales*	439
Una Receta de Mis Tiempos. *Por Renée Molina de García Kohly*	444
El Aliñado. *Por María Lola Muñoz de Pulido*	447
Cómo Conocí los "Tequeños" Venezolanos. *Por Isabel Margarita Ordetx*	448
Historia y Receta de unos Buñuelos de Viento. *Por Adelaida Rivón de Otheguy*	450
La Deliciosa Piña Cubana. *Por Rosa María Sánchez de Barro*	451
Pastel de Piña	451
Costumbres de Antes. *Por Amelia Solberg de Hoskinson*	453
Cafiroleta	454
El Secreto de Comer. *Por Pura Varona de Cazade*	455
Sueños de una Recién Casada. *Por Alicia de la Vega de Santamaría*	457
Congrí a la Oriental	458
Tasajo Fresco	458
Plátanos Guisados	458
Dulce de Naranja Agria Rellena	459
Fiesta. *Por Chana Villalón de Menocal*	460
Cómo Comer Bien y Barato en Europa. *Por Chana Villalón de Menocal*	463
Thanksgiving Day. (Día de Dar Gracias.) *Por María Ana Warren*	465
Receta para el Pavo	465

LAS QUE PUEDEN ENSEÑAR

Aperitivos. *Por Dolores Alfonso de Torralba*	473
Cocktail Combinado	474
Cocktail de Mariscos	474
Cocktail de Frutas Frappé	475
Canapés de Bolitas	475
Hors D'Oeuvres Surtidos	476
Consomé	476

	PAG.
El Pan, Alimento Básico del Hombre Por *Silvia Beltróns*	477
Fiestas de Niños. Por *Silvia Beltróns*	479
Payasitos de Ensalada de Pescado	480
Bocaditos de Vegetales	481
Batido de Fresa Royal	482
Recetas. Por *Martha Bosque*	482
Pastel de Plátano y Coco	482
Fantasía de Piña	483
Pescado con Vegetales	483
Decoración del Menú Familiar. Por *Esperanza Cardero*	485
Arroz con Vegetales	487
Participación de la Asociación de Dietistas Cubanos en la Exposición de Arte Culinario Celebrada en el Vedado Tennis Club bajo los Auspicios de las Salas Costales y San Martín del Hospital Universitario General Calixto García. Por *Ana Teresa Curbelo*	489
Menú Balanceado	491
Recetas de Algunos de los Platos del Anterior Menú	491
Limonada Bicolor	491
Arroz con Vegetales	492
Piragua Siboney	493
Cocktail de Frutas Dentro de Pétalos de Naranjas	493
Cake de Carne entre Flores	494
Pudín de Ciruelas Pasas	494
Los Jugos de Frutas y sus Combinaciones	495
Ponche Tropical Frappe	500
Los Merengues. Por *Manuela Fonseca de Sarille*	502
Receta Maestra	503
Merengue	506
Torta de Merengue y Limón	507
Quesos Para Todos los Gustos. Por *Ana Dolores Gómez de Dumois*	508
Cottage Cheese (Queso fresco casero)	510
Sopa de Cebollas al Gratín	511
Soufflé de Queso	511
Manzanitas de Queso	512
Cake de Queso. (Cheese Cake)	512
Repaso General. Por *Adriana Loredo*	513
Los Vegetales. Por *María J. Marón*	520
Gazpacho	522
Puré de Papas Especial	523
Berengenas Guisadas	523
Remolachas en Vinagre	524
Tomates Rellenos	524
Pimientos y Col Salteada	525
Cacerola de Boniato y Piña	525
Plátanos al Horno	525
Un Consejo a las Amas de Casa. Por *Blanca Mujica*	527

INDICE

	PAG.
Costillas de Cordero a la Basque	527
Industrias Derivadas de la Agricultura. *Por Blanca Prieto Dávila*	528
Pasta Choux. (Pâte à Choux.) *Por Carmencita San Miguel Pagés*	541
Guía Gastronómica	545
Pastel de Manzana Especial	549
Pastel de Pasas	550
Pastelitos de Queso y Jamón	551
Las Salsas. *Por Leocadia Valdés Fauli y Fuentes*	553
Salsa Blanca. (Bechamel)	553
Salsa de Queso o Mornay	554
Salsa Rosa	554
Salsa de Crema de Tomate	555
Salsa de Camarones	555
Salsa Nantua	555
Salsa Cardenal	555
Salsa Blanca a la Crema	556
Salsa de Cebollas a la Crema	556
Salsa Blanca de Menudos	556
Salsa Dorada	556
Caldo Claro	557
Salsa Veloutée	558
Salsa Suprema	558
Salsa Villeroi	559
Salsa Poulette	559
Salsa Derby	559
Salsa Húngara	559
Salsa de Vino Blanco	560
Salsas a Base de Fondos Obscuros	560
Caldo Obscuro	560
Salsa Obscura. (Básica)	561
Salsa de Madera	561
Salsa Cazadora	562
Salsa de Hígados	562
Salsa Genovesa	562
Salsa de Encurtidos	563
Salsa de Cebollas	563
Salsa Inglesa	564
Salsa de Tomates	564
Salsa de Mostaza	565
Salsa de Castañas	565
Salsa de Mantequilla	565
Salsa de Tomate a la Crema	566
Salsa de Tomate	566
Salsa Holandesa	566
Salsa Mayonesa. (Receta Básica)	567

	PAG.
Mayonesa de Pimiento	567
Salsa Rusa	568
Salsa Mayonesa a la Crema	568
Salsa Mayonesa Verde	568
Alioli	568
Salsa Tártara	568
Salsa Mayonesa y Mostaza	569
Salsa Mayonesa de Frutas	569
Salsa Mayonesa de Naranja	569
Salsa Mayonesa Mixta	569
Salsa de Remolacha	570
Salsa Mayonesa Gelatinada	570
Salsa Mayonesa Picante	570
Aliño Francés	571
Salsa Vinagreta	571
Salsas Para Dulces	571
Salsa de Huevo	571
Salsa de Chocolate	572
Sirope de Fresas	572
Sirope de Caramelo	572
Salsa de Vino	573
Salsa de Caramelo	573
Los Helados. *Por Ernestina Varona de Mora*	574
Helado de Albaricoque a la Italiana	574
Helado de Naranja	575
Crema Suprema de Avellanas	575
Helado de Café	576
Proteínas: Papel que Desempeñan en la Dieta Diaria. *Por Georgina Veulens de Martínez*	577
Cómo Cocinar al Minuto. *Por Nitza Villapol*	584
Aguacates Rellenos	584
Ensalada Coronitas de Bonito	585
Pudín de Bonito	585
Langosta a la Crema	585
Panecitos Rápidos	586
Flan de Coco	586

EL HOMBRE EN LA COCINA

El Hombre en la Cocina. *Por Ana Dolores Gómez de Dumois*	591
Con el Embajador de España. *Por María Domínguez Roldán*	593
Cangrejo Moro a la Vasca	596

INDICE

	PAG.
Huevos Marchand-de-Vin	597
Sobre la Cocina. Por *Agustín de Foxá (Conde de Foxá)*	598
Spaghetti. Por *el Rev. Padre Lorenzo Spiralli*	600
Pollo a la Villeroi. Por *José Aixalá, Jr.*	600
Las Famosas Sopas de Menjou. Por *Ramón Arroyo (Arroyito)*	602
Rolletes de Frijoles. Por *Ramón Arroyo (Arroyito)*	602
Galantina de Pavo. Por *Gabriel Ballester, Chef del Hotel Nacional*	604
Bacalla a la Llauna. Jor *José F. Barraqué*	605
Anécdota. Por *José F. Barraqué*	606
El Néctar de los Dioses. Por *Alfredo Benítez y de Cárdenas*	607
Cuentos de Cantina. Por *Alfredo Benítez y de Cárdenas*	612
Cualquiera se Equivoca. Por *Alfredo Benítez y de Cárdenas*	613
Esmeraldas Rellenas y Gotas de Rubí. Por *Alfredo Benítez y de Cárdenas*	613
Ensalada de Vegetales Moldeada. Por *Joaquín Bécquer, Chef del Restaurant "El Aguila"*	615
Un Regalo Singular. Por *Aurelio Boza Masvidal*	617
¿Dónde se Come Mejor en Europa? (Apuntes de un viajero). Por *Armando Cabrera*	620
Consomé. Receta del Coronel J. W. Caldwell. Enviada por su hijo Alfredo Caldwell	623
Fish Chowder Estilo New Hampshire. Receta del Coronel J. W. Caldwell. Enviada por su hijo Alfredo Caldwell	624
Variedades. Por *Enrique Cazade*	625
Pescado a la Cubana. Por *Humberto de Cárdenas*	629
En Torno a Santa María del Rosario y a su Fundador. Por *José María Chacón y Calvo*	630
Cacerola de Habichuelas. Por *Francisco A. Chaviano*	632
Por Decir Algo. Por *Antonio María Eligio de la Puente*	633
Filete de Res con Salsa de Hígado de Pollo. Por *Luis Estévez*	636
Pargo a lo Wahoo. Por *Laureano Falla*	637
Sopa de Pescado Wahoo. Por *Laureano Falla*	637
Sobre la Sazón. Por *José García Montes*	639
Crema de Yemas y Trufas. Por *José García Montes*	642
Arroz con Pollo. Por *José García Montes*	643
Camarones Fritos. Por *Agustín de la Guardia*	645
Bolas de Camarones Fritas. Por *Agustín de la Guardia*	645
Pasta de Hígados para Bocaditos. Por *Agustín de la Guardia*	645
Guinea con Sidra. Por *Agustín de la Guardia*	645
Panetela. Por *Agustín de la Guardia*	646
Galantina de Pavo. Por *Cristóbal de la Guardia*	647
Filete a la Plancha. Por *Julián de la Guardia*	648
Creme de Vie. Por *Miguel Guerrero Alvarez*	650
Arroz con Bacalao. Por *Raúl Gutiérrez Sánchez*	650
Ensalada de Aguja. Por *Raúl Gutiérrez Sánchez*	651

	PAG.
Un Recuerdo Culinario de la Coronación de Jorge VI. *Por Max Henríquez Ureña*	652
Los "Alimentos Terrestres". *Por Francisco Ichaso*	655
Roast-Beaf de Caballo. *Por Pedro Iglesias Betancourt*	657
Ensalada de Papas Alemana. *Por Merrit J. Karn*	658
Empanadilla Camagüeyana. *Por José S. Lastra*	659
Cocteles Españoles del Siglo XVII. *Por Rafael Marquina*	660
Recuerdos Gastronómicos. *Por Guillermo Martínez Márquez*	663
Sopa de Pescado. *Por Antonio Martín*	665
Reminiscencias Culinarias que no llegan a ser Recetas. *Por Massaguer*	666
Macarrones Tropa 4. *Por Bernardito Nobo Espinosa. (Scout de la Tropa 4)*	667
Frijoles Negros a lo "Ricardo". *Por Ricardo Núñez Portuondo*	668
Pargo en Sidra y Mantequilla. *Por José Emilio Obregón*	669
La Cocina Afrocubana. *Por Fernando Ortiz*	671
Pescado en Salsa Negra. *Por Gonzalo Pedroso*	679
Me Sucedió en Málaga. *Por Mario Pedroso*	680
Spaghetti a la Marinera. *Por Roberto Pedroso*	680
Pescado Salsa Perro. *Por Porfirio Pendás*	681
Cassoulet de Castelnaudary. *Por Porfirio Pendás*	682
"Curry" de Camarones. *Por Evelio Pina Iglesias*	683
Prosapia de la Música para Comer. *Por Antonio Quevedo*	684
Recetas. *Por Alfredo T. Quílez*	685
La Bebida Roja. *Por Alfredo T. Quílez*	685
Pudín de Verduras. *Por Alfredo T. Quílez*	685
Gazpacho Andaluz. *Por Alfredo T. Quílez*	686
Lo Trófico y lo Espirtual en la Mesa. *Por Juan J. Remos*	687
El Primer Catador de Francia. *Por Leandro Robainas*	689
Pudín de Pescado. *Por José Sampedro Camus*	691
Pollo Estilo Italiano. *Por José Sampedro Camus*	691
Arroz Negro Sirio o Moro. *Por José Sampedro Camus*	692
El Arte de Comer para no Enfermar. *Por Rafael Suárez Solís*	693
Maestose Fettuccine al Triplo Burro. *Por José I. Tarafa*	695
Licor de Leche de Santiago de Chile. *Por José I. Tarafa*	695
Desayuno en el Vaticano. *Por José I. Tarafa*	696
Otro Desayuno Memorable. *Por José I. Tarafa*	696
Almuerzo con la más demócrata de las Reinas. *Por José I. Tarafa*	696
Atro Almuerzo de Gratos Recuerdos. *Por José I. Tarafa*	697
Embutido de Mariscos. *Por Raúl Valdés Fauli*	699
Pollo con Salsa de Ajonjolí. *Por Raúl Valdés Fauli*	700
Braschiole (Macarrones con Enrollados de Carne). *Por Alberto Valdés Fauli y Fuentes*	700
Fideos a la Mexicana. *Por Pedro Vargas*	702
Bacalao a la Gallega. *Por Armando de la Vega y Faura*	703
Picadilo de Puerco con Ostiones. *Por Luis Yip*	703

QUE OPINAN LOS CHEFS

	PAG.
Qué Opinan los Chefs. *Por María Domínguez Roldán.*	
Palabras Preliminares a las Entrevistas con los Chefs	711
En Casa de María Antonia Alonso de Aspuru. *Chef José Di-Battista*	713
Devil Crab	714
Devon Shire	715
Pechuga de Pollo Petroniana	715
Lasagna	716
En Casa de Celia de Cárdenas de Morales. *Chef Luis Roig*	717
Pastel de Pollo "Roig"	718
En Casa de María Teresa Falla de Batista. *Chef Sylvain Brouté*	721
Las Papas "Soufflees", Milagro de la Cocina Francesa	723
Receta de las Papas "Soufflees"	723
Filetes de Pargo Forestiere	724
En Casa de Guillermina García Montes de Gómez Waddington. *Chef Antonio Oliver*	727
Coca Mallorquina	729
Pollo Tibidabo	730
Pastel Balear	730
Queso de Almendra	731
En Casa de María Luisa Gómez Mena de Cajiga, Condesa de Revilla de Camargo. *Chef René Junot*	733
Poisson D'Antin	734
Pollo a la Crema	735
En Casa de Lily Hidalgo de Conill. *Chef José Miranda*	737
Oeufs en Gelee au Foie Gras	738
En Casa de Loló Larrea de Sarrá. *Chef Heliodoro Andrés Nodarse*	741
Arroz Mariscal	743
En Casa de María Luisa Menocal de Argüelles. *Chef Miguel Candepadrós*	745
Pollo Salteado a la Cazadora	746
Pollo Salteado a la Bordelesa	747
Anillos de Cebolla	747
En Casa de Nena Velasco de González Gordon. *Chef Mercedes Montes de Oca*	749
Consomme Mosaique	750
Jamón a la Champagne	751
Pavo Asado	753
Frutas Acarameladas	754
Helado de Caramelo	755
Ensalada de Endives	757
Secretos de la Cocina	757

	PAG.

En la Embajada de los Estados Unidos de Norteamérica. *Chef Román Sempe* 759
    Omelette Soufflee (Tortilla Soplada) 761
    Tortilla Gerth 762
    Manzanas Offranville 762
    Helado Lenerynks 763
En la Embajada de España. *Chef Giovanni Marchitelli* 764
    Bacalao a la Catalana 765
    Tallarines Parisién 765
    Langosta a la Americana 766
    Bomba Tropical 767
Centro Vasco. *Chef Juanito Saizarbitoria* 769
    Bacalao al Pil-Pil 769
Restaurant La Florida (El Floridita). *Chef Louis Lafon* 771
    Paupiettes de Pargo Floridita 772
Hotel Sevilla Biltmore. *Chef José M. López Peña* 774
    Piña Rellena Habanera 774
    Pechuga de Pollo Longchamp 775
    Filet Mignon Sevilla Biltmore 775
Bartender del Restaurant La Florida (El Floridita). *Manuel López Laza (Pedrito)* 777
    Paraíso Azul 777
Bartender del Hotel Sevilla Biltmore. *Rafael Rigau* 778
    Alfredo Benítez Special 779
    Banana Daiquirí 779
    Pick Me Up 779

◆

Tomates Rellenos. *Por Fina Alvarez de Urrutia* 783
Camarones a la Criolla. *Por Martha Figueroa de Cuervo* 784
Omelette a la Poulard. *Por Rosita González de Mateo* 784
Bacalao a la Provensal. *Por Elsa Sosa de Toledo* 785

NOTAS

NOTAS

NOTAS

NOTAS

NOTAS

NOTAS

OTROS LIBROS PUBLICADOS POR EDICIONES UNIVERSAL:

COLECCIÓN APRENDER

000-3	COCINA AL MINUTO (selección de las mejores recetas de la cocina, cubana e internacional, explicadas en forma sencilla)
111	UN DRAMA DE AMOR EN TRES ACTOS, Monseñor Eduardo Boza Masvidal
131	DOMINÓ CUBANO: HISTORIA-REGLAS-TECNICAS, Modesto Vázquez
132	REGLAMENTOS Y FUNDAMENTOS DEL DOMINÓ CUBANO, Modesto Vázquez
139	MAPA DE CUBA (a dos colores)
122-0	ENCÍCLICA POPULORUM PROGRESSIO DE S.S. PABLO VI
316-9	SCIENTIFIC WORKS, David R. Iriarte
359-2	VIDA ANTES DE LA VIDA, Fay Doris Calvet de Montes
388-6	SANTA APOLONIA, PATRONA DENTAL, César A. Mena
470-X	MEDICINA Y SENTIDO COMÚN, Amiris Alcover M.D.
659-1	EL QUE SIGUE (caricaturas médicas), Menéndez
717-2	EL ARTE DE LA REPOSTERÍA MODERNA (recetas de postres, ilustraciones en colores), Juan C. Eijo
911-6	¿GUSTA USTED? Prontuario culinario y... necesario. Lo mejor y lo clásico de la cocina cubana.

COLECCIÓN ANTOLOGÍAS:

252	POESÍA CUBANA CONTEMPORÁNEA, Humberto López Morales (Ed.)
3361-4	NARRADORES CUBANOS DE HOY, Julio E. Hernández-Miyares (Ed.)
4612-0	ANTOLOGÍA DEL COSTUMBRISMO EN CUBA, H. Ruiz del Vizo (Ed.)
6424-2	ALMA Y CORAZÓN (antología de poetisas hispanoamericanas), Catherine Perricone (Ed.)
006-2	POESÍA EN EXODO, Ana Rosa Núñez (Ed.)
007-0	POESÍA NEGRA DEL CARIBE Y OTRAS ÁREAS, Hortensia Ruiz del Vizo (Ed.)
008-9	BLACK POETRY OF THE AMERICAS, Hortensia Ruiz del Vizo (Ed.)
055-0	CINCO POETISAS CUBANAS (1935-1969), Ángel Aparicio (Ed.)
164-6	VEINTE CUENTISTAS CUBANOS, Leonardo Fernández Marcané (Ed.)
166-2	CUBAN CONSCIOUSNESS IN LITERATURE (1923-1974) (antología de ensayos y literatura cubana traducidos al inglés), José R. de Armas & Charles W. Steele (Editores)
208-1	50 POETAS MODERNOS, Pedro Roig (Ed.)
369-X	ANTOLOGÍA DE LA POESÍA INFANTIL (las mejores poesías para niños), Ana Rosa Núñez (Ed.)
665-6	NARRATIVA Y LIBERTAD: CUENTOS CUBANOS DE LA DIÁSPORA, Julio E. Hernández-Miyares (Ed.)
685-0	LAS CIEN MEJORES POESÍAS CUBANAS, Edición de Armando Álvarez Bravo (Ed.)

COLECCIÓN ARTE

18-2	EL ARTE EN CUBA (historia del arte en Cuba), Martha de Castro
60-X	¡VAYA PAPAYA! — RAMÓN ALEJANDRO, Guillermo Cabrera Infante (dibujos en blanco y negro de Ramón Alejandro. Introducción de Cabrera Infante)
03-3	APUNTES PARA LA HISTORIA: RADIO, TELEVISIÓN Y FARÁNDULA DE LA CUBA DE AYER, Enrique C. Betancourt
51-3	LA ÚLTIMA NOCHE QUE PASÉ CONTIGO, (40 años de farándula cubana 1910-1959), Bobby Collazo
67-X	ART OF CUBA IN EXILE, José Gómez Sicre
80-7	THE THORNS ARE GREEN MY FRIEND (poesías de Lourdes Gómez Franca / dibujos de Pablo Cano)
25-0	SI TE QUIERES POR EL PICO DIVERTIR, (Historia del pregón musical latinoamericano), Cristóbal Díaz Ayala
64-1	MÚSICA CUBANA PARA PIANO (cuarenta danzas y una contradanza), René Touzet
66-4	EL NIÑO DE GUANO (Poesías de Lourdes Gómez Franca. Dibujos en blanco y negro de Pablo Cano)
03-2	MÚSICA CUBANA (DEL AREYTO A LA NUEVA TROVA), Cristóbal Díaz Ayala
21-0	CUBA CANTA Y BAILA. DISCOGRAFÍA DE LA MÚSICA CUBANA. VOL. I (1898-1925), Cristóbal Díaz Ayala
26-1	POEMARIO, Angel Gaztelu (Ilustrado por Pablo Cano)
53-9	CUBA: ARQUITECTURA Y URBANISMO, Editado por Felipe J. Préstamo y Hernández. Prólogo de Marcos Antonio Ramos
25-X	LAS ANTIGUAS IGLESIAS DE LA HABANA (tiempo, vida y semblante), Manuel Fernández Santalices
36-5	LAS PRIMERAS CIUDADES CUBANAS Y SUS ANTECEDENTES URBANÍSTICOS, Guillermo de Zéndegui
45-4	HABANEROS / PHOTOGRAPHS OF THE PEOPLE OF HAVANA / FOTOGRAFÍAS DE LOS HABANEROS, Kenneth Treister
84-5	EL OFICIO DE LA MIRADA (ensayos de arte y literatura cubana), Carlos M. Luis

COLECCIÓN CLÁSICOS CUBANOS:

- 011-9 ① ESPEJO DE PACIENCIA, Silvestre de Balboa
  (Edición de Ángel Aparicio Laurencio)
- 012-7 ② POESÍAS COMPLETAS, José María Heredia
  (Edición de Ángel Aparicio Laurencio)
- 026-7 ③ DIARIO DE UN MÁRTIR Y OTROS POEMAS,
  Juan Clemente Zenea (Edición de Ángel Aparicio Laurencio)
- 028-3 ④ LA EDAD DE ORO, José Martí
  (Introducción de Humberto J. Peña)
- 031-3 ⑤ ANTOLOGÍA DE LA POESÍA RELIGIOSA DE LA AVELLANEDA, Flori
  Álzaga & Ana Rosa Núñez (Ed.)
- 054-2 ⑥ SELECTED POEMS OF JOSÉ MARÍA HEREDIA IN ENGLI
  TRANSLATION, José María Heredia
  (Edición de Ángel Aparicio Laurencio)
- 140-9 ⑦ TRABAJOS DESCONOCIDOS Y OLVIDADOS DE JOSÉ MARÍA HERED
  Ángel Aparicio Laurencio (Ed.)
- 0550-9 ⑧ CONTRABANDO, Enrique Serpa
  (Edición de Néstor Moreno)
- 3090-9 ⑨ ENSAYO DE DICCIONARIO DEL PENSAMIENTO VIVO DE
  AVELLANEDA, Florinda Álzaga & Ana Rosa Núñez (Ed.)
- 0286-5 ⑩ CECILIA VALDÉS, Cirilo Villaverde
  (Introducción de Ana Velilla) /coedición Edit. Vosgos)
- 324-X (11) LAS MEJORES ESTAMPAS DE ELADIO SECADES
- 878-0 (12) CUCALAMBÉ (DÉCIMAS CUBANAS), Juan C. Nápoles Fajardo
  (Introducción y estudio por Luis Mario)
- 482-3 (13) EL PAN DE LOS MUERTOS, Enrique Labrador Ruiz
- 581-1 (14) CARTAS A LA CARTE, Enrique Labrador Ruiz
  (Edición de Juana Rosa Pita)
- 669-9 (15) HOMENAJE A DULCE MARÍA LOYNAZ.
  Edición de Ana Rosa Núñez
- 678-8 (16) EPITAFIOS, IMITACIÓN, AFORISMOS, Severo Sarduy
  (Ilustrado por Ramón Alejandro. Estudios por Concepción T. Alzola y Gla
  Zaldívar)
- 688-5 (17) POESÍAS COMPLETAS Y PEQUEÑOS POEMAS EN PROSA EN ORD
  CRONOLÓGICO DE JULIÁN DEL CASAL.
  Edición y crítica de Esperanza Figueroa
- 722-9 (18) VISTA DE AMANECER EN EL TRÓPICO, Guillermo Cabrera Infante

881-0	(19)	FUERA DEL JUEGO, Heberto Padilla (Edición conmemorativa 1968-1998)
906-X	(20)	MARTÍ EL POETA (Poesías completas), Ricardo R. Sardiña Ed.
826-8	(21)	DE LO ETERNO, LO MEJOR, Eugenio Florit (Edición de Ana Rosa Núñez, Rita Martín y Lesbia de Varona)

COLECCIÓN FÉLIX VARELA

❶ 815-2 MEMORIAS DE JESÚS DE NAZARET, José Paulos
❷ 833-0 CUBA: HISTORIA DE LA EDUCACIÓN CATÓLICA 1582-1961 (2 vols.), Teresa Fernández Soneira
❸ 842-X EL HABANERO, Félix Varela (con un estudio de José M. Hernández e introducción por Mons. Agustín Román
❹ 867-5 MENSAJERO DE LA PAZ Y LA ESPERANZA (Visita de Su Santidad Juan Pablo II a Cuba). Con homilías de S.E. Jaime Cardenal Ortega y Alamino, D.D.
❺ 871-3 LA SONRISA DISIDENTE (Itinerario de una conversión), Dora Amador
❻ 885-3 MI CRUZ LLENA DE ROSAS (Cartas a Sandra, mi hija enferma), Xiomara J. Pagés
❼ 888-8 UNA PIZCA DE SAL I, Xiomara J. Pagés
❽ 892-6 SECTAS, CULTOS Y SINCRETISMOS, Juan J. Sosa
❾ 897-7 LA NACIÓN CUBANA: ESENCIA Y EXISTENCIA, Instituto Jacques Maritain de Cuba
❿ 903-5 UNA PIZCA DE SAL II, Xiomara J. Pagés

www.ingramcontent.com/pod-product-compliance
Lightning Source LLC
Chambersburg PA
CBHW072334300426
44109CB00042B/1293